中山大学地理科学与规划学院历史论文选集（1950—1978）

1950—1978

中山大学地理科学与规划学院 编

司徒尚纪 主编

中山大学出版社

·广州·

版权所有　翻印必究

图书在版编目（CIP）数据

中山大学地理科学与规划学院历史论文选集（1950—1978）/中山大学地理科学与规划学院编；司徒尚纪主编．—广州：中山大学出版社，2021.10
ISBN 978-7-306-07303-7

Ⅰ．①中⋯　Ⅱ．①中⋯②司⋯　Ⅲ．①地理学—文集　Ⅳ．①K90-53

中国版本图书馆 CIP 数据核字（2021）第 220386 号

中山大学地理科学与规划学院历史论文选集（1950—1978）

出 版 人：	王天琪
策划编辑：	曾育林
责任编辑：	曾育林
封面设计：	曾　斌
责任校对：	吴政希
责任技编：	靳晓虹
出版发行：	中山大学出版社
电　　话：	编辑部 020-84113349，84110776，84110283，84111997，84110283，84110779
	发行部 020-84111998，84111981，84111160
地　　址：	广州市新港西路 135 号
邮　　编：	510275　　传　真：020-84036565
网　　址：	http://www.zsup.com.cn　E-mail：zdcbs@mail.sysu.edu.cn
印 刷 者：	广东虎彩云印刷有限公司
规　　格：	787mm×1092mm　1/16　32.75 印张　900 千字
版次印次：	2021 年 10 月第 1 版　2021 年 10 月第 1 次印刷
定　　价：	138.00 元

如发现本书因印装质量影响阅读，请与出版社发行部联系调换

前　言

　　这是2019年即中山大学地理系成立90周年编纂出版的《中山大学地理科学与规划学院历史论文选集》（1929—1949）的续编，时限为1950—1978年。收入新中国成立后到改革开放前中山大学地理系教师撰写和发表的部分论文，共43篇，基本上反映此期近30年地理学各学科在中山大学的概貌、研究特点、重点、技术和水平，可视为这一断代中中山大学地理系的一个标记。

　　如果说新中国成立前中山大学地理学以西方地理学为主流，但也有自己的创新发展，涌现了以吴尚时、黄秉维、周立三、周廷儒、林超、曾昭璇、徐俊鸣等为代表的一大批地理学人才，蜚声中国地理学坛，以珠江三角洲、大理冰期发现和一系列开拓性地理学成果，在中国地理学史上留下深深的足迹，至今仍引起地理学人的追忆和骄傲，那么新中国成立后，在特定历史条件下，地理学在中山大学所走的是一条苏联式地理学的道路，它留下的深刻影响至今仍未泯灭。

　　新中国成立初，为了消除西方地理学一些错误思想的影响，同时适应全面学习苏联运动的需要，中山大学地理系开展了对西方地理学的批判，主要对象是"地理环境决定论""地缘政治学""马尔萨斯人口论"等。这种批判在当时是必要的，否则作为介于自然科学和社会科学之间的地理学，很难适应新社会环境和方兴未艾的国家建设事业的要求。但问题在于，这种批判一旦走过了头，舍弃了西方地理学的科学部分，就像给婴儿洗完澡后，倒脏水时连婴儿也一起倒掉了一样，这当然不可取。与此同时，大量引进苏联地理学，包括按照苏联地理教育模式设置专业、课程，翻译苏联地理教材、著作，延请苏联专家来华讲学、派遣留苏学生等，使中国地理学完全走上苏式地理学发展道路。中山大学1952年建立的自然地理学专业和1956年建立的经济地理学专业，即以莫斯科大学地理系这两个专业架构为蓝本，从课程设置、使用教材到考试、实习等一律照搬。特别是人文地理学由于效法苏联被彻底否定以后，中山大学地理系原先人文地理学和自然地理学并重的特色和优势很快消失，地理系在全国地理课程设置最多的传统也荡然无存，中山大学地理系沦为同全国其他高校地理系一样的普通教学单位。自此，中国地理学被简单地划分为自然地理学和经济地理学两大部分，亦即苏联地理学的二元论在中国地理学界占了统治地位。它过分强调自然地理学和经济地理学的独立性，忽视了地理现象的整体性和统一性，不利于地理学的发展。而人文地理学作为资产阶级"反动的东西"被打倒以后，经济地理学实际上取代了人文地理学，或者说等同于人文地理学，后者在中山大学地理系也像在全国地理界一样，销声匿迹达近30年之久。直到20世纪80年代初，人文地理学在我国才渐渐复兴，但为此付出的沉重代价却怎么也无法挽回。

新中国成立初期，在中西文化交流中断的形势下，苏联地理学家来华讲学也成为中国地理学发展的一种方式。1956年9月，列宁勒格大学地理系教授А. Г. 伊萨钦科在中山大学地理系举办景观学进修班，来自全国各地高校地理系的教师数十人参加听课。这个进修班举办了一年多，至1958年才结束，中山大学地理系成了苏联综合自然地理学或景观学在我国传播的基地。从这个进修班出去的学员，对各地高校综合自然地理学的发展起了很大的促进作用。

引进苏联地理学的地理教科书和著作，是新中国成立初期学习苏联地理学的最主要形式。中山大学地理系凭借它有着悠久历史的外语优势，组织翻译的苏联地理著作数量之多、涉及面之广，在全国同行中堪为翘楚。据中山大学教务处编的《中山大学书林概览》统计，1956—1963年，以地理系教师为主翻译的俄文地理著作达18种，这是地理系建系以来的空前盛事，对苏联地理学在我国的传播贡献匪浅。例如，唐永銮、王正宪等译C. B. 卡列斯尼克著《普通地理学原理》（上、中、下三册），为当时世界上最权威的自然地理原理性著作，后为我国高校地理系各专业普遍使用，至今仍未过时；王正宪译А. C. 道布罗夫著《英国经济地理》也是饮誉一时的地理名著。特别值得一提的是，李世玢先生多年坚持翻译苏联地理学著作，如Н. C. 马克耶夫著《自然地带与景观》（合译者有陈传康、张林源），以及多部署名"中山大学地质地理系编译"的苏联地理学著作，李世玢先生是主要参与者之一。1954年以后，几乎所有大学都改学俄语，俄文地理期刊、书籍摆放在地理系图书室最中心位置，进一步加快了苏联地理学"占领"中国地理学坛的进程。中山大学地理系以其固有地位，在引进学习苏联地理学方面居于前列，在全国同行中也是数一数二的。

毋庸置疑，苏联地理学有它的长处和相当高的水平，这对近代地理学的改造和发展，提高水平、缩小与世界现代地理学的差距无疑起到了巨大的历史作用。20世纪60年代前后，地理学在中山大学进入兴盛发展时期。新中国成立初设置的自然地理学、经济地理学专业学生先后毕业，绝大多数人按照国家需要，踏上工作岗位，成为各条战线上的业务骨干。他们出色的劳动和卓越的成绩受到普遍赞扬。自然地理学专业毕业的潘树荣（1952级）、黄美福（即黄伟峰，1952级）、姚清尹（1952级）、唐锡仁（1953级）、黎积祥（1953级）、陈华材（1954级）、覃朝锋（1955级）、谢永泉（1958级）、易绍桢（1956级）、黄广耀（1956级）、杨干然（1959级）、应秩甫（1956级）、汪晋三（1953级）、徐国旋（1954级）、郑度（1954级）、罗章仁（1955级）、赵焕庭（1955级）、梁必骐（1956级）、李春初（1956级）、王文介（1956级）、蔡述明（1956级）、邓汉增（1957级）、梁国昭（1957级）、蔡宗夏（1958级）、吴三保（1958级）、朱士光（1958级）、黎勇奇（1959级）、郑锡煌（1959级）等，经济地理学专业毕业的林幸青（1956级）、许自策（1956级）、赵永福（1956级）、刘盛佳（1957级）、马清裕（1957级）、许学强（1958级）、蔡人群（1958级）、姚士谋（1959级）、吴楚材（1959级）、魏清泉（1959级）、刘琦（1959级）等，皆为其中佼佼者，至今仍活跃在地理教育、科研以及出版、管理等工作领域。

新中国成立前后从欧美回来的地理学者，以及新中国成立初赴苏留学归来的年青一代地理学者，这时期在中山大学地理系形成一个阵容强大、颇负盛名的教师人才群体。在自然地理方面有地貌学者叶汇、综合自然地理学者唐永銮、景观生态学者董汉飞、气候学者陈世训，经济地理方面有经济地理理论学者曹廷藩、农业地理学者梁溥、外国经济地理学者钟衍威和杨克毅、工业经济和统计学者王正宪、历史地理学者徐俊鸣以及地理制图学者缪鸿基等，他们的学术造诣和成就蜚声中国地理学坛。其中，最突出的是曹廷藩教授，他针对新中国成立初从苏联引进时就有争议的经济地理学的研究对象是"生产配置"还是"生产力配置"问题，从1958年开始相继发表《关于经济地理学当前争论问题的一些初步意见》和《经济地理学的对象、性质和任务问题》等系列文章，正确地指出经济地理学研究是"生产配置"而不是"生产力配置"。由此引起我国南北地理学者就这一问题的长期学术争论，一时真正形成百家争鸣的局面。曹先生的观点得到经济地理专业多数人的赞同，特别是在南方拥有一大批追随者。这场学术争论，不但显示曹先生本人是经济地理学在南方的旗手，而且说明中山大学经济地理专业当时在全国处于领先地位，达到当时国内外先进水平。

得益于新中国成立初与国家经济建设密切结合，到20世纪60年代初，中山大学自然地理学迅速出现飞跃发展和学科进一步分化的局面，从过去着力于区域描述进入到自然地理结构和过程为主的综合整体研究：一方面是学科内部分化，另一方面是不断加强与相邻学科的交叉和渗透，这两个相辅相成的过程不断推动自然地理学踏上新台阶。尤其是化学地理、水化学和水热平衡研究异军突起，形成专业内三个新的研究方向，令全国同行刮目相看。特别是化学地理，不仅在全国高校地理系中独树一帜，处于遥遥领先的地位，为我国培养了最早一批化学地理人才，而且也为以后中山大学环境科学发展打下坚实的基础。此外，地貌学也产生分化，河口海岸地貌研究成为时尚。1964年地理系成立同名的研究组，是全国最早成立的同类研究机构，标志着地貌学研究日益走向专业化。自然地理学所出现的这种令人欢欣鼓舞的发展势头如果再前进一步，完全有可能达到一个新的高度，摘取更丰硕的成果。可惜因为"文化大革命"这几个新方向的研究被迫中断了十年。

为了配合20世纪60年代前后国民经济的发展，中山大学地理系各专业师生投身社会实践，显示出地理科学与实践相结合的巨大效应。继新中国成立初参加两广（广东、广西）橡胶宜林地选择调查，海南岛农业区划，海南岛和雷州半岛、广西南部以发展热带、亚热带作物为目的的综合考察以外，1958年及其后，地理系师生又参加了珠江流域调查，桂西南十万大山、粤北、粤中、粤东、闽南、滇南等地以土地利用，开发热带、亚热带资源，发展橡胶热带作物为目的的综合考察，以及首次南水北调调查考察等，后来主持或参编的各项考察报告，为有关部门或地区开发建设提供了决策上不可或缺的参考。如由李见贤（黄进）负责、多个单位编写的《广东地貌区划》即为一项重要成果，至今仍为研究广东区域地貌最为完备的基础资料和分区的主要依据。又如钟衍威率领地理系师生编写的在云南文山、红河地区的综合考察报告，也是当地经济建设的重要依据。另有气象专业教师编写的《广东气候区划》《广东省气象志》等。以上有关广东部分的考察成果，为后来编制《广东省地图集》自然地图和经济地图准备了充分的基础材料。

如果说20世纪60年代前后是地理学在中山大学进入第一个发展高潮的时期，那么1966—1976年的"十年动乱"（以下简称"运动"）则是它饱受摧残，继而停顿、倒退，不得不在黑暗中期待、探索的时期。

运动之初，"地理学无用，必须彻底砸烂"的口号喧嚣一时，地理系一度被迫停止招生，所有科研活动几乎一律被废止，大量专业设备、图书资料等被损毁。更有不少教师，特别是经济地理学专业或从国外归来的老一辈地理学者，被扣上各种莫须有的罪名，从政治上一律加以打倒，许多人身心甚至生命受到极大摧残。有些人受运动冲击以后，痛苦地将多年积累的资料、教材、讲义、手稿、工作日记等付之一炬。更多的人投闲置散，在无休止的运动和"五七"干校劳动中消磨岁月，错过了科学研究的最佳年龄，不但地理系原有的教师群体和学科优势丧失殆尽，而且在校学生也因运动而荒废学业，得不到应有的专业训练，贻误半生。

在运动高潮过后，当地理学在中山大学的废墟中仍在"冒烟"时，一些教师不顾运动可能出现的反复，坚持在运动的夹缝中开展一些科研活动。例如，徐俊鸣教授即坚持不懈地致力于历史地理研究，先后发表的《珠江三角洲》（专著，1973年）、《西沙、南沙等群岛历史地理纪要》（1974年）、《我国南海诸岛的自然地理概貌》（1975年）等就是在这时完成的。河口海岸研究组与南京大学地理系合作，先后开展汕头港和海南天尾港的海岸动力地貌调查研究，其成果为后来这两个港区建设提供了重要参考。而沈灿燊教授自20世纪60年代以来就坚持台风暴潮研究，发表一系列相关论文，获得国内外同行好评。至于经济地理系不少教师则在曹廷藩、许学强的带领下，在省内外广泛开展专业出路调查，历经曲折，终于确定以城市规划作为专业发展方向，并主持了湛江、广州、韶关、阳春、怀化等城市规划，取得了良好的效果，得到有关地区、部门的好评，也奠定了中山大学城市地理学在全国的崇高地位的基石。

这次论文选集，即按上述中山大学地理学系此期近30年发展的心路历程和成就，按地理学学科结构，分为自然地理、经济地理、人文地理、区域地理、制图与测量五大部分，选择有代表性论文编纂而成，共43篇。基于时代条件和学科发展不平衡，选择论文数量不一，篇幅大小也不尽相同。由于编者水平所限，难免有珠遗沧海之虞，希望有关论文作者见谅。另外，为给年轻读者提供论文概要、学术价值指引，对入编论文作了"提示"，是否恰当，请读者批评指正。此外，出于对论文作者的感谢和纪念，都附上作者照片；但由于各种原因，少数人的照片未能附上，望其本人或其后人谅解。

在文集编纂过程中，中山大学地理科学与规划学院书记岳辉、院长薛德升等党政领导、院办工作人员孔碧云、学生黄文等提供了大力支持和帮助，中山大学出版社高效、高质和及时地给予付梓面世，特别是曾育林、李海东编辑一丝不苟地审核校对、保障文集减少差错。在此，一并致感谢之忱。

编著者

2021年9月18日

目　录

第一编　自然地理学

第一篇　广东地貌要素的特征分析 …………………………………… 黄　进（2）

第二篇　北江下游河道的变化 …………………………………………… 叶　汇（13）

第三篇　再论科氏力对河汊发育的影响
　　　　——以珠江三角洲河网区为例 ………………………………… 叶　汇（27）

第四篇　广州地区河流堆积阶地的研究 ……… 王鸿寿　李春初　袁家义　罗章仁（39）

第五篇　珠江三角洲的河网特征及其演变 …………………… 李春初　杨干然（51）

第六篇　滇南地区的地貌条件及其对自然景观形成与演变的影响 ………… 李春初（61）

第七篇　粤中那扶溺谷的形成与发展 …………………………………… 应秩甫（71）

第八篇　珠江三角洲低塱（洼地）的研究 ……………………………… 沈灿燊（76）

第九篇　广东高要鼎湖山附近的土壤 …………………………………… 黎积祥（91）

第十篇　海南岛西南部生物、化学、地理
　　　　………… 唐永銮　覃朝锋　易绍桢　谢永泉　曾水泉　庄永年　吴三保（110）

第十一篇　广东海滨盐土的基本特征 ……………………… 唐永銮　曾燕祥　麦荣基（129）

第十二篇　洋浦港港湾地貌及泥沙问题 ……………………………… 李春初　王文介（136）

第十三篇　侵袭广东的台风 ……………………………………………… 黄润本（156）

第十四篇	珠江三角洲台风暴潮（节略）	沈灿燊 甘雨鸣	(187)
第十五篇	广东地面的热量平衡	黄润本	(194)
第十六篇	广州的气候	陈世训 沈灿燊	(207)
第十七篇	环境污染与生物畸变及肿瘤	谢永泉 易绍桢 曾水泉	(228)
第十八篇	关于环境科学发展的若干理论问题	董汉飞	(235)

第二编　经济地理学

第十九篇	关于经济地理学发展的若干问题	曹廷藩	(244)
第二十篇	关于经济地理学当前争论问题的一些初步意见	曹廷藩	(260)
第二十一篇	关于经济地理学如何为生产服务的问题	曹廷藩	(279)
第二十二篇	区域经济地理学研究的对象、任务和方法	梁　溥	(283)
第二十三篇	经济地理学中的自然条件评价问题	梁　溥	(290)
第二十四篇	县支农工业的生产布局问题 ——以东莞县为例	王正宪 吴永铭	(297)
第二十五篇	广东坡地辐射状况与农业生产	黄润本 梁国昭	(309)
第二十六篇	关于广西十万大山地区土地的合理利用问题	曹廷藩 张克东 周　同 秦文清 郑去敌	(316)
第二十七篇	人民公社与经济地理学	梁　溥 朱云成 许义海	(331)

第三编　人文地理学

第二十八篇	广州市附近文化景观图	邓国锦 祁承留 景贵和	(342)
第二十九篇	珠江流域古代历史地理初探	徐俊鸣	(351)
第三十篇	广州市区的水陆变迁初探	徐俊鸣	(361)
第三十一篇	宋代广东经济地理的初步研究	徐俊鸣	(374)
第三十二篇	广州古代海外交通和贸易对城市发展的影响	徐俊鸣	(395)

第三十三篇　广东省韶关市城市总体规划说明书（节选） ……… 许学强 等（405）

第三十四篇　关于城市经济地理研究的几个问题（摘要） ……… 曾怀正（409）

第三十五篇　西沙、南沙等群岛的历史地理纪要 ……………… 徐俊鸣（414）

第四编　区域地理学

第三十六篇　南阳盆地 ………………………………………… 梁　溥（426）

第三十七篇　南雄盆地经济地理 …… 梁　溥　曹廷藩　杨克毅　钟衍威　陈家修（431）

第三十八篇　广州市经济地理 …………………………………… 钟衍威（442）

第三十九篇　广东主要景观类型的生物地球化学特点

………………… 唐永銮　谢永泉　汪晋三　麦荣基　邓尚桐（454）

第四十篇　广东韶关专区综合自然区划 ………………………… 缪鸿基（472）

第五编　制图与测量

第四十一篇　省区地图集中编制经济地图的几个问题 …………… 王正宪（492）

第四十二篇　珠江三角洲土地类型的航片卫片判读

………………… 缪鸿基　陈华材　黄广耀　关履基　王凤九　姚照福（500）

第四十三篇　综合地图集中自然地图的编制问题 ………………… 缪鸿基（504）

第一编 自然地理学

第一篇 广东地貌要素的特征分析

黄 进

提示：广东地貌区划，1941 年吴尚时做出划分，但较粗略，有欠精审。1958 年，在华南热带生物资源综考基础上，由中山大学地理系一批自然地理学者为首完成了广东地貌区划报告本文为节选内容。它揭示了广东地貌产生的地理区位，北高南低地势，东北—西南走向若干列山脉格局，平（原）地、台地广布，珠三角三江会流，河流下切和堆积地貌，以罗平山脉为分野。独流入海河流较发育，形成粤北、粤东、南路、珠三角、海南岛和粤东沿岸的河流体系，也反映全省地貌区域分异。基于海岸地貌的特殊意义，本文特别注意海岸类型、海湾性质和海岛分布的地区差异，并顾及南海海底地貌，提供相应地貌剖面。本文是集广东地貌之大成之作，原本《广东地貌区划》至今未能付梓，令人遗憾不已。

黄 进

一、地理位置

广东是我国最南的省份，面积约 22.2 万平方千米，[①] 占全国面积的 2.3%。其位置在东经 107°31′—117°50′、北纬 4°—25°28′，北回归线横跨本省大陆。地貌上包括两大部分：①大陆部分；②南海珊瑚岛群。

陆地部分包括大陆和海南岛两个主要组成部分，东西延展超过 1000 千米，西南和越南民主共和国衔接；由西至东分别与广西、湖南、福建、台湾等省相邻；南临南海直达赤道地区，如南沙群岛（Spratly IS）之曾母暗沙，即在北纬 4°附近与越南、印度尼西亚、菲律宾等国相望。海南岛与大陆相距最远处不足 30 千米，隔着琼州海峡与雷州半岛相望，全岛面积为 34377 平方千米，占本省面积的 15%。沿海大小岛屿不下 700 多处，大岛集中于大陆沿海附近，属大陆岛一类。南海广大区域，可分为东沙、西沙、中沙和南沙四大群

---

① 按一般计算为 222119 平方千米，按本专业计算是 221807 平方千米，两数误差均未校正。

岛，多属低岛性质（即珊瑚岛），最大的永兴岛（西沙）也只有185.7万平方米。因此，本省地貌从位置上大致可分出大陆沿岸、海南岛和南海诸岛三个部分。大陆沿岸又可分出海岸和内陆山地。

二、地势基本特点

广东地貌在北部是经过破坏的1500米高的地块。地块北高南低，北端是五岭山地（南岭山地），它是一山走向不明显的穹窿体中山区。由于近代不断上升和海岸不断下降，形成由北向南倾伏入海的地貌，其中由于拗曲或断块上升运动的影响而成为切割强烈的山地。地块褶皱以西南—东北走向为主，但也有一部分褶皱为西北—东南走向。流水作用侵蚀常沿构造走向形成河谷，地块受散流、瀑流的长期侵蚀而使高度减低。如东江延及兴梅一带，沿西南—东北走向的构造被侵蚀成一系列的平行岭谷地貌。北江和西江沿珠江下陷区汇合成为坡河性质的遗传河谷。由于这些水系的长期侵蚀，地块上各支流又不断下切扩展，加上华南暴雨多，以及长期在热带强烈的风化作用下，不少山地被切割成为丘陵地貌，只有在河川发源地才有高的山地。

全省山地之中以西南—东北走向的罗平山脉为最明显，这条山脉是由罗定一直曲折向东北。西江切过该山脉而形成三榕峡、羚羊峡，北江切过该山脉而产生的英德等峡谷。另一条是莲花山脉，它由香港附近开始，经惠阳、丰顺至大埔。这两条拗曲断块山脉都相当连续，其高度常达1000米以上。两条山脉的西北部及东南部分别为粤北山地及沿海丘陵、平原，其间为低山和谷地。由于沿海附近侵蚀力较大，在风力、海浪、散流和暴流等外力作用下，河谷较展开，地面下降和后退也比较快，因而丘陵台地较多，而较高的山地则集中在暴流河流侵蚀为主的粤北地区。罗平山脉以北的地区距海较远，山地破碎，但尚在高山深谷状态，除了大河的谷地以外，很少有平地。由于这种地势的影响，使广东气候分成三带，即北部亚热带、南部热带和中部热带性的过渡带。植物分布也表现出它的复杂性，如温带植物可沿南岭山地向南伸入南部各山地上，而热带植物可沿谷底低地北移到亚热带河谷盐地中，沿海一带又易使赤道带的种类移入。因而地貌就成为热带作物和赤道性作物向大陆移植的条件，其中的过渡带仍然可以大力发展热带作物。

目前山地集中成四块，一在粤西，称云浮山地；二在西江、北江之间的山地；三在东江、北江之间的山地；四在赣江中上游的山地。这四块山地由三大河谷分开，高度往往在1000米以上。在珠江下游和赣江下游则有比较广阔的冲积原。海岸附近广布台地，在雷州半岛有由火山喷出岩所形成的平地的台地。至于海南又是另外一个隆起中心，成为窟窿状的中山地。因此，地貌区划可按此大致分出粤北山地、粤西山地、粤东山地和沿海低地，海南可自成另一区划单位。

三、山文谷地走向特点

广东地貌特点也表现了外力综合作用是很强烈的，如山的走向和构造走向大体一致。山文以东北—西南走向的占优势，其次为西北—东南向，只有一小部分为南北向或东西向。根据吴尚时、曾昭璇研究，本省山文多作弧形系统，如云开山地、粤北山地。吴尚时且认为华南弧的影响也及于粤北地区，如瑶山山脉，为南北走向的华南轴部分，以北湘南一带多为西南—东北向，以南多为西北—东南向，如连江一带山腰，连合组成一向西突出的弧形系。陈国达也提出北山系构造的弧形山文意见。徐俊鸣、叶汇、李见贤等也对粤北的弧形山地做了分析研究。

粤北地区的山文颇具特色，最北部的一列弧形山地，由乐昌到南雄，其中部及西部的走向不是很清楚，是一系列的花岗岩山簇，故只能称南岭山地，不能称山。这些山地的高度一般在700～1100米，个别山可达1300米以上。

在梅花街喀斯特高原、韶关及南雄盆地之南，为粤北第二列弧形山地，西翼称大东山，为一隆起的花岗岩山地，走向为西北—东南，高度一般在800～1100米，并有明显的剥蚀面，个别山峰可达到1300～2000米，广东最高的山峰石𡹀岭（1922米）即在本列山地的西北端；东翼山地由南雄盆地的南部，由东北到西南至韶关市的乌石、大坑口附近，与西翼弧形山地相会，其高度一般在500～1100米，个别山峰可达1300～1400米。在上述两列弧形山地之间为武水及浈水流经的韶关盆地、丹霞地形山地及南雄盆地。

第三列弧形山地，西翼起自连阳西北的云雾洞，经连阳西部，怀集北部绵延地进入英德之南及清远之北部，至连江口、横石一带与罗平山脉相会成一弧形山文线。罗平山脉自九连山由东北向西南，经翁源盆地之南至佛冈以西（即吴尚时所谓罗平山的东段，他的意见，此山脉一直伸入罗定境内，所以称为罗平山脉）。这些山地由有广泛花岗岩侵入的古生代砂页岩所成，其高度在700～1000米，个别山峰可达1300米以上。

在第二列与第三列弧形山地之间，发育了低山、丘陵、台地、阶地、冲积平原及喀斯特地貌，为潖江、连江所流经。英德喀斯特盆地及连阳喀斯特高原也包括在连江流域之内，成为本省喀斯特地貌分布最广的地方。由此可见，粤北区域的山文特点是自成一格而和其他区域不同。

粤东地区山文线更为明显，吴尚时把这些地区称为粤东平行岭谷区，除极个别外〔如西北—东南向的长乐盆地、兴宁盆地及南北向的蕉岭谷地、释迦嶂（1283米）山地、凤凰山（1400米）山地、峨眉嶂（1005米）、大南山（963米）等〕为岭谷相间。这些平行岭谷由西北向东南有六列（按照吴尚时、曾昭璇意见，这些山地顶部都保存有1000米的侵蚀地貌）：第一列为龙门——灯塔谷地，谷地以红岩盆地、喀斯特溶蚀谷地、冲积平地及低丘为主；第二列为罗浮山—桂山—项山山地；第三列为东江谷地，其中以冲积平原、红岩台地、丘陵为主；第四列为梅江、东江之间的山地和丘陵，这列山地丘陵比较广大，其中南段可进一步分为高山（970米）、七目嶂（1305米）、玳瑁山（953米）山地、秋香江谷地及乌禽嶂（1204米）山地；第五列为梅江—西枝江谷地，谷地中有不少红岩台地或冲积平地；第六列为莲花山、阴那山地，这列山地绵延连续，主峰常在 $1000\sim1500$ 米。

粤西山地山脉走向亦以东北—西南向占优势，山脉不相连接。因为西江和绥江皆与这些山地作斜交及正交，故造成不少峡谷地貌；支流则深受造的影响，常作东北—西南走向。境内的盆地，如罗定盆地、开建盆地等皆以东北—西南向为主。

片麻岩所成的云开大山，不少山峰可达 $1200\sim1700$ 米。山文在东部以东北—西南向为主，西部以西北—东南向为主，形成一个向西南凸出的弧形山地，山地中的水文网及谷地亦作此种弧状分布。

最西部的六万大山（1103米）及十万大山（1424米）山地的山文几乎全部作东北—西南向，其中最明显的山脉有4条，它们之间分别间以谷地，形成本省西缘的平行岭谷区。

在海南的中部及南部绝大部分皆为花岗岩山地（夹有流纹岩及各种斑岩），山地以东北—西南走向为主，其中又可分为二列较明显的山地；一列以五指山（1879米）为主干的山地；另一列由尖峰岭（1395米）经猴狮岭（1670米）、鹦哥岭（1815米）、黎母岭（1437米）成的山地。这两列山地之间为昌化江上游谷地。此外，尚有一列由西部的雅加大岭（1557米）向东北经仙婆岭（130米）至沙帽岭（767米）及松涛一带的丘陵地。有一部分山文是西北—东南走向，如吊罗山（1267米），它由五指山向南东东直抵海边。又如马咀岭（1308米）也由西北向东南至榆林港以东的海滨。琼中、万宁间的白马岭似一列不明显的东西走向山脉。

总之，由山来看，粤北山地、粤西山地、南路和东江平行岭谷区与海南山地都各有独有的特征，因而为区域分划提供了据证。

四、平地的特征

本省平地分布多在海岸地带。台地的分布也很广泛。此外，盆地及宽平的河谷地貌也不少。

整个雷州半岛、粤西地区、海南岛北部以及粤东沿岸和一部分粤中地区，海成或陆成台地的分布极为宽广，尤以水东及高州以西，经化州、雷北、雷南、合浦至钦州以南，五指山区以北皆为台地及火山台地。台地上除有个别残丘及火山锥之外，一般多经剥蚀作用夷平了第四纪以前的一切岩层，使地表呈缓波起伏状或者十分平坦，极目千里，宽广无垠，尤以雷州半岛北部及北海以东的北海系及湛江系所组成的台地（洪积冲积阶地平原及海积阶地平原）和海南北部台地地面更为平坦，置身其中，犹如在大平原上。突起于这个台地上的火山地貌，主要为玄武岩熔岩流所成的台地和盾状火山锥。有个别的火山锥还形成火口湖，如湛江的湖光岩。一部分台地因生成时间较早，并因抬升而受破坏，已变成波状丘陵，其相对高度常可达数十米。在这些台地中的冲积平原有鉴江中下游冲积平原，罗成江、九洲江及钦江三角洲平原。

由上可见，琼雷台地和粤西台地实属本省主要地貌之一，而雷州半岛也可以独自成为一个区域。

在粤中地区的东江、北江、西江下游为一宽广的珠江三角洲平原，它是本省最大的平原。三角洲中放射状水道纵横，地势卑洼，不少耕地需要堤围保护。在三角洲东部边缘的铜湖及西北边缘的三水至广四、高要及高明一带，地势更为低洼，常积水形成洼地。在广州以北至花县间的高平原（广花平原）地势较为高亢。在冲积平原之上也常有东北—西南走向的孤丘或孤山突起。珠江三角洲西南部的潭江及那隆河谷地就是受这种东北—西南走向的影响而成的谷地。潭江谷地及漠阳江下游一带有广阔的剥蚀台地及冲积平原，地貌上也可以成为一个独立的区域。

在粤东莲花山脉以南，是潮汕冲积平原及沿海的丘陵台地分布区，这里有赣江、榕江、练江、黄岗水、龙江、赤岸水等河流所造成的三角洲及冲积平原，成为本省第二大冲积平原区，在区划上本区也可以自成一单位。

此外，在山地中，每由于灰岩存在，常成为流水作用集中的地点，造成局部平地，如漠阳江中上游谷地，是一个长形的陷落谷地，谷地中有冲积平原、台地、低丘及喀斯特地貌发育。罗定盆地的北部是一个完整的红岩盆地，其中以齐顶的台地为主，盆地南部主要是喀斯特溶蚀谷地及峰林。怀集盆地也是一个红色盆地，其中红岩台地发育并有喀斯特残丘分布。在怀集西部的桥头一带，有较大面积的喀斯特峰林发育。这些局部的盆地在区划上也可成为一些较小的地貌单位。

五、水系的特征

水系的特征之一是它的长期的承继性。目前不少河谷是由白垩纪红岩盆地沉积时的古河谷地貌遗传而来。

目前本省的珠江三角洲凹陷区为东江、北江、西江和绥江、潭江五江的总汇场所。北江在赣南沿红色盆地、灰岩和弱岩地层分布区流行，并把两侧发生在同样环境下的河系集中，遗传性质明显（如盲仔峡为遗传峡）。西江也有同样的情况，它由西向东流，河道在高要即为一溶蚀盆地，羚羊峡即为遗传峡。东江沿中生代断裂带谷地东来，也有遗传性质，这些都表示珠江水系的特征。

本省较主要的分水岭是罗平山脉，该山脉的东北段是北江和东江及粤东诸水（如赣江、梅江）的分水岭。西南段是西江、潭江及南路诸水的分水岭。罗平山脉之北为下切区，峡谷多，山南以堆积地貌占主要，如三角洲等。山脉南段的南面除一两条较大的河流外，其山地间多暴流性小河，短小，多独流入海，如钦江、南流江、廉江、鉴江、漠阳江等。这些河流的下切程度，在上游不及西江谷地强烈，故有被西江支流欺凌现象。

粤东各河如内河水、练江、榕江、赣江、黄岗河多受构造影响而作西北向东南流，各自成川，独流入海。

南路平行岭谷区各河流又另有特色，它们与西江的分水岭多是120～200米的红色岩准平面或齐顶丘陵。

海南岛河受穹窿构造的影响而自成一放射水系，向北为南渡河，向东为万泉河，向西为昌江，向南为宁远河等。

山区各大河流是以流经平原盆地并通过一个峡谷又进入另一个广谷或盆地平原为特点。例如，西江沿途谷地即有许多盆地和峡谷相间，梅江沿途也有兴宁盆地和梅县盆地。

沿海一带，因为雨量丰富，流水侵蚀特别强烈，新生河流不断由南海向内陆伸展。主要大河在长期发育的过程中，将本区切成广大谷地和盆地，上游部分也深入北部的南岭山地，成为峡谷地貌。因此，按照侵蚀地貌地带性的分布，南岭山地应和沿海地区分开，即前者为破碎山地区，后者为广谷盆地山丘区，其间的分水岭为这两大区的分界。

次要的分水岭多带有局部性质，且每不明显，但其中的莲花山山脉较显明，它是珠江水系和粤东单独入海的诸小河的分水岭。有时分水岭仍是红岩齐顶丘陵面（第一级或第二级台地）。

沿海的小河流多数具有延长河性质，即在海岸平原不断上升为台地的过程中，河川不断向海伸长，形成今天独立出海的小河流域。

从河系特征上也反映出粤北山地和沿海河系可分属两个不同的区划。

总之，粤北山地、粤东山地、南路、珠江三角洲、海南岛和粤东海岸河系各不同，这足以反映出本省地貌区划的分异特征。

六、海岸地貌的分析

本省海岸长达7684千米，[①] 其中大陆部分占3908千米，海南岛占1269千米，岛屿岸

---

① 中山大学地理系按详细地图算出，此数字包括湾内的海岸线（1950年）。

线共长 2500 千米。海岸线长度居全国沿海各省之首位。岸线曲折绵延，良港很多。从构造形态来说，可以称为华南型的海岸，它与里亚斯及达尔马提亚海岸形式不同，但并不是每部分都如此。例如，粤西平直的台地海岸和海南的珊瑚礁海岸便不属这种岸线类型。分析起来，粤东海岸（香港以东）因受西北—东南的构造线影响，在山地与丘陵之间常常形成向东南或南南东的海湾。由饶平至汕头一段，是有沙堤围绕的三角洲海岸。从汕头至碣石一带是小港湾式①有自由及封闭堆积地貌的海岸。这段海岸有许多小型的溺谷湾，湾口有由西南向东北的拦湾沙堤，造成口窄内宽的港湾，如达濠港、潮阳港、靖海港、神泉港、甲子港、湖东港及碣石港等，陆连港也发育很好，局部有红树林及沙丘地貌，由碣石至平海属大港湾，中间仍有不少小港湾，如乌坎港、汕尾港、长沙港等。这些小港湾多由溺谷发育而成，如目前尚存的赤石溺谷、黄埔港溺谷等。陆连岛发育很好，如田尾山、遮浪、鲘门半岛、大星山等。岬角常有海蚀地貌，湾内有红树林生长。由平海至香港沿岸，受西北—东南向构造的影响形成东南向的山地大港湾海岸。其内又有东北—西南向的小港湾，海崖遍布，只在湾顶有小片堆积地貌发育，是典型的华南式海岸，故近岸和远岸岛屿特别多。

粤中凹陷区内，海岸形态以珠江三角洲及四周谷和堆积海蚀岸为主。珠江三角洲海岸外缘形态，属多岛式小桨状三角洲海岸。②三角洲向外发展并把岛屿连接起来。这段海岸受东北—西南及西北—东南两组构造线的影响，形成十字形的华南式海岸特征。沿岸的孤山及岛屿皆作东北—西南向，而狮子洋及伶仃洋、磨刀门、崖门及银洲湖、那扶溺谷等又作南南东向。

粤西区由珠江口至水东一段，又是以小港湾式有自由及封闭堆积地貌的海岸，如三丫港、北津港、沙扒、博贺港、水东港等。它们皆是溺谷在正常海岸地貌演进下，有拦湾沙堤发育，造成内宽口窄的港湾。个别溺谷的拦湾沙堤发育不健全，溺谷形态明显。陆连岛发育很好，有的成为串珠状，如电城南部所见。红树林面积较大。

南路各地，由水东经湛江，绕雷州半岛至北海一带皆为低平的台地海岸，台地多有海崖，比海面高出 10～20 米。一部分海崖或古海崖前面有不少的狭长沙滩、沙堤或海积平原。在雷州岛南部及硇洲岛为玄武岩火山熔岩流台地海岸。这段海岸的溺谷也发育很好，如黄坡港、湛江港、北莉港、海安港、流沙港、乌石港、江洪港、英罗港、铁山港等。海的热带性表现较为明显，红树林比各段海岸的生长得更好，在湛江附近、北莉港、铁山港等地皆有较大面积的分布。在雷州半岛的南岸及西南岸，低潮面以下有不少珊瑚礁生长。

---

① 暂按苏联海洋地图集，小港湾海岸是指港口宽度不超过 10 千米的海岸。
② 暂依 O. K. 里昂捷夫意见。

北海至东兴，除罗成江及钦州江口为多小岛式的三角洲海岸外，其余皆为台地或低丘中的溺谷、海蚀和堆积岸，如大风江溺谷、钦州湾及茅尾海溺谷、防城河溺谷等。海水可深入离海滨数十千米的谷地中。在海滨及溺谷中的海积平原上，常有较大面积的红树林。

海南岛的海岸线，基本上可分为三部分：①北部由白马井至文昌东面，以火山丘玄武岩台地的海堆积岸为主。玄武岩常覆盖在湛江系之上，被海水侵蚀成陡崖。在海崖前面常有沙滩、沙堆发育和珊瑚礁生长，其中在南渡河口有沙堤包的三角洲海岸。泥滩上常有红树林生长。溺谷有铺前、清澜港等。东北部常有规模较大的风成地貌。②由文昌至榆林港的海岸，是由溺谷演变而成的小港湾式的有自由及封闭堆积地貌的海岸。港北港（小海）、东澳市港、港门港、新村港、三亚港等湾口皆有大拦湾沙堤形成潟湖海岸，并有珊珊礁及树林生长。但榆林港是一个典型的溺谷海湾。③由崖城至白马井段，为有沙堤围绕的海积阶地（湛江系）海岸。[①] 这里的海岸阶地很宽广，在它的边缘常有1～2列沙堤发育，有时可达3列。穿过海积阶地的河流下游，每形成溺谷状及小桨状三角洲，有的被沙堤围绕或有拦湾沙堤发育而成为排水不易的囊状平地。本段海岸在沙堤之外常有珊瑚礁生长。

总的看来，广东华南式山地岬角、溺谷海岸明显，岛屿和岬角因受海浪侵蚀而后退，海湾接受各种堆积后被围绕及填充，因而使海底地貌变浅。但由上述仍可见粤东和珠江三角洲海岸与粤西的不同，也可见到南路台地海岸和更西边的台地溺谷海岸不同。海南岛具有珊瑚海岸的特征，其北部和雷州半岛相似而与南部反不同。本省海岸按形态也可分出粤东、珠江三角洲、粤西、海南岛等不同的大海岸区划和其中分段的小海岸区划，如三角洲和小港湾的差别、台地和台地谷湾的差别、小港湾和大港湾的差别、台地和溺谷湾的差别等。

七、海底地貌特征

本省海底地貌可分为两部分：一为陆棚部分，一为南海海盆部分。南海海盆自成一大地貌单元，和华东、华南山地丘陵同一级单位（一般把陆棚包入海盆中）相当。

（一）陆棚地貌特征

一般以200米深处急坡为界，沿本省海岸分布，包括北部湾及台湾海峡全部，海南岛即位于陆棚上，东沙群位于陆边的陡坡上。陆棚平均宽度达250千米，坡度平缓，向海盆倾斜。急坡发生在120米深处，有水下广阔谷地存在。例如，北部湾的南部和珠江口南部

---

① 引自潘炯华等：《广东沿海软骨鱼类之初步调查报告》，载《华南师院学报》1958年。

都有缓广谷切入陡坡（120～220米）。陆棚的结构从目前资料来看，有不少基岩出露，如花岗岩、红色岩系、陆相第三纪砂页岩、海相新第三纪地层等，第四纪初期砾石卵石和红土层也有发现可见陆棚是近大陆下沉部分。据曾昭璇意见，南海海盆是在第三纪才下降形成，沿海大陆部分下降更晚。因此，广东沿海常有一广大浅水海底台地和广阔的大陆棚地貌。许多古代低山都沉没成为沿岸林立的岛屿，陆棚对大陆带来有机物质的储积和海底生物的发展都有很大帮助。① 由于在北部湾中部发现了红层砾石，近岸又有海相新三纪地层发现，可知北部湾在第三纪喜马拉雅运动时已下沉成海湾。由于沿岸有第三纪陆相地层，可知第三纪以来直到第四纪，都有不下沉的趋势。其间虽有数次上升，但仍以下沉为主。北部湾四周海岸溺谷形态和平坦海底平台的存在，都说明这是沉降的有堆积平原和剥蚀平原的地貌。

在南海北岸广大的陆棚上，以下列地貌为特色。

1. 广大多级的海底平台

沿岸深为 -30～-20 米，往外是 -60～-50 米，平台向外降至 -100 米。担竿列岛、东澎岛等是突起于陆棚上的花岗岩、硬砂岩所成的岛屿，表示陆棚基底和大陆部分的构造相似。两个平台是断裂而成抑或是不同时期的两个面尚未肯定。据已知材料，陆棚上岛列有很多暴流沟谷所成的溺沉三角港，溺谷湾也多，红土在岸沿海底都有发现，珊瑚礁也不是隆起状态，这些都表明现代曾有下沉。今天沿海岸在 -30～-20 米平台上还有和缓的海底丘陵地貌，其中间有石蛋（即排石），它很可能是大陆上具有石蛋地貌的花岗岩低丘下沉而成。在陆棚外近急坡处，仍然可以发现石砾堆积，它和沿岸的细沙泥堆积不同，很可能是古代的剥蚀面或海蚀面的残留物。目前每40年沉积1米的细沙泥，似对陆棚的平坦化起很大作用，它使陆棚上古河流系统只存在于目前流水动力还有较大作用的地方，海底河道仅在海底带（如珠江口、大鹏湾等）及陆棚边缘（如珠江口南方）才较明显。在沿岸的水下物质，受着大陆流水作用和岸流西向时的影响，沙底在粤东海岸发达，这与粤东无大河流入，沿岸多是散流、暴流冲下的沙砾和岬角浪蚀的粗粒物质有关。在粤西由于大河如珠江等河的淤积，且沿海弱岩不少，因而沿岸多成为淤泥海滩，海底变浅快，底质多属细泥沙。

在琼雷海峡中，由于海流潮流冲刷形成深水道，并于海峡两边形成水下三角洲地貌，影响航运。

2. 具有明显的东北—西南直线走向的陡坡

这是在 -200～-100 米深处的陡坡。在大河口及湾口附近，还有明显的水下凹槽地貌。陡坡开始于越南南部海底，直抵台湾。陡坡前每有海沟存在，颇似由断裂而成，东沙

---

① 苏义中、陈华堂执笔：《担竿岛地貌试点报告》，载《华南师院海岸地貌资料》（第一册）。

岛和西沙岛都是近陡坡区的隆起地带，因水下坡面倾斜较明显，可能与拗断作用有关。切过陡坡区的凹槽成因是否为古河道还未能决定。

（二）南海海盆地貌特征

它以四周浅中间深的盆状地貌为特色，最深点在 4000 米以上（中部达 4414 米）。海盆作西南—东北走向，由深水沟和纺锤形的隆起带相组合而成，东边与加里丹及巴拉望岛隔一近 3000 米的深海槽即为南沙群岛所在的海底隆起区，其中珊瑚岛群很多。再西北向即为南海海盆中心部分，其间仍有少而狭长的隆起区，如中沙群岛所在地即为一例。再西北去即为西沙群岛隆起区，然后经过深 1000 米以上的小海盆（最深仍达 2000 米以上），才达海南岛陆棚陡坡地区。

由附近陆地地貌推测，南海海盆除东边的与第三纪岛弧相连的断裂性直线状深海沟以外，中部似为拗断性块状上升和下降区相间组成，其中以西南—东北向构造影最大。海盆受西北构造的影响而拗断，和南部印度尼西亚方面的广大陆棚区相分离，使北部台湾海峡的河系向南流入海盆，越南、马来亚、印度尼四亚等地海底河系向北流入海盆。由此看来，南海海盆的基底可能是地块性质。喜马拉雅运动后，沿西南—东北走向凹陷而成。第三纪海相地层应该成为海盆底部的沉积地层，在这地块活动过程中，似发生过中部下降和两侧上升的波状运动。

在海盆中，两个隆起地区都是珊瑚岛及暗礁广泛分布的地区。在石岛 10 米处有沙土存在，是否为上升证据现仍未定，而曾昭璇认为石礁体离开水面较高，可能有过上升时期，但由于环礁普遍发育，因而近代海面又可能有上升趋势。

在南海海盆隆起区中的珊瑚礁类型有环礁、半环礁、岛礁等。成带的岛礁推测可能是珊群体沿海底台地生长的结果，这些台地可能与拗断喷出的玄武岩台地有关，如澎湖、琼雷断陷带等所见。由是南海海盆实和大陆有着相反的发展方向，负地貌的发育使本区能自成一大区，和大陆正地貌相对立。（图 1）

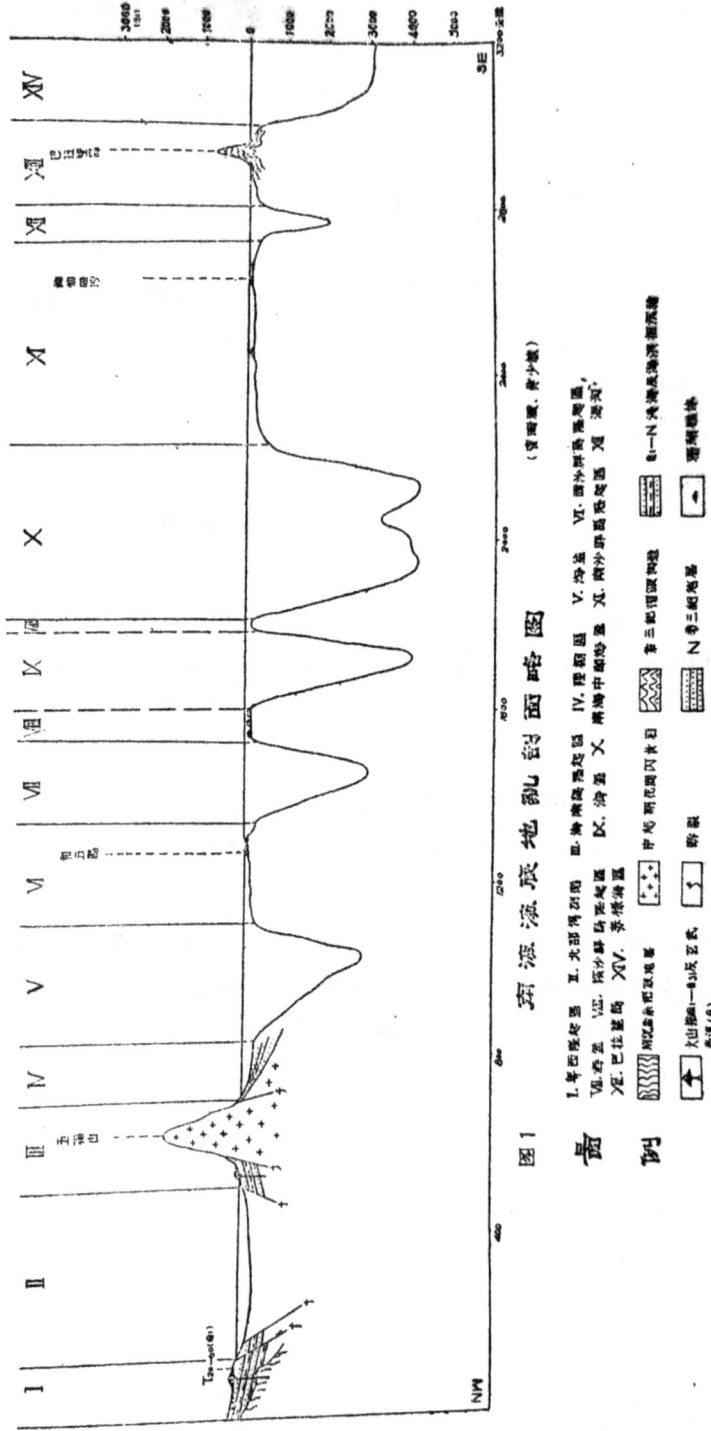

图1 南海海底地貌剖面略图

节选自中国科学院华南热带生物资源综合考察队、广州地理研究所:《广东地貌区别》油印稿,1962年12月印。

第二篇　北江下游河道的变迁

叶　汇

叶　汇

提示：在北江流域地层、岩性、构造和地形的基础上，指出北江下游为山地、丘陵、盆地、冲积平原和洼地等交错地带，乃由于风化、断块升降、褶皱、断层等运动而产生。而河流的切割形成小丘、盆地和洼地，此疑似为古河道和漫流所形成的绥江下游和西江下游多片低地。论文指出北江下游河道发育，源于老第三纪红色岩层上升，清远盆地以下北江河道沿此条原始向斜谷南流，形成原始北江河道。在经历一系列搬运、切割、侵蚀、剥蚀以后，发育为石门峡谷、对岗峡谷、云东海，以及众多岔流河道。至近代又发生一系列汊道淤塞，加之修筑北江大堤等工程，以及自然河道的变迁，形成北江下游河道分布格局。论文揭示北江下游河道变迁特点和规律，呼吁重视地球自转偏向力（科氏力）的作用，对水陆交通建设有重要指导意义。

北江自飞来峡以下，地势平衍，河床宽阔，但河道系统紊乱，丘陵与洼地交错，在地形的发展史上必有一段复杂的过程。本区河道变迁的研究，对于北江下游治河、防水、排水、灌溉和区域规划都可能有一些帮助。

1955年，笔者同方瑞廉、邓国锦二同志带领中山大学地理系学生到石角、三水一带实习一个多月，加上作者过去在本区调查所得，卒成此文。但对于清远盆地、西江下游洼地和顺德、九江一带的广大地区，还没有详细调查，当待日后补充修正。本文仓促草成，错漏之处，敬希读者赐予指正。

一、构造和地形的基本情况

广东中部是一块构造复杂的古地块，主要由前寒武纪变质结晶的岩层和曾经剧烈褶皱和断层的从古生代初期以至侏罗纪中页岩、砂岩、石灰岩和石英岩等所构成的。① 本区内最主要的构造线为东北—西南走向，但也有一些地方作东北东—西南西或北北东—南南西，甚至作西北—东南走向。在中生代末期这里曾发生了剧烈的造山运动，侏罗纪含煤的岩层产生了极大的变动，② 同时又有巨大的花岗岩侵入和火山爆发，花岗岩贯穿了基部的前寒武纪和古生代下部的岩层，中生代的侏罗纪岩层也深受其影响。③ 环绕侵入体四周的岩层，因受了干扰，岩层和断层的走向都特别紊乱。

白垩纪火成岩的侵入，可能影响了当时的地形。本区花岗岩暴露于北江中下游的东面地区，包括潖江流域、流溪水流域和广州东北郊一带。此外，还有一小区的花岗岩露头出现于广州市南面的番禺县境。这个小露头当和北江东岸大侵入体相连，不过在表面上有些地方受到第三纪红色岩系和近代冲积层的掩盖而显出分隔的现象。花岗岩是一种深成岩石，当它侵入的时候，上部当然还掩盖着相当雄厚的岩层。故在白垩纪时花岗岩地区上面必有大量的岩层掩盖，后来掩盖层被搬运去了，才露出今日的花岗岩体来。

广东中部除了北江中下游东岸有广大的花岗岩体外，还有两区花岗岩暴露的地带。一个在绥江上游和西江下游的北岸，即广宁—德庆间的花岗岩地区；还有一个在西江下游的南岸和珠江口沿岸地带，包括新兴、鹤山、新会、中山而至宝安、香港一带的花岗岩地区。

在白垩纪时这三块花岗岩侵入的地区地势自然比较高亢，介于这三区之间则为低下的盆地，而盆地的中心就是今日红色岩系掩盖的石角、三水、广州间的三角形地带。

新生代初期红色岩系④的沉积情况，也证明第三纪初期北江下游是一个凹陷的盆地。因为红色岩系的砾岩中砾石多粗大，最大的砾石直径可达 1 米；有些砾石棱角还很明显，证明不曾经过长途搬运便堆积下来；除了砾石之外，还沉积了红色砂岩、页岩和黏土层，有些砂岩中夹有石膏层，⑤ 这可以证明红色岩系是干燥气候下盆地中的沉积物。红色岩系既是盆地中的沉积层，则其四周必为高地所围绕。

当红色岩系形成之后，地壳又发生变动，从前低陷的红色盆地逐渐升高，变成陆地。同时这里也发生了断层、倾侧，甚至还有拗褶和轻微的褶皱。

本区红色岩系岩层最大的倾角达30°～80°，但大部分的倾角只有5°～10°，或呈水平的状态。如果红色岩系的生成时期在老第三纪，则红色岩系的变动当属老第三纪之后，即

---

① 边兆祥、邓可菁：《广东花县赤泥一带地质》，见两广地质调查所：《地质集刊》，1949年第2号。
② 哈安姆、古力齐、李承三：《广州市附近地质》，载《两广地质调查所报告》；李殿臣：《广东东江与粤汉铁路间地质矿产》，见《两广地质调查所年报》，1932年；徐瑞麟、蒋溶：《广东西江沿江地质矿产》，载《两广地区调查所报告》，第4卷上期。
③ 陈国达：《广东境内燕山运动的构造型相》，载《"中央研究院"18年总报告》，1930年。
④ 徐瑞麟、蒋溶：《广东西江沿江地质矿产》，载《两广地区调查所报告》，第4卷上册。
⑤ 方瑞廉同志曾在广州的红色岩系中找到深埋在地下的石膏层。

渐新世—中新世以后的变动。正在这时，世界性的喜马拉雅—阿尔卑斯造山运动发展至最剧烈的阶段，粤中地层跟着发生变动，是很容易理解的。不过，第三纪的地壳运动在这里已经硬化了的华南古地块，不会发生剧烈的褶皱，而主要是断裂和升降运动。

石角附近的红色岩系是一个向斜的构造，钵耳楼（石角北面）附近的红色岩系走向为北15°东，向东倾斜，倾角25°。石角东北面的浦基头岩层走向为北30°东，倾向西北，倾角30°。向斜的构造很明显。浦基头的东面经一拗褶进入100米高度的近于水平的红色岩系，再往东则与花岗岩地带接触。

石角墟南面大板顶一带的红色岩系台地，岩层大致向东倾斜，倾角10°；芦苞附近的红色岩系也是向东倾，独树岗的红色砂岩向东倾斜，倾角30°；鱿鱼岗的小坪系岩层则向西倾斜。三水与西南镇附近和其北面的岩层也向东倾斜，倾角多在10°~20°之间。望岗附近的桥头岗向东倾斜，倾角24°。三江北面的红色岩系向西倾斜，崩口岭向西南倾斜，倾角30°。可见石角、三水与三江间三角形地带的红色岩系，是一个向斜的构造，向斜轴作南北走向。

至于广州附近的红色岩系，夹于珠江南北花岗岩侵入地带之间，构成一条东西走向的复向斜，珠江南岸的红色岩系向北斜倾角约20°，而北岸的红色岩系主要向南倾斜。

从红色岩系盆地的构造来看，石角至西南之间是一条向斜轴所在，然后此轴折向东方，贯串广州附近的珠江谷地。

今日北江下游一带为山地、丘陵、盆地、冲积平原和洼地的交错地带。

北江东面银盏坳一带的花岗岩地区，现已被削成300~500米高的圆顶山丘。花岗岩区的西南面，有一系列古生代（从泥盆纪至二叠纪）岩层和小坪系的岩层构成的古代褶皱的平行山脉，走向为东北—西南，其中有许多背斜和向斜的构造，后来又被许多从东北走向西南的断层分割，形成许多长条形的断块。断块的升降便造成各种不同高度的山脉和宽谷；个别的山峰如丫髻岭高达400米。白泥河的西岸还有一条从西北走向东南的小坪系山脉，它的褶皱和断层的走向大体上和山脉的走向相同，构成一列100~300米的犁壁岭丘陵带。

由于东北—西南走向的古生代岩层所构成的平行山脉和西北—东南走向的小坪系山脉交叉相接，便在白泥河沿岸产生了一连串大大小小的盆地，从广阔低平的江村平原，接到白泥河的炭步盆地、赤泥盆地和白泥盆地。又因为附近花岗岩地区的南界线约在花县—军田—国泰的东—西线上，它和犁壁岭丘陵带的距离渐向西北渐近，也因此沿白泥河谷地一连串的盆地中渐向西北盆地的面积渐小。

犁壁岭丘陵带以西则为红色岩系的丘陵地。这里被河川割切已变成无数高高低低的小丘和宽阔的谷地与洼地。最高的丘陵不过100米，作台地状，分布于石角东西的马头石附近、石角南面的木板顶台地和官窑南面的平顶山一带。石角东面也有一部分红色岩系的岩层倾角较大，经侵蚀和剥蚀后形成许多平行的50米高的"豚脊"地形。也有许多近于水平的岩层构成50～70米高的丘陵，分布于黄塘与西南之间，和西南涌以南、佛山以北的地区。此外，还有20米高的丘陵分布于三江附近各地。

介于长江—淮泽口—黄塘之间有一个三角形的低地。这个低地西连绥江下游和西江下游的低地，构成一片广大的低地区。低地上露出许多数米高的红色岩系构成的南北向的条状低丘，和低丘相伴的还有条状沟湖或宽阔的浅谷，似为古河道或漫流所经的路线。这个低地有6个出口：①通往石角的北江水道；②通往白泥河上游的田心村谷地；③通往白泥河中游的九曲河谷地；④通往官窑的古云东海南段谷地；⑤通往西南的黄花围洼地；⑥通往三水的北江谷地。

低地上除低丘之外，一般都铺上了一层薄薄的（1～2米）冲积层，芦苞附近更广泛地见到新冲积的沙砾。冲积层下面则掩埋着红色岩系的岩层。

介于西南一带山岗和大榄之间又有一个三角形的低地，这个低地有3个主要出口：①通过黄花围洼地和长江—淮泽口—黄塘间三角形低地相连；②东出官窑与广州附近平原相接；③从西南沿北江水道南下转向佛山和广州平原的西南部相接。

西南涌以北的洼地中，多南北向的水沟。西南涌以南的地带则多东西向的河道和古河谷。北江下游水道在西樵山北面分为数支转向东流，有的贯穿了小坪系和水口系岩层的露头向东或东南奔流，注于珠江口的三角港。

北江下游低地的西北面，有回岐岭绵亘于石角西面，是由鼎湖山系岩层构成的，高达500米。再往西又有龙山系岩层构成的葫芦山，高度也在500米以上。这两条山脉也是北江下游低地的西边限界。

二、北江下游河道发育的过程

综上所述，可知在白垩纪花岗岩侵入之后，北江中游是由介于东西两面的花岗岩侵入而隆起地区的河流，当时的河口可能在飞来峡下面的清远盆地。自此以下，则是一个低陷的盆地，其上沉积着老第三纪的红色岩系。

1. 红色岩系上升后北江下游的河道系统

上面已经说过石角—三水—广州间三角形的红色盆地是一个向斜的构造，其向斜轴从石角经鱿鱼岗、黄花围而至西南镇，然后向斜轴折向东方连接于广州复向斜地带。石角东北面从钵耳楼至蒲基头是一个红色岩系的向斜，在向斜谷中掩盖着含有红色岩系红砂岩砾石的红土。当红色岩系的岩层开始上升的时候，清远盆地以下的北江河道必沿此原始的方向谷南流，故其主流可能在钵耳楼至蒲基头之间的地带。现在长岭头和石角东面的宽谷中普遍见到多级的阶地，阶地上还有卵石层和红土层的堆积，从地形上和岩层上看来，都可以证明这里是过去的河道。现在每当北江发大水的时候，江水还可以从清远盆地南缘的大燕水倒灌至钵耳楼和蒲基头的水道来。

石角附近今日北江的河道流于鼎湖系的砂质页岩及石英砂岩之上，石角的西北面（北江的东岸）还有一个由鼎湖系岩层构成的背斜。钵耳楼附近才是鼎湖系和红色岩系的接触地带，红色岩系覆盖于鼎湖系之上，倾向东南，可见古时钵耳楼之西地势较高，现在已不见红色岩系的沉积层。原始的北江必不取道于今日的河谷（即钵耳楼以西，鼎湖系岩层上的河谷），其理甚明。

蒲基头东面的马头石附近，是红色岩系和花岗岩的接触地带，现在也有一条宽谷。但这里红色岩系的岩层倾角平缓，而且地势较高。介于蒲基头与马头石之间有一个拗褶，在地形上明显地见到从西面的豚脊丘陵带转变为东面100米高的几近水平地层的台地。故其原始的构造地形当较蒲基头至钵耳楼间的向斜地带为高，当然也不能成为北江下游的原始河道。

原始北江流到石角坪东面之后，应沿着向斜构造的原始地形继续经田心坪一带南流。田心圩西面木板顶的红色岩系构成的台地，岩层倾向东南。台地东面有一条平坦宽阔的长条形冲积平原，宽达3~4千米，想系旧日北江的河谷，此河谷南经独树岗与鱿鱼岗之间，再沿黄花围而至西南镇的东面。这一段所经都是洼地，也正是红色岩系盆地向斜轴的所在。洼地上又多长条形的沟状湖，从地形上也可以证明这里是古河谷的地带。原始北江流至西南之后，大概分为官窑与佛山二路流至广州出海（图1）。至于原始北江下游的支流，从东面花岗岩高地流来的当有流溪水和九曲河等，沿构造地势的倾斜和古生代岩层的纵谷西南流，汇于古北江水道；从西岸流来的也有漫水河和绥江。绥江下游北岸的草塘想即系旧河道所经之洼地，过此直接黄塘洼地，再经横山涡汇于黄花围北面的原始北江河道。此种原始河流的系统，从红色岩系岩层的倾斜状况观之，似很有可能。

2. 红土层沉积后河道的变迁

钵耳楼附近红色岩系向斜谷的底部（高约8米）有相当雄厚的红土堆积层，可惜我们没有找到化石，对于红土层的生成年代还不能确定。不过参考各家关于华中、华南一带红土层年代的意见，[①] 大部分皆认为华南的红土层属于第四纪的产物。石角红土层中含有红色岩系的砂岩砾石，掩复于红色岩系之上，它的土质比较松软，呈赭红色，似亦属第四纪的沉积物。在石角东面古河谷的丘陵和石角南面的丘陵上，及西南镇、黄塘、芦苞、三江、白泥、赤泥各地的丘陵上都见到此种红土层，可见分布很广。

---

① 徐瑞麟、蒋溶：《广东西江沿江地质矿产》，载《两广地区调查所报告》，第四卷上期。朱庭祐：《广西贵县横县永淳邕宁宾阳五属地质矿产》，载《两广地质调查所年报》，第1卷，1928年。熊毅：《江西更新统黏土之性质及其成因》，载《地质论评》，第9卷第1、2期。

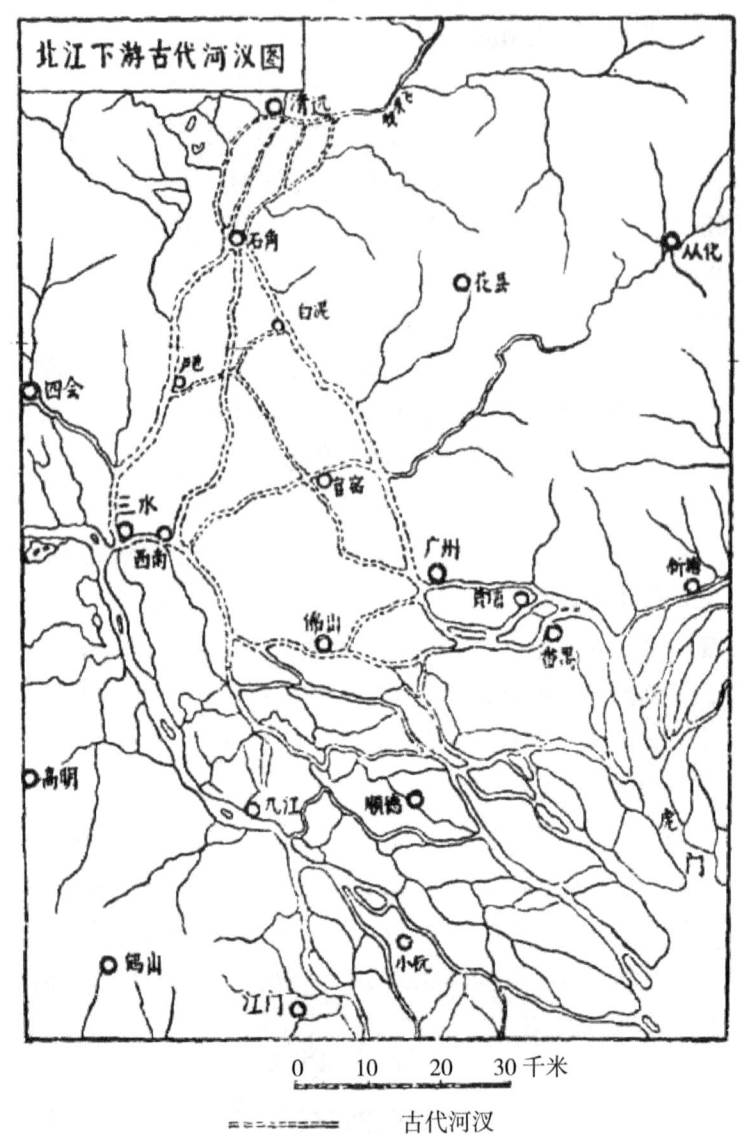

图1　北江下游古代河汊

石角东面的丘陵上还有一条明显的红土堆积层的上限，高约50米，在此高度下的谷坡直至谷底，皆有红土层。此界限的高度和附近阶地状丘陵的高度相等。可见红色岩系自从新第三纪上升之后，跟着发生河川割切，在红土层堆积之前，已侵蚀到今日谷地的深度；第四纪冰期中世界各地海面一般都下降了，所以第四纪初的谷地还可能深割到今日的海面之下。这也可以说明为什么今日西南、芦苞间的洼地常低于海面1~2米，而黄塘的地层在海面下 0.42～3.62 米间为腐层，芦苞闸的闸内在河底下 80 米还是沙砾层，西南镇西南涌闸口在海面下 20.60 米以下才见沙岩层。① 后来这里侵蚀基准上升，又发生广泛的红土沉积，一直到达今日 50 米以上水平。如果认为红土是第四纪的产物，那么掩盖于红土层以下的则属于新第三纪末期或第四纪初期的地形。

西南镇西侧的白鹤岗（45.4 米）及其附近能普遍见到非常松散的灰色或微红色的沙砾沉积层，砾石中也含有红色砂岩的卵石。西南镇西面北江岸的砾石层比较坚实，西南镇北面的风化层则很松散，用手指可以揉碎。此种沉积层年代当然很新，也是红色岩系以后的产物。在旧三水红岗附近的西江畔见到类似的沙砾层掩盖于红土层之上。此沙砾骨的顶部高出今日水面约 7 米。在西南附近的沙砾层中又见到交错层的堆积，这也许是古代河中或河口的沉积物。可见当时的河道的确曾流在今日海面数十米以上的水平。西南镇北面的猪牯岗，高 44 米，顶部平坦，上有四级明显的阶地，也可以证明必有一个时期河面达到 44 米以上的水平。

本区中在红土沉积层的上限（50 米）高度相当的水平上，还到处见到由于红色岩系或比较古老的石英岩和花岗岩所构成的丘陵地上的搬运面（侵蚀面），这个搬运面经近代沟谷的割切，把过去的台地割成无数等高的圆顶小丘，但也有不少还保留台地形态，这些平顶的丘陵或台地的地面又常常是岩层的削切面（即地面割切了缓倾斜的地层）。关于此搬运面的生成年代可能和 50 米高的红土沉积层为同时期的产物。由于低地中沉积红土和高地处发生侵蚀和剥蚀，以及各种各样的搬运，把高地削低至搬运面上（即当时的侵蚀基面），把凹地填平至沉积层的上限，即当时盆地中的水面。所以，搬运面和红土层的堆积面可在同一水平上，也是属于同一时期的产物。

红土层生成之后，北江下游一带铺成一层平坦的地面。如果这里冲积物的来源主要是北江河口的冲积，则从石角（甚至从飞来峡）向南可能展开一片平坦的大冲积扇，北江下游水道则在这个大冲积扇上发生河汊漫流。后来可能由于侵蚀基准下降或由于地壳上升，石角东面的马头石水道和石角西面的鼎湖系岩层上的北江水道也渐由于侵蚀而形成。从今日的地形上推测，当时漫流水网的东支主流，沿今日的白泥河，经过古生代的褶皱、断块地区和小坪系石英岩层的接触地带，向东南流至广州。由于河谷不断下割，遇到淹埋在地下的坚硬岩层便切成峡谷，如石门峡谷与赤泥相对岗峡谷。另有一支漫流可能从石角经田心村循原始北江河道至鱿鱼岗，再沿古云东海转官窑和雅瑞（这里官窑之间有一条古河谷）而接小北江的水道。在西面可能还有两条水道，一条从鱿鱼岗通过黄花围水道至西南，另一条便是现在的北江水道。

这几条水道之间还有许多分歧的水道，和今日珠江三角洲上的水道网一样复杂。

---

① 广东水利厅钻探队记录。

当地面削切到20米以上水平，似乎又有一段停止下切的时期，所以许多地方产生了20米高的搬运面；它的高度又和赤泥剑岭西麓的红土阶地相当。石角东面古河谷两侧20米高的平顶的小丘，三江附近的丘陵地，广州白鹤洞和河南岛上20米高的台地，似乎皆属于同一时期的搬运面。

3. 近代河道的迁移

广州西郊的小北江，河床深阔，两岸冲积地发达，一望便知是一条水源丰富的河道。但流溪水和白泥河都是比较短小的河川，所以小北江的河床必非此二河造成的。

今日的白泥河和北江由于石角附近以及清远盆地南线的低谷都筑了大堤，使平时北江之水不能流入白泥河。1955年6月笔者到石角考察的时候，北江水面尚较白泥河上源洼地里的水面高2米，若无大堤阻隔，则北江之水可以经白泥河直流广州，可见白泥河原与北江相通，是北江下游的一条主要的岔流。

究竟白泥河从何时开始和北江主流分隔？其原因如何？

也许有人认为由于人工筑堤的结果把水道迫向西流。像这样巨大的工程，在近代的科学技术上当然是可能的。但从古代科学和工程技术水平来看，要把一条几百米宽的河道挡住，迫其西流，是一件比较艰巨的事。如果成功了，在历史上必有一些记载，或在民间遗留下一些传说，不至于像今天关于石角最初筑堤的历史一样，毫无线索可寻。但我们自然不否定筑堤的结果会促使白泥河加速淤塞，或是在快要淤塞的河口筑了堤后，会加速河道向西转移。再从地形上来看，白泥水道和北江相连，不仅在石角牙西面有一条水道，而是还有三条水道，一条是公岭水道，一条是蒲基头水道，还有一条是马头石水道。公岭水道北连清远盆地中的海仔水，它是北江东面的一条古河道，明显是古北江岔流之一。所以，过去的北江有一支派从清远城南的海仔口南流至公岭附近，经石角墟东面的谷地至白泥河谷。至于蒲基头水道和马头石水道现在和海仔水道还是相通的。但在此二水道的北面还有一条宽谷及洼地，即古称大燕水的遗迹，连接到连水口古河谷和青榄江水道，这些水道过去都是北江岔流。连水口淤积的历史比海仔水为早，所以岔流的迹象没有海仔水显著。至于青榄江的水，则从北江分派出来，向南流，连接大燕水。不久以前，每有北江大水的时候，江水还可以通过马头石水道流到白泥河来。① 直至最近，青榄江才由人工加以填塞。

由于清远盆地里北江东面岔流先行淤塞，故白泥河的东边水源（石角牙东面）断绝较早，北江流水主要集中在石角以西的北江河道，直奔芦苞，于是石角附近的白泥河水量减少，淤塞加速，因而促使白泥水源和北江本流隔绝，然后在淤积的河滩上筑堤，以免北江水涨时侵入白泥河谷地。

从另一方面来看，当清远盆地东部北江岔流淤塞之前，石角坪西面的北江大堤，不能

---

① 光绪六年（1880年）重修的《清远县志》中的地图，尚绘有马头石河道和连水问题。

隔断北江之水流到白泥水来，故石角堤如有分隔白泥水与北江的作用，必在清远盆地东南部诸岔流淤塞之后，其理甚明。

还有，在石角坪东面的白泥水水源闭塞之后，如果要人工筑堤以隔断北江之水从石角坪水道流入白泥河，则必选择石角坪东南面的荷包角附近南北红色岩系的丘陵最接近的地方，只要筑了一条1千米长的短堤就可以了。可是这里在过去并没有堤围，一直到1952年培修北江大堤的时候才筑了一条内堤，以备石角北江大堤崩溃时作为第二道的堤防。相反的，年代较老的石角北江大堤，筑在石角牙的西面，北起于龟岗，南迄石潦岗，长达5千米左右。可见这条北江大堤主要的目的不是在隔断北江江水流入白泥水，而是在北江天然淤积的河滩上筑起护田的堤围。

从今日的地势看来，当白泥河与北江相通的时候水量很大，它流至白泥坪附近后可能分为两支南流，一支流向赤泥，另一支沿九曲河至鱿鱼岗。但现代九曲河从西南向东北流（即从古云东海流向白泥河），对于地面从南向北的总倾斜不能配合。可能由于白泥河上源与北江隔断之后，白泥河水量减少，而石角、芦苞间的北江水量增加，使古云东海水涨，故九曲河发生逆流，倒灌入白泥河谷。今日九曲河道回曲特甚，两岸冲积层也非常宽阔，这也许是逆流发生时流水缓慢，因而产生的迂回和冲积的现象。

小北江还有一个主要的水源是来自古云东海，或称芦苞水。它在芦苞分泄北江之水，东流至鱿鱼岗后，再分为两支：一支入九曲河流至白泥坪淮于白泥河，如前段所说；另一支沿古云东海南流经官窑、金溪而汇于小北江。

古云东海河道是一条广阔的北江岔流，两旁有广大的冲积层和洼地。芦苞附近河床宽达500米，河底有20～30米厚的沙砾冲积层，沿河两岸河堤平均相距约500米。从河床的宽度和冲积层的情况来看，古云东海当为过去北江一条主要的水道。

历史上这里是北江通至广州的主要水道，官窑在晋、唐、宋各代是北江水道交通上的要地，[①] 明清之后主要的航道才移到三水线。航道的变迁虽然不能证明河道的变迁，但北江到广州的主要航道不走芦苞—官窑—广州的快捷方式，而取道于芦苞—三水—广州的迂长路线，似由于自然条件的影响，就是古云东海逐渐淤塞而使航线西移。又根据清乾隆年间齐召南著的《水道提纲》中所载："北江即古浈水，……受西北来回歧山水，又西南分为二派支津，西南流曰绥江，经醉翁山东，又南经三水县城西，又西南与西江之支津会。折而东，经县南，又东南，会北来支津，又东南至西樵山，折而东，至江口司北，又分一支南通西江，又东北经佛山镇南，过荔枝湾柳鱼浦，于广州府城之西南，北会北江，而南会西江也。正派自绥江口东流折而南又一支南通绥江及西江支津，又东流，经灵州山，带岗北，蜕壳冈南，又东南中有大洲，又有花县水自北来会。又有从化县流溪合诸水

---

① 叶汇：《从交通地理研究广州的城址问题》，载中山大学地理系《地理》1950第2期。

自东北来会。北江至此又分二派，中有大洲。南流，其东派会从化水于石门，南为巨浸。分支津东南经广州府城东而会东江于珠江口也。正派南流至府城西郊为巨浸，曰柳源浦。于城西南，会西江水及东江水，又南入海。"

个人认为，上文所指绥江不是今日的绥江，大概是自芦苞至三水一段的北江，故在三水城西会西江支津，折而东流至佛山镇。而北江的正派则自绥江口（在芦苞附近）东流折而南，经灵州山（官窑附近）接今日广州西郊的小北江。上述记载也说明古云东海是那时北江的正流（即干流之义）。其中所云"又一支南通绥江及西江支津"可能指古云东海自独树岗和鱿鱼岗间至黄塘的水道。

自从芦苞设水闸后，古云东海的水量受了人工的控制，但每当增水时期北江还是经常利用这条水道排水。

小北江的雅瑶河道和该段宽谷的形态不相配合，雅瑶以下河道宽阔，雅瑶以上小河道流于宽阔的冲积谷地之上，回曲殊甚。此宽谷北连官窑，可直接于古云东海和西南涌。这里过去可能是从官窑至小北江的主要水道之一，后来与西南涌及古云东海隔绝，才变成涓涓细流。自从河水减少，河道在宽阔的古河谷中发生冲积和回曲，才造成今日的形态。

至于鱿鱼岗至西南间洼地带的水道，可能自从九曲河发生逆流之后，古云东海的水量有了新的去路，洼地里的水道就渐渐淤塞。现在洼地上只留下几条南北向的小河和长条形的湖泊。

现在北江绝大部分的水量，经漫流的最西线的三水水道南流。

4. 北江下游河道变迁的总趋势和右偏的规律

总的来看，自红土层沉积后，河川又发生下割，飞来峡以南的北江水道最初在平坦的冲积层上发生漫流，石角、芦苞、西南、白泥、赤泥各地水泄分歧、漫流发达的情况，恰似今日广州、三水以南三角洲上的漫流。

最初白泥河是北江下游一条主要的排水道之一，从今日白泥河河谷的宽阔和两岸冲积层的雄厚，可见其古时的确是一条很大的河流。后来逐渐和北江分隔，才变成独立的河系。现在古云东海的水道又逐渐淤塞了，北江水道集中到西线，即经三水河道，故河道发展历史的总趋势是东线的岔流逐渐淤塞，水量逐渐集中到西线南流。

虽有个别的岔流水道或许在特殊的情况下和主要的偏向稍有不同，但在广州—三水—石角间的三角形地带河道变迁的总趋势是从东偏西转移。

至于三水西南以下的北江水道，和古代西江的水道很难区分。这里东西向的水道固然和地层的走向一致，但主要的还是原始的西江水道。[①] 在广三铁路线以南的北江水道，也是港汊分歧、漫流复杂的地带。历史上广州为北江主要水道所经，[②] 后来小北江水道上游

---

①② 叶汇：《西江与北江汇合点——思贤滘的研究》（未刊稿）。

逐渐淤塞，北江主要水道移到佛山，使佛山成为三角洲水运中心，明末清初佛山工商业的发达远在广州之上。

再从今日的地形看来，北江水道过西南镇之后，应有一条支流经佛山至广州的花地。此外，还有一支流从佛山东指，直接沥滘与大石间的水道，这恰好是流在红色岩系盆地的南面边缘，小坪系岩层露出的地带。从地形上和地质构造上来看都可能是一条大河所经的古道，现在谷地中尚流着一条小涌。

清初以来，佛山水道又淤塞了，广州与三水间的主要航线要绕经潭州水道。现在北江主要的河道又移到潭州水道以南的顺德水道了，可见从历史发展的情况来看，西南以下的北江主要水道有逐渐向南移动的趋势。北江下游从北向南的河道偏西移，从西向东的水道偏南移，这说明北江下游水道偏右转移的趋势。

不仅北江下游的河道如此，西江下游的河道也有偏右转移的现象。西江下游出肇庆峡，最初水道可能顺河道从西南向东北流的趋势，在大席塘洼地区展开一个曲流。历史上有一个时期西江之水大量经旧三水北面流入现今北江下游的水道，可能经过广州城下出海。现在西江主流在西樵山之北和以南地区，都见到低平的冲积宽谷，连接西江与北江之间，可能是西江通往北江下游的旧道。前几年有一次西江大水经羚羊峡南面的宋隆水道东流，可见西江发展的趋势也是向右偏。东江下游河道也有右偏的趋势。其下游东岸的寒溪水洼地，为古东江水道的遗迹，[①] 现已弃而不用。就是现在石龙以下三角洲上的东江漫流河浪，也以新塘线（北线）为干流。若谓东江下游的新塘线因受了增江之水，使水量增加；但增江口以上的东江北支岔流，就比南支大；增江口以下有许多岔流，还是以最右侧的新塘河道为主流，可见东江下游河道也有右偏的现象。从地形上来看，新会的潭江，过去当以流经江门的河道为主要排水道之一；现在江门附近水道还很深，而新会城南一段已渐淤塞；今日潭江的水道，则在新会城南绕一大弯曲，取道崖门出海，可见也有右偏的迹象。

至于河道向右偏移的原因，不会由于粤中一带地层发生简单的不均衡的升降运动所引起，因为北、西、东、潭各江下游相距甚近，而各河道的流向不同，则所偏的方向，或偏西，或偏南，或偏北，各河系不一，在同一河道的各段也有差别，故河道的右偏绝不是由于粤中地块简单地向一面倾侧运动所造成的。

本区地层自红土层沉积之后，既无新发生的明显的穹弯或褶皱，也找不到与河道偏移方向相配合的倾侧运动的断块或侵蚀面，许多河道右侧河汊的发展和左侧河汊的淤积而至消灭，也没有迹象可以证明系由构造作用所引起的。

也许有人认为白泥河流域构造复杂，该河趋向于衰亡，可能与该区复杂的构造有关。

---

① 刘育民等：《东江下流洼地的研究》（未刊稿）。

但在平坦地区的古云东海河道，和佛山附近北江河汊向右偏移的事实，便不能得到说明。因此即使地层有局部的变动，似也不会造成如此普遍的右偏现象。

地形与原始构造对于珠江三角洲一带河道的影响，一般较微。50米和20米搬运面和堆积面的存在，可以说明过去在较高的水平上曾有平坦的地面，所以河流在较宽阔的平地上可以自由摆动或产生漫流，因此河川割切作用一般可以不顾今日露出地面地层（亦即古时深埋地下的地层）的性质，强行割切，造成许多贯穿谷或叠置谷的地形。这里河流的流向，一般说来既可以不顾今日露出地面岩石的性质发生割切，则漫流中向右偏的趋势也不能从岩石的性质上得到全面的解释。

若谓广州附近各河道向右偏移的原因，是由于各河段左侧支流带来干流中的冲积物较多，发生冲积，迫使河道右移，则西江下游的右侧多山地，溪流也较多，其右岸支流的冲积物当比西江左侧三角洲中心区的岔流多，为什么西江河道偏向右侧，而不偏向三角洲的中央地带呢？

最明显的，在目前平坦的三角洲上，一般河道右边岔流的水量，普遍地比左边的岔流大，故西江、北江、东各江的干流总是集中在最右侧的岔流上。

珠江三角洲各河汊的水文资料，因受潮水的影响，都没有年平均流量的数字；但从一些实测的记录来看，已足以证明河水偏向右方河汊奔流。

北江下游在天河附近分为潭州水道与顺德水道两干流，根据广东水利厅资料，1952年8月、9月两个月中，共实测流量28次，下湾站（在岔流上方的北江水道）平均流量为2908立方米/秒；同一时间在紫洞站（在潭州水道开始处）实测的平均流量只有674.9立方米/秒，就是说，流到顺德水道的流量为2233.1立方米/秒。

西江下游在天河附近分为东海和西海两干流，也是根据广东水利厅1952年8月、9月两个月同一时间在东西海实测流量29次，每次西海的流量都比东海大。西海天河站平均为8273.1立方米/秒，东海南华站只有6984.7立方米/秒。东江在石龙附近分为南北二岔流，1952年8月1日、16日、17日、24日各日，北支流量平均为1286.4立方米/秒，南支只有1055.6立方米/秒。

可见珠江三角洲一带的河道，不仅从河道变迁的历史上看到向右偏移的事实，而且在今日各河汊的流量上，也看到河水偏向右方河汊上奔流。

河水右偏的趋向，主要由于北半球地面流动体因地球自转偏向力（亦称科赖奥来力）所引起的向右的偏力。当河道产生浸流的水道网之后，河水最易集中至右方的岔流，使这里侵蚀作用增强，而河槽也日渐扩大；相反的，左方的岔流水量减少，冲积加速，逐渐淤塞。这就是珠江三角洲各河道发展的主要规律。

关于地球自转使北半球地面的流动体发生右偏的定律，在物理学上、气象学上和水文学上已得到普遍的应用。苏联的地形学家也曾把它用以解释苏联许多河道不对称河岸的成因，即著名的贝尔定律。笔者也认为在水汊分歧的三角洲上或在广阔而平缓的冲积扇上的河道，由于右偏力的影响，使河水逐渐集中至右边河汊上流，是更容易发生的现象。

有人以为地球自转所生的偏向力在两极最大，到赤道则等于零；珠江三角洲位于北回归线南面，偏向力一定很小，因此贝尔定律可以应用于苏联的河道，但右偏学说不适用于广州。

个人认为一般计算各纬度偏向力 f 的公式是：

$$f = 2\omega\sin\varphi vm$$

式中：ω = 地球自转的角速度；φ = 所在地的纬度；v = 流动体的流速；m = 流动体的质量；2ω 是一个常数，在各种纬度下都一样。

一般河槽的形态主要决定于增水时的流水作用。珠江三角洲各河道在增水时期流速常达 1 米/秒以上，思贤滘岗根水文站 1954 年实测最大流速达 3.03 米/秒，下滘 1953 年实测最大流速达 1.58 米/秒，天河 1953 年实测最大流速达 1.73 米/秒。

就上述公式，在一定流速之下，单位质量所引起偏向力的大小决定于 $\sin\varphi$ 的值。广州附近的纬度约 $23°$，$\sin 23° = 0.39$；苏联伏尔加河的下游约在北纬 $50°$，则 $\sin 50° = 0.76$，故广州附近河水的偏向力约等于伏尔加河下游同速度流水偏向力的一半。

当然，在珠江附近广大的区域内，河道可能还有种种其他的变迁形态和许许多多变迁的原因，在一些特殊的情况下，也可能不是右偏，而是左偏；不过右偏是本区河道最普遍的规律，而且由于地球自转所生的偏向力，似乎是右偏最积极的因素。

又有人以为三角洲的河道每日皆有潮汐，潮涨时潮水往上逆流，可以抵消或减削河水的右偏力。但他们不知道从河口上溯的潮水，也受偏向力的影响，上溯的向右偏和退潮的右偏，对于河槽所生的右偏影响，并不须考虑到流水所来的方向。而且河水经常流，而潮汐只有一定的时刻，下游河槽的变化，河水总是起了主导作用的。

三、河道右偏规律的实用意义

如果我们的研究结果，符合自然界的客观规律，则循着这个方向，做出更具体的研究，如实验和研究各河段右偏力总的能量、河道右偏进展的速度以及各河段由此右偏力与其他发展方向综合作用下所产生的效果，则对于自然发展法则把握得更全面，对于国家生产建设更有贡献。

如在防洪工程上，关于筑堤、筑坝、分洪、筑水库、设闸等工程，都必须考虑到偏向右边河汊发展的趋势，即在右方河汊的工程必须特别坚固，而且要预计到河床逐渐增阔和水量逐渐集中的趋势。

在运输方面，假使欲开辟一条较深的航道，最好选择在浸流右侧的河道上，一来这里水深，二来这条航道的寿命较长。如果在左侧的水道开辟航道，则费力大，给养难，而航道的寿命短。

陆路交通线的选择和水道变迁的趋势有关系。主要河道的演变可以使水陆交通线不相配合，甚至引起整个水陆交通网的重新配置。所以计划陆路线的时候，也必须考虑目前水路的情况和将来发展的趋势。在陆路工程设计上也要密切注意河道右偏的趋势，如估计将来沿陆路线的河床可能的变迁，而对于陆路给养上所产生的影响；在桥梁设计方面，漫流右侧的河道和左侧河道应有不同。左侧河道是逐渐退化的，漫流右侧的河道则逐渐发展。前者在工程上可用普通设计，后者在工程上则要求比较坚固。

选择港埠城址和工厂厂址的时候，必须注意到河道的交通、饮水的供给和工业用水等方面，所以河道右偏迁移影响港埠城市和大工厂的设立，关系甚大。河岸发展的趋势也直接影响码头、道路和建筑物的安全。将来新港埠或大工厂的建设应尽量选择在右侧的漫流上，这里位置优越，水源可靠，交通也最为利便。但对码头、沿岸大道和河岸建筑物等，应对河床发展的趋势加以充分估计，以免崩塌。

区域或流域的规划，必须全面考虑该区的自然环境和目标环境的发展规律，掌握河道的发展规律等不可忽视的知识。

因为右偏的规律为全球普遍性的流动体运动的规律，北半球偏右，南半球偏左。但河川只有在一定的地理条件下才会显现出这种右偏规律的作用。平坦地带的漫流，河水的右偏比较容易发生。故此种规律也可能应用于黄河下游的华北平原和长江中下游的各盆地和三角洲的河汊，这对于治黄和治江的工作也可能有一定的参考价值。

(见《地理学报》1957年5月第23卷第2期)

第三篇　再论科氏力对河汊发育的影响

——以珠江三角洲河网区为例

叶　汇

叶　汇

提示：地球自转偏向力或称科氏力作用于大小江河，这个作用力在北半球偏向河流右岸，发生冲刷；在南半球偏向河流左岸，发生沉积。这个河水运动现象，在珠三角河网已有充分体现，并产生相应后果。作者从珠三角江河变迁历史过程出发，列举了西江、北江、珠江三角洲多条支流、河汊在两岸冲刷、沉积事例，并认为科氏力对珠三角堤岸作用力巨大，是造成决堤甚至崩塌的一个原因。在水利工程、航运、港口，围垦等选址、布局、设计上应当充分估计科氏力的作用，尽量减少它的负面效应。

过去笔者在研究北江下游河道变迁的时候，① 发现北江三角洲上端的网河区，2000多年来东侧的岔流（如白泥河、芦苞涌、西南涌等），从上往下逐条依次淤塞，河水归汇于右侧岔流（芦苞—三水水道，旧称绥江）。最近芦苞—三水水道水流又大量经思贤滘归汇西江干流使思贤滘以下的原北江干流水量大减，日渐淤塞。北江下游河汊这种演变的趋势，在地貌上至今仍留下明显的古河道的残迹，在历史文献上也得到许多证明。1973年出土的长沙马王堆汉墓中的地形图（距今已有1100多年）也证明汉时白泥河是北江的一条岔流，直通广州。② 在卫星照片上也可看到这些旧河谷的遗迹，北江下游东侧河汊逐渐废弃，偏向西侧岔流发展，已成为无可争辩的事实。

同时，东江三角洲自石龙以下的岔流则向北侧发展。北支的石龙—新塘线，现为东江的主流；南支的东莞水道一大部分水流归汇于北面的岔流，以致也有逐渐淤浅的趋势。北江与东江的流向不同，前者南流，偏向西侧河汊；后者西流，河汊偏北发展，其右偏发展的趋势则一致。造成这种趋势的原因，作者曾指出可能由于科氏力的影响。

---

① 杨干然、李春初：《珠江三角洲的形成、发育和演变》，1976年。
② 谭其骧，等：《古地图论文集》，文物出版社1975年版。

争论者有的认为是由于北江下游地块新构造运动的向西倾斜所引起，那么东江下游河汊的偏右发展必然也是由于地块向北倾斜。可是这样倾斜的新构造运动，在本区地质上至今没有得到证明。也有人认为，北江流的右偏发展，是"由于人们筑堤防洪，联围筑闸的结果"。① 但事实上佛山涌（1961年建闸）和西南涌（1956年建闸）的联围设闸主要是新中国成立后的事，只有20多载的历史；佛山涌的淤塞早在清代中叶，西南涌的淤塞早在明末清初。芦苞涌水闸（1920年建）也不过50多年的历史，芦苞涌与石角（白泥河与北江分汊口）都是明代开始筑堤；② 而芦苞涌的淤塞至少早在元代，白泥河的淤塞约在1000年前的晋、隋时代了。何况堤围修筑不限于左岸，又何以只东侧河汊淤塞呢？所以，北江下游左侧岔流的淤塞，不是由于人工筑堤设闸，其理甚明。

又有人认为，"一旦河床推移泥沙堆积体下移到达，支汊河床便遭受粗粒泥沙的填塞，而迅速淤塞。这样一来，枯水时河流水量汇归主干河道后，支汊的分流量很少，而支汊另一端又无潮流进入，或进入的潮流很少，则支汊的生命衰减以致消亡"。③ 但作者以为推移质本来是一直输送到河口的。就算是上游粗粒的推移质较多，然而支汊的粗粒推移质既来自主干，并淤塞了支汊，则主干河床势必同时淤高，才能把粗粒推移质推进支汊；这样，则河床比降增大，流水加速，不致使支汊淤塞而消亡。即使枯水时期，河水归汇干流，汛期一到，又有大量流水冲进支汊。何况珠江正干下游为江口三角洲地区，潮差特大，水道深，河面阔（如广州—虎门河段，迄今还保留7～10米的水深），没有淤塞的迹象，而北江三角洲上端的东侧汊河皆流注于广州水道，河口潮区河段（指广州以下水道）畅通，只要河汊上端有足够的水量从干流进入支汊，则支汊是绝不至于半途淤塞而消亡的。所以支汊的淤塞与否，关键在于来水多少，而不是取决于河床推移质颗粒的大小。假使粗粒的推移质可使河汊淤塞，又何以说明淤塞的河汊总是出现在左侧呢？

一、珠江三角洲河汊发育受科氏力影响的新证据

1. 西江、东江干流向右偏移

西江干流，据许多研究者的结论，都认为过去西江经思贤滘附近直趋广州城下。不仅北魏郦道元《水经注》中言：浪水（今西江）"东至高要县为大水"，又"东至南海（郡）番县西分为二，其一南入于海，其一又过县东南入于海"。即从地貌上看来，西江、北江、绥江三江交汇点的三水盆地，在绥江三角洲发展至思贤滘附近以前，这里还是一片汪洋的水区（河沙冲积层厚达30米），只有少数山岗如昆都山、旧三水等露出水面；当时

---

①② 曾昭璇、黄少敏：《珠江水系下游河道变迁》，载《广东师院学报（自然科学版）》1977年第1期。
③ 杨干然、李春初：《珠江三角洲的形成、发育和演变》1976年。

西江干流出羚羊峡后沿东西断层线直指东流，势必经三水河口—西南镇间的古肆水（即今日的思贤滘—西南镇河段）斜出东南，成为古西江正干河段，沿今日北江水道，散为数支，如西南涌、佛山涌、潭州水道、顺德水道。后两者可能是古西江最大的出海水道，原因是：①西南涌宽度只有28米，素来不是一条大川。① 《广东通志》（1687年）也说："西江之入西南夏四之一，余十之一。"②西江马口峡水道已跨出三水构造盆地以外，属基岩峡谷区，受地形限制，河谷狭窄，估计古时流量不会很大。而苍江（即思贤滘）一直到明初，江面还宽达6～7里；明代以后，苍江以北还有数条水道可通北江下游，所以西水东出苍江之后，必直趋东南。③从第四纪冲积层厚度分布图②看来，顺德水道与潭州水道一带，冲积层广厚（厚度达40～50米），像一个海湾，西江出思贤滘后，必以此为主要出海水道。

又据《九江儒林乡志》所载："昔西江诸水出羚羊峡，下至思贤滘，分为二，一由三水经佛山以达珠江，一由金山过石门以抱会城；其不入思贤滘者，则由马口经三洲以达崖门入海。今佛山沙口浅涸尤甚，全势尽趋三洲口，东向河清（此二地在江西正干），奔腾直注。"③ 也说明了马口峡原只是西江的一条岔流，自西南涌、佛山涌相继淤塞，北江水位提高，迫使西江之水全势尽趋马口峡。

或谓思贤滘的淤塞，主要是由明时筑堤的结果（1522年前滘北围成，思贤滘江面缩狭一半），不知滘北筑围，正是现代绥江（不是古绥江）三角洲向前发展的结果，先把西、北绥三江的汇合点洼地淤塞，水浅到了一定程度后，才具备筑围的自然条件。固然，堤成之后，对分洪有一定的影响，但不能把人工筑堤看作迫使西水归汇马口峡的主因。

综上所述，西江正干在秦、汉之时，东出思贤滘后，其尾闾可能经顺德、潭州水道出沙湾入狮子洋，或奔向洪奇沥方向出海（当时洪奇沥还是海区）。而现代西江干流经马口峡南出磨刀门了。

从卫星照片看来，近代西江干流紧紧地迫近珠江三角洲西面的山丘区（马口峡谷河段还跨进了山丘区）。几条西南—东北走向的山脉，如烂柯山余脉（思贤滘西口对岸）、皂暮山脉（甘竹滩对岸）、外海西侧的丘陵地都成了西江干流西移的控制点，突出地造成了河道的大弯曲，弧背朝东，介于各控制点之间的河道，则向西略作微弯。这种地貌分明是西江干流向珠江三角洲西缘不断侧蚀的结果。

唐、宋以来北江白泥水道与芦苞水道相继淤塞，北水归汇三水西面的北江水道，使三水附近水位提高，因而阻碍西水东流，思贤滘以东西水大减；而旧日西江干流的顺德、潭

---

① 陈全、黄俊琪、杨秀陆：《西南涌流域河道变迁的初步认识》，1976年。
② 国家地震局广州地震大队：《从地壳晚近活动估计广州地区的地震发展趋势》，1973年。
③ 徐灵、周南山、陈平、刘扬发：《西江干流马口—九江河道发育与演变初探》，1976年。

州水道，逐渐变为西江、北江二江共同的排洪水道。到了明、清时期，思贤滘北面绥江三角洲发育，更阻挡了西水东流；西南涌、佛山涌、平洲水道逐渐淤塞，也减少了北江水流入广州城下的珠江，而这时顺德、潭州水道就成为北江下游的正干。

　　现在思贤滘虽然江面狭窄（100～200米），但水流较急，最大流速达3～4米/秒。由于北江河床比西江高10米以上，东口河床高（水深只有16米），西口低（水深20米），西流流速大于东流流速。一年中大部分时间（9月至来年6月）是北水西流，6—9月西水东流。若两江水位相差不大，则水流顺逆不定。北江洪水暴涨时（4—5月），将近1/2的洪水量经思贤滘排水；枯水期中，西江水位下降，北水西流，流量可达北江流量之85%左右，更使北江下游水量大减，造成东滘口以下水道（如三水附近的古肆江河段、潭州水道）大量淤积。三水附近又是西江涨潮水与北江涨潮水的会潮点，淤积特别迅速。据马口及三水二站历年实测资料，西江北江年径流经思贤滘调整后，多年平均经西江马口者为86.2%，经北江三水站者为13.8%。可见今日西江、北江之水主要是经马口峡出海的。思贤滘的北水西流，从表面来看，也许有人以为是由于北江河床比西江高；可是当西江水面高出北江的汛期，既有不少西水东来，河床又是由深厚（约30米）松散的沙砾所组成，为什么不会在滘口以东，联合北水冲出一条深水道呢？更重要的原因是大部分西水在未入思贤滘之前，已转向马口峡水道。所以上面事实恰好说明西江也是向着右边汊道发展的。

　　东江水道在石龙以上过去有一条大河汊牛食脯（寒溪水下游），从铜湖沿今日东江南面汇入石龙附近的东江。这条古河谷地形明显，古河汊北岸还有一个茶山古镇，是陈、隋、唐、五代、宋初各朝重要的东江口岸。[①] 这条河汊到宋元祐二年（1087）福隆围建成后才与东江隔断。又据《东莞县志》，当1087年首筑东江堤之时，石龙以东、东江南岸各地皆东江游衍之地。而中堂（东莞城西北）一属，汪洋弥漫，洲渚无多，莞城到涌口外，直名为海。到了明洪武二十六年（1393），自石龙镇西沿北支岔流南岸筑堤。自此东江下游分为南北二支。今日东江北支干流上的麻涌，为明洪武初年才开始屯垦的，[②] 至于南支的东莞涌，宋时还是大海，明时也是一条比较大的河汊，现东莞城以下的河段，已渐淤浅，南支大部分水量，经中堂水道注入北面岔流的倒运海水道，甚至有一部分流入东江北支干流。从卫星照片（mss7波段）上也可看到东江流紧靠三角洲北侧丘陵地边缘，而且东江三角洲上各河汊的流水北偏归汇于右侧的河汊。事实上证明东江河汊也是偏向北面（即右侧）发展的。

---

① 曾昭璇、黄少敏：《珠江水系下游河道变迁》，载《广东师院学报（自然科学版）》1977年第1期；黄玉昆：《东江下游阶地积水问题的研究》，载《中山大学学报》1960年版。
② 赵焕庭：《珠江三角洲西江河口发育的初步探讨》，见中国科学院南海海洋研究所《南海海岸地貌论文集》，1962年。

2. 珠江三角洲各河分水情况的分析

思贤滘以下的西江、北江三角洲主要分为西江与北江两大河汊系统。甘竹溪以上沟通西、北二江间的岔流，流水皆相互交流，水流方向，每视西江、北二江水位的高低而定。天河以下西江分为许多岔流，向东、南、西南作扇形散开，分别经洪奇沥、横门、磨刀门、鸡啼门、虎跳门、崖门出海，其中磨刀门为主干。这个扇形地带，是西江新淤积的以沙田为主的地区。近代北江自紫洞以下分为顺德、潭州两大平行水道，至三善附近会合后，又分为数汊，分别经沙湾、蕉门、洪奇沥各口门出海，三善以下是近代北江新冲积的扇形地带。北江与珠江正干间的河汊，在佛山涌以北的皆已逐渐淤塞。平洲水道与陈村水道，新中国成立前也淤积日甚；新中国成立后平洲水道经过疏浚后逐渐恢复畅通，水注广州；陈村水道北段近年也向北倒流。这是西江、北江三角洲河汊分流的大势。

关于河汊分水的因素比较复杂。一般首先考虑地势的倾斜和河水的比降，其次考虑河床的地质与地貌条件，在水流平稳江面宽阔的网河区也要考虑科氏力的作用。不过三角洲地区皆为河海自成之地，地势倾斜每与河面自身比降有关。西江天河以下，北江三善以下，水流与地势向三角洲前缘作扇形散开。天河、三善以上的河间带，淤积历史较久，多围田或果基鱼塘，地势每依各地围垦历史略有起伏，各河床也有高低；但位于三角洲中部，各河汊水面比降差别不大，水流比较平稳，所受科氏力影响较大。

据计算，① 当思贤滘洪水量为 52000 立方米/秒（即相当于 50 年一遇的频率）时，西江主要河汊（分流量大于马口或河口站的 5% 者。河口站以河口流量减去西南涌作为 100% 计）共有 12 个（思贤滘、甘竹、天河、海州水道、石板沙、石板沙西口、螺州溪、小榄涌、鸡鸦水道、容奇水道、义沙北、勒流），其中 9 个右侧岔流水量大，只有 3 个（小榄涌、石板沙西口、螺州溪）受三角洲南部结晶岩丘陵地的地质、地貌条件的影响，左侧岔流水量大。

再据 1970 年的同步测验资料分析，当马口站日平均流量为 26500 立方米/秒时（作为 100% 计），西江干流各主要汊口分水情况如下：①甘竹：主要水量沿右侧西江入流（90.04%），入甘竹溪者只占 9.96%。②天河：右侧西海水道占 50.57%，左侧东海水道只占 39.47%。③海州水道：测验资料缺（据上面计算资料②），主流在右侧，经外海，水量 47.99%。④石板沙水道：测验资料缺（据计算资料②），水偏右侧石板沙水道。⑤石板沙西口（睦州涌口）：主流偏左，36.42% 之水沿石板溪南下，汇于磨刀门水道；11.57% 之水西流，受地质、地貌条件限制，分散为许多小岔流，分别经鸡啼门、虎跳门、崖门出海。西江干流共计 5 个大汊口，其中 4 个偏右侧的水道，只有一个（石板沙西口）受地质、地貌影响偏向左侧。

---

① 佛山地区水文分站：《珠江三角洲西，北江下游河道冲淤及水文变化情况》，1975 年。

北江也有12个（思贤滘、西南涌、南沙、紫洞、吉利涌、紫泥、沙湾水道、榄核涌、蕉门、佛山涌、平洲水道、陈村涌）主要汊口，其中6个右侧岔流水量大，6个（南沙、沙湾水道、榄核涌、蕉门、平洲水道、陈村水道）左侧水量大。

据同一的计算资料，北江正干为顺德水道—沙湾水道，自河口站以下直至三善附近有5个大汊口：①西南涌，主流在右侧北江干流，左侧为西南涌。②南沙涌，主流在左侧（80.90%），右汊只有19.10%。③紫洞，正干为右侧顺德水道（50.00%），左汊只有30.90%。④吉利涌，主流在右侧（54.70%），左侧为支汊（14.40%）。⑤紫泥，正干在右侧（河口的49.91% + 马口的1.26%）；支汊在左侧（河口的12.30% + 马口的0.28%）。以上共5个汊口，其中4个都是偏向右侧的，只有南沙涌位于主流的凸岸，分洪量较少，水流偏向左侧。

三善以下进入沙湾水道，有两个大汊口都是偏向左侧岔流的。①三善滘：分为三条岔流，主流在左侧沙湾水道（河口的44.60% + 马口的1.08%），中间为榄核涌（河口的12.07% + 马口的0.27%），右侧为洪奇沥上段（也称潭州水道下段，河口的9.31% + 马口的0.23%）。②蕉门水道：正干在左侧沙湾水道（河口的26.71% + 马口的0.70%），右侧的蕉门涌（河口的14.01% + 马口的0.34%）。可见北江正干，在三善以上，主要是偏向右侧；三善以下转趋左侧，经沙湾水道，注狮子洋出虎门，这与珠江正干水位较低有关。

至于潭州水道原是一条与顺德水道平行的支汊，该段主要有3处大分汊：①佛山涌，主流在右侧潭州水道（25.83%），左侧佛山涌（5.07%）。②平洲水道，主流在左侧平洲水道（22.56%），右侧潭州水道（17.67%）。③陈村涌，主流在左侧的陈村涌（11.13%），右侧潭州水（6.54%）。

新中国成立前平洲水道曾发生严重淤积，驶往西江较大船只（花尾渡）不便航行，必须绕航陈村水道，甚至绕航珠江正干的莲花山水道。新中国成立后平洲水道曾经疏浚，近年水量稍增，两岸又受冲刷，1966年笔者曾实地考察，发现该河道冲刷多属新生现象，过去两岸淤积地貌（如岸边滩地）实很普遍。因此，作者认为该水道近年水量增大，可能与芦苞涌、西南涌、佛山涌设闸，使广州水位降低，平洲水道河面比降增大有关。1975年，佛山地区水文分站也在《珠江三角洲西北江下游河道冲淤及水文变化情况》一文中提道："由于芦苞闸、西南闸、佛山涌等河道流入珠江正干的流量比未筑闸前大大减少，下游及广州市附近的江河水位有显著降低，洪峰水位降低约1.00米，平均水位降低0.50米左右，而潭州水道下游的陈村、碧江及三善滘附近，由于上游筑闸影响，流量增大，水位壅高，故洪水期间，平洲水道向北流入佛山涌，加大后航线方向的流量，陈村水道则显著向北（广州方向）倒流，大大改变了过去自然水流现象。"

潭州水道上面已经说过可能是秦汉时期西江的干流河床广阔，至今澜石附近河面宽度尚有700米。据《罗格官洲围征信录》所载：元以前"潭州水道河床旷阔，潦势不甚猖狂"。"在元英宗时代（1321—1323年）河床高积，水势加强。"正说明元以前西水渐已归汇马口水道（今日西江干流），潭州旧河道宽阔，可容纳大量洪流。元代以后，北江的芦苞涌、西南涌相继淤塞，北江水归汇潭州与顺德水道，故水势增强。正如《南海县志》（1835年）所说："自北江赴省治（广州），旧惟取道石门（小北江水道），今则多行庄步（潭州水道），西南潭淤塞故也。"又云："沙口（佛山涌西口）在大富堡阴，浈（北江）郁（西江）由西南直注，歧分南北，为往来要津。其北条泥沙淤塞，州人抵此，每候潮而过。"《道光佛山志》也载："惟近日北上游，沙口浅淤日甚，非遇潮汐，则舟不可行，而杉排竹排又塞其半。"都证明初佛山涌逐渐淤塞，更迫使北水南下潭州水道。此时紫洞以下的潭州水道决堤频繁，清代就有7次酿成灾害。

潭州水道多沙，近百年来淤积严重，据佛山地区航道局测算，每年淤积20万立方米。自1952—1962年河槽容量减少140万立方米，1958—1959年疏浚150万立方米，基本上隔年回淤。1970年挖泥沙286万立方米，但两三年后又基本回淤。紫洞在1959—1969年间淤高0.95米。整个河段除个别深槽外都有淤高。现在枯水期间仅能通行100吨小船，甚至断流。

产生如此淤浅现象，必然由于水量减少，究其原因大概为：①北江水经思贤滘入西江者日增，虽然芦苞、西南、佛山各涌皆已淤塞，并已全部设闸，使北水归纳正干，但仍不足抵偿北水经思贤滘西流的损失。②北江贤以下南流之水，在紫洞汊口分流结果，大量流水偏向右侧的顺德水道，使潭州水道水源大减。③又因芦苞、西南、佛山各涌堵塞，使广州珠江正干水位降低，而潭州左侧岔流如平洲水道、陈村水等吸引潭州水道之水，流入广州航道，更使潭州水道枯竭，泥沙淤积日甚。

潭州水道历史上这样的变化，正足以说明北江之水偏向西汊。

从以上分水数字分析，我们可得以下几个论点：

（1）珠江三角洲上西江水系大岔流（甘竹溪以下）多斜出东南，反映西江下游网河区地势和水位向东南倾斜。

（2）西江网河区的西南角无大河汊，表示这一地区河汊的发育和三角洲前缘低水位的事实有所矛盾，也和科氏力影响的方向不一致。其原因可能是结晶岩的基底出露，地质和地貌条件阻碍了西南向大河汊的发育。许多西南向的小岔流，只说明了河汊发育的初期阶段。

（3）西江干流外海以下斜出南南东，其西南面的小岔流，水偏左侧，归汇正干，也说明了地质与地貌条件（结晶岩丘陵地）控制了干流河道的流向，并影响了分水情况。

（4）西江干流的上段（叠石以上）水偏右侧，归汇正干，这与地面倾斜无关（西江干流已紧迫三角洲西侧的丘陵山地区，地势不会向西倾斜），也和三角洲边缘低水位无关

（西江正干通常水位最高）。那么，其流水偏向右侧，汇于正干（除甘竹滩为地质条件所限制外），不得不归因于科氏力的作用了。

（5）北江网河区上段（三善以上）除平洲、陈村水道外，水偏右侧，也和西江干流上段一样，与地面倾斜无关；本区各岔流，水位比较平稳，科氏力起了较显著的作用。

（6）北江网河区下段（三善以下）以及平洲、陈村水道，因珠江正水位较低，水偏左侧。

（7）珠江正干的水量（流出虎门的水量）包括流花溪流量、平洲水道、陈村水道进入广州水道的流量，还要加上东江流量以及沙湾水流入狮子洋的水量。这样一来经珠江正干出虎门的流量约等于全部东江流量，加上几乎绝大部分的北江流量，比一条潭州水道的流量大得多了。而潭州水道的水位还比广州水道高，就说明了潭州水道迅速淤高。北江洪期中不取道于低水位的珠江干流，反就淤高的潭州水道，这不得不归因于芦苞、西南、佛山等地的设闸了。

3. 西江干流河床地貌的演变分析

赵焕庭等的研究认为，西江干流下游河床西侧的岩岸多被侵蚀为陡崖，如古劳墟的西江边红层陡崖的前面，在枯水时还可见到50米宽的受河侧蚀所造成的岩石河床，表明河床向西侧蚀。赵焕庭曾用等深线法编绘本段（甘竹—磨刀门）河道深度图，发现诸纵向大河汊深槽大部分靠西岸。还认为西江西岸堤围时常崩塌，如天河围一带，自1784—1834年50年间就发生了6次大决堤，每次都决数十至百丈；潮莲水道西岸横滩沙，在最近几十年来已被削掉一半，磨刀门水道西岸的泰福围、烂塘围及小托一带，每年河岸被冲刷掉3~6米。当地逐年测深资料也说明了深槽向西移；河床中的沙洲也有向西横向移动的趋势。东岸堆积了一些沙洲和边滩。杨干然、李春初的研究也提到从马口峡至天河段经向右岸不断冲刷，使之后退；左侧河岸缓慢淤涨。思贤至九江30多千米长的宋代老桑园围，堤线在今日堤线内200~300米，各个江心滩渐向左岸靠拢，有的与左岸合并。可见整个从马口峡至磨刀门的河床都是偏向右侧发展的。

深槽大部分靠西岸（右岸）以及右岸遭受冲刷，以致决堤，赵焕庭认为这种现象"显然是与恒定的右偏定律作用有关，但这里季风和台风活动起更大的作用"。最后他的结论是："即洪水时期占优势的风，是促成较大的平原河流河床不对称的基本因素。"

至于优势风的作用方面，作者认为有许多是值得商榷的。首先，洪水时期占优势风到底是什么风呢？这里必须指出：香港全年盛行东风，是香港与九龙半岛间海峡上地方性的风（香港气象台设在九龙半岛靠近半岛尖端），不能代表珠江三角洲上的风向。广州的优势风，夏季为东南风，冬季为北风，春秋二季属过渡时期风向不定。珠江三角洲各地风况大概与广州略似。那么汛期吹东南风或南风，恰好与西江下游河谷方向平行，风力一般不大，不会对西岸起特大的冲刷作用。到了冬季北风盛行，风力较大，可能使河水冲向西岸，但这时正是枯水季节，水量少，所生的冲刷力也不会太大。台风是三角洲上特大的风，又值夏秋汛期，无疑会促使河水向江岸冲击。不过每次台风，总是先吹偏东北风，后转为偏南风或西南风（即所谓"回南"），"回南"时往往大雨滂沱，风力更大。故纯由台风所引起的河水强侧蚀，可发生于西岸，也会出现在东岸，而决堤就不一定都发生在西岸了。其之所以如此，必另有因素在其中起了作用。因而，作者认为右岸堤围的崩塌，固然可以由于强台风所引起，而崩塌常在西岸，则可能由于西岸时时刻刻受科氏力的影响，使河水经常向右岸侧蚀，以致原有堤围变成单薄，或成险段，台风一到，就容易发生溃决。故科氏力才是造成西岸经常崩塌的基本原因，而台风不过引起崩塌事件的爆发而已。

4. 科氏力在珠江口外对水动力与地貌的影响

珠江径流出了各口门后，即转向西南流，把径流带来的泥沙，带到口外西南沿岸（如广海、阳江一带）淤积在海滩上。据赵焕庭等实测资料，这是一股半淡水的恒定的沿岸流，各季都从珠江口西流，所以珠江口以西的港湾，多为淤泥冲积的浅水海岸。珠江口的泥沙，漂到口外以东的深水港湾（如香港、大鹏湾、大亚湾）的却极少，虽然夏季南海上一般盛行西南—东北的海流。可见这里的西南岸流，实际上是珠江流及退潮出海后，主要受科氏力的影响转向西南（右侧）流的表层岸流。

河口径流主流偏向右侧，河口涨也是偏向河口右侧，而二者方向相反，各侧一边。故珠江径流及退潮出了口门后，即转向西南流。而涨潮的咸水楔往往先循河口左侧冲进。珠江正干虎门外三角港中东、西两条深槽，也是如此形成的。河口右侧集中了大部分的径流与退潮，流速最大，向外冲刷力最强，历时也最长久，但所携的泥沙多，三角洲于此也伸展最速。河口左侧为潮沟，潮水初涨，先入此水道，海水冲刷也很强，历时也长久。这样，就加剧了河口两侧的冲刷，造成喇叭状的三角港。另外，初涨潮时河口河水与潮水各偏一侧，流向相反，互相顶托，互相消能，更促使河口中间容易沉积，发生心滩；再经汛期咸水楔长期对河口径流的顶托，会使三角港中的心滩发展成为拦门沙。珠江口伶仃洋中的心滩（拦门沙）可能就是这样形成的。

二、科氏力对其他巨川河汊发育的影响

世界各地河汊受科氏力影响的例子很多，兹限于篇幅，只将长江和黄河的情况，做个简介。

长江河口的分汊情况也和珠江口相似。据一些河口地貌工作者的意见："因落潮主流偏南，涨落潮路不一，致使成为河口分汊和沙岛形成的动力机理。现在长江河口以崇明岛和长兴岛－横沙岛两个沙岛群分为3条入海水道——北支、北港和南港，南港又在口门附近分为两个航槽——北槽与南槽"。南港现为最主要的深水航道。所以他们的结论是："长

江是一个中等强度的潮汐河口,两向水流(指径流与海潮)相互作用,并受到科氏力显著影响"。

据历史地理工作者研究,黄河下游共有12条泛道,历代黄河迁徙,基本上是从北向南更迭演变的,虽然其中也有一些反复。换言之,即黄河下游右岸至少发生了12次以上的大决堤,致使河道常向右侧改道。现代黄河下河道是1855年才北徙的。作者曾据郑肇经著《中国水利史》中所列举的资料,把历史黄河较重大的天然决堤(不计人为决堤)的次数做了粗略的统计,并依其所泛滥的地区,推测当时决口所在的南岸或北岸。计自公元前602年到1933年间,约有144次大决堤。其中,决右岸者有87次,决左岸者有53次,不明其岸向者9次,两岸同时溃决者5次。而左岸的多集中于16—17世纪中叶的明末清初,当全河之水倾注淮河水系,和淮河出海水道淤塞之后。在这段时间内,决右岸15次,决左岸27次,决不明岸向者8次。如把这一段时间内的南、北岸决口数不计,则历代决南岸72次,决北岸只26次,二者之比将近3∶1。固然,冲积扇区河床一般比降较大,而且冲积扇上端决堤后,河水必向低地倾泻,因而地势的倾斜是决定黄河下游河岔流向的主要因素。同时,黄河又是平原上的"地上河",两岸低平,决堤之出现在左岸或右岸,一般无地形的约束。但为什么决堤总是常出现在右岸呢?黄河水势猛,洪流急,河面宽(常在数千米以上,两岸堤距常在5~20千米),河床变化极大(深槽常在一昼夜内移动100米以上[①]),纬度也较高,科氏力作用较大,会加强冲刷右岸,易使右岸河堤出现险段,这个问题在水利工程上是值得注意的。

三、科氏力对河汊发育影响的理论根据与计算

地球自转对于地面一切运动中的物体都有偏力作用,产生了科氏加速度。这种力产生于物体运动的时候。它与运动的方向垂直而改变速度的方向。在北半球与运动方向垂直地偏于右方,在南半球偏左。其计算公式如下

$$\alpha = 2\omega V\sin\varphi \tag{1}$$

式中:α=科氏加速度,ω=地球旋转角速度,V=物体运动速度(米/秒),φ=纬度。

$$\omega = \frac{\lambda}{t} = \frac{2\pi}{t} = \frac{2\pi}{28400} = 0.00007272 \text{ 秒}^{-1} \tag{2}$$

式中:π=地球自转一周角度,t=地球自转一周时间。

$$a = 0.00014544\ V\sin\varphi \tag{3}$$

科氏力作用于河中水的质量,引起河流横比降的变化,使水面产生a角倾斜。这个横

---

① 钱宁、周文浩:《黄河下游河床演变》,科学出版社1965年版。

比降以单位质量 M 而论，可从下式推算

$$\frac{\Delta H}{B} = \tan\alpha = \frac{F_k}{P} = \frac{M_a}{M_g} = \frac{\alpha}{g} \tag{4}$$

即科氏加速度对重力加速度之比。

式中：F_k = 科氏力，P = 水重量，M = 水质量，g = 重力加速度，α = 水面倾角。

从式中可知：河宽愈大，则 ΔH 愈高。

以科氏加速度乘水质量，可得科氏力：

$$F_k = 2\omega MV\sin\varphi = \frac{2\omega}{g}PV\sin\varphi \tag{5}$$

因水重量 P = 水体积 × 水比重 = B（河宽）× S（河岸单位面积）× d（水比重）

$$\therefore F_k = \frac{2\omega}{g}BSdV\sin\varphi \tag{6}$$

所以，河岸单位面积所受的科氏力

$$\frac{F_k}{S} = \frac{2\omega}{g}dBV\sin\varphi = 0.0000148dBV\sin\varphi \tag{7}$$

从式中可知 $\frac{2\omega d}{g}$ 是个常数，纬度（φ）高低的影响，除在赤道地区以外都不是很大（$\sin18° \sim \sin54°$ 的值在 0.20 ~ 0.80 之间），因而纬度对河水科氏力的影响不是最主要的，更重要的是流速和河面宽度。流速一般成倍增大；大小河川的河面宽度差别则常达数十倍甚至数百倍以上，故巨川的科氏力特别显著。三角洲河汊又有潮水上溯，退潮时更增加了河道的排水量，加大了科氏力。三角洲水道汊口水面宽度常增大数倍，其右岸所受科氏力的影响也最强，对河床造型（深线靠近右岸，右岸陡峭等）以及流量分配都起了特别显著的作用。虽然科氏力没有很大的力，但是，它永恒起着作用，尤其是在流速大、河面宽的右岸，对河岸的侧蚀方面做了很大的功。

据南京水利科学研究所 1963 年在长江口南岸岔口附近测到，当落潮流速为 1.9 米/秒时，江岸受到科氏力约为 144 千克/米²。长江口江面广阔，常在 10 ~ 15 千米，科氏力较强，西江干流宽度常在 1000 ~ 2000 米，个别的大汊口宽达 3000 米，珠江干流卜段宽 3 ~ 4 千米，虎门外三角港更达到 15 ~ 40 千米，所受科氏力影响很不小。若以江面阔 3000 米，流速为 2.0 米/秒，再结合珠江口当地的纬度计算，则右岸可得 35.52 千克/米² 的科氏力。

河汊口一般都比平均河床宽，汊口处右汊上端的右岸所受科氏力必比左汊右岸强得多（若汊口河面宽度比左河面大一倍，其右汊右岸上端所受的科氏力会比左汊右岸也大一倍）。这样，右岸受到特别强烈的侧蚀。三角洲河岸多为新冲积的松散物质，更容易受侧蚀破坏，同时会把深泓线移到右侧汊道，因有更大量的流水流入右汊，如西江干流的天河

段。这就造成河水偏向右汊。因使左侧岔流逐渐淤塞，以致消亡。右侧河汊，水量渐增，则成为发展中的河汊。其汊道的右岸堤围常被侧蚀，日久必成险段，若遇洪水，再加上狂风暴雨（如台风）与海潮顶托，常使右堤溃决，遂至泛滥。

据上面讨论，作者认为科氏力对潮汐河口三角洲上河汊的发育有特别显著的影响。我国沿海皆潮汐海岸，又多巨川和三角洲，河口广阔，河汊众多。我国南方河流，水量特别丰富（珠江流域年平均径流模数 23.6 秒公升/平方千米，为全国各大河之冠；多年平均径流量为 3087 亿立方米，仅次于长江，居全国第二）。研究科氏力对河汊发育的影响，在水利工程、航道选择、海港工程的设计和建筑等方面，都具有重大的实际意义。如筑河堤必须特别加强防御河水对汊口右岸的侧蚀，河港、航道宜选择在右汊，海港宜设在河汊外的左侧，至于码头、滩地围垦等无不必须考虑科氏力对泥沙搬运和淤积的影响，其意义是非常重大的。

（本文原载《中国地理学会一九七七年地貌学术讨论会文集》，科学出版社 1981 年版）

第四篇　广州地区河流堆积阶地的研究

王鸿寿　李春初　袁家义　罗章仁

王鸿寿　　　　　李春初　　　　　袁家义　　　　　罗章仁

提示：广州河流所在地多分布在市区北部、东北部，以沙河、车陂河阶地为代表，它们具有重要的教学和应用价值。但对广州阶地成因，见仁见智。作者通过野外考察，否定前人关于广州阶地是地壳抬升运动所致，正确地指出，这是河流侵蚀基面发生变化形成的。首先是基面下沉，河流溯源侵蚀加强，阶地高而级别多；后来侵蚀基面上升，堆积旺盛，平原覆盖甚至埋藏阶地，两者几乎等高。始此圆满地解释了广州阶地成因及地层剖面变化，以及泥炭、腐木等相关问题，为河流地貌研究提供一个范本。

一、前言

广州地区河流堆积阶地主要分布在东北郊沙河、车陂河等沿岸。

沙河、车陂河等发源于广州市北部与东北部剥蚀山地，切割45～55米（相对高度35～45米）和20～25米（相对高度10～15米）两级花岗岩与红色岩系台地后，南流汇入珠江（图1）。除了沙河在马蹄岗附近，约半千米长的一段河谷岖空外，其余皆具宽达200～800米的谷地平原。平原物顶组成，全系松散冲积物，厚达7～10米，河流在其上切割，形成一级高6～7米的堆积阶地。阶地陡坎明显，阶地十分坦平，保存完好，微向下游倾斜，最后逐渐被现代珠江三角洲平原所覆盖。

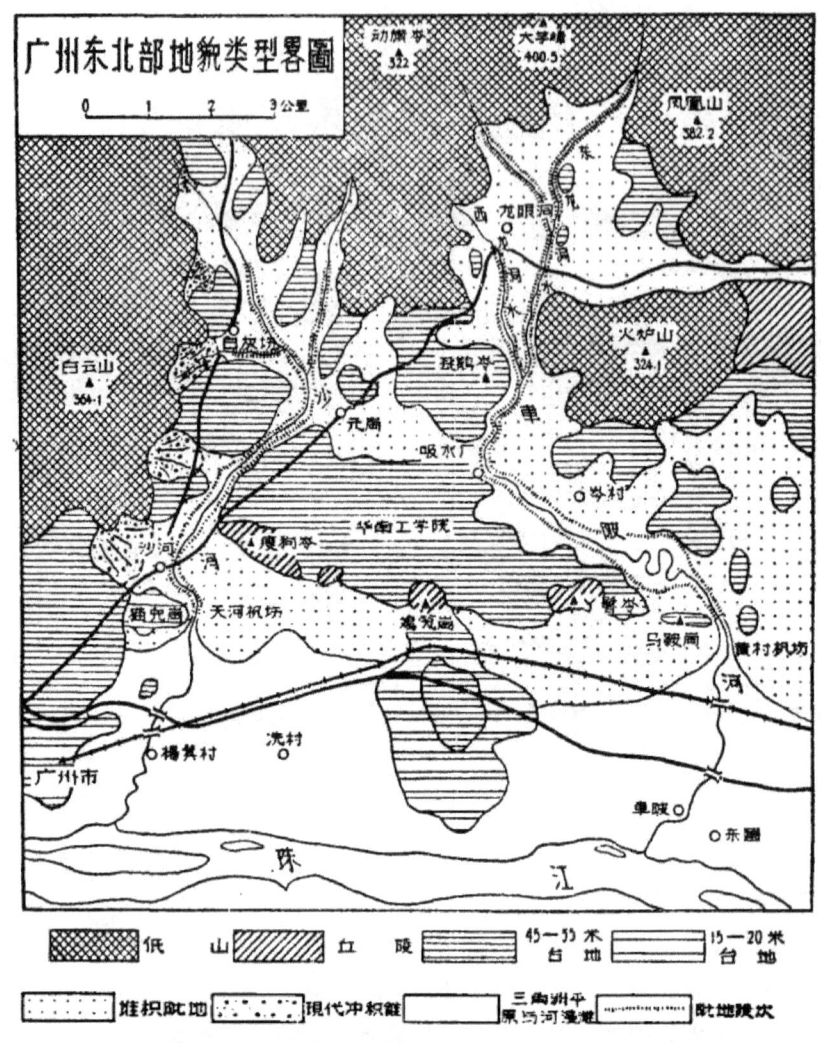

图1　广州东北部地貌类型略图（图例中15～20米谷地应改正为20～25米谷地）

阶地的形成，可起因于地壳运动，也可由海面（基面）变化引起。前人的研究多偏重于前者，对于海面（基面）的变化往往较少注意。特别是从玉木冰期以来，世界气候几经变迁，海面也会多次波动，而广州地区的河流，皆发源于珠江三角洲边缘山地或丘陵，距海较近，在地形和沉积物性质上，必然会较敏捷地反映出海面（基面）的变化。因此，在研究本区河流阶地时，除地壳运动外，对海面（基面）变化的影响予以足够的注意，无疑是十分重要的。

广州地区河流堆积阶地的研究，不仅可恢复当地沙河、车陂河等河流的发育历史，而且对窥测珠江三角洲的发育过程与古地理变迁，也是有所裨益的。

本文就广州地区河流堆积阶地的成因、发展和时代等问题，提出一些意见。不妥之处，敬希指正。

二、阶地形态特征与沉积物性质

（一）阶地形态特征

沙河从白灰场往上游至蟹山村一带，阶地高出河水面4.1米，阶地前缘陡坎十分明显，河漫滩高约2米，两者相差2.1米（图2剖面Ⅱ）。但是，由蟹山村向上游，渐见阶地与河漫滩高差愈来愈小，阶地前缘陡坎也愈来愈不明显了。在石桥头附近，只见河漫滩与阶地面逐渐合而为一，泛滥的洪水可直接淹没谷地内广阔的平坦地面（图2剖面Ⅰ）。河漫滩与阶地合而为一的地方，即所谓"裂点"。这样的变化，即裂点以上未形成阶地，裂点以下始有阶地出现的现象，在白灰之南的沙河支流上也可以看到。

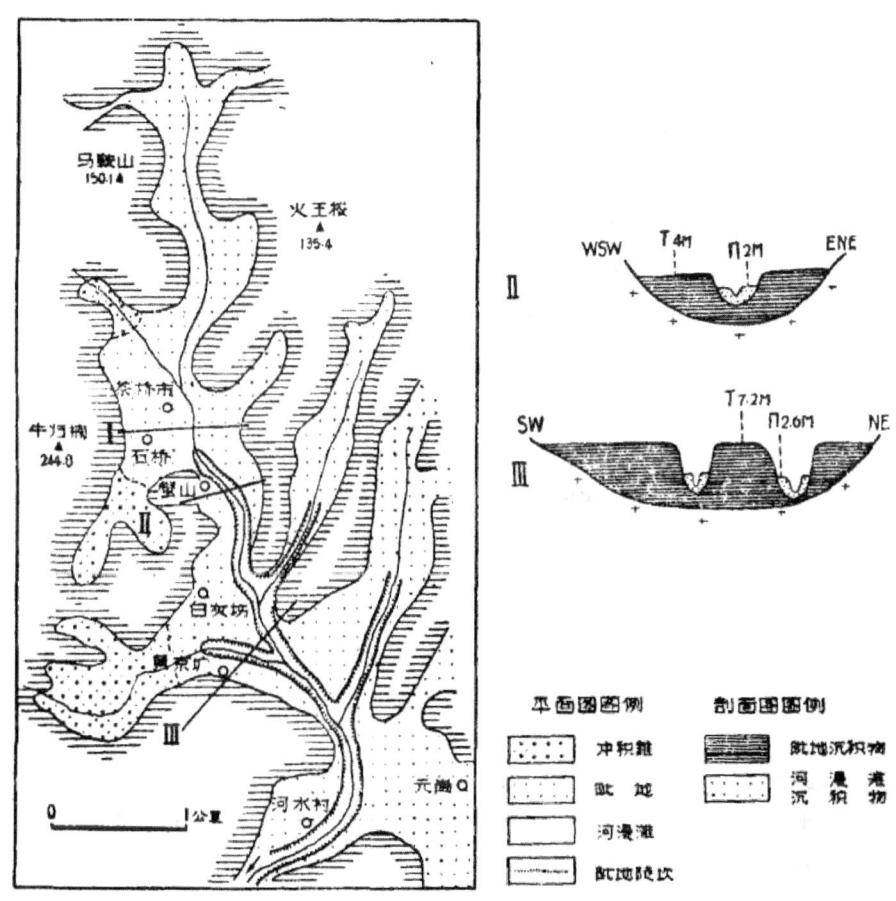

图2 沙河上游河谷横平面和剖面

车陂河上游，为东、西龙洞水，二水在飞鹅岭下汇合。东龙洞水自盆地北部山地流出，源流较长，水量较大，因之，下蚀较强，裂点溯源较迅速，故今东龙洞水及其支流上的裂点，都已后退到北部花岗岩山地，河流两侧均有阶地。而西龙洞水则不然，它从洞旗峰流下，源流较短，有限的水量使溯源侵蚀进行得缓慢，裂点至今还停留在龙眼洞村正西的平原河道上，这里的情况与沙河上游蟹山村之北裂点上下的现象完全一样。

上述现象表明，本区阶地是由于河流以溯源侵蚀的方式，不断从下游往上游进行切割而形成的。

中、下游河流阶地的情况，在车陂河表现得最为清楚和完整。

沿车陂河的主源东龙洞水南下，阶地和河漫滩的变化反映在图3上。东龙洞水阶地与河漫滩两者高差4.3米（图3剖面Ⅰ），龙眼洞盆地出口，在接纳了西龙洞水后，水量增加，河流下蚀加强，故阶地高达7.8米，河漫滩高5米，二者相差2.8米（图3剖面Ⅱ），吸水厂以上，车陂河河漫滩的宽度不过10米左右，自吸水厂以下，河漫滩宽度则逐渐增大，在中游岑村之南的河谷剖面中，河漫滩可宽至30米（图3剖面Ⅲ）；在图3剖面Ⅳ所示的位置，河漫滩达到了全河流最大的宽度，约200米，同时，河流在此发育了良好的自由曲流，这里河漫滩高5米，阶地高6.2米，二者高差1.2米，从此开始，往下游至图3剖面Ⅴ的位置，阶地与河漫滩地形发生了显著的变化，这就是阶地陡坎直接逼临河床，只有极少量的河漫滩沉积在阶地前缘陡坎上部较缓的斜坡上，河漫滩与阶地高差约1米，再往下，河漫滩堆积的高度更加接近于阶地面了（图3剖面Ⅵ）；最后，在铁路桥稍北，旧黄村飞机场的南端，洪水泛滥的高度已差不多与阶地面齐一（图3剖面Ⅶ），稍往下游，阶地面便能为珠江泛滥洪水所淹没，今已在其上沉积了现代珠江三角洲的沉积（图3剖面Ⅷ）。至此，阶地便被珠江三角洲平原所覆盖。

由上所述，可将车陂河中游和下游阶地与河漫滩发生的变化，归纳为以下两点：①阶地与河漫滩的高差向下游逐渐变小，以致最后阶地被珠江三角洲平原所覆盖。②河漫滩在图3剖面Ⅳ的位置达到了最大的宽度，并发育了良好的自由河曲，从该处往上游，河漫滩在相当一段距离内高度几乎没有变化，但宽度却逐渐变小。

上面的现象在沙河下游以及车陂河以东的一些注入珠江的小河上，也都同样存在。沙河的阶地在中游河水村附近达到最大高度，约8米（河漫滩高5米），这与沙河接纳了由摩星岭与洞旗峰流下的支流水量增多，下蚀加强有一定的关系；在天河机场南部，沙河阶地开始被三角洲平原掩覆，沙河市以南和天河机场大部分地区仍位于阶地上，但阶地高出最高洪水面已经很小了。

因此，过去一般认为，沙河与车陂河等河流堆积阶地，在瘦狗岭—鸡笼岗—丫髻岭—马鞍岗一线开始被现代珠江三角洲沉积埋藏的说法，是不够确切的。

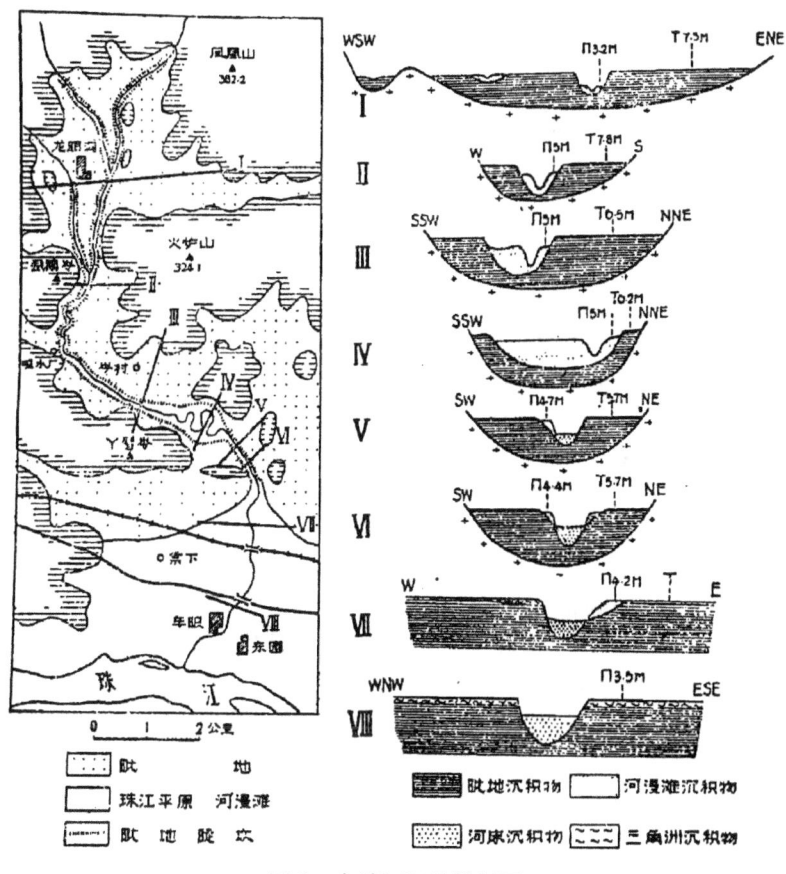

图3 车陂河河谷横剖面

（二）阶地沉积物性质

本区阶地全部由松散沉积物组成，下覆基岩为花岗岩或红色岩系风化壳。沉积物的厚度根据观察和钻孔资料得知，在沙河上游白灰场附近达8米左右；中游元岗附近三个钻孔分别在深至6.14米、8.40米和9.91米处遇到基岩（图4、图5）。沙河、车陂河下游瘦狗岭—鸡笼岗—丫髻岭—马鞍岗一线以南，除近台地边缘处沉积物厚度较小（6～8米）外，一般均厚达10～12米。如沙河下游杨箕村、洗村以南，许多钻孔至13米深处方始见基岩；车陂河下游东圃附近，基岩普遍深至13～14.5米。由于下游表层1～3米为新近覆于阶地面上的近代珠江三角洲沉积，故下游阶地沉积物的实际厚度应为11米左右。本区河谷底部被埋覆的基岩面是稍有起伏的，故而阶地沉积物厚度各处不尽相同，但仍不难看出，其厚度从上游向下游稍有增大的趋势：上游7～8米，中游8～10米，下游11米左右。

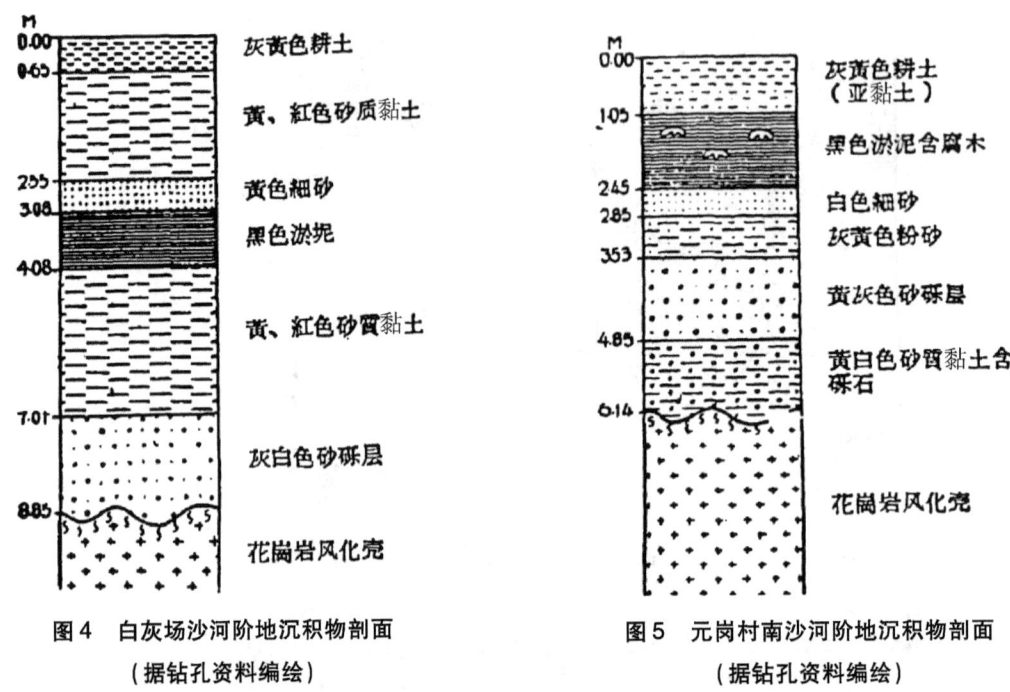

图4 白灰场沙河阶地沉积物剖面
（据钻孔资料编绘）

图5 元岗村南沙河阶地沉积物剖面
（据钻孔资料编绘）

阶地沉积物垂直变化规律各处十分一致。沉积物中普遍发育一层厚约1米的灰黑色粉砂、淤泥层，在粉砂、淤泥层中含大量倒塌腐木，腐木系半炭化或未炭化水松的根茎遗体。该层埋藏深度，在车陂河上游龙眼洞，为-3～-2.37米；中游岑村附近为-4米；下游为-6～-4.5米，近河口的东圃附近为-9～-8米。在沙河流域，该层的埋藏深度比车陂河略浅，但也表现出往下游逐渐变深的规律。这层灰黑色含腐木粉砂、淤泥层，是将本区阶地沉积物区分为上下两套沉积的重要标志。

该层以下至基岩风化壳，为一整套自下而上由粗变细的黄色、灰白色沙砾与粗砂→中、细砂层的碎屑堆积，砂层中夹有黏土、亚黏土透镜体，并多集中分布在上部。在基岩风化壳之上，常见砾石或沙砾层。

灰黑色粉砂、淤泥层以上的全部阶地沉积物，又为一套层次水平、自下而上为黄色磨园分选均差的粗中砂→红、黄、白三色斑状粉砂、砂质黏土（主要在中下游）→亚砂土的沉积（图6、图7、图8）。

因此，本区阶地全部松散沉积物，是由两套自下而上颗粒从粗变细的碎屑物组成的，其间夹着一层分布极广的灰黑色含腐木的粉砂、淤泥层。这种阶地物质组成与结构特征，在整条河流基本上都是一致的，唯碎屑物粗细有异，上游部分受洪积、坡积影响，碎屑粒较粗大，以粗、中砂沉积居多；往下游，黏粒成分增加，多为粉砂、砂屑黏土或亚砂土

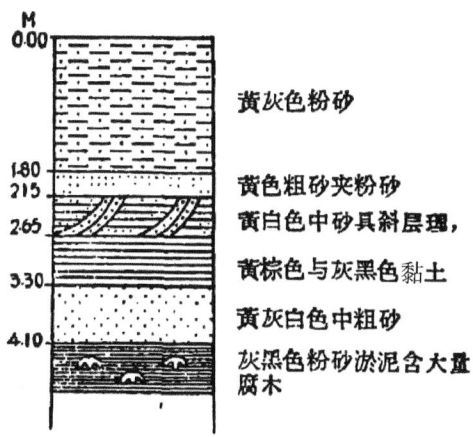

图6　猫儿岗东南沙河阶地沉积物剖面

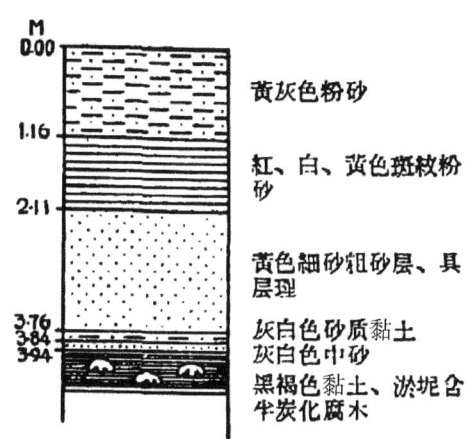

图7　岑村东南车陂河阶地沉积物剖面

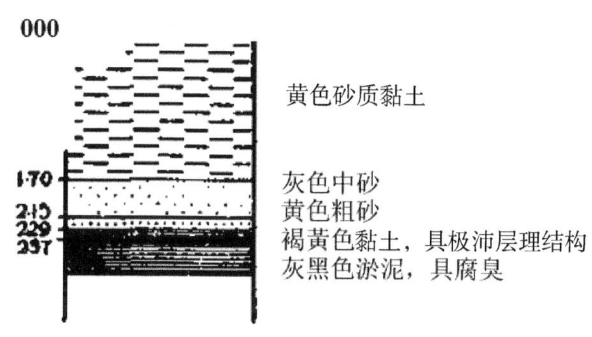

图8　龙眼洞村北阶地沉积物剖面

沉积。

此外，阶地组成物质在纵向变化上有两个重要现象：上游与山麓洪积物逐渐过渡，表现为同时异相；下游进入珠江三角洲范围，阶地组成物质明显地呈现出三角洲沉积的性质，如砂层中常见有贝壳、薄层黏土、亚黏土与砂、亚砂土多次互层等现象。

阶地下游被现代三角洲沉积物埋藏的现象，从沉积物剖面中也可得到证实。在车陂河钦路桥南约150米的右岸沉积物剖面中，清楚地看到阶地沉积物被厚约0.8米的灰蓝色粉砂、砂质黏土的现代三角洲沉积所覆盖，两者之间夹有一层铁盘，界线分明，剖面中现代三角洲沉积物含有陶片，与下复阶地沉积亦呈鲜明对照。再往下游，渐见三角洲沉积变厚，如车陂村北、公路桥南的车陂河左岸剖面：在阶地沉积物上覆盖的现代三角洲沉积层厚达1.5米（图3剖面Ⅷ）。这一带的大量钻孔资料揭示，在地面下1～3米，才能见到阶地沉积物。现代三角洲沉积多为粉砂、亚黏土，同时还普遍具有含腐殖物的黑色发臭的淤泥层，沙河下游冼村与杨箕村附近的20个钻孔和车陂河下游车陂村一带的23个钻孔中,分别有14个钻孔和16个钻孔都在1～3米见到这种沉积。显然,这是现代三角洲沉积的一部分,它与上述同一地点地面下6米或8～9米出现的阶地沉积物中含有腐木的灰黑色粉砂、淤泥层,是不同时期的产物。

三、阶地成因与变化

　　前人解释本区阶地成因时,认为其是地壳发生挠升运动造成的,[①] 也就是说,由于中、上游掀斜上升,故而出现所谓两级阶地向下游辐聚尖灭的现象;下游则掀斜下沉,致使阶地倾伏于三角洲平原之下,显然,这种解释是建立在"如果有数级阶地向下游辐聚,则是新构造运动作掀斜式抬升"的理论上的。但实际上,从前述本区阶地的形态特征和沉积物性质看来,这一观点是与事实不相符合的。

　　众所周知,如果从河流上游向下游地壳发生挠升运动,必定是上游上升幅度最大,阶地切割最深,并表现出最大的高度。但事实上,本区阶地的高度却是向中游表现为最大,由中游向上游阶地高度是逐渐变小的,特别是在上游许多地方,平原面没有受到切割,在那里根本就没有阶地存在,因而,认为地壳发生过掀斜运动的观点是值得怀疑的。再者,在上游山地山麓一带,与阶地组成物质同时异相的洪积物没有遭到切割,甚至龙眼洞盆地四周山麓连冲积锥都不甚发育的事实,也可说明上游地区近代没有明显的挠升。此外,在辨认阶地是否由挠升运动形成时,阶地面向下游做过大的倾斜,应当看成重要条件之一。而本区河流阶地面仅微微向河流下游倾斜。至于所谓第二级阶地与第一级阶地高差愈向下游愈小以致最后合而为一的现象,如前所述,实际上只是阶地与河漫滩高差向下游逐渐减小的结果,而并不是什么两级阶地向下游辐聚尖的问题。我们不能把正在形成中的地形——河漫滩与阶地混为一谈。因此,所谓地壳发生挠升运动并由此而产生本区阶地的观点是与事实不相符的。

　　本区阶地的形成,是通过裂点溯源侵蚀,不断从下游往上游进行下蚀而产生的,这显然与河流侵蚀基面变化有关。因此,我们认为,基面下降是使本区河流下蚀加强,从而导致阶地形成的主要原因。

　　既然本区阶地是由基面下降造成的,那么首先遭到下蚀切割的下游阶地的高度应当较大,但何以现在只是中游阶地高度最大,愈向下游高度反而愈小,以致最后被三角洲平原所埋藏了呢?我们认为,这里必须区分阶地的形成与阶地形成后所发生的变化这两个不同性质的问题,上面的现象,实际上是在阶地形成后,阶地地形重新发生变化的结果。

---

　　① 黄玉昆:《广州市及其附近地貌研究》,中山大学第四次科学讨论会论文,1959年;刘以煊:《粤中海岸升降问题的初步研究》,广东省地理学会1962年年会论文1926年。

本区阶地形成后，裂点在松散沉积物中的后退，还未至源头时，近期基面又发生了上升的变化，这次变化使下游阶地相对降至珠江洪水所能淹没的高度，使其上接受现代珠江三角洲沉积，同时，珠江潮水还在河口以上相当一段距离的河段发生倒流，由于倒灌的作用，影响了该河段地形的发育。下面仍以车陂河为例加以说明。

在车陂水，珠江一般涨潮能上溯至铁路桥以北数百米的地方，而当最大潮，特别是当珠江洪水与涨潮水流顶托造成最高水位的时候，珠江倒灌的水流可上溯更大的距离。根据访问得知，其潮流界大致与图3剖面Ⅳ的位置相当。车陂河水量经常是很小的，特别在秋冬季节，水量尤少，只有当雨季或流域内较大的降雨时，它才获得较大的流量。正是这种暴涨暴落的水文特性，才使得本区河流的河漫滩高度较大，并在前缘形成陡坎，以致容易被人误认为阶地。当发生洪水时车陂河上游受到强烈侵蚀，并携带大量泥沙往下游宣泄，势必与珠江倒流之水相遇，在潮流界受阻，不能顺畅地往下游流动，因此，在图3剖面Ⅳ以上相当一段距离内，水位抬高，水面比降变小，车陂河携带的泥沙便在这里大量沉积下来。故而，这里河漫滩发育最好，高度大而阔广，并发育了良好的曲流。也正是在这个平水区内，河漫滩高度变化不大，宽度却从这里向上游收缩。因此，在这段河谷中，阶地面微向下游倾斜，而河漫滩高度却很少变化，必然导致两者高差向下游逐渐减小的趋势。在潮流界区以下的河段，因受珠江经常性涨落潮流的往返冲刷，河漫滩反而发育不好。

然而，必须指出，回水影响不到的上游河段，裂点仍继续溯源，阶地还在不断向上游扩张。

四、阶地年龄的探讨

分析阶地沉积物的形成过程，对讨论阶地年龄问题有很大的帮助。根据阶地沉积物覆盖在花岗岩或红色岩系风化壳上的事实，结合阶地沉积物的性质分析，我们对阶地沉积物的形成过程具有如下的认识：

（1）松散堆积层形成以前，谷底曾较长期露出水面，基岩遭受风化，形成风化壳。

（2）覆于基岩风化壳之上，灰黑色含腐木粉砂、淤泥层之下的一整套由沙砾、粗砂→中、细砂或亚黏土的碎屑堆积，表明当时的沉积环境发生了很大的变化，它不但使风化壳沉入水下，而且在谷地中进行强烈的沉积，由其沉积韵律也可反映出，它是在侵蚀基面上升、地壳相对下降时的沉积。

（3）阶地堆积层中，灰黑色含腐木粉砂、淤泥层的普遍出现，意味着当上述一套碎屑沉积结束时，自然条件发生了明显的变化，当时河流或湖沼等水域旁植物繁茂，森林广布，生长着热带、亚热带的高大落叶乔木——水松。这层含腐木粉砂、淤泥层出现的深度，在本区从上游向下游逐渐变深的事实，反映了当时上、下游地势的倾斜情况。在被三角洲沉积掩埋的阶地沉积物中，亦有相应的这层沉积。

（4）灰黑色粉砂、淤泥层中，水松根干的遗体多作倒塌状，并为粗、中砂所受覆盖，说明这以后沉积环境又发生了重大变化。这次变化再次使谷地堆积旺盛，以致森林被埋，并随之沉积了先为磨圆、分选均差的粗、中砂，后为亚砂土、砂质黏土的又一套碎屑沉积。这一套由粗渐细的碎屑沉积，与先前沉积的一套碎屑物一样，同是由于基面抬高，使本区河流堆积作用大大增强形成的。

可见，在本区堆积阶地未形成前的不长时期内，沉积环境曾经历过几次变化，主要是两次较大规模的沉降，而在这两次沉降之间，基面又有过一段时期的相对稳定或轻微下降。在此以后，如前所述，则又发生过形成阶地的一次基面下降和使下游阶地被现代三角洲沉积掩埋的一次新的基面上升。因此，本区从河谷底部的风化壳开始被埋藏以来，至现在地壳相对运动经历了数次以沉降为主的振荡变化。

上述地质事件发生在何时？这确实是个比较复杂的问题。现在，我们在前人研究成果的基础上，对其年龄问题做一些初步探讨。

珠江三角洲沉积层下，埋覆着红色风化壳，其深度近年来已初步查明，一般达 20～30 米，深者亦不超过 50～60 米。据广大地区的钻孔资料①分析，尽管沉积物深度各处不相一致，但都常在 3 米左右和 10 米左右两个深度发现含腐木的淤泥或泥炭层。整个三角洲沉积物的沉积韵律，也都与本区河流下游（包括近代珠江三角洲沉积和被其掩埋的阶地沉积物）之全部松散沉积物的沉积韵律大体一致。过去对于上述两层含腐木淤泥或泥炭层没有很好加以区别，现在看来它们完全是不同层位、不同时期的产物。前者与埋于三角洲平原下 1～3 米的贝丘遗址（包括新石器初、中、晚各期）②一样，显示了近期三角湖的沉降，正是这次沉降使本区河流下游阶地被埋藏的。所以，我们认为珠江三角洲全部松散堆积物的形成，同样也大致经历了上述以沉降为主的振荡变化。

本区谷底风化壳或珠江三角洲沉积埋藏的基岩面，是何时开始被埋藏的呢？这个问题前人意见颇有分歧。但据近年来的研究表明，珠江口有 -50～-60 米侵蚀基面的存在，它代表了玉木冰期某个时期的低海面。③。而根据现代哺乳动物的研究，得知琼州海峡、台湾海峡等是冰后期海侵形成的，这些海峡的深度约在 -50 米。④ -50 米～-60 米侵蚀基面在我国是普遍存在的，并且均为全新世海侵所淹没。玉木冰期大约在 12000 年前开始消

---

① 刘以煊：《粤中海岸升降问题的初步研究》，广东省地理学会 1962 年年会论文，1962 年；周业华：《珠江三角洲地质、地貌的基本特征与三角洲的发育过程》，广东省地理学会 1962 年年会论文，1962 年；叶汇：《华南与华中新构造运动//1960 年全国地理学术会议论文选集》（地貌），科学出版社 1962 年版。

②③ 叶汇：《华南海岸升降问题一些新认识》，中山大学学报（自然科学版），1963 年第 3 期。

④ 方瑞濂：《从海南岛现代哺乳动物讨论本岛与大陆分离和华南海岸下沉的时代》，中国地质学会第卅二届学术年会论文，1962 年。

退，① 世界海面上升速度：14000—6000年前平均每百年90厘米，近7000年内每百年20厘米，② 则近12000年以来，海面总共上升了64米。所以十分清楚，本区河谷底部风化壳和珠江三角洲下覆的基底，是在冰期海侵时，被沉积物掩埋的，而整个松散堆积亦是在冰后期多次基面上升的过程中建造的。

但是，造成沉积环境多次振荡变化的主要原因何在，是地动型，抑或是水动型呢？

我们认为，珠江三角洲地区全新世以来的构造运动，虽然各处可能有所差异，但总的看来是不强烈的。在沉积物厚度上，它们大多接近或小于冰后期海侵的幅度。在短短的1万年时间里，地壳竟然如此频繁地反复升降，似乎也是不可能的。相反，冰后期的海侵过程中，虽说总的趋势是海面不断上升，但其中却也有着时急时缓，时而稳定或下降的变化。

根据冰后期世界气候与海面变化的资料，在全新世短短1万年左右的时间内，曾有过三次明显的气候高温和海侵，介于每两次海侵之间的是气候变冷和海面稳定或下降。③④⑤⑥

第一次明显海侵发生在12000年前玉木冰川开始融化以来，约至9000年前冰川基本部分消融的时候，在世界各地，当时的海面位置曾先后在−24米、−18米处。第二次明显海侵，发生在7000—6000年前，称为"大西洋期"。这时世界气候显著变暖，雨量充沛，冰川融解量大，水体增大导致海面急骤上升，约至5000年前，海面渐趋于稳定。这次海侵，在日本称绳文早期（5100±400年前），它掩埋了日本普遍出现于−15米左右的腐殖物土层。于这次海侵后，世界气候变干，海面亦随之发生过下降，此时被称为"亚北方期"。日本于绳文时期开始海退，此时河谷切割绳文早期沉积物形成深2～5米的谷地。第三次明显海侵发生在2500—2000年前，为"亚大西洋期"。这次海侵在日本淹没了2～5米深的谷地，并在其中堆积了泥炭层，我国长江三角洲广大平原下1～3米，广泛地分布有泥炭层，在许多泥炭层下或层中，发现古代聚落遗址与文物，如三千年前的古代建筑大园井和秦汉文物等，这些可以视为与这次海侵有关的下沉现象。20世纪以来，温度显著增高，海面仍在上涨。

由此可见，上述冰后期世界海面变化的情况及其所产生的许多现象，与前述本区自河谷底部风化壳与珠江三角洲下复基岩被埋藏以来，所经历的几次侵蚀基面升降变化和有关

---

① М И НЕЙЩАБТ：Папеография последниковото времени，Советская География，Геотрафгиз 1960г.
② 韩慕康：《碳14精确地揭示了近期古地理事件的时代》，载《地理》1962年第4期。
③ М И НЕЙЩАБТ：Папеография последниковото времени，Советская География，Геотрафгиз 1960。韩慕康：《碳14精确地揭示了近期古地理事件的时代》，载《地理》1962年第4期。
④ 南京大学地理系地貌教研组：《第四纪地质学》，人民教育出版社1961年版。
⑤ 井美弘太郎：《冲积世的地盘变动そユースシター》，载《地理学评论》1956年第29卷第10期。
⑥ 虞志英、梅安新：《长江三角洲第四纪地质与新构造运动//1960年全国地理学术会议论文选集（地貌）》，科学出版社1962年版。

诸现象，是相当一致的。显然这绝不是偶然的巧合。它有力地证明了，影响本区阶地沉积物沉积环境的种种变化，阶地的形成及其以后的演变，是与冰后期世界洋面的变化紧密联系在一起的。

因此，我们认为，阶地沉积物中，底部一套自下而上由粗渐细的碎屑沉积，大约是在12000年前玉木冰川消融以来，至9000年前海面不断上升的沉降环境下堆积的。其后，海面较稳定或有过轻微下降，河湖交错，森林广布。7000—6000年前海面的急剧上升，使森林埋没，阶地沉积物中的上部一套碎屑沉积就是这时堆积的，到5000年前左右，海面渐趋于稳定。其后，海面又发生过幅度不大的下降，先前沉积形成的平原受到切割，这就是本区堆积盼地的形成时期。但是不久，自2500—2000年前以来，基面重新上升，使本区河流下游的阶地被珠江洪水所淹，并在其上沉积了现代三角洲沉积，在三角洲地区埋藏了植物，形成了在 $-3\sim-1$ 米处的含腐木淤泥或泥炭层，新石器时代的遗物也被埋于现代三角洲平原下 $1\sim3$ 米处。

由上所述，本区河流堆积阶地的年龄是很新的，大约是在5000年前以后的基面下降过程中形成的。

五、结语

(1) 广州地区珠江支流沙河、车陂河等河流，普遍发育有一级高 $6\sim7$ 米的堆积阶地。阶地沉积物厚 $7\sim11$ 米，是由两套从粗到细的碎屑沉积物所组成，其间夹有一层厚1米左右的灰黑色含腐木的粉砂、淤泥层。阶地沉积物是玉木冰川消融以来，约至5000年前，侵蚀基面不断上升的过程中建造的。

(2) 阶地的形成大约是5000年前以后，因基面下降河流下切加强，以溯源侵蚀的方式形成。阶地形成后，由于2500—2000年前以来的新海侵，使下游部分阶地被现代珠江三角洲沉积物所淹没。但在回水影响不到的河段，裂点依然不断溯源，阶地仍逐渐向上游扩展。

×　　　×　　　×　　　×

本文曾经李见贤同志审阅，并提出宝贵意见；文中插图承徐均祥同志清绘，特此致谢。

[原载《中山大学学报》（自然科学版）1964年第2期]

第五篇　珠江三角洲的河网特征及其演变

李春初　杨干然

李春初

杨干然

作者提示：珠江三角洲水网稠密，这一特点在我国各大河三角洲中最为引人注目。如何清理、利用珠江三角洲复杂纷繁的河网系统，是当前三角洲整治的一个重要问题。因此有必要加强对三角河网特性的研究。

如何着手研究分析珠江三角洲的河网特征和演变呢？如有的着重从柯氏力对河汊演变的影响来考虑问题，有的则强调地质构造与运动对三角洲发育和三角洲河道演变的控制作用。我们认为，这样的研究对认识三角洲的河系特点虽不无帮助，但要完整地认识并解释整个（或部分）三角洲的河道特性及其演变规律，仅从这些方面进行考虑是不够的。现代河床过程虽受地质构造运动和柯氏力的影响，但主要的并不取决于它们。现代河床过程的演变，主要决定于河道本身的来水来沙特性及其变化。众所周知，河床是挟沙水流与河床边界相互作用的产物；这之间，泥沙的（侵蚀、搬运和沉积）运动起着纽带的作用，即河床演变是通过泥沙的运动来实行、完成的。因此，不研究河道的来水来沙特性，不研究河流沿程泥沙运动的规律，就不可能对各河段的河道特性和演变有实质性的了解。鉴于此，本文采用研究河口动力特性及其泥沙运动规律的方法对三角洲的河网特点和河床演变进行分析。

一、珠江三角洲形成发展和河口动力的基本特点

我们曾经认为，[①] 现在一般所称的珠江三角洲过去并非都是大海，珠江口古代大海湾的最北古海岸线位置，大约仅及黄埔—市桥—大良—江门一线附近，[②] 此线以北的地区是一个较老的陆地平原（距今五千年以前即已形成），属河流冲积平原性质，此线以南的平原才是真正的现代三角洲平原，它们主要是近一两千年内在海中积浮长出的。因此，珠江三角洲形成发展和河口动力的基本特点可概括为：

（1）整个三角洲是由沉积组成不同和形成历史各异的海陆平原嵌合迭复而成的。

（2）三角洲汇西江、北江、东江、流溪河和潭江等江河泥沙形成，是一个复合三角洲的性质。

（3）现代珠江三角洲是以西北部的古河流陆相沉积平原（在南海、三水县境）为背负之地，逐渐在海中淤积并向前推进发展的。但发展很不平衡：①西江、北江径流强，来沙多，三角洲的发展主要体现在西江、北江三角洲部分迅速向东南突伸发展；②而分居于西江、北江三角洲左右两侧的流溪河——珠江干流谷地和潭江，则因径流小，来沙少，潮汐作用较强，河口沉积作用较慢；③伶仃洋和黄茅海是西江、北江三角洲两侧至今尚未完全被泥沙填满的古海湾残余部分。

（4）主要发育了两种不同类型的河口：①径流强、潮流弱的河口。西江主流的入海河口属之，以磨刀门和洪奇沥为代表。特点是径流强，大量淡水的下压使盐水入侵距离短；径流变率小，使盐水楔移动范围小（仅20～30千米）；整个河口潮流作用弱，潮差最小，咸淡水混合以高度分层型为主。②径流弱、潮流较强的河口。以流溪河为正源的珠江干流的入海河口（虎门）和潭江的入海河口（崖门）属之。特点是上源径流弱小，则相应进潮量大，盐水入侵距离远；径流变率大，则盐水楔移范围大（虎门80千米，崖门40千米）；河口潮流较强，潮差亦较大；咸淡水混合主要为弱混合型，枯季甚至出现强混合。

因此，珠江河口动力的内部差异较大。以西江、北江为主体的三角洲各水道径流强潮汐弱（但西江因河床阔深，枯季潮波上溯远），三角洲向东南伸展突出；而分居西江、北江三角洲左右西翼的珠江干流和潭江（银州湖）则径流弱潮汐作用较强，潮波逆向传播远，河口形态呈喇叭状向里深入。珠江三角洲的现代河网系统就是在这样一个三角洲背景和河口动力的条件下形成发展的。

[①] 李春初、杨干然：《珠江三角洲的形成发育和演变》，1977年；李春初、杨干然：《珠江三角洲沉积特征及其形成过程的几个问题》，见《海洋与湖沼论文集》，科学出版社1981年版。

[②] 现在看来，这一界线可略向北推移。但珠江三角洲中心部位仍未越过西樵山；珠江干流方向或可越过广州，但能否推移至石碣附近是值得讨论的。

二、河网分布特征

珠江三角洲的河网除东江三角洲是自成一局外,其主体西江、北江三角洲的西江、北江、珠江干流和潭江(银州湖)等主干河流皆大体自西北向东南入海。但径流弱、潮流较强的珠江干流和潭江(银州湖)水道阔直,很少产生分汊现象;而径流强、潮汐弱的西江与北江干流的两侧,则有大量的岔流河道产生。

西江、北江、珠江干流和潭江(银州湖)等主干河流的发育和延伸方向,与整个三角洲的区域构造体系(北西—南东向构造线)有一定关系。此外,在河口动力方面,口外涨、落潮流方向(涨、落急潮流方向是西北—东南)对其影响亦不能忽视。但支汊的发育却并非如此。

珠江三角洲支汊河道的分布和分汊方向,主要是由于上述三角洲发展的不平衡性及其产生的三角洲水流动力空间分布的差异性所造成的,简言之就是作为珠江三角洲主体的西江、北江三角洲部分因径流强大,具有较高的淡水水头,形成水流的高压区;而其左、右两翼的珠江干流与潭江径流小和主要受潮作用,水位较低并接近海平面位置,形成水流低压区。这种水流动力分布的差异以汛期最为显著(图1)。在汛期,"高压区"的西江、北江水位,较"低压区"的珠江干流和潭江一般可高2米以上。如1968年6月27日的大洪

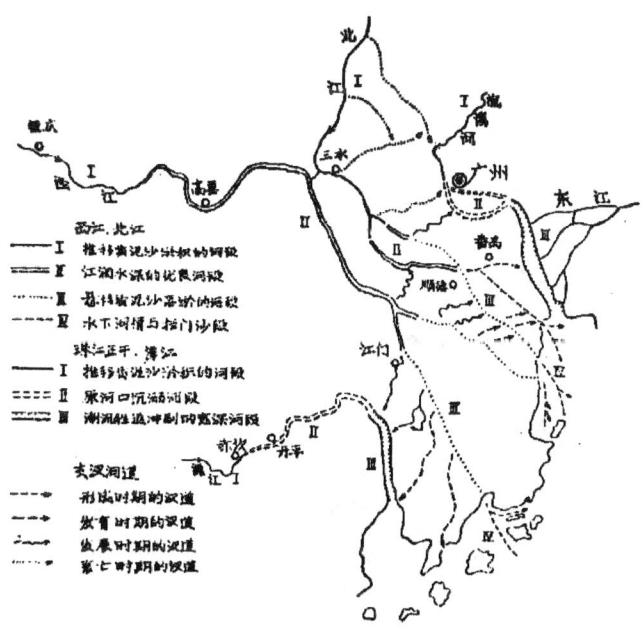

图1　珠江三角洲干流河道与岔流河道

水（20年一遇），连接北江和珠江干流的平洲水道两端的水位差竟达4米；同日连接西江和潭江的江门河两端的水位差达4.4米。就是在高压区内，水流动力也有一定的差异：西江水量较北江大，西江洪水历时（30～45天）较北江（15天）长，故西江水位总的来看较北江高。因此，有人把西江比喻为珠江三角洲的"水脊"。此外，西江、北江三角洲本身的水系为便于洪水的分泄，通过自动调整，在内部还形成产生几个小的、次一级的低压中心。

由于上述三角洲水流动力空间分布的不平衡性，造成了以下珠江三角洲水网汊道的分布特点和支汊水道的分汊规律（图2）：

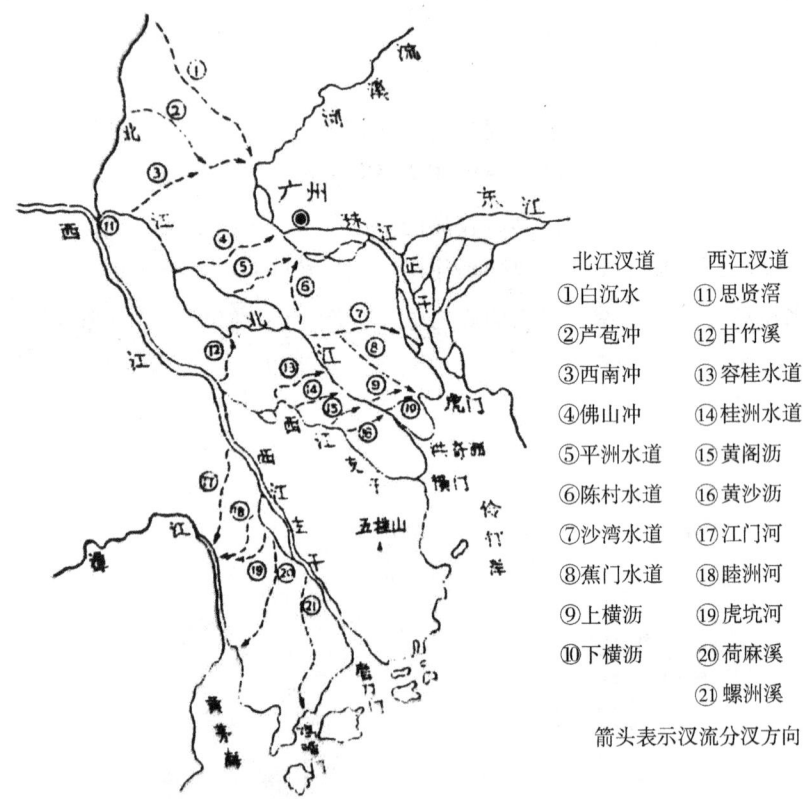

北江汊道　　西江汊道
①白沉水　　⑪思贤滘
②芦苞冲　　⑫甘竹溪
③西南冲　　⑬容桂水道
④佛山冲　　⑭桂洲水道
⑤平洲水道　⑮黄阁沥
⑥陈村水道　⑯黄沙沥
⑦沙湾水道　⑰江门河
⑧蕉门水道　⑱睦洲河
⑨上横沥　　⑲虎坑河
⑩下横沥　　⑳荷麻溪
　　　　　　㉑螺洲溪

箭头表示汊流分汊方向

图2　珠江三角洲的主要岔流河道及其分汊规程

（1）北江各汊道皆自干流水道向左侧分汊，即向低压区的珠江干流方向分流（洪水时分流量占北江的37%）；北江蕉门以及洪奇沥外亦因左侧水面比降大，水下汊道均在干流的左侧分汊。

（2）西江、北江之间，皆由西江左侧向北江分汊分流，洪水时西江约有35%的水量分入北江。

（3）西江右侧在思贤滘至江门间因成片山地、丘陵的存在，基本上无分汊现象；但江门以下则有大量分汊汊道产生，即西江纷纷向其右侧的潭江低压区——银州湖和黄茅海方向分汊分流。

三、珠江感潮河段泥沙运动的特点及其对河道发育的影响

据我们调查研究，进入珠江河口区（枯季潮区界以下范围）的、直接来自上游流域方向的泥沙主要由中粗砂、细砂、粉砂和黏土等组成。这些粗细各不相同的泥沙在河口感潮河段内的运动状况是很不相同的。

（1）细颗粒的粉砂、黏土基本上属冲泻质性质，它们被水流挟带做悬移运动，大多直接被输出口外，因此基本上不参与河段的造床作用，对干流河道的发育不产生重要的影响。

（2）中、粗砂颗粒较粗大（0.25～1毫米），它们主要在河底沿着床面向下游做推移运动。但是，由于感潮河段内受潮汐作用使其向下运移的能力受到很大的影响。这种影响表现在，在潮区界以下运移速度减缓，至潮流界则受逆向水流的顶阻而不能继续大量向下游运移。因此，直接自来流域的中粗砂较少被搬运到河口口门附近或输出于口外，在许多情况下，潮流界附近成为这种泥沙运动的终止地点。

但是，河流有洪、枯季节的变化，相应则潮区界和潮流界也跟着移动。那么，沿着底部推移运动的中粗砂主要在什么时期的潮流界位置停积呢？

我们分析认为，洪水时的推移质泥沙搬运的数量虽然较大，运动的速度和距离可能较快、较远（有的或变成悬沙被带走），但其作用的时间过短（北江15天，西江30～45天），全年中其运移的总量可能并不是最大；而洪水以外时间里（中、枯水），推移质泥沙仍是持续地在运动的，尽管在单位时间内运动的数量、速度和距离可能比不上洪水时的，但从全年来看，它作用和运动的时间最长，其意义也当为最大。因此，中、枯水时以中粗砂为主的推移质泥沙在潮流界附近的停聚，应是代表了进入河口区的推移质泥沙舌（或推移质泥沙堆积体）向前运移的前锋位置，即可作为直接来自上游河床的中粗砂推移质泥沙运动的基本终止点。

上述论点基本与实地调查情况相符。如沿北江河床推移下驶的中、粗砂堆积体基本上在南岸至三多（顺德水道）和榕州（东平水道）一带的河床停聚；沿珠江干流河床推移向下的推移质泥沙堆积体已运移至横沙附近；沿潭江推移向下的中粗砂堆积体终止在赤坎与开平之间的区域。以上区域或地段都与中、枯水潮流界位置相吻合。西江流域沿河床推移下泄的中、粗砂虽有少量的可运移接近口门（在竹银或大鳌尾以下至磨刀门的近口河段

床沙组成中，中粗砂成分只占9.3%），但大量的，或者说整个推移质堆积体仍聚积在三榕峡以上的河床中。

以中、粗砂为主的推移质泥沙堆积体的向下运动，对河道的发育和演变有重大影响：推移质泥沙堆积体下伸到达前的河段水深良好，断面亦较窄深；一旦推移质泥沙堆积体下移到达，河床立即淤浅，断面亦趋于变成宽浅型。

（3）细砂（0.1～0.25毫米）属床沙质性质，它们随水流变化时而推移或悬浮运动，向下搬运的距离较中、粗砂为远。同样，由于受潮汐顶托使河流动力消能的作用，它们也将在潮区界以下河床（主要在潮流界移动范围内）落淤下来。但细砂大量在汛期被挟带下泄（因这时多变成悬沙），故汛期潮区界以下河床受细砂淤积影响较大，其中汛期潮流界以下的河床淤浅现象较明显。各江床沙调查表明，细砂物质在珠江感潮河段的沿程河床虽都有一定的落淤和分布，但上、中河段（汛期潮区界以上河床）河床中的细砂更多地属于过境之物，它们以间歇运动方式通过这里，最终是要到达近口段河床淤积和停聚。

大量淤积在近口段河床的细砂物质在下泄流的作用下，还能继续沿床面运动并被推出口外，最后受阻于盐水楔前端。拦门沙是汛期盐水楔楔顶所在，该处成为细砂运动的最后终止点。

四、干流河道的发育演变

1. 干流河道的发育特点与分段

由上所述，可知珠江三角洲的干流河道有两个主要的淤浅地段：中、枯水潮流界以上主要受中粗砂推移质泥沙堆积体淤积的河段，汛期潮区界以下开始受细砂淤积影响，但细砂主要在汛期潮流界以下河床大量聚积的近口河段。后者使径流强、来沙较多的西江、北江河床的纵剖面在口门附近明显地抬高。西江、北江、珠江干流和潭江等干流河道都可分为四个主要河段。除了其中一段四条干流河道都同属于推移质泥沙聚积河床的淤浅河段外，其余各河段，西江、北江为一种类型而较为接近，珠江干流与潭江为另一种类型，比较相似。这种差别是由于它们分属于两种不同类型的河口，其水流泥沙条件有着较大的差异所致，现略加说明如下。

（1）西江、北江来沙量相对较珠江干流和潭江为大，故西江、北江近口段河床因细砂淤积出现的河床抬高现象明显；而珠江干流和潭江近口段河床虽也有一定的或少量的细砂分布，却并未出现明显的因细砂淤积而造成的河床隆高地段。

（2）西江、北江汛期流量大，大量径流的下压使潮流影响仅及口门附近；但西江、北江河床较深（尤其是西江），汛后与枯水期径流锐减后潮波上溯远，中、枯水时潮流界位置达及三角洲顶端。这样，使西江、北江干流河道的发育出现两头"塞"（淤）、中间

"空"（冲）的现象。即近口段河床和三角洲顶部中、枯水潮流界以上河床分别因受细砂和中粗砂的大量沉积而较为淤浅。而两者之间有相当一段距离的河段，其水文泥沙条件具有如下特点：①上游方向河床的以中粗砂为主的推移质泥沙堆积体的运动已基本终止在中、枯水潮流界附近，本段河道较少受粗粒推移质泥沙淤积的影响；②汛期潮区界是细砂沉积的基本起始点，本段河道位于起始点以上，汛期水流不受潮汐的作用或影响，其时水面坡降大、流速大，不利于细砂和其他悬移质泥沙大量在河道中沉降落淤。因此，中间这段河道较少流域因各种来沙的淤积，水流挟沙能力亦相应增强，其结果必然反映在河道的发育和变形上。这就是河床的下蚀和河岸的冲刷（即只能以这种方式得到泥沙补给来满足其一定的挟沙能力）。故本段河道较宽阔、深切，河床每已下蚀切割到基岩或粗砂、砾砂和硬黏土等埋藏古河流沉积物，其平均宽深比 $\left(\dfrac{\sqrt{B}}{H}\right)$ 在 3.0～3.5（西江）和 3.0～4.5（北江）。然而，珠江干流和潭江，两者因上源径流小，中、枯水潮流界位置基本上与汛期潮区界位置相重合，故不能出现类似西江、北江第Ⅱ段那样性质的河段。

（3）珠江干流和潭江下游以径流弱、潮流较强为特点，它们发育的主要动力不是河流动力而是海洋动力，即潮流的往返运动和冲刷、搬运泥沙，对于它们的形成发育有着突出的意义。有关这两条干流河道的分段见图2，各分段特性及其论述参见《中国地理学会一九七七年地貌学术讨论会文集》第72—73页，这里不再赘述。

2. 干流河道的演变

讨论河道演变问题，我们首先着眼的不是河床本身冲多少淤多少的问题（当然这是有意义的），而是应该首先研究三角洲河道的水流、泥沙条件曾经发生过怎样的变化。因为河道的发育特性与水流动力及其作用下的泥沙运动有关，河道的演变则主要是由于水流、泥沙条件的改变所引起。

从大范围和一定的时间尺度来看问题，珠江三角洲河道水文泥沙条件的主要变化是什么呢？很明显，这个主要的变化应当是，随着近两千年内现代三角洲的迅速推进发展和河口位置的不断向海延，整个河口动力带逐渐向海推移：咸水界下移了，潮流界、潮区界也下移了；过去曾为潮水作用或影响的地区，现已退出河口范围完全在河流动力控制作用下发展。如东汉时潮汐可影响飞来峡（据宋《太平寰宇记》），但现在枯水时北江潮波影响的最北界只能到黄塘或芦苞。宋时咸潮仍可侵入到广州，为此苏东坡曾建议引白云山水为民汲，但现今一般情况下，咸潮上界只能到达黄埔或新造。这些都是有籍可查的水文变化情况。三角洲向前发展和河口不断向海延伸引起的整个三角洲水文因子的向下游移动的变化由此可见一斑。河口各动力地带的如此移动，必然引起泥沙（搬运、冲刷或沉积）作用地带跟随向下游移动，则前述各个不同河段的发育特性也将发生改变。因此，从一定的时间尺度来看整个三角洲的河道演变的趋势，可以得出这样的看法：

第一，随着三角洲的不断向前推进和河口水流、泥沙动力带的下移，各河段位置也将依次向下游移动。这样，对于其中某一河段本身来说，将逐渐为其上游的另一河段下移所取代。

第二，若从河道冲淤规律与变化趋势来看，中、枯水潮流界附近的河道，因上游河床推移质泥沙堆积体下移影响，必将因粗粒泥沙（中、粗砂）充塞河床而大为变浅；对于径流强劲的西江、北江干流来说，其汛期潮区界上下的河段（包括第Ⅱ段的下游部分和第Ⅲ段的上游部分），则有向冲深展宽方向的发展演变趋势。

兹举例说明如下：

（1）西江、北江、珠江干流和潭江的第Ⅰ河段，过去并非像今日这样淤浅。宋代以前，广州北面的石门是西江、北江船舶到广州的必经之地，但现今河床已淤浅不能通行较大船只了；潭江赤坎在历史上曾有一定的交通意义，这种意义也因与推移质泥沙堆积体淤塞河床有关而丧失；北江三水一带的河道过去较现在为优更不待言。毫无疑问，以上变化都是由于珠江三角洲向前发展和河口延伸后，上述各河道的中、枯水潮流界逐渐下移引起的河床推移质泥沙堆积体下伸淤积造成的。今后，随着三角洲的向前推进，这种过程还会进一步发展，并将危及第Ⅱ段河道。

（2）不少事实表明，西江、北江干流河道的第Ⅱ段，过去并不像现在这样江阔水深。在它们的发育过程中也曾经历了类似现在西江、北江第Ⅲ段那样的历史过程。可以预估，西江、北江第Ⅱ段上游部分将受到以中、粗砂为主的河床推移质泥沙堆积体下移的影响而趋于恶化；下游部分则会被冲深展宽。据1958—1973年，珠江三角洲19个河道断面地形测量资料，[①] 多数断面都有不同程度的淤浅，但处于西江、北江干流第Ⅱ段下游位置的天河、南华和三善滘等断面却明显呈现为冲刷。

（3）今后随着三角洲的向前发展，西江、北江第Ⅲ、Ⅳ段的位置都会相应下移。在此过程中，第Ⅲ段将会逐渐出现冲刷过程，特别是其上游部位，当它曾经还是处在汛期潮流界以下位置时，无疑较现在淤浅，但现今已退出汛期潮流界之外，洪水时就不再出现负流过程了，因此河流动力有一定加强并且将继续增强下去。近数十年来，西江天河至竹银、神湾之间的河段普遍出现冲刷现象，即可能与此有关。

五、支汊河道的演变

珠江三角洲的支汊河道乃依附于西江、北江干流的存在而发展。随着西江、北江干流河道的稳步发展和变化，支汊河道有着孕育、形成、发展和衰亡的渐进演变过程。

---

① 佛山地区水文分站：《珠江三角洲西、北江下游河道冲淤及水文变化情况》，1975年。

1. 支汊水道的孕育时期

这一时期的支汊道基本上处于水下河槽阶段，汊道虽已出现，但不够稳定，较易淤积而有所变迁。汊道的冲刷过程发生在洪季；淤积则主要是冬春枯水时随咸潮深入由涨潮流带入的淤泥在海滩和汊道中落淤造成的。

2. 支汊河道的形成时期

一旦口门海滩围成陆，口外主、支汊水下河槽皆被堤岸线相对固定成为陆上河流进一步发展。可以汛期潮流界为分界线，此线以下至口门的支汊河段，是支汊河道的重要发育阶段。这是因为，潮流的往返运动对泥沙的搬运可以保持一定的冲刷水深。但这一时期的汊道，枯水时仍可受咸潮上带入淤泥沉积的影响，洪水时又有河流带来的泥沙（主要是细砂及部分粉砂）在河床落淤，故总的来看，汊道水深不大。特别是处于（枯季潮）会咸点和（洪季涨潮流）会流点的汊道，淤积更明显。前者以淤泥沉积为主；后者有淤泥，但主要是粉砂和细砂的淤积。属于这一时期的西江、北江汊道有螺洲溪、石岐河、黄圃沥、黄沙沥、上横沥、下横沥、市桥水道和陈村水道等。

3. 支汊河道的发展时期

随着三角洲的向前推进，当支汊河道逐渐脱离汛期潮流作用范围后，其发育进入发展时期（因洪水时已不再发生倒流）；如果进一步脱离了汛期潮区界范围，支汊发展则达极盛阶段（因洪水时已不再受潮汐影响，汛期泥沙淤积减少，洪水对河岸与河床的冲刷加剧）。显然，此时期与干流河道处于汛期潮区界上下位置时的冲深展宽阶段是相对应的。属于这一时期的西江、北江支汊河道有睦州河、江门河、甘竹溪、容桂水道、桂州水道和平洲水道等。

应予提出，这时期的汊道，若其延伸方向与整个三角洲汛期的等水位线（图1）相垂直，则洪水时汊道进出口两端之间常陡然出现较大的纵比降（如前面指出的1968年大洪水时平洲水道和江门河两端的水位差分别可达4米和4.4米）。在此情况下，汊道将通过自动调整作用，即以河形弯曲延长流路的办法减缓比降来与之相适应。因此，这种汊道大多要变形弯曲。平洲水道、甘竹溪、容桂水道和睦州河具有这样的特征。相反，如果汊道伸延方向与整个三角洲汛期的等水位线相平行，则洪水时泥沙从汊道两端同时进入河道，泥沙有进无出，汊道会迅速淤塞。潭州水道中、下段（登州头至板沙尾）的淤浅即是一例。

4. 支汊河道的衰亡时期

当三角洲进一步向前发展，河口动力带进一步向外迁移，如果中、枯水时的涨潮流已不能自汊道下口上溯达到支汊的上口（即与主干河流相连接的一端），则此时支汊进入衰亡时期。这是因为，这时沿主干河道河床推移下的泥沙可以进入支汊河道了。一旦上游河床推移质泥沙堆积体下伸到达，支汊河床便会遭受粗粒泥沙的填塞迅速淤浅。这样，当枯水时河流流量主要集中于主干河道时，支汊的分流量很少，而支汊下端又无潮流或进入的涨潮量很少，则支汊生命衰减以致消亡。属于这一时期的西江、北江的支汊道有思贤滘、白泥水、芦苞涌、西南涌和佛山涌等。其中，思贤滘的淤缩变窄，主要与北江河床推移质泥沙堵塞东口有关。上述北江各支汊皆因北江河床推移质泥沙堆积体沿程下移（进入汊道）的影响，自北而南依次衰退以致消亡。

西江、北江与珠江干流之间的支汊河流，是西江、北江船只到广州的通道。历史上，位于芦苞涌和西南涌交汇处的官窑镇以及位于佛山涌的佛山镇，都先后有过繁荣的历史（前者在晋、唐、宋时期，后者在明、清时期），但后来都由于与这些支汊依次淤塞的影响有关而相继衰落。如果说，今天还有与历史上的官窑、佛山的作用和位置相当的市镇，那就是位于发展中的支汊——容桂水道旁的顺德县容奇镇。

（本文原载《中国地理学会一九七七年地貌学术讨论会文集》，科学出版社1981年版。这次转载时做了适当的修改）

第六篇　滇南地区的地貌条件及其对自然景观形成与演变的影响

李春初

提示：这是作者参加1958年云南南部综合科学考察后写成的处女作，显示一位在地理系毕业不久的学生的不寻常科研能力和达到的高度科学水平。作者在滇南元江谷底和哀牢山复杂多样的热带自然区域内梳理出自然景观水平和垂直两个方向上分异特点和规律，并寻找出内中原因。作者指出该区地壳强烈上升、河流不断下切，使地形改变，造成水热条件差异，结果产生自然景观的复杂性和多样性，甚至在海拔2500米的哀牢山，从谷底到山顶出现物种垂直地带性自然景观。这一发现，在地理自然景观认识和资源开发利用上都有重要意义。而作者过硬的野外工作本领、深刻的洞察力和较强的科学归纳总结能力，更是中大地理系重视自然地理教育的成果。

李春初

一、引言

本文所指滇南地区系云南省红河哈尼族彝族自治州的南部，包括元江谷地及其以西的藤条江、李仙江等广大地区（图1）。这里正好在北回归线以南，受东南季风和西南季风的交互影响，是热带季风气候和亚热带季风气候的过渡地带。由于位处云南高原南部边缘，受大致平行往东南流的元江、藤条江、李仙江等及其支流的强烈侵蚀切割，区内云南高原面已遭受严重破坏和改变。河流深切，峡谷众多。

本区的地形轮廓和地貌发育过程深刻地影响着自然景观的形成和演变。复杂而崎岖的地形使得综合自然条件在各处有着极大的差异。往往百步之间或一个丘陵的南北两坡其自然景观即可迥然不同。然而，区内的地貌形态和发育过程毕竟是有其特点和规律性的，因此，这又使得本区自然景观的分布和变化亦具有一定的特点和规律。正确地认识地貌条件及其形成过程，可以帮助了解本区综合自然条件的复杂多变性和探求自然景观变化与演进的趋势。这对于发展本区的农业、林业生产，特别是为开发本区的热带、亚热带生物资源是有着一定的意义的。

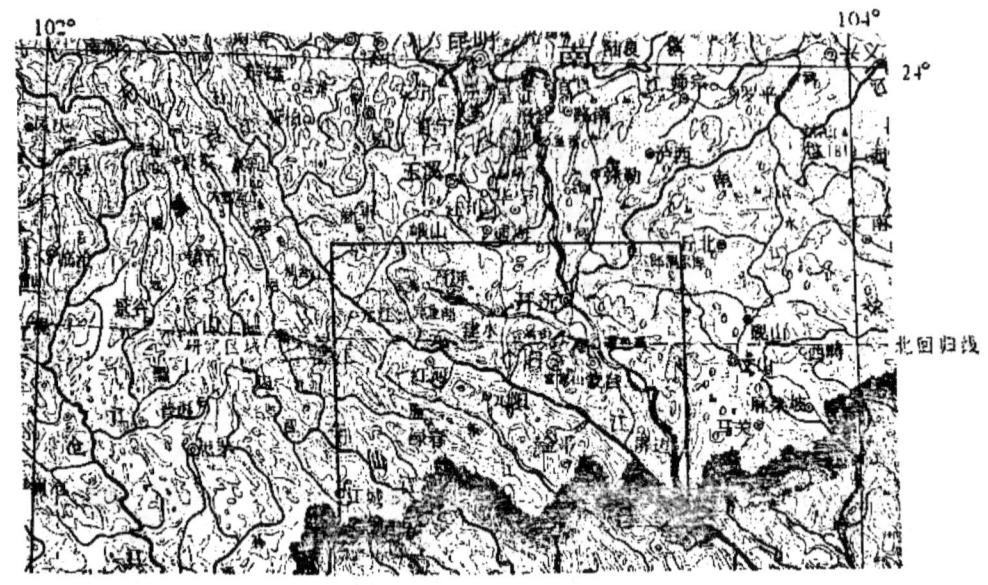

图 1 研究区域

二、地貌特征

本区在地质构造上包括西北—东南向的哀牢山结晶变质岩带和其东北侧的个旧凹陷与西南侧的金平凹陷。不同的地质构造单元有着不同的岩石组成。哀牢山结晶变质岩带由各种古老的片麻岩、结晶片岩和岩浆杂岩组成；金平凹陷以泥盆纪至下二叠纪的板岩、砂岩和砂页岩沉积为主，在凹陷边缘有下二叠纪的玄武岩喷发和大量侵入的基性、超基性岩，如三家河、金水河一带所见；个旧凹陷则以三叠纪的灰岩为主，并有燕山期花岗岩侵入。由于受哀牢山隆起带的控制，本区构造线的方向均呈西北—东南向。①

本区地貌条件有以下三个明显的特点：

（1）主要有 3 条西北—东南向平行纵列的山脉，这就是元江以北的大围山（2000～2400 米）、元江与藤条江间的哀牢山脉（2000～2500 米）以及藤条江与李仙江间的黄莲山脉（1700～2300 米）。区内主要的河流，都作东南流，河谷深切，如元江、李仙江的河谷，海拔均在 100～400 米间，最低处在河口则还不及 100 米，为云南全省海拔最低的地方。因此，本区高山夹峙，河谷幽深，地势起伏极大。

---

① 吴樊德：《哀牢山变质带》，载《地质学报》1960 年第 40 期。

元江南北的地形有着很大的不同。其北山原面保存得很完整，个旧以南海拔 2000 米的高原夷平面受轻微的破坏与分割，高度齐一的馒头状岗丘呈微波起伏。石灰岩组成的山原上石芽鳞露。因受断层纵横交错的影响，山原间产生了许多大大小小的构造盆地。如个旧、田心等盆地。它们的海拔高度均在 1300～1500 米间。元江以南，受平行东南流的元江、藤条江、李仙江以及它们的支流五拉河、茨通坝河、蹚蚂河、小黑江等的强烈侵蚀切割，除哀牢山西北段还保存有较宽的山原面外，哀牢山东南段以及藤条江以南的广大地区，山原面已遭受很大程度的破坏，形成了数列平行的西北—东南走向的陡峻中山。其海拔在 2000 米左右，相对高度达 700～1000 米，有些地方如黄连山脉，残余的山原面已很窄，宽度仅 1 千米左右。

（2）本区有许多大大小小的盆地或平坝。按其分布高度的一致性可分为两类：一类是高度在海拔 1000～1100 米以上的盆地或平坝，如金水河双金桥以上的金平（1200～1300 米）、思南江上游的绿春地区以及元江南岸的勐平（1100 米）等。这些盆地或平坝有侵蚀成因的（如金平），也有构造成因的（如勐平）。盆地中河流为曲流，河谷甚开敞，谷坡呈凹形。另一类是高度在 500～700 米的河流侵蚀宽谷盆地，如茨通坝（550 米）、骑马坝（600 米）以及元江两岸支流上的许多圆形的盆地。这里河曲蜿蜒，侧蚀作用盛行，并有堆积阶地和河漫滩冲积平原。上述两类高度不同的盆地有深切的峡谷将它们串连。后一类盆地的河流在 500～550 米以下呈峡谷，其至呈悬谷状倾泻入元江或李仙江等主干河流。因此，元江、李仙江与藤条江的各支流纵剖面呈阶梯状，主要有 1000～1100 米与 500～550 米两个裂点，裂点上下的河谷地貌极不协调。

（3）红河和李仙江河谷沿深长的大断裂构造发育。其河谷底部为深切 200 多米、宽度仅在百余米至几百米的峡谷带，谷地十分狭窄；但在此高 200 米以上，谷地却豁然开旷，分布着数级具有较宽古剥蚀面的阶梯地形。

以曼耗—龙膊间的元江谷地为例，这里元江两岸阶梯地形十分雄伟与清晰。自左右两侧的大围山（2000～2000 米）和哀牢山（2000～2500 米）向元江河谷都呈海拔 1700～1800 米、1100～1200 米（高出元江河面 800～900 米）和 600～700 米（高出元江河面 500 米）三大阶梯地形而级级下降，它们占了整个谷地宽度的 4/5 以上；其谷底深切 200 米的峡谷带宽度才不过 200～300 米。因此，行走于元江谷底中，给人有闭塞的感觉；而横过河谷，翻越各级阶梯地形，往上登临时，则给人以另具广阔天地的深刻印象。上述三大阶梯可能是新构造运动多次断块上升使云南高原夷平面移位面形成的。在河流的各次向源侵蚀至今还未到达的地方，各级阶梯地形的平坦古剥蚀面则被保存了下来，这就是在元江谷地所见到的呈岛状分布的各级平坝。如勐平（1100 米）和桥头（600 米）等。

依照黄培华的意见，云南准平原自燕山运动褶皱上升后，经过了长期的剥蚀夷平作用至中新世便告形成。① 中新世以后，本区经历了多次的、间歇性的新构造运动的强烈抬升，使河流强烈下切形成峡谷。前述支流上的裂点便是新构造运动多次上升，河流几度深切，但支流的下切多侵蚀是落后于主流而产生的。从河流下切的深度可知，本区自中新世以来地面上升了2000多米，其中仅仅第四纪期间就上升了500米。② 目前本区还在上升之中。显然，新构造运动的这种迅速而强烈的上升必然会对本区自然景观的形成和演进产生着深远的影响。

三、地貌条件对自然景观形成和演变的影响

本区山脉排列的方向，河流的流向，山岭上升的高度，河流下切的深度，地貌的形态和类型组合的特点以及山岭的各个不同坡向等等复杂多样的因素改变了气候条件。即复杂面崎岖的地形引起了热量和水分的重新分配，使不同的地形部位上水热状况有着很大的不同。由于地面上的水热状况正是确定自然环境形成过程以及有规律的自然地理景观多样性的首要因素，因此复杂的地形引起的水热状况的差异性便导致了自然景观具有复杂多样性的特点。本区地形轮廓和发育过程对自然景观的影响归结起来表现在下面三个方面。

（1）对于西南季风和东南季风的不同影响：由于山脉呈西北—东南向排列，元江、藤条江、李仙江等深切往东南流，所以重重叠叠的山岭正与西南季风相垂直，阻碍了它的运行。当西南季风翻越山岭之后，在其背风坡的河流谷地下沉，发生绝热升温的现象，增强了谷底的高温条件；然而，对东南季风气流来说，上述地形结构为湿暖气流的溯江侵入创造了条件，使沿江谷地具有了热带自然景观。然而，毕竟由于地形的机械障碍作用，湿暖气流在溯江侵入的过程中受地形截留的影响，它所含一定数量的水汽便不断地释放形成了降水，故愈往上游空气中所含水汽就愈少，因而降雨量就愈往上游愈少。河谷地带水分条件的这种变化，使河流往上的热带自然景观发生了变化。这在元江谷地表现得相当明显。

元江谷地的年降雨量愈往上游愈稀少，如河口年降雨量为1776毫米，绿水河为1200毫米，元江仅1000毫米；而热量却愈往上游愈丰富。如河口年均温为22.5℃，大于等于10℃的活动积温为8195℃；元江的年均温则达24.1℃，大于等于10℃的活动积温为8793℃。所以，元江谷地愈往东南水热的配合愈见和谐。这种水热分配和变化的特点主要是在上述地形结构影响下形成的。也就是说，元江在曼耗以下受东南季风的影响大，溯江侵入的湿暖气流的水汽在这里大量地释放形成降水，而空气中水汽的丰盈，相对地使西

---

① 黄培华：《论云南之地貌发育问题中国第四纪研究》，1960年第3卷第1～2期。
② 黄培华：《云南新构造运动的特点与大地构造关系》，载《南京大学学报（自然科学）》1959年第3期。

南季风下沉气流的绝热增温影响隐而不显，故这里具有高温重湿的气候条件。曼耗以上东南季风影响微弱，溯江侵入的湿暖气流的水汽由于已大量释放，至此已所存不多了，这里主要是受西南季风下沉气流的影响，即翻越哀牢山顶的西南季风下沉气流的焚风效应，能在此发生极显著的作用，因此水分的严重不足和热量的极为充足使这里特别干热。元江谷地水热状况的这种变化特点使自河口循江而上才不过百余千米长的距离内，河谷地带的热带自然景观便有从热带雨林砖红壤性土→热带季雨林砖红壤性土→热带稀树干草原红褐土→热带干草原红褐土迅速递变的景象（图2）。热带自然景观的这种变化应是一种大范围、长距离、水平地带（纬度地带）变化的规律（就如在今日非洲所表现的那样），但现在却在元江谷地这样极短的距离内得以实现，足见由地形而引起的气候条件改变对自然景观的形成有着多么巨大的影响。

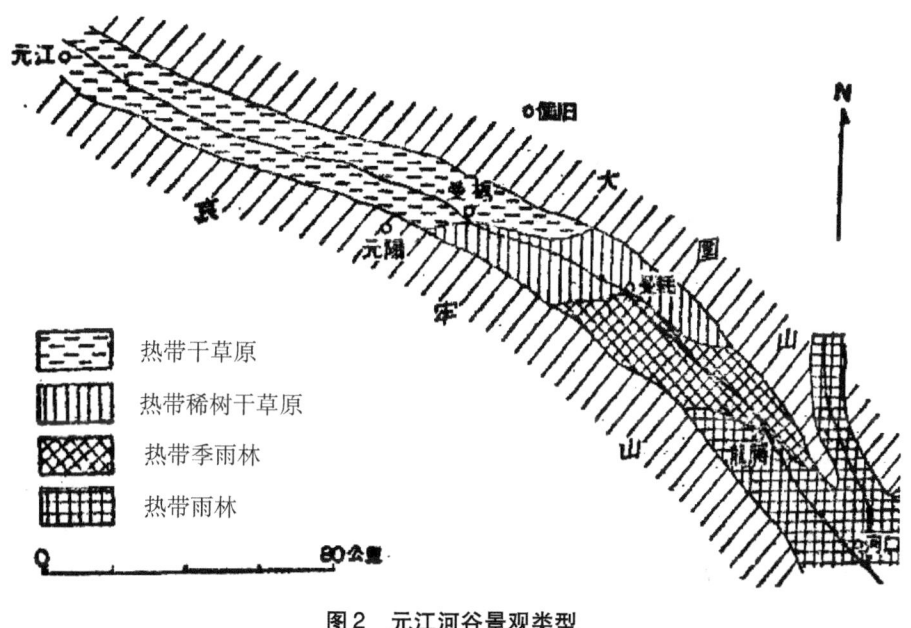

图2 元江河谷景观类型

（2）河谷两坡的水热变化大，景观呈镶嵌状分布的特点：本区山脉和河谷丘陵的不同坡向，特别是西南坡（向阳坡）和东北坡（背阳坡）的水热状况差别很大。由于前者承受太阳辐射热能多，坡面蒸发强，土壤中水分较少，不及后者那样阴湿，因而两坡的自然景观可有很大的不同。即使是一个低丘陵，其两坡的自然景观也可截然两样。例如，元江谷地，在由热带雨林向热带干草原迅速演变的过程中，北岸（向阳坡）要比南岸（背阳坡）快得多（一般可以快十多千米，图2）。在新街附近所见，元江南岸的山坡为热带季雨林；北岸低丘的西南坡为热带稀树干草地，而东北坡则为热带雨林（图3）。又如哀牢山东北坡的热带植被大部分分布在500～600米，而西南坡的金平地区则可高至800～900米。因此，下垫面的破碎和崎岖增加了自然景观的复杂性，使各种不同的自然景观具有镶嵌分布的特点。

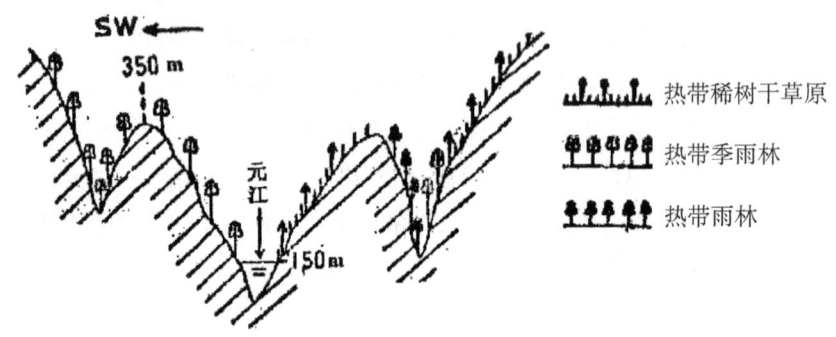

图3　新街附近元江谷底横断面景观类型

（3）生物气候的垂直分布：由于新构造运动的强烈上升，河流的深切，地形的起伏极大。山岭的同一高度和不同高度气候条件的多样性形成了气候垂直带。以哀牢山东北侧为例，金平分水老岭2500米至元江谷底200米高差达到2300米。其谷底干热，山腰湿凉，山顶湿冷。因此，植被的垂直分布，自下而上有由热带植被（200～600米或700米）→准热带植被（700～1200米）→亚热带植被（1200～2500米）的变化。但是，谷坡具有宽旷平台的阶梯地形影响水分条件的不均一性，使上述植被带的垂直变化更加多样化：这就是各级宽旷阶梯的平台，在夜间容易辐射冷却引起降温，产生层状的逆温，在各级阶梯斜坡的一定高度上形成了云雾带。在云雾经常缭绕弥漫的山坡上湿度特别大。这一影响在冬季特别明显和意义重大。因为冬季在云南地区为干季，由于夜间各级阶梯平台上强烈辐射冷却所形成的浓雾在白天可以经久不散，从而大大地弥补冬季水分的不足，使被云雾经常笼罩的山坡上能全年湿润而不受季节性干旱的严重影响，故这里的植被每具有雨林结构的特点；相反，在冬季没有云雾缭绕的山坡上则显得很干爽，植被表现出季节性干旱的性质。因上述原因造成的湿度条件的差异，使本区的准热带植被在山坡的不同部位上有准热带山地雨林和准热带季节性混交林的区别；同样，亚热带植被亦有亚热带山地雨林（即苔藓林）和季节性干旱的亚热带常绿阔叶林之分。因此，本区强烈上升的山岭和阶梯地形的形成，使垂直生物气候带明显和具有多样性的特点，在哀牢山东北侧自下而上能形成热带稀树干草原红褐土→热带季雨林砖红壤性土→准热带山地雨林和季节性混交林砖红壤性红壤→亚热带常绿阔叶林黄壤→亚热带山地苔藓林黄棕壤的垂直自然景观（图4）。

（4）对于植被演变的影响：前已述及，新第三纪以来本区上升了2000米。新构造运动的这种强烈上升对自然景观的演变过程和趋势产生了深刻的影响。这一点我们可以从地

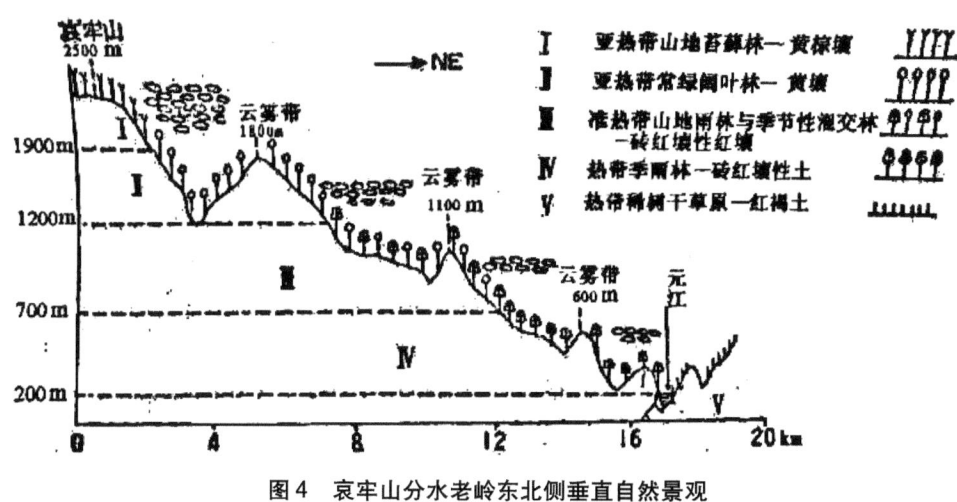

图4 哀牢山分水老岭东北侧垂直自然景观

形形成过程所引起的气候条件改变和今日区内植被分布、组成和结构的特点等多方面来探讨。

中新世末本区是一个低矮的准平原,当时季风系统尚未形成,生长着第三纪古热带雨林。这时由于地表坦平,没有起伏或起伏很微,故无自然景观的垂直变化可言。随着中新世以来地壳的强烈抬升,河流切割,地表的起伏加大,上升后的山岭气候比以前温凉,热量条件远较以前差;但是,在河流切割新产生的河谷底部则具有了高温重湿的热带气候条件。地形变化所引起的气候条件的这种逐渐改变可能导致了自然景观有下面三个方向的演变:

(1) 植被为了适应不断上升的山岭气候由湿热向温凉的逐渐变化,原古热带雨林就地演变成准热带山地雨林和准热带季节性混交林。这是因为今日的准热带植被,特别是准热带山地雨林中还保存着许多古热带植被的种属,群落的结构具有雨林的特点,如林内透光条件差,藤本、附生植物发达和林下蕨类十分繁茂等。由于亚热带山地苔藓林中也有古第三纪的孑遗植物,如木莲(Manglietia Fordiana)、柏那参(Brassai-opsis hispida)等,[①] 其结构亦具有雨林的特点,故它们可能是由准热带植被进一步演变而成。准热带和亚热带山地雨林具有强烈的继承性,它们"在群落结构,木本和中生附寄植物丰富程度以及其他特征方面较之低平地区的热带森林更接近于典型热带雨林"。此外,在亚热带苔藓林中有许多食肉类、啮齿类和有蹄类的野猪(Susacroa chill-odonta)、印度麂(Muntiacus mantjak)等动物,本区热带雨林中所共有。[②] 这表明在上述生物群落逐渐演替的情况下,一些动物

---

① 任美锷:《云南南部自然区划的一些问题地理》,载《地理》1961年第3期。
② 张荣祖等:《云南东南缘兽类动物地理特征的初步考察》,载《地理学报》1958年第24卷第2期。

也可以适应气候条件和生活环境的逐渐改变而在原地继续生存和发展。

（2）在地壳上升的影响下，河流强烈地下切向纵深发展，新形成的河谷底部具备了热带的气候条件。这时原古热带雨林除了一面适应气候条件的逐渐改变就地发生演变外，另一方面也不断向新形成的、具有热带气候条件的河谷底部迁移。今日区内沿河低谷地带和盆地内的热带雨林和季雨林植被便是由山岭上的原古热带雨林逐渐下迁过来的。这一点是不难理解的。但是，由于"喜马拉雅运动使古地中海消失和温暖海洋面积缩小，陆地面积增加，大陆性气候加强，同时建立起大陆与大洋的对比关系产生了季风的环流形式。这种形式代替了老第三纪的行星风系的环流形式"。所以新第三纪以来，在季风环流的控制下，热带雨林"已开始变为热带季风雨林地带"[①]。因此，现在河谷低地的热带雨林为适应今日季风气候的特点已经不是典型的热带雨林了，而是逐渐以季雨林占优势。

（3）还有一个可能存在的方向就是：由于河流不断地进行向源侵蚀，河谷不断地加深，溯江侵入的湿暖气流可以更加深入，因而今日沿河谷地的热带植被分布也随之循河谷往上游不断伸入。本区骑马坝冲头河（它是在Q_3—Q_4才下切形成的）左岸谷坡上的植被可以作为这种动向的证明。这里分布着准热带雨林性的植被，但它是由于河谷不断下切加深，循踏蚂河（李仙江的支流）侵入的湿暖气流更加深入（根据访问，骑马坝附近的气候近来比以前变热了），因而热带植被亦相应地随之循河谷进一步伸入，于是使这里的亚热带植被又开始向热带植被演变而形成的。所以，现在谷坡上的植被虽然仍以亚热带壳斗科的种属为主，但林型结构已具有了雨林的某些特点，也有了一些热带树种的组成。它可能是一种与前述准热带山地雨林在成因上不同的准热带谷地雨林型植被。

综上所述，在新第三纪以来地壳强烈上升和河流不断下切向纵深发展的影响下，使本区植被具有下面的演变过程和趋势：一方面古热带雨林逐渐就地演变成准热带和亚热带森林；另一方面则是热带雨林不断向河流谷底迁移（垂直方向）和向河谷上游深入（水平方向）。但是，由于新构造运动上升后（云南准平原上升变成高原后）所引起的大区域气候向季风气候的转变，由这种原因而形成的热带雨林已不是过去原古热带雨林的面貌了，而是在向季雨林的方向变化着。

对土壤形成过程的影响：新构造运动的强烈抬升，古剥蚀面的形成以及河流深切峡谷众多的地形对于作为景观反映的土壤的形成和演变也是有着很大影响的。

本区阶梯地形上的古剥蚀面曾遭受过相当长时间的剥蚀夷平作用，在平坦的地形条件之下，于第三纪末即已形成了相当深厚（一般在20米左右）的残积风化壳。其剖面自下而上逐渐过渡，依次是碎屑岩残积层带（在板岩、砂岩地区这一层可厚达10米）、构造残

[①] 周廷儒：《中国第三纪以来地带性与非地带性的分化》，载《北京师范大学学报》（自然科学版）1960年第2期。

积层带、高岭土残积层带和土壤层。在河流和溪谷的溯源侵蚀至今还没有破坏的古剥蚀面上，这种残积风化壳保存完整。第三纪时，在当时的热带生物气候条件下，风化壳最上部的土壤层发育了砖红壤。这可以从哀牢山超基性岩侵入带的古夷平面上有风化壳矿物的存在得到证明。当时这一成土作用在云南地区是普遍存在的，所以在昆明附近也有古砖红壤的发现。但是，随着以后地壳的抬升，生物气候条件的改变，温度的降低，土壤逐渐处于湿凉或湿冷的状态（如今日苔藓林下的黄棕壤土体特别湿冷）以及淋溶、水化作用的大大增强等成土条件的改变，土壤的原砖红壤性质便得到了改造。本区今日古剥蚀面上的发育在亚热带与准热带植被下的黄棕壤和红壤应该是砖红壤化学性质得到改变（主要是铁质的减少）后的产物。然而，复杂地形所引起的气候条件的多样性，使本区个别地区有可能由于影响土壤改造的水热状况至今改变不大或虽已有改变但时间不长，其砖红壤的化学性质还没有得到多大的改造。因此，在本区某些地方的古剥蚀面上（如元江南岸元阳附近的1800米阶梯平台上），还能有古砖红壤的保存。以上所述土壤形成与演变趋向和古热带雨林植被的就地发生演变是属于同一个性质的。

今日河谷地区的热带雨林和季雨林下的土壤并不是砖红壤。这是因为峡谷陡坡的地形不利于残积风化壳的形成与保存。这里大多都是薄层土壤和石质土，极易遭到冲刷，正如任美锷先生所指出的，它们多发育在坡积、淤积物上，成土年龄较幼，故目前不具有砖红壤的化学性质。由此可见，本区今日河谷地区纵然有了高温重湿的热带生物气候条件，但没有形成风化壳的有利地形，真正的砖红壤仍难以在这里形成。

四、结语

最后，扼要指出几点本区地貌条件及其与自然条件其他要素的关系对本区生产，特别是对开发本区热带与亚热带生物资源的意义。

（1）地形的复杂使自然景观在水平和垂直方向上的多样性为本区资源的开发与利用提供了丰富多彩的内容。在地形影响下垂直生物气候带的形成使我们可以利用热带和亚热带的各种生物资源。元江、李仙江河谷地带的各种热带自然景观为发展多种多样的热带作物，在自然条件方面提供了保证。例如，热带雨林和季雨林地带可发展橡胶、咖啡、油棕等热带作物；热带稀树干草原地带如果能充分利用本区丰富的水利资源，解决灌溉问题，也可以种植橡胶；热带干草原地带可发展剑麻、香茅和棉花等耐旱作物。

（2）本区主干河流谷地的东南段，如元江的河口、藤条江的勐拉、李仙江坝溜以下的地区，因受东南季风的影响大，有高温重湿的热带气候，有较深土层和便于开垦的缓坡或中等坡度的丘陵等有利条件，故成为本区发展热带作物的基地。然而，本区大多数河谷地带由于河流深切，形成峡谷陡坡的地形而不利于热带作物的发展；元江、李仙江谷地的

600～700米阶梯地形及其支流上许多500～600米间的低盆地，由于具有热带自然景观，阶梯地形上的古剥蚀面土层深厚，盆地内有静风的环境和坡度不大的丘陵或阶地；因此这里亦是本区发展热带作物之主要所在。1000～1100米以上的高盆地和高海拔的阶梯地形，因热量条件较差，可以成为粮食生产的基地，是农业活动的中心。

（3）认识自然景观的分布特点和演变，把握自然条件变化的趋向，可以预测其向有利或不利方向发展的可能性。这对于充分利用有利自然条件和克服改造不利自然条件，从而更好地开发与利用本区丰富的热带与亚热带资源是有所帮助的。

末了应该提出的是：元江谷地热带自然景观的分布和变化是自然界少有的情况，它给地理工作者提供了丰富的研究课题。如果能在这里从生物地理群落、水分与热量平衡和化学地理等方面进行较长时间的定位观测，获得定性与定量的研究成果，彻底查明现象的本质，这在科学理论与生产实践上将有着重大的意义。

（原载《地理》1962年第1期）

第七篇 粤中那扶溺谷的形成与发展

应秩甫

提示：抢水地形是河流溯源侵蚀使分水岭解体或坡面后退产生的地表形态，可以由侵蚀基面下降产生，是流水地貌的一个重要理论问题，在河流纵剖面研究和河流整治方面有重要意义。抗战前，吴尚时在华南考察，在台山那扶墟发现一例抢水地形。20世纪60年代，应秩甫先生重新考察了这一带地形，根据那扶的地质、那扶盆地的洪积-冲积阶地存在，溺谷口淤泥层堆积，海积平原和大沙堤出现等证据，论述那扶溺谷可能是昔日潭江出海故道，后因地壳抬升、潭江抢水而剩下的昔日河道。

应秩甫

一、引言

在广东台山县的西南，有一支伸入山地丘陵间的海湾（图1），南起台山县的镇海墟附近，由此北上，直到那扶墟附近长约30千米。在中段沙头冲对岸分出一枝，向东北延伸到深井墟。称这一海湾为溺谷，是因为山地直逼海边，岸坡陡峭，水深流急，呈"U"形谷。从发展过程来说，它也可能曾是一条大河川的出海通道，由于地壳的变动成了断头河；而它的位置又处于中㘭陷带的西侧，海水浸淹成了溺谷——那扶溺谷。吴尚时教授早在20世纪30年代就对那扶地区的抢水地形做过论述。实地考察表明：那扶溺谷在那扶墟之北是以高不足100米的低矮山坳为分水岭，与潭江的支流金鸡河、白沙河分隔的，它完全可能是潭江的出海故道。

二、溺谷区的地质

那扶溺谷在大地构造上，处于粤中㘭陷带的西部。粤中㘭陷带经过印支运动、燕山运动，产生了许多褶皱和断裂，那扶溺谷即发育在古老的断裂线上。

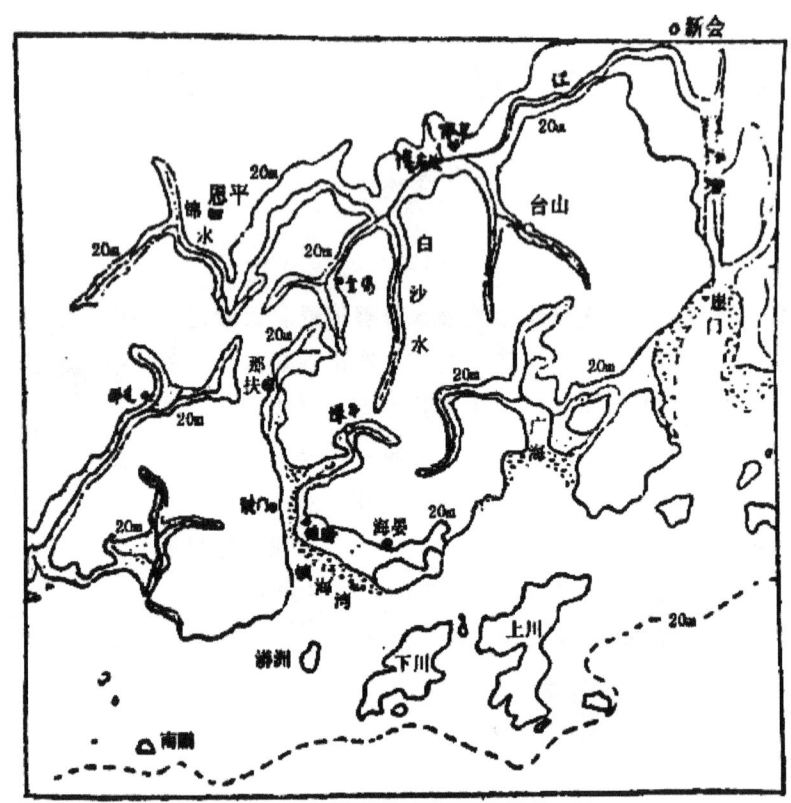

图1 那扶溺谷湾附近水系结构

据"中国地震资料年表",在溺谷周围的台山县、恩平县、阳江县从15世纪以来,地震一直频繁。在溺谷顶端的那扶盆地,还发育着洪积—冲积阶地;高度由北而南为:20米—18米—12米—10米—6米,渐趋降低,形成一个倾斜面,似乎地壳曾有过掀斜。此种现象也见于其他地区,如从阳春—阳江—北津港,以及台城—四九墟—冲娄—广海等处都有阶地向海递降,而以台城—广海一线最为明显,那里短小的河流与宽广的河谷极不相称;在谷地里存在着两级阶地,阶地以台城南面的温泉和四九墟为最高,分别为 $10 \sim 15$ 米和 $25 \sim 30$ 米。向北,阶地高度向潭江冲积平原方向递降,向南则向海递降。短小的河流也以台城—四九墟一带为分水岭,其北向北流,其南向南流。

那挟溺谷的上段分为两支:一在那扶,另一在深井,它们都以不足100米高度的分水岭与潭江支流金鸡河及白沙水分隔。同样,那挟溺谷以西的那龙水;也以高不过100米的分水岭与潭江上游的锦水分流。这些都表明地壳似乎有过抬升和潭江的夺水现象,而这与那扶溺谷的形成和发展是有关系的。

三、近代淤泥与溺谷的发展

在溺谷的下游段，水面宽阔，达 2~3 千米，但仍保持"U"形谷的岸坡。

在溺谷的出口处，谷底由深达 10 多米突然变浅到 3~5 米，凸起的浅滩像门槛一样横拦在溺谷的出口处。谷口宽浅，呈一喇叭状。拦门浅滩向南缓缓倾斜，在出海 5 千米处其深仍不超过 5 米。

在溺谷出海口的东面，从镇海墟到海晏街，有一片宽广的海积平原。东西长约 25 千米，南北宽 6~7 千米。这片平原的形成并不遥远。据《广东省地貌区划草案》载：现今广海—海晏公路所赖以修筑的沙堤，600 年前正处于海边。《新宁县志》也载有：清道光九年（1829 年），海晏附近尚有盐田 761 顷。像那马、夏春、沙浦、汶村、大担等地都设有盐田，出产海盐。至今在菱勒—海晏南面的稻田中，尚留有 S 列呈西北—东南向排列的土墩，这些土墩不同于海边的沙堤，它们主要是细砂被多量的亚砂土所胶结，颜色灰褐。其次，它们的形态是不规则的平顶土堆，各不相连，但它们的连线具有一定方向的平行排列。据访问，这些土墩就是从前盐场内的人工堆积物。《香山县志》载有：珠江口一带的盐场"每月份两次耙晒盐田。上旬初一至初六，开沙引水泡田；初七至十三，放水晒干田沙。用土耙堆拨，收并成堆，归田，以水淋沙滴卤。挑归寮地，买备柴薪，待下潮水泡田时煮盐"。由此观之，海外的土墩该是"淋沙滴卤"后的废弃"田沙"。从土墩的位置可以看出当年盐田的位置。因此，根据 3 行大体平行的土墩可以看出平原发展的过程。只是具体年代暂时无法考证。图 1 表示那扶溺谷上游段及海积平原的发展。其中虚线（原图缺）为平原发展过程中的古岸线。

从海晏到大担，在海积平原的北缘，由东南而西北，断续地绵亘着一条大沙堤。沙堤的物质十分松散，沙堤是很"年轻"的。据《台山县志》所载，位于海晏街西面的村古城，是清初陈望道所倡建，以防御当时农民领袖王兴。王兴在清顺治十二年（1655 年）攻占汶村，清廷派平南王尚可喜去围攻。当时只能围攻，因为汶村"处于万山之中，四邻大洋，羊肠鸟道，一径通入"。村清初还是逼临海边，陆上交通极为不便。现在，汶村之旁有市墟叫渔地，是当年鱼虾贸易的遗址。现在已离海超过 3 千米，舟楫不能到达。这表明海晏—汶村—镇海墟之间平原的形成是"近期"的事。

这片海积平原的形成，既是人类历史最近期的事，那么淤泥和粉砂又是从何而来？水文上分析说明是珠江过来的，它是珠江三角洲平原向外发展的继续。宋朝时（960—1279 年），海水尚可侵入广州，居民饮水困难。广州城南，水面辽阔，号称小海；东江三角洲的大步一带尚可采珠；珠江口外的香山盐场可以晒（煮）盐。可见当时的珠江三角洲还只是三角湾。到康熙十二年（1673 年），香山盐场已有因淡水相侵，不能耙煎。这就是说：

从宋到清，700多年内，是三角湾发展为珠江三角洲的阶段。这也就必然影响口外的海晏–镇海一带，那时淡水和泥沙输出三角湾，使那扶溺谷跟着珠江三角洲的形成而发展。

珠江口外，有一股向西的漂流，沿岸接受淡水而盐分降低，（含盐度10‰～15‰）。上下川岛、南鹏岛都属于它的势力范围。沿岸的浅海海底有条舌状淤泥带，有机质含量达2%以上。那扶溺谷就位于舌状淤泥带的前部。

珠江口外，尚有一股向东北的暖流，来自海南岛的东面，含盐度33‰，在雷州半岛东面形成回流。东南风时，离岸近，回流范围扩展到珠江口外；东北风时，离岸远，回流西移。两股海流在上下川岛间相交，也促进了胶体物质的沉淀。那扶溺谷及镇海—海晏间的淤泥沉积，与此有关。

我们分析一下那扶溺谷口的水文情况。其一，海水盐度低。夏天只有10‰上下，冬天也只20‰。其二，有一股向西的恒流（上下川岛北面尤为明显），只要有4～5级偏东风，不论涨潮、落潮，总是向西流。其三，那扶溺谷口的退潮流历时始终大于涨潮流。这与溺谷腹地宽广和水深等条件有关。

与此相应，从珠江口向西，有一股"淡水皮"，在春夏间呈浊黄色；有时厚达8.0米，甚至可作饮用。那扶溺谷口的淤泥堆积物粒径都小于0.01毫米。据朱波夫的"海洋常用表"，淤泥和黏土的被冲刷、搬运和沉积所需的流速为：直径0.01毫米的淤泥物质要在0.0008米/秒的流速时才会沉淀。溺谷口的海底，常有厚达0.5米的半悬浮状的浮泥，风浪把它们搅动掀扬，潮流或波流再推送到浅滩上。在菱勒，曾有一次台风将浮泥在滩上堆高0.5米。因此，蚝场常常受到灾害。可以看到，浮泥一经沉淀难以冲刷，尤其是黏土。那扶溺谷通道受到冲刷但保持了"U形"的陡坡，在海积平原发展的同时，拦门浅滩因冲刷而向海后退。近600年来，海积平原发展了6～7千米，拦门浅滩也由沙头冲—马骝咀一线而向海后退了6～7千米。

从溺谷下段来看，拦门浅滩不断后退是必然的。镇海墟附近退潮流的最大流速达2.5米/秒，足以冲刷淤泥物质。且退潮流速大于涨潮流速，退潮历时长于涨潮历时，这些都有利于拦门浅滩后退。溺谷口近似喇叭形，流速到这里骤然涣散，速度降低，在2～3千米内最大流速由超过2米/秒降到不及0.5米/秒，有利于泥沙的沉积。口外海底有厚逾0.5米的浮泥，从川岛北面不断涌来。使溺谷口的浅滩得到充分的补给。于是，淤泥平原不断发展，拦门浅滩不断后退。

四、今后发展的预测

在镇海墟一带，当地人有一句谚语："神州开大埠，走路到济洲。"就是说，目前还处于潮间浅滩中的神洲（礁石），可以作港口使用时，从大陆到济洲岛，可以走路过去。神洲迟早会成陆，而漭洲岛与大陆之间现在已有一条水下沙脊相连，最浅处只有 0.5 米深。在漭洲岛的波影区内，该岛东西两侧的潮流互相顶托，又横拦了浮泥，所以不断淤高。

沙脊的淤高，对于那扶溺谷口的发展将有很大影响。它将堵塞溺谷口到漭洲岛东面的航道，而发展它的西面航道。现在，退潮时，下川岛北部西来的水流，受到沙脊的阻拦，就转与向南，从漭洲岛东面出海，从溺谷口出来的退潮水，受阻于沙脊主流就向漭洲岛西面出海。涨潮时潮水由漭洲岛西面进入溺谷，岛东的潮水则主要流向下川岛的北面。

那扶溺谷要发展，要延长，而且必然要发展到由漭洲岛西面出海。这个过程如按自然发展，可能还要一段较长的时间，如用人工办法，则可缩短这一过程，沙脊上水浅流缓，浮泥充足，只要安放一些阻碍物就能加速淤积，并可种植红树林以留阻浮泥，这样溺谷新的岸坡就会形成，那扶溺谷当它发展，延伸到漭洲岛西面，它就会有光辉的前途。因为那时水流集中，拦门浅滩将更快地被刷深后退，岛外水深、浪大，浮泥来源又被隔绝，这样它的航运条件大为改观，那扶溺谷就可成为良好的港口了。

根据上述理由，在现代港口建设和利用中那扶溺谷主要的是开发漭洲岛西面的航道，开发岛东面的航道必然破坏目前形成的潮流路线，而且是有违于自然发展的趋势，将会引起泥沙回淤，对工程建筑的效果是极为不利的。

（原载广东省地理学会编：《华南地理文献选集》，科普出版社广州分社 1985 年版，第 218－224 页，原作写于 1964 年）

第八篇　珠江三角洲低塱（洼地）的研究

沈灿燊

提示：珠三角分布大面积低塱（洼地）。常年积水盈野，野草蔓生，肥力差，血吸虫肆虐，甚难利用，但仍有巨大开发利用潜力，是一笔珍贵的土地资源。作者通过实地调查，指出低塱（洼地）成因是地势低洼，地壳下沉或海水入侵，积水长期不干，新田围垦不当，低于潮水面，产生内涝。加上当地降水丰富，径流不畅，以及人类任意围垦，与水争地等，形成不同类型的低塱田。宜采取改良耕作制度，变稻田为桑基鱼塘，消灭血吸虫，排除积水等，化无用或低产塱田为鱼米之乡。

沈灿燊

　　低塱是指常年积水或季节性积水已利用的低围田或未利用的洼塘沼地。珠江三角洲及其附近①低塱分布极广，主要集中在高要、四会、三水、高明、鹤山、东莞、新会和中山等县，面积超过130万亩以上，约占全区耕地面积8％。（图1）三角洲顶部所在的地形，一般是面向江河，背靠较大的山地，山麓和河岸两处地势较高，中间地势低洼，山地坡度大，土层薄，植被少，保水力差，每当雨季，大量山洪汇集，集中在低洼处，这时江河转入汛期，江水上涨，洼地中积水无法排出，形成低塱。个别地则未经人类利用，无堤围保护，河水自由泛滥，成为天然蓄洪区，芦苇野草蔓生，血吸虫病流行。而河口附近的低塱，主要由于田面高程在潮水面以下，每当汛期，大潮与洪水相互顶托，江水上涨，围田内涝不能及时排出，便变成低塱。部分沿海荒滩，则潮峰时淹没，潮谷时露出，亦可划为低塱的一种。绝大部分低塱，水深在1～1.5米上下，对耕作有极大妨碍，如遇较大洪水年，常导致失收。不过低塱地广人稀，土力较肥，仍为本区一个重要产粮地，如果能够合

---

　　① 我们所指的珠江三角洲及其附近，是西江在高要城以下，北江在清远以下，绥江在四会以下，东江在石龙以下所包括的三角洲地区，见图1。

理利用，发展农业的潜力很大。1959年中国科学院华南综合考察队组成低塱专题组，1960年广东水电厅、中山大学等几个单位组成的河口调查队，1962年中山大学地质地理系河口生产实习队，都曾对低塱做较详细的调查，作者都参加了这些工作。写作本文的目的，就是想通过调查的资料，结合前人对本区某些低塱的研究，把低塱的成因、类型、自然地理情况，以往利用情况和改造利用的初步建议列出，供有关方面参考，唯作者水平所限，错漏难免，请各方专家指正。

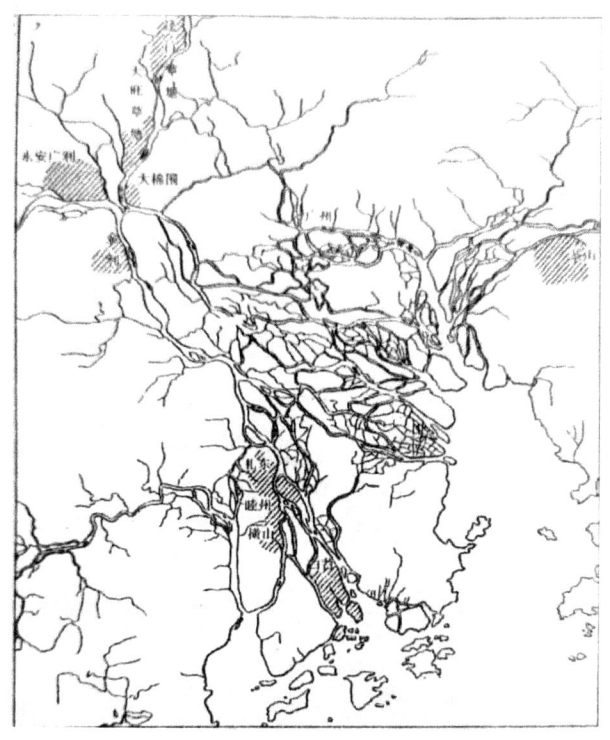

图1　珠江三角洲低塱分布示意

注：本图只画出本文内所调查的低塱区。

一、低塱田的成因

低塱的成因是比较复杂的，可分为自然和人为两方面。

（一）低塱形成的主要自然条件

低塱形成和它所在的地形发育与水文情况和气象情况是分不开的，这三个因素相互密切关联,缺一不可。

1. 地形发育对低塱形成的影响

三角洲及其附近低塱各有不同的地貌特征及地貌发育过程,现分述于后。

在西北江下游的低塱,由于靠近粤中古陆块的边缘,有白垩纪花岗岩侵入体露出,经过多次造山运动,尤其是燕山造山运动的影响,古陆块边缘成为断层和复向斜地形,并在两者前缘形成了冲积扇。在江河岸边,被江水堆积,成了一条较高的天然堤,低塱就分布在两者相夹的广阔而低洼的冲积平原上,如西北江三角江顶部一带的低塱——永安-广利低塱、金利低塱和大旺草塘等,都是这样。

我们试以金利低塱作例子。金利低塱处在西江西岸,发育在高要向斜的南侧,背靠古老的泥盆纪变质砂页岩及石英岩向斜山地,山地高约500米,倾向S30°,倾角60°,土薄岩露,切割厉害。山麓有粗砂的广大冲积扇,坡度约25°,上有4～5米深的深沟,冲积扇底端渐平缓,坡度变为5°,上面覆有细砂及堆积物,下层则为石炭纪灰黑色的纯石灰岩块,有溶洞。北部西江沿岸有高5～7米中砂和细砂堆成的天然堤。在堤与冲积扇之间便是广大的低洼平原。地面标高不超过105米,①覆盖近代河流冲积的黏壤土,黑灰及淡黄色,厚3～4米。下层垫着三叠—侏罗纪的砂页岩块,直径40～50厘米。洼原上有数列由三叠—侏罗纪紫色及灰白色的页岩:砂页岩和炭质页岩构成的残丘,东北—西南走向,高约30米,其中的砂页岩已轻度变质,含云母甚多,炭质页岩中灰煤层数层,每层厚约2米,残丘面上堆有较厚的残积物。(图2)

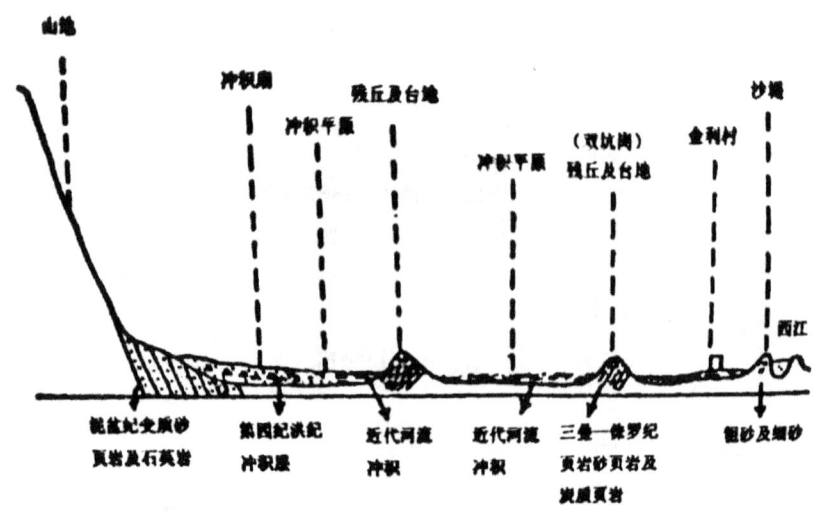

图2 金利低塱区地形剖面

---

① 标高以珠江基面为准,即105米为海平面。

每到汛期，洼原上大量积水，无法排干，淤泥层便形成低塱。又如永安—广利和大旺草塘两处低塱分别背靠鼎湖山系和盲仔峡系所组成的向斜高山山地，高度在300—1000米，山前有冲积扇，沿西江北岸及北江西岸有沙堤，冲积和沙堤中间淤泥炭层便是广大的低洼沼地，其中也散布着15～70米的几零列残丘。汛期雨水积涝，或江水漫入，形成了低塱。

另外，从本区地史上的变化，更可以说明低塱的形成：从钻探材料上说明西北江下游低塱区是经过地壳下降，海水入侵和回复上升几次变故，永安附近罗隐村的地层材料便可以说明这一点。（图3）

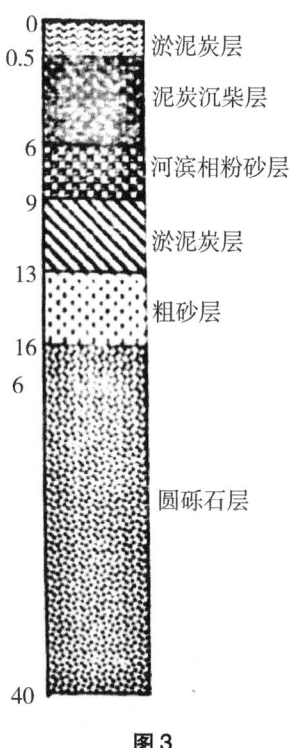

图3

从图上表明，18～40米的圆砾石层是河流相堆积；13～18米的粗砂层是河流移动后形成河滨相堆积；9～13米的淤泥炭层是河漫滩上的沼泽堆积。由于河流慢慢远离，地壳又复下降，在沼泽内生长的植物，随着地壳慢慢下降，不断地加厚有机物的堆积，以后河流又移近，形成了6～9米的河滨相粉砂层堆积。在上一层0.5～6米的泥炭沉柴层则是河流又远离，生长着沼泽森林后，地壳下降较快，海水入侵，形成了泥炭沉积。在土层中发现了很多水牡蛎壳，便足以证明。此后，地壳上升，又堆积了大量河流冲积土。由上可见，本区是经过复杂的上升下降，河流摆动和海水入侵等几个阶段形成的。在上升运动中还未完全填满的低处，就变成现在的低塱。此外，在低塱区内的金利、后沥、水坑、禄步和新村等地的钻探材料中，也发现这种情况。

在东江三角洲低塱的地貌情况，可以茶山的低塱区为代表。茶山低区的西北及东南两面，为下更新世隆起的花岗岩及红色岩系构成的剥蚀台地，高度40～60米。东南面台地北坡连接着低一级中上新世隆起的花岗岩及红色岩系，为高度20～40米的台地。西北及东南两列台地间，有90多米高度的石灰二叠纪水口系石英砂岩及石英砂岩的单斜长梁地形的低丘，如新娘岭、飞鼠岭和大岭等。在上述三列台地和低丘间，便是低洼的沼塱。

从地史上证明，本区地貌发育也是经过复杂的上升下降运动的，从石炭纪到侏罗纪期间，本处及邻近地区被侵蚀成平陆；到侏罗纪末期，大量花岗岩及花岗斑岩侵入，使岩层发生强烈变质，南部地形隆起成高山大岭，北部相对凹陷，高山径流不断将碎岩带到低地，出现了第三纪红色岩系地层。以后，随着喜马拉雅造山运动，本区又复出现了高大山脉。经过长期外力侵蚀，形成了上述几列剥蚀台地，在两者之间，形成低陷的洼地，东江最初迁回其中，后来改道，留下河谷低地，每到汛期内涝无法排出，便形成了今日面积广大的沼塱。

在河口的低塱，如中山县白苔一带，有无数断续的花岗浑圆形山丘，珠江及浅海带来的泥沙在河口附近沉积，将其连接。据已有资料，知全新统前，西江河口一带曾有古三角洲，新构造时下沉，以后江河大量沉积，渐渐淤高。洼塱形成在沉积的低地上。低地下层为细砂淤土，面层为胶状微粒，呈灰黑色。由于历代不择手段地围垦，部分低于潮水面的土地亦被围堤，加之围田渐向海外扩展，增加内部围田的排水困难，涝水期加长，部分地区变成低塱。低积水的程度取决于田面高程和排水系统。沿海滨部分有无数荒滩，未经围堤，潮时被海水淹没，潮谷时露出水面，漫长芦苇和咸草，未被利用。（表1）

表1 白苔区低塱田田面高程统计（高程以珠江海平面为准）

田面高程（米）	-0.7	-0.6	-0.4	-0.2	0.0	+0.2	0.4	合计
稻田面积（万亩）	0.042	2880	3900	2080	0.660	0.097	0.130	9800
占总稻田面积（%）	0.40	29.4	38.9	21.3	6.7	1.0	1.4	100

由上可见，珠江三角洲低塱田的形成和它的地貌及地貌发育有极密切的关系，每一地区的低塱有自己独特的地貌模式，这对研究本区低塱的成因有一定的帮助。

2. 水文气象特点对低塱形成的影响

影响低塱形成最重要的气象因素是雨量。珠江三角洲邻贴南海，备受东北季风影响，纬度又低，空气对流运动和海洋气团过境都较多，北部又靠接粤中暴雨径流区，故有雨量丰沛、多暴雨、雨日多、雨时较长等特点。

(1) 雨量丰沛：本区雨量是十分丰沛的，年均雨量达 1600 毫米以上，各地最大年雨量都在 2200 毫米以上，个别地区可以达到 2700 毫米。这种丰沛的雨水，带来了较大的地表径流，使低洼地区积集了大量雨水。（表 2）

表 2　珠江三角洲低垦区附近雨量统计

站　名	年均雨量（毫米）	历年最大年雨量（毫米）	纪录年代
三　水	1737.2	2760（1907 年）	46
高　要	1694.2	2245.7（1951 年）	16
浚　沥	2066.0	2785.8（1951 年）	5
惠　州	1971.3	2428.2（1941 年）	16
石　龙	1699.1	2420.5（1920 年）	27
澳　门	1761.2	2375.6（1914 年）	15
香　港	2206.4	3064.4（1883 年）	92

(2) 雨量过度集中：本区降水的另一个特点是雨量过度集中，因 4 月到 9 月是雨季，雨量大，雨季雨量占全年雨量的 70% 以上，而其中大部分地方连续 4 个月雨量占全年的 60% 以上，并且暴雨多，最大日雨量可达 300 毫米以上。雨量过分集中带来了暴雨径流，使河水水位壅高，低洼地区涝水无法及时排除。（表 3）

表 3　珠江三角洲低垦区附近平均、最大降雨量统计

站名	年雨量（毫米）	多年平均汛期（4—9月）雨量占全年(%)	多年平均连续最大4个月的雨量占全年(%)	历年最大月降雨量（毫米）	历年最大日降雨量（毫米）	纪录年代
三水	1737.2	78.2	59.0	592.2（1918 年 8 月）	169.7（1920 年 7 月 31 日）	46
高要	1694.2	81.9	61.0	567.9（1942 年 7 月）	178.6（1955 年 9 月 23 日）	27
后沥	2066.0	83.4	58.0	449.9（1947 年 6 月）	167.6（1955 年 6 月 6 日）	5
惠州	1971.3	83.4	65.4	781.7（1942 年 7 月）	216.7（1957 年 7 月 1 日）	16

续上表

站名	年雨量（毫米）	多年平均汛期（4—9月）雨量占全年(%)	多年平均连续最大4个月的雨量占全年(%)	历年最大月降雨量（毫米）	历年最大日降雨量（毫米）	纪录年代
石龙	1699.1	80.4	60.8	562.7（1932年8月）	273.7（1932年8月28日）	27
澳门	1761.2	81.1	64.4	628.4（1921年5月）	240.0（1938年5月2日）	15
香港	206.4	84.2	66.0	942.3（1868年6月）	534.0（1926年7月19日）	92

(3) 雨季长，雨日多：本区从4月开始，即连续下雨，直到9月后，雨量才渐渐减少。而且，珠江流域雨时大致相同，此时阴雨绵绵、江水持续高水位，使洼地排水困难倍增。（表4）

表4　低塱附近各地汛期雨量日统计

站名	月份						总计	纪录年代
	4	5	6	7	8	9		
三水	16.3	18.9	19.5	16.6	16.4	11.8	99.5	29
高要	17.6	19.9	19.0	18.3	17.4	13.3	105.5	10
惠州	16.4	15.9	20.4	20.0	16.4	14.4	103.5	7
石龙	13.9	15.5	18.2	16.5	16.1	11.5	91.7	27
澳门	12.1	15.5	20.3	15.6	16.6	12.6	93.0	15
香港	13.6	16.9	21.6	19.9	17.7	14.9	103.6	59

另外，当台风过境时，常夹带很大的暴雨量。在台山县，1957年一次台风过境时，日雨量竟高达700毫米。故常在8月后带来一次暴雨。不过，台风一般持续时间不长，三几天便消失。

以上情况，说明了本区降雨的特点，故低塱地区在汛期内容易积滞大量雨水。

本区的水文情况，也是形成低塱的一个重要因素。它具有下面三个特点：

(1) 汛期内江水水位比低塱田积水面高，涝水无法排出。

本区三角洲顶部有西江、北江、绥三江交汇，其中尤以西江、北江来水影响较大。北江三水以上集水面积达 46480 平方千米，西江思贤滘口以上积水面积达 3520000 平方千米，流域面积大，雨量又丰沛，故汛期长雨流量大。西江、北江两江又通过思贤滘相互顶托。使塱区附近两江水位都急剧上升，高水位持续时间长。低塱地势较低，涝水水面比江水低，故积水长期无法排出。现以三角洲顶部的大旺草塘、金利-广利和永安三地为例，便可见一斑。三地最低田面标高分别为 106.8 米（大部分在 107～108 米之间）、104.8 米（大部分在 105～106 米之间），及以 106.5 米（大部分在 107～107.5 米之间），汛期内涝面约比田面高 1～2 米。即绝大部分积涝水面都在 109 米以下，而西江、北江水位则经常超过 109 米，故水窦（小木闸）无法开启，如果不靠动力，排涝很困难。在东江茶山低塱也有同样的现象。至于河口地区，汛期潮洪顶托，壅高潮水位，日最低潮位常较低塱积水面高，即使偶一低潮低降，但时间短暂，不久，又超过低塱水位。这样，使积水随降水增加面加重，无法排除。现将各处洼地内水位列表（表5）比较，便可明白。

若再比较金利低塱围内外水位过程线（图4），及以中山县白区面高程和泥湾门潮水位过程线（图5），便更清楚。

表5 低塱田汛期围内外水位比较（基面——珠江基面）

低塱区	低塱区围内水位汛期窦口水位（常水位）（米）	频数	江名	站名	江水汛期水（常水位）	频数	备考
大旺草塘（毒河口水尺）	107～109	65天	北江	马房	109.5米以上	82天	1920—1936年 1947—1957年
金利低塱区（金利围内涌口水尺）	106.8～107.5	约50天	西江	金利围外水尺	109米以上	约60天	1957年
永安低塱区（贝水水窦水尺）	107.5～108	40～60天	西江	贝水窦外水尺	109.5米以上	约90天	1959年
白苕低塱区（田面标高——占全区总面积50%以上）	104.6米以下	—	泥湾门	白苕日最低潮位日最高潮位	104.6米以上 105.8米以上	90天以上全汛期6个月	1961年

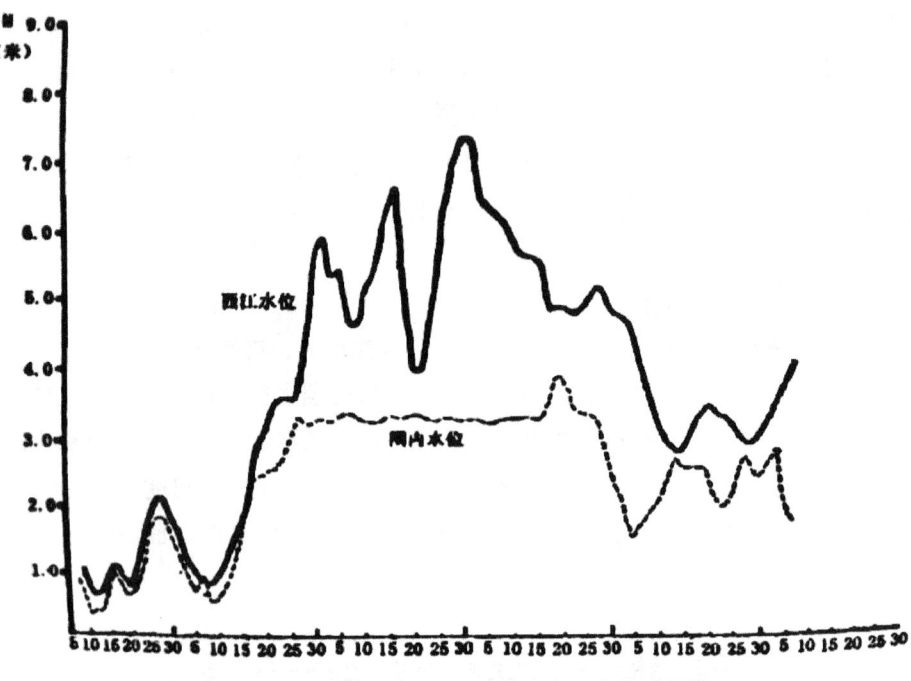

图4 1957年汛期西江金利围内外水尺水位过程线

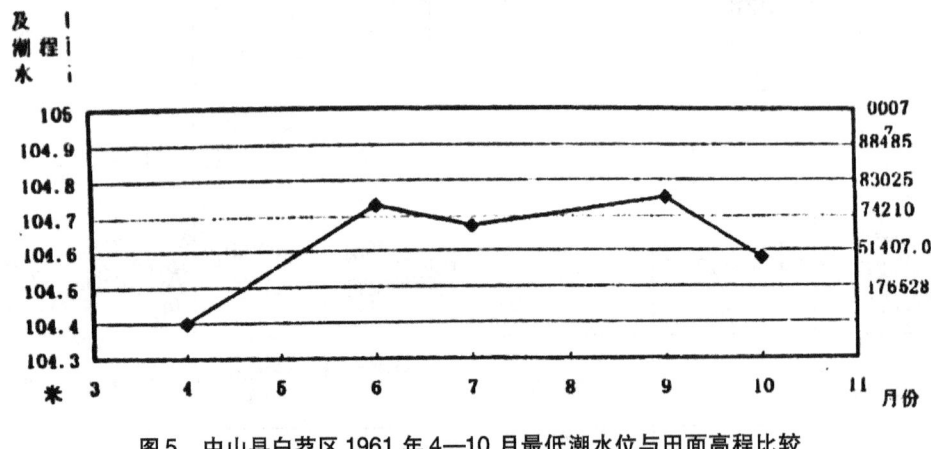

图5 中山县白苕区1961年4—10月最低潮水位与田面高程比较

从上表和图看出,每年4月开始,洪水便接踵而来,以后洪峰忽起忽落,到5—6月最大,此后,直到9月后,洪水方始退落,水位便降低。内涝积水期长达4～5个月。

(2) 背靠山地,暴雨急流,使积水加重。垦田所背靠的山地都较大,如水安—广利低垦,耕地约15万亩,而集水山地竟比垦田大4倍。加之山地多为坚硬的砂岩、变质砂岩和石英砂岩构成。坡度又较陡,一般径流系数大,据估算在0.7～0.85之间,故山洪量大，加之本身雨水又多，故积水较严重。北江的大旺草塘，每到北江、绥两江水位升高到一定高度，便漫流而入，成了天然蓄洪区，直到汛期后始慢慢排出，蓄洪量达24000多立方米，使垦塘内长期淹积了大量涝水。

由上可见，低垦的形成和本区的水文情况有着极密切的关系。

（二）人类活动对低垦形成的影响

人类活动是指围垦、联围和大的水工建筑等措施，这些措施对洼地积水的影响很大。根据历史上的文献记载，三角洲洪水有逐年增加的趋势，公元前800年前很少有大洪水记录，宋朝（10世纪左右）方始筑堤，15世纪有大洪灾14次，16世纪23次，17世纪29次，18世纪26次，19世纪36次，21世纪到1949年止已有24次。这种现象，固然由于三江带来的泥沙大量在三角洲沉积，增加了排泄的困难，而历年人与水争地，任意围垦，堤围杂乱无章，河道变得迂回曲折，也是一个重要原因之一。洪水增多增大的结果，使低积水随之加深加重。

此外，河口区大水利工程的修建，常使低水情加重，本来可以自流排水的低围田变为积水低垦，或加深了积水程度。例如，泥湾门口堵堤防咸工程建成后，白苔一带免除了咸害和台风灾害，获益不浅，但亦带来了一定的副作用。就是堵堤后，泥湾门上游洪水排泄困难，使汛期潮谷偏高，白苔区的栀甲、灯笼等公社积水比往年厉害。在白苔一带，潮高和潮时都有了不同的改变，影响直到睦州止。（表6）

表6 白荇堵海后，泥湾门水道及附近各地低潮谷及潮历时的变化

（1958年堵堤，1959年情况）

访查地点	潮谷偏高（米）	历时变化	备考
白荇	5—7	推迟约2小时	表内所列数字是一般情况而言
栀甲	6	推迟约2小时	
白蕉	6	推迟2~3小时	
泥湾	4	同上	
敏鱼沙	2.5	同上	
大托	3	推迟约2小时	
沙兰	3	推迟1.5~2小时	
横山码头	2.5	同上	

低潮偏高的结果使低垦排水困难，尤以白荇海一带，偏高竟达5~7米，使栀甲、灯

笼、新环等公社加重积水，新环公社部分塱田由于积水过深，历时过长，已改作鱼塘。部分地方不能犁冬晒白，或任由荒废（1960年而言）。

至于排灌系统不良，水窦大小不当和联围过大等，也使局部地方变低，新会县几处地方都有这种情况。

二、三角洲低塱的类型和它的特征

三角洲的低塱本属洼沼的一类，但它有自己的地方特点。如将苏联学者B.B.罗曼诺夫等人对沼泽所下的定义来比较时，和低塱的实际情况有很大的差别。因此，如用苏联一般的分类方法，如发展阶段，积水补给来源，或水的化学性质，等等来分类，是不大适合的。作者认为，本处低塱的分类应当按积水成因来分类，并参考其他自然地理特征，这样分类比较明确。珠江三角洲低塱按积水成因来分类，可分为下列4种类型：①雨水内涝低塱型。②河流泛滥沼泽型。③潮水内涝低塱型。④谷内涝低塱型。

现将每种类型的主要特征分述于后。

（一）雨水内涝低塱型

这类型低塱主要分布在西江和东江下游，面积广大。如西江沿岸的永安－广利、金利、三洲等处和东江的茶山等处。低塱发生在断层或向斜谷前面洪积坡积扇下面的低平沉积层上，并有残丘。沿江边有堤围保护日久隔断洪水，内涝全部为山洪和雨水，故河流带来的有机沉积物较少，土壤大部分为黏质的育性水稻土，透水性弱，肥力不太高，多半为酸性或弱酸性，它的分布是比较有规律的，和积水情况有着极密切的关系。现以永安广利低塱为例，它的土壤分布有如下情况：

靠近西江边缘部分（河流中冲积沙堤附近）：为细砂质潴育性水稻土（沙泥田）；在前者与较高田分界部分：为沙壤质育性水稻土（沙泥田）；在塱田较低部分：为轻黏质育性水稻土（坭肉田）；在淹水期较长的低塱部分：为重黏质潴育性水稻土（塱心死坭田）；在塱底部分：为黏壤质潴育性水稻土（塱底涹田）；在常年积水的塱塘：为深涹草塘；靠近冲积扇部分：为沙壤－黏壤质育性水稻土（黄坭田）；冲积扇部分：为沙砾质潴育性水稻（石仔底田）。

在土壤下三四米处普遍存有泥炭层，并发现沉积，地下水位较低，上质黏重，地面水下易渗漏。塱田积水过程线因雨量增加而上升，上升得很慢，呈阶梯状，顶呈水平线，且历时较长。下降时要等外江水位低落时始较快退水。塘中水生生物有乌胶、茜草、鲫鱼草、水仙花和野马蹄等，但产量不高。

垦田较高处，一般种双造水稻，但面积较小，广大区都种大禾，每年一造，用撒播方法，产量不高，并常失收。积水过深的垦底则用作养鱼或荒弃。

（二）河流泛滥沼泽型

主要分布在北江下游，如大草塘、径口草塘等处，面积亦甚广大。低垦发生在单斜前洪积冲积扇下面的低冲积层上，由于未围堤围，每年江水漫入，带来有机质较多，土层厚，富腐植质，表层草根达2～3分米，密连交错，土色油黑，呈中性，肥力极好。底上黏性较大，除冲积扇边缘为沙砾土和少数地方为沙质壤土外，其余具属沼泽草甸土。现以大旺草塘为代表，将它的土壤分布情况列表于后。

表7 大旺草塘土壤分布情况

地点	土壤	土质	结构	pH值	有机物	备考
1. 沿冲积扇边细沙壤草	细沙壤草甸土	细沙壤	单粒	5.8	4.88	1. 表内所甸土层为表层0～15厘米 2. 3.4两种土壤分布面积占草塘2/3以上，上覆有单根层 3. 各种土壤15～30厘米以下大部分是黏土
2. 上述地区低一级较高地方	细砂沼泽草甸土	细砂	单	6.0	12.23	
3. 草塘内较低常积水部分	黏质沼泽草甸土	粘	团	6.2	11.02	
4. 草塘内较低常年积水部分	黏质沼泽草甸土	粘	团	6.4	7.85	
5. 沿江边地	细砂质草甸土	砂	粒	6.4	9.58	

垦内植物分布也与积水有关。不常积水的垦边高地长白茅。次一级积水的地方，以野草为主，有牛仔草、白蟮草、鸡筋草。常积水的地方以芦苇为主，间有丛状滑茅，最低垦底则长水生植物，如米仔粒、金鱼齿草、珍珠、马尾茜等。植物极之丰富，每到汛期，北江和绥江河水漫入，非到9月后，不易排干。内水位过程线随江水涨退而起伏，起伏较（一）型急剧。本区为省内血吸虫区。长久以来，未曾开发，任由荒废，现部分辟作国有农场，用机械开垦。

(三) 潮水内涝低塱型

这种类型的低塱主要分布在沿河口的中山、新会两县，如白苔、三板、睦州等地。低塱发生在河口第四纪近代沉积三角洲平原上，地势低，大部分田面标高在 105 米以下。由于土壤全部为河口沉积，土壤肥沃，含有机质多，在 1～4 米淤泥下面，有泥炭层。厚度 70 厘米、100 厘米、150 厘米、200 厘米不等。矿物元素十分丰富，在荒滩上达 35 种以上，其中以 SiO_2 最多，其余 Fe、Ti、Al、Ca、Na、K 等含量亦不少。土质黏重，不易透水，本区积水全为雨水，水位过程线随雨水量而增加，汛期一日内间能在最低潮谷时排水，但时间短暂。每年 5 月后到 9 月，是积水期，尤以 5—6 月洪水都大时，积水最严重。塱中水生生物不多，只发见水茜和金鱼草在沿江地区，常受咸害。现一般仍种植水稻，过低的塱塘则辟作鱼塘。

另在堤围外，有未利用的荒滩，潮时全部淹没，潮谷时露出。土质肥沃，常有芦苇和桐花树、老鼠簕、秋茄等红树林，并长有大块咸草。

(四) 谷内涝低塱型

发生在山间较低小盆地上，大部分在冲积扇下面。地下水位较高，积水为山洪、雨水和地下水。土壤属沙壤质潜育性水稻土，酸性较强，肥力较差。四会江谷等地山间低塱属之。一般面积狭小。

三、对低塱改良利用的初步建议

由上可见，低塱区生产上存在的最主要问题是内涝积水问题。其余如结合储水来排灌，合理地利用土地潜力，在有血吸虫地区，大力扑灭病害等问题，也应进一步注意。但每种类型低塱有它自己独特的自然条件，故改造利用时应当根据不同情况，分别予以不同的措施。

(一) 雨水内涝低塱型的改造建议

这种低塱的最大问题是内涝排水问题，由于地势低洼，负担山水雨水量重，光靠动力排水，花费很大。而且排涝后又常患旱。由于长期山洪冲刷，土壤肥力渐减弱。因此，除了围筑圩塘、利用山地地形、修建大小山塘水库、封山育林等措施，并可考虑下列两种

做法:

(1) 改良耕作制度。应当结合水稻品种进行,即计划提早早稻收割时间,汛期决堤放淤并养鱼。汛后排涝,即抢种早熟品种,达到两禾一鱼的收益,并可逐步淤高面。但同时应当注意,本区春寒威胁仍然存在,雨季迟早不常,又较多暴雨,上游洪峰变化大。故在改变耕作制度时应当和水文、气象部门紧密合作,并且在初步实施时,以小面积作试点,取得结果后再渐渐推行。

(2) 变稻田为桑基鱼塘。本塱气候条件,如温度、日照和水热等因素,很适合桑基鱼塘的发展。桑一年可七造。西江河面又是主要鱼花产地,发展鱼桑是有良好条件的。不过桑基鱼塘的改建,初期投资较大,且目前与粮食生产有矛盾,但可作为远景规划。

(二) 河流泛滥沼泽型的改造建议

本区为著名血吸虫病疫区,要加以开发,必先铲除疫病。消灭病害必先排清积水,才能使血吸虫的寄生主钉螺全部彻底铲除。但本区为北江几条较大支流交汇区,以大旺草塘来说,每年汛期,北江、绥江两江洪水泛滥进入草塘,到汛后才慢慢退出,历年最大静储水量达2.4亿立方米。围堤后,以北江洪水和西江59型洪水相遇计算,三水一带水位高时达60~70厘米,对北江下游一带堤围有很大影响。另外,塱内土地肥沃,极合栽培水稻,但栽水稻不能消灭血吸虫病。故卫生、水利、农业三方面有一定矛盾。

为了解决这三方面的矛盾,首先必须肯定消灭血吸虫病是必要的。先将这些地区围垦,初期三四年全部改作旱作,用机械翻耕,以杀死钉螺,待血吸虫病全部肃清,再改作多种经营,以水稻为主,塱底部分可作鱼塘。这样,塱区不再作北江天然蓄洪区和滞洪区。为了免除北江下游过大洪水压力,应当结合上下游水利工程的兴建,保证芦苞以下北江百年一遇洪水不超过11000立方米/秒。如能有计划地在北江上中游修建一连串的山塘水库,及以兴建思贤滘分洪闸相互配合,消除洪患是完全可以的。在目前开发本类型低塱,应由水利、卫生和农业三部门共协商进行。

(三) 潮水内低塱型的改造建议

潮水内涝使排水系统比较紊乱,造成人为的滞洪作用,影响内涝无法排水。亦有因修建大的水利工程前综合考虑不够,使广大地区积水加重变为低塱。上述的白荇堵海工程便是一个例子。三角洲河口一带低围田,全部是江河及浅海沉积,不论是草滩或白滩围成,有机质都十分丰富,如果排水方便,潮进引淡灌田,潮退排水,这样,有机质分解快,利于水稻生长。变为积水低型以后,构成了嫌气条件,分解不易,土壤中有机质虽多,但不能被植物吸收,反而感到养分不足。如灯笼公社围一、围二大队的水稻田,几年来,用机械排水,渐感土壤肥力差,要下大量商品肥,便是一个好例子。故根治积水,使能自流排灌,是一个很重要的课题。

排除积水的方法,应当根据当地不同情况,采取不同措施。如:①修好排灌系统,合理地设置大小水窦。本区底土黏质重,不透水、地下水不易渗出,且地形平坦,便于修建排水系统,花工不大。②合理的联围,不能光从堤围保养方面设想,联围过大和不合理会引起排水不良(新会县部分情况是联围后加重积水的)。发生这种情况的地区,应当结合水文计算来改建。③兴建大的堵海等水利工程时,应当全面考虑各方面引起的效果。部分不合理的工程应当重新估算效益,予以适当处理。④减低潮谷水位,除加大河口排泄外,更应当结合上游水利工程的修建,以减少上游来洪量。⑤三角洲低围田积水区,应作多种经营,利用当地水乡自然条件,发展副业生产。

四、山谷雨水内涝低塱型的改造建议

这种低塱田地下水位较高,排水不易。且面积狭小,修建大工程不合算,可根据当地习惯种植水生作物,或改为山塘储水。但应当注意消除疟疾的发生。

(原载《广东海洋湖沼学会年会论文选集》,1962年)

第九篇　广东高要鼎湖山附近的土壤[①]

黎积祥

提示：从气候、植被、动物和人类活动等土壤形成的条件出发，划分鼎湖山从谷底到山顶的土壤类型，各自的物理、化学、景观特征，肥力、利用现状评价，以及改良途径等。论文结合地理系学生野外实习资料写成，资料翔实，工作仔细，分析深入，很有水平，是为上乘之作。提出土壤改良和利用的措施有鲜明的针对性，既为教学、科研服务，也可供农林业生产参考。

黎积祥

广东省鼎湖山位于西江下游北岸，广州西北约 70 千米。地处亚热带山区，故分布黄壤、红壤、水稻土和亚热带沼泽土等土壤类型。

一、土壤形成的地理条件

1. 地形和地质

鼎湖山区地形复杂。最高的鸡笼山达 1006 米，鼎湖山、白马山都在 300～500 米之间；因此，明显地反映出垂直的土壤地带性和构成土壤复域。在不同的地形部位，土层的厚度、土壤质地以及水热状况都有很大的差异。一般在陡峭的山坡上部土层浅薄，甚至基岩裸露，进行原始的土壤形成过程，地下水位很低。由于山坡陡峭，往往造成土壤侵蚀。

鼎湖山系由泥盆纪的砂页岩、石英砂岩和页岩构成，在白马山附近有花岗岩的侵入体，这些母岩的矿物组成及其稳定性，直接影响土壤的物理—化学性质和风化程度。按照地形的变异和母质的特性，把本区的风化壳划分为三个基本类型：

（1）淋溶残积区：分布在山顶和分水岭上，由于地表径流和下降水流的淋溶作用，往往黏粒和可溶性盐类被淋失，残留下来的是石砾和砂粒。

---

① 本文结合 1955 年级同学野外实习收集材料整理和编写而成。

(2) 搬运和局部堆积区：分布在山坡中、下部，经过搬运的沙壤质-黏壤质的机械组成，其中也夹有石砾或石块，厚度较大。

(3) 山麓堆积区：地表径流带来大量风化产物在山麓堆积和沉积，沿着山前地区构成深厚的冲积扇，向低地边缘由沙壤质为黏质的机械组成所代替。

2. 气候

本区具有湿润的亚热带气候的特征；高温多雨，根据三水记录数据，年平均温度21.6 ℃，全年雨量1720.7毫米，集中于3—9月间降落，故旱湿季节较为明显，全年平均相对湿度为80%。按照野外观察，鼎湖山的雨量和湿度可能要比三水大一些，每年冬季在高山地方偶有霜冻出现，但延续时间短暂，对于作物生长影响不大。但要特别指出，在山涧谷底日照时间短、地温低，对水稻土性质和作物有着巨大的影响。

3. 植物和动物

庆云寺附近还保存有较大面积的自然林，而周围荒山多被破坏，从自然林的外貌来看，在庆云寺以下的林型具有某些亚热带雨季林的特征，主要表现为板根植物、攀缘的藤本植物、附生植物以及桐棕科的鱼尾葵数量增多。在300米以上的山区具有亚热带常绿阔叶林性质，主要表现为冬季发现有冬态植物，生虫树数量增多，层次减少。

鼎湖山自然林的组成和结构复杂，一般山地的自然林中还夹有少数人工栽培的马尾松，在山谷里生长喜阴耐湿的植物，如蒲桃（*Syzygium jambos*）和水榕（*Cleistocalyx opurculatus*）等，相反在荒山的坡地，则生长阳性耐旱耐瘠的植物，如马尾松、岗松、鹧鸪草等，这些都充分反映出它们的生态环境的特征。

根据张宏达先生等的调查资料，[①] 整个鼎湖山，由山谷到山顶虽属阔叶混交林，但在东北坡山谷溪边潮湿地方，主要分布蒲桃和水榕群落（20~50米），山谷两侧斜坡则为鱼尾葵群落的分布区（50~150米），稍上（80~180米）则为糙树十小盘木十大砂叶群落的分布地带。山坡中部以上则为生虫树（*Cryptoearya concinna*）、铜锣桂（*Cryptoearya chinensis*）、红皮紫陵、椎树（*Castanopsis chinensis*）及柯树（*Schima Superba*）等。山顶部分则有椎、藜蒴（*Custanopsis fissa*）、黑枔（*Eurya Maertneyi*）等普遍分布。北坡190米以下为藜蒴林带，190~250米为拟桫椤群落主要分布地带，190米以上为生虫树等植物分布区。

在附近荒山上有人工栽培林，如桉树（*Euc-alyptus roburta*）、马尾松，在林下生长有岗松（*Bacekia fruteacens*）、石松（*Lyeopodium Cernum L.*）、岗稔（*Rhodomyrtuslomentosa*）、芒箕（*Dicranopteris linearis Associatio*）、金茅草（*Eulalia sp.*）等。

一般自然林郁闭度达80%~100%，地表长有苔藓和覆盖枯枝落叶层，植物生长量很大，促进土壤形成过程的生物循环和土壤水热状况趋于稳定。

---

① 张宏达等：《广东高要鼎湖山植物群落之研究》，载《中山大学学报》1955年第3期。

在鼎湖山的土壤中发现很多动物,其中以蜈蚣、蚯蚓和蚂蚁为最多,特别是白蚁对植物残体的破坏促进了土壤中腐殖质的聚积。

土壤动物对于热带和亚热带土壤的形成作用是不能过低估计的,它们的生命活动过程翻动土壤,改变了土壤的物理性质,通过它们的分泌物对矿物的分解,死亡后使土壤聚积了大量有机质。在夏季,高温湿润条件下更适宜于土壤动物的繁殖和生命活动;冬季,除了少数冬眠外,大多数土壤动物还是正常的生命活动。因此,土壤动物的生命活动对于土壤的物理、化学和生物化学的性质起了巨大的作用。

4. 人类活动的影响

鼎湖山保存的这些自然林与这里建有寺庙有关系。附近荒山由于森林被砍伐引起土壤的侵蚀,耕型的土壤特别是水稻土的长期耕种,从根本上改变了原来土壤的性质。

二、土壤特性及其改良利用

本地区是亚热带季雨林的生物气候型,地形植物变化很大,故形成各种不同的土壤类型。(表1)。

表1 土壤类型

谷底低地区的土壤	山地丘陵区的土壤
Ⅰ. 水稻土	Ⅰ. 山地红壤
1. 低塱田	1. 红壤
2. 泥田	2. 水化红壤
3. 沙泥田	3. 草地红壤
4. 沙土田	Ⅱ. 山地黄壤
5. 沙质板结田	1. 黄壤
6. 石仔田	2. 草地黄壤
7. 黄泥田	Ⅲ. 石质土
8. 铁锈水田	
Ⅱ. 沼泽土	
1. 腐殖质潜育土	
2. 淤泥潜育土	

（一）谷底低地区的土壤

1. 水稻土

1）低塱田。低塱田分布于旱峡洼地，排水不良，土壤通气性和透水性较差，在闭气状态下进行强烈的潜育化过程。每当暴雨，洪水泛滥。大部种单造产量很不稳定。一般来说，在嫌气条件下，植物残体分解缓慢，质地黏重，表层呈糊状，底土有灰蓝色斑点，块状结构。这种土壤水分过多对水稻生长不利。土壤的利用改良应考虑下面的一些问题：

（1）在水田四周及山边开排水沟，深2.5尺，低过田面5寸左右，宽1.5尺，排除过多水分，使田面变硬，防止水稻倒伏。

（2）改变耕作制度，水田转旱，起畦种植，泉眼在畦的下面，使过多的水从畦底渗出排水沟排泄，降低地下水位，进行水旱轮作。

（3）犁冬晒白，提高土温，促进土壤风化和有机质的分解，释放出植物营养元素，消除铁质对禾苗的毒害作用。禾苗回青后，进行排干微裂，增强禾秆抗风能力。

（4）深耕深翻结合分层施肥和熏土，犁深1.5～2.0尺，施用火烧泥、有机肥和土杂肥。根据土壤质地和酸度，施用草木灰或石灰，入砂或入泥，达到7泥3砂，改变土壤物理性质，提高田面，同时进行平整土地。

2）坭田。这种土壤分布于垌田区中央部分，它是水田中土质最好的土壤。土层深厚，表土松软滑润，沙泥比例适宜水稻生长，犁耙较易，保水保肥能力也强，产量较高。但这类田在生产上也存在一些问题，旱季水源不足，影响灌溉。

因此，土壤利用改良应该深耕深翻，结合深耕进行分层质肥，冬种或夏种绿肥踩青，同时施用农家土杂肥和草木灰。犁冬晒白，促进土壤风化，增高土温。建立排灌系统，充分利用山水或河水灌溉。水旱轮作：茨类—水稻、水稻—绿肥。这种土壤性质良好，应该在这类田上建立基本农田制，保证粮食的高额丰产。

3）沙泥田。这类田分布于垌田区边缘地方，由于靠近坡麓，往往发现有砂石层或黄坭底，由于坡地泥沙的冲积，故砂粒含量比坭肉田稍微多些，田面也略高，土壤肥力仅次于坭田，故水稻产量颇高。但种土壤有机质和灰分营养元素还不能满足目前大丰产的要求，特别是砂石底的土壤，则有漏水漏肥的缺点。

土壤改良措施应该深耕结合分层施肥，砂石底的可深耕培土，加厚耕作层，达到1.0～1.5尺，增施有机肥的同时配施磷钾肥，建立排灌系统，排除铁锈流入田间。合理轮作：水稻—茨类、花生—水稻。

4）砂土田。砂土田主要分布于坑田边缘和坑尾，山坡地表径流挟带不同大小的砂粒在这里沉积，故土壤中含砂量很多，泥沙比例相当于3泥7砂，故土质瘦瘠、松散，保水保肥能力较差，禾苗生长不好，产量也较低。

根据这类田的性质进行改良措施，首先要深耕结合入泥和分长施肥，达到3砂7泥的标准，增强土壤保水保肥能力。全部禾秆回田做底肥，适量施用石灰或草木灰，中层施半腐熟的有机肥，面肥施用人畜粪和土杂肥，施用磷肥醮秧头，施肥制度应以次数多、数量少为原则，防止肥分流失。犁冬晒白，促进土壤风化。实行水旱轮作：花生—水稻、水稻—甘蔗、水稻—绿肥。

5）砂质板结田。这类田分布于山边坑垌田较高的地方，由于坡积物堆积的影响，故土壤中含有较多的砂粒，土壤砂性板结，犁耙困难，耕作展浅薄，土壤肥力不高。

改良这种土壤，首先要深耕结合入泥，如塘泥、涌泥和山岗肥泥等。大量施用有机肥，禾秆回田，绿肥踩青，适量施用石灰，促进有机肥的分解以及中和土壤酸性。在山坡下面开环山沟，防止洪水和泥沙入田，修建山塘水库，利用山水灌溉。改变耕作制度，实行水旱轮作或改为旱作，栽培花生、茨类和甘蔗等。

6）石子底田。石子底田分布于山边或溪涧旁侧，这种土壤的形成与洪积物的沉积过程有密切关系，田底有一层大小不同的石砾，层厚颇不一致，往往发现铁锈水或冷泉涌出。土壤砂性较大，接近于7砂3泥，松散，故有漏水漏肥现象，土层浅薄，酸性反应，土壤肥力很低。

这类田应进行深耕培土，加厚耕作层。同时，在山坡应采取有效的水土保护措施，防止洪水入田，其他利用改良措施参考上述砂质板结田部分。

7）黄泥田。黄泥田分布于山地丘陵缓坡上的梯田区，地下水位低，水源缺乏，容易受旱，过去多靠雨水供给，故农民也把这种土壤称为望天田。它直接发育在红壤母质上，往往由于母岩不同，而土壤质地也有所差异。发育在鼎湖山系砂页岩红壤母质的多属沙壤质，表土呈灰黄至灰棕色，酸性反应，故田间往往生长一些耐酸耐瘦的杂草，如刺蓼等。

一般来说，这种土壤黏结，犁耙较难，它比砂土田、石子底田的保水能力好，但有机质缺乏，耕作层浅薄，结构性较差，通透性不良，故土壤肥力低。

我们认为，这种土壤可采取深耕松土的措施，深耕1.0～1.5尺，不要把黄泥底翻上来，深耕结合分层施肥，熟化底土。禾秆回田和绿肥踩青作底肥，改变底土性质，面层施用腐熟有机肥，如土杂肥、堆肥等。施用石灰，中和酸性。根据土壤黏结情况容土入砂，使泥沙比例达7泥3砂，改变土壤的通透性。修筑山塘水库，供给灌溉水源，消灭旱患。改变耕作制度，发展经济油料作物、饲料和果树等，实行多种经营。

8）铁锈水田。铁锈水田分布于坑垌田的山地丘陵坡麓下面，由于含有铁质的山水渗入或有底泉水涌出，这些铁质与水面空气接触被氧化形成氢氧化铁的铁锈色胶体[$Fe(OH)_3$]，呈油镜状絮凝物，浮于田间水面。因此，阻碍了空气进入土壤中，使水稻根系处于闭气状态。另外由于过多的铁化合物对水稻的毒害作用，引起土壤酸性反应，插秧后难以回青，禾苗生长不良。

这类田的改良措施，首先要布置排灌系统，排除铁锈水，降低地下水位。沿山麓开环山沟，防止锈水入田，开"十"字排水渠排除田间的锈水。犁冬晒白，在禾苗回青后排水晒田，消除铁锈毒质，促进土壤充分风化。增施有机肥和碱性肥料，如绿肥、土杂肥、厩肥、石灰和草木灰等。磷肥应制成颗粒肥或蘸秧头集中施用，防止被铁固定。不宜施用硫酸铵等生理酸性肥料，一般铁锈水田砂性较大，可结合施用肥泥、老墙泥和火烧泥，改变土壤物理性质。实行水旱轮作，改变土壤水热状况和土壤理化性质。

2. 亚热带沼泽土

在山涧谷底和旱峡洼地，由于排水不良和山水的影响，土壤水分过多，甚至终年积水，形成斑块状分布的沼泽土。按照它的性质，划分为腐殖质潜育土和淤泥潜育土两个土种。

1）腐殖质潜育土。腐殖质潜育土分布于山坑谷底，面积很小。由于鼎湖山系岩层排列平缓，山水侧流入谷地，土壤经常保持潮湿状态，造成土壤潜育化过程。山峰和森林的荫蔽，日照时间短，同时受冷泉的影响，故土温较低。在山谷里，植被生长茂密。在嫌气条件下，每年植物地残落物缓慢地分解进入土壤中，形成深厚暗色的腐殖质层。

2）淤泥潜育土。淤泥潜育土广泛分布于旱峡和西江沿岸河漫滩地，由于地处低洼，终年积水，形成重度潜育化特征。每年洪水挟带泥沙在这里沉积形成深厚的土层。另一方在这些冲积土生长喜湿的水生植物，它们的残体不断地在土壤中聚积起来。因此，沉积地质的沉积过程和植物残体的生物累积过程交错进行。

我们认为，沼泽土的改良应与山地水能的利用结合起来，初步调查在鼎湖山东北的草塘可建筑水库，利用飞水潭的水能发电，将山水引流入西江，在沼泽地上开渠道排泄积水。但为了农业的全面发展，也可考虑充分利用洼地养鱼、养鸭，栽培莲藕及其他水生作物，增加副业收益。

（二）山地丘陵区的土壤

这里的气候和自然地理条件都具有明显的亚热带的特征，故在山地发育具有亚热带特性的土壤——黄壤和红壤。土层浅薄，含有石砾或石块，而且森林被破坏后往往引起土壤侵蚀，这些是山地土壤的特征。

欧美的一些土壤学家企图把黄壤和红壤列为一个土类，是不能让人同意的，尽管这都是湿润亚热带生物气候条件下的形成物，但它们之间无论形态特征、物理-化学和生物化学的特性都有质上的差异。

黄壤和红壤的成土因素有很大不同，一般黄壤分布于山区特别湿润的地方，主要是淋溶型的土壤水分状况；红壤在矮山和丘陵地区，在旱季和湿季具有明显上升和下降水流的土壤水分状况。

根据 C. B. 佐思教授最近研究我国南方和苏联格鲁吉亚的土壤指出，① 红壤的特征是具有三水铝矿和其他以氧化铁形态为主的矿物，黄壤的特征是针铁矿和多水高岭石的含量很高。黄壤中胡敏酸的积聚性和固定性比较大，而富里酸则具有不甚活动的特点，胡敏酸碳与富里酸碳的比率特别大；相反的，红壤中胡敏酸的固定性微弱，而胡敏酸和富里酸的活性比黄壤要大，这决定了胡敏酸碳与富里酸碳的比率非常小。

由上所述，我们完全有可能把广泛分布于亚热带地区的红壤和黄壤作为独立的土类划分出来。

1. 红壤

关于红壤的形成过程问题尚有很多争论，过去我国有些土壤学家把红壤看成母质是错误的，И. П. 格拉西莫夫院士正确地指出云南昆明红壤是古地理条件下的产物。② 我们认为，除了在近代沉积物进行红壤化过程所发育的幼年红壤以外，绝大部分发育在基岩上的红壤都是第三纪以来的形成物。在目前高温多雨的条件下，红壤形成过程还在继续进行。所以，红壤是我国最古老的土壤。

Б. Б. 波雷诺夫院士认为③ "红色层不是土壤而是母质，它是广泛分布在热带和亚热带的风化壳，在这种母质上，可能由于植被特点不同发育不同类型的土壤"。这样，必须指出，红壤的形成过程与当地的生物气候有关，在很大程度上取决于不同植被下的有机物质的分解和累积。

红壤广泛分布于矮山区丘陵地和老的阶地上，一般夏季、秋季温度高，湿度大，但春季、冬季温度较低，湿度较小，这种季节性干湿交替，使土壤水热状况有很大的变化。因此，在湿季以下降水流为主，进行强烈的淋溶过程；在干季以上升水流为主，使土体中水分蒸发加剧所进行的强烈的氧化过程。这两个相反方向的过程构成了红壤形成的特征。

在红壤分布的地方，除了鼎湖山附近山谷还保存较完整的自然林的植被外，广大面积的红壤区的植被都遭受破坏，因而引起土壤强烈的侵蚀。

(1) 水化红壤。水化红壤主要分布在鼎湖山和白马山附近荫蔽、湿润的山谷坡地上，森林郁闭度很大，地表生长有好像地毡一样的苔藓。在山谷里日照时间较短，蒸发量减低，而且岩层倾斜度小，阻滞了水分下渗，土壤水分沿着岩层方向侧流。从飞水潭的瀑布我们都可以看出地下径流在不深处流动。所有这些因素使土体中经常保持着湿润的状态，

---

① C. B. 佐恩：《格鲁吉亚和中国南部红色风化壳上的土壤发育的一些问题》，载《土壤学报》第 6 卷第 1 期。
② И. П. 格拉西莫夫、马溶之：《中国土壤发生类型及其地理分布》，载《土壤专报》第 32 号。
③ Б. Б. 波雷诺夫：《红壤型风化壳及其土壤》，载《地理译报》1957 年第 1 期。

因此使土壤中的矿物进行强烈的水解和水化作用。见表2。

剖面No.3，发育在林地砂岩上的水化红壤，森林郁闭度90%以上，乔木树种有马尾松、椎树、藜蒴等，攀缘植物和附生植物很多，地表有苔藓。

A_0 0～5厘米：半分解的枯枝落叶层，下面长有像地毯一样的苔藓。

A_1 5～17厘米：湿润疏松，黄红色的黏壤土，团块状结构，植物根很多，逐渐过渡。

Ac 17～25厘米：很湿润，红棕色的石质黏壤土，块状结构，结构表面有胶膜，植物根较少，向母岩过渡明显。

在这个剖面位置的上限是明显的黄壤区，由于成土因素的差异进行红壤化过程，土层浅薄，含有石砾，这是山地红壤所固有的特征。

由于水分较多，经常保持有下降水流，使土壤进行强烈的淋溶作用，所有土壤胶体和易移动元素被迁移到底层聚积起来，故土壤底层发现结构表面有明显的胶膜。

表2 水化红壤机械组成分析结果

采样深度（厘米）	粒级含量（%）（粒径：毫米）									含水量（%）	比重	烧失量（%）
	粗砂	砂粒		粉粒		黏粒		物理砂粒	物理黏粒			
	71.0	1.0 0.5	0.5 0.25	0.25 0.1	0.001	0.01 <0.001	<0.001	>0.01	<0.001			
5～17	2.5	6.5	6.5	12.0	32.5	29.0	11.0	60.0	40.0	5.6	2.49	11.34
18～29	0.5	1.5	4.5	13.5	32.0	48.0	—	52.0	48.0	4.9	2.61	8.26

土壤中胶体黏粒（>0.001毫米）含量很少，底土系岩石碎块夹有粉沙壤土，没有胶粒，以物理砂粒为主。

值得注意的是土体中吸着水含量显著地超过其他的红壤和黄壤，表层达5.6%，同时烧失量也很高，达8.26%～11.34%，这充分证明了水化红壤具有强烈的水化过程，故有必要把它作为独立的红壤亚类划分出来。

在幽闭的森林下，每年大量植物和动物的残体进入土壤中聚积起来，使土壤中有机质含量增加，表层达8.25%，往下面稍微减少。

土壤溶液呈强酸性反应，水提取液pH值比其他土壤稍为低些，这与氢离子含量增加有关。由于活性铝的含量很多，决定了土壤盐提液pH值的降低。见表3、图1。另外，在苔藓的覆盖条件下，它分泌较多的有机酸增加了土壤酸性，促进了土壤矿物的分解。

表3 水化红壤的化学分析结果

采样深度（厘米）	有机质（%）	pH		代换性阳离子（毫克当量/100 克土）			
		水提液	盐提液	Ca^{2+}	Mg^{2+}	H^+	Al^{3+}
5～17	8.25	4.25	3.25	0.17	0.44	2.72	19.00
18～29	5.31	4.53	3.25	0.06	0.07	0.09	18.96

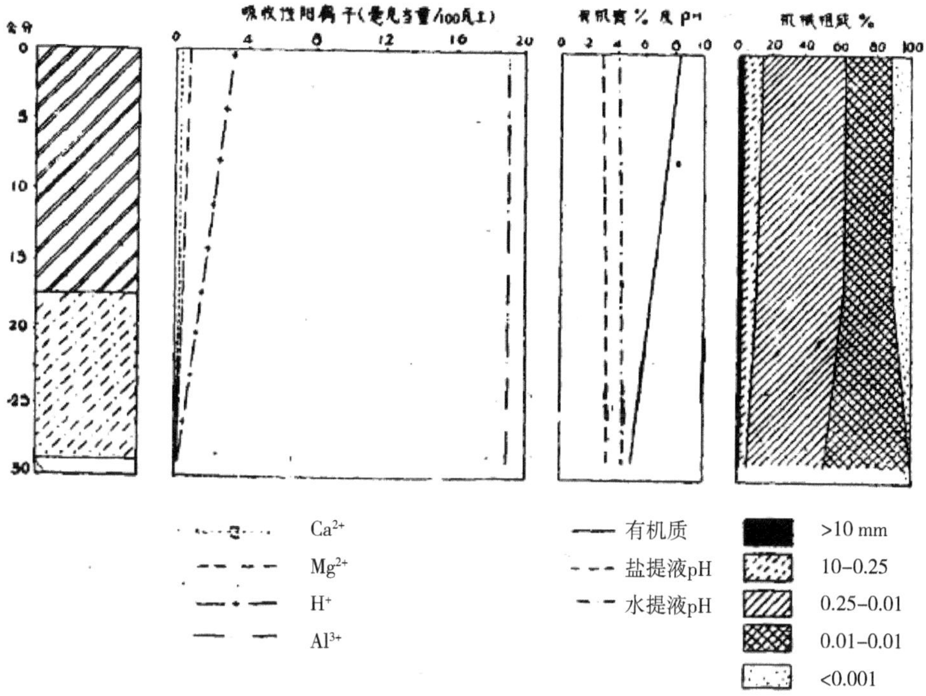

图1 水化红壤理化性质图解

（2）红壤。红壤主要分布于丘陵和山坡上，目前还保存一定数量的森林植物，在马尾松林中夹杂有阔叶树，林下为禾本科草类和蕨类所被覆，因此，构成了亚热带针阔叶混交林景观。

本区分布有小面积花岗岩的深厚风化壳，整个红色风化壳厚度达10米以上，在红土层中除了残留下较为稳定的石英以外，长石已被高强度的风化形成黏重的高岭土，因此应该把这些土壤与发育在砂岩上的草地红壤区别开来。

剖面 NO.4，发育在花岗岩风化物深厚的红色风化壳上的红壤，乔木有马尾松、椎树、小叶桉树、藜蒴，灌木有桃金娘、三叉虎，草本植物有芒萁、山兰、鹧鸪草，藤本植物有蔓生九节、铁丝蕨等，覆盖度80%。

A_{00}　0～4 厘米　　未分解的枯枝落叶层，还保持较好树枝和树叶。

A_0　4～10 厘米　　半分解的残落物，含有棕色的粗腐殖质。

A'　10～24 厘米　　松软湿润，暗棕灰色的黏壤土，团粒结构，颜色不均匀，稠密的植物根，动物很多，特别是蚂蚁、蜈蚣和蚯蚓，有动物穴，过渡清楚。

A''　24～45 厘米　　潮湿，淡红色的轻黏壤土，团粒块状结构，植物根很多，有动物穴和菌丝体，过渡明显。

B_1　45～92 厘米　　湿润，黄红色的黏土，夹有小的石英砂，植物根较少，紧实，过渡不明显。

B_2　92～152 厘米　　湿润，赭红色的重黏土，风化残留下来的石英，块状结构，很紧实，过渡不明显。

C　152～500 厘米　　半风化的母质，长石均已风化变为肉红色的产物，还残留有很多石英粒。

这些花岗岩侵入体上发育的红壤，地处坡麓，受山坡上部坡积的影响，故土体中往往夹有石块，随着深处石英粒逐渐增多，这与风化过程石英粒的稳定性有关，土壤动物很多，它们强烈的生命活动对风化过程和成土过程都有巨大的作用。见表4、图2。

表4　红壤机械组成分析结果

采样深度（厘米）	粒级含量（%）（粒径：毫米）						物理砂粒	物理黏粒	含水量（%）	比重	烧失量（%）
	粗砂	砂粒		粉粒		黏粒					
	>1.0	1.0～0.5	0.5～0.25	0.25～0.1	0.1～0.01	0.01～0.001	<0.001	>0.01	>0.01			
3～13	7.0	7.5	4.5	9.0	30.5	24.5	17.0	59.0	41.0	3.3	2.74	6.98
15～24	10.0	6.5	4.0	3.5	28.5	22.0	25.5	52.5	47.5	4.0	2.61	7.10
25～45	8.0	6.0	4.0	7.0	29.0	30.0	16.0	54.0	46.0	3.3	2.65	—
45～92	12.5	4.5	2.0	5.0	25.0	19.0	32.0	49.0	51.0	3.8	2.68	—
92～152	11.0	3.0	2.0	2.0	24.0	23.0	35.0	42.0	58.0	4.8	2.64	—
152～180	9.0	4.5	2.5	2.0	29.0	25.0		46.0	54.0	4.5	2.67	—
200～220	11.0	8.0	1.5	0.5	27.0	27.0	25.0	48.0	52.0	4.8	2.63	—
260～290	7.0	8.0	2.5	3.5	33.0	28.0	17.5	54.5	45.5	4.0	2.65	9.85
290～310	8.5	9.0	2.0	4.5	33.0	28.5	14.5	57.0	43.0	4.5	2.64	—
470～500	10.0	11.0	3.0	5.0	45.5	16.5	9.0	74.5	25.5	3.5	2.66	—

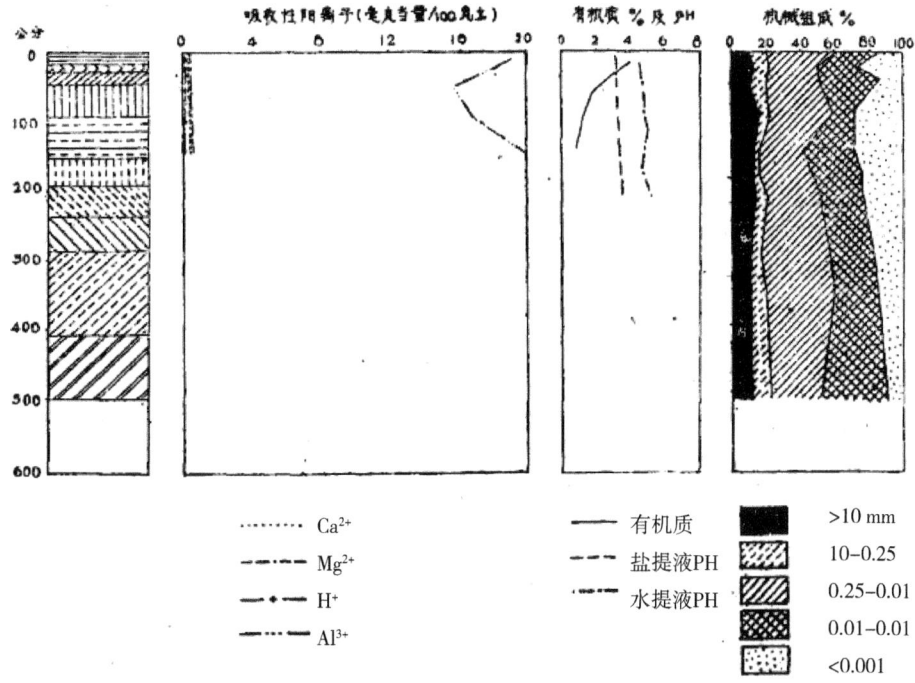

图 2 红壤理化性质图解

全剖面的心土中黏粒含量显著增加，这与红色风化层深度风化有关，但由于坡积物的堆积，表层的物理砂粒含量较多，底土砂粒含量增加决定于风化过程残留下来的石英粒。土壤含水量随着黏粒的增加而增加。（表5）

表5 红壤的化学分析结果

采样深度（厘米）	有机质（%）	pH		吸收性阳离子（毫克当量/100克土）			
		水提液	盐提液	Ca^{2+}	Mg^{2+}	H^+	Al^{3+}
3～13	4.41	4.58	3.65	0.16	0.61	0.09	18.96
15～24	3.32	4.75	3.65	0.17	0.49	0.08	18.61
25～45	1.77	4.75	3.60	0.23	0.48	0.07	15.67
45～92	1.27	4.75	3.80	0.28	0.41	0.10	16.88
92～152	0.82	5.01	3.65	0.21	0.59	0.20	20.06
152～180	—	4.80	3.55	—	—	—	—
200～220	—	5.25	3.70	—	—	—	—

土壤表层有机质含量较高，到了心土显著减少，这与植物根系活动范围所进行的生物

过程有关。全剖面土壤溶液呈强酸性反应，特别是盐提液 pH 值显著地降低（pH = 3.6～3.8），这是由于土壤中活性铝含量很高的结果。因此，可以知道引起土壤酸性显然决定于活性铝的含量并非代换氢所致。见表 5。

土壤中的代换性盐基含量很少，特别在阔叶树与马尾松混交林下代换性盐基迅速被淋失以及被酸性胶体所中和。因此，形成不饱和的土壤。

（3）草地红壤。草地红壤广泛分布于鼎湖山附近的丘陵和山地，由于森林遭受破坏，引起不同程度的水土流失。普遍分布各种耐酸耐旱的植物，如马尾松、岗松、岗稔、芒箕和鹧鸪草等，覆盖 70% 左右。

在这样的植被情况下，土壤水热状况与其他土壤比较起来有很大的不同，由于地处斜坡，植被稀疏，水土易于流失，因此减少了水分渗透入土体中，故土壤显得特别干燥。在干热的条件下，土壤强烈的氧化，促进了土壤的红壤化过程。

剖面 NO.5，发育在砂岩上的生草红壤，植物以马尾松、桃金娘、岗松、芒箕等为主。

A′　0～8 厘米　　干，团块状结构，黄红色的砂质壤土，根很多，有蚂蚁，过渡明显。

A″　8～26 厘米　　稍湿润，灰黄色的砂质黏壤土，团块-块状结构，稍坚实，根系较少，过渡不明显。

B　26～45 厘米　　颜色同上，砂质中壤土，块状结构，植物根很少，过渡明显。

Bc　45～64 厘米　　湿润，棕黄色的砂质中壤土，夹有较大的石英沙砾，坚实，不明显的块状结构，结构表面有胶膜，根系很少，过渡不明显。

C　64～101 厘米　　棕黄色的壤土，大块状结构，结构表面有胶膜，很坚实。

全剖面呈灰棕黄色，这与鼎湖山系的石英砂岩有密切关系。由于岩性坚硬，抵抗风化力较强，故土体中还残留石英砂、石砾或石块。

表 6　草地红壤机械组成分析结果

采样深度（厘米）	粒级含量（%）（粒径：毫米）						物理砂粒	物理黏粒	含水量（%）	比重
	粗砂	砂粒		粉粒		黏粒				
	>1.0	1.0～0.5	0.5～0.25	0.25～0.1	0.1～0.01	0.01～0.001	<0.001	>0.01	>0.01		
0～3	2.0	8.0	17.0	24.0	22.0	15.0	12.0	73.0	27.0	3.7	2.64
3～10	0.5	3.5	17.0	24.0	22.0	19.0	14.0	67.0	33.0	2.9	2.66
10～36	1.0	3.0	13.0	20.0	19.0	22.5	21.5	56.0	44.0	3.0	2.64
36～57	2.0	5.0	13.0	28.0	16.0	15.0	21.0	64.0	36.0	2.7	2.66

土壤中以物理沙砾占多数,胶体黏粒(<0.001毫米)随深度逐渐增多,同时底土结构表面有胶膜,这都是土壤淋溶作用的迹象。土壤含水量较少,这与植被破坏后土壤水分强烈蒸发作用有关。见表6。

表7 草地红壤的化学分析结果

采样深度（厘米）	有机质（％）	pH		吸收性阳离子（毫克当量/100克土）			
		水提液	盐提液	Ca^{2+}	Mg^{2+}	H^+	Al^{3+}
0～3	8.7	4.52	3.25	0.02	0.83	0.17	17.88
3～10	2.72	4.75	3.40	0.01	0.84	0.08	9.54
36～57	1.85	5.05	3.60	—	—	0.08	8.65

在这种土壤上除了生长稀疏的马尾松外,主要为禾本科草类植物被覆,每年它们死亡的残体矿质化后进入土壤中,故土壤表层有机质含量较多,达8.70％,往下面逐渐减少。见图3。

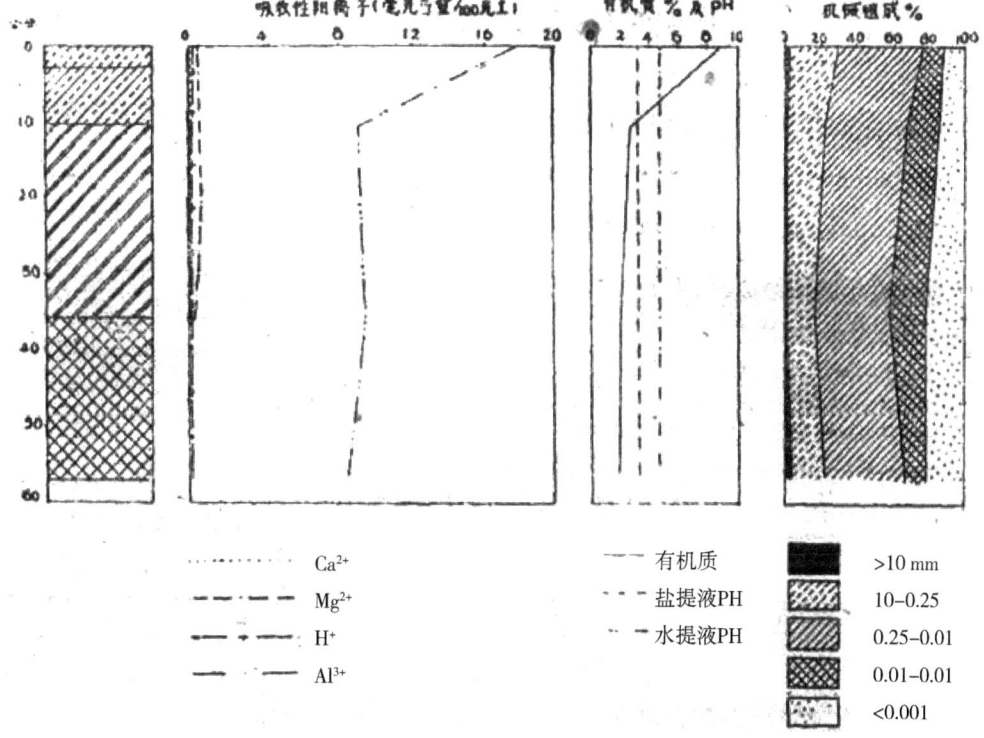

图3 草地红壤理化性质图解

土体中活性铝含量很多，引起土壤酸性反应。土壤中活性铝的来源，除了铝砂酸盐分解释放出铝离子之外，更重要是由于生物化学过程促进了活性铝含量的增加。（表7）

根据侯学煜教授分析的材料，指出"酸性土壤指示植物中铝的含量显然较其他钙质和盐渍土生态类型的植物高出数倍至百倍，酸性土植物含有高量铝的事实是与酸性土，特别是与我国南方红壤黄壤中的高量活性铝的存在分不开的"。这样，可以知道所有这些酸性土壤含有很多的活性铝是与生物地球化学过程密切关联的。

2. 山地黄壤

黄壤分布于亚热带山地和热带高山地区，这种土壤的形成过程与这里的生物气候以及风化壳的组成性质有着密切的联系。

M. H. 沙巴什维里认为[①]黄壤的形成与母岩和风化产物的不同有关，但这并不尽然，在这里同是鼎湖山系的母岩上也可看到发育黄壤和红壤的两个不同的土类。

我们认为黄壤主要是在山地温度高、湿度大、雨日多和森林条件下形成的。在鼎湖山地区，经常云雾弥漫，大气特别湿润，植物生长繁茂，这是黄壤的形成过程特别有利的条件。

根据我们野外观察，初步确定把鼎湖山的黄壤划分为草地黄壤和黄壤两个亚类。

（1）草地黄壤。草地黄壤分布于森林被破坏了的山地，成土母质是石英砂岩风化的产物，往往为云雾所蔽盖，湿度很大，森林植被已破坏，目前主要是草地灌丛群系，还留下来零星的乔木，特别是禾本科的草本植物。

剖面 No.1，采自鸡笼山（1006米），发育在鼎湖山系砂岩上，植被以禾本科草本为主，还有少数的灌木和乔木。

A_0　0～1.0厘米　　枯枝落叶层，主要是草本植物残体。

A_1　1～12厘米　　松软湿润，暗黑色，团粒状结构，细砂质的中结壤土，植物根很多，土壤动物有蚂蚁、蚯蚓和小虫等，有白色晶体粉末，pH = 4.80，过渡不明显。

A_2　12～30厘米　　与上层相似，但植物根系较少，有砾石，pH = 4.80，过渡清楚。

BC　30厘米以下　　这层主要是砂岩风化的母质。在石块表面有少数硅酸粉末。

草地黄壤土层浅薄，地表覆盖有植物的残落物层，土壤动物如蚂蚁、蚯蚓和其他小虫很多，整个土层松软湿润，暗灰色，夹有很多风化残留下来石块和石砾。

[①] C. B. 佐恩：《格鲁吉亚和中国南部红色风化壳上的土壤发育的一些问题》，载《土壤学报》第6卷第1期。

表8 草地黄壤机械组成分析结果

采样深度（厘米）	粒级含量（%）（粒径：毫米）						物理砂粒	物理黏粒	含水量（%）	比重	烧失量（%）
	粗砂	砂粒		粉粒		黏粒					
	>1.0	1.0~0.5	0.5~0.25	0.25~0.1	0.1~0.01	0.01~0.001	<0.001	>0.01	>0.01			
2—10	2.5	7.5	19.0	21.0	32.0	18.0	—	82.0	18.0	2.1	2.61	6.75
18—25	3.0	7.0	25.0	17.0	35.0	13.0	—	87.0	13.0	4.0	2.61	5.22

从分析结果可以看出，土体中以粉粒含量最多，没有胶粒（<0.001毫米），同时土壤中夹有较多的母岩碎块，属于石质壤土。见表8。

表9 草地黄壤的化学分析结果

采样深度（厘米）	有机质（%）	pH		吸收性阳离子（毫克当量/100克土）			
		水提液	盐提液	Ca^{2+}	Mg^{2+}	H^+	Al^{3+}
2~10	8.95	4.80	3.51	0.17	1.22	0.08	2.47
18~25	5.70	4.80	3.71	0.35	0.80	0.08	1.98

土壤中有机质含量很高，达5.7%~9.0%，这与在草本植被下强烈的生草过程有联系。土壤溶液呈酸性反应，盐浸液的pH值显著降低，这与活性铝含量相一致。见表9。

吸收性盐基含量很少，代换性钙的含量要比代换性镁少得多。在湿润条件下，由于生物所累积的钙离子与碳酸相结合所形成的重碳酸钙被淋失，一般镁较难解离而保留下来，故它的含量每100克土达0.80~1.22毫克当量。见图4。

特别值得注意的是土体中发现有白色结晶粉末，是否系过去灰化过程遗留的残迹，还须进一步研究。

在草地黄壤地区应栽培用材林如薪炭林，防止水土流失。

（2）黄壤。黄壤广泛分布于鼎湖山的三宝峰、二宝峰山区，森林郁闭，在这些植物中，可作为湿润亚热带常绿阔叶林的代表的樟科占优势。

剖面No.2，位于鼎湖山北坡的山顶部，高390米，母质为鼎湖山系砂岩的风化物，林型基本属于温润亚热常绿阔叶林，生虫树+椎树+铜锣桂+柯树群落，其中以生虫树占优势，其余的种类有红皮紫陵、藜蕨和鸭脚木等，林下草本植物很少，郁闭度90%左右。

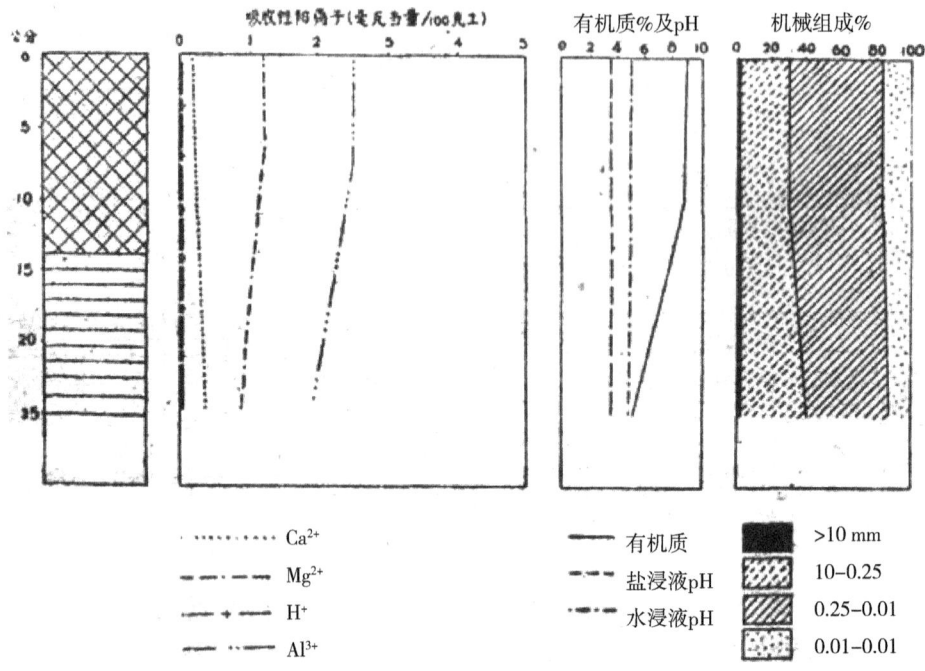

图 4　草地黄壤理化性质图解

　　A_0　0～3 厘米　枯枝落叶层，未分解的枝、叶残体。

　　A　3～19 厘米　湿润，淡黄色，团粒结构，重黏壤土，疏松，木本根很多，成网状分布，有蚂蚁，过渡明显。

　　AB　19～36 厘米　湿润，灰黄色，团粒结构，重黏土，稍松，根系较少，有菌丝体和腐木，过渡明显。

　　B　36～50 厘米　湿润，黄色，颜色不均匀，有腐殖质漏痕，块状结构，砂质黏壤土，稍紧突，植物根很少，有木炭和大石块及很多蚯蚓和动物穴，过渡不明显。

　　BC　50～80 厘米　大多数是风化残留下来的大石块和岩石碎屑，其中夹有少量土壤。

　　在郁闭的森林和枯枝落叶层的覆盖下，使土体中经常保持着湿润状态，特别是在山地雨日较多，而且岩层平缓，阻滞地下水的渗滤，土壤水分则以下降水流为主，故在山地黄壤中往往发现腐殖质漏痕和黏粒下移现象。

　　在黄色风化壳中含有较多的母岩碎块与这些石英砂岩的矿物稳定性有关系，但在白马山的页岩上的黄色风化壳厚度很大，质地黏重，故在这里形成两种不同的黄色风化壳类型。

表 10　黄壤机械组成分析结果

采样深度（厘米）	粒级含量（%）（粒径：毫米）						物理砂粒	物理黏粒	含水量（%）	比重	烧失量（%）
	粗砂	砂粒		粉粒		黏粒					
	>1.0	1.0~0.5	0.5~0.25	0.25~0.1	0.1~0.01	0.01~0.001	<0.001	>0.01	>0.01			
1~4	0.5	4.5	14.0	13.0	25.0	36.0	7.0	57.0	43.0	4.4	24.9	13.5
4~13	—	5.0	9.5	12.5	22.0	38.0	13.0	49.0	51.0	3.0	26.7	—
15~40	1.0	3.0	7.0	17.0	19.5	34.0	18.5	47.5	52.5	2.9	27.0	—
40~54	0.5	3.5	7.8	12.0	21.0	35.0	21.0	44.0	56.0	2.9	26.9	—
54~70	0.5	5.5	20.0	17.5	16.5	25.0	15.0	60.0	40.0	1.9	26.9	—

土体中胶粒（<0.001毫米）的含量随着深度的增加而逐渐增加，在森林覆盖下淋溶型的下降水流引起土壤胶粒的移动，底土是半风化母质，物理砂粒显著增加。相反地，土壤水分含量往下面逐渐递减，这与腐殖质和胶体含量有关。（表10）

一般在山地森林的木本根系是呈水平网状分布，同时表层累积大量有机质，达9.58%，加速了土壤表层的生物循环。但在50厘米的深处突然降低，仅有0.14%，这与植物根系分布相一致。

土壤溶液呈强酸性反应（水提取液pH=4.5），盐提取液pH值很低，这与活性铝含量显著增加有关系。分析结果证明了这些土壤的代换酸增高主要是由铝离子所引起。表层水提液pH值较低，是由于这层含较多的有机质，使氢离子保持着代换性状态。但总的来说，我国南方酸性土壤的酸度主要决定于活性铝的含量，同时铝也是南方酸性地球化学景观的标型离子。见表11、图5。

表11　黄壤的化学分析结果

采样深度（厘米）	有机质（%）	pH		吸收性阳离子（毫克当量/200克土）			
		水提液	盐提液	Ca^{2+}	Mg^{2+}	H^+	Al^{3+}
1~4	9.58	4.25	3.20	0.25	0.73	0.56	13.46
4~13	4.67	4.50	3.05	0.28	0.58	0.12	19.20
25~40	2.44	4.55	3.01	0.10	0.26	0.08	15.03
40~54	1.45	4.50	3.00	0.06	0.26	0.06	13.41
54~70	0.14	5.15	3.20	0.03	0.23	0.08	8.62

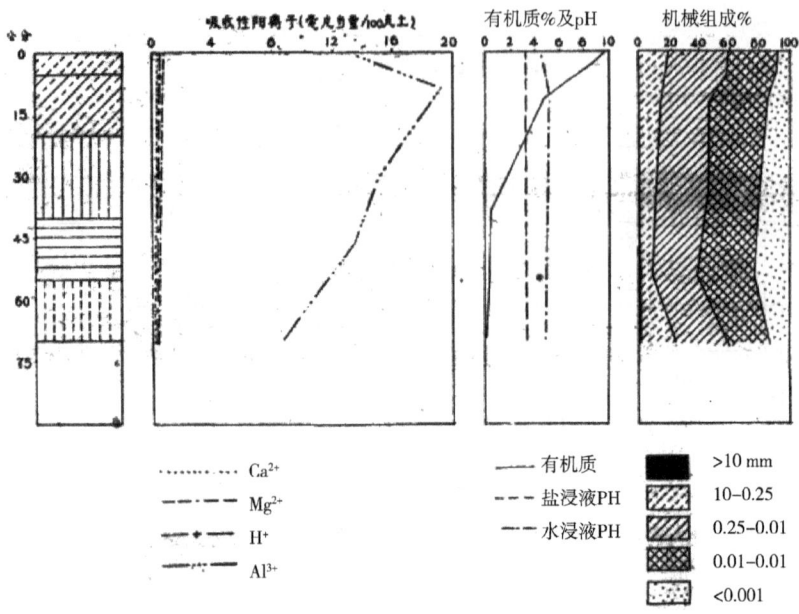

图5 黄壤理化性质图解

土体中吸收性盐基含量很少，而且它的含量沿着剖面往下面逐渐减少；在表层虽然有机质含量较多，但分解所释放出的盐基很快被淋失和被酸性土壤溶液中和，特别是代换性钙的含量显著地降低，所有这些与当地的地理环境和生物循环有密切的关联。

3. 石质土（石头山）

这种土壤在红黄壤区均有零星小面积分布，在山顶或陡坡上，由于植被的破坏，引起水土流失，土层特别浅薄，甚至遍地岩石露头，在母岩上生长苔藓、地衣等低等植物，土壤形成过程尚处于初期阶段，故土壤肥力很低。土地利用价值不大，可以考虑在较厚的土层上栽培耐瘦耐旱的树种，如马尾松、台湾相思等，发展水土保持林。

三、结语

（1）鼎湖山是湿润亚热带季雨林的自然地理条件，有利于土壤形成过程有机物质的生物循环，每年创造了大量活质和腐殖质在土壤中聚积起来，提高了土壤肥力。

（2）红壤和黄壤的酸性取决于活性铝含量的增加，而铝的来源与铝硅酸盐的水解和酸性土壤植被的生物地球化学过程有关，因此，铝是湿润亚热带地球化学景观的标型离子。

（3）在强烈淋溶作用的条件下，红壤和黄壤中碱金属和碱土金属大部已被淋失，故土壤中吸收性钙和镁的含量极少。

(4) 根据野外调查，山下亚热带季雨林和山上亚热带常绿润叶林的界线约在 300 米的高度，这个高度与红壤和黄壤分布界线颇相一致，所以土壤地带性和生物气候带有着很大的关联。

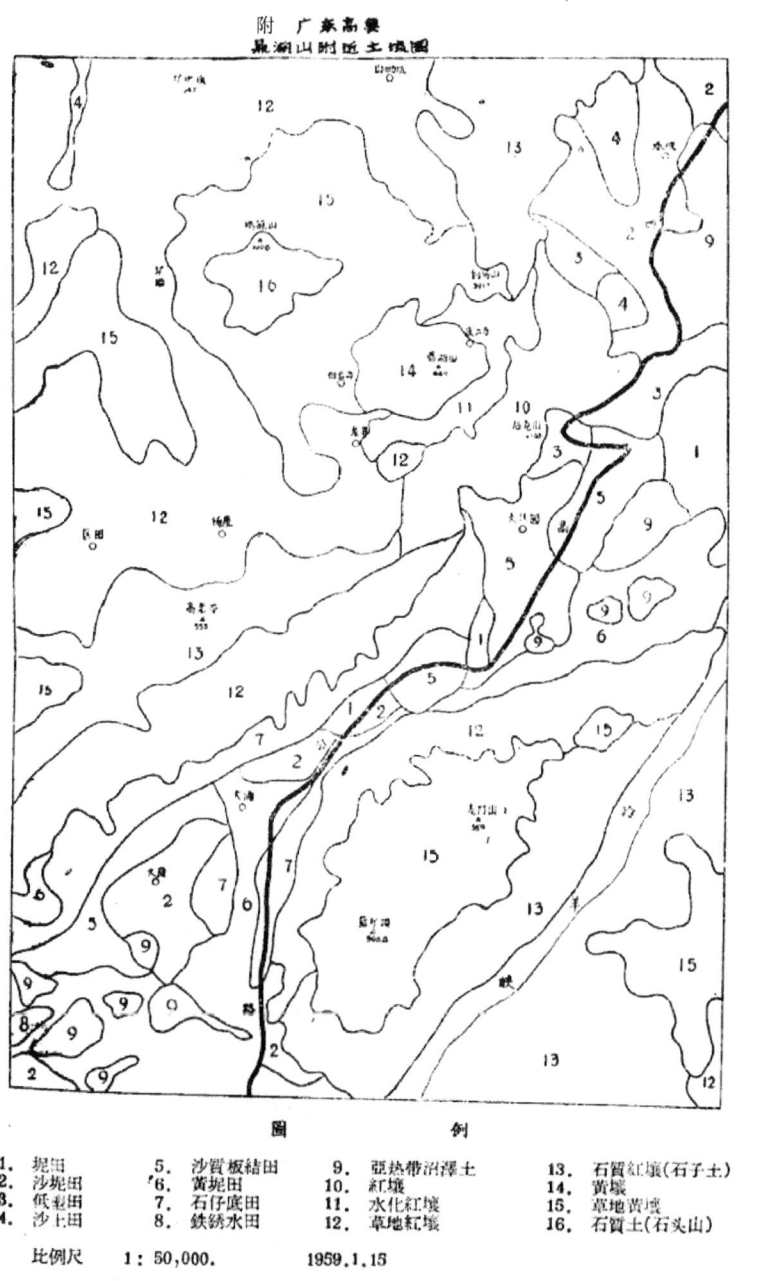

附　广东高要鼎湖山附近土壤图

图　例

1. 坭田　　　5. 沙质板结田　　9. 亚热带沼泽土　　13. 石质红壤（石子土）
2. 沙坭田　　6. 黄坭田　　　　10. 红壤　　　　　　14. 黄壤
3. 低丰田　　7. 石仔底田　　　11. 水化红壤　　　　15. 草地黄壤
4. 沙土田　　8. 铁锈水田　　　12. 草地红壤　　　　16. 石质土（石头山）

比例尺　1：50,000．　　1959.1.15

[原载《中山大学学报》（自然科学版）1959 年第 1 期]

第十篇 海南岛西南部生物、化学、地理

唐永銮 覃朝锋 易绍桢 谢永泉 曾水泉 庄永年 吴三保

唐永銮　　　　覃朝锋　　　　易绍桢　　　　曾水泉

提示：在海南岛西南部干热气候和稀树草原条件下，土壤生物化学的地理过程和后果大异于其他地区，特别是植物群落内部，对不同化学元素进入生物循环和积累有从沿海向内陆或减少，或增强的不同趋势，土壤腐殖质增减、生物循环规模和强度也有台地丘陵区和滨海沙堤区的区域差异。这一生物化学、转变规律对认识指导海南这一地区开发利用有指导作用。尤为重要的是，本文已突破地植物学、土壤地理学过去局限于地理事象表面描述，而深入到各种元素在植物、土壤内部积累和转化规律研究，通过现象寻找本质与规律，在学科研究上是一种技术路线和方法上的创新。中山大学地理系先辈们是最先做了这种尝试的一群。

一、生物、化学、地理的特点

海南岛西南部（由昌江至黄流）气候炎热，年均温在 24 ℃以上，日均温≥10 ℃的积温超过 9000 ℃。年雨量 1000～1300 毫米，80% 集中在下半年（5—10 月），冬半年（11—4 月）异常干燥，蒸发量为雨量的 2～4 倍。全年蒸发量为雨量的 1.5～2.3 倍，水热系数为 1.1～1.5，气候干热。因而物质风化淋溶远比海南岛东南、东北为弱，碱土金属没有被大量淋失，仍含一定碱金属，代换性阳离子以 Ca^{2+}、Mg^{2+} 居优势，风化壳属硅铝化类型。

在上述水热条件下，原生植被应为干性热带落叶季雨林。由于长期的人类活动，现状

植被为砂生草原、热带稀树干草原，有刺灌丛和乔灌林。一般分布稀疏，组成成分较单纯，结构简单。每年进入生物循环中的植物残遗物远比海南岛其他部分少，生物循环的规模也没有那样大而复杂，限于近地面大气层、植物群落和土壤之间物质交换。常在好气条件下转化，植物残遗物迅速分解，土壤中累积腐殖质很少（0.3%～1.6%），物质转化的速度却相当迅速。

由于物质淋溶不强，海潮和海风又带来一定盐分。在参加生物循环的元素中，以 Na、K、Ca、Mg 等最为活跃，常构成中性和微碱性环境，有利于铝硅酸盐次生黏土矿物的合成，所以土壤中主要黏土矿物为高岭土和伊利石。

由沿海至内陆，自然条件成有规律更替（图1），地势逐渐上升，由滨海沙堤→台地（8～15米、20～25米、30～50米）→丘陵→山间盆地→山地。因此，热量至海南岛内部略有减少，雨量显著增加，由不足1000毫米增至1400毫米，水热系数由1.2增至1.7，辐射干燥指数由1.0～1.5下降为0.8，由半干旱期转变为半湿润型（图2）。从而风化淋溶强度逐渐增加，碱金属、碱土金属含量逐渐减少，风化壳山由中性硅铝化阶段进入硅铝化阶段，渐出现富铝化过程。土壤由滨海砂土和滨海沼泽化盐土更替为红褐土，至间山盆地为褐色砖红壤性土。现状植被由沙生草原和盐生草甸更替为次生热带稀树干草原、有刺灌丛灌木林和次生热带落叶季雨林。

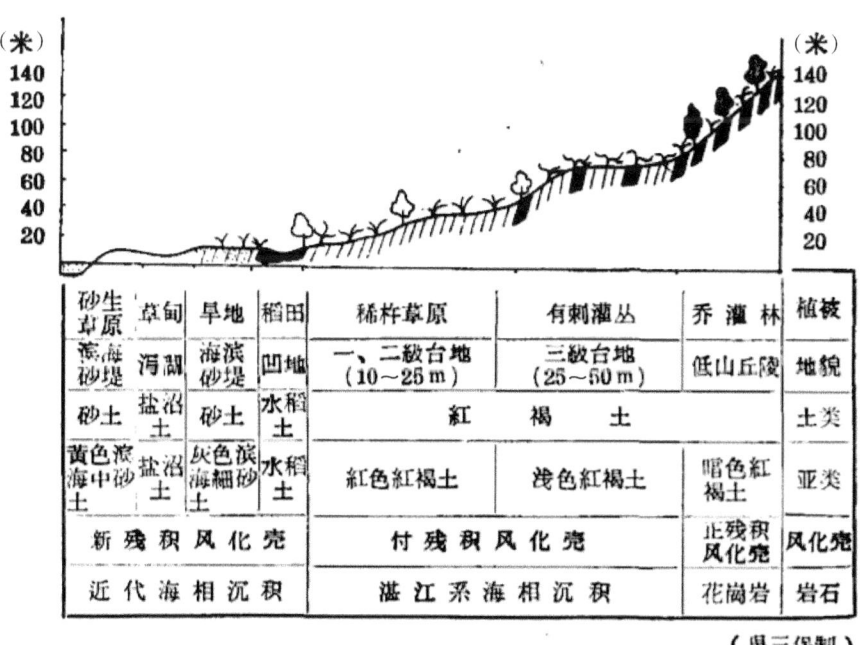

图1 植被、地貌与土壤风化壳、岩石之间的关系示意

生物、化学、地理过程自沿海至内陆相应有明显变化。

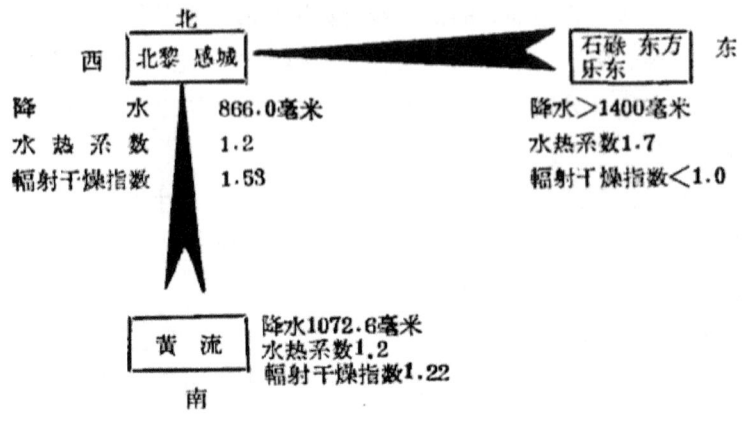

图2　由沿海至内陆水分变化示意

在土壤表层的主要组成元素中，Si、Na、Mg自沿海至内陆减少，Fe、Al、Ca却有增加的趋向（图3），此由于盐基淋溶作用，Fe的热力聚集作用、Ca的生物聚集作用均自沿海至内陆增强。富铝化和脱硅作用至内陆逐渐明显。其中，红色红褐土含Fe最多，由于热力聚集最强；暗色红褐土含Na较高，可能由于花岗岩风化物中遗留长石较多所致；Mg含量高，由于含云母较多。

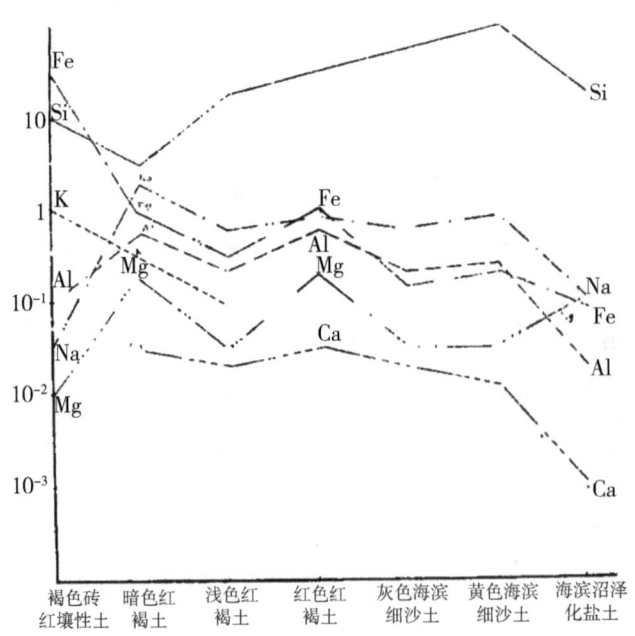

图3　主要化学元素在不同土壤中含量变化曲线（据光谱半定量分析）

植物灰分含量一般自沿海至内陆减少。滨海砂生草原和盐生草甸的植物灰分含量一般为8%～10%以上，其中15种22个样品平均为17.7%，台地丘陵上热带稀树干草原，有刺灌丛和灌木林的植物灰分含量，一般为1%～4%，平均7%～8%。在植物灰分元素中，碱金属和碱土金属含量最高，但自沿海至内陆减少，此由于盐分来源逐渐减少，盐基淋溶逐渐加强；Fe的变化也有类似趋向，却由于热力聚积作用，趋于固定，使它们转为生物循环的数量减少。（表1）

若以群落优势种进行比较，碱蓬（Suaeda australis）代表盐生草甸，丝毛飘拂草（Fimbristylis sericea）代表砂生草原，圆叶刺针木（Flacourtia rukam）和木刺藤（Horrisonia perforata）代表有刺灌丛，它们的灰分元素组成（图4）能更细致反映盐基含量的差异，Na的含量自沿海至内陆迅速减少，Ca、Mg的含量略有增减，反映Na退出生物循环较快。Fe的含量略有减少。

在植被和土壤间物质循环中，碱金属的活动强度自沿海至内陆，逐渐减弱，Na表现特别明显，Na的生物吸收积累系数（表2）由滨海至内陆减少。

表1　海南岛西南部自沿海至内陆不同植物群落的植物灰分含量及组成

（光谱半定量分析）

植物群落	采集地 [灰分含量(%)]	大量元素（%）	微量元素（%）
盐生草甸 （碱蓬）	八所 港口 (38.5)	Na > Ca > K > Mg. p. Ti. Fe $5 \sim 10^3 \sim 5 \ 1 \ 10^{-1} \sim 5 \cdot \sim 10^{-1}$ > B · Al > Si · Mn · Mo · V $3 \cdot 10^{-2} \sim 5 \cdot 10^{-2} \quad 10^{-2}$	Sr > Cu $5.10^{-3} \quad 10^{-3}$
砂生草原 （混合成分）	莺歌海 (8.2)	Ca > Na · K > Si · Mg > Ai $5 \quad 1 \sim 5 \quad 1 \quad 5 \cdot 10^{-1} \sim 1$ > Fe · P > Cu · B · Mn $10^{-1} \quad 10^{-1} \quad 5 \cdot 10^{-2}$	V > Ti、Pb > Ba $10^{-3} \sim 10^{-2} \ 3 \cdot 10^{-3} < 10^{-3}$
稀树干 草原	八所 (19.0)	Na · K > mg · Mn > Ca · Ti $1 \sim 5 \quad 5 \cdot 10^{-1} \sim 1 \quad 10^{-1} \sim 5 \cdot 10^{-1}$ > Si · Fe > Al · B · Cu · Ni $5 \cdot 10^{-2} \quad 10^{-2} \sim 5 \cdot 10^{-2}$	V > Pb > Ba $10^{-3} \sim 10^{-2} \ 3 \cdot 10^{-3} < 10^{-2}$
有刺灌丛	黄流 蚂蟥水库 (8.4)	Na、K、Ca、> Mg、P、Ti $1 \sim 5 \quad 10^{-1}$ > Al、B、Cu、Mn 10^{-2}	Si、V > Pb > Fe $5 \cdot 10^{-3} \quad 3 \cdot 10^{-3} < 10^{-1}$

续上表

植物群落	采集地 [灰分含量(%)]	大量元素（%）	微量元素（%）
灌木林	黄流岭头 (7.5)	Ca、Na、K > P、Mg、Ti 1～3　　　　10⁻¹ > B > Si、Cu、Pb·Al·Mn 10⁻¹～5·10⁻²　　10⁻²	V　　　　>　　　　Fe 10⁻³～5·10⁻²　　10⁻³～10⁻²

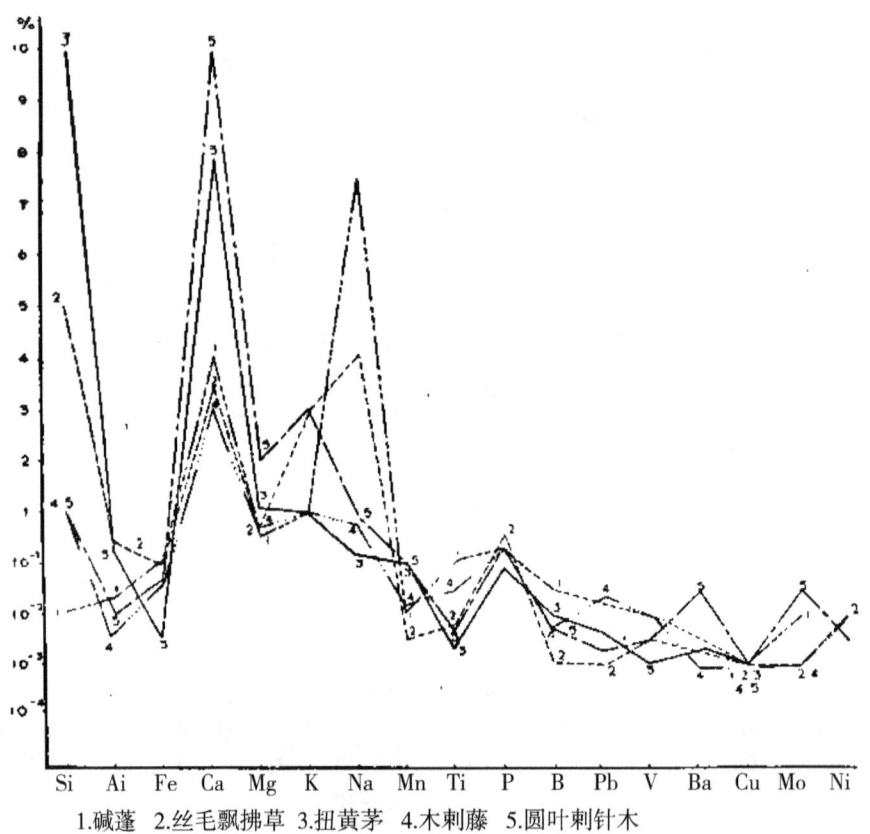

1. 碱蓬　2. 丝毛飘拂草　3. 扭黄茅　4. 木刺藤　5. 圆叶刺针木

图 4　海南岛西南部地区几种代表性植物矿物组成

表 2　海南岛西部生物吸收积累序列

地点	植被和土壤	植物群丛灰分元素含量（%）/土壤表层元素含量（%）
东方盆地	落叶季雨林 褐色砖红壤性土	Ca ＞ Na ＞ Mg＞ B＞Mn＞Si、Fe＞Cu、V、Al 2.7×10^{-3}　1.4×10^{-2}　7.5×10　30　10　10^{-1}　10^{-2}
黄流鸡岭岭头等	灌木林和有刺灌丛 暗色红褐土	Ca、B、Cu＞Mg、K＞Na、Ti、Mn＞Al＞Fe、Si $30\sim50$　$10\sim30$　$1\sim10^{-1}$　10^{-2}　10^{-3}
热水居便	有刺灌丛 浅色红褐土	Na ＞ Ca ＞Mg、Mn＞Ti、Fe＞Al ＞Si 2.5×10^{2}　1.3×10^{2}　2　10^{-1}　10^{-2}　10^{-3}
北黎	稀树干草原 红色红褐土	Ca＞ Mg ＞ Al、Cu＞Na＞Mn＞ Ti ＞Si ＞Fe 10^{3}　$10\sim10^{-2}$　10　5　$1\sim10$　$1\sim10^{-1}$　10^{-1}　$10^{-1}\sim10^{-2}$
黄流	砂生草原 灰色滨海细砂土	Ca ＞Mg、Na ＞Cu、B、Mn＞Fe、V ＞Si、Al、Ti 10^{-2}　$5\sim50$　10　$10^{-1}\sim1$　10^{-1}
北黎四更	砂生草原 黄色滨海中砂土	Ca＞Mg、Na＞Cu＞B、Mn＞Al＞Ti、V＞Fe＞ Si 10^{2}　$1\sim10^{-2}$　10　$1\sim10$　1　$10^{-1}\sim1$　$10^{-2}\sim10^{-1}$

Fe、Ti、Al、Si 也有一定数量转入生物循环，唯随着 Fe 的热力聚积、脱硅和富铝化的过程加强，Fe、Ti、Al 的生物吸收累系数自沿海至内陆减少。在古沙堤和第一、二级台地上，由于禾本科草本植物居于优势，促使 Si 大量转入生物循环，至第三级台地和丘陵，Si 的作用渐减。Cu 的生物吸收累积系数特高，可能和红褐土含铜较高有关。

由于水热状况和植被自沿海至内陆更替，进入生物循环的植物残遗物逐渐增加，矿物质化作用略有减弱，腐殖质化作用有所增强，土壤腐殖质含量至内陆明显增多（图5）。生物循环的规模和强度自沿海至内陆扩大。

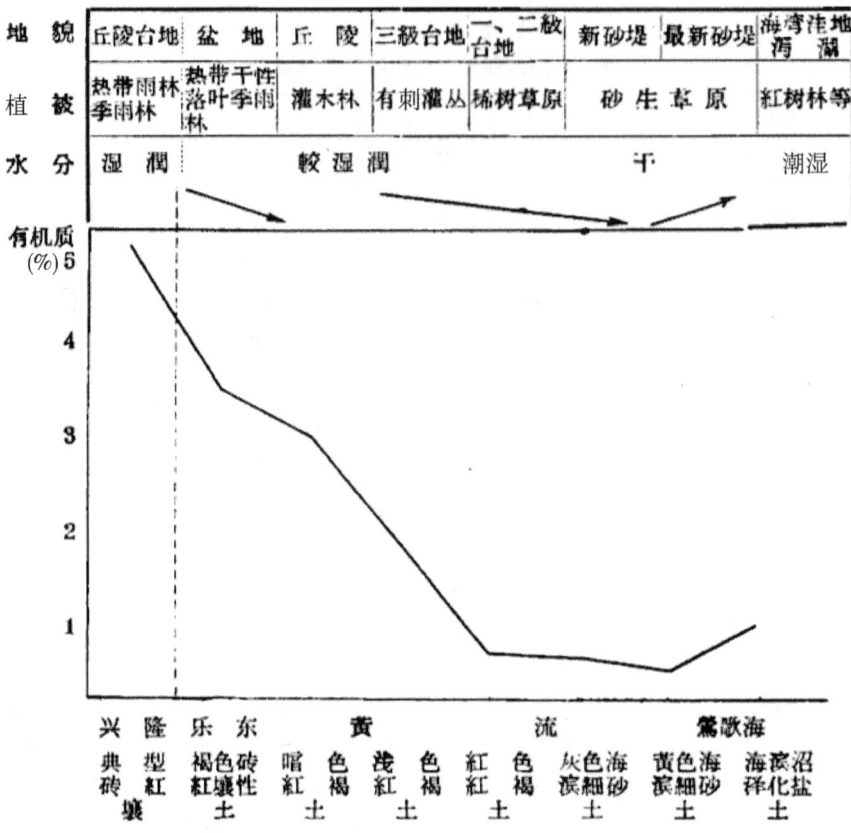

图5 海南岛西南部土壤有机质的变化规律与环境关系及
与同纬度岛土壤有机质比较曲线

二、台地丘陵限区组

海南岛西南部台地、丘陵限区组包括三个限区类型，各有不同的生物、化学、地理特点。

1. 乔灌林暗色红褐土限区

本限区分布在丘陵地区，多由花岗岩构成。由于环境较湿润，风化淋溶较强烈，形成酸性硅铝风化壳。其上发育暗色红褐土。现状植被为次生热带落叶季雨林和灌木林，郁闭度大于85%，乔木有木棉（Gossampinus malabaria）、楹（Albizziaspp）、酸豆（Tamarindus indica）、厚皮树（Lannea grandis）、鸡占（Terminalia hainanensis）、乌墨（Syzygium Cumini）等，林下灌木在大沙叶、酒饼勒（Atalantiaj buxifolia）等。

表3　海南岛西南部暗色红褐土与灌木林灰分元素组成及其含量（％）（黄流岭头）

（分析者：谢永泉、覃朝锋）

土壤上混合植物成分	灰分 7.45%	Na、K > Ca > P > Mg > Ti > B > Si > Cu 1～5　～3·0　5·10⁻¹　10⁻¹　10⁻¹　10⁻¹～　～3·10⁻¹～　10⁻²～ 　　　　　　　　5·10⁻¹　　　　5·10⁻²　5·10⁻²　5·10⁻² > Pb、Al > Mn > Fe > V 　3·10⁻²　10⁻²　10⁻³～　10⁻³～ 　　　　　　　10⁻²　　10⁻²
枯枝落叶层（半分解状态）	灰分 14.48%	Ca > Mg > Si > Na > Al > K > Fe > Mn ～5·0　3～5　1～3　～1·0　5·10⁻¹　10⁻¹～　～5·10⁻¹　10⁻¹～ 　　　　　　　　　　　　　　　　～1·0　～1·0　　　　5·10⁻¹ > Ti、P > B > Cu > Ni、V > Pb > Ba 　10～　10⁻²　10⁻²～　10⁻³～　～3·10⁻²　<10⁻² 　5·10⁻²
土层	0～10 厘米	Si > Na > Fe > Al > K > Mg > Mn > V ～5·0　1～5　1　5·10⁻¹　10⁻¹　10⁻¹　10⁻³～　10⁻³～ 　　　　　～1·0　1·0　3·10⁻¹　　　　　　　10⁻² > Ni > Ba > Cu 　10⁻³　<10⁻³　10⁻⁴～10⁻³ Si > Ca > Fe > Al、Mg > Ti > Na > Mn > 10　5～10　10⁻¹～　5·10⁻¹　10⁻¹　5·10⁻²　10⁻² 　　　　　　　1·0 > V > B > Cu 　5·10⁻³　10⁻³　10⁻⁴
土层	0～20 厘米	
植物群丛灰分元素含量／土壤表层元素含量		Ca、Cu、B > K > Na、Mg、Ti、V > Mn > Al > Si 3·0～　10⁻²　1～50　1　10⁻¹　10⁻¹～　10⁻² 　　　　　　　　　　　　　　　10⁻² > Fe 　10⁻²～10⁻³
植物群丛灰分元素含量／枯枝落叶灰分元素含量		K、P > B > > Na > Cu、V > Ca > Mn、Ti > Mg、Fe 1～50　1～10　1～5　1　10⁻¹～1　10⁻¹　10⁻¹–3·10⁻² > Si 　10⁻²～5·10⁻²
枯枝落叶灰分元素含量／土壤表层元素含量		Ca > Cu > Mg > B > Al、Ti、Mn、V > Fe、Si 50～　10⁻²　10⁻²　50　10　1　10⁻¹

本限区植物灰分含量（11个样品7种灌木、乔木平均）为4.4%，其组成元素以K、Na、Ca含量最多，其次为P、Mg、Ti等。它们强烈从土壤吸收这些元素，对Cu、B也有明显吸收（表3）。当枯枝落叶进入地表后，K、P、B、Na有较明显迁移，Ca、Mg、Fe、Mn、Si等含量相对增大。土壤中发生Ca、Mg生物累积（表3）（图6），因此，土壤吸收复合体中始终以Ca^{2+}、Mg^{2+}居优势，在生物循环中处于重要位置。Cu、B也有生物累积。Al、Si和Fe、Mn、Ti等有少量转入生物循环，其中Ti比较突出，在灰分中几与P相近。

N素等生物累积作用已较明显，土壤腐殖质含量达1.5%～2.8%，C/N比值为10～11。

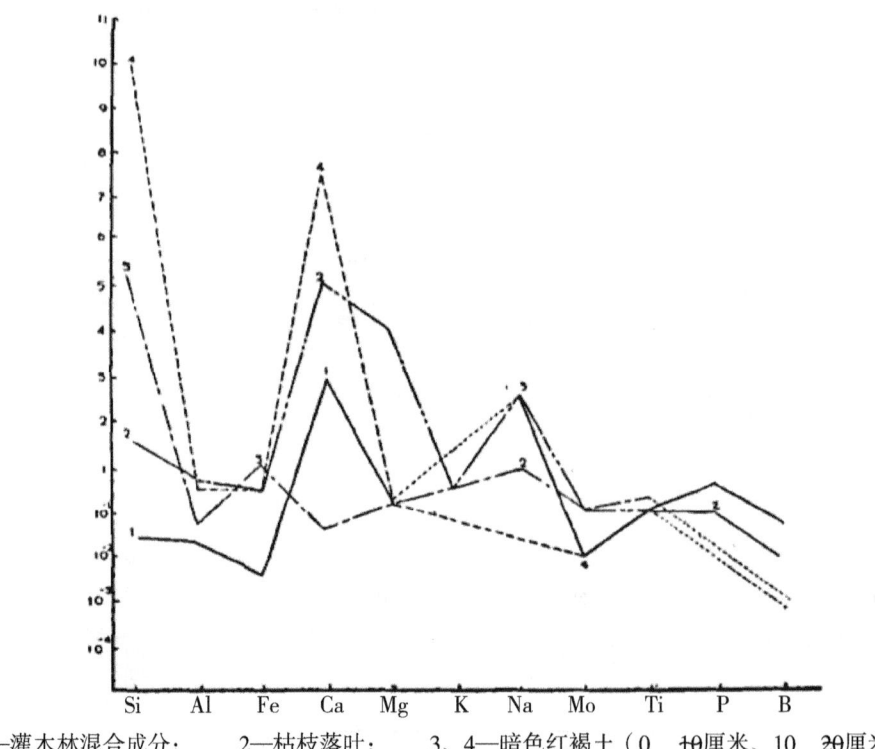

1—灌木林混合成分；　　2—枯枝落叶；　　3、4—暗色红褐土（0 10厘米、10 20厘米）

图6　海南岛西南部黄流岭头植物、土壤元素组织关系曲线

2. 有刺灌丛浅色红褐土限区

本限区包括第三级台地。现状植被为有刺灌丛。常见木刺藤+圆叶刺针木+酒饼勒、白花声珍珠茅、飞机草群丛和圆叶刺针木+木刺藤+鲁花+沙基克来当+毒刺木群丛以及鸡占、圆叶刺针木、沙基克来当+长勒木+酒饼勒群丛。植物群丛混合成分的灰分含量约为8.3%（黄流蚂蟥水库），以Na、K、Ca含量最多，Mg、P、Ti次之（表4）。不同植物灰分有一定差异，如木刺藤（Horrisonia perforata）为4.8%，长勒木（Gymnosporia diversifoiia）不过 3%。植物不同器官也有较大差异，如蚂蟥水库长勒木果叶灰分量为 4.4%，其灰分元素组成：

$$Fe > Ca > Mg > Na、P、Si > Al、Mn >$$
$$5 \quad 1 \quad 10^{-1} \sim 1 \quad 3.10^{-2} \sim 10^{-1} \quad 10^{-2}$$
$$> B、Ti、Ni > Pb、Ba、V > Cu$$
$$3.10^{-3} \sim 10^{-2} \quad 10^{-3} \quad 10^{-4}$$

其中，Fe 的含量最多，与叶绿素和果皮的色素形成有关。刺的灰分含量为 1.5%，其灰分元素组成以 K 最高：

$$K > Fe > Ca > Mg、Na > P、Mn、Ti > Al、V$$
$$\geqslant 10 \quad 5 \quad 1 \quad 5 \cdot 10^{-1} \quad 10^{-1} \quad 10^{-2}$$
$$> B、Si、W > Sn、Cu、M$$
$$10^{-3} \sim 10^{-2} \quad 10^{-3}$$

和暗色红褐土上灌木林比较，灰分量较大，其中 Na、K、Ca 含量较高，B、Si 含量较少，常退居微量元素之列。某些植物 Fe 的含量特高。

表 4　海南岛西南部黄流蚂蟥水库浅色红褐土和有刺灌丛灰分的光谱半定量分析

（分析者：谢永泉、覃朝锋）

项目	灰分元素组成生物吸收、迁移、累积系列
植物群丛混合成分 （灰分 8.38%）	Na、K、Ca > Mg、P > Ti > Al、B、Cu、Mn > Si、V、Pb $1 \sim 5$　　3.10^{-1}　10^{-1}　　10^{-2}　　　　10^{-3}
枯枝落叶层 （灰分水岭 19.02%）	Ca > Mg > Si、K > Na、Al > P、Mn、Fe、Ti > B、Cu > V 5.0　$3 \sim 5$　$1 \sim 3$　$10^{-1} \sim 1$　10^{-1}　　　　10^{-2}　$10^{-2} \sim 10^{-3}$
浅色红褐土 $3 \sim 27$ 厘米	Si > Na > Fe、Al、Mn、Ti > Mg > Ca > B > Cu >10　$10^{-1} \sim 1$　10^{-1}　　　　10^{-1}　$10^{-2} \sim 10^{-2}$　10^{-3}　$10^{-3} \sim 10^{-4}$
$35 \sim 45$ 厘米	Si > Na、Fe、Al > K、Mg、Mn、Ti > Ca > V > B > Cu >10　$10^{-1} \sim 1$　10^{-1}　　　　$10^{-1} \sim 10^{-2}$　$10^{-2} \sim 10^{-3}$　10^{-3}　$10^{-3} \sim 10^{-4}$
浅色红褐土 45 厘米以下	Si > Na、Fe、Al > K、Mg、Mn、Ti > Ca > V > B > Cu $\geqslant 10$　$10^{-1} \sim 1$　10^{-1}　　　　$10^{-1} \sim 10^{-2}$　$10^{-2} \sim 10^{-3}$　10^{-3}　$10^{-3} \sim 10^{-4}$

续上表

项　目	灰分元素组成生物吸收、迁移、累积系列
植物群丛灰分元素含量	>Ca > Cu > B > Na、Mg>Ti > Al、Mn > Fe > Si $10^2\sim$　$10\sim10^{-2}$　10　　$1\sim10$　1　　10^{-1}　　10^{-2}　　10^{-4}
土壤表层元素含量	5.10^{-2}
植物群丛灰分元素含量	Na > K、P、B>Ti、Cu > Ca > Mn > Al、Mg > Fe $1\sim50$　$1\sim5$　　1　　$10^{-1}\sim1$　10^{-1}　$10^{-1}\sim10^{-2}$　10^{-2}
枯枝落叶灰分元素含量	> Si $10^{-3}\sim10^{-4}$
枯枝落叶灰分元素含量	CA > Cu、Mg > K、B > Al > Na、Fe、Ti、Mn > Si $5\sim10^{-2}$　$10\sim10^{-2}$　10　　$1\sim10$　　1　　　　　　$3\cdot10^{-1}$
土壤表层元素含量	

每年进入生物循环的植物残遗物远比前一限区少，并且在好气条件下进行转化，物质循环却较迅速，地面枯枝落叶很少，土壤腐殖质含量很低（1.6%）。

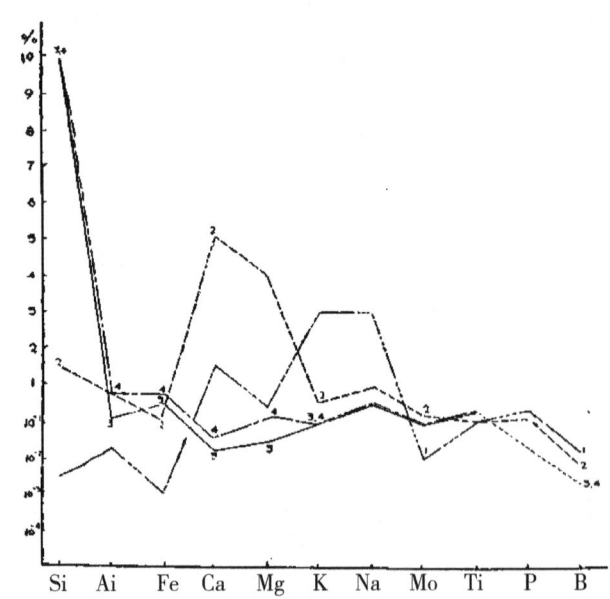

图 7　海南岛西南部黄流蚂蟥水库植物落叶、土壤之矿物元素组成
1. 有刺灌丛混合成分　2. 枯枝落叶层　3、4. 浅色红黏土（3～27 厘米、35～45 厘米）

在生物循环中，仍以 Ca、Na、K、Mg 等较活跃。Ca、Mg 和 K、Cu、B 生物累积作用十分明显（表4、图7），土壤盐基饱和度很高（90%），溶液反应接近中性（pH6.6），有利于黏土化过程进行。矿物组成为中性硅铝化类型。

3. 热带稀树干草原——红色红褐土限区

本限区包括滨海第一级和第二级台地。由湛江系组成，其上风化物处于中性硅铝化阶段。土壤为红色红褐土。现状植被为热带稀树干草原和撩荒草原。常见扭黄茅—华三芒+蜈蚣草—松叶耳草+转转草群丛（Heteropogon Contortus-Aristida chinensis + Eremochloa Ciliaris-Oldenlandia pinifolia + Fimbristylis Associtio）、扭黄茅－密穗画眉草（Eragrostis cylindrica）＋茅根（Perotis indica）－转转草群丛、华三芒－茅根+转转草群丛。分布非常稀疏，盖度不到30%。进入生物循环的植物残遗物很少。由于气候干热，土壤自然含水量不过3%，心土12%，物质常在好气条件转化，土壤腐殖质累积很少，不过1.0%～1.5%。

由于植被的更替。灰分元素在生物循环中的作用和前两限区有较大不同。禾本科草本植物成为群落中的主要组成成分，Si 在生物循环中起着主要作用，在生物体内起着各种机械作用，增强靱性，提高抗病能力，也可能帮助磷的转化，代替磷部分功能。Ca、Mg 等退居第二位。例如，从扭黄茅、蜈蚣草、华三芒灰分组成可以看出，Si 的含量达3%～10%（表5）。

表5 海南岛西南部扭黄茅、蜈蚣草、华三芒的灰分光谱半定量分析

（分析者：谢永泉、覃朝锋）

植物	炭分（%）	灰分元素组成
扭黄茅	5.3	Si ≥ Ca > K、Mg > Al、Na、P、Mn > B ≥10　　5～10　　1　　10^{-1}～$5 \cdot 10^{-1}$　　10^{-2} > Fe、Pb > Ti >、Ba、V、Cu 10^{-2}～10^{-3}　　　10^{-3}
蜈蚣草	10.3	Si > Fe > Ca > K、Na > Mg > P、Ti 3　　1～5　　1～3　　1　　$5 \cdot 10^{-1}$～1　　10^{-1} > Mn、B、V > Cu、Mo、Ni 10^{-2}　　　10^{-3}
华三芒	9.5	Si > Ca > Mg、Na > Al、Ti > P > V、Fe、Mn ≥10　　10^{-1}～1　　$3 \cdot 10^{-1}$　　10^{-1}　　10^{-2}～10^{-1}　　10^{-2} > B、Si > Ba、Cu 10^{-2}～10^{-3}　　10^{-3}

由茅根、黄细心、纤毛飘拂草、沙地粘头婆、东方金发草混合分析，Si 仍属大量元素之列，突出表现和前两限区不同（表6、图8）。

表6 海南岛西南部八所东7.5千米十字路旁热带稀树干草原和红色褐土灰分元素的光谱半定量分析（%）　　（分析者：谢永泉、覃朝锋）

项目	灰分元素含量%和生物吸收累积系列
热带稀干草原混合成分（灰分19%）	Na > K > Mg > Ca、Ti、P > Mn、Fe $1\sim 5$　1.0　$10^{-1}\sim 1$　$10^{-1}\sim 5\cdot 10^{-1}$　$10^{-1}\sim 10^{-2}$ > Si、Al、B、Cu　>　V $10^{-2}\sim 5\cdot 10^{-2}$　$10^{-2}\sim 5\cdot 10^{-3}$
红色红褐土 0~16厘米	Si > Fe > Ti > Mg、Al > Mn、Na >10　1　10^{-1}　$5\cdot 10^{-1}\sim 10^{-1}$　10^{-2} > B、V > Cu 10^{-2}　10^{-4}
25~30厘米	Si > Fe > Ti > Mg、Al > Ma > Na > 10　1　10^{-1}　$5\cdot 10^{-2}\sim 10^{-1}$　10^{-2}　10^{-3} > B、V > Cu 10^{-3}　10^{-4}
40~45厘米	Si > Fe > Ti > Mg、Al > Mn > B、V > Cu > 10　$10^{-1}\sim 1$　10^{-1}　$5\cdot 10^{-2}\sim 10^{-1}$　10^{-2}　10^{-3}　10^{-4}
植物灰分元素含量（%） 土壤表层元素含量（%）	Na、Cu、Mg > B > Mn、V > Ti > Al $10^{-2}\sim 5\cdot 10^{-2}$　$10\sim 50$　$1\sim 10$　$1\sim 5$　10^{-1} > Fe > Si $10^{-1}\sim 10^{-2}$　$10^{-3}\sim 5\cdot 10^{-3}$

* 植物混合成分：茅根、黄细心、织毛飘拂草、沙地粘头婆、东方金发草。

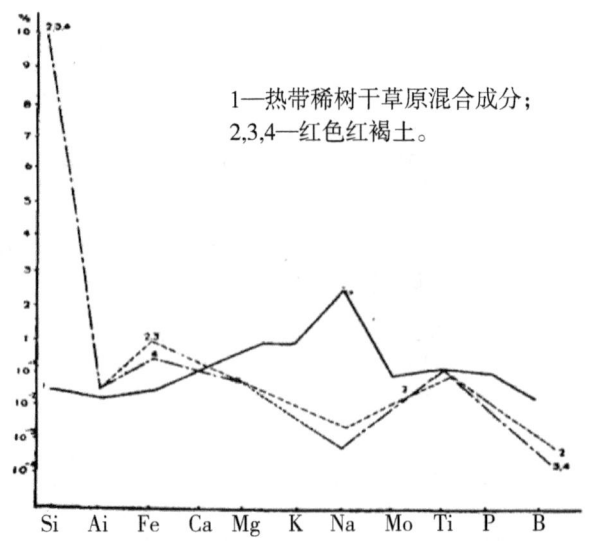

1—热带稀树干草原混合成分；
2,3,4—红色红褐土。

图8　海南岛西南部八所附近植物土壤灰分元素组成关系曲线

由于距海较近，海风带来一定盐分，Na 在生物循环中起着较大的作用，土壤有较明显 Na 生物累积。但在雨季中，Na 又迅速淋失，故土壤中含 Na 仍然不多。Ca、Mg、K 生物累积较前两限区为弱，Cu、B 累积仍较明显。因此，表层盐基饱和度较低，约 60%；但自表层往下迅速增大，40 厘米以下底土中，表层盐基饱和度高达 90%。

三、滨海沙堤限区组

本限区组包括滨海新老沙堤。由昌江一直至黄流。海拔 10～27 米，宽 300～1000 米，个别地区宽达 3～4 千米（如莺歌海北丹村和四更）。由近代海相沉积砂组成。按照其形成先后和固定情况，常分流动、半固定和固定沙荒（图 9）。

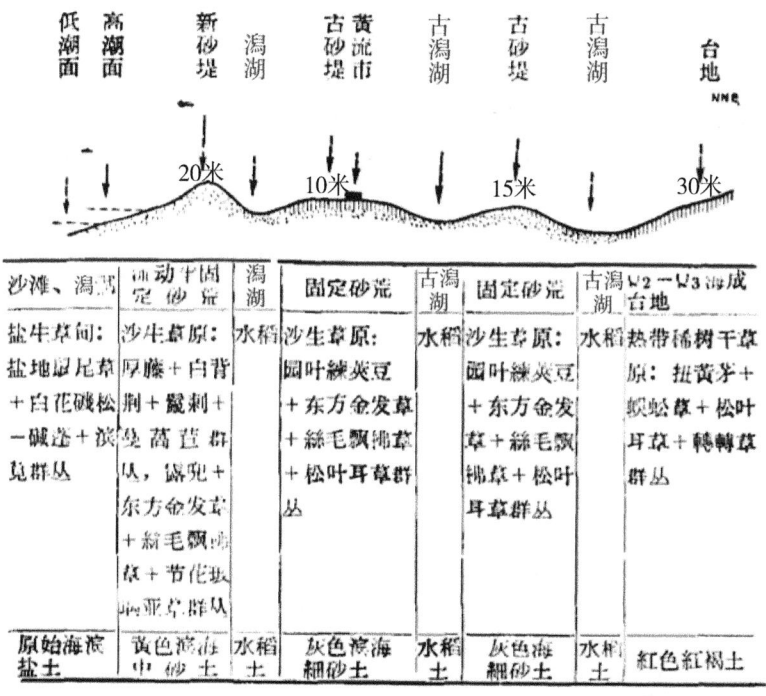

图 9　海南岛西南部黄流市附近综合自然地理剖面

流动沙荒分布在沙堤前沿，由粗砂组成，常随风移动。其上植被异常稀疏，盖度不过 5%。主要为厚藤 + 白背荆 + 鬣刺 + 蔓莴苣群丛（Ipomoea pes-caprae + Vitex trifolia + Spinifex littoreus + Laetuca repens Associatio）。由于经常受海潮海风影响，同时蒸发强烈，盐分上升；Na 在生物循环中起着突出作用，其次为钙、镁、钾。如厚藤灰分中含 Na 达 10%，白背荆果叶灰分中为 1%（表 7）。

表7　海南岛西南部滨海厚藤白背荆灰分的光谱半定量分析

（分析者：谢永泉、覃朝锋）

植物	采集地	灰分（%）	灰分元素组成（%）
厚藤	四更	7.3	Na > K > Ca > P > Mg、Ti > Si 10　5—10　3　$5 \cdot 10^{-1}$　10^{-1}　$10^{-1} \sim 10^{-2}$ > B、Al、Mn > Fe、Cu > Mo 10^{-2}　　$10^{-2} \sim 10^{-3}$　10^{-3}
白背荆	黄流	6.9	Ca > Mg > Na、K > Si > P、Ti、Fe 3　1~3　1　$10^{-1} \sim 1$　10^{-1} > Al、B、Mn > Cu、Mo 10^{-2}　　10^{-3}

半固定沙荒为较老沙堤，沙丘渐趋固定。现状植被为露兜树 + 东方金发草 + 海滨莎 + 丝毛飘拂草 + 节花玻璃亚草群丛（Pandanus tectorius + Chrysopogon orientalis + Remirea maritima + Fimbristylis Sericea + Borreria articularis Associatio），盖度约30%。进入生物循环的物质远比流动沙荒多，且多为地上绿色部分（地上绿色部分为地下部分的7倍，流动沙荒植物地上部分仅及地下根系1/2），Ca、Mg、K在生物循环中渐居主导地位，Na次之。此外，由于大量禾本科和莎草科草本植物参与，Si大量转入生物循环。Fe、Al、Ti、Mn等元素在生物体中也有一定含量，例如，东方金发草中，Si、Ca、K、Na均占2%，Mg几占1%，Fe、Al、Ti和B、P一样均占10^{-1}%，Mn占10^{-2}%，海滨莎、丝毛飘拂草有类似组成（表8）。

表8　滨海沙堤植物灰分光谱半定量分析（%）

（分析者：谢永泉、覃朝锋）

植物	采集地	灰分量（%）	灰分元素组成（%）
海滨莎	莺歌海	8.93	Si > Ca、K > Mg、Na、Fe > Al、P > Mn　B ≥10　1~3　$10^{-1} \sim 1$　10^{-1}　$10^{-1} \sim 10^{-2}$　10^{-2} > Cu、Ti、Zn $10^{-2} \sim 10^{-2}$
惊兜树	莺歌海	6.8	Mg > Ca > K > Ti > Na、Si、P > B、V > Al、Fe、Mn > 3　1　$10^{-1} \sim 1$　10^{-1}　$10^{-1} \sim 10^{-2}$　10^{-2}　$10^{-2} \sim 10^{-3}$ Cu、Mo 10^{-3}

续上表

植物	休集地	灰分量（%）	灰分元素组成（%）
松叶耳草	同上	11.9	Si、Ca > K、Fe > Na、Mg > Al、P、Mo、Ti > B、V、Zn > 5　　　　　1　　　　　$10^{-1} \sim 1$　　10^{-1}　　　　10^{-2} > Cu、Pb、Ba、Mo、Co 10^{-3}
丝毛飘拂草	莺歌海	4.7	Na、> Ca > Si、K > Fe、Mg > P、MnTi > Al、B、Mo、Zn 5　　3～5　3　　　$10^{-1} \sim 1$　　10^{-1}　　　10^{-2} > Cu、W、Sr 10^{-3}
东方金发草	黄流	3.6	Si、Ca、Na、K > Mg > Al、Fe、P、Ti > B、Mn、V Sr > 　　　　　3　　　5・$10^{-1} \sim 1$　　10^{-1}　　　10^{-2} Cu、Mo、AS 10^{-2}
白花紫丹	黄流	14.4	Ca > Si > Na > Mg、P、Mn > Al、Fe、B、Ti > V、Cu 10　1～3　1　　　　10^{-1}　　　10^{-2}　　　　10^{-3}
仙人掌	北　黎	10.0	Ca > Na、K、Mg > P、Fe、Al > Si、Mn > B、Ti、Ba >　　Cu > 10　　1～5　　　10^{-1}　　10^{-2}　　$10^{-3} \sim 10^{-2}$　10^{-3}

群丛混合成分的灰分分析（表9）亦表明 Si、Ca、Mg、Na、K 起着主要作用。从生物吸收累积系列来看（表9、图10），Ca、Mg、Na、Cu 发生最强烈累积，B、Mn、Al 也有较强烈累积。在植物残遗物转化中，土壤累积了少量有机质（0.3%～1.6%）；同时，由于砂粒粉碎作用，毛管孔隙度增加，提高了保水能力，从而提高了土壤肥力，使原始型滨海粗砂土转变为黄色滨海中砂土，为进一步扩大生物循环创造了条件。

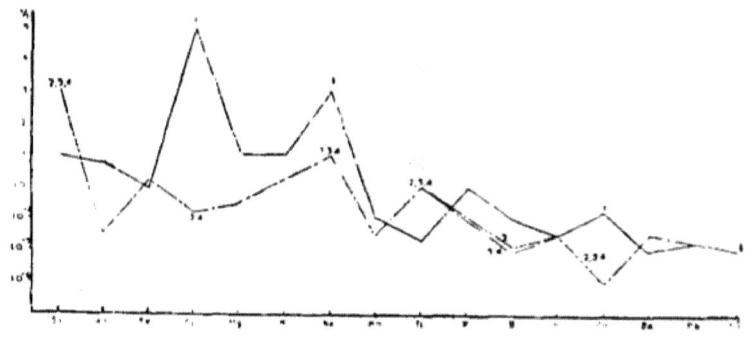

1——砂生草原混合成分；
2、3、4——黄色滨海中砂土（0-1.5，5-15，3.5-4厘米）

图10　海南岛西南部莺歌海新沙堤植物和土壤灰分元素曲线

固定沙荒一般为古沙堤，现状植被以圆叶练荚豆+东方金发草+丝毛飘拂草-松叶耳草群丛为主。盖度在50%以上，仍以Si、Ca、K、Na在生物循环中起着显著作用（表9、图11）。由于豆种植物进入，固氮微生物的作用加速大气—土壤—植物之间氮素循环，为土壤肥力提高和结构改善起着很大作用。

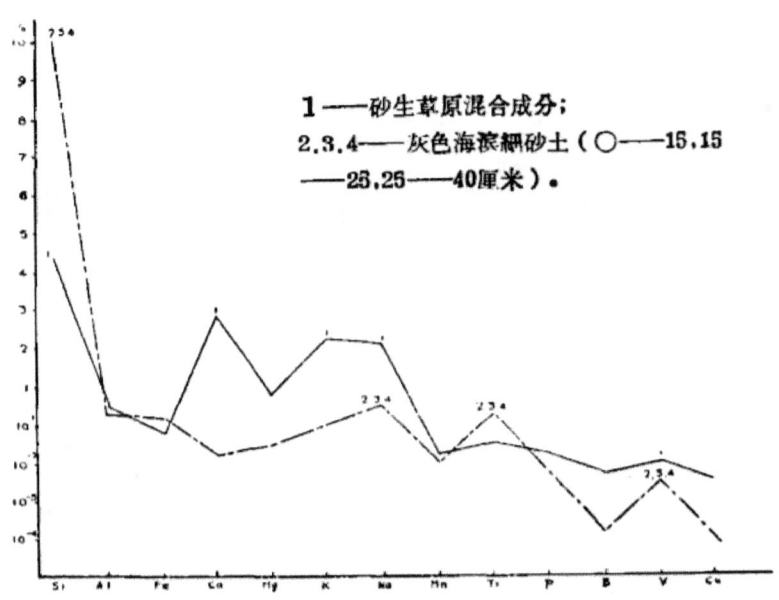

图11　海南岛西南部黄流古沙堤植物和土壤灰分元素曲线

在沙堤之间和前沿低洼积水的地方，经常受海水浸淹，形成盐沼地，现状植被以盐地鼠尾草+滨苋+碱蓬群丛（Sporobolus hancei + Sesuvium portulacastrum + Suaeda australis Associatio）为主。由于积水和土质含盐重，Na^+、Mg^{2+}、Cl^-、SO_4^{2-}和Fe^{2+}、Mu^{2+}等均相当活跃，物质生物循环和沙堤迥异。Na在生物循环中起着突出作用，其次为Ca、K。Si在生物循环中失去了重要位置。摄取Fe的数量增多（表10、图12）。

表10　海南岛西南部海滨潟湖中植物灰分光谱半定量分析

（分析者：谢永泉、覃朝锋）

植　物	采集地	灰分（%）	灰分元素组成（%）
白骨壤	八所港门	10～12	Na ＞K＞Ca＞Mg、P、Si＞Fe、B、Ti＞Mn、Al ＞10　5～10　5　10^{-1}～1　10^{-2}～10^{-1}　$5·10^{-2}$ ＞V、Cu＞　　　Mo 10^{-3}～10^{-2}　10^{-3}

续上表

植　物	采集地	灰分（%）	灰分元素组成（%）
碱蓬	同上	38.5	Na ＞ Ca＞K＞ Mg、P、Fe、Ti＞B、Al、Si、Mn、Mo、V 5～10　3～5　1　　10^{-1}～5.10^{-1}　　　　10^{-2} ＞Sr、Cu 10^{-3}
节藜	同上	31.2	Na ＞ Ca、K＞Mg、Si、P、Al、Ti、Fe＞Mn、V ＞10　　1～5　　　10^{-1}～1　　　　　10^{-2}～10^{-1} ＞B、Mo＞Cu 10^{-3}　　10^{-4}

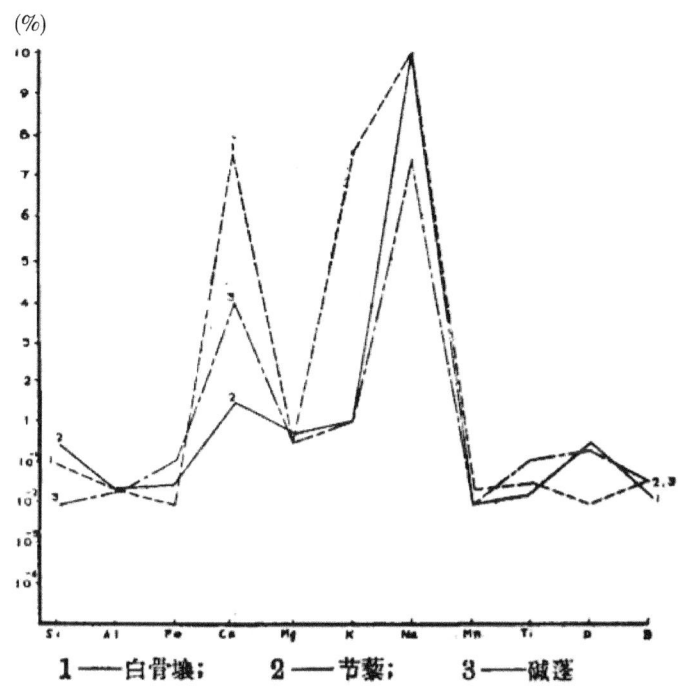

1——白骨壤；　2——节藜；　3——碱蓬

图 12　海南岛西南部地区八所港门植物灰分元素组成

（光谱分析：谢永泉、覃朝锋、庄永年，绘图：庄永年）

由于物质在嫌气条件下转化，土壤有机质累积特别强烈，往往出现泥炭化过程，部分物质暂时退出生物循环，生物循环速度延缓。

四、小结

  海南岛西南部气候干热，物质淋溶不强，不单碱土金属没有强烈淋失，而且在土壤和风化壳中含有一定碱金属，形成中性、微酸性铝化类型。同时，海潮和海风还不断带来盐分。昌化江属于 $HCO_3^-—SiO_2—Na^++K^+—SO_4^{2-}$ 和 $HCO_3^-—SiO_2—Na^++K^+—Ca^{2+}$ 水化学相。潜水一般属于 $HCO_3^-—Na^++K^+—Cl^-$ 和 $SiO_2—HCO_3^-—Na^++K^+—Cl^-$ 水化学相。海滨为 $Mg^{2+}—Cl^-—Ca^{2+}$ 和 $Cl^-—Na^++K^+—HCO_3^-$ 水化学相。因而 Ca、Mg、Na、K 多量转入生物循环，形成植物灰分中的主要组成元素，并在土壤中发生明显生物累积，Cu、B 累积也很明显。

  由于植被稀疏，结构简单，进入生物循环物质的数量和规模远比海南岛其他部分小。但常在好气条件下转化，循环的速度较迅速。

  自沿海至内陆由于自然条件呈有规律的更替，生物、化学、地理过程也有明显变化。转入生物循环中的物质数量和规模逐渐增大，渐趋复杂。Na 和 Si 在生物循环中所起作用自沿海至内陆渐减，Ca、Mg 生物累积却增强；N 素转入生物循环中数量逐渐增大，土壤腐殖质累积量加多，促使物质生物循环终年不断进行，土壤肥力显著提高。

  从这些特点看来，本区矿物质养料相当丰富，水分和有机质不足。发展生产，首在解决水源和增添有机肥料。由于自沿海至内陆自然条件和生物、化学、地理过程有所差异，利用时，必须因地制宜。滨海首在解除 Na^+ 的危害和防风；台地、丘陵在于解决灌溉水源和增施有机肥料，加速生物循环。

·文中图系由徐均祥、李莹珊同志清绘，特此致谢。

[原载《中山大学学报》（自然科学版）1964 年第 1 期]

第十一篇 广东海滨盐土的基本特征

唐永銮 曾燕祥 麦荣基

唐永銮

曾燕祥

提示：广东沿海存在大面积滩涂，具有高盐和富含碱金属离子等特征。在海滨盐土沉积过程中，产生红树林群落和土壤盐分累积与生物循环，并形成草甸沼泽化重盐土和轻盐土，有利于腐殖质积累和土壤酸化，是一种可供围垦和土壤熟化的土地资源。在人类合理活动中，海滨盐土可转变高产坭肉田。本文所揭示海滨盐土基本特征，为同类土地改造利用指明了正确方向。

一、海滨盐土的基本特征

广东省海滨盐土分布在静水海湾和河流入海处，呈片状分布。和全国沿海盐土一样，由海潮浸淹而成，属氯化物盐土，但它由于成土条件不同，具有独特的特点。

1. 盐渍化稍轻、脱盐快

广东沿海位于湿润季风热带和南亚热带的范围，热量丰富，活动积温达 7500～9000 ℃以上；雨量充足，年雨量 1500～1800 毫米。地表径流丰富，每年有大量淡水流入海滨盐土分布地区，因此海滨海水、河水、潜水的含盐量与植物灰分中 Na 和 S 的含量及其水提液中 Cl^- 和 SO_4^{2-} 含量均较华北平原、江淮平原沿海低，土壤含盐量及 Cl^- 和 SO_4^{2-} 含量也较低，广东地区材料见表 1。同时，有明显季节性脱盐现象，雨季土壤 Cl^- 含量只有旱季

的 1/9～2/3。（表1）

表1　广东海滨盐土水热条件和土壤特性

项　目	活动积温（℃）	年雨量（毫米）	植　被	海水含盐量（%）	地下水深（米）	地下水含盐量（%）	土壤 含盐量（%）	Cl⁻ *（%）	$\dfrac{Cl^-}{SO_4^{2-}}$	有机质（%）	全氮（%）	pH
广东海滨	7500～9000	1500～1800	红树林	3.5（南海）3.2（海边）	1米以下	—	0.46～2.78	80～90	(SO_4^{2-}占1～10%)	3～5	0.11	5.0～6.0
西江河口区海滨	7500～8000	1300～1500	红树林和茳芏群丛**	1.0	1米以下	2.6	0.49～0.80	—	5.0～6.0	2.0～2.5	0.10	6.5～7.0

* Cl⁻占阴离子总量百分数。

** 当地草众称咸水草，在海滨常呈单一草丛。此草可做织席原料。

2. 土壤酸化

广东海滨盐土主要在红树林作用下形成，腐殖质含量高（3%～5%），代换量较大（一般20毫克当量/100克土以上），其中代换性镁含量最高，占代换性阳离子总量的54.5%，代换性氢占22.5%，代换性钙占23%；土壤溶液呈强酸性反应，pH值为4.5至5.7，在酸性和嫌气条件下，土壤中活性铁特别高（252.4毫克当量/100克土），活性铝亦在3.25毫克当量/100克土。[①] 这和华北及江淮平原海滨盐土不同，华北和江淮平原海滨盐土在盐生草本植物作用下形成，腐殖质含量少（1%～2%），代换量低（10～20毫克当量/100克土），其中代换性钠和钾（主要为钠）含量较高，多至20%左右，个别达30%～40%，代换性镁占30%～60%，一般占40%，代换性钙占30%～40%；[②] 土壤溶液呈碱性反应，pH为8.0～8.5。

3. 硅、铁、铝、钛、钠、镁等元素含量丰富

广东海滨盐土虽属隐域性土壤，但在它的化学组成上，具有热带、亚热带的地带性土壤的某些特点，从西江河口海滨盐的光谱半定量分析看，在土壤矿物质部分中，Si、Fe、Al含量最高，Ti也较多。此外，含有V、Cr、Mn、Co、Ni等。但海滨盐土中碱金属和碱土金属比较丰富，特别是镁含量高。

---

① C. B. 佐恩、李庆逵：《中国热带土壤发生与分类一些问题》，载《土壤学报》1958年第6卷3期。

② 徐叔华：《渤海湾北部盐碱利用与改良研究》，载《地理学报》1954年第20卷第4期。

二、海滨盐土形成过程

本省海滨盐土发育在海滨沉积物上,它的形成大约可分为两个阶段:海滨沉积物堆积过程和海滨盐土形成过程。

(一) 海滨沉积物堆积过程

在本省沿海,特别在静风海湾和河流出海处,堆积过程最为强烈。远较长江三角洲和黄河三角洲快。[①] 沉积物具有下列特点:①质地黏重。海南岛和雷州半岛海滨沉积属重壤土至轻黏土,黏粒含量占16.9%。西江河口区沉积均属中黏土和重黏土,小于0.005毫米粒级占30%~60%,其中小于0.001毫米粒级占7%~33%。②有机质含量丰富,在3%以上。③含有大量可溶性盐,一般自表层往下减少(图1)。④元素种类繁多,在35种以上,这些特点对海滨盐土有很大影响。

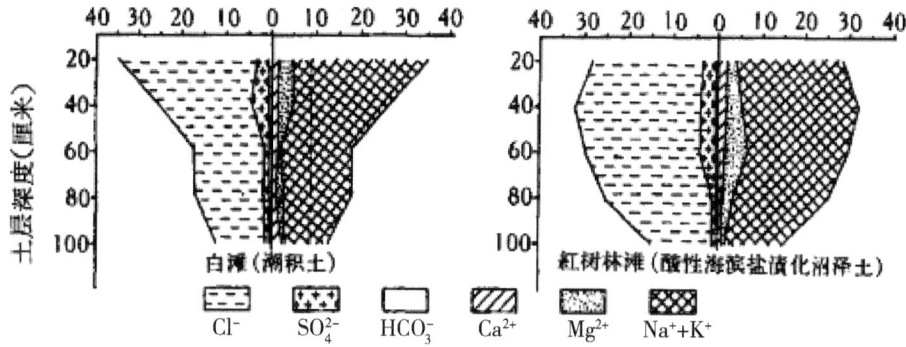

图1 潮积土和酸性海滨盐渍化沼泽土可溶性盐的变化 (中山县平沙农场)
(单位:毫克当量/100克土) (制图者:欧其伴、李永兴、李国祺)

(二) 海滨盐土的形成过程

海滨沉积物在堆积过程中,一般经过鱼游、刺榔、鹤立和草蒲四个阶段,[②] 当进入鹤立阶段出现高等绿色植物时,才开始土壤形成过程,包括下列几个主要过程。

---

①② 唐永銮、谢永泉:《西江三角洲海滨荒滩形成和演化中地球化学过程的初步分析》,载《中山大学学报自然科学版》1961年第4期。

1. 盐渍化和脱盐渍化过程

①当海滨经常被海水掩盖，水深1～2米以上时算为鱼游阶段；②海滩被海水掩盖，水不深，只小艇才能通行，橹可刺到海滩，故称为刺橹阶段；③海滩在高潮时被海水掩盖、低潮露出水面，生长红树林和其他植物，同时是海鸟群集的地方，故称鹤立阶段；④海滩常露出地面，仅潮水大时才被短时间掩盖，植被以茳芏或芦苇为主，称草蒲阶段。

土壤中盐分有三个来源：①海滨沉积物；②海潮；③雨水。其中第二种来源对土壤盐渍化起决定性作用。由于经常受海潮浸淹，海水带来大量盐分，由表2可以看出，高潮Cl^-含量占阴离子总量的98%。

表2　广东中山白藤高潮和低潮时海水化学分析

（1961年7月1日，分析者：汪晋三、邓尚桐）

分析项目		阳 离 子			阴 离 子			总硬度	总碱度	耗氧量	pH
		Ca^{2+}	Mg^{2+}	Na^++K^+	Cl^-	SO_4^{2-}	HCO_3^-				
高潮	毫克/升	23.70	710.3	4700.00	9040.00	120.20	75.40	—	—	5.06	8.3
	毫克当量/升	11.80	58.25	188.67	233.00	2.46	1.26	70.05	1.26	—	
低潮	毫克/升	90.20	375.00	1649.75	3490.60	42.50	125.2	—	—	3.25	8.1
	毫克当量/升	4.50	30.99	65.99	98.40	0.88	2.06	35.35	2.06	—	

当海滨盐土分布地在高潮面左右，土壤盐分变动才逐渐不受潮水左右，母质含盐量每起较大作用，特别在旱季，有反盐现象。

降水也给土壤带来一定盐分，其含盐量见表3，每升雨水中Cl^-仅及低潮的1/150、高潮的1/374，对土壤盐渍化影响不大。

表3　广东中山白藤降水化学化析

（1961年7月1日；分析者：同表2）

分析项目	阳 离 子			阴 离 子			总硬度	总碱度	pH
	Ca^{2+}	Mg^{2+}	Na^++K^+	Cl^-	SO_4^{2-}	HCO_3^-			
毫克/升	7.00	2.40	12.50	23.5	9.90	10.9	—	—	7.3
毫克/升	0.33	0.20	0.50	0.66	0.21	0.13	0.55	0.13	

降水直接、间接引起土壤脱盐作用。在多雨季节（4～10月）内，有大量淡水（占年总流量的70%～80%）进入海滨，使海滨盐土发生季节性脱盐现象。含盐量显著下降，离子组成亦发生变化，Cl^-/SO_4^{2-}比值减少（表4），由图1也可明显看出，潮积土（白

滩）和酸性海滨盐渍化沼泽土比较，各种离子在土壤剖面上的分布显然不同，后者有盐分下移现象。

2. 生物作用

生物在广东省海滨盐土形成中，起着很大的作用。可分为下列几个方面。

（1）盐分循环：在海滨盐土上，一般为红树林群落，植物灰分含量为14%～16%以上，灰分元素含量顺序为：$Na > Ca \gtrsim K > S \gtrsim (SiO_2) > P \gtrsim Al > Fe > Mn$。在生物循环中，$Na$、$Ca$、$K$、$Mg$、$P$等在土壤表层有明显的生物累积。（表4）当红树林更替为茳芏群丛后，茳芏灰分中Na的含量仍很高，Na仍累积在表层，当出现芦苇群丛以后，芦苇灰分中Si的含量大大增高，Na的含量相对减少，Na的生物累积作用失去主导地位。

表4 广东白藤海滨盐土表层的Cl^-和SO_4^{2-}的季节变化

（分析者：曾燕祥、邓尚桐）

土 壤	Cl^-（毫克当量/100 克土）		$\dfrac{Cl^-（雨季）}{Cl^-（旱季）}$	SO_4^{2-}（毫克当量/100 克土）		$\dfrac{SO_4^{2-}（雨季）}{SO_4^{2-}（旱季）}$	$ClSO_4^{2-}$	
	雨季（6月）	旱季（3月）		雨季（6月）	旱季（3月）		雨季	旱
草甸沼泽化重盐土	2.89	24.79	1：8.6	0.65	3.10	1：4.76	4.5	8.0
草甸沼泽化轻盐土	1.97	3.10	1：1.57	1.94	1.03	1：0.53	1.0	3.0

（2）腐殖质累积：红树林每年有一定数量的枯枝落叶和腐根进入土层中，在嫌氧条件下进行转化，利于腐殖质累积。有机质含量达3%～5%，胡敏酸和富里酸含量相近。① 根据西江河口地区测定，富里酸略多于胡敏酸，比值在0.7左右。由于生物的作用，使母质中有机质发生巨大变化。母质中有机质主要为浮游生物形成的有机淤泥，以蛋白质为主，含N特别高（0.1%～0.4%），C/N为3.4～11.6。经过红树林及其伴生微生物群的作用，C的含量增高（由于光合作用，使大量C进入生物循环），N的含量减少（由于反硝化作用，引起N的耗损），C/N比值增大。②

在茳芏群丛和芦苇群丛下，出现草甸化过程，腐殖质含量略有下降。

（3）酸化作用：红树林含有大量单宁（12%～24%），含S也较丰富（占干物质

---

① C.B.佐恩、李庆逵：《中国热带土壤发生与分类一些问题》，载《土壤学报》1958年第6卷第3期。
② C.B.佐恩、李庆逵：《中国热带土壤发生与分类一些问题》，载《土壤学报》1958年第6卷第3期；张宏达等：《雷州半岛的红树林植物群落》，载《中山大学学报（自然科学学报）》1957年4月；冷福田、赵守仁：《江苏省沿海地区盐渍化发生过程及盐渍特性的转化》，载《土壤学报》1957年第5卷第3期；唐永銮、谢永泉等：《广东主要景观类型的生物地球化学特点》，载《地理学报》1962年第28卷第4期。

0.2%～0.67%），① 其残遗物腐解后，形成大量有机酸和无机酸，不仅将侵入的海水中和，且构成酸性环境。其根际潜水的 pH 值为 4.5～5.5，土壤溶液的 pH 值为 4.5～5.7，在红树林外不远的海水的 pH 值在 8.0 以上。

红树林更替为茳芏群丛和芦苇群丛以后，由于茳芏和芦苇是草本植物，不含单宁，含 S 也很少，含盐基较丰富，所以草甸化过程以后，土壤 pH 值略有增高，达 6.5～7.0。

3. 沼泽化和脱沼泽化过程

海滨盐土经常受海水浸淹，潜水面高，土壤中进行沼泽化过程，形成一定泥炭，夹在土层中，同时出现潜育化、反硝化、反硫化等过程，引起 Fe、Mn、N、S 等发生迁移和化学作用，形成大量还原态物质（H_2S、CH_4、N_2、H_2 等）和低价离子（Fe^{2+}、Mn^{2+} 等），左右土壤中的物质转化。

分布在高潮面左右的盐土，受海潮影响较少，潜水面常在 20～50 厘米以下，旱季降至 1 米以下，表土出现脱沼泽化过程，心土有季节性脱沼泽化现象，土层发生明显分化。

海滨沉积物堆积过程和土壤形成过程并不是截然分开的，常常交互进行，促使海滨盐土不断演变，由于沉积物堆积过程不断在进行，特别是出现高等绿色植物以后，更加速了这个过程，使土层逐渐淤高，海潮影响随之逐渐减弱，潜水面逐渐下降，土壤中渐以脱盐渍化和脱沼泽化过程为主，同时植被由红树林更替为茳芏群丛和芦苇群丛，出现草甸化过程，即海滨盐土发生如下更替：酸性海滨盐渍化沼泽土→海滨草甸沼泽化重盐土→海滨草甸脱沼泽化轻盐土。

三、人为活动对海滨盐土的影响

在海滨盐土发育过程中，常受人为活动的干扰，特别是珠江三角洲和韩江三角洲河口地区干扰特别强烈，或者加速土壤形成过程，或者引起土壤形成发生质的变化。沿海居民为了扩大耕地面积，常在刺榄阶段，向海抛石，沉积物堆积过程大大加速。当海滩淤积在 -0.2 米以上时，种植咸水草。为了加速淤积过程（可比白滩快 1～2 倍）和改良土质，一般种过咸水草土壤，对水稻生长比较适宜。这样加速了海滨盐土中草甸化过程的进行，为脱盐和脱沼泽化过程的出现准备了条件（由于地势淤高、潮水影响减弱、潜水面下降）。在某些情况下，还使海滨盐土发育过程缺乏酸性海滨盐渍化沼泽土阶段，直接由潮积土（白滩）转化为海滨草甸沼泽化重盐土，这在河口地区为常见的现象。

一般种咸水草两三年后，即正式筑堤围垦，建立排灌系统，低地种水稻，高地种甘蔗。由于海水不易进入，又经常有雨水和灌溉水冲洗，土壤脱盐过程迅速进行，由于修沟

---

① 林厚煊：《钙质土盐渍土指示植物的化学成分》，载《土壤学报》1957 年第 5 卷第 3 期。

排水，潜水面随之下降，脱沼泽化过程也同时进行，加上耕作措施，海滨盐土逐渐转化为熟化耕作土壤，即由海滨盐土→轻度脱盐渍化水稻土（重咸田、含盐量大于0.3%）→中度脱盐渍化水稻土（咸田，0.2%～0.3%）→强度脱盐渍化水稻土（轻咸田，0.1%～0.2%）。如果是酸性海滨盐渍化沼泽土耕作后，形成反碱田（矾田），必须进行特有的改良措施。据群众经验，施土渣肥垃圾有一定效果，施磷肥能起显著作用，获得较高产量。进一步精耕细作，咸田和矾田可逐渐转变为肥力很高的泥肉田。如果耕作不良，也可能变为很差的泥骨田。

（原载《土壤通报》1965年第6期）

第十二篇　洋浦港港湾地貌及泥沙问题

李春初　王文介

李春初

提示：1964年，中山大学地理系在全国率先成立河口海岸研究室（后为所），即为华南沿海港湾、港口选址、建设、治理做了大量基础性研究工作，成绩斐然。1988年海南建省前，中大河口海岸研究室派教师前往有关单位，对海南西北部洋浦港地貌、水文、泥沙及其运动，特别是对港口建设具有重要意义的深槽和浅滩做了细致的研究，实测了大量的数据，绘制相关地图，对建港条件做了充分评价，提出一系列布局、建设，以及出现的各类工程、技术等问题。这份调研报告，奠定了洋浦港后来选地址和建设的基础。今日洋浦港繁荣兴旺，中大河口海岸研究室教师功不可没。

一、前言

为贯彻执行中央关于加速"开发海南、建设海南"的指示，交通部（74）交计字2069号文提出"为了适应海南今后工农业生产发展需要，解决海南岛生产和建设物资进出口问题，决定对洋浦港进行规划"。1974年10月底11月初，在广东省港办领导下，由交通部水运规划设计院及其他有关科研设计单位组成队伍，前往洋浦港进行了现场踏勘，并制订了该港的测科研计划。洋浦港港湾地貌及泥沙问题是其中科研项目之一。经商定，此项任务由南海海洋研究所海岸研究室和中山大学地理系河口海岸研究室协作承担。1975年9月由上述两单位派人组成任务组，在洋浦港建设筹备小组的领导下，前往现场进行调查勘测，历时一个多月。1976年7月南海所的同志又再次前往该港做了补充调查。此两次调查研究的内容有以下方面：

（1）洋浦湾—新英湾沿岸地貌考察。

（2）洋浦湾—新英湾底质取样113个，对其中12个进行了粒度分析，并对24个样品做了矿物鉴定。

（3）洋浦湾涨落潮表层大面流路观测。

（4）洋浦拦门浅滩及洋浦村附近深槽，即2号、6号测流点夏季涨急悬移质取样分析，以及新英湾中部、春江口、北门江口涨落潮瞬时悬移质取样分析，并对部分水样做了含氯度测定。

（5）洋浦浅滩区沉沙盆观测。

（6）收集了与本港有关的气象、海流、波浪、潮位、地质钻探资料以及新老海图的水深资料，并访问了当地有实践经验的船工和渔民（图1）。

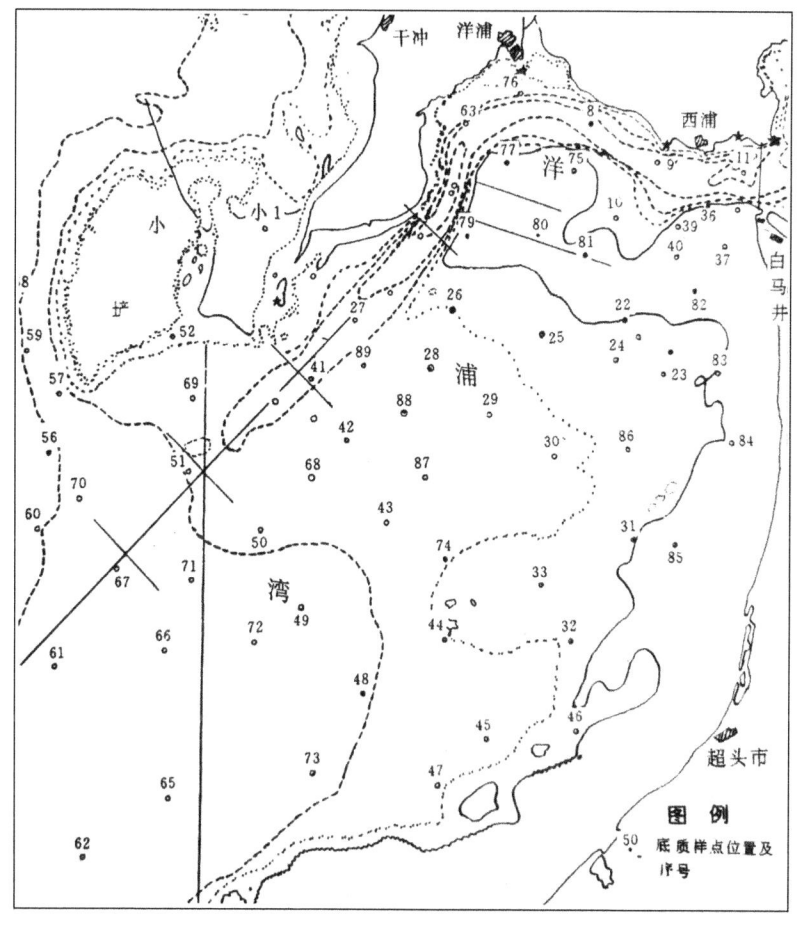

图1 洋浦港地貌调查底质样点

1976年底，我们将上述调查资料分析整理完毕，现总结报告于后。

二、港湾概况

洋浦港位于海南西北部儋县境的洋浦湾。洋浦湾南、北为海拔10～20米的低平台地所环抱，西临北部湾，东面与新英湾相通连。新英湾与洋浦湾实为同一海湾——海南岛西北部小河北门江和春江入海海湾的两个组成部分。它们以白马井角为界而分别为海湾的内湾和外湾。

内湾新英湾面积约 50 平方千米，像一个坐东朝西的口窄（白马井角峡口宽仅 600 米）底阔（新英市附近水面宽约 7 千米）的大口袋。这个"大口袋"即纳汇北门江和春江的入海水流和泥沙，又吞吐经由洋浦湾进入的北部湾潮水。受北门江和春江入海泥沙的影响，新英湾湾顶比较浅。在北部湾南水频频进出海湾的冲刷作用的影响下，湾内发育有明显的水下冲刷槽，特别是近白马井角峡口地段，随着过水断面的不断缩小，水下冲刷槽发育愈好，马井角口深达 22 米。

外湾洋湾是一个向西敞开的新月形海湾。其北、东、南三面皆为湛江组岩系（玄武岩与黏土、立黏土、沙砾等）组成的基岩侵蚀海岸；唯西北角洋浦鼻为一箭状沙；小铲则为珊瑚礁及其碎屑的堆积，湾内主要由两大地形单元组成：一是北面紧挨玄武岩基岩海岸，发育了一条水面宽 400～500 米、水深 10 米以上的冲刷深槽，此深槽是新英湾水下冲刷槽在洋浦湾的延长，洋浦港的兴建即主要有赖于这条冲刷深槽的存在；二是此深槽以南的整个海湾皆为一片水深不足 2 米的沙质浅滩，低潮时滩顶可出水面，未来洋浦港开发的不少问题都与这个浅滩有着密切的关系。因此，此次港湾地貌与泥沙问题研究的主要任务，就是要弄清这条冲刷槽的由来、变化和发展调查和研究南浅的形成原因，浅滩泥沙的运动及其对深槽变化发展的影响，分析以上问题与港口建设的等等关系，从而为港口的兴建与开发提供科学的依据。

三、港湾成因

新英湾和洋浦湾是一个沉降的溺谷海湾。所谓"沉降"就是港湾部分原为陆地后"沉降"到海中去了；所谓"溺谷"就是原本为陆上河谷（河流）的一部分，后因沉降，谷地为海水淹没而变成"水下河谷"了，这一沉降谷海湾的形成，主要与本区的区域地质构造条件和第四纪最后一次海侵（冰后期海侵）的影响有着密切的关系。

在区域地质构造上，本区属于第四纪早期的雷琼凹陷的一部分。今海湾南、北广泛分布的"湛江组"地层——主要由砂质黏土沙砾层（南部和东部）和火山喷发的玄武岩层（北部），就是在当时的凹陷构造上发育和沉积的。此后，由于新构造运动的影响，海湾南部和东部有明显的上升现象，如海湾南部的湛江组地层发生了由南向北倾斜的现象（其倾角在白马井地区为 10°～20°，新州地区为 5°左右）；东部蚂蟥岭隆升抬高达 161.6 米。另外，海湾北部因德义岭火山活动的作用，地层亦被掀开隆高，形成了以火山口为中心的盾状高地山，喷发的炽热岩浆（玄武岩流）曾沿火山口四周的地表流溢，根据洋浦湾北岸覆盖"湛江组"黏土、亚黏土层上的玄武岩的厚度仅 48 米，和海湾南岸白马井及新州一带缺失玄武岩层覆盖的情况得知，昔日德义岭火山喷发时，往南流溢的玄武岩流至洋浦—白马井新英市一中和镇一线便终止下来了（图 2）。玄武岩流在此一线的终止，使这里处于两种不同岩石（玄武岩与砂质黏土层）接触的地带，这种不同岩石接触的地带在构造上较脆弱，易受水流的侵蚀并发育河谷（称"接触河谷"）。所以，新英湾－洋浦湾在构造上实处于一个东、南、北三面隆升抬高而其本身则相对下沉的凹陷地带（北门江与春江即顺着这样的构造形势自东南部向凹陷汇入）；凹陷中以东—西方向线上构造最脆弱，因而遭受水流侵蚀发育了河谷，这就是新英湾—洋浦湾产生发育的地质构造背景。

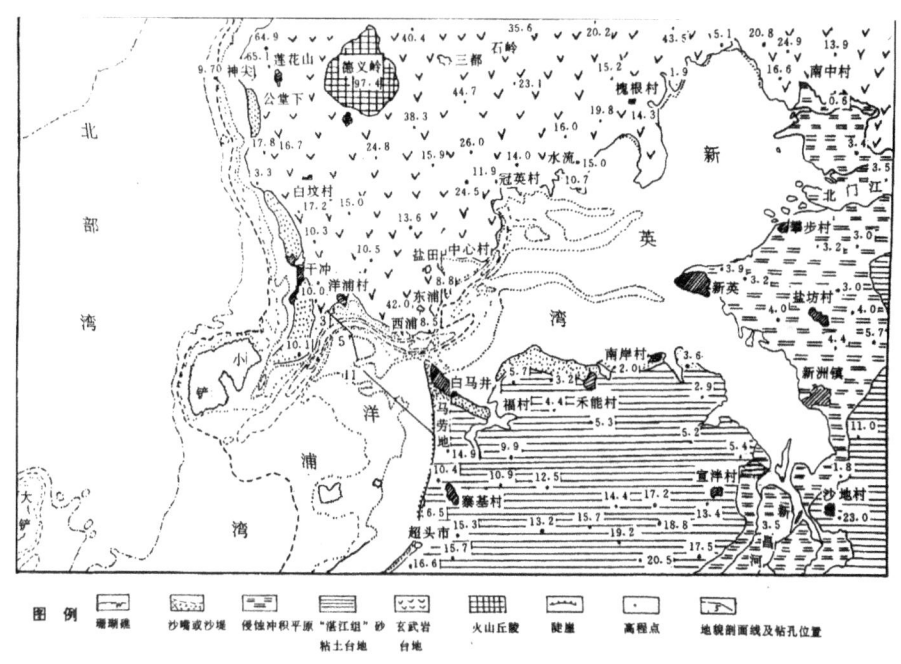

图 2　洋浦湾及附近地貌

新英湾—洋浦湾产生发育的另一个原因，是冰后期海侵前低海面位置时使凹陷中东—西方向上的河谷遭受的强烈侵蚀切割和海侵后遭受海水入侵淹没的变化。这就是 11000～12000 年前，世界海面较现在低 50 米，昔日北部湾大部分地区在当时都还是陆地在此低海面时期，大陆许多河流都下蚀切割很深，新英湾—洋浦湾凹陷中东—西方向上发育的河谷亦不能例外，这种下蚀切割作用，主要使谷地变得更加扩大和破碎，而 11000—12000 年前之后，大规模的海面上升（至 5000—6000 年前上升至今海面水平）即冰后期之海侵，使新英湾—洋浦湾谷地遭受海水淹没而成为海湾。综上所述，新英湾—洋浦湾的形成是在一定的凹陷构造背景下切割的陆地河谷（北门江、春江下游）为冰后期海侵的海水淹没造成的。

四、洋浦湾的深槽和浅滩

（一）深槽

洋浦湾深槽东面始自白马井角，西至小铲附近的拦门浅滩，全长8.2千米，水深大部分在10~20米，只西段在越过洋浦鼻后逐渐变浅，拦门浅滩（最小水深5米）便归于消失了。此深槽是新英湾水下冲刷槽在洋浦湾的延长。它的形成继承了凹陷构造中古侵蚀切割河谷的影响，现在的发育状况主要与目前海湾水流动力的作用有关；其发展和演变则与海湾水流动力条件的逐渐变化有着密切的关系（图3）。

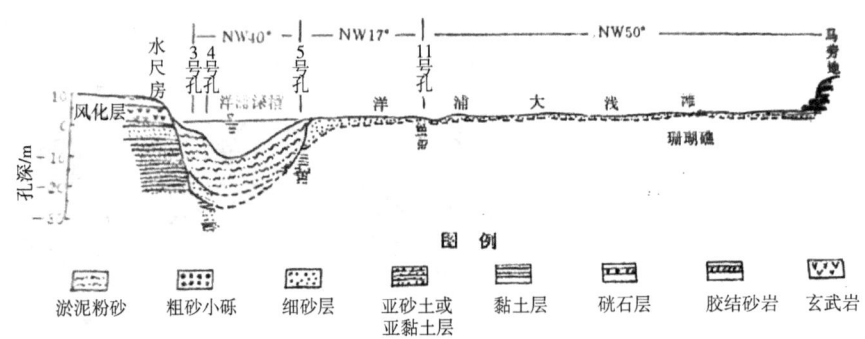

图3 洋浦湾地貌剖面

1. 深槽发育的基础

关于冰后期海侵前低海面位置时，洋浦湾-新英湾谷地曾受强烈侵蚀切割和发育了古河谷的情况，前节已有说明。这里还需要指出的是，今洋浦深槽发育的部位，基本与低海面位置时的古河谷位置相一致，今深槽的发育是在低海面位置时侵蚀切割河谷的基础上遭海水浸没后进一步发展的。如图3剖面所见，洋浦深槽南侧浅滩的11号钻孔于-2.5米下即见到湛江组（亚黏土）地层；深槽南部边缘的5号钻孔则于-10.2米下见到湛江组（黏土）地层；而深槽中的4号钻孔更于-26.2米下始见湛江组地层（3号、4号钻孔中的淤泥为现代沉积）。由此看出，低海面时的侵蚀切割河谷并未在南部浅滩区出现过，而仍是发育在今深槽部位，其时（该剖面上）的古深槽谷地的侵蚀切割较今深槽深10~20米。

2. 深槽发育和保持的条件

（1）新英湾的存在及其吞吐北部湾潮水的作用增强了洋浦湾的水流动力条件。

洋浦湾潮型属正规日潮的性质。1月中大多数日子里每天出现一次潮，少数天数出现二次潮，个别口子还可能有三次低潮（或高潮）的出现。洋浦湾东面面积达50平方千米的新英湾的存在及其重要作用是，它像一只"大口袋"般地频频吞吐大量的北部湾涨、落潮水，这些涨、落潮潮水皆由洋浦湾进出新英湾，这样就增强了洋浦湾内海水往返运动的强度，使洋浦湾的水流动力条件较一般开敞海湾（如海口湾）为强；而新英湾湾口白马井角峡口突然收缩变窄的特殊地形条件，更是起着集中水流和增强水流冲刷的作用。据实测资料洋湾最大潮差可超过4米，落潮历时较涨潮历时短，故落潮流速大于涨潮流速（图4、图5），实测平均流速量为30～40厘米/秒，但大潮时最大流速可达85厘米/秒。因此，新英湾的存在及其吞吐北部湾南水增强洋浦湾水流动力的作用，是洋浦湾深槽得以发育和保持的首要因素和条件。

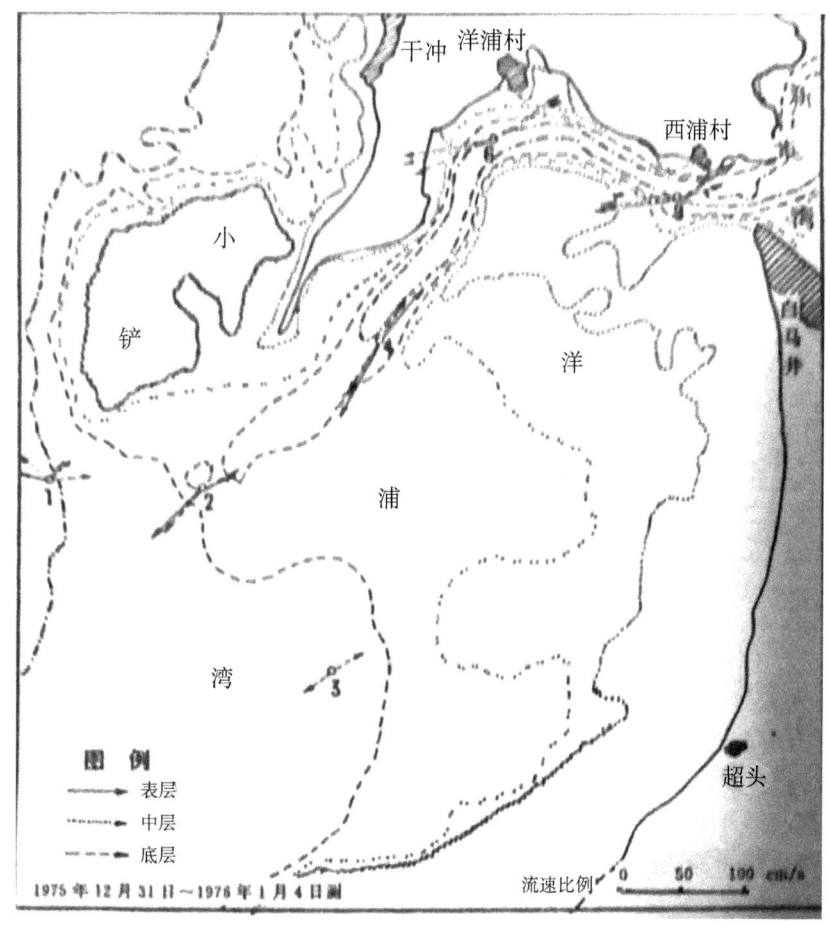

图4　洋浦湾冬季落急和涨急流速

（2）洋浦湾大浅滩与西北面洋浦鼻沙嘴相向发展的压逼作用，使海湾水流再一次受到约束而集中，并导致海湾水流轴线弯曲。后者使凹岸产生的下降水流，起着冲刷海底的作用。

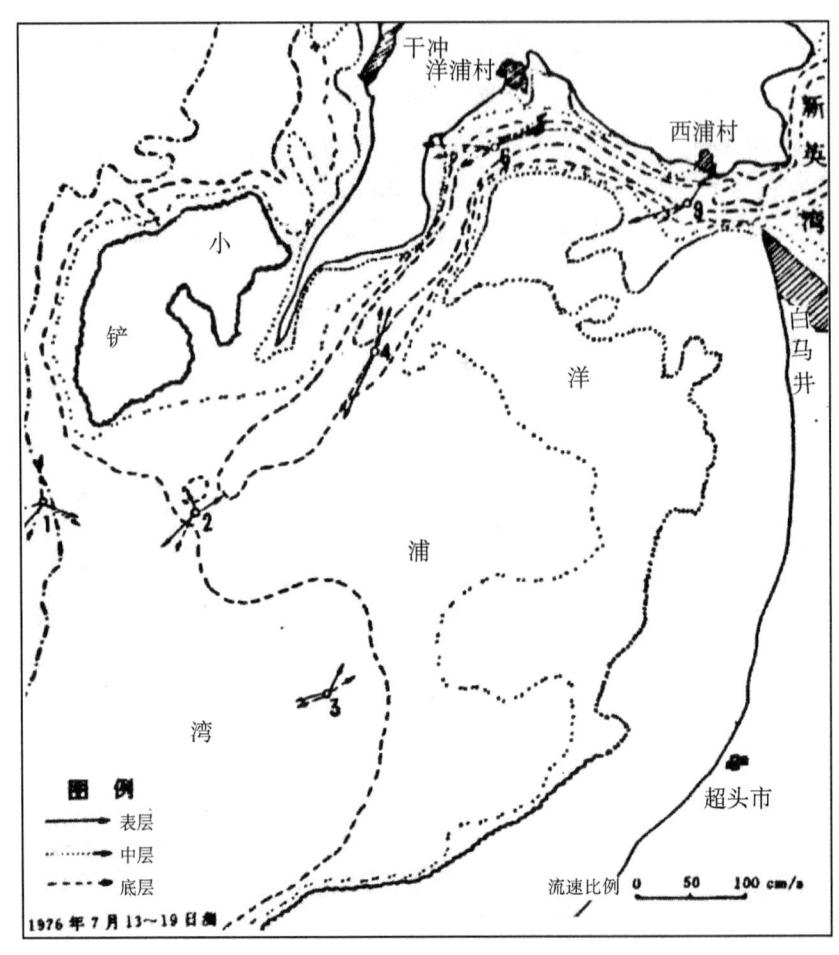

图5 洋浦湾夏季落急和涨急流速

据我们调查，洋浦深槽南部的浅滩，是波浪冲蚀白马井西南的基岩海岸（由湛江组黏土、亚黏土及沙砾层组成）使之后退而产生的，整个海滩发展的趋势和泥沙运动的主要方向，是有从东南向西北发展的趋势（下节再详述）；洋浦鼻为一个沙嘴，它是波浪冲蚀干冲一带海岸产生的泥沙向南和东南搬运堆积形成的（同时还受到风的吹扬作用使之堆积加高）。故洋浦湾南部浅滩与洋浦鼻沙嘴呈相向发展与闭合的趋势。但海湾深槽涨落潮的动力的存在及其冲刷，使它们不能直接闭合相连；相反，其相向发展的压逼形势，反起着约束水流的作用，即有利于深槽的在此冲刷加深。因此，洋浦西灯桩处的深槽断面最窄

(240米),而其水深却最大(-24米)。这是一方面。

另一方面,由于洋浦湾大浅滩与洋浦鼻沙嘴的发展,使整个海湾落潮动力轴变得更加弯曲,洋浦村至洋浦西灯桩的凹岸部位,落潮时表流在此集中(图6),其结果是产生下降水流,冲刷槽底。

以上所述说明,洋浦湾本身地形条件对海湾水流(特别是落潮水流)的影响,也是洋浦深槽得以发育和保持的一个因素和条件。

(3)港湾深槽涨、落潮水流含沙量很小,即泥沙来源很少,使深槽淤积过程缓慢。

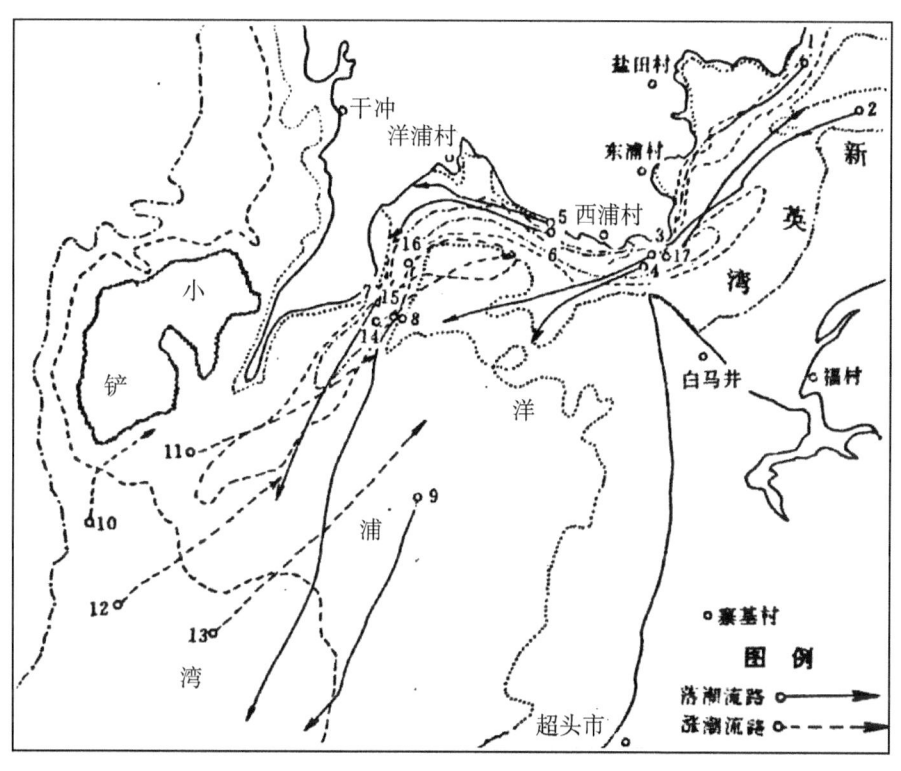

图6 新英湾洋浦湾表层水流路径

据我们采样分析得知,现洋浦深槽底部的沉积物主要是粉砂(占20%左右)、淤泥(占20%~40%)和黏粒(占20%左右)等悬移质的细颗粒泥沙的沉积(图7、图8、图9)。综观本港泥沙条件,粉砂粒级以下的细颗粒悬移质泥沙的直接来源,不外有以下三种途径:一是由湛江组黏土、亚黏土组成的海岸遭受波浪冲蚀而产生的细粒泥沙;二是洋浦港北岸玄武岩风化壳地表遭受水流冲刷后带入港湾的泥沙;三是北门江春江的入海泥沙等。但洋浦湾-新英湾由湛江组黏土组成的海岸,除个别地点(如白马井西南马劳地)至今仍在受波浪冲蚀外,绝大部分海岸地段皆已稳定或转为堆积性海岸(图10),故第一种

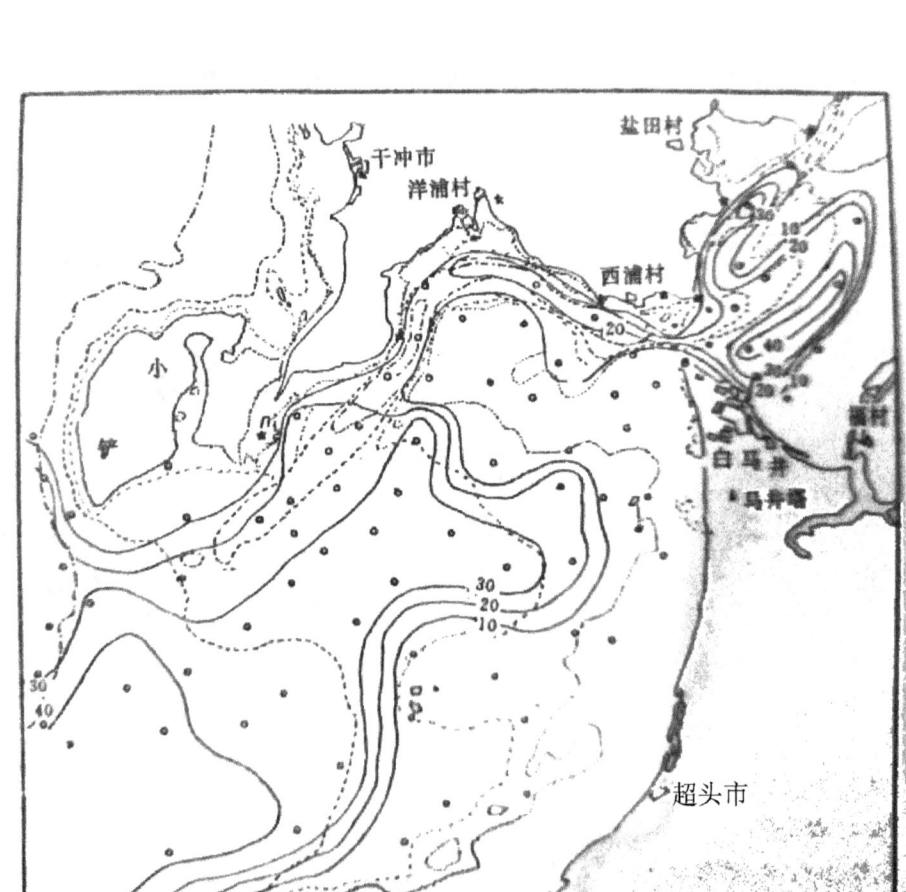

图 7　洋浦湾表层沉积物中 0.10～0.01 毫米（粉砂）粒级百分含量等值视图

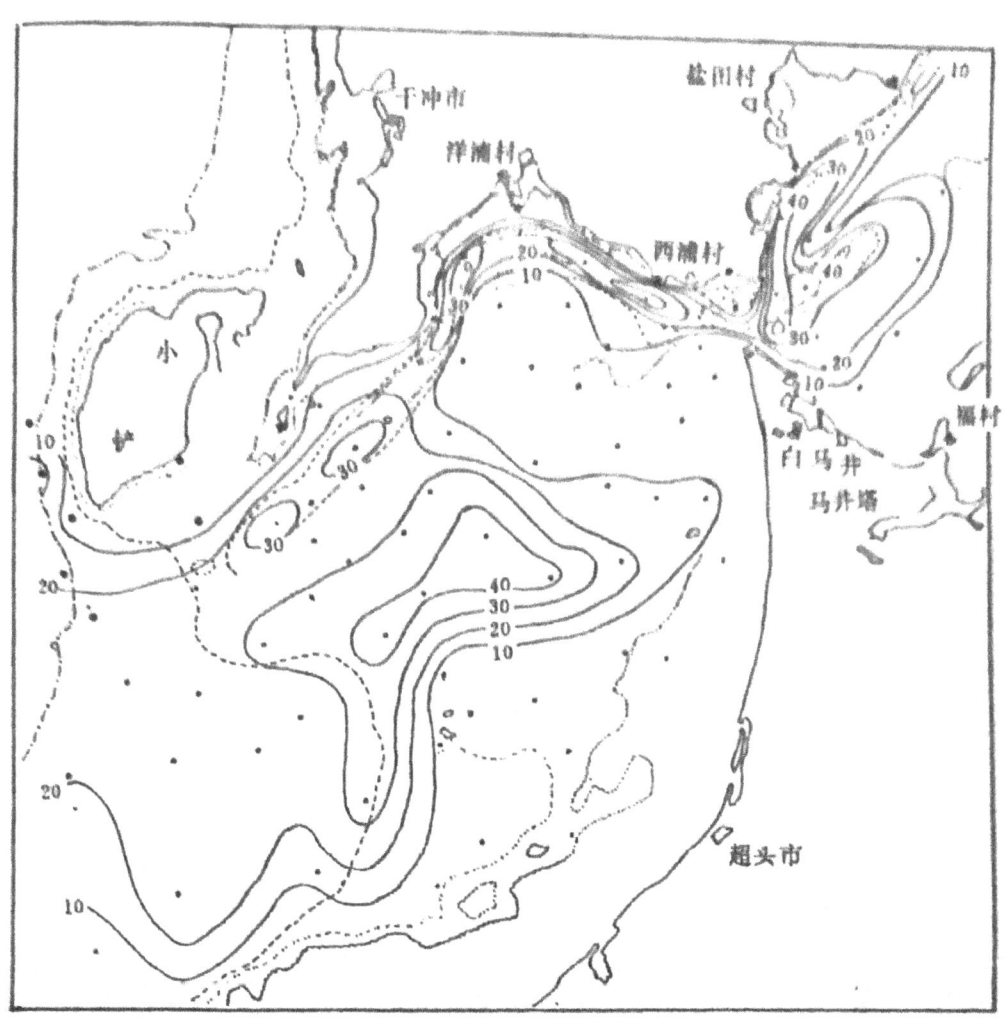

图 8　洋浦湾表层沉积物中 0.01～0.001 毫米粒级百分含量等值视图

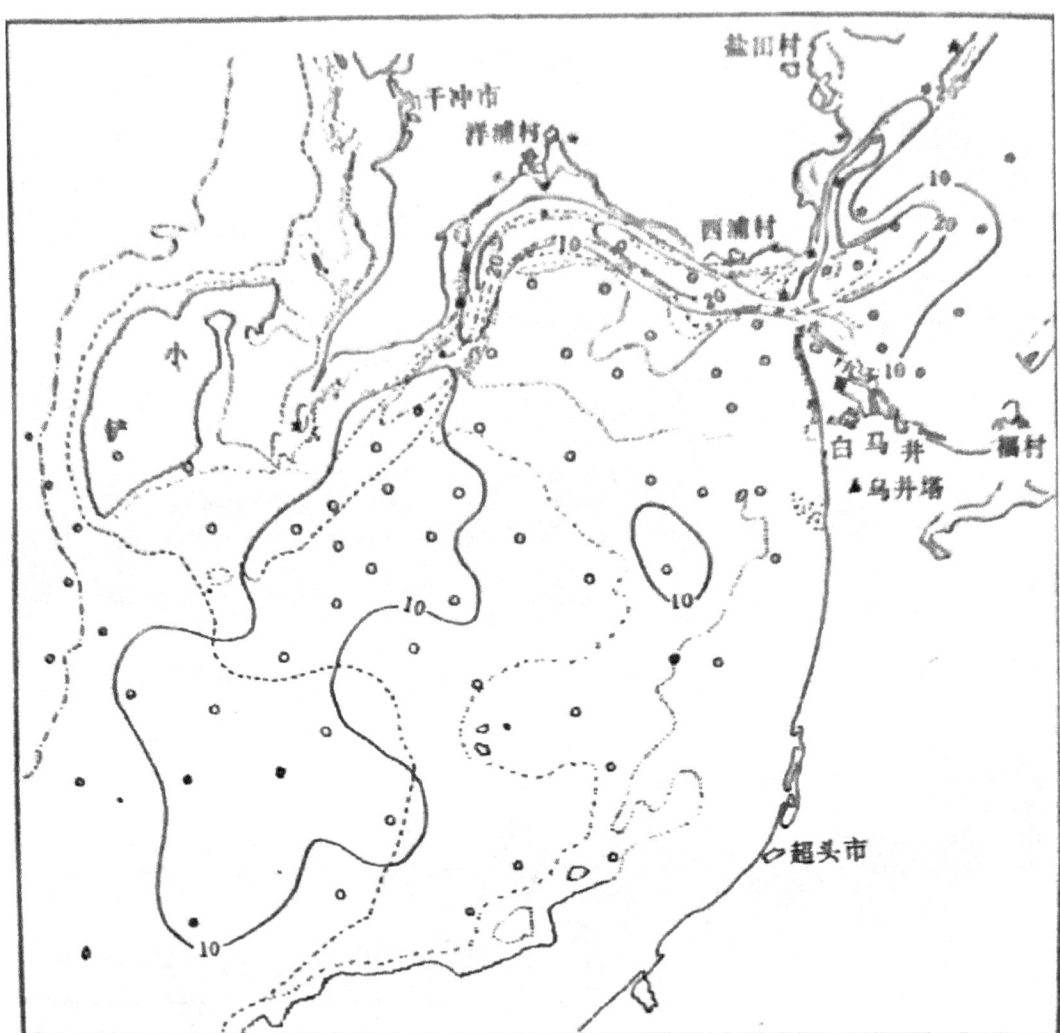

图9 洋浦湾表层沉积物中小于 0.001 毫米（胶粒）粒级百分含量等值视图

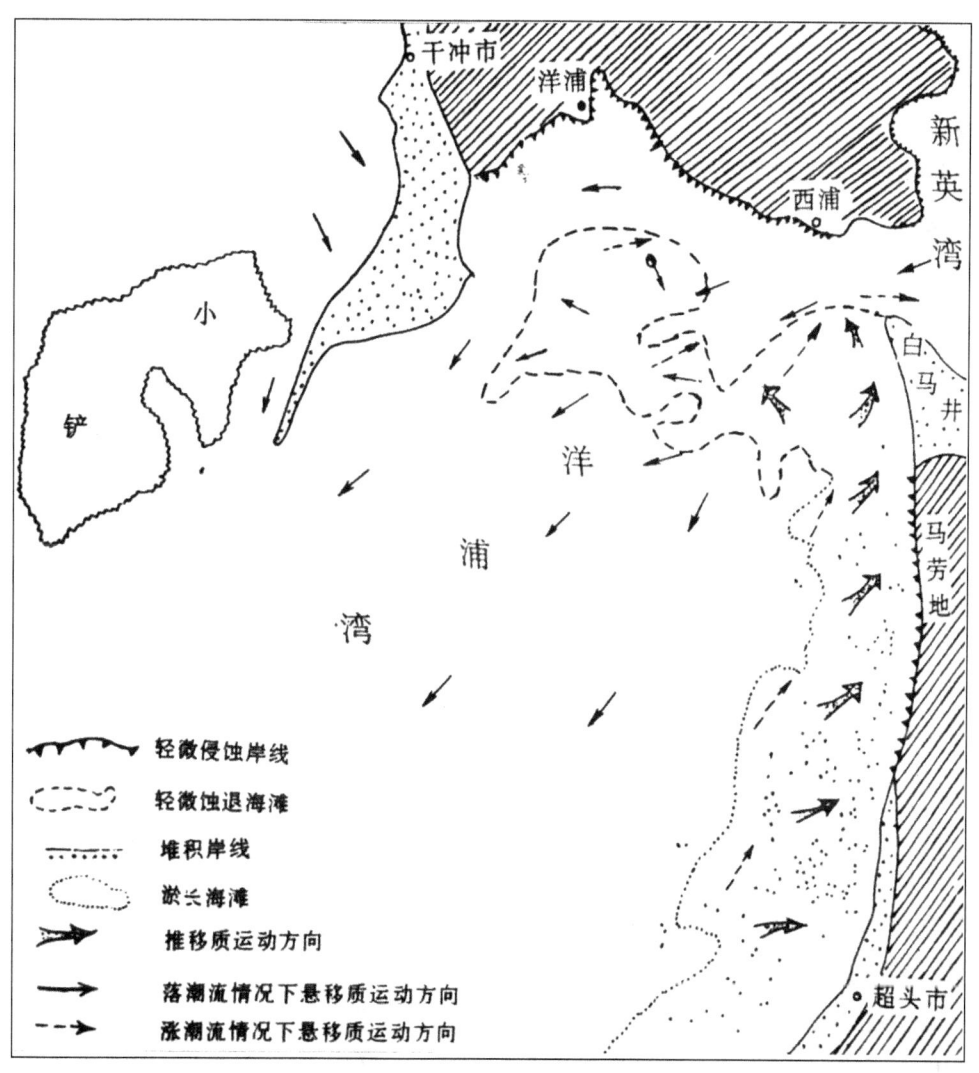

图 10 洋浦湾海岸动态示意

泥沙来源实已很少；北岸陆地玄武岩地区地表植物覆盖度好，其地表遭受径流冲刷带入的泥沙对海湾淤积影响甚微；至于春江、北门江的入湾泥沙，因两江源短流小，加上其中上游有水库或水坝拦截，故来水来沙量都极为有限。而且两江入海泥沙主要是在新英湾湾顶发生沉积，直接下泄带入洋浦湾的泥沙很少。因此，洋浦港泥沙来源少，除暴雨洪水期（本区每年暴雨日日降水量达到或超过50毫米的仅7.4天），北门江、春江径流带来的泥沙和风浪天气时波浪掀动浅滩泥沙对港区略有影响外，平常情况下，洋浦湾水域皆为一片蓝绿，海水含沙量极少（表1），因而深槽淤积过程很缓慢。深槽表层沉积物采样与钻探资料反映出，深槽中以粉砂、淤泥为主的堆积物为灰黑色，而且层次稳定，无明显粗细相间的变化，说明其长期处于还原条件之下，沉积过程极其缓慢。所以，洋浦深槽这种泥沙条件也是有利于深槽的稳定和保持的。[①]

表1　洋浦深槽和拦门浅滩涨急落急潮流含沙量　　　　　（单位：kg/m³）

潮　别	涨　急		落　急	
	表　层	底　层	表　层	底　层
6号站（深槽）	0.054.8	0.070.6	0.014.5	0.040.0
2号站（拦门浅滩）	0.039.2	0.043.8	0.070.8	0.052.4

注：取样时间1976年7月15日。

1. 深槽的演变

如前所述，洋浦深槽的发育和保持是港湾特殊地形和水文泥沙条件作用的结果，则深槽变化亦依这些条件的改变而演变。那么，洋浦深槽自发育形成以来，港湾地形条件与水流条件的明显变化是什么？

洋浦深槽自发育形成以来，港湾地形条件和水文泥沙因素的主要变化是，新英湾渐渐淤积并变浅缩小了。"大口袋"新英湾的淤积变浅缩小，则使经由洋浦湾而进出新英湾的潮水量不断减少，因而亦使港湾水流动力作用逐渐减弱，港湾水流动力作用这种减弱趋向，势必导致深槽的渐渐萎缩——向淤缩方向发展。深槽钻探资料表明，深槽中现代沉积物的粉砂泥厚达15～20米，此即深槽随新英湾纳潮量减小而向淤缩方向发展的证明。但

---

① 据1976年7月19日和21日粗略估计——代表夏季非洪水情况，两江下泄流量仅8立方米/秒。
又据1975年10月9日低潮憩流时在新英湾中北部采取海水样品分析，其含氯度为9.32‰，同年10月13日高潮平流时，在新英湾中部采取海水样品分析，其含氯度为15.75‰，可知在非暴雨洪水期，新英湾基本上仍为咸水控制，上游入海径流对它影响很小。
据我们观察，每逢涨潮初期（水流漫滩时），有西南风浪影响，洋浦大浅滩的泥沙可受掀扬，其细颗粒泥沙经分选悬移呈浑水随涨潮流进入洋浦村以东深槽，并向新英湾方向前进。

此淤积作用是自冰后期海侵后洋浦湾-新英湾形成以来至今而发生的,故可推断这厚达15～20米的粉砂、淤泥沉积应经历了千年以上的沉积历史。

然而,据1963年和1975年水深资料对比(为基面和投影相同的1:10000海图),12年内洋浦深槽5米以下的槽床容积却扩大了约16万立方米(1963年为1124.5万立方米,1975年为1140.6万立方米),其中洋浦西灯标以南的深槽,1975年比1963年加宽了数十米;而且拦门浅滩上的-5米等深线亦已东西贯通了。以上现象似乎表明近年来深槽又较过去(12年前)略有发展。出现这种情况的原因何在?

我们认为,此种差异的产生,如果不是测量误差上的原因,则仍是港湾水流动力条件的某种改变而引起的,因为本港入湾河流北门江和春江的中上游近10多年来相继修筑了沙河、天角潭、春江等较大的水库或引水坝,这就基本上拦截了流域绝大部分来水来沙,即减少了新英湾的入湾径流量和减少了泥沙对港湾淤积的影响。因而新英湾的纳潮量可能较流域径流被拦截前而有所加大。与新英湾纳潮量减少导致深槽淤缩是同样的道理,新英湾进出潮量的增加,则会引起深槽的冲刷发展。

2. 深槽以南大浅滩

洋浦深槽之南即为洋浦湾大浅滩,面积(0米以上部分)约2.32平方千米。据历史海图(1939年、1947年、1955年、1963年、1975年)对比,其形态相当稳定。此浅滩东西两头路高,低潮时滩顶可露出水面。此滩的中段则有一东北—西南向的形槽,是中水位以上新英涨落流的一股通。根据表层沉积物样和钻探资料得知大浅滩表层为松散沙砾层,厚仅数米,其下即为湛江组亚黏土(图3、图11至图14)

洋浦每年6—9月都承受西南风浪的影响,这对浅滩区域的泥沙运移有很大意义。据1976年1月至10月的波浪观测资料,在这段时间内,拦门浅滩以外(小铲西南端)平均波高0.5米,最大波高可达2.9～3.7米,港内(浅滩以北深区)平均波高0.3米,最大波高0.5米,如遇台风侵袭,其波浪作用更强。

浅滩表层的松散沙砾层,颗粒粗大,分选良好,根据本海湾区域水动力条件分析以及这些泥沙的形态(颜色、磨圆度等)和矿物成分,知它们的来源很近,都是冰后期白马井西南湛江组海岸在侵蚀后退的过程中堆积在浅滩区的。目前,马劳地海蚀崖还略有后退(主要是陡崖北段,长约1千米),仍能提供一定的泥沙来源。

大浅滩区的泥沙运移过程是:西南波浪冲蚀白马井西南海岸产生的泥沙,在纵向沿岸流的作用下,向白马井角西部的浅滩运动,再在浅滩区经波浪和涨落潮流的分选推移,其细颗粒(粉砂以下粒级)被水流带走远去,其粗颗粒(细砂以上粒级)则沿滩面向西北或西南方向运动,它们可以进入洋浦湾深槽(图15的10号钻孔表层的粗砂)和深槽的西南段,并向拦门浅滩方向运移(图12至图14、图10),对于航道的淤积有一定影响。

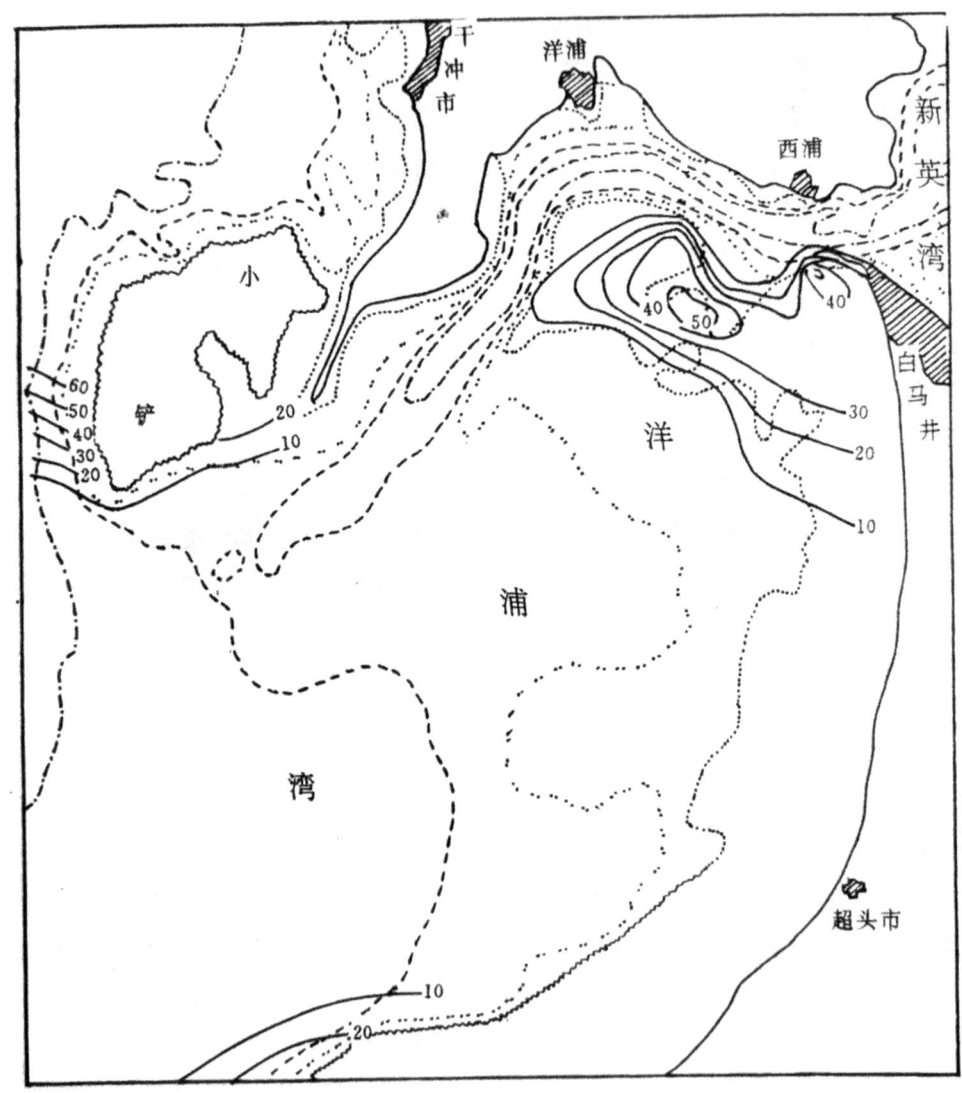

图 11 洋浦湾表层沉积物中大于 1.0 毫米（砾）粒级百分含量等值线图

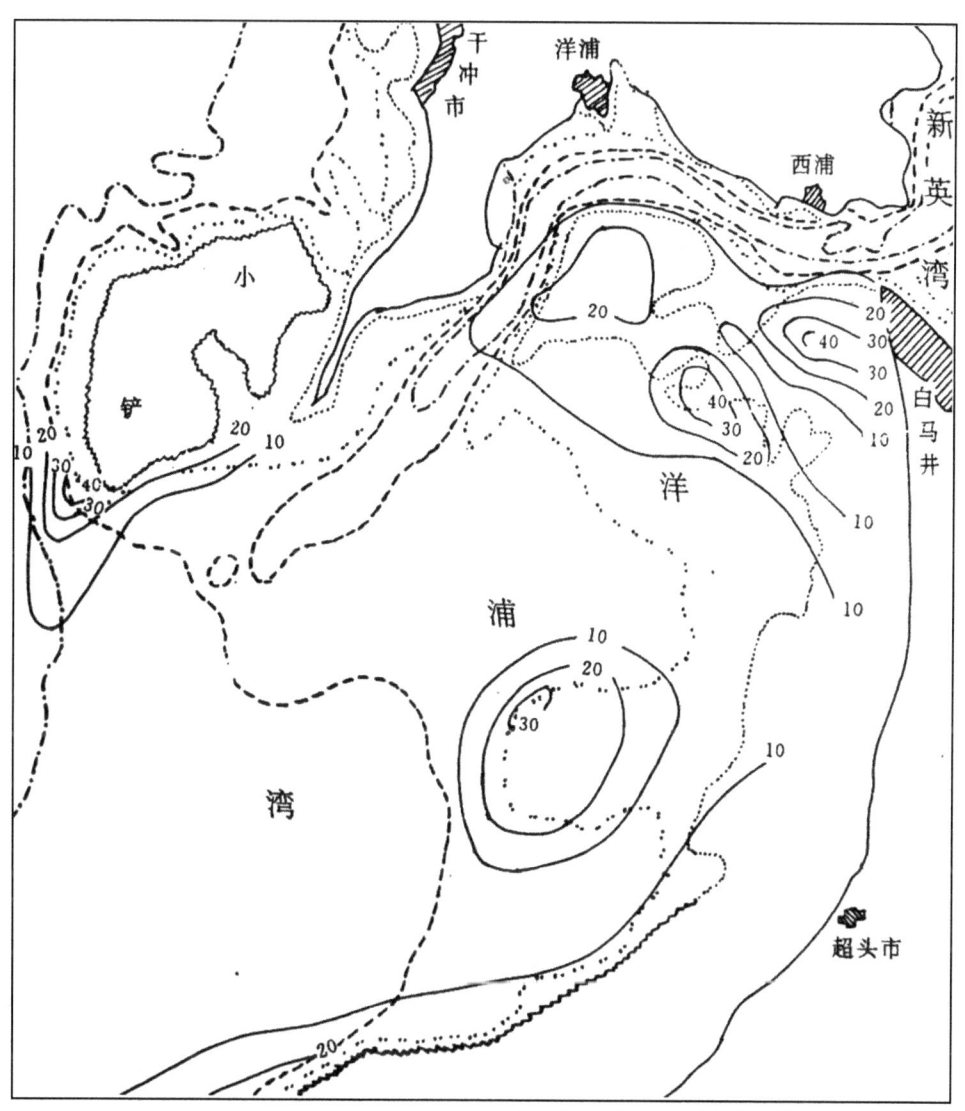

图 12 洋浦湾表层沉积物中 0.5～1.0 毫米（粗砂）粒级百分含量等值线图

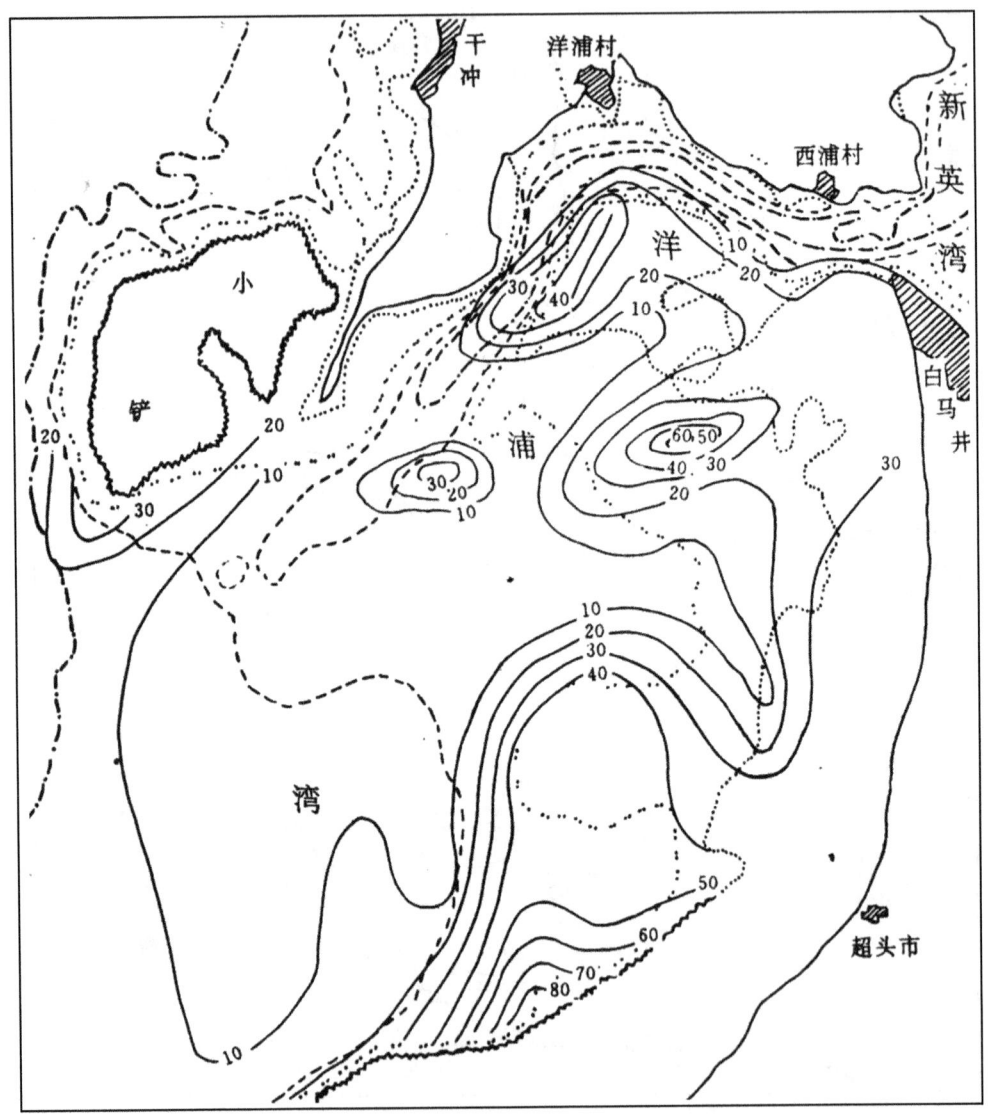

图 13 洋浦湾表层沉积物中 0.25～0.50 毫米（中砂）粒级百分含量等值线图

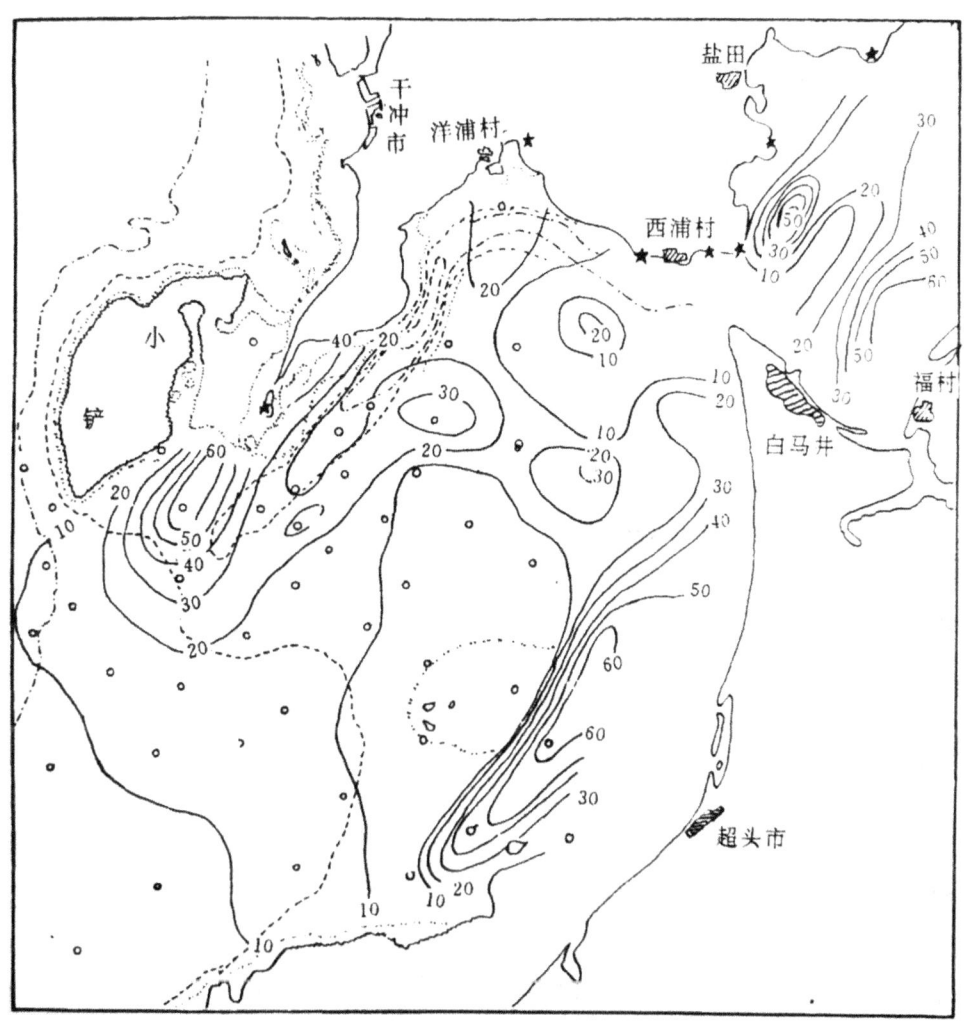

图 14　洋浦湾表层沉积物中 0.10～0.25 毫米（细砂）粒级百分含量等值线图

3. 拦门浅滩

洋浦港拦门浅滩的发育规模较小，其最小水深为 5 米，水深 7 米以内的浅滩长度仅 1.8 千米。拦门浅滩沉积物由灰黑色的细砂（占 30%～0%）、粉砂（占 20%～30%）和淤泥（占 20%～30%）组成，并含有大量的珊瑚贝壳碎屑。这些泥沙的主要来源和途径是：在西南浪和落潮水流作用下自深槽南面大浅滩搬入的泥沙（主要是粉砂和淤泥）以及落潮时自干冲沿洋浦鼻西侧海岸向南搬运而来的泥沙（主要是细砂和珊瑚贝壳碎屑）；其次，暴雨洪水时沿深槽下泄的上游径流带来的泥沙，至此因流速减小发生的沉降，亦可对拦门浅滩的淤积产生影响。因此，拦门浅滩的成因，实质是南面大浅滩泥沙向西南搬运和洋浦鼻西侧沿岸泥沙向南搬运在这里汇聚，而深槽落潮水流又不能将它们全部搬运带走的结果。

五、洋浦湾建港条件的评价及其利用问题

据上所述，于洋浦湾选择洋浦深槽区建港，其自然条件是比较优越的，现就有关问题综合如下：

（1）洋浦湾是一个冰后期沉降的溺谷海湾，洋浦深槽是从古河谷的基础上发育演变而来的。它目前吞吐着从北部湾进出新英湾的主要潮流量，是依赖新英湾"大口袋"纳潮形成的水流动力条件而得以保持。实测资料说明，本海湾上游北门江和春江来水来沙量很少，湾内主要受潮水控制，涨落潮流速均较大，水体悬移质含沙量很小，故深槽淤积缓慢，其槽床形态近期内处于相对稳定状态。

洋浦浅滩是由海岸侵蚀后退而成的，其基底主要为湛江组的黏土亚黏土层。它的存在对于约束洋浦湾的水流和促进洋浦深槽的发育及保持有很大作用。此浅滩表层现代沉积物厚仅数米。滩上的粗颗粒泥沙大部分是海岸侵蚀后退过程中就地经波浪分选沉积的，目前还有少部分泥沙来自白马井西南马劳地湛江组海蚀崖。上述泥沙在西南浪沿岸流及新英湾涨落潮流共同作用下，有往浅滩西北或西南方向运移的趋势，这对洋浦深槽及拦门浅滩的淤积有一定影响。

（2）洋浦深槽南北两岸都有修建码头的条件。北岸为高程 8～10 米的玄武岩台地陆域比较平坦宽广。其弯曲岸线属洋浦深槽的凹岸，是略有侵蚀后退的玄武岩基岩海岸，但靠近岸边的玄武岩厚仅 4～8 米，此最低潮位 0 米以下仍属湛江组地层。而浦深槽凹岸边泥层厚达 10～20 米，工程地质条件较差，但从本湾内涨潮表层指向四岸的情况可知此岸有明显的下降水流（成环流）存在，这对维持凹岸的水深极为有利。

南部浅滩区处洋浦深槽弯道的凸岸，此浅滩基底湛江组地层稳定，工程地质条件良好。如将浅滩吹填加高，其身就构成了一道西南风的屏障，可使洋浦深槽成为名副其实的避风港。浅滩的吹填同时也可使西南风浪推移的泥沙被阻于护岸的南侧，不影响洋浦深槽

的港域，而且经护岸吹填又必将起到约束水流的作用，从而改变目前湾内的潮流形势，使涨落潮只循狭长的深槽进退会使潮流流速加大、水流动力增强。这对洋浦深槽水深的维持，以及门滩的调整刷深会有很大的好处；但缺点是浅滩吹填土方工程量较大，后方陆域狭窄。

（3）如决定在洋浦深槽北岸建港，为了适应港池航道和船舶调头区布设需要，势必要拓宽洋湾顶段深槽（即切南岸滩的北缘部分），同时还要加深拦门滩才能达到航深。考虑到挖泥后水下地形的某些变化，使水力条件去平衡定会出现一定的泥沙回淤，或出现水下地形的调整变形，因此应考虑处理好洋浦湾顶段深槽的拓宽尺度，使洋浦村附近的港域水面既能达到船舶调头宽度的要求，又能保证达到足够的航深。根据本深槽东西水断面的估算，白马井角深槽断面为5552平方米，白沙深槽断面为4152平方米，洋浦西灯标深槽断面为3700平方米。这是水流与地形适应的结果，因此在洋浦村附近使深槽保持4000平方米的断面积是适宜的。另外，还必须采取一些相应的整治工程措施，才能减缓水下地形的复原。根据本海湾的水动力条件和泥沙运移趋势，可考虑在洋浦村对岸，即深槽南部大浅滩区修建一东北—西南向（或成折线）的导堤（或潜堤），此导堤不一定与白马井相连接，可在大浅滩东面留一缺口，目的是不致减少新英湾的进潮量和方便小吨位船只（主要是渔船）进出港湾。此导堤的作用是：既可对港池起防浪作用，又可阻减东南部的推移质泥沙进入港池或调头区水域，还可以对洋浦深槽弯道的落潮流起导流作用，利于拦门浅滩的自动刷深。此外，亦可考虑在小岛与洋浦之间修建一石坝，阻减由干冲方向沿岸南下的细砂流，以利于拦门浅滩航道水深的维持。

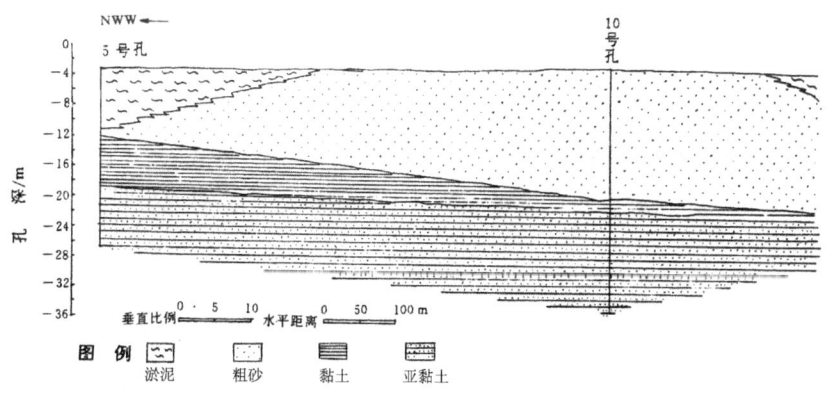

图15　洋浦湾深槽南缘地质剖面

（原载杨干然、李春初等著：《海岸动力地质学研究及其在华南港口建设中的应用》，中山大学出版社1995年版，第53～68页）

第十三篇　侵袭广东的台风

黄润本

提示：本文写于新中国成立初，根据当时有限的气象气候资料，从台风发生的普遍规律入手，论及侵袭广东台风的频率、发源地、路径分布，与此相关的产生台风的气压、风和雨量关系。基本上已包括了侵袭广东台风的各个要素，是认识广东台风最早、最全面、最系统的论文之一，为以后研究介绍广东台风奠定基础。

黄润本

一、前言

广东是我国沿海受台风威胁的一个十分严重的省份，每年夏秋期间常有台风侵袭，每一次都会使人民遭受不同程度的损失。中华人民共和国成立前，对台风没有防备工作，以致不少台风侵袭造成巨大灾害，例如，1922年8月2日台风在汕头附近登陆，罹难死亡者达61000人，损失财产7000多万银圆；又如1935年10月8日夜间穿过琼州海峡的一次台风，海口市内到处洪水成灾，房屋倒塌数十幢，死者200多名，大小船只颠覆数十艘。可见灾害的严重性了。

侵袭广东的台风，一部分来自菲律宾群岛以东的海洋上，另外一部分则来自南海中。在南海中的台风往往是很突然地形成的，而且强度很大，是难以捉摸的。广东配合祖国过渡时期的总任务，大力发展农业，支援国家重工业建设，保证农业的计划生产。因此，研究侵袭广东的台风，应该是有意义的。

由于广大的海洋中气象观测纪录的贫乏，高空探测资料更少，国人一向研究台风，多数从统计方面入手[1]或从天气现象出发来研究和分析台风的构造及其对天气的影响。[2] 近

---

[1] 竺可桢：The Place of Origin and Recurvature of Typhoon, M. W. R. 53, 1925；薛钟彝：《50年台风侵袭台湾之统计》，台湾气象所1948；石延汉：《51年来在中国登陆的台风》，载《学艺杂志》；高由禧：《从台风的统计以预告无风的移动》，载《气象学报》1950年及1951年第21-22期；高由禧：《朝鲜台风》，载《天气月刊》1951年第10期；高由禧：《台湾台风——统计部分初步总结》，载《天气月刊》1951年第10期；杨鉴初：《运用气象要素历史演化的规律性作一年以上的长期预告》，载《天气月刊》1951年第13期。

[2] 竺可桢：Some New Facts Above the Centers of Typhoons, M. W. R. 46, 1918；卢鋈：《东亚之台风》，载《气象杂志》1939年第14期；黄仕松：《台风与中国天气》，载《气象学报》1944年第18期。

年虽有人从东亚流场及天气型来研究台风的预告问题，获得了很好的成绩，[①] 但仍是在气象资料极感缺乏的情形下进行的。本文主要也是从统计方面进行分析研究的，企图对于广东历年来台风侵袭的情况提供一些资料，俾进行防范台风灾害的设施时，可能从中获得一些根据。

二、台风的频率

在西太平洋及我国南海，全年都可以有台风出现，但以 7 月至 10 月最多，这便是通常所称的台风季节。作者根据 Starbuck 的台风路径图，[②] 统计 1884—1996 年、1905—1939 年、1946—1947 年这 50 年间，在 $105°\sim150°E$、$5°\sim30°N$ 的范围内，台风发生共有 1023 次，逐年逐月发生的次数见附表 1。各月台风的总次数，以 9 月 200 次最多，8 月 198 次次之，7 月 176 次及 10 月 138 次又次之，总计在 7 月至 10 月的台风季节中，台风发生的频率占了 70%。2 月及 3 月台风发生的次数最少，计 50 年中 2 月只有 10 次，3 月 11 次；1 月及 4 月也很少，为 13 次及 17 次，总计 1 月至 4 月这 4 个月份中，台风发生的频率只占 5%。由此可见，各月台风的频率，与赤道气流辐合带位置的变动有关，台风的极盛时期也就是赤道气流辐合带北移南返期间。

台风平均每年有 21 次左右，但是各年变动很大。最多一年有 31 次（1939 年及 1947 年），最少一年只有 9 次（1885 年），最多的为最少的 3 倍多。以各月的年变化而论，自 1 月至 4 月这 4 个月中，50 年间有 21 年没有台风发生，有 15 年每年发生一次，只有 5 年每年发生 3 次以上。自 7 月至 10 月这 4 个月的台风季节中，一年中最少有 6 次台风发生，最多可达 22 次，有半数的年份每年有 14～16 次。8 月份发生的台风在 50 年的总计中虽然不是最多，但每年 8 月均有台风发生，而且发生在 5 次以上的有 19 年之多；其余台风季节的月份中，台风发生在 5 次以上的，9 月有 15 年，7 月有 12 年，10 月有 6 年。以各年各月而论，台风发生最多的为 1906 年 9 月的 9 次，1911 年 8 月，1923 年 8 月及 1939 年 7 月次之，各有 8 次。

---

① 顾震潮：《西太平洋台风路径预报的基本看法》，载《台风研究》1953 年；高由禧：《从天气型预告台风路经》，载《台风研究》1953 年。

② L. Starbuck. A Statistical Survey of Typhoons and Tropical Depressions in the Western Pacific and China Sea Area from Observations and Tracks recorded at the Royal Observatory HongKong from 1884 to 1947，Hong Kong，1951.

三、登陆广东台风的频率

根据 Starbuck 的台风路径图（附表2）统计登陆广东台风的次数：在50年中，台风在广东登陆265次，平均每年5.3次，占同一期间台风发生总次数的25.9%。至于台风不在广东登陆，只是掠过广东沿海，但烈风范围波及沿海陆上的次数，因为没有记录无法计及，要是有那些纪录计算在内，那么台风袭击广东的频率就更大了。

各月登陆广东台风的总次数，以7月69次最多，9月68次之，8月58次又次之，总计7月至9月这3个月中，台风登陆的频率占74%。以与同月份台风发生总次数比较，则7月登陆广东的台风占同月份台风发生总次数的39%，8月份占30%，9月份占34%，所以7月、8月、9月这3个月中，台风对于广东的威胁最大。从每年12月至翌年4月期间，在50年中只有过2次台风来袭的纪录，所以可以说，在这段时间内，广东解除了台风的威胁。不但广东如此，我国全部沿海地区都是一样，因为在此期间我国西北大陆经常为高气压所盘踞，连我国沿海附近的洋面都在高气压控制之下，我国沿海便没有台风的踪迹了。

从台风每月登陆的平均数来看，5月平均5年1次，6月每2年1次，7月每年1.4次，8月每年1.2次，9月每年1.4次，10月每2年1次，11月每8年1次。我们从附表1中看到，8月台风发生的次数多过7月，而比9月略少。但是，8月在广东登陆的台风却比7月及9月少得多，这是什么原因呢？高由禧先生曾在台风的次数分布图上，找出各月份台风的平均路径，① 7月、8月、9月的台风路径是：7月主要的路径北移经日本海，次要的路径有二，一支在南海，另一支则趋向闽浙；8月台风路径最为复杂，主要的路径南移过日本本土，南海一支的次要路径变为不明显，而袭击闽浙和黄海的台风次数则大见增加；到了9月，台风的主要路径由日本本土南移，分向黄海闽浙的2支次要路径渐不明显，相反南海的台风次数却大见增加。既然南海的一支台风路径在8月时变为不明显，那么8月在广东登陆的台风就较之7月和9月少了。详细情形可参看图1，这是把50年间在广东登陆的台风次数按半旬期统计的。从这个图中我们不难看出，在广东登陆的台风，大约在5月中旬开始便渐渐活跃起来，一直至7月下旬的后半期到达了一个高峰，以后便显著地低减，大约经过50天，到9月中下旬之间突然造成第二个高峰，第二个高峰过后，逐渐减少，过了11月，便没有台风在广东登陆了。

---

① 高由禧：《从台风的统计以预告台风的移动》，载《气象学报》1950年及1951年第21~22期。

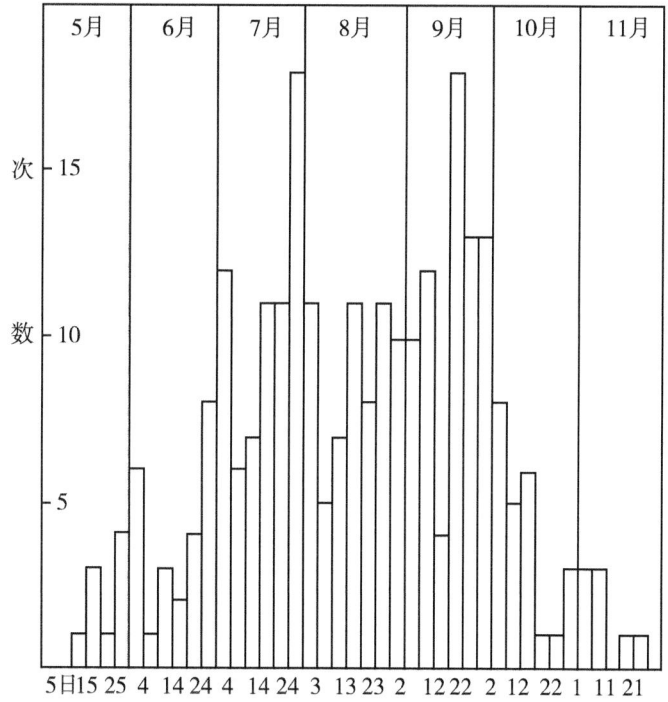

图1 50年间在广东登陆台风次数的半旬期统计

登陆广东的台风平均每年有 5 次左右,最多一年有 12 次（1947 年）,最少一年仅有 1 次（1885 年及 1928 年）。图 2 表示登陆广东台风次数历年变迁的情况,从图中可以看出,每隔 3～4 年,就有一年较多的台风登陆。

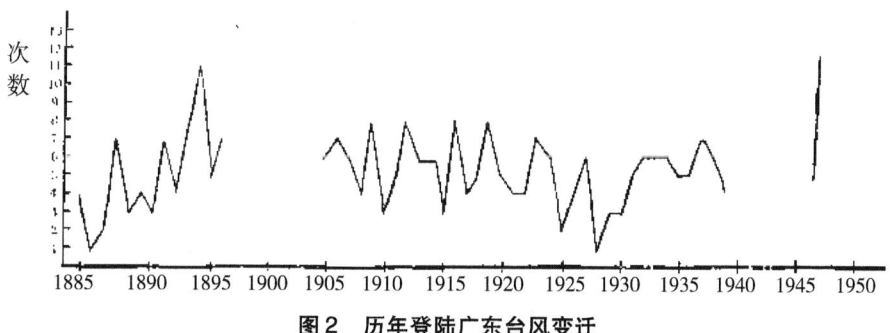

图2 历年登陆广东台风变迁

以各月的年变化而论,在 5 月、6 月及 10 月、11 月这 4 个月中,50 年间有 13 年没有台风登陆,有 19 年每年登陆 1 次,有 9 年每年登陆 3 次以上,最多一年可达 5 次。自 7 月至9月台风频率最高的时期中，一年最少有1次台风登陆，最多可达8次，一年3～4次的最多，共有21年。以各年各月而论，台风登陆最多的为1887，1893年及1906年9月，各有5次，1919年、1947年8月及1909年、1912年、1920年7月次之，各有4次。

四、登陆广东台风发源地的分布

在浩瀚的热带海洋上，气象测站分布甚稀，实在不能十分正确地统计台风的发源地，而通常绘制台风行径图大多由发现台风的地点开始，发源地和发现地点大致不会相差太远的。

现根据前述50年间台风路径图，做成登陆广东台风发源地分布的统计表（附表3），我们可以从统计表中看到下述情形：

(1) 台风的发源地随着盛夏的来临显著地北移，这与西风带中低压槽的位置当然很有关系。我们知道，夏季西风带中低压槽的位置是偏北的，因此，低纬度地面的低气压系统，由于上空低压槽的重叠作用，而形成台风的位置也就偏北了。

(2) 登陆广东台风的发源地，大部分集中在15°～20°N的狭窄地带，计50年间有137次，占总次数的52%；而且在此地带中，台风的发源地在5月、6月、7月、8月各月份偏于南海，9月、10月偏于菲律宾群岛以东的海洋上，这显然与北太平洋高压的盛衰有关。因为在每年9月以后，北太平洋高压已显著地衰退，所以9月、10月台风的发源地偏于菲律宾群岛以东的海洋上。

(3) 登陆广东的台风，有65%发源于菲律宾群岛以东的海洋上，其余35%则发源于我国南海中。发源于我国南海中登陆广东的台风，绝大部分集中在15°～20°N的地带中，计在这地带发生而登陆广东的台风占在南海中发生而登陆广东的台风总数的78%。这个地带，正是西沙群岛及南沙群岛与其附近的地区，它是发源于我国南海中登陆广东台风的主要发源地。

发源于菲律宾群岛以东海洋上登陆广东的台风，最多在10°～15°N的地带中，计占发源于菲律宾群岛以东海洋上登陆广东台风总数的46%。其次是发源于15°～20°N的地带中，占发源于菲律宾群岛以东海洋上登陆广东台风总数的35%。

(4) 若以经纬度每隔5°的方格网来计算，则发源于115°～120°E、15°～20°N中，也即相当于南沙群岛的范围中的最多，有40次，占总数的15%，而占15°～20°N地带中总数的29%。其次发源于110°～115°E、15°～20°N，也即相当于西沙群岛范围中有36次，占总数的14%，而占15°～20°N地带中总数的26%。我们也可以这样说，发源于南沙群岛及西沙群岛范围中登陆广东的台风，占登陆广东台风总数的29%，而占有发源于15°～20°N中登陆广东台风总数的55%。因此，从整个登陆广东台风的发源地来说，南沙群岛及西沙群岛与其附近地区是主要的发源地。

南沙群岛及西沙群岛与其附近地区，不仅是侵袭广东台风的主要发源地，而且也是整个南海中台风的主要发源地（即在南海中发生而不登陆广东的台风也计算在内）。在前述50年中发源于南海中的台风计有204次，而其中发源于南沙群岛及西沙群岛与其附近地区（110°～120°E、15°～20°N）的有133次，占发源于整个南海中台风的65%。尤其是7月和8月，发源于南沙群岛及西沙群岛与其附近地区的台风各占该月份南海中发生的台风的80%及78%，这是因为7月、8月是西南季风最盛行的时候，赤道气流辐合带的位置平均在15°～20°N的范围中，因而台风也就集中发源在这个范围中了。

在南海中台风的发生，西南季风气流是起着决定作用的，以前 Marvin 氏在《为什么中国南海的台风频率大于西印度群岛的台风频率》一文中，[①] 便指出西南季风与东北信风的交绥，是产生台风的条件。其后 Deppermann 氏也强调了这一点，他指出台风的产生，至少有两个来源不同的气流互相交绥才能成功，在中国南海从来没有看见过在单一气团控制下会有产生台风的机会，台风的发生也不能在于先前海洋中原生低压的中心。根据历年的观测，南海中台风的产生，主要是由西南季风及东北信风的交绥而成功的，其中西南季风由地面至2.5千米都包含着丰富的水汽，水汽凝结放出大量潜热，是产生和维持台风生命的必要条件。[②]

此外，印度支那半岛东岸与吕宋，都有1000米以上的高山，这些山脉对于南海中台风的产生具有动力的作用。当东北信风西进，过台湾与吕宋间海峡入侵华南，或当菲律宾群岛以东有台风移来而极地气团的东北风比较强时，这样，东北信风或极地气团的东北风与在吕宋西岸被山脉阻挡而偏向的西南季风的交绥，常因此而形成台风（图3是极地气团的东北风与西南季风的交绥，在吕宋西部海上形成台风的一个个例）。有时，极地气团的东北风很强大时，它可以向印度支那半岛东岸下注，由于印度支那半岛东岸山脉的阻碍作用，使得极地气团的东北风偏转为北或西北的方向，增强了它与西南季风气流的冲突，这样在接近印度支那半岛南部的东岸，也就可能产生台风（图4是一例），不过这样产生台风的机会比较少，台风产生后也不会侵袭到广东来。至于东北信风与西南季风在印度支那半岛南部东岸交绥形成台风也是可能的，不过机会更少。吕炯先生曾根据环绕刀片的流线的原理，认为山东半岛的地形，在冬季的时候，风从北方（尤其是北风或西北风）吹来，经过渤海受山东半岛的阻碍，折而向东，沿半岛尖端南下，在适当的条件之下，可以造成一个旋流。[③] 因此，笔者也认为东北信风或极地气团的东北风（尤其是东北信风）在通过

---

① C. F. Marvin. Why are Typhoons in China Sea more frequent than West Indian Hurricanes? M. W. R. Aug, 1923.
② C. F. Deppermann. Typhoons Originating in the China Sea, Bureau of Printing, Manila, 1938.
③ 吕炯：Dynamical Effect of Eastern Chinese Coastal Winds and its Influence upon the Temperature，载《气象研究所集刊》1938年第12期。

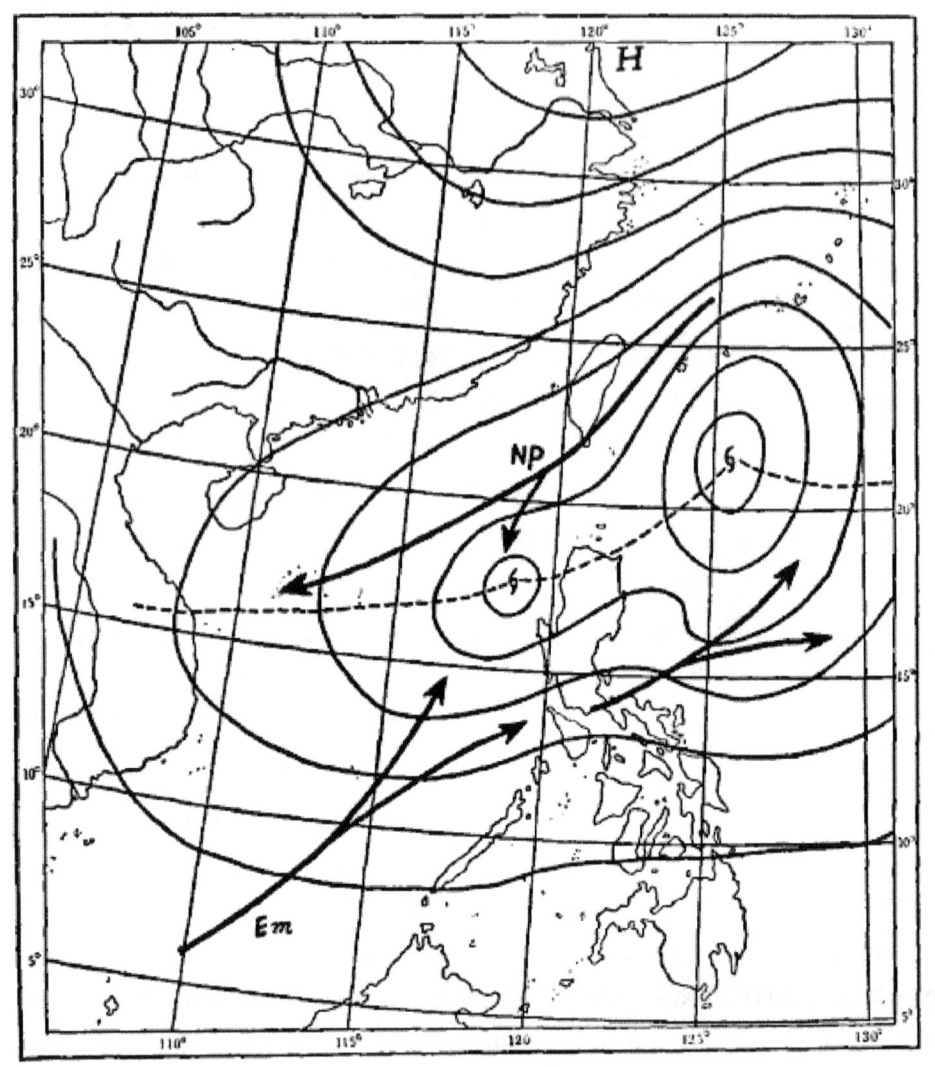

图3　1933年9月17日6时（120°E）天气图，这是极地气团的东北风与西南季风交绥，在吕宋西部海上形成台风的一个例［采自 Deppermann C. E. Typhoons Originating in the China Sea, Bureau of Printing, Manila, 1938.，并经简化］

吕宋北部受山脉阻碍时，便会在吕宋西岸海上造成气旋性的环流，加上西南季风的偏向，彼此冲突的结果，就可能使气旋性的环流发展为台风的强度。同样，西南季风通过印度支那半岛南部受山脉的阻碍，也会在印度支那半岛南部的东岸造成气旋性的环流，加上极地气团的东北风或东北信风（尤其是极地气团的东北风）的偏向，彼此冲突的结果，也就可能发展为台风的强度。

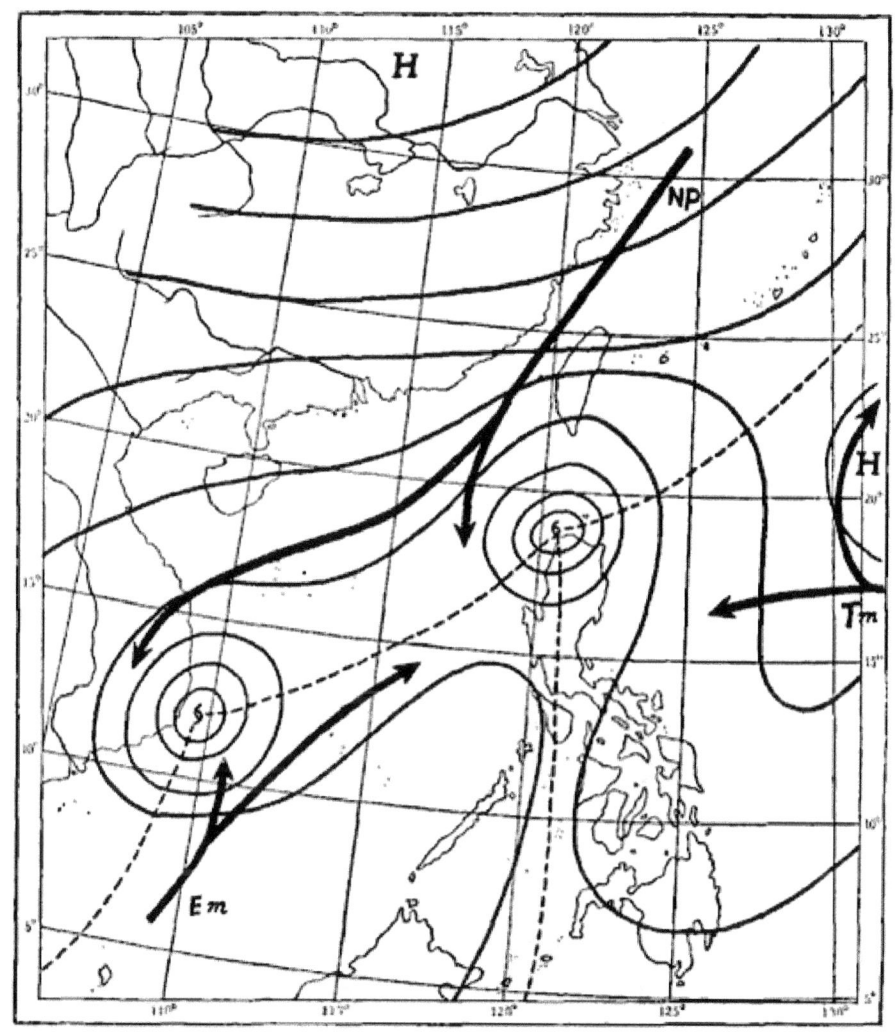

图4 1933年10月25日6时天气图,这是极地气团的东北风与西南季风交接,在印度支那半岛东岸南部形成台风的一个个例。[采自 Deppermann C. E. Typhoons Originating in the China Sea, Bureau of Printing, Manila, 1938., 并经简化]

根据历史天气图的考察,在南海中由极地气团的东北风与西南季风交绥产生的台风是较少的,这些台风有2/3以上是当菲律宾群岛东部海洋上产生的台风进入南海北部或在巴林坦海峡时相伴而生的。

由极地气团的东北风、东北信风及西南季风三者交绥的"三合点"所形成的台风,在南海中是很难发生的,因为"三合点"的形成必须是极地气团的东北风相当强大时,这样"三合点"一般只能形成于菲律宾群岛以东的海洋上。

南海中的台风，常是突然地形成的，这也值得我们十分注意。例如，1949年9月8日在阳江附近登陆的台风，它就是由距离香港东南100英里海面的一股很弱的扰动气流突然发展而成的。① 下面还有一个例，是汽船"银履"（Silver sandal）号于1931年9月1日在南海航行的日志中有关台风的天气纪录②：

表1 天气纪录

1931年9月	北纬（度）	东经（度）	气压（毫米）	风向及风级	天气纪要
1日 4时	23.25	119.01	755.9	NE2—3	晴朗
8时	22.39	118.32	55.4	E×N 3	密天，偶有阵雨
11时30分	—	—	43.1	E×N 12	密天，雨，阵雨
12时	21.52	118.02	45.7	E 10	密天，阵雨
16时	20.58	118.17	52.3	SSE 5	—
20时	20.05	118.32	54.6	S 3—4	密天，偶有阵雨
24时	19.11	118.47	55.4	S 4	密天，雨

从上面的纪录（表1）中，可以看出台风的发生是很突然的，而且又是十分强烈的。

五、登陆广东台风的路径

在台风的次数分布图上，台风通过次数最多的地区，即台风最常见的路径，也就是其平均路径。高由禧先生曾将各月份每5°经纬网台风通过的次数描绘出台风的平均路径，③笔者觉得这个方法很好，也应用了他的方法描绘出各月份登陆广东台风的平均路径（附图1至附图7）。从这些图中，可以看出下列事实：

（1）台风的平均路径，随着盛夏的来临逐步向北推移，8月位置最北，9月起又向南移回。即是说，它们是随赤道气流辐合带的进退而进退的。

（2）在南海中发生的登陆广东的台风：各月份的平均路径都集中在珠江口以西沿岸及海南岛等地区。6月至9月，珠江口以西沿岸至雷州半岛一带，是台风平均路径所必经的地区；海南岛则5月、6月、7月、9月各月份，是台风平均路径所必经的地区。10月和11月，在南海中发生登陆广东的台风50年中只各有一次，这是因为10月后太平洋高压已退缩，同时西南季风气流已成强弩之末，而东北季风已开始盛行，台风的发生便显著地减少，发生的地点亦集中在15°N以南，这些台风因此几乎都是由极地气团的东北风及西南

---

① G. S. P. Heywood. Hong Kong Typhoons, Royal Observatory, Hong Kong, 1950, P. 7.
② C. E. Deppermann. Typhoons Originating in the China Sea, Bureau of Printing, Manila, 1938.
③ 高由禧：《从台风的统计以预告台风的移动》，载《气象学报》1950年及1951年第21～22期。

季风交绥而成的,① 它们的路径都趋向印度支那半岛南部,所以这时在南海中发生登陆广东的台风已告绝迹了。

（3）在菲律宾群岛以东洋面发生的登陆广东台风：5月其平均路径只及珠江口以东一带地区,6月以后可在广东其他地区登陆,台风的平均路径显然是随着北太平洋高压的壮大而西移的。10月以后,登陆广东的台风已显著减少,但至11月台风仍有登陆广东的可能。10月以后因为大陆高压已占支配的优势,它的势力向南推进,因此产生的台风多是"三合点"型的。②

（4）以各个地区而论（除根据附图1至附图7外,并参考表2）,海南岛在5月、6月及9月登陆的台风比其他地区为多。这是由于南海发生的侵袭广东的台风5月的平均路径及6月主要的平均路径通过它,而9月则南海发生的及菲律宾群岛以东发生的侵袭广东台风主要的平均路径都通过它。也因为这样,9月海南岛受台风的威胁最严重。

表2　50年各月台风在广东不同三地登陆的次数

月份		1	2	3	4	5	6	7	8	9	10	11	12	合计		%
珠江口以东	A	0	0	0	1	0	3	1	4	4	1	1	0	15	69	26.0
	B	0	0	0	0	2	2	15	13	14	7	1	0	54		
珠江口以西至雷州半岛	A	0	0	0	0	1	5	13	15	6	0	0	0	40	100	37.7
	B	0	0	0	0	1	4	16	11	16	10	2	0	60		
海南岛（包括琼州海峡）	A	1	0	0	0	6	9	13	11	9	0	0	0	49	96	36.3
	B	0	0	0	0	1	1	11	4	19	9	2	0	47		
合　计		1	0	0	1	11	24	69	58	68	27	6	0	265		100

注：A代表在南海中发生的台风,B代表在菲律宾群岛以东洋面发生台风。

珠江口以西至雷州半岛地区在7月、8月及10月登陆台风比其他地区为多,7月系由于南海发生的及菲律宾群岛以东发生的侵袭广东台风主要的平均路径都通过它,8月系由于南海发生的侵袭广东台风的路径及菲律宾群岛以东发生的侵袭广东台风的次要路径通过它,10月则由菲律宾群岛以东发生的侵袭广东台风的主要路径通过它。也因为这样,7月份珠江口以西至雷州半岛一带受台风的威胁最严重。

珠江口以东一带,7、8、9各月份台风登陆的次数是差不多的,其中9月,略多于8

---

① C. E. Deppermann. Typhoons Originating in the China Sea, Bureau of Printing, Manila, 1938, P. 22, 表1.

② C. E. Deppermann. Typhoons and Depressions Originating to the Near East of the Philippines, Bureau of Printing, Manila, 1939, P. 21 表1.

月，8月略多于7月。

（5）登陆海南岛台风，发源于南海的稍为多过发源于菲律宾群岛以东的。登陆珠江口以西至雷州半岛一带地区的台风，发源于菲律宾群岛以东的多过于发源于南海中的。登陆珠江口以东一带地区的台风，发源于菲律宾群岛以东的远多于南海中的。

（6）珠江口以西至雷州半岛的一带地区，受台风的威胁最为严重，计50年中登陆这个地区的台风，占登陆广东台风总数的37.7%。海南岛受台风的威胁仅次于珠江口以西至雷州半岛一带地区，计50年中在这个地区登陆的台风，占登陆广东台风总数的36.3%。珠江口以东一带地区，受台风的威胁较少，计50年中在这个地区登陆的台风，占登陆广东台风总数的26%。

表3　50年间台风来袭的方向及各方向次数

地区 \ 方向		N	NNE	NE	NEF	E	ESE	SE	SSE	S	SSW	SW	WSW	W	WNW	NW	NNW	合计
珠江口以东	A					1	7	2	1	2	1							14
	B			2	3	6	3	23	9	7	1							54
	合计	0	0	2	3	6	4	30	11	8	3	1	0	0	0	0	0	68
珠江口以西至雷州半岛	A					3	2	25	4	3	2	1						40
	B			1	2	6	11	32	7		1							60
	合计	0	0	1	2	9	13	57	11	3	3	1	0	0	0	0	0	100
海南岛	A					11	15	11	5	4				2				48
	B				5	13	18	10	1									47
	合计	0	0	0	5	24	33	21	6	4	0	0	0	2	0	0	0	95

注：㊀ A代表在南海中发生的台风，B代表在菲律宾群岛以东洋面发生台风。
　　㊁ 50年间1月及4月各有一次台风登陆，此表未有计入。

如果根据50年间各次台风来袭的方向加以统计，则如表3所示。从表中又可以看出下列的事实：

（1）登陆珠江口以东一带地区：在南海中发生的台风，最多来自SE，占南海中发生的来袭台风总数的50%，其次是来自SSE及SSW，但各仅占南海中发生的来袭台风总数的14%。在菲律宾群岛以东来袭的台风，最多也来自SE，占菲律宾群岛以东来袭台风总数的43%，其次是来自SSE，但仅占菲律宾群岛来袭台风总数的17%。从发生在南海中及菲律宾群岛以东登陆本区的台风来袭的方向合起来看，最多来自SE，占登陆本区台风总数的45%；其次是来自SSE，但仅占登陆本区台风总数的16%。

（2）登陆珠江口以西至雷州半岛一带地区：在南海中发生的台风，最多来自SE，占南海中发生的来袭台风总数的63%；其次是来自SSE，但仅占南海中发生的来袭台风总数的10%。在菲律宾群岛以东来袭的台风，最多也来自SE，占菲律宾群岛以东来袭台风总数的53%；其次是来自ESE，但仅占菲律宾群岛以东来袭台风总数的18%。从发生在南海中及菲律宾群岛以东登陆本区台风来袭的方向合起来看，最多来自SE，占登陆本区台风总数的57%，其次是来自ESE，但仅占登陆本区台风总数的13%。

（3）登陆海南岛：在南海中发生的台风，最多来自ESE，占南海中发生的来袭台风总数的31%；其次是来自E及SE，各占南海中发生的来袭台风总数的23%。在菲律宾群岛以东来袭的台风，最多也是来自ESE，占菲律宾群岛以东来袭台风总数的38%；其次是来自E，占菲律宾群岛以东来袭台风总数的28%。从发生在南海中及菲律宾群岛以东登陆本区台风来袭的方向合起来看，最多来自ESE，占登陆本区台风总数的35%；其次是E，占登陆本区台风总数的25%。

上述50年中历次台风来袭的方向，和一般热带气旋在较低的纬度活动的情况一样，它们是随着东风带的主流推移的。但偶然亦有反常的路径，我们从表4中可以看到，有极少数台风是从偏西的方向来袭的，这类台风多发生在10月以后，因为每年从10月起整个冬季中，南海北部高空1000英尺以上都吹着西风；根据香港气象台的观测，当高空西风十分盛行时，是没有台风从偏东方向来袭的。[①] 因此，台风在进行途中转变为偏西的方向来袭，很可能是由于高空盛行西风所影响的。

表4　50年中台风路径通过巴士哥与马尼剌之间的次数及通过该地区在广东登陆次数

月份	1	2	3	4	5	6	7	8	9	10	11	12	合计
通过巴士哥与马尼剌之间的次数	1	0	0	3	5	12	42	23	56	45	16	3	206
通过巴士哥与马尼剌之间在广东登陆次数	0	0	0	0	2	6	34	20	41	24	3	0	130

---

① G. S. P. Heywood. Hong Kong Typhoons, Royal Observatory, Hong Kong, 1950, P. 7. Heywood, G. S. P. The Upper Winds of Hong Kong, Royal Observatory, Hong Kong, 1933. P. 10.

还有一项值得我们注意的事实。发源于菲律宾群岛以东的台风，它们的路径通过巴士哥（Basco）与马尼剌之间的，50年中共有206次，而其中有130次是在广东登陆的。也就是说，通过巴士哥与马尼剌之间的台风有63%是在广东登陆的。特别在7月、8月、9月这3个月，通过巴士哥与马尼剌之间的台风，竟有78.5%在广东登陆（表4）。这样说来，巴士哥与马尼剌之间这一条长约380里的线，该是广东台风警报的"危险地带"。

此外，台风的路径，受制于一定的天气型。关于利用天气型做台风路径的分析，顾震潮及高由禧二位先生已做过这项研究工作，结果对预告台风路径的贡献很大。① 他们从整个东亚自然天气区（80°E～170°E）天气型的演变着眼，发现了下列事实：一般当太平洋高压脊很扁平或在变扁平的过程中，鄂霍次克海和白令海范围的北太平洋上多为东西向低压所盘踞，在500毫巴高空主要形势为两槽一脊（两槽分位于90°E和160°E附近，主脊在贝加尔湖上空），而北太平洋上空自日本（130°E）至170°E间西风平直且强，此形势下只要鄂霍次克海和白令海上没有显著的气压系统的变化，天气型是稳定的，太平洋高压的扁平面脊是可以维持或加强西伸的，此形势下台风的路径是偏西或西偏北不转向的。也就是说，在这样的天气形势下，多数台风是要在中国沿海登陆的。可惜位于20°N以南或120°E以西活动的台风，未入于他们的文章考虑的范围内。如果单独讨论登陆广东的台风，除了一般具备上述天气形势以外，就近的气压系统的变化，是否可以找到作为登陆广东台风的指标呢？在夏季期中由印度伸向菲律宾一个东西间狭长的低压槽的稳定存在时，这似乎可以作为登陆广东台风的指标。因为有这样的狭长的热带低槽稳定存在时，广东沿海由地面至10000英尺的高空都盛吹着东风，② 台风就往往在这个低槽中产生，而且台风沿着低槽侵袭到广东来。例如，图5是1937年8月17日6时，（120°E）的地面天气图，③ 图上的低槽是一个很典型的热带低槽，1937年8月21日在海南北部登陆的台风，8月28日在海南岛南部登陆的台风，以及9月2日在香港附近登陆的台风，便相继产生或发展在这样的低槽中。尤其是其中9月2日在香港附近登陆的台风是50年中最强大的一次台风，中心气压最低时为956.4毫巴，瞬间最大风速达每小时145海里④、登陆后穿过粤西，深入广西境内。

---

① 顾震潮：《西太平洋台风路径预报的基本看法》，载《台风研究》1953年；高由禧：《从天气型预告台风路经》，载《台风研究》1953年。

② G. S. P. Heywood. The Upper Winds of Hong Kong, Royal Observatory, Hong Kong, 1933. P. 8.

③ L. Starbuck. A Statistical Survey of Typhoons and Tropical Depressions in the Western Pacific and China Sea Area from Observations and Tracks Recorded at the Royal Observatory HongKong from 1884 to 1947, Hong Kong, 1951. 图 XLI.

④ G. S. P. Heywood. Hong Kong Typhoons, Royal Observatory, Hong Kong, 1950, P. 23.

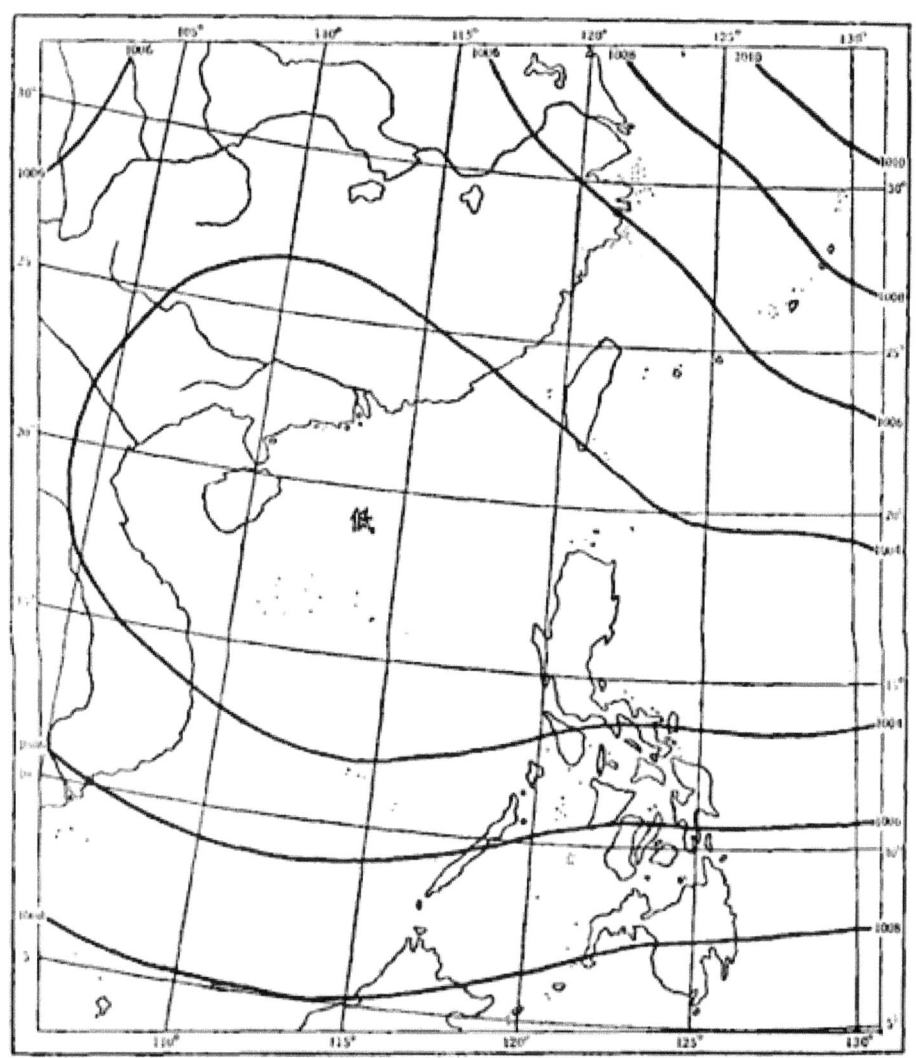

图5 1937年8月17日6时（120°E）天气图，图上的低槽是一个很典型的热带低槽。（采自 L. Starbuck A Statistical Survey of Typhoons and Tropical Depressions in the Western Pacific and China Sea Area from Observations and Tracks Recorded at the Royal Observatory HongKong from 1884 to 1947, Hong Kong, 1951.）

六、气压、风及雨量

气压——当海上有台风形成,将要来袭时,台风外围地区的气压降低值,如果能找到一个有规律性的指标,这在海洋上气象观测十分稀少的情况下,对于台风的预告是有着很大意义的(但低纬度的气压日变较大,变幅可大至 3 毫巴,勿与因台风影响而使气压降低的情况相混淆)。现以香港为例:见图 6,① 下边一条粗的曲线是代表各月中台风的烈风范围波及香港以前 12 小时的平均气压值,上边一条粗的曲线是代表香港台风季节中各月的准平均气压值。我们可以看到烈风范围波及以前 12 小时的平均气压值比较同月份气压的准平均值,在 7 月、8 月、9 月(台风来袭最多的月份)低于 5~6 毫巴,6 月约低 8 毫巴,10 月及 11 月约低 10 毫巴。因此,从这些数值中,似乎是有些规律可循的。但是从图中阴影上下边缘两条幼曲线来看,上边的一条是代表各月台风烈风范围波及以前 12 小时曾出现过的最高气压值。下边的一条是代表各月台风烈风范围波及以前 12 小时曾出现过最低气压值。7 月及 8 月的最高值都超出了各该月份的准平均值,而 7 月的最低值却低于准平均值达 16 毫巴。因此,最高与最低之间变化的范围是十分大的,要从气压的变化数值找出一种台风来袭前的什么规律性,是相当困难的。但从平均的状况来看,亦不无参考的价值。

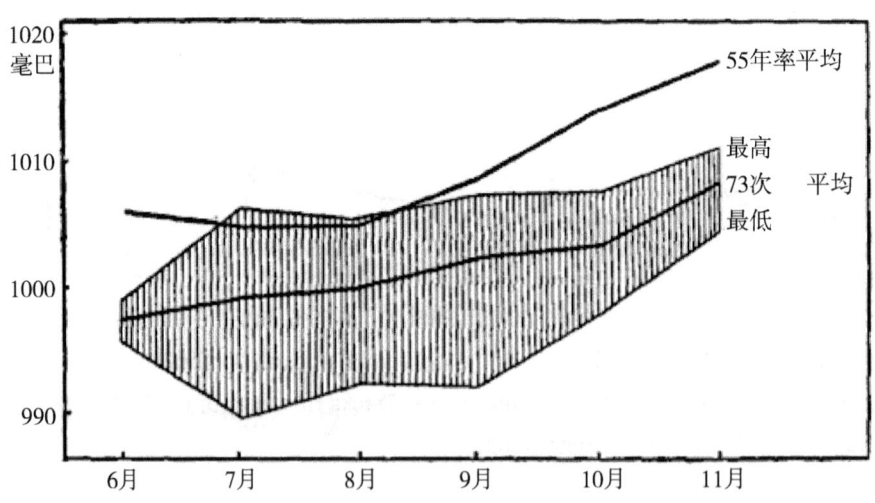

图 6　台风烈风范围波及前 12 小时的平均气压值与准平均气压值的比较

---

①　G. S. P. Heywood. Hong Kong Typhoons, Royal Observatory, Hong Kong, 1950, P. 10.

风——虽然实际的气压数值不是决定风力强弱的因素,而气压梯度的大小,才是决定风力强弱的因素,台风区域内中心附近的范围里,气压梯度最大,风力也最强。但是,有悠久历史的测站根据历次台风来袭过程中出现的从实际气压的数值,风力的强弱与距离台风中心远近相互之间,存在一定关系。表5是香港气象台观测所得的结果,[①]它至少可以代表珠江口附近一带的情况。

表5　台风内气压读数,风力与中心距离的关系

浦氏风级	6	7	8	9	10	11	12
距离中心（英里）	200～300	150～280	100～200	50～150	0～100	0～75	0～50
气压读数（英寸）	29.4～29.7	29.3～29.7	29.2～29.7	29.1～29.6	29.0～29.5	28.0～29.0	28.0～29.0

注：1英寸=25.40005毫米。

上节中也曾讨论过,进袭广东珠江口以东一带地区及珠江口以西至雷州半岛一带地区台风的来向多为SE,在来自SE的台风侵袭过程中,一般的风向是顺转的,开始吹N或NE风,以后吹E、SE或S风。因此,最强大的风,也就来自这些方向。以香港为例[②]：

表6　62年间（1884—1941年、1946—1949年）香港各月台风的最大风速

月　份		6	7	8	9	10	11
最大风速（英里/时）		44	69	67	60	54	57
风　向		ENE	E/S	NNE	ESE	SE/S	NNE
日　期	年	1941	1896	1923	1948	1894	1900
	日	30	29	18	3	5	10
	时	16	22	10	4	17	6

登陆海南岛区台风的来向既然多数为ESE,其次为E,在来自ESE或E的台风侵袭的过程中,中心北部地区的风向一般是顺转的,开始吹N或NE风,以后吹E、SE或S风；中心南部地区的风向是逆转的,开始吹N或NW风,以后吹W、SW或S风。所以,海南岛遭受到的强风是来自多方面的。但由于地形上的影响,台风通过本岛后,势力显著地受到挫折,所以,在多数的情形下,N或NE及NW风为最强。而且,当台风在珠江以西至

[①] T. F. Claxton. The Climate of Hong Kong, Royal Observatory, Hong Kong, 1930. P. 32.
[②] G. S. P. Heywood. Hong Kong Typhoons, Royal Observatory, Hong Kong, 1950, P. 22.

雷州半岛一带地区登陆时，本岛也要遭受到强大的 N 或 NE 及 NW 风的。见表7。①

表7　1933—1938年在海南岛登陆的台风

发源地	年	月	日	最大风速（米/秒）	风　向
中国南海	1933	8	8—9	12.1	NNW, NW
	1934	7	28	18.8	ENE, NE, E, SE
	1938	7	9	30.4	SE, E, NE, SW
菲律宾群岛以东洋面上	1933	3	30	30.4	NW
	1933	9	12—13	9.4	NE
	1933	10	1—2	26.4	NE
	1933	11	5—6	33.5	NE, NW
	1934	10	1	26.4	NE, NW
	1935	9	18—19	18.8	N
	1935	10	7—8	30.4	NW
	1936	8	13	12.1	NW
	1937	8	28	15.7	NE
	1937	8	20	15.7	S
	1938	10	4	22.4	NNW
	1938	10	8	33.5	NE
	1938	11	8—9	12.1	—

我们也可以从表6及表7看到，台风的风速常可达12级以上，所以，破坏力是很大的。

雨量——大量湿热气流向台风中心辐合，台风内域的豪雨是一般台风的通性。侵袭广东的台风，当它由东向西在沿海掠过时，它后部带来的雨量比前部远为丰富，这是因为前部的偏北风经过大陆吹来，比较干燥，而后部的偏南风经过温暖湿润的海洋上吹来，饱挟水汽，雨量当然就十分丰富。

台风降雨的强度是相当巨大的。例如1937年9月2日台风在香港附近登陆，香港1小时内的降雨量达54.6毫米，至足惊人！② 广东各地24小时内的台风雨量达200～300毫米是常有的，1907年10月30日台风在东澎岛附近登陆，该地24小时内降雨竟达541毫米，③ 这样狂暴的降雨强度就会造成山洪暴发，江河泛滥，农田积水，土壤遭受剧烈的冲

---

① 森永元一：《海南岛气象调查报告》，载《海南岛学术调查报告》，台北帝国大学理农学部1944年第54页。
② G. S. P. Heywood. Hong Kong Typhoons, Royal Observatory, Hong Kong, 1950, P. 16.
③ 中国之雨量。

刷，对于农业建设至为不利，必须做有效的防范。

由于台风带来丰富的雨量，如果哪一年台风特别多，哪一年的雨水也就特别丰富；反之，如果哪一年台风特别少，哪一年的雨水也就感到不足，甚至会造成干旱的现象。根据香港的纪录，1923年有4次台风来袭，这一年的降雨量达2718毫米之多，而有一年只有一次台风来袭，这一年的降雨量就只有1171毫米。① 因此，广东各地一年间的降雨，其中台风雨所占的百分比是相当大的，而且比以北我国沿海各省份为大。见表8②：

表8　我国沿海各地台风雨的百分率

地　名	广　州	琼　山	福　州	吴　淞	镇耶岛
百分率（%）	20.8	35.2	17.2	11.1	11.3

还须指出：广东各地每年4月、5月、6月各月的降雨多来自气旋雨，7月、8月、9月各月的降雨则多来自台风雨。在气旋雨的盛行时期到来以后，而台风雨的盛行时期未到之前，往往有一个没雨的过渡时期，这个时期长短不一，一般是15天左右，但有时会短到一个星期，有时却长到40～50天。③ 因此，气旋雨结束后，如果台风雨来得太迟，就会造成夏季的干旱，例如1953年6月上旬至8月上旬广东各地发生干旱，水稻的生长严重地受到威胁，又如1954年6月、7月广东各地也发生干旱的迹象，就都是因为台风雨来得太迟的缘故。

七、结　论

根据以上各节叙述，得出如下结论：

（1）广东是受台风侵袭的一个十分严重的省份，计50年中（1884—1896年、1905—1939年、1946—1947年）在广东登陆台风有265次，平均每年有53次，占西太平洋及南海中同一期间台风发生总次数的25.9%。也就是说，在西太平洋及南海中有4个台风发生，即有一个在广东登陆。7月、8月、9月这3个月，最多台风登陆，计占台风登陆总数的74%，所以7月、8月、9月这3个月是台风警报的"危险时期"，在这时期中，防范台风的工作是一点也不能松懈的。

（2）南沙群岛及西沙群岛一带，是侵袭广东台风发源最多的地区，从这里来的台风可

---

① L. Starbuck. A Statistical Survey of Hong Kong Rainfall, Royal Observatory, 1950. P. 12.
② 卢镀：《中国气候总论》，1947年第100页。
③ 广州海洋气象台：《广东的水旱灾成因及其预防》，载《南方日报》，1954年9月2日。

以发展为十分强大的，往往又突然地发展的。因此，这一带地区将来必须广设气象台站，加强南海中的气象测报，这对于华南沿海台风预防，以至对于南海中航行的安全，是有着很大的价值的。

(3) 在南海中由单一气团中发生台风，是未曾有过的事。西南季风气流对于台风的生成是起着决定作用的。多数台风是由西南季风与东北信风交绥而成的。西南季风与极地气团的东北交绥而成的台风较少，有 2/3 以上是当着菲律宾群岛东部海洋上产生的台风进入南海北部或在巴林塘海峡时相伴而产生的。此外，吕宋及印度支那半岛东岸的地形，对于南海中台风的生成具有动力的作用，使南北气流更直接地交绥，同时使气旋性的环流更易于形成。

(4) 珠江口以西至雷州半岛一带地区受台风的威胁最为严重，7月最多台风登陆。海南岛受台风的威胁次之，9月最多台风登陆，珠江口以东一带地区受台风的威胁又次之，7月、8月、9月登陆的次数是差不多的，9月略多于8月，8月略多于7月。

(5) 巴士哥与马尼剌一线是广东台风警报的"危险地带"，通过这一线的台风有63%在广东登陆，特别是7月、8月、9月这3个月，通过这一线的台风，竟有78.5%在广东登陆。

(6) 夏季南海中东西狭长的低压槽出现时，可作为将有台风在此槽中发生及将有台风在广东登陆的指标，在这样的天气情况下，广东沿海由地面至10000英尺都盛吹着东风。

(7) 广东沿海高空当西风盛行时，从偏东方向来袭的台风是很少可能的，但偶有台风从偏西方向来袭。

(8) 台风来袭前，测站的气压降低数值变动的范围相当大。以平均状态言，台风来袭最多的7月、8月、9月，台风烈风范围波及测站以前12小时的气压降低值为5～6毫巴；6月约为8毫巴；10月及11月约为10毫巴。在目前海洋上气象观测十分稀少的情况下，这些平均数值似可供参考。

(9) 广东大陆沿海一带地区，遭受台风的最强风向为 N、NE、E 以至 SE、S 风；海南岛为 N、NE、NW 风。各地的防风设施，应参考最强大的风力来向，并且结合当地的实际情况，以做设计的根据。

(10) 台风来袭时，风力当可达12级，24小时内的降雨量可能达500毫米以上，这样的狂风暴雨，对于受侵袭地区的灾害当然很大。尤其是沿岸一带，更会受到巨浪、海啸的袭击，而且海水倒灌，江河也因而暴涨，往往决堤溃坝，泛滥成灾。因此，防风、防涝、防潮都是同等重要的。

(11) 台风雨供给夏季期间农作物十分丰富的水量，如果有一年台风特别少，雨水便感到不足；台风来得太迟，也会造成干旱现象。因此，必须把雨水妥善地储蓄起来，并且要设法做到合理地耕作和合理地用水。（附表1至附表3）

(1954年9月30日完稿)

附表1　105°～150°E，5°～30°N 范围内逐年逐月台风发生次数

月	1	2	3	4	5	6	7	8	9	10	11	12	总数
1884						1	4	4	2		2		14
1885				1		1	3	3		1	1		9
1886						2		4	4	3	1	1	15
1887					2	1	5	3	6	2	2		21
1888						2	4	3	3		1		13
1889							3	2	2	4	1		12
1890					1	1	3	1	4	4	1		15
1891					1	1	2	5	6	1	3		19
1892						3	4	3	6	2	2	1	21
1893					2	1	3	4	6	2	2		20
1894					1	3	3	1	4	1	1		14
1895					1	3	2	3	4	1	3		17
1896					1	1	4	4	4	4			18
1905				1		2	4	5	4	3			19
1906					2		1	1	9	4	2		19
1907	1		1		1	2	4	6	3	1	2		21
1908						1	1	1	4	4	4	2	1	18
1909						2	1	5	2	5	6	2	1	24
1910				1		2	2	3	1	7	1	3	21
1911				1	1	1	1	5	8	4	2	2	1	26
1912		1	2			1	2	4	5	3	4	3	25
1913	1			1		1		3	3	4	5		18
1914					1	3	4	6	7	2	1		24
1915	2	2	1		3	1	2	4	4	5	3	1	28
1916	2			2	1	2	1	3	3	2	2		18
1917							3	2	4	2	1		12
1918					1	2	2	6	5	2	4	1	23

续上表

月	1	2	3	4	5	6	7	8	9	10	11	12	总数
1919		1				1	4	5	3	4	2	1	21
1920				1		1	5	6	5	2	2		22
1921		1				2	4	5	4	2	5	1	24
1922		1	1		3	1	5	5	5	2	2		25
1923	1		1		4	2	4	8	1	1	2	1	25
1924				1	2	3	5	4	2	5	2	3	27
1925				1	2	2	3	7	4	2	1	1	23
1926		1		1	1	1	3	4	5	2	2	1	21
1927			1	1		3	1	2	6	4	4	3	1	26
1928					1	1		5	3	3	5	1		19
1929	1					2	3	3	3	2	1	1	16
1930	1	2			2		6	3				1	15
1931	1					1	1	5	4	3	4		19
1932	1				2	1	6	3	2	4	2		21
1933					1		1	5	1	4	4	1	1	18
1934						1	3	3	6	5	3	3	24
1935							3	3	6	3	1	3	20
1936	1				1		1	4	5	4	3	3	1	23
1937						1		3	6	3	4	2	2	21
1938	1				1	2	1		3	5	3	4	4	1	25
1939					2		8	6	4	4	3	4	31
1946			1	2	1	2	3	3	3	2	3	2	22
1947					3	2	4	5	6	3	6	2	31
总数	13	10	11	17	55	64	176	198	200	138	99	42	1023
平均	0.26	0.20	0.22	0.34	1.10	1.28	3.52	3.96	4.00	2.76	1.98	0.84	20.46
百分数	1.3	1.0	1.0	1.6	5.4	6.2	17.2	19.4	19.5	13.5	9.7	4.2	100
最多	2	2	2	2	4	3	8	8	9	6	6	4	31
最少	0	0	0	0	0	0	0	1	0	0	0	0	9

附表2 逐年逐月登陆广东台风次数

月	1	2	3	4	5	6	7	8	9	10	11	12	总数
1884							2	1	1				4
1885								1					1
1886									1	1			2
1887							1	1	5				7
1888						1	1		1				3
1889							2	1		1			4
1890						1		1	1				3
1891							1	2	1	3			7
1892							1	1	1	1			4
1893							1		5	2			8
1894					1	2	2	1	4	1			11
1895							1	1	1	2			5
1896							3	2	1	1			7
1905							2	2	2				6
1906					1				5	1			7
1907							1	3	1	1			6
1908							1			3			4
1909						1	4			3			8
1910						1			2				3
1911							2	1	2				5
1912							4	2	2				8
1913							2	1	3				6
1914							1	3	2				6
1915						1		1			1		3
1916				1	2	2			3				8
1917							2	1	1				4
1918						2	2	1					5

续上表

月	1	2	3	4	5	6	7	8	9	10	11	12	总数
1919						1	3	4					8
1920							4	1					5
1921							1	2		1			4
1922						1		2		1			4
1923							3	3		1			7
1924							1	1	1	1	2		6
1925							1		1				2
1926							2	1	1				4
1927						1		1	3		1		6
1928							1						1
1929	1						1	1					3
1930					1		2						3
1931							1	1	1		2		5
1932					1	1	2		2				6
1933							1	1	1	2	1		6
1934						1	1	1		2	1		6
1935							1	2	1	1			5
1936						1		3	1				5
1937							2	2	2	1			7
1938							1		1	2	1		6
1939					1		2			1			4
1946							1	1	2	1			5
1947						2	1	1	4	2	2		12
总　数	1	0	0	1	11	24	69	58	68	27	6	0	265
平　均	0.02	0	0	0.02	0.22	0.48	1.38	1.16	1.36	0.54	0.12	0	5.3
百分数	0.4	0	0	0.4	4.1	9.0	26.0	21.9	25.7	10.2	2.3	0	100
最　多	1	0	0	1	2	2	4	4	5	3	1	0	12
最　少	0	0	0	0	0	0	0	0	0	0	0	0	1

附表3 50年间登陆广东台风逐月发源地的分布

5月

北纬\次数 东经	110	115	120	125	130	135	140	145	合计
25									0
20	1								1
15		1	2						3
		1		2					3
10		1		2			1		4
合计	1	3	2	2	2	0	0	1	0	11

6月

北纬\次数 东经	110	115	120	125	130	135	140	145	合计
25									0
20		2	1						3
15		7	4	1	1				13
		3			2	2	1		8
10									0
合计	0	12	5	1	3	2	1	0	0	24

7月

北纬\次数 东经	110	115	120	125	130	135	140	145	合计
25									0
20		1	4						5
15		11	12	6	6	1	1		37
		1	4	9	2	2	7	1	26
10							1		1
合计	0	11	14	14	15	3	4	7	1	69

8 月

北纬\次数\东经	110	115	120	125	130	135	140	145	合计
25									0
20	1	2	1		1				5
15		13	12	4	5	3			37
10			1	4		1	4	1	11
						3	2		5
合计	1	15	13	5	9	4	4	6	1	58

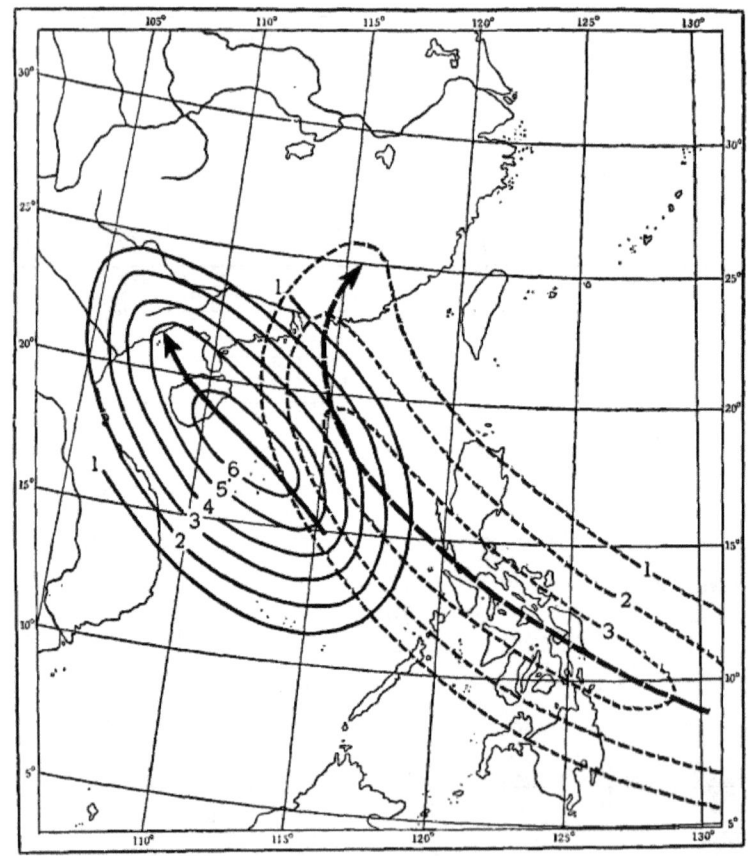

附图1　5月登陆广东台风的平均路径

注：1. 红色箭头表示发源于南海中登陆广东台风的平均路径。

2. 蓝色箭头表示发源于菲律宾帮岛以东洋面登陆广东台风的平均路径。

3. 图中数字系按每5°经纬网50年中该月份登陆广东台风能通遇的次数分配求得，并且用线把次数相同的地区联结起来。发源于南海中的台风用红线，发源于菲律宾群岛以东洋面的台风则用蓝线。（此处黑白影印，无法体现颜色）

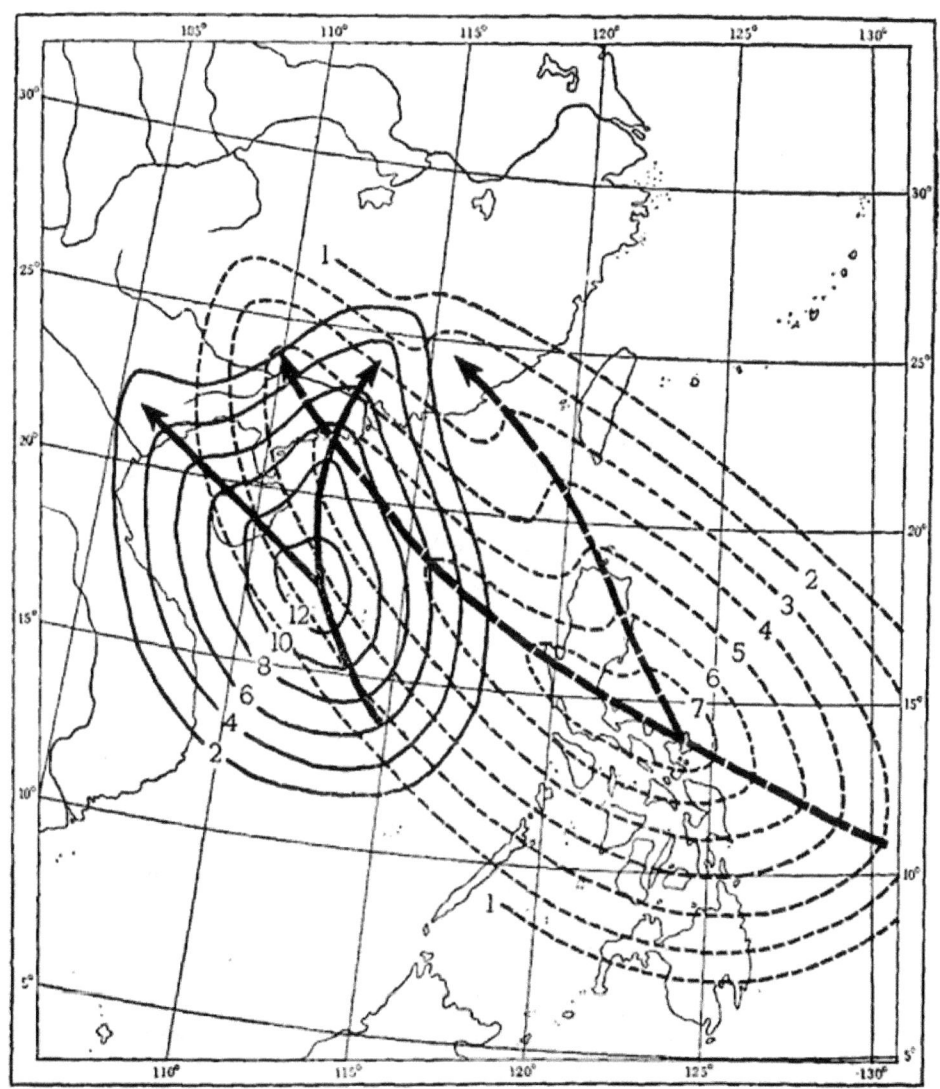

附图2　6月登陆广东台风的平均路径

注：1，2，3同附图1。

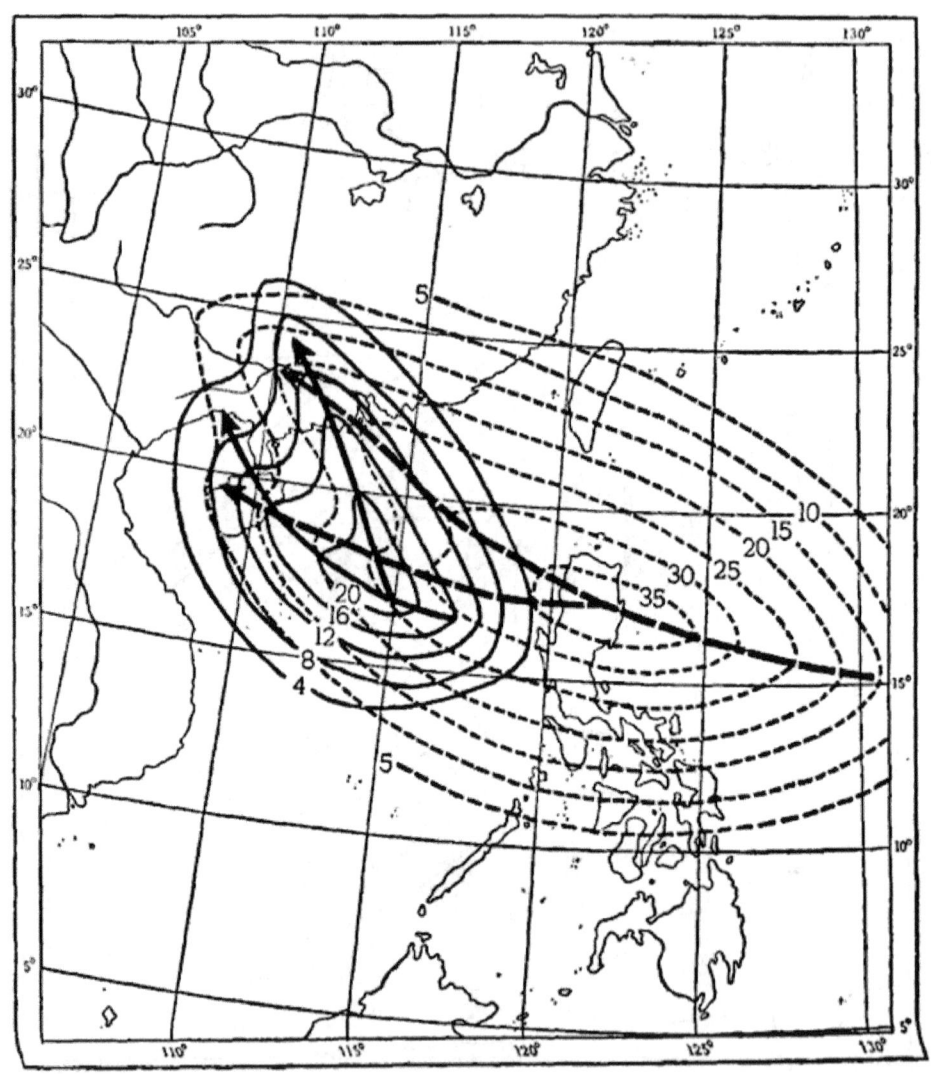

附图3　7月登陆广东台风的平均路径

注：1，2，3同附图1。

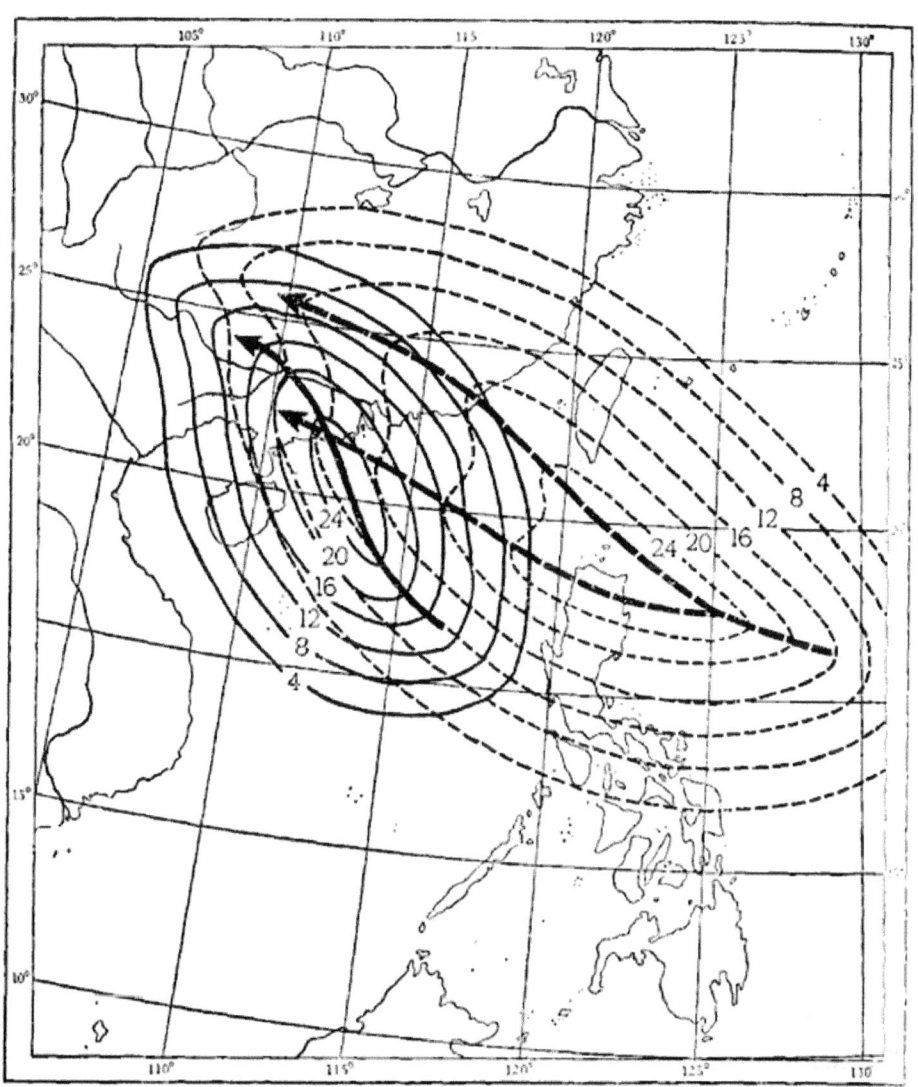

附图4　8月登陆广东台风的平均路径

注：1，2，3同附图1。

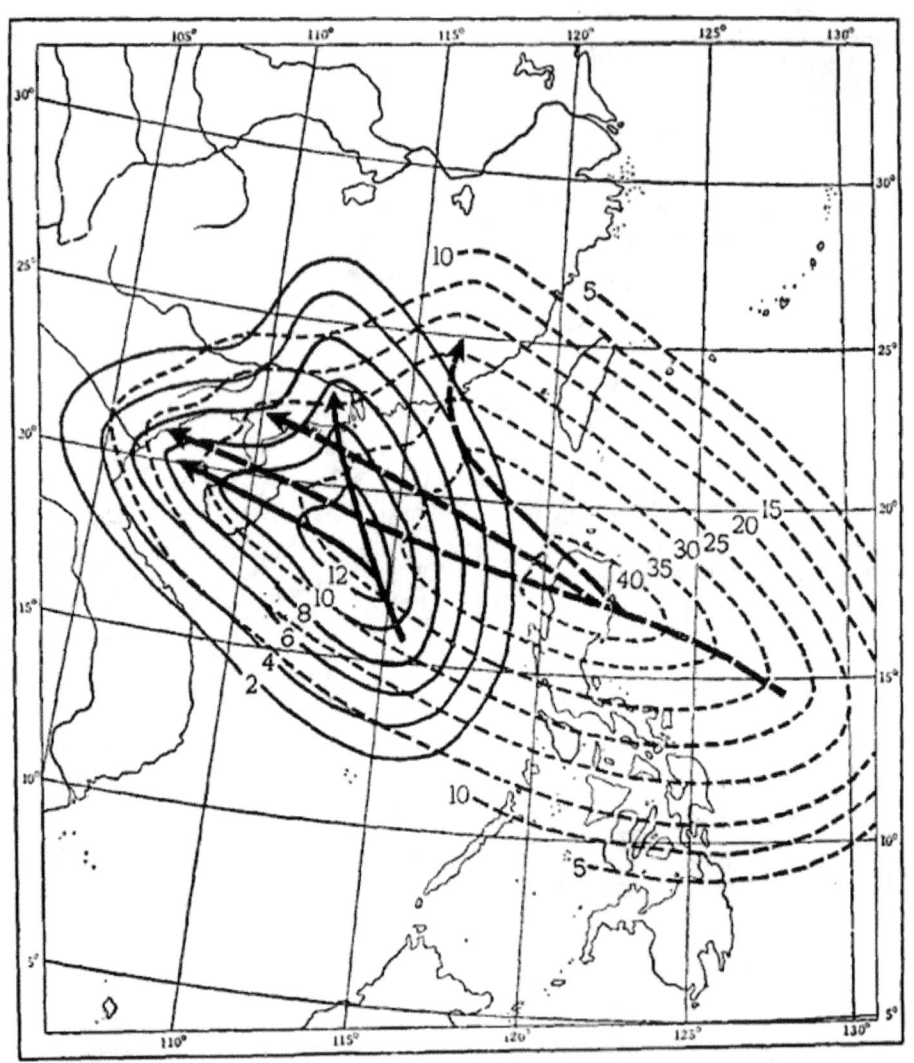

附图5　9月登陆广东台风的平均路径

注：1，2，3同附图1。

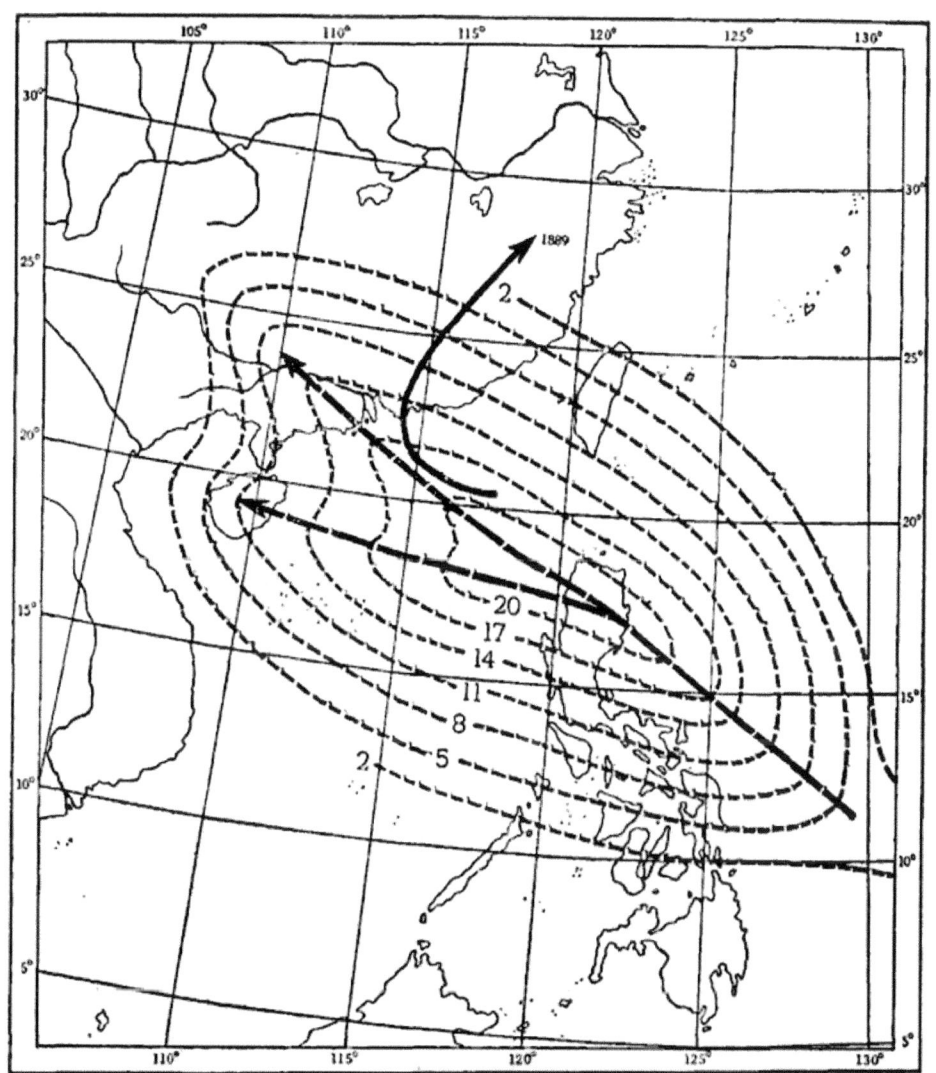

附图 6　10 月登陆广东台风的平均路径

注：1，2，3 同附图 1。

4. 50 年中 10 月在南海中发生登陆广东的台风只有 1889 年 1 次。

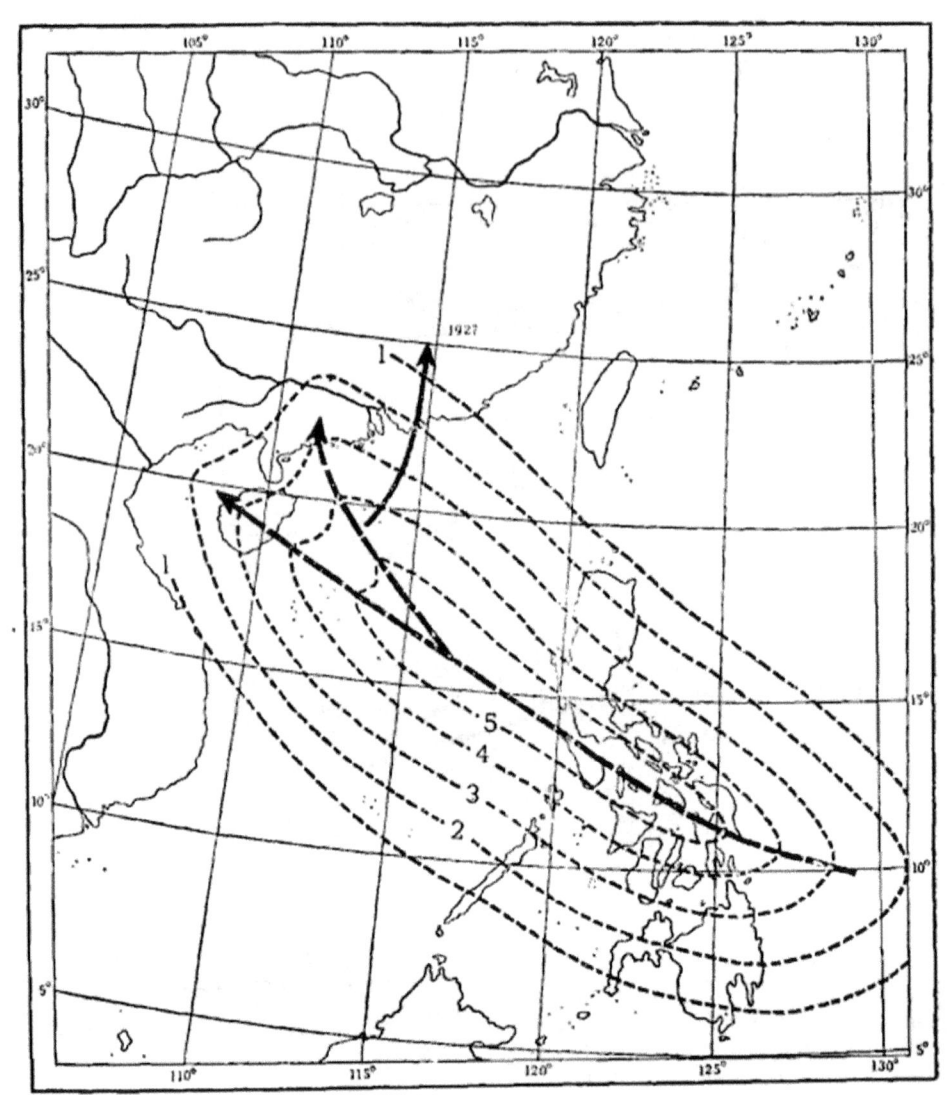

附图 7　11 月登陆广东台风的平均路径

注：1，2，3 同附图 1。
　　4. 50 年中 11 月在南海中发生登陆广东的台风只有 1927 年 1 次。

（本文于 1955 年 8 月 24 日收到）

[限于篇幅，文中一些图表删去，原载《中山大学学报》（自然科学版）1955 年第 3 期。]

第十四篇　珠江三角洲台风暴潮（节略）

沈灿燊　甘雨鸣

沈灿燊

甘雨鸣

提示：珠三角河道纵横、大小、方向、形状不一，加上珠江源远流长，客水量大，以及河道地形特点，使洪水夹台风，叠加潮汐而来风暴潮，巨浪如山，最大增水位可达1.6米，产生危害极大。论文在探讨各个要素综合作用之后，提出登陆珠三角的台风以来自太平洋为主，南海来的台风不多，影响为中弱。台风暴潮路径在宝安与台山之间为主，其他地方次之。基于台风暴潮的严重危害性，必须高度注意其动向，并设法预防。

珠江河口常受台风侵袭。从1949—1970年，在珠江三角洲登陆和掠过外海，使本区发生增水现象的台风达60多次。其中多次形成暴潮并挟带巨浪，沿岸堤围被暴潮巨浪冲击，威胁甚大。

一、影响台风增减水位的几个自然地理要素特点

珠江河口是三角洲网河区型的河口，河汊纵横，各河方向、大小和形状都不一致。加上珠江源远流长，流域广大，上游大量洪水全部经由河口三角洲宣泄，洪水变化大，三角

洲各河流量分配每次洪水都不相同。加以本区潮汐变化复杂，又多暴雨，当台风侵袭本区时，每因河汊大小、形状、河向、上游来水量多少、潮位高低和暴雨大小而对台风增减水位有不同程度的影响。

（1）河道地形的特点。珠江河口是由三角洲网河构成，大小河汊不下千条，以形状来说，可分为两类：一类是普通的河道，如磨刀门；二类是喇叭形河道，如虎门和崖门。后一种形状河道，当台风来时，如吹偏东风，从海外带来强大的潮波，乘盛潮大量涌入，增水较快较大；反之，当台风转向，吹偏北风，又值退潮时，大量河水，顺泄而出，减水现象特别明显。以河道方面来说，可分三种不同方向：第一种是东向的河道，如横门；第二种是偏东南向的河道，如磨刀门、洪奇沥、蕉门等；第三种是偏南北向的河道，如虎跳门和崖门。由于台风多由 SE 或 E 向西或西北运行，故台风潮水增水每以第一、第二种河道最剧烈，当台风来前或离去，吹长期较强大偏北风时，第三种河道减水现象最厉害。实际上，河向、河形应当综合考虑。例如，崖门是喇叭形南北向河道，在吹偏北风退潮时，成为全区最大减水值区；反之，虎门水道内的横门口，由于虎门是喇叭形，本身又是东向，当吹强烈东风，涨潮时，常成为增水高值中心。另外，我们还要考虑河道的畅宽阻塞情况和河道口门的岛屿分布情况，这些特点对台风潮水的增减水是有一定影响的。

（2）上游洪水情况。本区上游洪水由 5 月开始增大，到 9 月以后便告结束，以后便进入枯季。洪水一般可分为头造水（农历三月底）、四月初八（农历四月）、龙舟水（端午附近）、七夕水（农历七月）和中秋水（中秋附近）5 个大洪峰，其中以龙舟水最大，但有时七夕水也会成为全年最高洪峰，中秋水则由台风暴雨引起所致。一般三角洲河口地区洪水主要由西江、北江两江分洪影响，而两江洪水每年变化很大，一般可分为下列四种主要类型。（表1）不同上游流量引起三角洲各河汊不同流量分配，不同流量分配引起不同水位，当台风夹带盛潮而来，与洪水余波相遇，相互抬高，使增水情况受到不同程度的影响。而在秋冬两季，上游流量较少，河口水位较低，台风带来的增水现象一般较小，这种现象以三角洲中部洪水、潮水和台风三者都能达到的地区最显著。

表1 洪水的4种类型

类型	遭遇情况	发生年份	控制站站名	相应流量（立方米/秒）	洪峰出现日期
I	西北两江特大洪水遭遇	1915	横石（北江）	18600	7月10日
			梧州（西江）	54200	7月10日
			思贤滘（三角洲）	5800	7月12日

续上表

类型	遭遇情况	发生年份	控制站站名	相应流量（立方米/秒）	洪峰出现日期
II	以北江为主，西江相应的遭遇	1931	横石（北江）	16400	7月1日
			梧州	21480	7月3日
			思贤滘	4730	7月2日
III	以西江为主，北江相应的遭遇	1949	横石	11230	7月1日
			梧州	48300	7月5日
			思贤滘	4860	7月4日
IV	西江、北江两江一级洪水的遭遇（当时三角洲大潮正盛）	1959	高要（西江）	25300	6月23日
			石角（北江）	7570	6月23日
			三水（三角洲）	9450	6月25日
			马口（三角洲）	3210	6月23日

（3）潮汐情况：本区潮型为混合潮中的非正规半日周潮型，每天两次高潮和两次低潮，潮差和潮历时都不相等，每月以朔望后 2～3 日潮位最高，上、下弦后 2～3 日潮位最低。

本区潮差（包括最大潮差、平均潮差）的地区分布是有一定规律的，以上、下游来说，喇叭江形的水道，潮差是向上游逆增的；反之，一般河道则向上游逆减。一般来说，平均潮差最大不过 1.6 米左右，最大潮差亦不过 3.3 米（包括涨落潮最大潮差）以平面分布而言，如以各水道口门站为标准，则以泥湾门和磨刀门为低值中心，向东西增大，东部最大在周仔围，西部最大在崖门石砠。

当台风来时，将海潮带入，海潮沿河上潮，涌离水位，增水大小与潮位大小有关，而潮汐的大小每与潮差的分布有一定的关系。

此外，三角洲有许多大大小小的会潮点（图3），会潮点的发生是由于两支潮流相遇，一般水位较高，当台风暴潮俱来，涌入河道之水流在会潮点处相遇，增加增水高度，这种现象，尤以大会潮点为甚。（但会潮点处多无台风水位纪录，故有待以后深入研究）

实则，以上三种因素是交相作用的，在它们的影响下，对台风水位增水现象起了一定作用，在以后分析增减水原因中，便可以发现这一点。

根据 1949—1970 年资料统计，侵袭广东沿岸地区的台风共有 149 次，汕头以东和北纬 15°以南的台风未计算在内，平均每年 7 次，其中以 8 月、9 月出现最多，约占 58%，5 月和 11 月最少，占 8%（表2）。

表2 台风出现次数

月份	5	6	7	8	9	10	11	总计
出现次数	6	12	29	45	41	10	6	149
占百分比	4%	8%	20%	30%	28%	6%	4%	100%

台风正面袭击珠江三角洲的时候，无论其强度大小，河口水位均受影响。台风从三角洲附近经过时，由于其边缘的影响，水位乃发生不同程度的变化。根据1949—1970年记录，在三角洲登陆以及在其外海经过，使水位发生变化的台风共达65次，平均每年3次侵袭本区的台风多系偏东风。在台风登陆前，本区东部多出现北风，西半部出现西北或西风。随着台风登陆，风力逐渐增大，风向依次改为东北东和东南，偏东风时风力最大，西部则多转向西南风。台风右半圆风力比较大，左半圆较小，一般前者比后者大3～4级。这种现象因台风登陆地点不同所控制的范围大小有所不同。

由于台风源地、路径、强度和登陆地点不同，因此对水位影响也不一样，按台风登陆地点分为四类：

（1）由宝安至台山之间登陆。

（2）北纬20°以北西行，在雷州半岛和海南岛北部间登陆。

（3）北纬18°～20°之间西行。

（4）大亚湾以东登陆。

对珠江口水位影响主要取决于台风登陆地点，而水位变化的大小又决定于台风的强度。比如，太平洋来的强台风在宝安至台山间登陆，本区水位变化最大，而在大亚湾以东登陆，则水位变化小，甚至无影响。

现将1951—1962年台风分类于后（表3）。

表3 台风类型

登陆地点	台风强度	发源地	出现次数	备注
宝安至台山	强台风	洋	4	
		海	1	
	台风	洋	5	
		海	2	
	弱台风	洋	2	
		海	5	
北纬18度至20度	强台风	洋	7	
		海		
	台风	洋	4	
		海	10	
	弱台风	洋		
		海	7	
大亚湾以东登陆	强台风	洋	6	
		海		
	台风	洋	1	
		海	4	
	弱台风	洋		
		海	1	
北纬20度以北在雷州半岛和海南岛北部之间登陆	强台风	洋	7	
		海		
	台风	洋	4	
		海	6	
	弱台风	洋	1	
		海	9	

表注：北纬18°以南和汕头以东的台风未列入表内。
（注1）见沈灿燊、卢如秀：《中山大学：珠江三角洲潮汐的研究》。
（1）1954年10月30日—11月7日台风（略）。
（2）1957年9月19日—23日台风（略）。
（3）1962年8月31日—9月3日台风（略）。
（4）1953年9月13—20日台风（略）。
（5）1955年9月20—26日台风（略）。

由表可知：①太平洋来的强台风共28次，其中在宝安至台山间登陆的4次占14%；20°N以北，在雷州半岛和海南岛北部之间登陆的7次，占25%；13°~20°N之间西行的7次，占25%；宝安以东登陆的6次，占1%；中台风14次，在宝安至台山登陆的5次，占35%；20°N以北西行登陆的4次，占29%；20°N以南西行的4次，占29%；宝安以东登陆1次，占7%。弱台风只有3次，两次在宝安台山之间登陆，一次在雷州半岛登陆。②南海来的台风中，强台风仅有在中山登陆一次。中台风有22次，在宝安至台山间登陆2次，占9%；20°N以北西行登陆的6次，占27%；20°N以南的10次，45%；宝安以东4次，占19%。弱台风22次，在宝安至台山间登陆5次，占23%；20N以北登陆9次，占40%；20°N以南西行7次，占33%；宝安以东登陆1次，占4%。③太平洋来的台风中以强台风占最多且多在本区登陆或在20°N以北西行，因此，对本区水位的变化将起决定性作用。南海源台风几乎均是中弱的，对本区水位影响不大。

二、不同类型台风对珠江三角洲河口区潮水位的影响的分析

实际研究中，根据大量资料的分析，发现不同类型的台风，对珠江口潮水位有不同程度的影响。在1951—1963年有纪录的80多次台风中我们按上述分类在每类中找出几次有代表性的台风潮水位，分析它的过程，找出它们之间的关系和特点。

三、结束语

（1）不同类型的台风，对珠江河口增水有不同的影响。Ⅰ类台风引起的增水值最大，在12年的资料中，Ⅰ类的强台风引起增水最大值可达1.6米以上。Ⅱ类台风次之，在同样风力下，增水比Ⅰ类少，但当碰上特强台风时，增水也可以达到1.6米。Ⅲ类台风影响更小。Ⅳ类台风，一般是不会引起增水的，只有强台风时才引起少增水。在18°N以南掠过海面的台风，无论其强度大小，对本区是没有影响的，至于南海台风，对本区增水的影响不大。

（2）台风侵袭本区，在本区登陆时，一般台风右半圆地区无减水现象，左半圆则出现减水。如果台风在三角洲中部的中山登陆，右半圆的虎门水道没有减水现象，而左半圆的崖门则有减水出现。在香港、宝安登陆的台风，因整个三角洲大半处在左半圆，故在登陆前即普遍出现减水，但随着台风登陆，风向改变，迅速转变为增水。掠过海面西行台风，本区一般无减水现象。当吹刮的偏北风愈强，持续时间愈久，则减水愈剧烈。在连续10小时以上强北底风控制下，崖门减水可达1米以上。南北向的口门，减水比东南向或东向的门大得多。

（3）正面侵袭三角洲，在三角洲登陆的台风，增水的大小和当地的风向和风速密切相关，特别是登陆前风速大，而登陆后风速迅速，仍保持一定风速，不迅速减弱的台风增水

剧烈。在资料分析中，发现登陆前风速在4米/秒以上，登陆后仍保持在30米/秒左右的一次台风增水最大值可达1.6米以上。当登陆后风速减弱，当风速在12米/秒以下时，增水较小在珠江口外海面掠过的台风，与当地风速关系不明显主要决定于台风的中心最低气压，一次18°N以北掠过本区海面由东向西的台风，中心气压低于900毫巴，增水极值也接近1.6米。

此外，增水和台风中心移动速度有很大关系，在风力、气压相同的情况下，移动越慢增水越高。

（4）登陆珠江三角洲的台风，增水值主要决定于强度。但还和当时的天气形势有关，就是说和登陆后的路径和是否继续加强有很密切的关系。如台风登陆后折向西行，则全区急骤增水，影响最大，北行或西北次之，东行或东北行又次之。又如果台风登陆后继续加强，则增水值大得多。

（5）在12年资料分析中，三角洲各口门的增水过程都有不同：①崖门、银州湖一带。由于是深溺谷，河道南北向。其特点是历史潮水位资料中没有台风暴潮记录，是否与水深河宽成一开阔湖形的地形有关？我们估计在内波中可能会有较明显的暴潮记录。这里在台风登陆初期，一般有明显的减水现象，以后便迅速增水，增水极值也高。②珠江口蕉门以下河段。河形为喇叭形，当台潮涌入，增水较快较高，在洲仔围、横门附近，常成为增水高值中心，减水现象较少。③磨刀门至虎跳门一带。偏东向河口，如泥湾门口鬼仔阁为台潮威胁较大地区，这里靠近三灶岛沿海高潮差带。白藤堵海前常成为增水另一个高值中心自堵海后，增水程度大大降低。④天河—甘竹—市桥以上地区，受台潮影响较小。

（本文写于20世纪70年代，原载于广东省《华南地理文献选集》，科普出版社广州分社1985年版）

第十五篇　广东地面的热量平衡

黄润本

黄润本

提示：地面热量平衡是一个地区气候基本因素，影响自然综合体的一切过程。广东是全国地表热量最丰富的地区之一，在理论和生产实践上有重大意义。新中国成立前广东这方面研究甚少，新中国成立后，基于地理学全盘苏化和生产需要，黄润本最先开始这种研究尝试，他采用地面热量平衡计算方法，按照总辐射量、地表湿润条件和乱流热量等差异，划分辐射平衡分布图，及其在韶关、广州、汕头等地空间表现，为农业布局提供有效依据，表现地理学在新中国成立初为生产服务方面崭露头角。

一、前言

地面的热量平衡是决定着各个地区气候特性的基本因素，它对于自然综合体中的一切过程都有影响。现今任何改变气候的措施都立足于改变地面的条件，以达到热量平衡各分量的改变。因此，热量平衡的研究实有学术上和实践上的重大意义。

我国近年来在热量平衡的个别分量上已做过一些研究工作。朱岗昆、杨纫章对于我国各地蒸发量的研究，并且在研究过程中根据气温计算了我国各地的辐射平衡值，[1] 以及利用计算得的蒸发数据，进而分析了我国各流域的水量平衡。[2] 尹宏由日照记录计算我国东部总辐射的分布；[3] 刘振兴在计算陆面蒸发量方面的理论研究；[4] 以及最近萧文俊根据日射观测记录分析我国总辐射分布等。[5]

---

[1] 朱岗昆、杨纫章：《中国各地蒸发量的初步研究》，载《气象学报》1955年第26卷第1～2期。
[2] 朱岗昆：《中国各流域水景平衡的初步分析》，载《气象学报》1957年第28卷第1期。
[3] 尹宏：《利用经验公式由日照记录计算中国东部总辐射的分布》，载《气象学报》1957年第28卷第2期。
[4] 刘振兴：《论陆面蒸发量的计算》，载《气象学报》1956年第27卷第4期。
[5] 萧文俊：《中国总辐射的年分布及季分布》，载《气象学报》1959年第30卷第2期。

苏联学者对于热量平衡的研究已有巨大的成就。尤以地球物理观象总台，从1945年开始了有系统地从事热量平衡规律性和改善计算热量平衡分量方法的研究，[①] 先后完成了苏联部分地区及整个苏联领土，以至全地球表面的热量平衡图；同时发表了许多专门的著述。苏联热量平衡研究方面的成就，已经能够精确地、科学地评价土地的能量资源，进一步阐明各个地区气候形成的规律性，直接地揭露和用数据指出自然地带性的能量本质；运用热量平衡的资料，来完成在实际土壤改良措施时自然地理条件的变化，以及这些措施的水文气象效应的一系列的计算。[②]

二、计算的方法

本文是依照 М. И. 布迪科（Будыко）的方法[③]计算热量平衡各分量的。

地面的热量平衡主要由以下四个分量组成：①地面辐射平衡 R；②水分蒸发的热量消耗 LE（其中，E 代表蒸发量，L 代表蒸发潜热）；③地面与大气之间的乱流热通量 P；④地面与下层土壤间的热量转换 A。根据能量守恒定律，地面的热量平衡在每一特定时刻都应等于 0，即

$$R + LE + P + A = 0, \tag{1}$$

这就是地面热量平衡方程式。在方程式中，地面得到热量的各项为正值，而地面失去热量的各项则为负值。

辐射平衡 R 等于地面所吸收的短波辐射总量与长波有效辐射的差：

$$R = (Q + q)(1 - \alpha) - I, \tag{2}$$

式中，$(Q+q)$ 为总辐射（在实际有云的情况下，直接辐射 Q 与散射辐射 q 的总和），α 为地面反射率，I 为有效辐射。

总辐射应用下式计算：

$$(Q + q) = (Q + q) \cdot [1 - (1 - k)n], \tag{3}$$

上式通常称为萨维诺夫 - 翁格斯特龙（Савинов-Ångstrtōm）公式。[④] 式中 $(Q+q)$ 为碧空条件下的总辐射，n 为以分数表示的平均云量，k 为系数，它表明布满云层时到达地面的太阳辐射相当于到达云顶的太阳辐射的分数。

---

① БУДЫКО М И. 1958. Изучение теплового баланса земной поверхностя. *Изь АН СССР*. сер, геогр, No4.
② БУДЫКО М И. Дроздов, О. А. Львович, М. И., Погосян, Х. П., Сапожникова, С. А. и Юдин, М. И., 1952. Изменение клнмата в связи с планом преобразовения прнроды засушливмх райоиов СССР. Л.
③ БУДЫКО М И., 1965. Тепловой баланс земной поверхяостн Гялрометеовздат. Л.
④ БУДЫКО М И., 1965. Тепловой баланс земной поверхяостн Гялрометеовздат. Л.

В. Н. 乌克拉英采夫（Украинцев）曾根据实际资料确定不同纬度 $(Q+q)_o$ 的月平均值①（在文献②中有表可查）。

系数 k 也利用实测日射资料确定,③ 它的值随纬度而有变化，在本文研究范围内 k 值为 0.32（北部）～0.33（南部）。

地面反射率 α 的大小视地面状态而有不同，根据文献④的资料，广东地面反射率 α 一般可取为 0.18。

计算有效辐射 I，首先确定碧空条件下的有效辐射 I_o。М. Е. 别尔梁德（Берлянд）曾对 I_o 做出理论计算，并制成利用气温与水汽压查算 I 的表⑤（在文献⑥中有以大卡/平方厘米·月为单位的 I 查算表）。

考虑到云量及地面与空气的温度差对有效辐射的影响，采用苏联地球物理观象总台的有效辐射公式⑦：

$$I = I_o(1 - cn^2) + 4S\sigma\theta^3(\theta_w - \theta) \tag{4}$$

式中，c 为说明云对有效辐射影响的系数，它的数值是用根据各层云的频度资料的理论计算方法来确定的，现已有关于各纬度带系数 c 的平均值资料，在本文研究的范围里 c 值为 0.62（北部）～0.58（南部）；S 为说明自然表面的辐射与黑体辐射区别的系数，其平均值取为 0.95；σ 为斯忒蕃-波尔兹曼（Stefan-Boltzmann）常数；θ 及 θ_w 分别表示空气温度和地面温度。由于目前地面温度资料还很缺乏，要利用间接方法来确定 θ_w。

考虑到乱流热通量数值是和地面与空气的温度差成比例，М. И. 布迪科采用 $P = b \cdot (\theta_w - \theta)$，其中 b 为比例系数,⑧ 从热量平衡方程和公式（2）、（4），得下列关系式：

$$4S\sigma\theta^3(\theta_w - \theta) = \frac{(Q+q)(1-\alpha) - I_o(1-cn^2) + LE + A}{\frac{b}{1+4S\sigma\theta^3}}, \tag{5}$$

---

① АЛИСОВ Б П., ДРОЗДОВ, О А., РУБИНШТЕЙН, Е С., 1952. Курс кля. м. атологии ч я Гялрометеонздат. Л.
② БУДЫКО М И., 1965. Тепловой баланс земной поверхяостн Гялрометеовздат. Л.
③ АЛИСОВ Б П., ДРОЗДОВ, О А., РУБИНШТЕЙН, Е С., 1952. Курс кля. м. атологии ч я Гялрометеонздат. Л.
④ БУДЫКО М И., 1965. Тепловой баланс земной поверхяостн Гялрометеовздат. Л.
⑤ ВЕРЛЯНД, М Е., ВЕРЛЯНЛ, Т Г., 1952. Оцределение эффектявного язаучения земля с учетом влиянвя облачности Изб АН СССР, сер геофиз., No1.
⑥ Методы климатологической обработка метеорологических яаблюденяй. Под. ред. О. А. Дроздов Гялрометеонздат. Л.
⑦ БУДЫКО М И., 1965. Тепловой баланс земной поверхяостн Гялрометеовздат. Л.
⑧ БУДЫКО, М И., 1950. К теоряи гилрометеорологической эффектявности полезащитяого лесоразвелеведения Съ Вопросы. гидрометеорологической эффектявности полезащитяого лесоразвелеведения Съ " Вопросы гядрометеорологической эффектявности полезащитяого лесоразвелеиня Гялрометеоя" здат. Л.

式中，比数 $\dfrac{b}{4S\sigma\theta^3}$ 根据近地气层中平均交换系数的计算及根据仪器直接测量有效辐射的资料确定了它的平均值：

（1）当 $(Q+q)(1-\alpha)-I_o(1-cn^2)+LE+A>0$ 的条件下，比数 $\dfrac{b}{4S\sigma\theta^3}$ 的平均值大约等于 3。

（2）当 $(Q+q)(1-\alpha)-I_o(1-cn^2)+LE+A<0$ 的条件下，比数 $\dfrac{b}{4S\sigma\theta^3}$ 的平均值大约等于 1。

利用 $\dfrac{b}{4S\sigma\theta^3}$ 的平均值，可以按方程（4）、（5）近似地确定 $4S\sigma\theta^3(\theta_w-\theta)$ 这一项对陆地表面辐射平衡的影响。

地面自然蒸发量 E 的计算，采用 М. И. 布迪科公式①：

$$E=\sqrt{\dfrac{R_o r}{L}th\dfrac{L_r}{R_o}\left(1-ch\dfrac{R_o}{L_r}+sh\dfrac{R_o}{L_r}\right)},\tag{6}$$

式中，r 为平均降水量；th、ch、sh 各代表双曲线正切、余弦及正弦；R_o 为根据空气温度确定有效辐射时的辐射平衡值，也就是不考虑 $4S\sigma\theta^3(\theta_w-\theta)$ 这一订正项的辐射平衡值。朱岗昆曾根据公式（6）计算我国各地的自然蒸发，② 但他采用另外的方法计算 R_o 值。

在年热量平衡中，地面与下层土壤间的热量转换 A 的多年平均值一般等于 0。月平均值应根据各深度逐月土壤温度的变化及土壤热容量等资料来计算。但目前在还很缺乏土壤温度资料的情况下，A 的月平均值可以根据气温年变幅的大小来推求。③ 在那些气温年变幅不大的地方，土壤中热量转换的逐月半平均值非常小，因而可以不予考虑。广东各地气温年变幅都不大，A 值与平衡方程各基本项相比是非常小的，所以在各月热量平衡的计算中，没有把 A 值算进去。

地面和大气间的乱流热通量 P，本文是把它作为热量平衡方程的余项来确定的。

本文所采用计算地面热量平衡的气象资料，系根据新中国成立后广东省气象局各台站的气象记录。采用计算的台站共有 26 个，大部分有 5 年以上的记录。

现仅就总辐射一项，选取广州气象台自 1957 年 6 月至 1959 年 9 月这 28 个月的观测记录，与采用公式（3）计算的数据做一比较，这两者的相关联系如图 1 所示。从图上可见，除个别点比较分散外，一般是靠近直线两旁分布，结果是令人满意的。上述 28 个月的总

---

① ВУДЫКО М И., 1948. Исоарение в естественяых условиях Гядрометеоязлат. Л.
② 朱岗昆：《中国各流域水量平衡的初步分析》，载《气象学报》1957 年第 28 卷第 1 期。
③ БУДЫКО М И., 1965. Тепловой баланс земной поверхяостн Гядрометеовздат. Л.

辐射计算值与实测值之间的相对差值也做了计算,平均为13%;如果就1958年的年总辐射计算值与观测值比较,年相对差值仅为2.6%而已。根据苏联地球物理观象总台采用同一公式所计算的许多地点总辐射与实际观测值之间的月平均相对差值为10%,年平均为5%,[1] 可见本文就现有资料的计算结果与苏联地球物理观象总台的计算结果相比较,其准确程度甚为近似。事实上,在我国除沙漠、草原、高山、高原地区以外,采用萨维诺夫 – 翁格斯特龙公式计算总辐射是较为适当的,因为它比现行的其他若干经验公式所发生的误差小得多。[2]

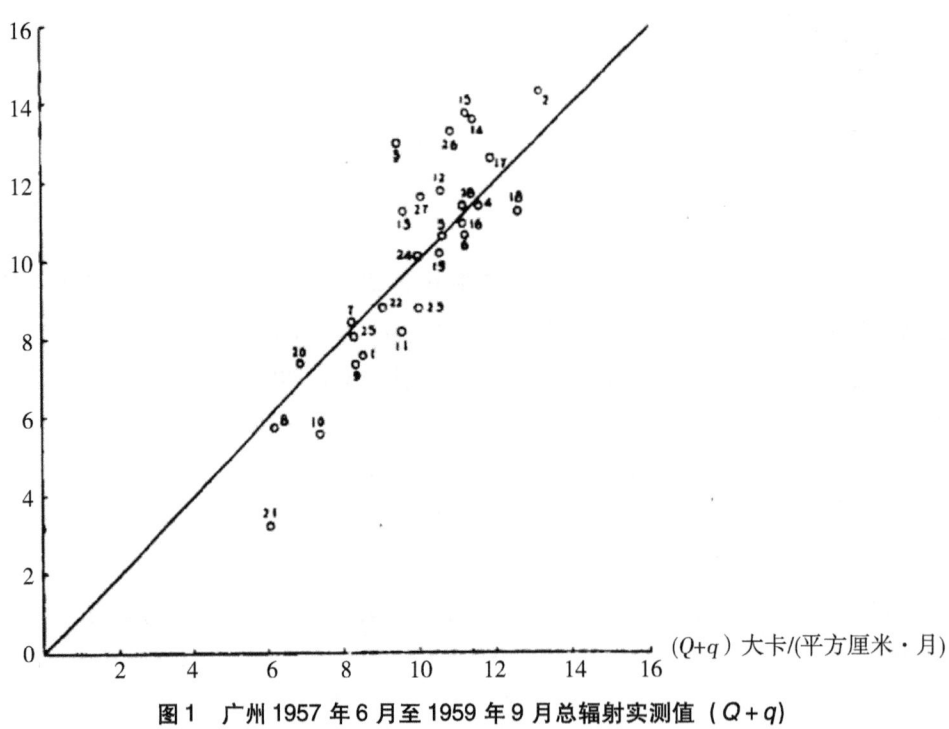

图1　广州1957年6月至1959年9月总辐射实测值（$Q+q$）
与计算值（$Q+q$）的相关联系

（点旁的数字表示自1957年6月至1959年9月顺序）

---

[1] ВУДЫКО М И., ЕФИМОВЗ Н А., 1955. О точностя карт составляющнх теплового балаиса Трубы ГГО вы.
[2] 萧文俊:《中国总辐射的年分布及季分布》,载《气象学报》1959年第30卷第2期。

三、热量平衡各分量的年平均分布

因为辐射平衡的大小主要由总辐射的大小来决定,因此,首先讨论一下总辐射的分布情况。总辐射的分布(图2)在粤北一隅约为110大卡/(平方厘米·年),这一数值向南逐渐增长,在海南岛南端增至134大卡/(平方厘米·年)以上。广东大陆部分,东半部的年总辐射量显著地比西半部为大,以致年总辐射等值线一般作东北—西南走向,这是由于东半部年平均云量较西半部为少而日照较多的缘故。自东江上游的河源东往韩江上游梅江谷地一带年总辐射形成一个高的中心,尤为突出。海南岛西部由于年中多半时间处于五指山地的雨影地区,多晴朗天气,因而西部年总辐射量比东部为大。

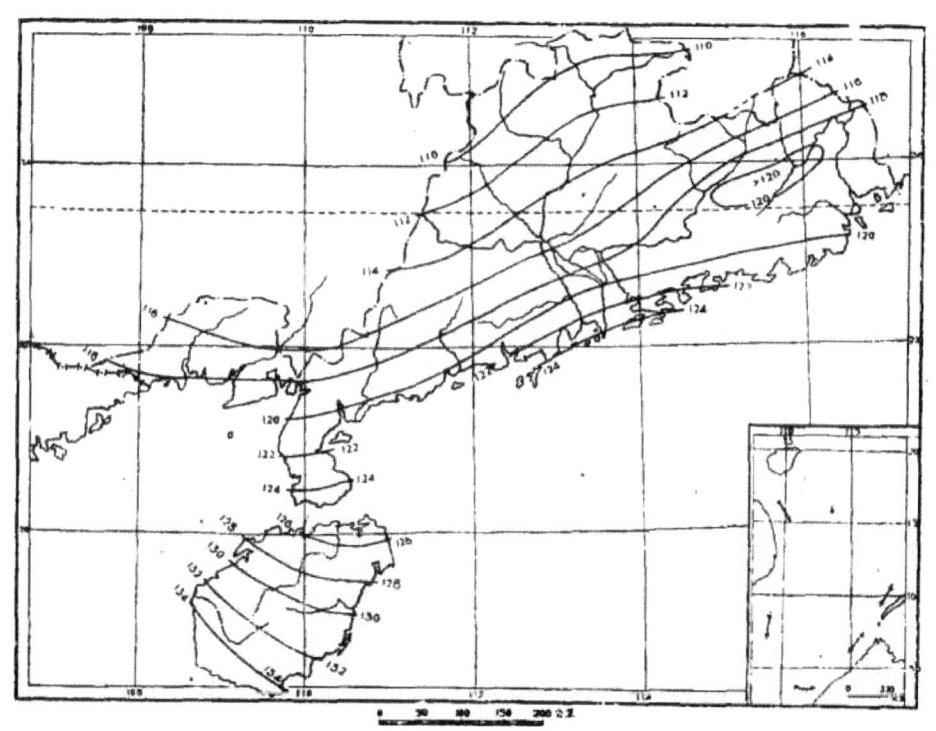

图2　总辐射［大卡/（平方厘米·年）］

辐射平衡的分布(图3)在粤北一隅为54大卡/(平方厘米·年)左右,向南逐渐增长,至海南岛东岸达70大卡/(平方厘米·年)以上为最多。由于广东大陆部分的东半部总辐射较西半部为多,故辐射平衡也显著地较西半部为大。海南岛辐射平衡分布与此相反,西部总辐射虽比东部多,但由于西部气候比较干燥,空气中水汽含量较少,使有效辐射的支出相当大,它抵消了由于云量少所增加的总辐射值还绰绰有余,因而西部辐射平衡反比东部为小。自北江地区迤南至珠江三角洲,辐射平衡等值线显著地向北凸出,系由于这些地区年中地面湿润程度较其相邻地区大,空气中水汽含量较多,减少了有效辐射的缘故。

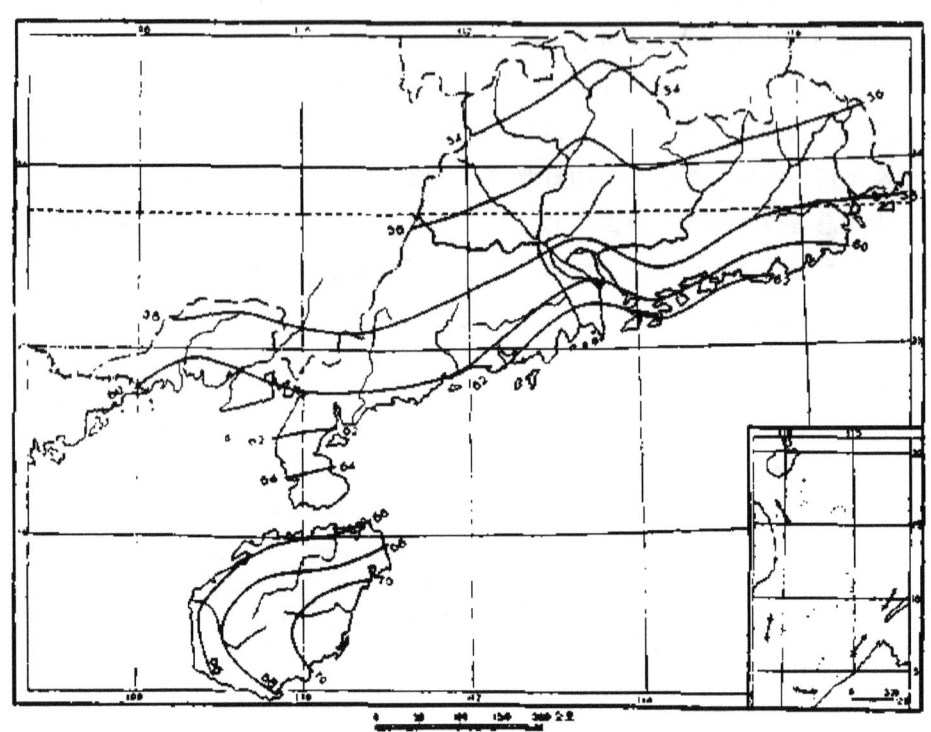

图3 辐射平衡[大卡/(平方厘米·年)]

因为热量的多少能直接影响植物有机体的基本生活机能,所以在一定的水分条件下,辐射平衡分布的界线往往与植物带的界线大致相符。A. A. 格里哥利耶夫(Григорьев)早已证实了这一点。①。值得指出的是:图3上56大卡/(平方厘米·年)这条辐射平衡线,与亚热带季雨林区和亚热带季风常绿阔叶林区之间的界线②是相当符合的。在这条线以北的地区,热带性果树如荔枝、香蕉、杨桃、番木瓜、番荔枝、凤梨(菠萝)等已不容易生长;在热带地区常见的野生植物如黄藤、猪笼草、鸦胆子等也难以发现了。而椴树属、山毛榉属、檫树属、乐树属、小檗属、赤杨属等温带种属野生植物,在这条线以南的地区则

---

① ГРНГОРЬЕВ A. A., О географнческях раляацяонных рубежах, Со " Проба Фцз ногра фцц ", mXII.
② 侯宽昭、徐祥浩:《海南岛的植物和植被与广东大陆植被概况》,科学出版社1955年版。

不容易见到。①

地面的湿润条件，对蒸发有很大的影响。当土壤中有足够水量时，蒸发与蒸发失热的大小基本上决定于辐射平衡的数值。广东地面蒸发失热（图4），以海南岛东部一隅为最多，可多达56大卡/（平方厘米·年）以上，它消耗了80%左右的辐射平衡热量，相当于1年蒸发了900多毫米的水量，便是由于这里年辐射平衡为广东全省最大的地区，年降水量又相当丰沛的缘故。海南岛北部及南部降水显著减少，因而蒸发失热在这些地区也迅速地递减。海南岛北端蒸发失热消耗的辐射平衡热量减至74%左右，南端则仅为60%～65%。海南岛西部水分与热量条件的不相适应是最显而易见的，这里辐射平衡仅次于岛的东部，但蒸发失热却为全省最少的地区，可少至36大卡/（平方厘米·年）以下，这一数值只消耗了当地辐射平衡热量的55%左右。海南岛东、西两部分干湿悬殊的情况，在植物景色上反映得十分鲜明。东岸到处可以看到富有热带海岸景色的椰子林和槟榔林；西岸的椰子和槟榔树只是稀疏地分布着；而沿海的平野地带大部分都显得很干燥，只生长耐旱植物如仙人掌类、某些肉质植物和硬叶有刺的灌木类。

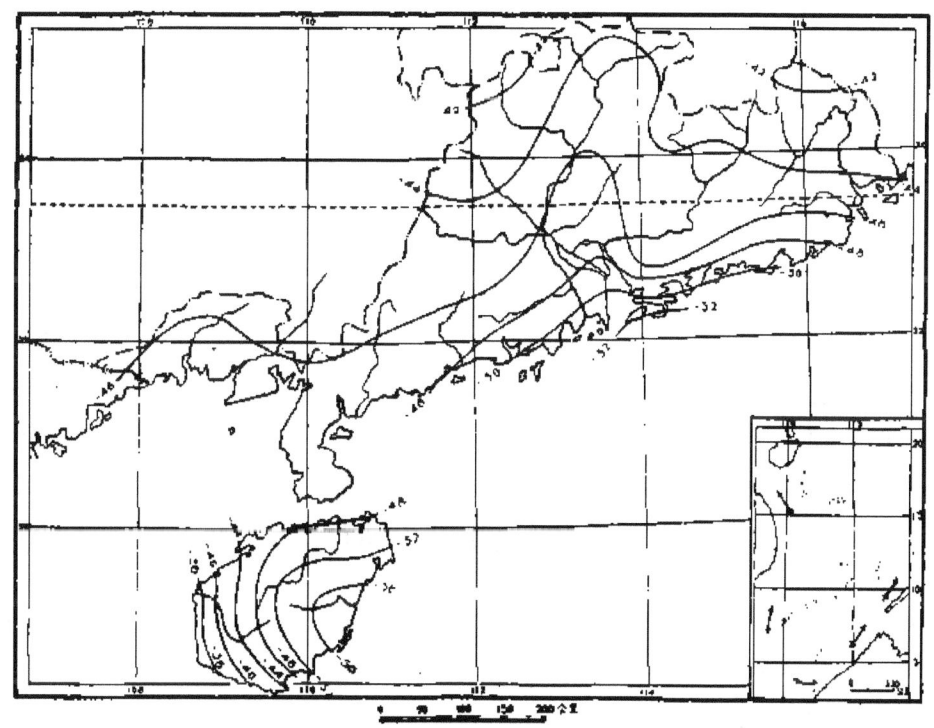

图4　蒸发失热［大卡/（立方厘米·年）］

---

① 因此，中山大学地理系有些同志主张采用56大卡/（平方厘米·年）这条线作为季风中亚热带与季风南亚热带的界线。

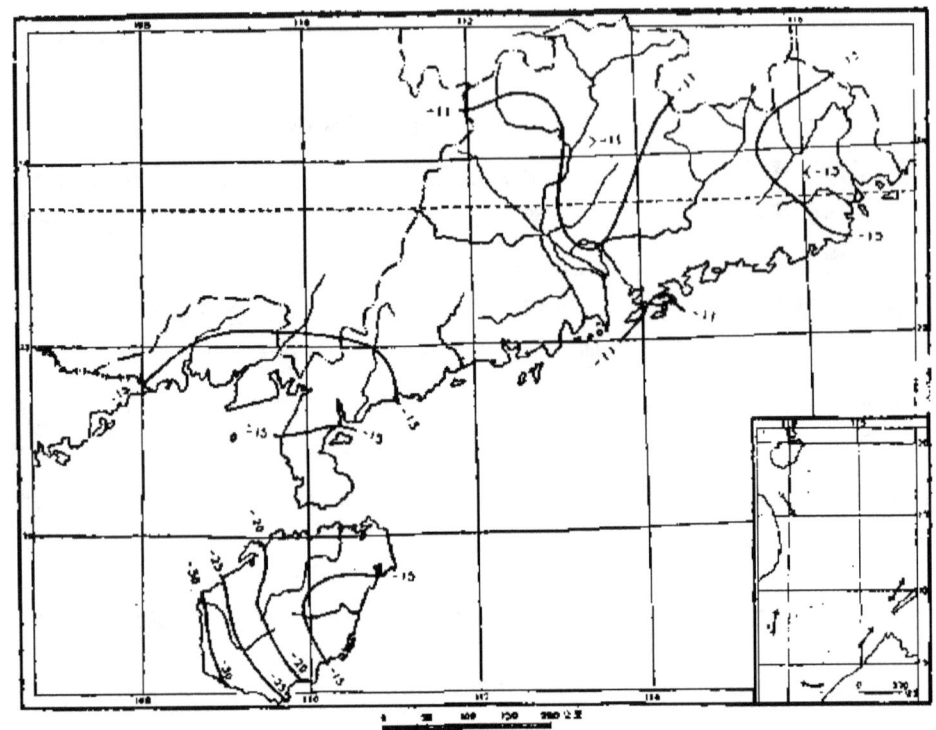

图5 乱流热通量 [大卡/（平方厘米·年）]

在广东的大陆部分，自北江韶关地区迤南以迄珠江三角洲，由于辐射平衡及降水量显著地多于其相邻地区，因此蒸发失热比其相邻地区也最为突出，消耗的辐射平衡热量达80%～84%，比海南岛东部一隅所消耗辐射平衡热量的比值还要大。韩江中游及上游梅江谷地一带，蒸发失热等值线的趋势显然不与辐射平衡等值线相一致。从东江上游到这一地区，辐射平衡自西往东是递增的，蒸发失热却是递减的，这一地区蒸发消耗辐射平衡热量在76%左右。雷州半岛是广东大陆部分辐射平衡最大的地区，但相应的年蒸发失热的增长则显然地是较少的，这一地区蒸发消耗了辐射平衡热量在74%（半岛南部）至76%（半岛北部）之间。

地面的湿润条件，基本上左右了乱流热通量数值大小的分布。地面愈湿润，乱流热通量就愈小；反之，地面愈干燥，乱流热通量就愈大。广东乱流热通量的分布（图5），以北江上、中游至广花平原一带为最小，在11大卡/（平方厘米·年）以下。韩江流域大于13大卡/（平方厘米·年）。钦、廉、高、雷地区自13大卡/（平方厘米·年）迅速地增至15大卡/（平方厘米·年）以上。海南岛东部一隅，虽然蒸发失热的绝对值为全省最大，但由于辐射平衡也最大，除了蒸发消耗非常多的热量以外，乱流热通量仍可达14～

15 大卡/（平方厘米·年）。海南岛西部由于一年中的大部分时期里土壤中含水量不足，消耗于蒸发的热量少，因而借乱流热交换作用输送给空气的热量最为可观，尤其是西岸北黎至九所一带，乱流热通量大至 30 大卡/（平方厘米·年），比东岸多出 1 倍以上。

四、热量平衡各分量的年变程

现选北江上游的韶关、韩江上游的梅县、珠江三角洲的广州、韩江三角洲的汕头、雷州半岛的湛江，以及海南岛东部的嘉积和西部的北黎等 7 处比较有代表性的地方，将每月热量平衡各分量分别绘成曲线（图 6 至图 12，图上 LE 及 P 表示热量的支出，是取正值），从图中可以看出各地在一年中热量平衡各分量的大小及其变化情况。

（1）韶关、梅县、广州及汕头等地区，由于 8 月降水多为热雷雨性质，云量较 6 月、7 月少得多。因此，8 月太阳高度角虽不及 6 月、7 月大，但总辐射却比 6 月、7 月为多，遂使 8 月成为一年中辐射平衡的最高峰。

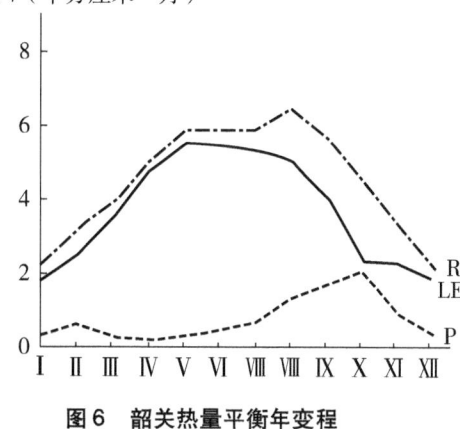

图 6 韶关热量平衡年变程

雷州半岛及海南岛等地，太阳过天顶的各月里，辐射平衡相应地形成了高点或有显著的增长（太阳过天顶的日期，湛江为 5 月 27 日及 7 月 19 日左右，嘉积为 5 月 18 日及 7 月 27 日左右，北黎为 5 月 17 日及 7 月 28 日左右）。嘉积及湛江两地，7 月辐射平衡不及 5 月大，5 月成为全年辐射平衡的最高峰。这是由于 7 月印度热低压向东伸展的南海低压槽势力最大，西南风也最盛行。这时海南岛的东部和北部常处于五指山的雨影地区，云雨量锐减，而雷州半岛及其他粤西沿海平坦的台地因为缺乏地形的抬高作用，云雨量也同样地突然减少。但这些地区此时云雨量的减少所导致辐射平衡的增加，不及有效辐射相应的增长，因而 7 月辐射平衡没有 5 月那样大。北黎地区全年辐射平衡最高点非常突兀地出现于 7 月，则由于该地区的雨季只限于 6～9 月，5 月地面依然相当干燥，有效辐射很大，以致 5 月辐射平衡远逊于 7 月。

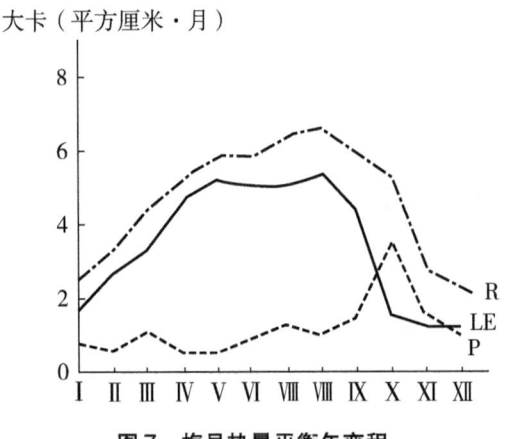

图7　梅县热量平衡年变程

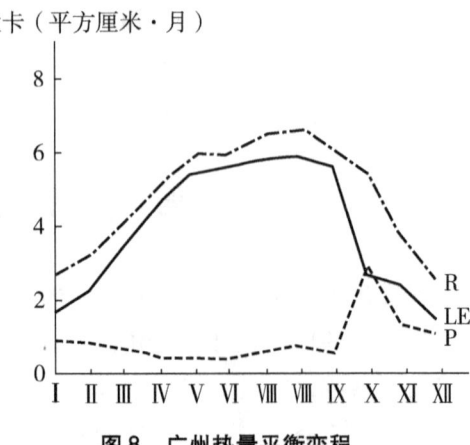

图8　广州热量平衡变程

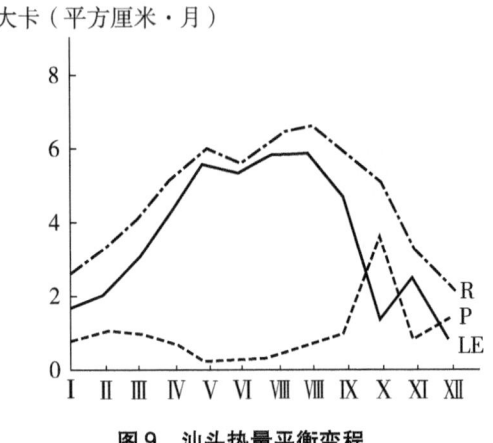

图9　汕头热量平衡变程

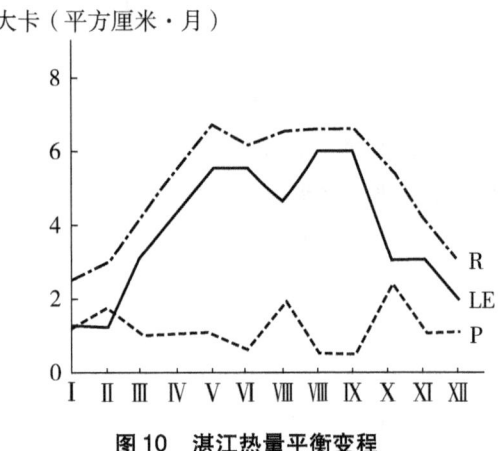

图10　湛江热量平衡变程

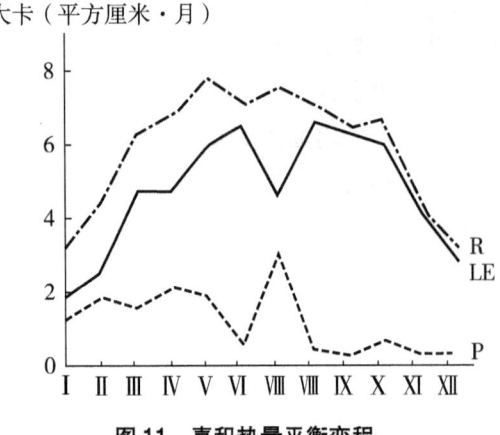

图11　嘉积热量平衡变程

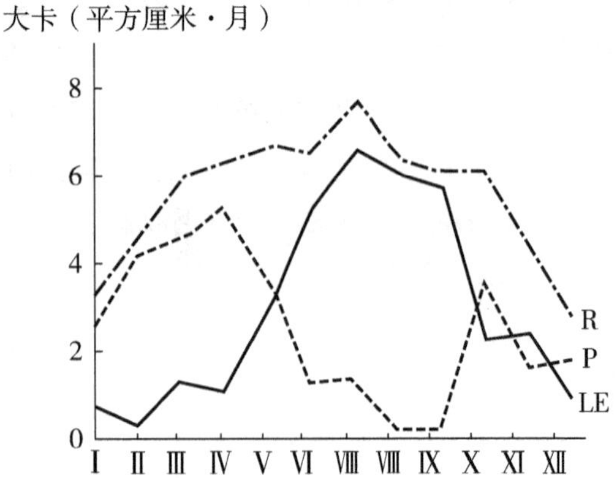

图12　北黎热量平衡变程

此外，各地辐射平衡年变程有两个共同的特点：其一，由于6月极锋在广东活动最为频繁，影响本省的范围也最为广泛，各地降水都很丰沛，云量突出地多于5月和7月，总辐射大受削弱，因而各地辐射平衡曲线在6月发生了凹陷或上升甚微。其二，由于10月各地平均云量与降水量相当普遍地比其前后9月和11月少，出现了秋高气爽的现象，[①] 因此各地10月辐射平衡仍相当高，尤以嘉积、北黎等地区9月台风雨特别丰沛，总辐射受到很大程度的削弱，使10月辐射平衡相形地更为突出，并且成为秋后辐射平衡的高点。

（2）韶关、梅县、广州及汕头等地区，上半年辐射平衡用于蒸发的热量消耗显著地较下半年为多，可见这些地区上半年地面的湿润程度远较下半年为大。在上半年中，韶关与广州地区又明显地较梅县及汕头两地区湿润；尤以韶关地区由于冬季降水比其他地区为多，入春后降水又最为丰富，因而上半年辐射平衡几乎都消耗在蒸发失热上，乱流热通量是微不足道的。在下半年中，则以广州地区较为湿润，韶关和汕头居其次，梅县则显著地较逊。

湛江地区上半年辐射平衡用于蒸发上的热量消耗与下半年比较是相差无几的，但全年多数月份蒸发失热所占的分量都不甚大。上半年1月、2月热量与水分之间的不相适应比较显著，2月乱流热通量还超过了蒸发失热，水分不足尤为突出。7月蒸发失热急剧地下降，乱流热通量则一跃而起，形成高温而往往又是相当干旱的时期。10月秋高气爽时期热量与水分之间不相适应最为明显，乱流热通量达全年最高峰，在这一时期里更易于发生旱象。

嘉积地区6月及8月至年底这些月份里，辐射平衡消耗于蒸发上的热量都非常多，因而这些月份地面是十分湿润的（其中10月秋高气爽时期，云雨量虽然减少，但地面仍有丰富水量供蒸发消耗）。1月至5月蒸发失热的绝对值虽不亚于其他地区，甚至多数月份要比其他地区多，但这一时期的辐射平衡值是远远地超过其他地区的，因此这一时期辐射平衡热量除消耗于蒸发失热外，乱流热通量仍相当可观，所以地面往往还不免要感到水分不足，尤其春旱现象较为常见。7月蒸发锐减，乱流热通量到达顶峰，这一个月份也像湛江地区一样，形成气温高而往往又是相当干旱的时期。

北黎地区6—9月雨季期中，土壤含水量充足，蒸发量相当可观，尤其是7月辐射平衡达全年顶峰时，蒸发量也相应地增长到最大。6—9月以外的月份，降水很少，热量与水分之间非常不适应，其中仅有11月蒸发失热略大于乱流热通量，余都较乱流热通量为小，尤以1—4月辐射平衡绝大部分都消耗在乱流热通量上，其苦旱可想而知。

（3）从以上资料的分析，应特别指出的是：广东地面的能量资源虽十分丰富，但各地

[①] 高由禧曾指出：我国长江以南秋季由于高空高压与地面冷高压相重叠，产生秋高气爽的现象。高由禧：《东亚的秋高气爽》，载《气象学报》1958年第29卷第2期。

区都有季节性的水分与热量之间出现程度上或大或小的不相适应的情况，这样对农作物的生长就往往受到抑制，甚至要遭受到旱害，所以应采取有效的措施以改善水分条件。特别是在雷州半岛及海南岛等地区，热量资源最为丰富，是目前发展热带经济作物的主要基地，而热带作物是全年都需要较多水分的，由于有季节性的干旱以致目前还有大量无法利用的荒地，如何使干旱季节中水分条件改善以便充分利用热量资源，就成为更突出的问题。此外，在沿海地区，大的乱流热通量对海风的发展会有一定的助长作用，特别是雷州半岛及海南岛等地区，年中多数月份的乱流热通量是比较大的，因而海风的势力也相当盛，这对于热带作物的生长也是不利的，关于这一点，江爱良已指出过。① 但如果改善了地面水分情况，由于蒸发的增加，乱流热通量也就减低了。目前广东省已有重点地建设防护林及兴修水利，这是克服干旱最有效的措施，将来对自然情况彻底弄清楚以后，一定会做出更全面的规划。

* * *

本文除分析了广东地面热量平衡各分量年平均分布以外，也探讨了这些分量的年变化情况，可能有助于对广东地面的能量资源做深入一步的了解。

在本文工作过程中，广东省气象局气象科学研究所陈连宝同志热情地提供资料，中山大学地理系朱健梧同志帮助绘图，谨致以深切的谢意。

(原载《地理学报》1960 年第 3 期)

---

① 江爱良：《华南植胶区防护林气象效能的试验考察报告》，科学出版社 1958 年版。

第十六篇　广州的气候

陈世训　沈灿燊

陈世训

沈灿燊

提示：广州是我国南方最大的亚热带城市，其气候与当地生产、生活密切相关而为众所瞩目。但在新中国成立前，关于广州气候论著却甚为寥落，偶见广州气候某个要素，如气温、降雨特点和分布，未能提供广州气候整体概念。新中国成立后，气象气候事业日见兴旺，陈世训、沈灿燊先生根据历史积累资料，发挥地理系长于自然地理的优势，在一个很短时期完成的这篇论文，对广州气候的天文、海陆区位、气压与风、气温和地温、降雨和旱涝，以及湿度、蒸发、日照、云量等都做了准确描述和定量分析，提供了一幅完整的广州气候地图，为认识这座华南最大城市，发展各项生产和生活，提供可靠的保障。

一、引言

气候是自然环境中的一个重要的因子，对于人类的活动有着重要而明显的作用。随着国家经济建设有计划地发展，广州城市建设和附近的农林水利规划都将蓬勃地展开，这就要求对广州自然环境的了解越详细越好。我校设有气象观测场一处，每天进行三次观测。在新中国成立后，所积累的气候资料基本上是完整的，加上中央气象局和地球物理研究所出版的气象资料，以及我校所保存的过去20年的观测记录，如果能加以整理研究，对于说明广州气候的特点还是够用的。为了供给有关部门在它实际业务中的参考，为了在教学上及科学研究上常常遇到需要这方面的资料，我们决定以"广州的气候"为研究题目，这就是写本文的动机和目的。

本文是根据已掌握到的资料，经过一番整理和统计，应用气象学与气候学的理论，加以分析研究，对广州气候的变化情况得出一些结论。有的部分因为资料缺乏，只能做理论上的说明。例如，太阳辐射方面，我们是没有直接观测的资料，完全是根据理论计算来说明问题的。又如小气候方面，时间和设备都不允许我们有很多的资料来深入地进行研究。这些都是我们今后需要努力解决的问题。

二、影响广州气候的主要因素

广州是我国南方的一个大城市，位于东经113°17′、北纬23°8′，在北回归线的南方，北距北回归线只有35千米。由于所处的纬度较低，一年中太阳入射的高度角也就较大，最大为90°，最小也达到43°26′（冬至）。一年中太阳位于天顶有两个时间，一在6月12日，一在7月1日。自4月25日到8月18日，太阳高度角都在80°以上，估有近4个月。表1为广州一年中各月1日及15日的太阳高度角。

从表1可见：广州每日正午时的太阳高度角自1月至6月逐渐增大，自7月至12月逐渐较小，最大时太阳达到天顶，最小时也在43°以上。同时，日出日没的时间，冬夏差异不大，也就是一年昼夜长短的差异很小。例如，夏至的昼长为13时35分，冬至的昼长也达到10时43分，二者只相差2时52分，而北京却差到5时41分。

太阳辐射强度是随高度角而变的，与高度角的正弦成正比。在地面水平面上的太阳直接辐射强度与（编者按：这里原稿也错了）太阳高度角的关系（当高度角大于10°时）无论是一年中或一日中都是接近于直线关系。由于高度角和昼夜长短的变化都较小，这就使得一年中太阳辐射量的分配比较均匀，不像高纬地区那样在夏季得热太多，冬季又得热太少。

广州距南海很近，以和澳门的直线距离来看只有110千米，因此受海洋的调节作用是很大的，这主要表现在海洋气团侵入我国时，广州首当其冲，每年自4月到9月都可受海洋气团控制，形成湿度大和雨量多的主要条件。其次，由于海面蒸发强盛，对于调节夏季最高气温也起着一定的作用。以通过市区的珠江为例就可看出，水面蒸发对调节最高气温是有很大影响的。珠江在广州市范围内的水面面积约占60平方千米，以夏季平均每日蒸发量3.5毫米计算，每日由蒸发而去的水量就有21万立方米。以蒸发1克水所消耗的热量为585卡计（以水温20°为准），那么每日所消耗的总热量就达到1228.5亿千卡。以每平方米大气温度升高1℃所需的热量为0.307千卡/克计，就可使广州市全面积1734米高

表1 广州一年中各月1日及15日的太阳高度角

时间		12时	11时及13时	10时及14时	9时及15时	8时及16时	7时及17时	6时及18时
1月	1日	43.5	41.3	35.2	26.2	15.5	3.7	
	15日	45.5	43.2	36.8	27.6	16.6	4.5	
2月	1日	49.5	46.9	40.0	30.2	18.7	6.3	
	15日	53.8	50.9	43.4	33.0	21.1	8.2	
3月	1日	59.2	55.9	47.4	36.8	23.8	10.6	
	15日	64.6	57.4	51.3	39.4	26.4	12.9	
4月	1日	71.3	66.3	55.5	42.7	29.3	15.5	1.7
	15日	76.8	70.5	58.4	45.1	31.3	17.6	3.8
5月	1日	81.9	73.7	60.6	46.9	33.1	20.0	5.8
	15日	85.6	75.3	61.7	47.9	34.2	20.6	7.3
6月	1日	88.9	76.1	62.3	48.6	35.0	21.6	8.5
	15日	89.8	76.2	62.5	48.8	35.3	22.0	8.9
7月	1日	90.0	76.0	62.5	48.8	35.3	21.9	8.9
	15日	88.4	76.0	62.3	48.5	34.9	21.5	8.3
8月	1日	85.0	75.1	61.5	47.7	34.0	20.4	7.0
	15日	81.0	73.2	60.2	46.6	32.8	19.1	5.5
9月	1日	75.3	69.4	57.7	44.5	30.8	17.0	3.3
	15日	70.0	65.3	54.7	42.1	28.7	15.0	1.2
10月	1日	63.8	60.0	50.7	38.9	26.0	12.5	
	15日	58.5	55.2	46.9	35.9	23.8	10.3	
11月	1日	52.5	49.7	42.4	32.2	20.4	7.7	
	15日	48.4	45.9	39.2	29.5	18.2	5.8	
12月	1日	45.1	42.8	36.4	27.3	16.3	4.3	
	15日	43.6	41.4	35.2	26.3	15.5	3.6	

的空气柱在一日内降低1 ℃。如果再把珠江下游的纵横河道和广阔的南海水面蒸发量计算起来，那就显然有很大作用的，所以广州夏季的平均气温并不是很高，主要是受海陆分布的影响。

大气环流中的主要气流形式，对广州来说，就是季风环流。广州的季风指数达到71，可见季风是很强盛的。所以，夏季盛行暖湿的海洋变性气团，例如，夏季盛行的北太平洋热带气团在广东接近地面的气温平均为30℃左右，比湿约为18克/千克，而冬季盛行的西伯利亚极地变性气团，在广东地面气温平均为10℃左右，比湿为3~5克/千克。这样就形成了夏季多雨冬季干燥的气候特征。

地形对于广州气候的影响也是很大的，这一点首先必须提到广东北部的南岭。南岭的高度虽然一般只有1000~1500米，但是形成一道屏障。从海洋流来的暖湿气团是容易越过的，但从北方大陆流来的干冷气团就不容易越过，只能从一些山隘缺口才能流入。这一结果，使得岭南南部和北部的气候具有显著的差异，尤其表现在气温方面。以广州、曲江与衡阳三地为例，曲江几乎位于广州与衡阳间的中点，曲江与广州的纬差为1°47′，曲江与衡阳的纬差为2°1′。1月平均气温广州为13.2℃，曲江10.8℃，而衡阳因位于岭北，却只有4.3℃。因此，曲江与广州的温差为2.4℃，平均每1纬度相差温度约为1℃，而曲江与衡阳的温差为6.5℃，平均每1纬度相差温度为3.0℃。如果拿绝对最低气温来看，广州为0.0℃，衡阳为-5.9℃。

另一方面，却又是相反的情况，那就是冬季寒潮对广州的威胁依然存在，结冰的现象仍可发生。寒潮侵入广州一般是具有两条路线：一条是经过南岭隘口循北江谷地流来，所以北江河谷是西伯利亚极地变性气团流入的一个很重要的通道；另一条是由南海循珠江三角洲的谷地流入的，这是由西伯利亚大陆或极地海洋循着海洋流来的一支变性冷气团。由于三角洲的地形比较平坦而开阔，一年中的寒潮以从海上侵入的频率为最大。

此外，广州附近多为平原，虽然白云山位于市区的北部，但最高只不过382米，除了极暖湿的气团外，经常在凝结高度的下方，不容易形成地形雨，所以广州的地形雨是很少的。以广州和清远比较，清远距广州很近，距海又较广州为远，但清远平均年雨量为2400毫米，比广州多738.2毫米，主要是由于清远多地形雨。

由上所述，可见纬度位置、海陆分布、季风环流与地形是影响广州气候的四个主要因素。这些因素相互作用的结果使广州气候所具有的特点是：太阳高度角大因而辐射强度也大，冬夏季昼夜长短变化小而辐射量分配较均匀，水面蒸发旺盛，因而温度较差和缓，季风强盛使得冬夏季的雨量与风向有很大变化，冬季虽然温暖但绝对最低温度仍可达到零度，降雨量虽很多但地形雨却很少。

三、气压系统与风

广州位于东亚大陆的南部而近海，由于季风的特点，冬、夏季的气候变化是很显著的。以盛行气压系统来说，冬季在极地大陆冷气团控制的南部边缘，经常位于亚洲东北部伸展的高压脊范围内，春季位于冷暖气团经常冲突的地带，夏季又经常在印度大低压槽伸展的范围内，秋季为冬夏的过渡形式。广州的年平均气压很接近标准值，表2为各月平均气压与年平均气压的较差（单位：毫巴；大于年平均值为10，小于年平均值为1）：

表2　各月平均气压与年平均气压的较差

1月	2月	3月	4月	5月	6月	7月	8月	9月	10月	11月	12月	全年
+8.6	+5.6	+4.2	0.0	-4.0	-6.9	-8.5	-7.8	-4.0	+1.7	+5.1	+6.9	1013.8

从上表可见，一年中最高气压发生在1月（个别年份发生在2月），比年平均值高出8毫巴以上，最低气压发生在7月（个别年份发生在8月），比年平均值也低到8毫巴。自1月以后气压渐次下降，以3月至5月下降较快。自7月以后，气压渐次上升，以9月至11月上升较着。4月、5月及10月为转换时期。

由于季风因素所引起的，冬季在大陆上有高压基地生成，所以大陆上多半有反气旋的发生与发展，同样在海洋上，气旋的活动又是和季风性低压基地相一致的。在大陆上的西伯利亚高压脊是向东南伸展到海洋上，大陆上移动性的反气旋，它的路径一般也是从大陆向东南方向移动而进入海洋上与副热带高压相合的。广州冬季气压的增高就是受这些大陆反气旋控制的结果。

在夏季时，由于气温梯度的减小，气压动力变化的强度也会减弱，但季风因素却表现得更显著，尤其是大陆上季风性的低压基地大大发展，这就形成亚洲南部的印度低压。这时在西伯利亚东部和东亚上空，气旋频率还是很大的，使得印度低压区中的低槽向东北方向伸展，一直达到我国南部。广州夏季气压降低，主要是受印度低槽所控制。当然，由于空气增热，水汽压又大，对气压下降也是有影响的。

由高空500毫巴等压面1月、5月、7月、10月的绝对形势图可以看出，在5月及10月，高空气压场的改变最为显著。5月以后的高空气压场已与7月近似，具有夏季的性质，10月以后的高空气压场已与1月近似，具有冬季的性质。地面气压场的改变是受高空等高线场的改变所制约的，所以广州自4月至5月是属于冬季到夏季的过渡性气压形式，自9月至10月是属于由夏季到冬季的过渡性气压形式。气压场决定着气流场，广州一年中的盛行风向，基本上也是按照这种情况变化的。

广州在冬季时经常受极地大陆冷气团的影响，风向多北风。自10月以后至3月以前的半年以北风最占优势。在这几个月中，北风的频率为10月38%、11月43%、12月33%、1月39%、2月30%、3月29%。冷气团虽能达到广东，但速度已大幅度减小，所以广州冬季一般的风速并不很大，平均风速只在1.5～2.0米/秒之间，风力为0.28～0.50千克/平方米，其中最大风速发生在2月，为10.5米/秒，风力为13.8千克/平方米，属六级风。但在个别年份里，当强大寒潮侵袭时，风力也可达到八级至九级。

自4月至9月的半年中，广州常位于低压槽的范围内，这时由太平洋流来的热带气团和由印度洋流来的赤道气团都占有重要地位。在这期间，风向多为东南风及南风，如6月东南风频率占47%、7月占36%，但西南风的频率不高，这与珠江三角洲的地形是有关系的，因这一带的河道多为西北东南或南北流向，对于风向多少有变向作用。在个别年份里，东南风在2月即已盛行，如1955年自2月至8月都以东南风的频率为最大。由于夏季气压梯度较冬季为小，所以平均风速也较小，为1.5～1.8米/秒，风力只有0.28～0.41千克/平方米。但是，由于夏秋间经常有台风侵袭广东沿海地区，风速可以急剧增大，一般最大风速为10米/秒，属六级风。但在1936年8月间最大风速竟达到36.0米/秒，风力大到162.0千克/平方米，属十二级风。一年中的台风季节为5月至11月，以7月、8月、9月3个月的频率最大。在1952年至1954年的3年中，侵袭广东及越南中北部的台风共有31次，计1952年13次、1953年9次、1954年9次。也就是说，在一年中一般达到八级、九级的暴风日数，平均有6～7日，主要就是发生在台风季节里。

春秋二季，风向比较杂乱，以4月、5月及9月、10月为偏南风与偏北风的转换时期。春末夏初是气旋过境最多的时期，4月、5月间的风向也最不规则，例如在1954年4月的90次观测中，偏南风占24次，偏北风占21次。

图1为广州各月平均风速与最大风速的比较，图2为广州全年及各月平均风向风速频率。

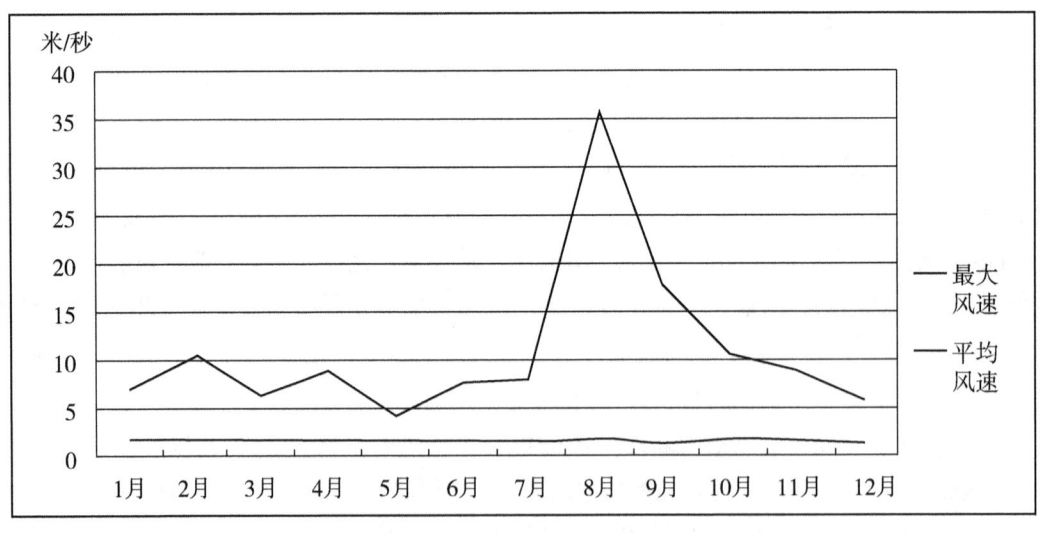

图1　广州各月平均风速与最大风速的比较

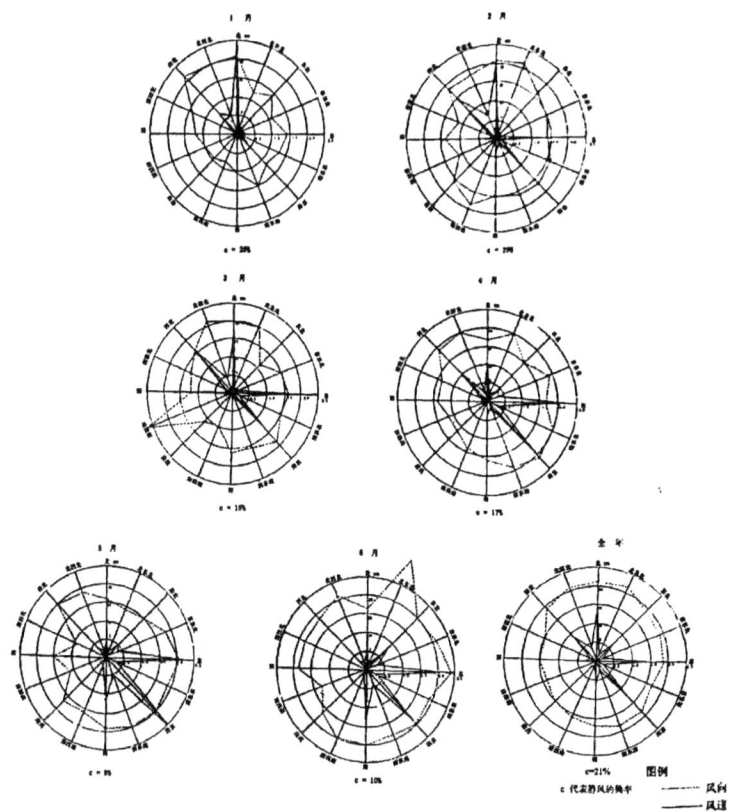

图2 广州全年及各月平均风向、风速频率

由于空气密度随高度而减小，下垫面摩擦也随高度而减小，所以风速一般是随高度而增大的。但风速随高度的变化主要还是与气层中水平温度梯度和水平气压梯度密切相关联的。广州上空在1000米以内各高度的最大风速以1954年及1955年为例，在100米高度为12米/秒，300米高度为15米/秒，500米高度为22米/秒，1000米高度为24米/秒。由于广州上空在冬季经常有稳定的气层存在，而夏季对流扰乱又很强，所以在一般情况下，上空的风速是冬季小于夏季。以1955年1月和7月在500米以内各高度的最大风速为例，有见表3（单位：米/秒）。

表3 广州上空风速分布（米/秒）

月份	100米	300米	500米
1月	6.8	9.8	12.6
7月	11.1	14.0	18.0

风速的年变幅为最大月平均风速与最小月平均风速的比值。广州年变幅为1.3,即最大月平均风速大于最小月平均风速1.3倍,变幅并不算大。风速日变幅可用每日13时与21时(或19时)风速的比值表示。以1955年1月和7月的记录为例,1月每日13时的平均风速为1.4米/秒,19时的平均风速为1.3米/秒,比值为1.0;7月每日13时的平均风速为1.2米/秒,19时的平均风速为0.7米/秒,比值为1.7。可见在一日中的平均风速冬季大于夏季,但风速日变幅却夏季大于冬季,也就是说,夏季昼夜风速相差大,而冬季相差小。

四、气温与地温的变化

广州年平均气温为22.1℃,比北京要高10.3℃。各月的平均气温最高在8月,为28.7℃(个别年份在7月);最低在1月,为13.2℃(个别年份在2月)。夏季炎热,冬季温和是温度方面的一个特点。按每日平均气温计算,在一年中,22℃以上的有194日,10~22℃之间的有171日,没有10℃以下的(1915—1934年记录)。按5月候(5天为1候)平均温度计算,22℃以上的有40候,10~22℃之间的有33候。如果以10℃以下的表示冬季温度,10~22℃之间的表示春秋温度,22℃以上的表示夏季温度,那么广州一年中没有冬季,春秋季合占5.5个月,夏季占6.5个月。每年自4月20日为夏季开始日期,10月31日终了。自11月1日至次年4月19日为春秋连续不分的季节。可见广州一年都是百花齐放的气候。现在把广州在一年中以5℃为间隔的各种温度的平均日数列于表4:

表4　各种温度的平均日数

各种温度	开始日期	终了日期	始终间日数	实际日数
大于10℃,小于15℃	12月23日	2月16日	56日	59日
大于15℃,小于20℃	2月17日 11月13日	4月2日 12月22日	85日	86日
大于20℃,小于25℃	4月3日 10月9日	5月3日 11月12日	66日	62日
大于25℃,小于30℃	5月4日	10月8日	158日	158日

广州气候虽属温暖，但霜期仍然存在。绝对最低气温在 5 ℃ 以下的日数，根据 1951—1952 年的记录平均每年有 5～13 日，出现的时间为 1 月、2 月及 12 月，以 1 月出现的频率最大，例如 1955 年 1 月就出现 8 日之多。实际有霜的日期虽然不多，但最大霜期的时间仍然比较长，自 11 月下旬到 3 月中旬都有发生霜冻的可能。表 5 是广州霜期日数（1911—1952 年）。

表 5　广州霜期日数（1911—1952 年）

霜期	开始日期	终了日期	始终间日数	实际有霜日数
平均霜期	12 月 30 日	1 月 22 日	23 日	2 日
最大霜期	11 月 26 日	3 月 15 日	110 日	3 日

一年中逐月气温变化的情况可由相对温度看出，广州的相对温度见表 6。

表 6　广州的相对温度

月份	平均温度	距平	与最冷与温度差	相对温度	月份	平均温度	距平	与最冷与温度差	相对温度
1	13.2	-8.9	0.0	0.0	7	28.6	+6.5	15.4	99.3
2	14.0	-8.1	0.8	5.0	8	28.7	+6.6	15.5	100.0
3	17.1	-5.0	3.9	25.0	9	27.7	+5.6	14.5	93.5
4	21.7	-0.4	8.5	54.9	10	23.9	+1.8	10.7	69.0
5	26.2	+4.1	13.0	83.9	11	20.0	-2.1	6.8	43.9
6	27.6	+5.5	14.4	92.9	12	16.2	-5.9	3.0	19.3

由上表可见：广州在一年中的最高气温发生在 8 月，最低气温发生在 1 月，秋温（10 月）高于春温（4 月）。自 1 月至 8 月气温逐渐上升，以 3 月至 5 月上升最显著，例如 4 月比 3 月增高 30%，5 月比 4 月增高也接近 30%。自 8 月以后气温逐渐下降，以 10 月至 12 月下降最显著，例如，11 月比 10 月下降 25%，12 月比 11 月下降也接近 25%。秋温高于春温，这情形原为海洋气候的特色，但广州陆性率仍达到 46.7，不过因邻近海洋，又为低纬地区，湿度较大，大陆性程度比较和缓而已。至于秋温高于春温，主要还是大气透明度对于太阳辐射的关系，因春季多云雨而透明度小，秋季多晴朗而透明度大，太阳辐射通量自然秋季大于春季。

广州气温年变幅（年较差）为 15.5 ℃，但绝对最高最低气温较差还是很大的，见图 3。绝对最高气温为 38.0 ℃，绝对最低气温为 0.0 ℃，较差达到 38 ℃ 之多。各年的绝对最高气温多发生在7月和8月，绝对最低气温多发生在1月和2月。各月的绝对最高气温自3月至11月都可能在30℃以上，绝对最低气温自11月到次年3月都可能在5℃以下。图3为广州各月平均气温与绝对最高最低气温比较。

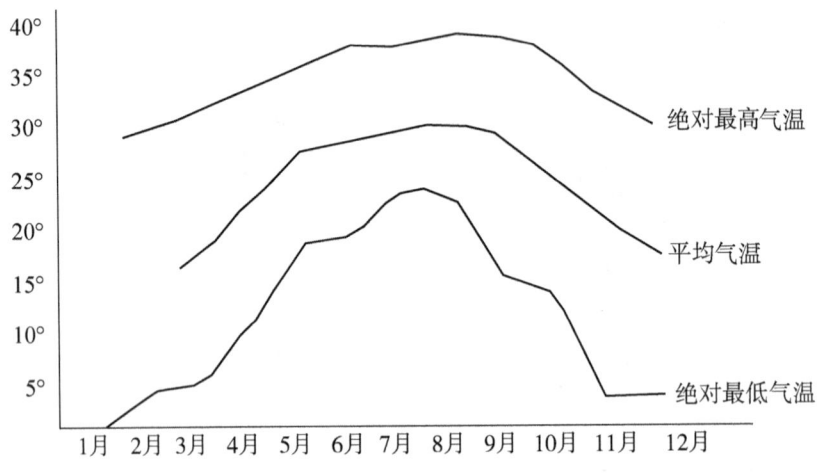

图3　广州各月平均气温与绝对最高最低气温比较

陆性率为一地气候大陆性程度大小的指标。广州陆性率为46.7，就全国来说是比较小的，例如，沿海地区的上海为58.0，天津为67.5，这说明广州虽然所处的纬度较低，但气候上受大陆的影响还是比较小的。因此，广州是属于海洋性气候，位于我国大陆性与海洋性分界的边缘上。

在地温方面，根据中山大学1953年6月至1955年10月的观测记录，得到如下的结果：

（1）在30厘米、40厘米、60厘米深度的地温月平均气温以2月最低，7月最高，在80厘米及100厘米深度也以2月最低，但最高则出现在8月。一年中变化的情况，以30厘米深度为例，是自2月以后开始上升，至4月则急剧上升，自7月以后开始下降，至12月则急剧下降。12月至次年3月的温度在15℃以上，4月至5月与9月至11月在20℃以上，6月至8月在30℃以上。各深度地温的逐月变化情况见表7。

表7　各深度地温的逐月变化情况

深度（厘米）	1月	2月	3月	4月	5月	6月	7月	8月	9月	10月	11月	12月
30	18.4	16.4	17.9	23.1	28.3	30.0	31.2	31.1	28.3	28.0	23.1	17.8
40	18.7	16.9	18.1	22.9	27.8	29.7	31.1	31.0	28.7	28.1	23.3	18.0

续上表

深度（厘米）	1月	2月	3月	4月	5月	6月	7月	8月	9月	10月	11月	12月
60	18.8	17.5	18.4	22.7	27.2	29.3	30.9	30.8	28.8	27.7	24.0	19.1
80	20.1	18.0	18.8	22.4	26.1	28.8	30.1	30.4	28.9	27.3	24.5	20.0
100	20.8	18.5	19.0	22.0	25.6	28.1	29.7	29.9	28.9	26.7	25.0	21.0

由上表可见：地温自浅层向深层的变化分为两个不同的时期，5月至10月的半年内地温是向深层递减的，11月至次年4月的半年内是向深层递增的。这种情况显然是受太阳辐射的影响，土壤表层受热较快，愈向深层则受热愈慢。夏秋季地面温度高，浅层地温随之上升，然后热量渐次传达深层，所以深层温度较低，形成负递增。冬、春季地面冷却，浅层散热比深层为快，形成正递增。温差是越向深层越减小，浅层则较大，也就是越向上层，受地面温度季节变化的影响越剧烈。例如，30厘米深度为14.8℃，40厘米为14.2℃，60厘米为13.4℃，100厘米为11.4℃。图4为各种深度地温的年较差。

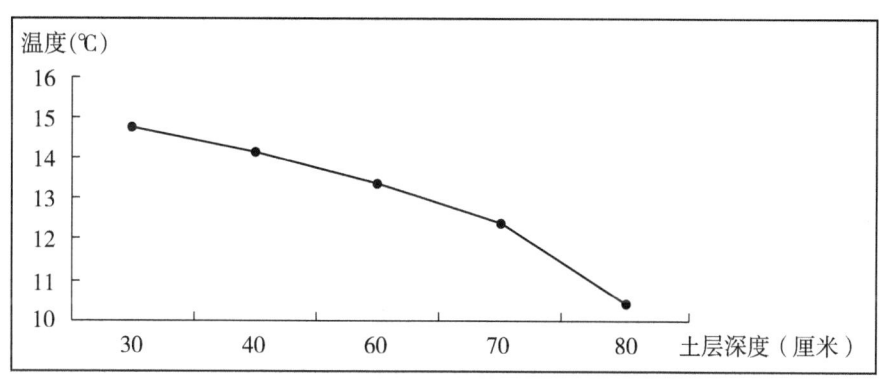

图4 不同深度地温的年较差

（2）地温在一日中的变化情况也是随深度而不同的。浅层是绝对值大，变幅也大，越向深层则绝对值小，变幅也小。在30厘米深度地温日变化的情况几乎和气温日变化相似，40厘米深度地温以21时最高，比60厘米更深的各层地温几乎无日变化。图5为不同深度地温的日变化。

地面层草温与百叶箱内的温度是不同的，二者的差值随季节及天气状况而变。以冬季绝对最低温度来说，可以相差6～7℃。例如，1955年1月12日，百叶箱温度最低值为0.0℃，为广州几十年所少见的低温，同日地面层草温为-6.5℃，小池水面边缘已结成平均1/3厘米厚的冰块，而百叶箱中的湿球并没有结冰，可见两米高的气温与地温草温是有很大差异的。

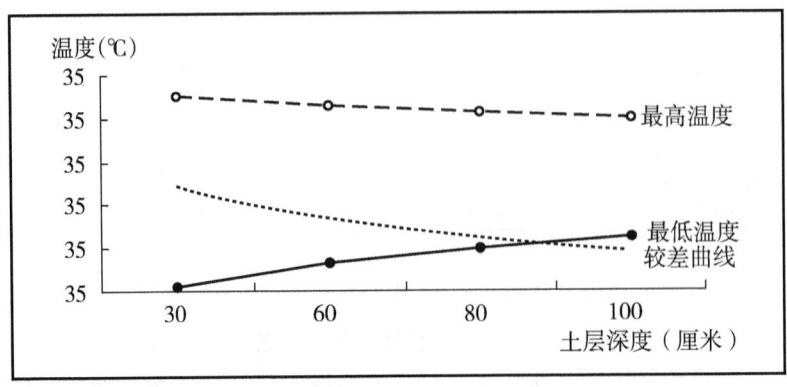

图5 不同深度地温的日变化

五、雨量变化与旱涝频率

广州纬度低而日照强,空气上升运动强盛,水体和植物的蒸发面积大,距离海洋又近,所以水汽压是很大的。而且又为春夏季的温带气旋与夏秋季的台风行径的范围。这些都是形成广州多雨的因素,气旋雨、对流雨和台风雨都很多,地形雨则比较少。

广州的平均年雨量为1661.8毫米,在一年中的分配以夏季最多,春季次之,秋季又次之,冬季为最少,这原是东亚季风气候的特色。夏季占全年雨量的46.5%,春季占30.6%,秋季占13.9%,冬季占9.0%。自4月至9月为雨季,10月至次年3月为旱季。雨量的逐月分配,以6月为最多,平均得250～300毫米。个别年份发生在5月和7月,例如1955年5月得558.2毫米,7月得532.0毫米,而6月只得387.8毫米。12月和次年1月的雨量是最少的,不足50毫米。

春季的降雨,多为气旋或锋面过境所致。这时海洋和大陆气团冲突的机会最多,南北水平温度梯度仍然很大,长江与珠江之间一带常有锋面活动,因此常有许多气旋连续经过。所以春末夏初的季节,常有连绵大雨,这是广州雨量的主要来源,对于农业具有重大作用。

冬季时广州上空经常有很厚的稳定气层存在,厚度可达3300米,湿度很小,存在的时间多为11月下旬至次年2月中旬。这种在上空有稳定反气旋存在的现象,是很厚的一层空气整层地做下降运动。因为如此,所以广州冬季的晴日特别多,降雨的时间是很少的。当这种稳定层被破坏,天气就变。这里一般有两种情况,一种是寒潮侵入,可以形成冷锋天气,另一种是由印度缅甸一带的低槽带来大量的暖湿空气自西方高空侵入,可以形成半静止状态的暖锋天气,这些都是冬季降雨的主要来源。

除气旋雨外,热雷雨及台风雨也占重要地位,都以夏季为多,台风雨出现在秋季的也不少。广州平均每年自2月至10月都可能有雷雨发生,而以6月、7月、8月3个月为多,其中又以7月为最多。全年平均雷雨日数为51.0日,而6月、7月、8月3个月就有33.5日,占全年的66%,也就是有半数以上的雷雨发生在夏季。春季的雷雨多为锋面雷雨,雷雨的频率小而降雨总量多。7月、8月间以热雷雨为主,频率较大而降雨总量却较少。7月、8月多雨,除雷雨外,显然是受台风侵袭广东沿海地区的结果。广州7月平均雨量达到251.3毫米,8月达到243.1毫米,而这两个月的绝对最大雨量都在500毫米以上,可见受台风的影响是非常显著的。有时在一日间可得到很多雨量,例如1953年9月19日得到143毫米,10月7日得到200毫米。各种雨量的比例,以气旋雨为最多,占总雨量的62%,台风雨占21%,对流雨占17%。大致自12月至次年6月的降雨,以气旋雨为最主要,7月、8月、9月、10月4个月的降雨则以台风雨和对流雨占主要地位。在气旋雨中约有1/3属于锋面雷雨,如果把热雷雨和锋面雷雨合并计算,广州一年中各种雨量的百分比见表8,图6为广州各月雨量平均值与绝对值的比较。

表8 广州一年中各种雨量的百分比

月份	1月	2月	3月	4月	5月	6月	7月	8月	9月	10月	11月	12月	全年
气旋雨	100.0	88.2	89.8	53.4	55.5	37.8	20.4	0.0	32.5	66.9	99.3	100.0	42.6
台风雨	0.0	0.0	0.0	0.0	0.1	5.5	49.3	57.0	34.4	33.1	0.7	0.0	20.8
雷雨	0.0	11.8	10.2	46.6	44.4	56.7	30.3	43.0	33.1	0.0	0.0	0.0	36.6

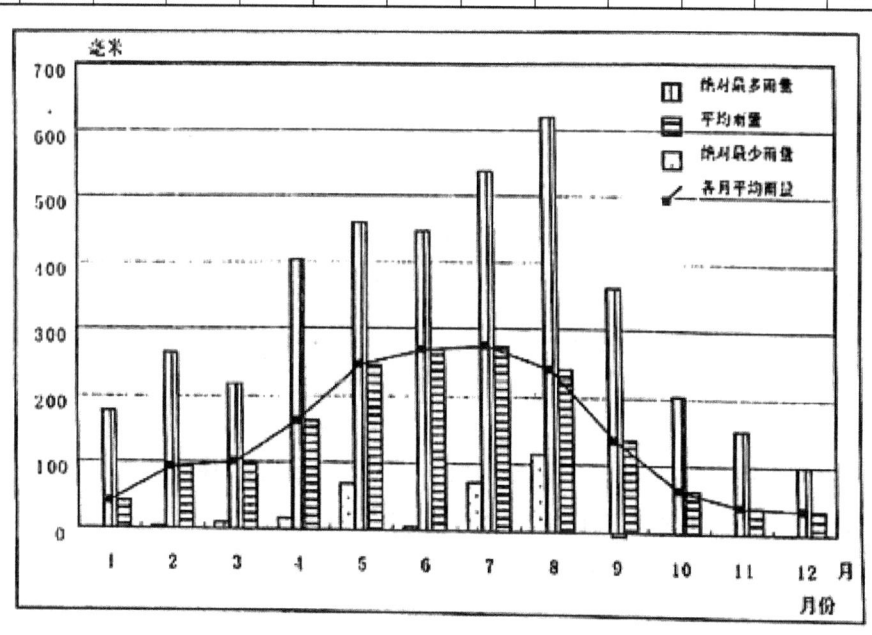

图6 广州各月雨量平均值与绝对值的比较

广州雨量的绝对频率，以全年来说为143.5雨日，占四五个月的时间，平均每2日、3日就有一雨日。如果以最多雨日的年份来看，如1941年有180日，1942年有175日，雨日几占半年之多。最少雨日的年份，如1921年也达到120日。各月中雨日多少的变化，约与雨量是一致的，春夏季多而秋冬季少，例如最多为6月，平均为18.3日，11月最少，平均为5.1日。若从个别年份来看，各月的雨日变化是很大的，例如从1912年到1943年的32年记录来看，6月雨日超过20日的有11年，不到10日的有1年，2月雨日超过15日的有7年，不到10日的有13年，这表示夏季多雨的6月与冬季多雨的2月不但雨日在各该季中是最多的，而且逐年的变化也大。在同时期的记录中，1月、10月及11月都有雨日为零的，这些月份的雨日变化也是很大的。雨量的相对频率与绝对频率是一致的，以春夏季最大，为50%~55%，也就是有一半日数是降雨的，秋冬季较小，为25%，也就是平均每隔四日可有一日降雨。各季的雨量频率见表9。

表9 各季的雨量频率

季节	春	夏	秋	冬	全年
绝对频率（雨日）	47.0	50.8	22.8	22.9	143.5
相对频率（%）	51.1	55.2	25.0	25.5	39.3

降雨频率与风向有密切关系，广州以北风的降雨可能性最大，南风及西南风则较小，普通有"南晴北落"的俗语，这情况在春夏季尤为显著。5—8月广州的北风降雨可能性占26%，南风只占7%；香港的北风降雨可能性占43%，南风只占15%，这说明华南一带北风降雨可能性很大。

广州雨量密度以春夏季为大，冬季一概较小。这是因为春夏气旋中的冷锋面和夏秋的雷雨及台风都易形成暴雨。有时全月的雨量往往只是几次暴雨的结果，甚至于在一日间的最大雨量或可与月平均总量相等，甚至超过。例如，广州1950—1955年间，一日中绝对最大雨量强度为1955年6月6日的279.9毫米，比该月多年平均值267.0毫米还多13毫米。在一小时内的最大雨量为55.0毫米，10分钟内的最大雨量为25.5毫米。广州最大的月雨量也是很可观的，例如超过500毫米的有1914年7月的537.2毫米，1920年8月的540.0毫米，1918年8月的620.2毫米，1955年5月的558.2毫米及7月的532.0毫米等，这些月份的最大月雨量几占平均年雨量的1/3。

雨量密度的季节变化见表10（表中数值为各季每一雨日平均所得的雨量，括号内各季的平均总雨量）。

表10 雨量密度的季节变化

季节	夏	秋	冬	全年
10.8（509.3）	15.2（771.4）	10.2（231.8）	6.5（149.2）	11.6（1661.8）

雨量特别少或特别多为气候上的旱涝现象。旱涝不仅与全年总雨量多少有关，同时也与某季或某月总雨量的多少有关。有时年雨量距平并不很大，而季雨量或月雨量距平很大，同样发生旱涝现象。例如，广州1955年的年雨量为2010.2毫米，超过多年平均年雨量1661.8毫米达348.4毫米之多，应属于涝年。当该年春季季雨量为614.3毫米，仍属常季，4月雨量只得35.6毫米，仅及该月平均值157.9毫米的1/4.4，显然就形成了旱月。至于决定旱涝的客观标准，可用旱涝指数来表示。旱涝指数是实际年雨量和平均年雨量之差与年雨量标准差的比值。根据该方法计算广州的旱涝标准得到如下的结果，见表11（雨量单位为毫米）：

表11 广州的旱涝标准

标准值	平均年雨量	大旱年	旱年	常年	涝年	大涝年
344.4	1661.8	973.0以下	973.0～1317.4	1317.4～2006.2	2006.2～2350.6	2350.6以上

上列数值是根据广州1908—1943年、1950—1955年（有完全记录的为40年）的记录计算出来的。由广州的旱涝指数看出大多数年份是常年，旱涝年份只占少数，大旱大涝年份则更少。它们的频率见表12。

表12 广州的旱涝频率

年份	大旱年	旱年	常年	涝年	大涝年
1908—1943年、1950—1955年	0	6	26	7	1
占总年数的百分比	0.0	15.0	65.0	17.5	2.5

由上表可见，常年占65%，旱涝年（包括大旱大涝）占35%，大旱大涝占2.5%，在旱涝年份中涝又多于旱。图7为广州旱涝指数曲线。

广州各季的旱涝频率同样可从各季的旱涝标准算出，有见表13（雨量单位为毫米）。

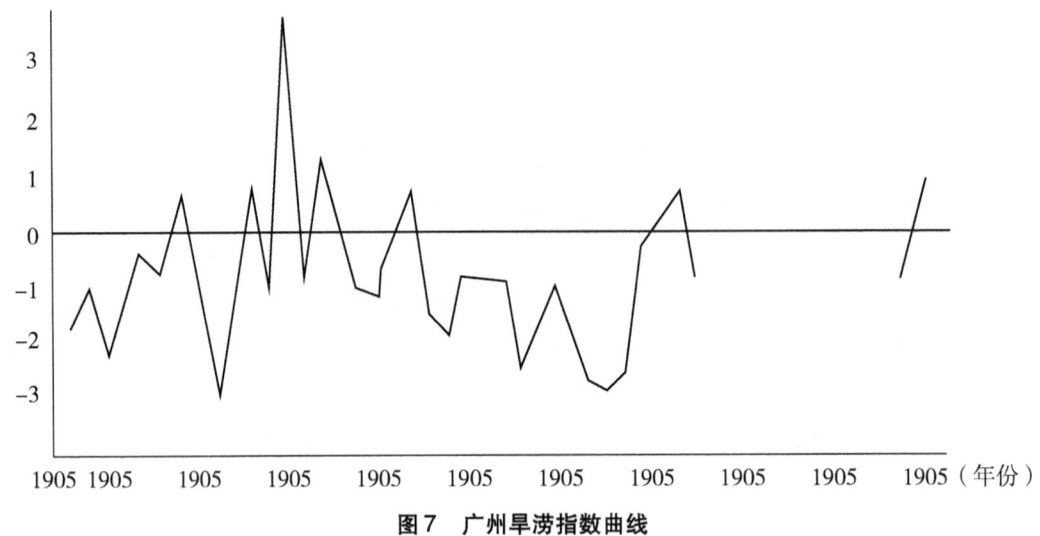

图7　广州旱涝指数曲线

表13　广州各季的旱涝标准

季节	标准差	平均季雨	大旱季	旱季	常季	涝季	大涝季
春	159.8	509.3	189.7 以下	189.7~349.5	349.5~669.1	669.1~828.9	828.9 以上
夏	235.2	771.4	301.0 以下	301.0~536.0	536.0~1006.6	1006.6~1241.8	1241.8 以上
秋	112.4	231.8	7.0 以下	7.0~119.4	119.4~344.2	344.2~456.6	456.6 以上
冬	92.2	149.2	0.0	0.0~57.0	57.0~241.4	241.4~333.6	336.6 以上

根据表13的标准得出各季的频率见表14（括号内数值为占总计数的百分比）。

表14　广州各季的旱涝频率

季节	大旱季	旱季	常季	涝季	大涝季
春	1 (2.4)	4 (9.7)	31 (75.8)	4 (9.7)	1 (2.4)
夏	0 (0.0)	8 (19.0)	28 (66.8)	3 (7.1)	3 (7.1)
秋	0 (0.0)	3 (7.5)	27 (67.5)	8 (20.0)	2 (5.0)
冬	0 (0.0)	7 (17.5)	26 (65.0)	6 (15.0)	1 (2.5)

由上表可见：常季平均占 65%～75%，旱涝季占 25%～35%。春季旱与涝的频率相等，也就是春季出现旱与涝有相同的可能性。夏季旱多于涝，但大涝的频率很大。秋季涝多于旱，大涝的频率也很可观。冬季旱与涝的频率相近。就农业来说，春季防旱与涝同样重要，夏季防旱与大涝以及秋季防涝都是值得注意的。

广州年雨量的相对变率平均为 15.5%，最大为 72.4%，这与我国华北及西北各地比较仍不算大。各季的相对变率，平均春季为 24.8%，夏季为 23.0%，秋季为 39.4%，冬季为 49.3%。最大相对变率春季为 80.5%，夏季为 68.9%，秋季为 113.8%，冬季为 176.3%。可见雨量可靠率是夏大冬小。但就农业来说，春季变率达到 80%，也就是说春季雨量可以比正常降雨增大或减小 80%，这对于农业的影响是很大的。

旱涝的发生是由雨量变率而起的，雨量变率又是大气环流反常的结果。在正常的情形，地球上纬向环流与各气团的经向交换之间是不断交替出现的。如果二者有反常的变动，例如纬向环流加强，经向交换就减弱，或经向交换加强，纬向环流就减弱等，这就发生大气环流反常的现象，同时也就发生反常天气，最显著的就是旱与涝或寒与暖。当在纬向环流减弱而经向交替加强的年份里，南北冷暖气团交换活跃，这时水平温度梯度加大，气压动力变化加强，锋面出现的频率也加大，气旋与反气旋的生成与发展也就大大加强起来。在气旋占优势的地区中，气压出现负距常，产生多雨天气，在反气旋占优势的地区中，气压出现正距常，又产生干旱天气。例如，广州 1955 年 4 月出现气压正距常，这1月的平均气压较多年平均值为 0.16 毫巴，在 3000 米高空经常为高压所占据，低压槽只出现 4 天，而 1953 年 4 月低压槽却出现了 11 天，因而引起干旱天气。由此可见，冬季、夏季的冷热反常是南北气团交换强烈的具体表现，必须注意防旱涝。此外，当南北气团交换减弱，夏季季风环流加强时，同样也将发生旱涝现象。在这种情况下，华南夏季降雨大有减少的可能，华北又将形成多雨天气。因此，水利与气象工作结合起来，对于防止旱涝危害具有重大意义。

六、湿度、蒸发量、云量与日照

广州的湿度无论是绝对湿度（以水气压表示）还是相对湿度一般都是大的。年平均绝对湿度为 17.53 毫米。7 月最大，为 24.83 毫米；1 月最小，为 9.98 毫米。季节分配以夏季最大，冬季最小，见表 15（单位：毫米）。

表 15　广州的湿度

季节	春	夏	秋	冬	全年
平均绝对温度	17.28	24.46	17.80	10.56	17.53
距平	-0.25	+6.93	+0.27	-6.97	

由上表可见：广州的绝对湿度是夏季最大，秋季次之，春季又次之，冬季最小。夏、秋季都比年平均值为大，冬、春季则比年平均值为小，这当然是夏、秋季海洋气团盛行，空中多水汽，而且蒸发又强烈的缘故。

广州年平均相对湿度为 80%，空气的潮湿程度在全国来说是比较大的（北京只有 55%）。一年中的变化情形同样是以夏季最大，冬季最小，但冬、夏的差异却很小，也就是季节变化不很显著。例如，最大为 4 月的 86% 及 5 月、6 月的 85%，最小为 10 月及 11 月的 74%，相差并不太大。在春初时，海洋气团开始登陆，这时地面气温升高还不显著，以致空气特别潮湿，常常接近饱和状态，在阴暗地面和石柱上发生水汽凝结，常可连续若干日。相对湿度大对于人类的冷热感觉是有影响的，因为人类的冷热感觉并不是由于温度一个要素，而是温度、湿度与风速三个要素综合影响的函数。例如，在无风的情况下，温度 17.8 ℃ 而湿度 100% 时的冷热感觉与温度 20.7 ℃ 而湿度 50% 时是一样的。这就是说由于湿度加大，虽然温度并不很高，人类的热感觉却增加了。广州终年多湿，在春、夏季时空气稳静常感闷热难堪，所以建筑上的通风是具有重要意义的。图 8 为广州各月平均相对湿度与最小相对湿度的比较。

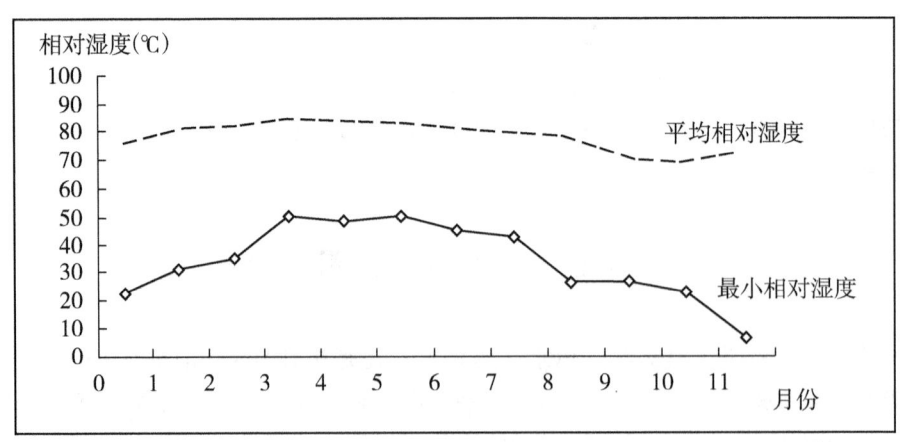

图 8　广州各月平均相对湿度与最小相对湿度的比较

广州位于低纬和近海，所以蒸发量是很大的。根据百叶箱外的记录，全年平均蒸发总量为 1244.3 毫米。自 5 月至 11 月，每月平均总蒸发量都超过 100 毫米，自 12 月至次年 4

月为 65~85 毫米,这显然是与温度及风速对于蒸发的影响相一致的。由于年雨量大于年蒸发量,所以地面径流量也是丰富的。单以广州范围内所产生的年径流量,平均来说,就有 9600 万立方米的水量。但是,雨量与蒸发量的比值是随季节而不同的,春、夏季为正值,秋、冬季为负值,因此径流量也以春、夏季为最大。

广州的年平均云量为 6.2,以冬、春季多而夏、秋季少,这是因为冬、春季温度低而气旋又多,夏、秋季虽然水汽多、对流强,但因日照强温度高,除降雨时期外,天空有多片碎云块,如积云与碎积云等,云的厚度虽然大,但云量并不很多,尤其秋季较为干燥,云量更少。表 16 为一年中各季的平均云量,表 17 为一年的晴阴日数。

表 16 广州一年中各季的平均云量

春 7.5	夏 6.1	秋 4.7	冬 6.4	全年 6.2

表 17 广州一年的晴阴日数

云量 0~2.9(晴天)	云量 3~7.9(云天)	云量 8~10(阴天)
59.4 日	125.6 日	178.4 日

云量与日照有密切关系,云量多则日照时数少。广州全年日照时数平均为 1882.8 小时,日照率为 43%,可见日照率并不大,与我国西北各地一般在 60% 左右的日照率相比较相差较远。日照的年变化以 4 月最弱,为 83.9 小时。日照率只有 22%,以 7 月、8 月、9 月、10 月、11 月 5 个月为最强,各为 200 小时左右,日照率达到 50% 以上。就一般来说,春季为 28%,夏季为 49%,秋季为 58%,冬季为 35%,恰与云量的季节变化相反。图 9 为广州各月平均日照和平均云量。

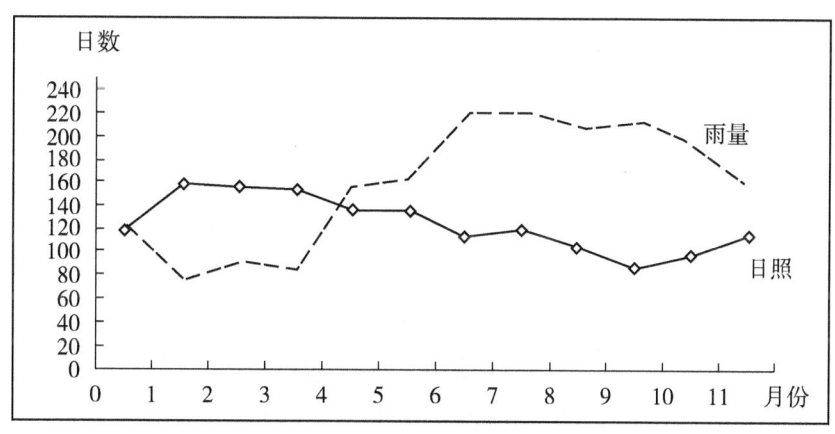

图 9 广州各月平均日照和平均云量

七、结论

广州为亚热带季风性气候，季风指数是很大的，虽然年平均温度在20℃以上，但冬、夏季无论是温度、雨量和风等都有显著的变化。夏季热湿而多雨，冬季温凉而干燥，但冬、夏的湿度差异并不是很大。气温平均年较差为15.5℃，但绝对年较差却达到38.0℃。日较差平均为6～10℃，绝对值达到15～18℃。从平均温度上看没有冬季，但从绝对值看却有平均为11日的冬季温度。虽然温度较差仍不小，但受海洋气团的调节作用是很显著的，这表现在夏季绝对最高气温并不是很高，比同纬的梧州和龙州，高纬的桂林、长沙和武汉等地都低。所以，从陆性率来看广州属于海洋性气候，不过受大陆的影响较大而已。百叶箱中的气温与地面草温的差值随季节及天气状况而不同，一般是夏季为1～2℃，最大可达3.5℃；冬季为2～4℃，最大可达6.5℃，所以在冬季晴朗天气中，如果在19时的百叶箱温度降到5℃以下，就必须严密预防霜冻。

雨量以夏季为最多，约占年雨量的一半，冬季只占1/10。一年中有1/3到1/2的日数为雨日，有半年的时间为阴雨天气，所以雨量较多。太阳辐射通量虽大，但日照时间却少。雨量强度很大，最多雨月份的雨量有时可占全年雨量的1/3甚至一半。一日间的最大雨量有时可与月平均总量相等。春、夏气旋和夏、秋台风的频率与旱涝的关系很大。如果春、夏气旋频率减小，必形成春旱，频率增大又会形成春涝。同样，夏、秋台风频率减小，必形成秋旱，频率增大又会形成秋涝，这在农业上都是很重要的。因此，春、秋季的防旱与防涝比夏季更为重要，这由4月和9月最大、最小雨量之差就可看出。4月最大雨量为397.7毫米，最小雨量为15.5毫米，相差25倍；9月最大为356.3毫米，最小为21.6毫米，相差17倍。当冬、夏季冷热反常时，这是南北气团交换强烈的表示，雨量变率将会加大，旱涝也就容易发生。如果夏季偏南风过强需注意防旱，过弱又需注意防涝。降雨与风向的关系以偏北风的降雨频率最大，在春、夏季节，当偏南风盛行吹之后，一转为偏北风就有很大的降雨可能性。冬季寒潮爆发时也常致雨。10月、11月、12月和次年1月这4个月的变率是很大的，最小时可完全无雨。

台风和雷雨的盛行也是气候上的一个显著的特点，台风盛行于7月、8月、9月，雷雨盛行于6月、7月、8月。台风造成的最大风速可以达到12级，造成的暴雨一日间可以接近300毫米。平均一年中台风中心路径接近广州的为6～7次，雷雨日数平均为51日。冬、夏季风向的转变接近180°，一般以4月、5月和10月为转变时期，大陆气团控制的时间较长，占半年之久，海洋气团控制的时间只占4个月。

在农业生产上，广州具有优越的气候条件，四季都可耕种。可能遭遇的有害天气主要是暴雨、干旱和强风，但对于耐寒力弱的热带作物来说，寒冻却成为最重要的威胁。自4

月至9月都有发生暴雨的可能,干旱虽四季都可能,但以春秋最重要,强风主要是在台风季节,寒冻可能发生在11月下旬到3月中旬。由于冷空气密度较大,当冬季冷气团侵入时,低洼地的温度较坡地为低,易受霜冻。北江与珠江口都是寒潮通道,更应加强防寒措施。

几种气候要素的绝对值,如气温为0.0 ℃,日雨量为280毫米(相当于6440万立方米的水量),时雨量为55毫米(相当于1155万立方米的水量),10分钟雨量为25.5毫米(相当于586.5万立方米的水量),风速36米/秒(相当于风力162千克/平方米)等,虽然出现的频率很小,但在农林、水利及建筑的规划上,是需要加以慎重考虑的。

(原载《中山大学学报》(自然科学版)1956年第2期)

第十七篇　环境污染与生物畸变及肿瘤

谢永泉　易绍桢　曾水泉

易绍桢

曾水泉

提示：大自然充满了辩证法。人类的不合理活动必定会遭到大自然的报复和惩罚。马克思说过，文明如果是自发而不是自觉地发展，留给人类的只有荒漠。近几十年来，广州环境不断受到污染，不少农业生产和生活中排放的污染物未经处理就排放至江河，也有的用来喂养牲畜、鱼类等。许多有毒元素，特别是重金属铬、铅、镍、镉及其化合物，通过各种途径进入生物体内，引起生物畸变，甚至肿瘤，对人类则导致肝炎、肝大、肝硬化等恶性病变。用这些污染物生产的产品，一度被视为高产而受到歌颂，实质是一种生态危机。论文在论述这种案例之后，呼吁人们应高度重视污水养鱼、灌溉等问题，注意保护环境，保护人类和生态环境安全。论文虽短，却极有警世作用。

环境科学是研究自然界与人类和生物生存发展相互关系的科学。人类和生物与自然界的相互关系，是通过能量与物质的运动来实现的，而生物的生存斗争、人类的生产斗争等又不断加强和改变着这些能量和物质的作用。因此，研究自然界中的能量和分子、原子是环境科学研究中的实质性问题。

一、环境污染与动物肝脏

动物肝脏是吸收、贮存养分和转换能量的器官。

生活在污染区与非污染区的同一种动物的肝脏，存在着明显的差别。污染区的动物肝脏体积增大、重量增加、颜色改变，细胞组织变脆而易脱落，毒物的累积量显著增大。几年来我们曾数次取广州郊区流溪河水库中的鱼类的肝脏进行干灰化处理，除见大量肝油脂煎出和肝蛋白、肝糖被灰化掉外，没能取到足够一次光谱分析的灰分。而污染地区的同样一条鱼的肝脏，却能得到足够做 1～3 次光谱分析的灰分，即两者的灰分元素总量相差 1～3 倍以上。

动物肝脏中含量较高的微量元素是 Cu、Zn 和 Mn。它们主要参与酶的作用，是动物生活所必需的。但环境中含量过高，同样可引起毒害。

广州附近四大家鱼肝脏中元素平均含量，以 Pb 的累积最突出。东山湖鱼肝中 Pb 的吸收累积量为流溪河水库同类鱼的 19 倍以上。铅被胃肠吸收进入肝脏后，和其他毒物共同作用，影响肝脏变大，颜色变暗、变黄，细胞组织松脆而易于脱落。Pb 随着血液运行，大量累积在鱼骨中。Ni 在鱼肝中的累积也较显著，而在鱼肉和鱼骨中没有或含量甚低。Cd 则通过肝脏的吸收贮存，最终累积在鱼骨中。

同样，鸡肝、鸭肝、猪肝均有环境污染区与非污染区的上述毒物含量不同的显著差异。

我们认为，环境污染的毒物吸收累积，是引起肝炎、肝大、肝硬化和肝肿瘤的病因之一。

二、环境污染与动物肿瘤

我们注意了动物肿瘤的元素组成及其与环境的相互关系。我们采集的肿瘤材料有：猪肝肿瘤、鸡肿瘤和鱼肿瘤。

分析表明：Pb、Cr、Cd、Ni 等毒物的含量，在有肿瘤的猪肝和瘤体中远远高于正常的猪肝，其中 Pb、Cr 在瘤体中特别高；鱼肉肿瘤（图1）部分与正常鱼肉相比较，Pb、Cd、Ni、Cu、Cr、Ag、Mo、Ga、Ge 等元素的累积十分显著，同样，Pb、Cr、Cd、Ni 在鸡肝肿瘤中有明显累积，Pb 尤为显著。

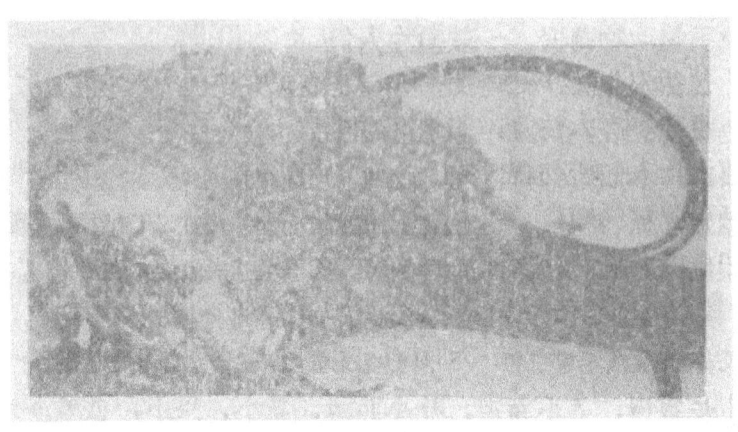

图 1　刀尖所指为鱼肿瘤（非洲鲫）

过去人们根据元素在生命活动中的作用将元素分为三大类：一是必需的营养元素，如 Ca、Mg、K、Na、P、S、Fe 等。我们对动物肿瘤的分析发现，在肿瘤发展的中后期 Fe 的累积较为显著。在灰化鸡胃瘤体时，瘤体呈铁红色，分析结果铁（以 Fe_2O_3 计）含量在 9930 毫克/千克（干重）以上。铁在瘤体内的大量累积，促进了肿瘤的发展和扩大。二是微量营养元素，如 Cu、Mo、Mn、Zn、Co 等，如果它们在环境中过量，同样可以引起生物病害。三是非营养元素（包括作用不明及毒害元素），如 Pb、Cr、Cd、Ni 等，它们可能引起肿瘤的前导性物质。

内因是事物变化的根据。动物肿瘤问题，首先是动物本身内部的新陈代谢问题。在同一环境中，有些个体产生了肿瘤，有些则没有。其次是内因在外因影响下产生各种变化，而动物比人在更大程度上依赖特定的环境而生活。环境中有些因素是由古地理过程中带来的。如南海、顺德等地的地表物质是由西江、北江的冲积物形成的。目前，那里的鱼类和人体健康，在一定程度上受它的影响。至于广东农村的肿瘤高发点，据不完全调查，多在花岗岩和其他一些岩石重砂沉积的丘陵前沿；重砂直接影响了人们的饮用水和部分食物。在近海重砂沉积的新冲积地，通过饮用水、食物和其他有机的致癌物质，影响了动物和人的肝脏。

我们通过对鱼肉、鸡肿瘤及猪肝肿瘤的分析和近 15 年来人体肿瘤的发展趋势来看，环境因素的影响是显著的。

三、环境污染与动物、植物的生态畸变

环境污染引起的动物、植物生态畸变已不罕见。污水养鱼，鱼嘴下唇伸长、鳃大、肝

大（重量几乎增加一倍至几倍）、肾大及骨质性畸变（图2）较多。鱼鳔退化消失也不少见。

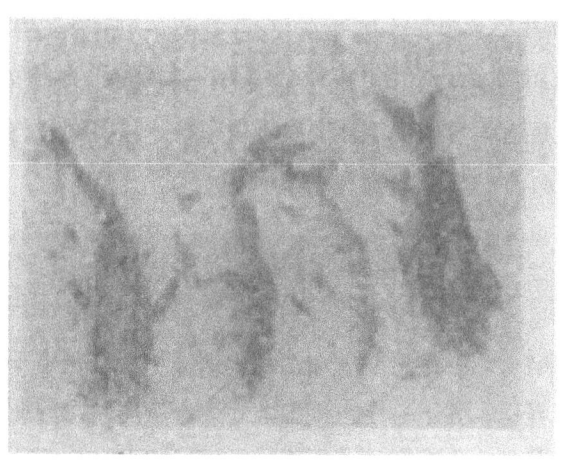

图2　杆枝所指下唇伸长（鳙鱼）

肝、肾畸变，变大，增重，显然与毒物累积有关。鱼骨弯曲，肿大与 Pb、Cd、Sr 的直接累积有关。

环境污染引起动物畸变，一般易为人们注意。植物（包括农作物）的畸变，有时甚至减产失收，也很少有人注意。如果畸变带来了高产，更易为人们所忽视。

环境污染引起植物畸变，可以发生在根、茎、叶、花和果实各部位。蕹菜（Ipomoea reptans）在含铬污染水中的畸变表现为茎、叶的过度生长。黄瓜（Cucumis sativus）瘤状畸变是值得重视的一种现象。畸变黄瓜的瓜藤生长缓慢，茎小而短，叶小而薄，花小，果小，瓜果全为肿瘤状突起（图3）。

图3　正常黄瓜与瘤状黄瓜

瘤状黄瓜在普通生物显微镜下，胚胎中胎座不发育，分室不明，胚珠种子不发育，表皮栅状细胞畸短畸长，厚薄不一。电子显微照片看到：整个细胞各部分全面变异；线粒体、内质纲解体，以致完全破坏，质体（包括叶绿体等）显著破坏（叶绿素、叶黄素分离液的吸收光谱曲线也和正常黄瓜不同）；在细胞中出现较多的凝聚、絮结、团块等现象；细胞中除液泡增多外，还有大量的嗜锇性金属凝聚颗粒。这些颗粒已为光谱分析证实是金属、重金属物质，并且已查明这些有毒物质的来源。

四、问题讨论

生物畸变包括形态畸变——生态变异和细胞生理畸变。看到了生态变异，生理过程就会有异常；生理出现了异常，并不一定在生态上立即有所反映。因此，可以认为生理异常是生物畸变的内部物质基础，生态变异是生理异常的外部形态反映，是生理异常的深化。

引起生物畸变的因素很多。外因是生物体外的所有环境因素。生物的生理生态特点都是生物进化和环境之间长期矛盾对立统一的结果。

在广东，人体肿瘤（例如，鼻咽癌、食道癌、肝癌等）的发病率，具有很明显的地域性和民族发展与民族来源的特点。由于工农业的发展，加速了环境分异和环境污染的进程，使肿瘤发病率有日渐增高的趋势。

细胞及细胞内含物质的变化、生理功能的改变，是生物生命过程内外条件的集中表现。

生物与环境的关系，过去较多地强调生物生活需要对环境的选择进行吸收，即吸收营养有益物质，摒弃有害物质。通过几年来的工作，我们认识到，由于环境受到污染，生物的适应性有着重大的改变。一方面，要从环境中吸收体内必需的营养物质；另一方面，由于环境污染，又必然会吸入一些有害物质。这种"被动吸收"，必然引起生理过程的严重失调，局部或全面出现生理障碍，引起急性中毒和死亡，或是生物为了适应变化了的环境，自身调整生理过程，出现种种生理生态异常（病害）。

生物对物质的吸收，主要是对原子、离子及其分子化合物或分子基团的吸收。我们拟讨论如下几个问题。

1. 铬及铬化合物

铬的外层电子可以失去 $1\sim 6$ 个，成为一至六价。

广州红色岩系，总铬含量为 0.01% 左右，花岗岩、流纹岩均低于此含量。红色岩系中的铬多为三氧化二铬，即三价铬，或为三价铬的其他化合物。

铬盐厂、电镀厂及机修厂等刚排放出来的废水中，多为六价铬。废水出厂后，碰上氨水、苯胺类、氨基类、氰酸钾（或钠）、硝酸铵、亚硝酸铵或其他化合物，即产生沉积，在水中缺氧条件下，六价铬被还原为三价。所以，在离厂很短的一段流程中，就往往迅速还原为三价铬。

六价铬对生物细胞毒害较大。六价铬浓度高的河涌段，不但鱼虾剧减，水生植物也起很大变化。水中的鱼类、水生植物，主要吸食二、三价铬及其化合物。

在动物体内，铬主要存在于血液运行的肝脏、肌肉中。由于铬和铁的二价、三价离子半径十分接近，铬可取代铁产生类质同象，铬有可能在血液中置换血红素中的铁。因此，铬在动物体中，主要累积于肝脏、肌肉等部分。有些动物骨骼也有铬的累积。在动物肿瘤中，铬的累积显著增大。

在植物体内，我们发现铬主要累积在具有绿色的器官中，特别是绿叶部分。在黄瓜的瘤体中，铬的含量显著增高。

总之，铬及铬的化合物，在植物体中，累积量最大的是在绿色部分，即叶绿素存在的叶绿蛋白中。

铬及铬化合物大量累积在动植物肿瘤中，可能是造成细胞局部迅速增生，促进肿瘤形成与发展的因素之一。铬在植物生理生态上也有这种状况。在某铬盐厂附近，灌溉水含铬量很高，该地水生的蕹菜，茎叶特别长大，叶色特别浓绿，根分生特别多，这些现象可能就是国内外所说的铬有刺激生长的作用。

2. 铅及铅化合物

铅和铬在动植物累积中的特点不同。铅主要在植物淀粉性的器官中和动物肝脏的淀粉性肝糖原中累积。因此，不仅影响植物的淀粉累积，而且严重破坏血液的合成更新，往往造成动物和人体贫血症状。

在动植物肿瘤中，铅的含量一般较高。生活在铅污染的水中的鱼类，吸收了铅，在体内形成 $PbHPO_4$，最后在骨骼中变成稳定的不溶性 $Pb_3(PO_4)_2$。

3. 镍及镍化合物

广州地区的成土母质，含镍量在 0.008% 以下，水和生物中的含量更低。动物的肝脏、血液、肌肉、骨骼及植物的叶、茎、花、果一般含镍均较少。

但在动植物的肿瘤中，镍显著累积，且具有发病的前导性。即镍的相对含量或绝对含量，最高部分在瘤体与正常器官组织的接触部分。在人体肿瘤高发的一些地区，有些不大正常的动植物器官中，含镍量也较高。

4. 镉及镉化合物

二价的钙，镉离子半径十分接近，不但化学性质相似，而且在生物体内还可以相互取代，特别是镉取代了钙，稳定性大，往往造成骨骼变形。在骨畸变的部位中，镉含量较高。

　　总之，环境与环境污染中，化学元素及其化合物足以引起生物生理、病理变异，应引起我们高度重视。不但高铬、铅、镍、镉的饮用水和食物不适于人类生活的正常需要，而且用来饲养动物也应十分慎重。同样应该重视污水养鱼、污水灌溉这些问题。

[原载《中山大学学报》（自然科学版）1978年第3期]

第十八篇　关于环境科学发展的若干理论问题

董汉飞

提示：20世纪60年代以来，中山大学地理系自然地理专业开设部分环境科学课程，景观学、地球化学也相继出现。即使"文革"期间，基于环境问题日趋严重，这门新兴学科仍在防止污染、治理"三废"方面发挥重要作用。改革开放以来，随着社会经济发展需求，环境科学理论体系，学科对象、性质、任务等日渐明确，越来越多科学工作者参加环境整治，为生产建设、群众生活服务，随后这门独立学科脱颖而出，日益成为一门显学。在这个学科发展大势环境下，本文对环境科学性质、地位、体系结构、概念源流、嬗变等都做了全面梳理、分析、归纳，建立起学科框架、研究内容和任务等，为环境科学为生产建设、社会生活服务奠定了坚实的基础。

环境科学正在迅速发展，还没有定型，尽管十多年来，形成了许多分支学科，如环境物理学、环境化学、环境生物学、环境地学、环境工程学、环境医学、环境经济学、环境法律学、环境教育学等，但这些分支是通过"插条"或"杂交"而产生的幼苗，还不稳定，需要经过巩固提高或筛选过程，才能成为"新种"。在国外，环境科学还没有形成独立的科学体系；在国内，对环境科学的认识，亦未有一致的意见：有的学者认为，环境科学主要是研究污染物质在环境中的运动规律及其防止途径的科学；还有的将环境区分为自然环境（第一环境）和污染环境（第二环境）两类，前者列入地学研究的范围，后者列入环境科学的范围；更有的认为，环境科学是研究人类与环境之间相互关系的科学，即人类生态学等。以上这些观点的提出和进一步发展，对于促进环境科学体系的形成是十分有益的。本文借顺水推舟之力，探讨一下环境科学的发展问题，以求教益。

一、环境科学的性质和地位

环境科学是围绕解决环境问题而发展起来的。所谓环境问题，实质上就是人类与环境的关系问题。由于现代工农业生产和科学技术的发展，人口迅速增长和过度集中，资源和能源大量消耗，环境污染和严重恶化，三者交织在一起，便是当前突出的环境问题。正确处理这三者的关系，即合理控制人口、合理利用资源和能源、合理维护和改善环境，是解决环境问题的根本途径，也是维护人类生存和发展的长远措施。换言之，正确处理人口、资源（包括能源）、环境三者的关系，是环境科学的基本任务。

人类是最高级的生物，它出于生物，而又高出于生物。作为前者，人类是环境的产物；作为后者，人类是社会的产物、环境的主人。如果将人类作为一个物质和能量的自然消费者与环境联系起来，而构成的物质和能量流动系统，即为人类生态系统，是受自然的生态平衡规律制约的。但如果将人类作为社会物质财富的生产者，通过利用资源和能源与环境联系起来，而构成的物质和能量流动系统，即为人类社会生态系统，是受社会经济规律制约的。人类生态系统的生态平衡规律，是通过地球几十亿年的演化才建立起来的，它是维护人类生存和发展应遵循的基本法则。人类社会生态系统的社会经济规律是随着社会物质财富的生产方式而改变。社会主义国家的生产是为了满足人民日益增长的物质生活和精神生活的需要，所以生产与生活是统一的，发展社会主义生产与维护人类生存和发展亦是一致的，因此社会主义国家的经济建设应遵循生态平衡规律和社会主义的经济规律，并且两者应该是协调的。但目前由于受到人们认识水平和科学技术发展水平的限制，违反生态平衡规律的经济措施也是不可避免的，这些只能通过提高人们的认识能力和加强社会责任感，逐步加以解决。与此相反，资本主义生产是为了获取最大利润，发展生产与维护人类安全是不相适应的，资本主义的经济法则，从本质上是与生态平衡规律矛盾的，而这种矛盾只有通过消灭资本主义的生产方式才能彻底解决。地球是一个整体，人类也是一个整体，只有地球上全人类成为真正主人的时候，生态平衡法则与经济平衡法则才能协调起来，那时人类生态系统与人类社会生态系统真正达到平衡发展。目前最突出的问题是环境污染，这实质上是由人类所产生的污染物质或现象，而又通过人类参与构成的物质、能量流动系统，并利用和破坏这个系统。环境科学的中心任务就是恢复和发展这种系统，所以它不仅要研究污染物质的运动规律，更主要的是研究人类生态系统的发展规律及其物质和能量平衡规律，并积极应用这种规律去改造人类社会生态系统的结构和功能。因此，环境科学的研究范围是很广的，它不仅涉及自然科学的各个领域，也涉及社会科学的许多部门，是多边性的边缘学科，它的核心部分是研究人类与环境之间的物质和能量平衡规律，是自然科学，并应用这种规律去处理人类、资源（包括能源）、环境三者的关系，则属边缘和应用部分，是技术科学和社会科学。任何科学，都是人对客观规律性的认识和反映，都是由人去掌握的，没有与人无关的科学。人类掌握科学的目的在于应用，在于满足人类社会发展的多种需要，那些危害人类生存和社会发展的科学研究和科学技术成果，将为人类社会历史所淘汰，而那些促进人类社会发展、维护人类生存、增进人类健康和幸福的科学研究和科学技术成果，将随人类社会的发展而受到尊重和支持、继承和发展。环境科学是以维护人类的生存和发展，正确处理人类、资源、环境三者之间的关系为己任而被列入科学行列中，因此它在科学中的地位，受到普遍重视而迅速发展，正像神经系统在人体中的地位一样,虽然不是"骨肉",但它是最敏感的部位,这个部位的"大脑",就是人类生态系统学,即研究人类与环境之间的物质和能量平衡规律的科学。

二、环境科学的体系

"环境科学"一词是20世纪50年代由美国一些科学家、工程师和教育家为了推动空间环境科学技术的发展而提出来的,但环境概念早已在科学文献中广泛使用,环境科学与环境概念的结合是水到渠成的,是历史的巧合,更由于环境问题的突出,环境科学很快被赋予新的内容。因此,环境科学的产生和发展,是经过相当长的孕育时期,但一旦形成,就蓬勃地发展起来,从它的体系和来源来看,有三个来源和三个组成部分。

(1)从环境概念的产生到环境学人类对环境的认识,自有人类以来就开始了,但环境概念的建立,是从18世纪才开始的。首先是生物进化论者布丰(Buffon,1707—1788)、拉马克(Lamarok,1744—1829)、圣·伊来尔(S. Hilaire,1772—1844),把生物种的变异与周围环境的变化联系起来,而建立了周围环境的概念,继则由哲学家孔德(Comte,1798—1857)把周围环境概括为"环境"一词,代表生物四周的一切环境情况,简单明了。此刻后由地理学者列克留(Reclus,1830—1905)等引用"环境"一词确立了地理环境的概念,并把它理解为围绕人类的自然现象的总体。19世纪后半期,又以社会学家斯宾塞(Spencer,1820—1903)为代表,把环境概念与生物进化论一起引入社会学中,形成了所谓社会学中的生物学派。其后优生学又被希特勒所利用。从此,环境概念亦被推广应用于心理学和社会学中,并将政治、法律、宗教、风俗习惯等总称为社会环境,而将山川、气候、物产等总称为自然环境。此后,环境概念便经常在这些领域中应用,并逐步扩展变成了表达以某种事物为中心的对应事物的惯用语,或哲学上的一般概念,这就造成了今天在运用环境这个概念时的一些混乱。我国环境保护法里所称的环境,是指"大气、水、土地、矿藏、森林、草原、野生动物、野生植物、水生生物、名胜古迹、风景游览区、温泉、疗养区、自然保护区、生活居住区等",这个环境的含义与上述自然环境的含义基本相同,只是更具体化了。我们在考虑环境科学的体系时,试图恢复环境概念的原意,同时亦尽量反映人类与环境相互关系的现代认识水平,把环境理解为人类赖以生存和发展的所有因素(物质和能量)和条件的综合。这个环境的含义适用于所有生物,但不适用于任何非生物,因为只有是生物才能称生存,有了生存才能发展,也只有生物与环境接触,才能导致自身的生存和发展,这就是生物的本质,同样也说明了环境的本质。环境科学之所以有生命力,亦表现在这种本质上。将环境科学局限于研究污染物质的设想,无疑是科学上的一种短见。

环境概念的发展,还体现在生物与环境相互关系的研究上。研究生物与环境相互关系的科学,海克尔(Hackel,1866)称为生态学。半个多世纪生态学的研究,基本上停留在个体生态方面,并且只注意到环境对生物的影响,以及生物对环境的适应,远远没有达到生态学定义的研究水平。但是,生物总是以群落的形式存在的,群落中个体与个体之间、生物种与生物种之间,存在着复杂的相克相生关系,达尔文(1859)称这种关系为"生存竞争"。后来生态学家特别注意的是生物与生物之间的直接营养(取食)关系,埃尔顿(Elton,1927)把由这种关系联系起来的生物群称为营养链(或食物链)。以营养链为基础,而形成的生物群落与环境之间的物质统系,称为生态系统,这一术语首先是顿斯利(Tansley,1935)提出来的,40年代苏卡切夫(1942)所建立的生物地理群落概念,基本与生态系统的含义相同,后来丹麦哥本哈根会议(1965)决定,二者作为同义语使用。从此,将近一个世纪生态学的研究,便由个体到群落而进入了生态系统的水平,但在60年代以前,生态系统的研究,基本上局限于生物与地学的范围,60年代以后,由于环境污染问题的突出,特别在日本发现富山病(镉积累中毒症)和水俣症(汞积累中毒症)之后,逐渐将食物链概念与人类健康联系起来,从而形成了人类食物链和人类生态系统的概念,这就是目前生态学研究的新课题和新水平。它一方面要求通过生物与环境相互关系的研究,以提高生物的产量和质量;另一方面又要求通过人类与环境相互关系的研究,以改善环境质量和提高人类健康水平。前者侧重于生物的利用和改造,是为生态学;后者侧重于环境的利用和改造,则为环境学。

从环境污染的产生到环境保护学的出现,随着现代工农业及科学技术的发展,工业"三废"、农药残毒、放射性物质是环境污染的主要根源;这些物质利用大气、水体、土壤、生物进入人体,是环境污染的主要途径;污染物质在人体内积累,影响健康,危及生命或子孙后代,是环境污染的主要后果。目前的环境保护工作主要亦是针对这三方面进行的:①根治污染源;②控制和监测污染途径;③防治污染后果。与此相适应,逐渐形成了三门分支学科:环境工程学、环境污染与监测学、环境医学。

(1)从根治污染源到环境工程学。随着资本主义工业的发展,工业污染源大致也经历了三个阶段:①18世纪末到20世纪初,主要是燃煤烟尘及二氧化硫所造成的大气污染和矿冶、制检工业造成的废水污染为主,伦敦于1873年、1880年、1892年发生的几次重大烟雾事件,可作为这个阶段严重污染的开始;②21世纪20年代初至40年代末,燃煤污染继续发展,又增加了石油和石油产品带来的污染,随之有机化学工业的污染逐年增加,洛杉矶于1943年发生的光化学烟雾事件,可作为这个阶段严重污染的转折点;③50年代以后,石油及其产品的污染大量增加,又出现了农药残毒和放射性污染源,水质污染非常突出,噪音、垃圾、恶臭等污染相继出现,至60年代末,主要工业发达的资本主义国家,环境污染已达到相当严重的程度,日本出现的三大公害病(哮喘病、富山病、水俣病),可作为这个阶段严重污染的标志。随着污染源的发展,在根治污染技术方面亦有所进展:

40年代以前，对工业废水只做一般稀释处理，加高烟囱排放废气；50年代，着重在排污口进行处理，同时注意改革工艺流程；60年代，采用闭合流程或无害工艺；70年代，注重资源的综合利用、能源改造、区域性治理、发展综合防治系统。针对解决上述问题而进行的一系列研究，便逐步形成了环境工程学，并且随着治理技术发展需要而产生了环境系统工程学。

（2）从控制和监测污染途径到环境污染与监测学。21世纪40年代以前，英国伦敦型硫酸烟雾及美国洛杉矶型光化学烟雾是世界有名的公害事件，但在这个阶段只进行一般的污染调查与分析工作，50年代以后，逐步统一调查和分析、测试方法，并在大气污染监测方面，建立了一些连续自动监测站或监测网；60年代，在一些主要工业发达的资本主义国家，相继建立了水质自动或半自动连续监测站，70年代以后，逐步扩展称为全国性的污染监测系统。随着监测技术的发展，污染分析数据的积累，以及对污染物质运动规律的探讨，便逐步形成了环境污染与监测学，并细分为大气污染与监测学、水质污染与监测学、土壤污染与监测学、生物污染与监测学等。

（3）从防治污染后果到环境医学。近半个世纪以来，由于医学科学的发展，许多烈性传染病已先后被控制或基本消灭，显得突出或代之而起的是环境因素引起的环境病。克山病、大骨节病、缺碘症、肾结石症等都是环境病。但这些都是由局部自然因素引起的环境病，亦称地方病。21世纪40年代美国中部和东部牧场牲畜中流行的一种白肌病，亦是由缺硒（Se）所引起的在牲畜中的一种地方病。50年代，美国、英国、瑞典等国家，发现心血管死亡率与饮水化学成分有关：硬水地区死亡率低，软水地区死亡率高，心血管病也可称为地方病或环境病。50年代以后，由于环境污染引起的疾病非常突出，特别是日本出现的哮喘病、富山病、水俣病等先后被证实病公布为公害病之后，引起世界震惊。几乎在两百年前就被认识的第一种职业性癌（阴囊癌），大概是长期受到烟灰刺激作用的结果。苯胺染料工业的工人中，膀胱癌发病率较高。石棉工业工人中的肺癌发病率要比一般人群高得多。紫外光、X射线、镭（Ba）钚（Pu）、^{80}锶（^{80}Sr）、碘（^{131}I）等均被列为致癌因素。日本不到20年，肝癌死亡率增长到261%，英国40年来肝癌死亡率亦增长了150%。人们把所有的致癌因素加之归纳分析，推断人类癌肿的75%～90%是由环境因素引起的，因而使医学界对污染物质的致癌作用极为关切。老的地方病未除，新的环境病接踵而至，迫切要求解决这类问题而产生了环境医学。它的主要任务是探索环境致病因素（包括污染物质）与人类疾病的相关规律及其防治途径，为改善环境、提高环境质量、制定环境质量标准，提供医学依据。

环境工程学、环境污染与监测学、环境医学总称为环境保护学，即研究污染物质的来源、发展、运动规律及其预防和治理途径的科学。

从环境机构的建立到环境管理学。由于环境问题的广泛性、长期性和复杂性，特别是环境污染问题突出之后，环境污染与环境保护问题，差不多涉及现代工业、现代农业、现代国防和现代科学技术的各个部门，急需成立统一的管理机构，协调工作。从60年代末到70年代初，差不多主要发达的资本主义国家，都先后成立了国家一级的环境管理机构。例如，1970年，英国成立环境部，美国成立环境保护局，联邦德国成立环境委员会；1971年，加拿大成立环境部，日本成立环境厅；等等。与环境管理机构相适应，逐渐产生了环境管理学。在资本主义国家内，特别重视环境经济学与环境法律学。我国是社会主义国家，一切从人民利益出发，我国的环境管理学应切实贯彻我国的环境保护方针："全面规划，合理布局，综合利用，化害为利，依靠群众，大家动手，保护环境，造福人民。"因此，它首先应包括环境规划学，而环境规划又是在环境质量评价的基础上进行的，可将此二者合称为环境质量评价与环境规划学。其次它应包括环境经济学、环境法律学、环境教育学等。

综合上述，我们所理解的环境科学，是以环境学为基础、人类生态系统学为核心、环境保护学和环境管理学为支翼而构成的多科边缘性的科学体系，它的主要分科可列成下列科学系统（图1）：

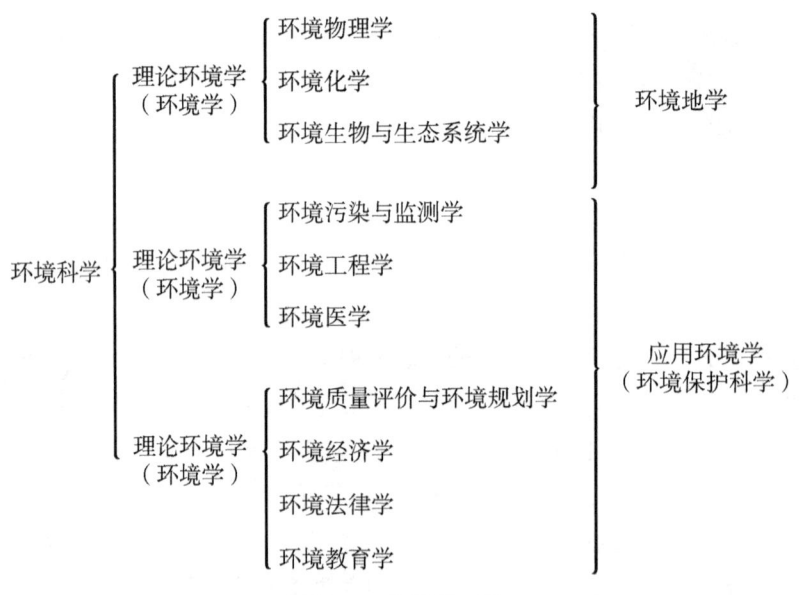

图1 环境科学系统

三、理论环境学的内容和任务

环境科学是以环境概念为基础而建立起来的。生物包括人类赖以生存、发展的所有因素（物质和能量）和条件的综合，称为环境。环境因素包括能量和物质。研究能量来源和转化的科学，称为环境物理学。研究物质结构与演化规律的科学，称为环境化学。物质演化到一定阶段，出现了生命，从而自然界分为生物界与非生物界两大部分。生物界赖以生存和发展的那一部分自然界，则为环境。研究生物与环境相联系的演化规律的科学，称为环境生物学。生物群落与环境之间相互联系而构成的物质循环和能量转化系统，称为生态系统。研究生态系统的产生、发展和物质、能量平衡规律的科学，称为生态系统学。科学理论研究的目的在于掌握规律，预测未来，上述环境物理学、环境化学、环境生物与生态系统学合称为环境学，它是环境科学的理论基础，亦称为理论环境学，即研究人类环境也包括人类本身与环境关系的演化规律及其预测方法的科学。

生态系统是生物包括人类与环境相互作用发展到高级程度的产物，根据生物成员在生态系统中的作用和地位，可分出三级生态系统：第一级为植物生态系统，第二级为动物生态系统，第三级为人类生态系统。并且，高一级的生态系必然包括低一级的生态系统，人类生态系统是最高一级的生态系统，也是最复杂的生态系统（图2）。研究人类生态系统的物质和能量平衡规律，并应用这种规律为改善环境、提高环境质量，增进人体健康和促进人类社会发展服务，这就是理论环境学研究的中心任务。

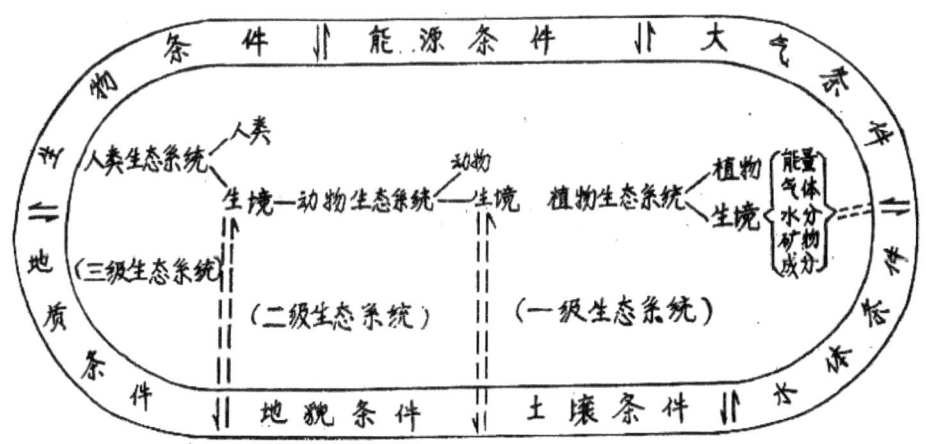

图2　生态系统的分级及其物质与能量的流动系统

四、环境学与地学的联系与区别

环境是人类赖以生存和发展的所有因素（物质因素与能量因素）和条件（地质条件、地貌条件、水体条件、大气条件、土壤条件、能源条件、生物条件）的综合。物质因素和能量因素是直接参加人类本身物质循环和能量转化过程的组成部分，是环境学研究的主要内容；而上述地质、地貌、水体、大气、土壤、能源、生物等条件是直接为物质因素和能量因素提供物质基础和能量来源的组成部分，是地学研究的主要内容。所以，地学是环境学的基础，而环境学是地学综合研究的深化，只有环境学与地学相结合，才能真正认识人类赖以生存和发展的环境，也只有环境科学与其他自然科学及社会科学相结合，才能真正阐明人类社会与环境相互关系的发展规律。

(原载《环境科学理论问题第一次学术会议交流议论文集》)

第二编 经济地理学

第十九篇 关于经济地理学发展的若干问题

曹廷藩

提示：这是曹廷藩教授在经济地理学基本理论的基础上，针对学科体系、学科结构，及其相互关系而推出另一篇经典之作，还涉及当时党和国家发展工农业生产指导方针与学科关系，经济地理发展方向，提高学科的业务、政治水平，参加生产实践，处理不同学派的关系等问题，都具有很鲜明的针对性。这说明论文作者不仅是一位经济地理学理论家，而且是一位实践家。尽管某些观点是结合当时形式提出来的，但是它的实质、核心价值并没有过时，至今仍有学科建设和生产实践的指导作用。

曹廷藩

一、关于经济地理学的学科体系问题

所谓学科体系，就是指一门学科内部的分科问题。所谓经济地理学的学科体系，也就是指在经济地理学范围内的分科问题。关于经济地理学的学科体系问题，当前有着三种不同的意见。

第一种是把经济地理学分为普通经济地理学、部门经济地理学和区域经济地理学三个组成部分，亦即把经济地理学分为理论、部门、区域三个组成部分。这是若干年来经济地理学界绝大部分同志们的意见。个人过去若干年内也曾持这种看法。持这种看法的同志们认为部门经济地理学和区域经济地理学是经济地理学的主体，而普通经济地理学则是部门经济地理和区域经济地理学的理论概括，同时它又指导着部门经济地理学和区域经济地理学的研究。不过，个人在教学和工作实践过程中，逐步感觉到这种分法不一定恰当。因为：部门经济地理学有部门经济地理学的理论，区域经济地理学也有区域地理学的理论，如果把它们的理论都集中到普通经济地理学中去，那么它们不都成为一些没有什么理论可以研究的东西了吗？如果不这样办，那么普通经济地理学究竟还有些什么特有的理论内容来讲呢？另外，把经济地理学分为部门经济地理学和区域经济地理学两个部分，也是不够恰当的。因为部门经济地理学既有一般的部门经济地理学，又有区域的部门经济地理学；而区域经济地理学也不总是综合的，它也可以是区域的部门经济地理学。因此，到了最近若干年内，个人放弃了把经济地理学分为理论、部门、区域这种三分法的意见，而转向第二种意见。把经济地理学分为这三个部分，当然也不是没有理由的，因为经济地理工作者所研究的，确乎主要是区域经济地理和部门经济地理，而关于区域和部门的研究，都又需要理论做指导，这样便逐渐形成了理论、区域和部门三分法的意见。现在看来这种三分法的意见，还主要是经验性的，科学依据还不够充分。

第二种是把经济地理学分为综合经济地理学和部门经济地理学两个组成部分。而在综合经济地理学中又分为普通经济地理学和区域经济地理学两个部分，在部门经济地理学中又分为一般的部门经济地理学和区域的部门经济地理学两个部分。这是最近几年来一些同志的意见，个人也持这种看法。它是在第一种意见的基础上，经过反复实践和体验，而逐步形成的一种意见。持这种意见的同志们认为，一门科学之所以不同于别的科学，主要是由于其所研究的对象不同于别的科学所决定的。而在一门科学内部的分科，也应该根据其所研究对象的具体范围不同去加以区分。从这一基本观点出发，逐步形成了一种看法，认为经济地理学就其研究对象的具体范围不同，大体上可以分为综合经济地理学和部门经济地理学两个部分，综合经济地理学是把生产作为一个整体来研究其配置规律性，部门经济地理学是就生产的某一部门来研究其配置规律性的。综合经济地理学和部门经济地理学之间的关系，亦即整体和部分之间的关系，综合经济地理学又可就其所研究对象范围的不同，分为普通经济地理学和区域（或国家）经济地理学两个部分。普通经济地理学是把世界作为一个整体来研究其生产配置问题，区域经济地理学是就世界的某一地区、某一国家或某一国家内的某一地区来研究其生产配置问题。普通经济地理学和区域经济地理学之间的关系是一般和特殊之间的关系。部门经济地理学也可就其研究对象范围的不同，分为一般的部门经济地理学和区域（或国家）的部门经济地理学两个部分。

一般的部门经济地理学是把世界作为一个整体来研究某一生产部门的生产配置规律，区域（或国家）的部门经济地理学是就世界的某一地区或某一国家的某一生产部门来研究其配置规律。一般的部门经济地理学和区域（或国家）的部门经济地理学之间的关系，也是一般和特殊之间的关系。把经济地理学按着这样的体系来分，既分清楚和明确了整体和部分之间的关系，又分清楚和明确了一般和特殊之间的关系。经过几年来的教学和工作实践，感到这种分法较之第一种分法为恰当。

还有一种是把经济地理学分为普通经济地理学和区域经济地理学两个部分，这种意见是近年来有些同志作为不同意上述的第二种意见而提出来的。这些同志认为把经济地理学分为综合经济地理学和部门经济地理学两个部分是不恰当的，他们认为应该首先把经济地理学分为普通经济地理学和区域经济地理学两个部分，普通经济地理学研究生产配置的一般规律性,区域经济地理学研究生产配置的特殊规律性。然后再在普通经济地理学中分为综合经济地理学和部门经济地理学两个部分,在区域经济地理学中再分为综合经济地理学和部门经济地理学两个部分。初看起来,这种分法似乎比上述第二种分法还要简单明了、易于掌握。但过细思考起来,却不大恰当。因为事物的区分,首先是整体和部分的区分,只有在这个前提条件明确后,才能谈到一般和特殊。因为所谓一般,不是笼统的一般而是具体的一般,或者是综合经济地理学的一般,或者是部门经济地理学的一般;所谓特殊,也不是笼统的特殊而是具体的特殊,或者是综合经济地理学的特殊,或者是部门经济地理学的特殊。不先把综合经济地理学和部门经济地理分开和明确起来,那所谓普通经济地理学和区域经济地理学,便只能是综合经济地理学的一般和特殊,而并不包括部门经济地理学的一般和特殊。因此,这些同志本来想把经济地理学的学科体系更明确起来,而结果反而更不明确了。所以,这些同志的意见不能认为是恰当的。

上述三种不同意见在今后若干年内可能仍然是并存着的。不过,第二种意见既然比较恰当,随着时间的推移,可能会为更多的同志所认可。

关于经济地理学学科体系的明确和统一认识是很重要的。因为所谓学科的发展方向,就是指该学科体系作为一个整体和它的各个组成部分如何发展的问题。如果学科体系不明确,那就很难谈它的发展方向了。上述三种不同的意见,既然认为第二种意见,即把经济地理学分为综合经济地理学和部门经济地理学两个组成部分是比较恰当的,那以下就根据这个体系来论述它的发展方向和其他的一些有关问题。

二、关于党的"以农业为基础、以工业为主导的发展国民经济的总方针"对于经济地理学发展的巨大指导意义[①]

1. 党的"以农业为基础、以工业为主导的发展国民经济的总方针",反映了国民经济发展的客观规律性

党中央和毛泽东同志根据马列主义的基本原理,总结了中国社会主义建设的经验,提出了"以农业为基础、以工业为主导的发展国民经济的总方针"。这一方针反映了我国社会主义国民经济发展的客观规律性。执行这一方针,就是按照客观规律性办事,事情就能办好,国民经济就能健康地发展。几年来,党中央根据国民经济发展以农业为基础的方针,调整了我们国家的国民经济的各部门,把它们都转向了以农业为基础的轨道上来。一方面,各行各业都来支援农业;另一方面,各行各业又都适应着农业这个基础发展的情况

---

① 关于这个问题的意见,已见拙作《关于经济地理学及其各分支学科为农业生产服务的一些问题》,载《地理》1964年第1期。这里只做小的修改。

来调整各自的事业。同时，又根据国民经济的发展以工业为主导的方针，适应着农业和国民经济各方面发展的需要，着重调整了工业各部门的发展。这样，我国农业生产的情况迅速地好转了，工业也有了更加健康的发展，跟着国民经济的各方面也都好转了。新的更加坚实的和更大规模的跃进形势正在逐步出现。

国民经济的发展，以农业为基础、以工业为主导的方针，不仅反映了中国社会主义国民经济发展的客观规律性，而且也反映了社会主义国民经济发展的客观规律性；不仅反映了社会主义国民经济发展的客观规律性，而且也反映了资本主义和资本主义以前诸社会国民经济发展的规律性。马克思说："……超越于劳动者个人需要的农业劳动生产率，是一切社会的基础，尤其是资本主义生产的基础……"回顾整个人类社会生产发展的历史，史实也正是这样。自从人类社会生产发展到了手工业并从农业中分化出来，出现了工业和农业的分工以后，关于国民经济的发展便开始沿着以农业为基础、以工业为主导的轨道逐步前进。从此以后，农业每前进一步，工业也便跟着前进一步。同样，工业每前进一步，农业也跟着前进一步，随着农业和工业的不断发展，国民经济的其他部门，如商业、交通运输业和各种非生产部门，也不断地发展了。这种情况，在工农业都还不发达的奴隶社会和封建社会如此，在工农业高度发达的资本主义社会尤其如此，在社会主义和将来的共产主义社会也仍然如此。所不同的是在社会主义社会和共产主义社会，由于生产资料的公有制和这一客观规律性的揭示，人们有可能自觉地和有计划地按照这一客观规律来发展国民经济，使国民经济获得迅速、持续和健康的发展。而在资本主义和资本主义以前的社会，由于这一客观规律还没有被揭示，同时又受着生产资料私有制的限制，人们当然不可能自觉地运用这一客观规律来发展经济，当时的经济是在这一客观规律的制约下不自觉地向前发展的。

为此，国民经济的发展，以农业为基础、以工业为主导这一客观规律性的揭示，不仅对于中国国民经济的发展有着巨大的指导意义，即使对于其他社会主义国家国民经济的发展，也有着巨大的指导意义；同时，对于研究和认识资本主义和资本主义以前诸社会国民经济的发展，也有着重要意义。

2. 国民经济的发展，以农业为基础、以工业为主导这一客观规律的揭示，对于经济地理学的发展具有巨大的指导意义

经济地理学是以物质资料生产发展的一个方面——生产配置作为其主要研究对象的。所谓物质资料生产的配置，实际上也就主要是指农业的生产配置和工业的生产配置而言的。为此，从学科的角度来说，国民经济的发展，以农业为基础、以工业为主导这一客观规律性的揭示，对于经济地理学的发展和中国的经济地理学新的理论体系的建立，也有着巨大的指导意义。

以农业为基础、以工业为主导，既正确地表述了农业和工业在国民经济发展中的地位和作用，又正确地表述了农业和工业之间的辩证关系。根据这一客观规律性，关于经济地理学的研究，必须树立以农业配置为基础、以工业配置为主导的思想，用以指导全部生产配置的研究工作。一方面，关于工业、交通运输业、人口和居民点的配置，必须放在以农业配置为基础的轨道上来；另一方面，关于农业、交通运输业、人口居民点的配置，又必须考虑到工业配置的主导作用。

以这种思想为指导，在综合经济地理学的范围内，关于普通经济地理学的研究，必须在理论上，既要正确阐明农业配置和工业配置之间的相互关系问题，又要正确阐明交通运输配置、人口居民点配置与工业和农业配置之间的相互关系问题，还要正确阐明工业、交通运输、人口居民点配置与农业配置之间的相互关系问题。关于区域经济地理学的研究，必须具体地正确阐明和正确解决某一个国家或某一个地区的农业配置和工业配置之间相互关系问题，其交通运输、人口居民点的配置与其工农业配置之间的相互关系问题，其工业、交通运输、人口居民点的配置与农业配置之间的相互关系问题。

以这种思想为指导，在部门经济地理学的范围内，必须首先并且以较大的力量来发展农业地理学，其次为工业地理学，再次为运输地理学，最后为人口和居民点地理学。同时，除了农业地理学以研究农业的生产配置为其主要任务外，工业地理学、运输地理学、人口居民点地理学也必须将其研究放在以农业为基础的轨道上，从而正确阐明和正确解决它们各自与农业生产之间的关系。

根据国民经济的发展，以农业为基础、以工业为主导这一客观规律性对于经济地理学—综合经济地理学和部门经济地理学的发展的上述理解，对于研究中国的生产布局中的一些具体问题，不论是综合生产布局方面的问题，还是部门生产布局方面的问题，都会有着重要的指导意义，这是毫无问题的。以这种理解为指导，即使去研究外国经济地理，也一定会把外国经济地理的研究，提高到更高的水平。比如，研究社会主义国家的经济地理时，便可以更清楚地看出哪些国家在生产布局方面，是按照以农业为基础、以工业为主导的这个客观规律性来进行的，而哪些国家不是。又比如，研究资本主义国家的经济地理时，便可以更清楚地看出它们的生产配置，一方面是如何不自觉地受着以农业为基础、以工业为主导这一客观规律性的制约，而另一方面又如何违背着这一客观规律性，从而更清楚地洞察出资本主义制度的腐朽性和不合理性。

三、关于经济地理学的发展方向问题

关于国民经济的发展，以农业为基础、以工业为主导这一客观规律性的揭示，对于经济地理学发展的巨大指导意义，已略如上节所述。但要正确判定经济地理学的发展方向，还必须就决定学科发展的一些更具体的因素来进行考察。

一般说来，任何一门学科发展的方向，都是被两个方面的因素所决定的：一方面是学科本身发展的要求，另一方面是国民经济发展对于这门学科的要求（在这两个因素中，后者当然起着更重要的作用）。经济地理学当然也不能例外。所谓学科发展的方向，就是指一门学科作为一个学科体系，它的整体和它的各个组成部分，根据学科本身发展的要求和国民经济发展对于这门学科的要求，将如何向前发展的问题。所谓经济地理学发展的方向，也就是指经济地理学作为一个学科体系，它的整体和它的各个组成部分根据它本身发展的要求和国民经济发展对它的要求，将如何向前发展的问题。

我们在第一节已经把对经济地理学的学科体系的看法提出来了。现在就根据第一节的意见，来论述经济地理学作为一个学科体系，它的整体和它的各个组成部分的发展方向问题。

1. 关于经济地理学作为一个整体，它的发展方向问题

把经济地理学作为一个整体，无论是就它本身发展的要求来说，还是就国民经济发展对它的要求说，它的两个组成部分——综合经济地理学和部门经济地理学，都需要发展，也就是说这两个部分，必须同时并举。

就学科本身发展的要求来说，综合经济地理学和部门经济地理学，是相互依存和相互促进的。综合经济地理学的发展又必须以部门经济地理学为基础，部门经济地理学的发展又必须以综合经济地理学为指导。综合经济地理学的发展，如果没有部门经济地理学的相应发展，那它的发展便缺乏坚实的部门基础，那它便难以提高。部门经济地理学的发展，如果没有综合经济地理学的相应发展，那它的发展便缺乏必要的理论指导，而将会迷失方向。为此，就学科发展的要求来说，综合经济地理学和部门经济地理学必须同时并举。

就国民经济发展对于学科的要求来说，综合经济地理学和部门经济地理学也必须同时并举。其之所以如此，是因为国民经济的发展，既需要解决生产的综合发展和综合布局方面的问题，又需要解决生产部门发展和部门布局方面的问题。为了解决前者，就需要发展综合经济地理学；为了解决后者，就需要发展部门经济地理学。

在综合经济地理学和部门经济地理学同时并举的前提下，现阶段无论是就学科本身发展的要求说，还是就国民经济发展对学科的要求来说，都应该用较大的力量来发展部门经济地理学。

就学科本身发展的要求来说，经济地理学的著作，过去都还主要是一些区域性的东西（比较初级的综合经济地理），对部门经济地理学进行专门研究的还不多。在这种情况下，综合经济地理学的水平要想进一步提高是有困难的。为此，为了学科的进一步发展，在现阶段必须着重发展部门经济地理学。

就国民经济发展对学科的要求来说，当前当然有着许多生产综合发展和综合布局方面的问题，需要综合经济地理学去研究和解决。但更大量的则是要研究和解决部门生产的发

展和合理布局方面的问题，特别是要着重研究和解决农业生产的发展和合理布局方面的问题。为了适应国民经济发展的要求，在现阶段也必须着重发展部门经济地理学。

2. 关于综合经济地理学的发展方向问题

综合经济地理学的两个组成部分——普通经济地理学和区域（或国家）经济地理学，无论就学科本身发展的要求还是就国民经济发展对学科发展的要求来说，也都需要发展。

就学科本身发展的要求来说，普通经济地理学是综合经济地理学的理论基础，区域经济地理学是综合经济地理学的主体，这二者之间又是密切联系和相互促进的。区域经济地理学的发展，必须以普通经济地理学的基础理论为指导，否则，区域经济地理学便常常成为一些地区经济地理资料的汇集，而很难揭示出区域的经济地理特点和规律性来。为此，区域经济地理学的发展，必须赖于普通经济地理学的相应发展。同样，普通经济地理学的发展，是以区域经济地理学的发展为其资料基础的，如果没有区域经济地理学的大量发展，普通经济地理学的发展和提高也是不可能的。

就国民经济发展对于学科的要求来说，当然主要是关于经济地理的区域研究。只有在深入细致的区域研究的基础上，概括出区域经济地理的特征来，对于国民经济的发展才是有用的。而要做到这一点，除了掌握大量能反映地区经济地理特征的资料外，还必须具有驾驭资料的较高的综合经济地理学的理论水平。为此，就国民经济发展的需要来说，区域经济地理学和普通经济地理学的发展也都是必要的。

在普通经济地理学和区域经济地理学都需要发展的前提下，在现阶段，无论就学科本身的发展来说，还是就国民经济发展对于学科的要求来说，大量的当然是区域经济地理的研究，但为了提高区域经济地理的研究水平，关于普通经济地理学的理论研究，则应放在更重要的地位。

在区域经济地理学中，既要研究中国，又要研究外国。在这两者中，当然应该把中国经济地理的研究放在首要的地位。在中国经济地理的研究中，既要研究中国整体，又要研究中国的各地区。前者是为了认识中国整体的经济地理面貌，主要是为我们整个国家的经济建设服务的；后者是为了认识中国的各地区的经济地理面貌，主要是为各个地区的经济建设服务的。具有全国性的经济地理机构，应侧重全国经济地理的研究；具有地方性的经济地理机构，则应侧重所在地区的经济地理的研究。在外国经济地理的研究中当然所有的国家都要研究，既要研究社会主义国家，又要研究民族独立国家，还要研究资本主义国家，适应学科本身发展的需要和适应国际形势发展的需要。在社会主义国家中，则应侧重对苏联和与中国接邻的几个兄弟国家的研究；在民族独立国家中，则应侧重对亚、非、拉三洲与中国关系比较密切的一些国家的研究在资本主义国家中，则应侧重对美国、英国、法国和日本等国家的研究。

3. 关于部门经济地理学的发展方向问题

部门经济地理学的几个组成部分——农业地理学、工业地理学、交通运输地理学和人口居民点地理学，无论就学科本身发展的要求，还是就国民经济发展对学科的要求来说，也都要发展。

就学科本身发展的要求来说，农业地理学和工业地理学是部门经济地理学的主体，当然应该是发展的重点。交通运输地理学和人口居民点地理学，是部门经济地理学的两翼，当然也应该做相适应的发展。各个部门经济地理学之间是密切联系着的。农业地理和工业地理，是交通运输地理和人口居民点地理发展的前提，而交通运输地理和人口居民点地理，又是农业地理和工业地理发展的条件。为此，关于部门经济地理学的发展，虽说不能齐头并进，平均使用力量，但却必须都要发展，就我国部门经济地理学发展现状来说，农业地理学较有基础，其他几个部门都还比较差。为此，除了继续大力发展农业地理外，其他几个部门也必须尽力发展。

就国民经济发展对于学科的要求来说，根据国民经济发展以农业为基础，以工业为主导的方针，当然也应该着重发展农业地理学和工业地理学，为研究和解决农业生产的合理布局和工业生产的合理布局服务。还应该发展交通运输地理学为研究和解决交通运输的合理布局服务，发展人口居民点地理学为研究和解决人口居民点的合理布局服务。

在每个部门经济地理学中，又有普通的部门经济地理学和区域的部门经济地理学两个部分。比如，在农业地理学或工业地理学中，既有普通的农业地理学或普通的工业地理学，又有区域的（或国家的）农业地理学或区域的（或国家的）工业地理学。交通运输地理学和人口居民点地理学也是一样。就学科发展的现状说，每个部门经济地理学大部分都属于一些区域性的部门经济地理学的研究，至于普通的部门经济地理学的研究尚很少。就国民经济发展对学科的要求来说，当然大量的也都是一些区域的部门经济地理学的研究，不过为了更好地解决部门配置的实际问题和提高区域的部门经济地理学的水平，在发展区域的部门经济地理学的同时，关于普通的部门经济地理学的理论研究，则应放在更为重要的地位。

在区域的部门经济地理学的研究中，无论是就学科本身发展的要求来说，或就国民经济发展对于学科的要求来说，都应该把中国部门经济地理学的研究放在首要的地位。至于外国的部门经济地理学的研究，则只能根据外为中用的原则，有选择和有重点地进行研究，比如，农业地理可以侧重自然条件和社会经济条件与中国比较近似的国家来进行研究，工业地理可以侧重工业比较发达的美国、苏联等国家来进行研究。

四、关于进一步提高经济地理学的科学水平问题

新中国成立后15年来,中国的经济地理学在党的亲切关怀和正确领导下,由于全国的经济地理工作者的不懈努力,其学科水平已经有了很大的提高,这是完全肯定的。但如从祖国社会主义建设事业的发展对于经济地理学的要求来说,那它的水平还远远不够,这也是十分清楚的。为此,还必须进一步提高中国的经济地理学的学科水平,才能适应祖国社会主义建设的需要。

中国的经济地理的科学水平,如何才能进一步提高呢?要明确这点,首先必须要知道过去15年来,中国的经济地理学水平是如何提高的。

总结过去15年来中国的经济地理学提高的经验,主要有两条:一是学习外国的经验,主要是学习苏联的经验;二是参加祖国的社会主义建设实践,总结和积累自己的经验。今后应该更自觉地沿着学习、实践和总结的道路前进。

1. 学习外国的经验

马列主义的经济地理学是首先在苏联产生并在苏联逐步发展起来的。为此,中国的马列主义的经济地理学也是从苏联学来的。新中国成立后15年来,我们曾从苏联学习了不少东西,今后仍然应该向苏联学习。不过去学习苏联,存在教条主义的偏向,今后应该加以克服。苏联的经验有些是正确的,有些是不正确的,必须有区别地加以吸收。比如像国际劳动分工的理论、统一地理学的残余思想等,我们不仅不能吸收,而且还必须得对它进行批判。即便苏联的一些正确经验,比如关于生产专业化和综合发展的理论,也仍然需要加以分析。因为它的正确经验,有些是带有普遍意义的,有些只有在苏联才是适用的,也必须加以区别。只有在苏联才适用的东西,我们就不能生搬硬套地加以吸收。其他社会主义国家的经验,我们当然也应该虚心学习。

资本主义国家的经济地理学,我们也应该学习。过去若干年内,由于批判资产阶级的经济地理学的影响,对于向资本主义国家学习存在着很大的思想顾虑,这是不恰当的。资本主义国家的经济地理学,就它的观点和理论体系来说,当然是错误的,有些甚至是反动的。但我们也不能完全拒绝对它们的东西的学习。因为,为了了解资本主义国家的经济地理情况,不能不学习它。同时,在认识清楚了资产阶级经济地理学的错误观点和理论体系的前提下,它的一些个别经验和个别方法,对于我国经济地理学的发展仍然是有用的,需要加以学习和吸收。

此外,对于一些民族独立国家经济地理学的一些研究成果,我们当然也需要学习。

2. 积极参加社会主义建设实践

认识来源于实践。新中国成立后15年来,中国的经济地理学的提高,当然与学习苏

联分不开。但更重要的则是全国的经济地理工作者，积极地参加了祖国的社会主义的文化教育建设实践和经济建设实践，在实际工作中，不断总结和积累自己的经验而逐步提高的。

新中国成立后15年来，全国的经济地理工作者绝大部分是在科学、文化和教育战线工作的，有些是在高等学校和中等学校进行教学工作，有些是在科学研究机构和出版机构进行研究和编著工作。在教学、研究和编著工作中，经常遇到不少问题和困难，需要解答、说明和解决。这样就迫使经济地理工作者不能不学习，不能不钻研。经过不断地学习、不断地钻研，不少问题逐步明确或解决了。当然在教学、研究和编著工作中所遇到的一些问题，单靠书本学习和研究还是不能解决的，还需要再通过参加社会主义经济建设的实践，才能逐步体会、逐步明确和逐步解决。

新中国成立后15年来，全国的经济地理工作者，适应着我们国家社会主义经济建设的需要，积极地参加了一系列与经济地理学有关的各种实际工作，如铁路选线、河道网规划、城市规划、区域规划、流域调查、综合考察、经济区划、农业区划等工作。在这些实际工作中，经济地理工作者与其他邻近学科工作者在一起做出不少成绩，显示出经济地理学的独特作用，对有关的经济建设做出一定的贡献。通过这些实际工作，也带动了经济地理学的发展，提高了经济地理学的水平。因为通过不断的工作总结和学科总结，经济地理学在社会主义的经济建设中究竟可以做哪些工作，起些什么作用，与其他科学如何分工，如何配合等问题逐步明确了；经济地理工作者哪些方面不够，哪些方面需要加强，应该如何提高等也逐步明确了；经济地理学的一些最基本问题，如关于它的研究对象、科学性质、发展方向、发展途径等也逐步明确了。

在参加社会主义文化教育建设实践和不断总结提高的基础上，和在参加社会主义经济建设实践和不断总结提高的基础上，再举行地方性的和全国性的学术会议，把地方的和全国的实践经验汇集起来，再进行讨论和总结，这样，学科水平就会获得更迅速地提高。新中国成立后15年来，在党的领导下，中国地理学会定期举行学术会议，贯彻党的"百花齐放、百家争鸣"的方针，对于中国的经济地理学学科水平的提高，曾起着重要的作用。

总的说来，实践、总结、再实践、再总结，可以说是中国的经济地理学发展和提高的最基本经验。

在马列主义、毛泽东思想的指导下，本着以自力更生为主、学习外国为辅的方针，在积极参加社会主义建设实践的基础上，不断总结和积累中国自己的经验，并有分析地和有批判地吸收外国有用的经验，中国的经济地理学的学科水平一定可以获得更迅速的提高，并在不太长的时间内，具有中国自己特点的经济地理学的理论体系一定也是可以逐步建立起来。

五、关于提高经济地理工作者的水平问题

经济地理学的科学水平的提高,是要由经济地理工作者的努力来实现的。因此,关于经济地理学的科学水平的提高,归根到底,必须落实到经济地理工作者水平的提高。

通过新中国成立后15年来的工作实践,不仅逐步明确了经济地理学的科学水平如何提高的问题,同时也逐步明确了经济地理工作者的水平如何提高的问题。

已经明确了的经济地理学的科学水平提高的经验,已经为经济地理工作者如何提高指出了总的方向。实现这个方向,经济地理工作者需要具备哪些必要条件呢,努力使自己具备这些条件,这也就是经济地理工作者如何提高的问题。

总结新中国成立后15年来的经验,经济地理工作者必须根据学科发展和工作需要,既要不断地提高自己的业务水平,又要不断地提高自己的政治水平,沿着又红又专的道路前进。

1. 关于业务水平的提高问题

在业务方面,必须既要加强自己的专业知识基础,又要加强自己的专业基本知识。

专业知识基础主要是就经济科学的知识基础、自然地理学的知识基础和生产技术的知识基础三者来说的。根据多年来的实践经验,经济地理学的主要研究对象——生产配置(分布、布局),实质上是经济、自然和技术的三结合现象。为此,要深入认识生产配置现象和做好生产布局工作,必须全面地加强经济、自然和技术三个方面的知识基础。在经济科学知识基础方面,既需要加强政治经济学的知识基础,又需要加强部门经济科学的知识基础,既需要加强经济科学的理论修养,又需要加强经济科学的技术修养(主要是要学会算经济账)。在自然地理知识基础方面,既需要加强综合自然地理学的知识基础,又需要加强部门自然地理学的知识基础;既需要加强自然地理学的理论修养,又需要加强自然地理调查的实际能力。在生产技术与知识基础方面,既需要加强农业生产的技术知识基础,又需要加强工业和交通运输业的技术知识基础。就我国当前经济地理工作者的实际情况来说,一般所最感缺乏的为生产技术方面的知识修养。此外,有些人还感到自然地理学的知识基础较薄弱,另有些人则感到经济科学的知识基础较弱。这样,就需要根据每个人的具体知识基础情况,就自己较薄弱的方面逐步加以充实和提高。

加强经济、自然和技术三个方面的知识基础,是提高经济地理工作者的业务水平所必需的,但它们还不是经济地理学业务本身。为此,还必须在加强这三个方面的知识基础上,进一步提高经济地理学本身亦即综合经济地理学、部门经济地理学的业务水平。进一步提高经济地理学本身的水平,主要是要进一步掌握经济地理学范围内的三基问题——即基本理论、基本知识和基本技能三者。

基本理论，既包括综合经济地理学的理论，也包括部门经济地理学的理论。所谓经济地理学范围内的基本理论，也就是关于经济地理学范围内的一些规律性知识，即关于经济地理学研究对象的基本矛盾各方面之间的相互关系的阐明，比如生产配置与生产之间的关系，生产各部门的配置之间的相互关系，生产配置与生产条件之间的关系，等等。基本理论是深入认识和掌握经济地理现象的关键。不掌握基本理论，也就不可能深刻和正确认识经济地理现象。

基本知识既包括综合经济地理学的知识，又包括部门经济地理学的知识。广义的知识，当然也包括基本理论在内。不过这里既然把基本理论和基本知识分开，基本知识也就主要是指经济地理学范围内的一些基本事实和基本情况，如某个国家或某个地区生产条件的情况、生产和生产配置的情况等。基本理论是以基本知识为基础的。如果没有必要的基本知识，也就谈不上经济地理学的基本理论。有些人忽视以描述基本事实和基本情况为主要任务的区域或国家经济地理是不恰当的。当然，基本事实和基本情况，如果没有基本理论做指导，也不可真正地认识和掌握。我们当然要求基本理论和基本知识相结合。但二者究竟是有区别的，有些是侧重基本理论的东西，有些是侧重基本知识的东西。基本知识总是大量的，而基本理论则是不多的。必须在掌握大量基本知识的基础上，逐步地掌握和提高理论。

基本技能是用以获得基本知识的技术、方法和能力。它是需要自己亲自动手和操作的，要求我们反复地动手和操作，逐步熟练起来。基本技能大体上包括这样的几个方面：统计计算的能力，读图、用图和制图的能力，野外调查和社会经济调查的能力，还有分析整理资料和编写的能力。这几方面的基本技能都需要熟练掌握。

业务知识各方面的提高是没有止境的，应该适应工作的需要和科学的发展而不断提高。

2. 关于政治水平的提高问题

经济地理学是一门阶级性很强的科学，生产布局又是一种政策性很强和具有战略意义的工作。为此，要求经济地理工作者必须有着较高的政治水平，这就迫使经济地理工作者在不断提高自己的业务水平的同时，不断地提高自己的政治水平。

为了不断地提高自己的政治水平，首先要加强马列主义和毛泽东思想的学习。马列主义是科学的经济地理学的理论基础。正是由于把马列主义的基本原理应用于地理科学的研究，经济地理学才从统一地理学中独立了出来，成为一门独立的科学。正是由于把马列主义的基本原理应用于经济地理学的研究，经济地理学才一方面克服了资产阶级的地理环境决定论的错误思想影响，另一方面又克服了资产阶级的纯经济主义的错误思想影响，开始走上真正的科学道路。如果我们没有较高水平的马列主义的理论修养，不仅进一步发展经济地理学是有困难的，即便已经被克服了的各色各样的资产阶级的经济地理学思想，也仍然会死灰复燃。毛泽东思想是马列主义的普遍真理与中国革命实际相结合，它是指导我们国家的革命和建设的伟大思想武器。新中国成立以来，我国的经济地理学水平之所以能够获得较大的提高，也正是由于我们是以毛泽东思想做指导的。毛泽东同志关于社会主义建设的许多理论，如国民经济的发展以农业为基础、以工业为主导的理论，社会主义建设总路线中所包括的一系列两条腿走路的理论，对于经济地理学的发展，都有着巨大的指导意义。我们必须进一步加强马列主义和毛泽东思想的学习，才能适应经济地理学进一步发展的要求，才能适应进一步做好实际工作的要求。

其次，必须进一步加强党的方针政策的学习。党的方针政策，是党中央运用马列主义和毛泽东思想于中国各个时期的革命实际和建设实际，所提出的关于改造客观世界的基本办法和方法，用以指导我们变革客观世界的实际行动的。党的各个时期的总方针和总政策是指导我们改造客观世界的总办法总方法，是适用于我们各个方面的工作的。党的各个时期的各种分方针和具体政策，是指导我们改造客观世界某个方面的办法和方法，只适用于我们某个方面的工作的。总方针总政策和各种方针、具体政策是紧密联系的。各种方针和具体政策，是党的总方针总政策的具体化，而它们又必须服从于党的总方针总政策。我们既要深入学习与经济地理工作有关的各种分方针和具体政策，又要深入学习党的总方针和总政策。只学习党的总方针和总政策，而不深入学习党的各种分方针和具体政策当然是不成的；只学习党的各种分方针和具体政策，而不深入学习党的总方针和总政策，也是不成的。

此外，还要不断地加强自己的三敢（敢想、敢说、敢干）和三严（严肃的工作态度、严格的工作要求、严密的工作方法）精神。要三敢，也就是说要不断地提高我们的革命精神；要三严，也就是说要不断地加强我们的科学精神。总的说来，必须要做到革命精神和科学精神相结合。

政治水平的提高，是没有止境的，也必须得适应着工作的需要和学科的发展而不断提高。

六、关于经济地理学的几个不同学派的发展问题

1. 经济地理学的几个不同学派存在的客观性

从经济地理学发展的历史来看，自从它从古代单纯描述的阶段，发展到了资本主义社会试图说明现象和试图探索规律的阶段以后，不同的学派便逐渐产生了。

在资本主义社会里，由于地理科学的发展，自然地理学和人文地理学分开了。在人文地理学中，作为它的一个主要分支学科的经济地理学也产生了，它的最基本特点主要是用自然环境来说明经济地理现象。与此同时，作为经济科学的一个分支学科的经济地理学也逐渐产生了，它的最基本特点主要是从经济的观点来说明经济地理现象。直到现在，资本

主义国家的经济地理学中，这两个不同的学派仍然是并存着的。这两个不同学派的观点和内容，虽说是各不相同，但总的说来，它们都是为资产阶级的政治和经济服务的。新中国成立前，在半殖民地半封建社会的时代里，中国的经济地理学界主要是学习欧美，也同样存在着资产阶级经济地理学的这两个不同派别。

十月革命后，第一个社会主义国家出现了。苏联的经济地理工作者，根据马列主义的基本原理，既批判了作为资产阶级统一地理学的一个组成部分的经济地理学，又批判了作为资产阶级经济科学的一个分支学科的经济地理学。在批判前者的基础上，产生了苏联经济地理学中的区域学派；在批判后者的基础上，又产生了苏联经济地理学中的经济学派。苏联经济地理学中的这两个派别，由于其理论基础是马列主义，从而其理论体系的完整性和科学内容的严密性，较之资产阶级经济地理学中的两个派别，无疑地大大提高了一步。不过它们和资产阶级经济地理学的两个派别仍然有某些相近似之点。比如，苏联的区域学派，仍然是侧重于自然条件对于生产配置的作用的研究，而对于经济的作用估计不足；仍然是侧重于经济的区域研究，而对国民经济整体以及它对于地区经济的作用则研究不够。苏联的经济学派，仍然是着重于经济对于生产配置的作用的研究，而对于自然条件对生产配置的作用估计不足；仍然是侧重于国民经济整体和生产各部门配置的研究，而对于各地区经济配置的具体条件的研究，重视不够。由于这两个学派，都有着各自的优点和缺点，从而它们在苏联的社会主义建设中所起的作用，也是各不相同的。苏联经济地理学中的两个学派，都想把自己作为马列主义经济地理学的正统，可是直到现在，这个问题还没有得到很好解决。

新中国成立后，由于学习苏联，苏联的经济地理学的两个学派也都传进中国来了。因此，我们也是在批判了资产阶级经济地理学中的两个学派后，又出现了马列主义的经济地理的两个学派并存的局面。新中国经济地理学中的两个学派的优点和缺点，与苏联的情况也基本上是近似的。因此，它们在中国社会主义建设中所起的作用也是各不相同的。它们相互之间，也有着互争正统的意向，虽说没有苏联那样明显。多年来，我国经济地理学界关于经济地理学的一些基本理论问题的主要意见分歧，追到最后，都是与这两个基本学派对于经济地理学的理解不一致相关联的。

从以上所谈的情况看来，无论是过去或现在，无论是资本主义社会或社会主义社会，经济地理学中的这两个不同学派都是客观存在的。

2. 经济地理学中几个不同学派的发展问题

经济地理学今后将如何发展呢？是沿着地理学派的方向向前发展呢？这是沿着经济学派的方向向前发展呢？或者是沿着两个学派的方向都要发展呢？

个人认为两个学派的方向都应该发展，经济地理学由古代的没有学派到资产阶级的两个学派，这是经济地理学发展史上的一个大的飞跃；由资产阶级的两个学派发展到马列主义经济地理学的两个学派,是经济地理学发展史上的又一次大的飞跃。两个学派都有着自己的特点,在经济地理学的发展史上都有着自己的贡献。因此,不应该也不可能以一个学派而否定另一个学派。为此,两个学派必须并行发展。在两个学派并行发展的前提下,每个学派都应该既要认识到自己学派的优点和缺点,又要认识到另一学派的优点和缺点,从而尽可能地吸收另一学派的优点,而克服自己学派的缺点,使自己的学派向着更完备的地步发展。党的"百花齐放、百家争鸣"方针,也正是马列主义经济地理学中的各个不同学派发展应该遵循的唯一正确的方针。

根据苏联的经验和中国自己的经验,马列主义经济地理学中的地理学派,虽说是在批判资产阶级统一地理学的基础上发展起来的,较之资产阶级统一地理学中的经济地理学有很大的提高和进一步的完善,但总的说来,它仍然有意识地或无意识地有着过于强调自然条件作用的倾向,还没有彻底清除资产阶级地理环境决定论的思想影响。同时,也由于自己的经济科学修养不够,以致经济观点和政策观点还不够强,还不能很好地适应实际工作的要求。为了进一步发展自己的学派,除了需要进一步加强自己的自然地理学的修养外,还必须再着重加强自己的经济科学的修养和马列主义的修养,同时还要虚心地向经济学派学习,尽量吸取经济学派的优点。

同样,根据苏联的经验和中国自己的经验,马列主义经济地理学中的经济学派虽说是在批判资产阶级经济地理学中的经济学派的基础上发展起来的,较之资产阶级经济地理学中的经济学派有很大的提高和进一步的完善,但总的说来,它还意识地或不意识地有单纯的经济观点的偏向,还没有彻底清除资产阶级经济学派的思想影响。同时,也由于自己还缺乏必要的自然地理学修养和区域研究修养,从而有意识地或无意识地有忽视自然条件作用和忽视因地制宜的偏向。为了进一步发展自己的学派,除了需要加强自己的经济科学的修养外,还必须着重加强自己的自然地理学的修养和区域研究的修养,同时,还必须要向地理学派学习,尽量吸取地理学派的优点。

经济地理学中的两个学派,除了它们有着各自的缺点外,还有着共同的缺点。这就是它们都还缺乏必要的生产技术方面的知识。为此,两个学派为了发展和提高自己的学派,除了需要互相学习外,还需要努力学习生产技术方面的知识。

随着社会主义经济建设的发展,随着生产布局任务的增多,参加生产布局工作的生产技术人员,有些可能由于他们的经济知识和地理知识的不断增多和加强,他们也可能逐步成为具有某种生产技术特长,而又具有一定的经济和地理修养的经济地理工作者。在生产技术的基础上成长起来的经济地理工作者,将是经济地理学中的技术学派。经济地理学中,除了地理学派、经济学派,再加上技术学派,三个学派各具特点,互相学习,共同提高,经济地理学的发展就会更全面了。

经济地理学中的几个学派是在不同的科学基础上发展起来的。它们各具特点,需要互相学习，共同提高，但它们都不能相互代替、相互吞没。地理学派再发展，它也只能是地理科学的一个组成部分，而不能是经济科学的一个组成部分或生产技术科学的一个组成部分。经济学派再发展，它也只能是经济科学的一个组成部分，而不能是地理科学或生产技术科学的一个组成部分。同样，生产技术学派再发展，它也只能是生产技术科学的一个组成部分，而不能是别的学科的一个组成部分。为此，经济地理学中的任何一学派，只看到自己，而排斥其他学派的想法或做法，都是不甚恰当的。

近几年来，经济地理学中的经济学派，想向生产布局学的方向发展，想把生产布局学作为经济科学的一个分支学科来发展，这是完全恰当的。这样，经济地理学中的经济学派与地理学派，不仅在实质上有所不同，而且有适当的名称把它们区别开来了，地理学派称作经济地理学，经济学派称作生产布局学。这样两个学派就可以更清楚地认识到自己的特点，而向着各自更健康的方向发展了。

（本文写于1964年，曾在中山大学第七次科学报告讨论会上讨论，后又提到中国地理学会1965年经济地理学术讨论会上讨论，载《经济地理主要理论问题研究》，中山大学出版社1986年版）

第二十篇 关于经济地理学当前争论问题的一些初步意见

曹廷藩

曹廷藩

提示：本文是经济地理学基本理论的经典之作。新中国成立之初，关于经济地理学的一些基本理论问题的争论从苏联引入我国。曹廷藩教授针对这场争论，充分地阐发了自己的独到见解。自此，形成以中山大学地理系曹廷藩教授为首的"生产配置"一方和以中国人民大学孙敬之教授为首的"生产力配置"一方长期争论局面，直至"文革"开始才结束。事后大量事实表明，曹廷藩教授在这些基本问题的观点上是正确的。在南北学者这场争论中，本文是起了承前启后作用的。为节省篇幅，这里省略了原文第三部分（关于其他争论问题）的内容。

经济地理学作为一门科学来说，还是一门年轻的科学。在苏联还不过只有几十年的历史，在中国它的历史就更短了。也正由于经济地理学还是一门年轻的科学，所以关于它的一些最基本的理论问题，还没有得到彻底解决。关于经济地理学范围内的一些最基本的理论问题，当前争论得最多的是经济地理学研究的对象问题、经济地理学的科学性质问题和经济地理学在科学分类中的地位问题。这几个问题是密切联系着的，对其中任何一个问题的理解，都会影响对其他一些问题的理解。在这几个问题中，尤以经济地理学研究的对象问题最为主要，从而当前争论最激烈的也是关于经济地理学的对象问题。我们当然不能说这一些最基本理论问题不解决，经济地理学就不能发展，就不能前进；但这一些最基本理论问题的解决，无疑地会在一定程度上促进经济地理学的发展，促进经济地理学的前进。几年来的争论，已经使全国的经济地理学界对于经济地理学的理论问题有了进一步的认识，今后还需要进一步展开这一争论。笔者在经济地理学的理论问题上，还是一个"小学生"，从过去几年来的争论中，已多多少少有一些体会，现在愿就个人关于经济地理学当前争论的一些问题，提出自己一些初步的极不成熟的意见，来和同志们商榷，希望同志们多予以批评和指正。

一、关于经济地理学的对象问题

关于经济地理学的对象问题，在苏联已经争论几十年了。新中国成立后，由于学习苏联的先进地理科学理论，关于经济地理学的对象问题，在中国的地理学界也逐步地展开了争论。开始还只限于在中国人民大学经济地理教研室内少数人的争论，最近逐渐扩大了范围，成为全国地理学界所关心的主要问题了。在苏联经过长期的争论，特别是1950年以后几年内的争论，意见渐趋一致。1954年苏联《哲学问题》杂志编辑部在它所做的"自然地理学和经济地理学问题讨论总结"①中，对于经济地理学对象问题曾做出了肯定的结论。在1955年苏联地理学会第二次代表大会的决议②中，对经济地理学研究的对象又做了肯定的说明。这两个文件关于经济地理学对象的意见是相同的。这样，关于经济地理学的对象问题，在苏联已经有了初步统一的意见，虽然这个意见还不为少数地理学家所接受。不过在苏联已经基本解决的问题，在中国当前还没有基本解决，还存在着很大的意见分歧。中国当前关于经济地理学对象的争论，基本上还是几年苏联地理学界关于这个问题争论的重复，即经济地理学是研究"生产配置"呢，还是研究"生产力配置"呢？有些人主张前者，有些人主张后者。1956年8月，中国地理学会在北京举行学术讨论会，孙敬之同志的《论经济地理学的科学性质》③一文，曾提到全会讨论。孙敬之同志在这篇论文中提出了6个问题，而讨论的中心仍集中在经济地理学的对象问题上。孙敬之同志是生产力配置论的强有力的主张者。参加这次讨论的百余人，大部分是同意孙敬之同志的意见的。由这次讨论的情况看来，中国的地理学界大部分是主张经济地理学研究的对象是"生产力配置"而不是"生产配置"。这也就是说，中国地理学界当前对于经济地理学研究对象的认识，是与苏联地理学界当前对于经济地理学研究对象的认识存在着相反的情况的。

什么是两派争论的焦点呢？

主张"生产配置"的同志们认为：经济地理学是研究生产配置的科学。这里所谓生产配置，是指包括生产与生产关系统一的生产的配置。他们认为在研究生产配置时，一方面要注意生产力的发展水平，另一方面也要注意生产关系的性质。主张"生产力配置"的同志们认为：经济地理学是研究社会生产力配置的科学，是"透过生产关系研究社会生产力配置"的科学。生产关系只是研究生产力配置的方法，只是经济地理学研究内容的一部分，而不包括在经济地理研究对象之内。两派对于生产关系都是重视的，所不同的为一个

---

① 《关于自然地理学和经济地理学问题讨论总结》，载《科学通报》1955年第1期。
② 《苏联地理学会第二次代表大会决议》，载《地理译报》1955年第4期。
③ 孙敬之：《论经济地理学的科学性质》，载《科学与研究》1956年第11期。

说生产关系包括在经济地理学研究的对象内,一个说生产关系不能包括在经济地理学研究的对象内,这便是争论的焦点。[①]

就笔者个人说,基本同意前者而不同意后者。大家知道:生产配置是生产发展的一个方面,它随着社会生产的出现而出现,随着社会生产的发展而发展。生产包括生产力与生产关系两个方面,它是生产力和生产关系两个方面矛盾的对立和统一。生产的发展是由于生产力和生产关系矛盾两个方面的斗争。生产配置是生产发展的一个方面,其发展也是由于生产力和生产关系矛盾两个方面的斗争。为此,要理解生产的发展,必须从生产力和生产关系的相互作用中去理解;同样,要理解生产发展的一个方面——生产配置,也必须从生产力和生产关系的相互作用中去理解。生产是指人们在一定的生产方式下关于物质资料的生产,生产配置当然也是指人们在一定的生产方式下关于物质资料生产的配置。物质资料生产的配置,一方面被生产力发展水平所决定,另一方面被生产关系的性质所决定。为此,我们在理解物质资料生产配置的情况时,必须同时考虑到生产力的发展水平和生产关系的性质,二者不能忽视任何一方面。为此,把经济地理学研究的对象理解为生产配置,则是正确地反映了对象的全面情况,从而也就能正确地反映对象的运动规律。不然,如果把经济地理学研究的对象理解为生产力配置,则只是反映了对象的一个方面,只是反映了人们和自然的关系,而没有反映出人们之间的相互关系,那对于研究对象的全面真实情况便不可能正确地理解,从而也就不可能正确地理解研究对象的运动规律。众所周知,对象的运动规律是对象本身发展的内在必然联系,它只能在对象本身去找,而不能在对象本身以外去找。如果把经济地理学研究的对象理解为生产力配置,那生产力配置的规律,便只能在生产力配置以外去找了。这样很显然是错误的。И. П. 格拉西莫夫院士在苏联地理学会第二次代表大会所作的关于"苏联地理学现阶段的状况与任务"的报告中说:"显然,经济地理中某些方法论上的分歧和错误的根源,在某种程度上是低估了和不正确地理解了生产关系和生产力之间不可分割的联系。一种情况在解释经济地理现象时,估计到了生产力的决定作用,但在研究和分析生产力时,缺乏对生产关系的必要的联系。另外一种情况是在研究社会生产的分布时,没有足够考虑到自然条件对它的影响。这两种情况都造成了或大或小的错误,妨碍了有效地解决经济地理学理论和实践的问题。看来,在讨论一般规律在社会经济发展中的作用和对个别国家和地区所特有的地方特征的形成时,也是同样的情形。"瓦秀金在苏联地理学会第二次代表大会上所作的关于"社会主义生产配置的基本原理与经济地理学的任务"的报告中说:"对于作为一门科学的经济地理学来说,由此便产生一种责任,就是它研究的不是简单的生产力配置,而是作为生产力与生产关系统一的社会生产配置。经济地理学若只研究生产力本身的配置而忽略生产关系的性质,就会使它

[①] 孙敬之:《目前我国地理学界理论争论的两个焦点》,载《光明日报》1956年8月26日。

不能成为科学。因为忽视生产关系，就使得不能看到，例如像资本主义下与社会主义下生产配置规律之间的原则分歧，就会给各种在生产配置方面的资产阶级理论广泛渗入到我们这里来，开辟了道路。"И. П. 格拉西莫夫和瓦秀金都详细说明了我们必须从生产力和生产关系的不可分割的联系中来研究经济地理现象，亦即生产配置现象，经济地理学研究的对象，须作为生产力与生产关系统一的社会生产配置，而不能只限于简单的生产力配置。也正因为这样，1954年苏联《哲学杂志》编辑部在他们所做的"自然地理学和经济地理学讨论总结"中说："讨论的参加者提出了许多经济地理学对象的定义，其中最可以接受的经济地理学对象的定义，应该认为是：它是研究生产的地理配置以及各国家各地区生产发展的条件和特点的科学。""这个定义是最正确的，因为经济地理学是研究与各国家各地区间社会劳动分工密切相联系的各种问题的科学。同时，必须考虑到生产力的地理配置的基本规律是取决于物质资料的生产方式。"[①] 也正因为这样，1955年《苏联地理学会第二次代表大会的决议》中明确指出："在地理学中，经济地理学具有重大的意义，它是社会科学，研究生产（理解为生产力与生产关系的统一）的地理分布、各国各地区生产发展的条件与特点。"[②]

主张生产配置的同志们基本上是根据苏联《哲学杂志》对于经济地理学对象所做的总结和苏联地理学会第二次代表大会决议中关于经济地理学对象所下的定义，对于经济地理学的对象做了一些阐明。比如，胡兆量同志在他的《不应该把经济地理学的对象局限在生产力范围内》一文中曾指出，用生产配置有五大理由：①"生产力这个概念无法包括经济地理学所研究的一些重要的基本问题，只有生产这个概念才能包括经济地理学所研究的一些基本问题。"②"客观事物的运动规律是科学研究的主要内容。生产力这个概念无法包括经济地理学研究对象的运动规律。""指导着经济地理学研究对象运动的规律是生产配置规律。""只有以经济规律的知识为依据，以生产配置规律的知识为依据，才能深刻地认识生产配置的特征和方向，才能使经济地理学健康地发展起来。"③"采用生产配置能够正确地估计影响生产配置诸条件的作用。"④"生产配置这个概念能够正确地反映经济地理学与其他科学的关系。"⑤"采用生产配置这个概念，能够正确地阐明经济地理学的任务。"这些意见基本上是正确的，对于生产配置的进一步了解是有帮助的。

主张生产力配置的同志们坚决反对把经济地理学的对象理解为生产配置的理由有三：①"经济地理学的内容确实是以研究生产力配置规律为任务的。既然它以研究生产力配置规律为任务，那么一定要用'生产'，就是概念与内容脱节了。"②"从理论上说经济地理学研究生产关系，也是讲不通的。"③"中国和苏联的重要文献中，常用生产力配置，

[①]《关于自然地理学和经济地理学问题讨论总结》，载《科学通报》1955年第1期。
[②]《苏联地理学会第二次代表大会决议》，载《地理译报》1955年第4期。

而生产配置论者,也被迫地常常提出生产力配置。"① 在这三点中,关键性的问题在第二点,即主张生产力配置的同志认为如果把经济地理学研究的对象理解为生产配置,理解为生产力与生产关系统一的生产配置,那么经济地理学研究的对象,就会与政治经济学研究的对象混淆不清,那就会阻碍经济地理学的发展。笔者愿提出个人的看法,与主张生产力配置的同志们商榷。

首先,先谈第二点。主张生产力配置的同志们说:"从理论上说经济地理学研究生产关系,也是讲不通的。"这种意见是完全正确的。经济地理学当然不是研究生产关系,生产关系是政治经济学研究的对象。不过问题不在这里,问题在于把经济地理学研究的对象理解为生产配置,理解为生产力与生产关系统一的生产配置,是否就可以从此引出结论来说经济地理学是一门研究生产关系的科学呢?笔者认为不可以引出这样的结论来。同样,也不可以从此引出结论来说经济地理学又是一门研究生产力的科学。笔者认为把经济地理学研究的对象理解为生产配置,理解为生产力与生产关系统一的生产配置,所以被误解为经济地理学就成为研究生产关系的科学,在很大程度上是由于有些同志把客体与对象这两个不同性质、不同范围的概念混淆起来的关系。大家都知道,生产是许多科学所共同研究的客体,而每门科学都只研究生产这个客体的某一部分或某一个方面,生产这个客体的某一部分或某一方面,才是每门科学研究的对象。比如说政治经济学是研究生产这个客体的生产关系的一面,因此生产关系便是政治经济学研究的对象;许多生产技术科学是研究生产这个客体的生产力的一面,因此生产力便是许多生产技术科学研究的对象(把生产力作为一个整体来说,它是许多生产技术科学所共同研究的客体,而生产力这个客体的某一部分或某一方面则是许多生产技术科学的每一门所研究的对象);经济地理学是研究生产这个客体的配置的一面,因此生产配置便是经济地理学研究的对象。生产与其各部分或各方面是整体与部分的关系,不能把整体与部分混淆起来,同样,也就不能把客体与对象混淆起来。说政治经济学研究生产,这是就它研究的客体来说,不是就它研究的对象来说。说经济地理学研究生产(或生产力),这也是就它研究的客体来说,不是就它研究的对象来说。政治经济学研究的对象只是生产这个客体的一面,即生产关系;经济地理学研究的对象只是生产这个客体的另一面,即生产配置。如果把客体与对象这两个概念区别清楚,笔者想经济地理学研究的对象与政治经济学研究的对象是有着很显著的区别的,不容也不会把它们混淆起来。

笔者认为把经济地理学研究的对象理解为生产配置,理解为生产力与生产关系统一的生产配置,只是说把生产作为一个整体来研究它的配置问题;只是说生产这个整体不能做别的解释,不能把它理解为主要是生产关系,也不能把它理解为主要是生产力,而是要把

---

① 孙敬之:《论经济地理学的科学性质》,载《科学与研究》1956 年第 11 期。

它理解为既包括生产力又包括生产关系在内的统一的生产，经济地理学所研究的是这样意义的生产配置。生产配置只是生产这个整体的一个方面。经济地理学所研究的只是生产这个整体的配置方面；它并不是把生产作为一个整体来研究生产这个整体的科学。一离开生产的配置方面，便离开了经济地理学的范围。因此，在经济地理学的范围内，不能离开配置来谈生产，也不能离开配置来谈生产力和生产关系等。经济地理学当然也不研究生产这个整体的别的方面，生产这个整体别的方面是其他许多科学研究的范围。比如前面已经说过，生产关系是政治经济学研究的范围，生产力是许多生产技术科学研究的范围。经济地理学绝不能越出它自己特有的研究范围，而侵入政治经济学研究的范围内，侵入许多生产技术科学研究的范围内。假设这样，那么经济地理学就会失掉自己特有的阵地，就不复成为一门独立存在的科学了。

笔者认为把经济地理学研究的对象理解为生产配置，理解为生产力与生产关系统一的生产配置，也恰当地反映了生产配置现象与其周围事物的联系，从而也就正确地反映了经济地理学与其邻近科学的关系。生产配置现象既是生产这个整体的一个方面，当然也就与生产这个整体别的方面密切联系着。生产配置现象一方面与生产力现象有着密切的联系，另一方面又与生产关系现象有着密切的联系。生产配置现象一方面随着生产力的变化在变化着，另一方面也随着生产关系的变化在变化着。也就是说，它随着生产方式的改变在改变，在怎样的生产方式下，便有着怎样的生产配置现象。在资本主义的生产方式下，有着资本主义的生产配置；在社会主义的生产方式下，有着社会主义的生产配置。也正由于生产配置现象与生产力和生产关系有着密切的联系，所以我们在理解生产配置现象时，必须一方面密切地注意着生产力的发展水平，另一方面也必须密切地注意着生产关系的性质。也正由于生产配置现象与生产关系和生产力有着密切的联系，这就规定了经济地理学与研究生产关系的政治经济学有着密切的联系，与研究生产力的许多生产技术科学有着密切的联系。再生产总是在一定的自然条件下进行的，因此生产配置现象也就与自然条件有着密切的联系。自然条件对于生产配置现象虽说不能起着决定性的作用，但总是在一定的程度内影响着生产配置的情况。为此，我们在理解生产配置现象时，必须对于自然条件予以足够的重视。生产配置现象与自然条件的密切联系，这就规定了经济地理学与研究自然条件的自然地理学有着密切的联系。也正由于经济地理学与政治经济学有着密切的联系，与生产技术科学、自然地理学有着密切的联系，这就规定了关于经济地理学的研究，必须充分利用政治经济学的研究成果、生产技术科学的研究成果和自然地理学的研究成果。当然利用这些相邻科学的研究成果，并不等于说经济地理学的内容就是这些相邻科学研究成果的汇集，而只是把这些相邻科学研究的成果作为研究生产配置现象的手段。经济地理学虽说与政治经济学、生产技术科学和自然地理学都有着密切的联系，但它与它们之间的联系并不是同等重要的。在这三者中占着首要地位的则为它与政治经济学之间的联系。也正因为这样，在研究经济地理学时，必须首先要有足够的政治经济学的知识，必须始终一贯地要运用着经济规律知识来观察生产配置现象。

综上所述，把经济地理学研究对象理解为生产配置，理解为生产力与生产关系统一的生产配置，它正确地反映了生产配置现象所固有的特点，及其与其他客观事物之间的联系，也就正确地反映了经济地理学的特点及其与其他邻近科学的关系，从而也就是经济地理学最正确的对象定义。把经济地理学研究的对象与政治经济学研究的对象混淆起来，这不是经济地理学对象定义本身所固有的，而是由于我们把客体与对象混淆起来，从而把经济地理学的对象体会得错误的关系。因此，解决问题的办法不是改变经济地理学研究的对象定义本身，而是要改变我们对于经济地理学对象定义的错误认识。

其次，再谈一点，主张生产力配置的同志们说：经济地理学确实是以研究生产力配置为任务的。假设给经济地理学所下的这个对象定义是正确的，那么它就应该正确地反映出研究对象本身所固有的特点，它就应该正确地反映出研究对象本身与其周围客观事物之间的正确的联系，从而它也就应该正确地反映出经济地理学所固有的特点，也就应该正确地反映出经济地理学与其邻近科学的正确关系来。可是客观的情况并非这样。按照"生产力配置"这样一个对象定义，使我们不能不做如下的理解：即生产力是经济地理学研究的客体，生产力的一个方面即它的配置方面才是经济地理学研究的对象。生产力是许多生产技术科学所共同研究的客体，经济地理学则只研究生产力的配置方面的问题。研究生产力的各种科学，首先都带着自然和技术科学的性质，研究生产力的一个方面——配置方面的经济地理学也就不能不带有这种科学的性质。可是大家都知道，经济地理学不是这种性质的科学。基于经济地理学与其他许多生产技术科学都是共同研究生产力这个客体，经济地理学便不能不首先与其他许多生产技术科学有着密切的联系。经济地理学当然与许多生产技术科学是有着密切联系的，但我们知道经济地理学与许多生产技术科学之间的联系，不是首要的联系。生产力是"表示人们对于用来生产物质资料的对象和自然力的关系"[1]，从而生产力的配置也就不能不表示人们对于用来生产物质资料的对象的配置和自然力的关系。这样也就规定了经济地理学所研究的主要内容也就不能不是生产力的配置与自然的关系。经济地理学当然是要研究生产的配置与自然条件的关系的。但是，我们知道阐明生产配置与自然条件的关系并不是经济地理学研究的主要内容。此外，我们当然从生产力配置这个概念也可以联想到生产力配置现象与生产关系的联系。因为生产力是与生产关系密切联系着的，从而生产力配置也就不能不与生产关系有着密切的联系，以研究生产力配置为对象的经济地理学与以研究生产关系为对象的政治经济学也就不能不有着密切的联系。但无论如何，如从生产力配置的角度来看，这种联系只是次要的联系，其地位是次于经济地

---

[1] 苏联科学院经济研究所：《政治经济学教科书（上册）》，人民出版社 1955 年版。

理学与生产技术科学的联系，是次于经济地理学与自然地理学的联系。可是这种情况是与客观的真实情况不符的。因为大家都知道生产关系是决定着生产配置性质的联系，政治经济学对于经济地理学来说是占着首要地位的。由上述可知，把经济地理学研究的对象理解为生产力配置，无法正确反映出经济地理学研究对象本身所固有的特点，无法正确地反映出经济地理学研究对象本身与其周围客观事物之间的正确联系，无法正确反映出经济地理学与其邻近科学的正确关系。因此，把生产力配置作为经济地理学研究的对象是不恰当的。

在这里应该着重指出，主张生产力配置的同志们对于生产关系、对于生产配置的作用是有着充足的重视的。不过现在所谈的，是从生产力配置这个对象定义能否得出生产关系与生产配置的正确联系的问题，而不是谈主张生产力配置的同志们是否重视生产关系对于生产配置的作用问题。

主张生产力配置的同志们认为经济地理学研究的对象确实是生产力配置而不是生产配置，他们说他们不是从概念出发、从概念中得出来的结论，而是从研究了经济地理学的内容和任务，从经济地理学的内容和任务中概括出来的结论。据笔者看来则不是这样，而是他们先有个生产力配置论的主见，然后用这主见来看经济地理学的内容和任务，这样经济地理学的内容和任务，也就随处是生产力配置而不是生产配置，从而又从这个主见证明他们自己原来主见的正确。比如他们说："比如，研究人口，是当作劳动力来研究的，研究工业各部门是当作生产力来研究的，研究农业各部门和运输各部门也是当作生产力来研究的。研究一个地区，是为找出人口、工业、农业、运输业各部门的生产力联系是否合理，是否平衡。换句话说，是研究诸生产力相互协作是否合理。"①笔者认为对经济地理学的这些内容，不能这样理解。笔者认为经济地理学之研究人口，是把它当作一个生产条件来研究的；人口分布得是否合理，一方面要看它是否与生产各部门当前的需要相适应，另一方面也要看它是否与生产各部门发展着的要求相适应。经济地理学研究工业、农业、运输业各部门是当作生产现象和生产配置现象来研究的，一方面研究它们生产着的情况，另一方面研究它们的配置情况。它们的生产情况和配置情况是否合理，一方面要看它们是否都已经充分发挥了各自的生产潜力，另一方面也要看它们相互之间的配合是否协调，同时还要看它们的生产情况与配置情况与国家向它们所提出的总的生产任务是否相适应。经济地理学研究一个地区的人口、工业、农业、运输业各部门，一方面要从各部门相互联系中去看它们配置得是否合理，是否平衡，同时也要从国家向该地区所提出的生产任务来看它们配置得是否合理，是否平衡。国家向各部门和各地区所提出的生产任务，便是生产关系的反映。我们在研究任何经济地理现象时都不能忽略这一点。所以，笔者认为从上述经济地

---

① 孙敬之：《论经济地理学的科学性质》，载《科学与研究》1956年第11期。

学研究的内容和任务的简单分析，并不能得出经济地理学确实是研究生产力配置的结论来，相反，从这个简单的分析中，倒可以得出经济地理学确实是研究生产配置的结论来。

现在谈第三点，主张生产力配置的同志们说："中国和苏联的重要文献中，常用生产力配置；而生产配置论者也经常提出生产力配置。"主张生产力配置的同志们的意思是说既然中共中央和苏共中央的文献中都常用生产力配置，而生产配置论者自己也常被迫用生产力配置，可见主张生产力配置的说法是正确的，而主张生产配置的说法是不正确的。笔者认为并不能从此引出结论说把生产力配置作为经济地理学的对象定义是正确的，把生产配置作为经济地理学的对象定义是错误的。笔者认为生产配置和生产力配置是两个不同的概念，它们是两种不同客观存在的反映。生产配置是生产的一个方面，生产力配置是生产力的一个方面。不能把生产配置现象与生产力配置现象等同起来，同样也不能把生产配置和生产力配置两个概念等同起来。在我们的意思是指生产配置现象时，用生产配置这个概念是正确的；在我们的意思是指生产力的配置现象时，用生产力配置这个概念是正确的。前已详述，把经济地理学作为一门科学总的来说时，它所研究的对象是生产配置，而不是生产力配置；但这并不是说在任何情况下都只能用生产配置这个概念而不能用生产力配置这个概念。把经济地理学研究的对象理解为生产配置，意思是说生产配置现象的特点，一方面被生产关系所决定，另一方面被生产力所决定，因此，我们在研究生产配置现象时，必须同时从生产力和生产关系两方面去看它，不容许忽略任何一方面。可是在另外一种情况下，比如说我们研究一个国家或一个地区的经济地理，如果我们对于这个国家或这个地区的社会性质的各方面以及它的生产配置规律已经有了充分的了解，这也就是说，我们已经充分掌握了生产关系这一环，在这种情况下，我们确实是把主要注意力用来研究该国家或该地区的生产力配置，而非其他，在这种情况下说生产力配置当然是正确的，因为只有这样说，才是符合实际的。中国和苏联的重要文献中所用的关于生产力配置这个概念，当然指的是生产力的配置，用为在这里当然不存在对于生产关系是否了解与不了解的问题。党中央所提出的关于合理配置生产力问题，是全国各有关部门所共同协力解决的问题，经济地理学家当然也要参加这项任务，但经济地理学家并不能包办解决生产力配置的全部问题。为此，以中国和苏联的文献中常常提到生产力配置为理由，来证明经济地理学就是研究生产力配置的看法是不大恰当的。

有些主张生产力配置的同志们之所以坚决主张"生产力配置"而坚决反对"生产配置"，还与他们对于科学研究对象和科学研究内容的关系上，与他们自己特殊的看法有关系。孙敬之同志在他的《论经济地理学的科学性质》一文中说："我以为任何一种科学的对象，绝不应该是它所包括的全部内容，而是本门科学与其他一切科学相区别的独特的特点，而是它所担负的独特的科学任务所规定的对象，即它回答什么问题，解决什么问题。有了任务，才有对象，对象是所研究的客观事物，但对象为任务所规定，对象与任务不同。任何科学，假如没有这样一个独特的任务与对象，它的产生、存在和发展都是不可能的。……假如把一切本门科学所涉及的内容都当作对象那么，由于自然科学与社会科学的互相联系交叉的关系，现有许多科学部门，将变成一门真正的"统一科学"。这种混淆各门科学的独立性的观点，显然是不能成立的。比如政治经济学的内容中，关联到生产关系、生产力、历史、技术、哲学、自然条件、数学、统计学等因素。但不能说这些因素都构成政治经济学对象的一部分。……统计学的内容包括生产关系、自然、技术、数学、哲学等因素，同样，这些因素不能构成统计学的对象。"

他又说："科学内容是复杂的，不过这种复杂乃源于自然与社会事物的复杂性、相关性，源于科学必须从实际出发来研究与解决问题；很显然，合乎理想的单纯化，是经不起实践考验的。因此，要想找到纯粹的科学内容，是不符合客观实际的。同样，用科学的内容代替科学对象与任务也是错误的。孙敬之同志又说："假如上述事实与认识正确，那么经济地理学内容中虽说离不开生产关系、哲学、数学、统计学、技术、自然条件、历史、文学等因素，同样不妨碍它以研究社会生产力配置规律为对象，就很显然了。否则，生产关系、哲学、数学、统计学、技术、自然条件、历史、文学……都成了经济地理的科学对象吗？假如把一切与本门科学研究相联系的因素都拉到对象之中，世界上就只剩下一种'百货公司'科学了。这是违背社会生活和社会发展使科学部门更加专门化的要求，也是违背科学发展规律的。而且，由于个人知识能力的局限性，即便有人愿意研究'百货公司'科学，在今天来说，也不一定有好的结果。"①

由上述引语我们很清楚地看出孙敬之同志对科学内容的理解是不正确的。他所认为的科学内容就是一门科学研究时所关联到的各种知识因素。如果科学的内容按照孙敬之同志的理解，那不仅政治经济学、统计学和经济地理学等科学之间，无法就其内容把它们区别开来，即便其他许多科学相互之间，也是无法就其内容把它们区别开来了。我们大家都知道，一门科学之所以能以独立存在，不仅由于它有着特殊的研究对象，同时，也由于它有着特殊的研究内容。一门科学只有自己的特殊的研究对象，而没有自己的特殊的研究内容，这样的一种科学，世界上是不存在的。科学对象与科学内容当然是两个不同的概念，它们有着各自的含义，不容混淆，但它们之间又是密切联系着的。科学对象是客观存在的，科学定义就是一门科学对象的最简单、最概括的描述。科学对象和科学定义基本上是一致的。科学内容也是客观存在的，科学内容就是一门科学对象的进一步具体化，就是一门科学研究对象所包含的主要部分。科学对象定义与科学内容二者之间的关系，大致可以做这样的描述：科学对象定义是科学内容的概括化，科学内容是科学对象定义的具体化。较概括和较具体就是二者的区别。科学对象也就是一门科学的最本质部分。一门科学的内

---

① 孙敬之：《论经济地理学的科学性质》，载《科学与研究》1956年第11期。

容是被这门科学的对象所规定的。比如，区域经济地理学所研究的内容，一般理解就是自然条件评价、历史地理描述、居民、工业、农业、交通运输业和城市等，而不是其他。这些内容只是区域经济地理学研究的内容，而不是其他任何科学研究的内容。区域经济地理学之所以包括这样一些内容，这完全是被区域经济地理学研究的对象（区域的生产配置）所规定了的。

孙敬之同志所以对于科学内容做不正确的理解，所以对科学对象与科学内容之间的关系做不正确的理解，目的只有一个，就是为他的生产力配置论找理论根据。按照他的理解，生产关系只是经济地理学研究内容的一部分，但不包括在经济地理学研究的对象内。这样，他的生产力配置论就有了理论的根据。

根据笔者个人的理解，经济地理学研究的对象中不包括生产关系，经济地理学研究的内容中也不包括生产关系。把经济地理学研究的对象理解为或规定为生产配置，只是说经济地理学所研究的是"生产"的配置，而不是别的配置。这里的所谓生产，是指包括生产关系和生产力统一的生产，而并非别的意义的生产。这里所指的生产的配置，是指包括生产关系和生产力统一的生产的配置，而并非别的意义的生产的配置。把经济地理学研究的对象理解为或规定为作为生产关系和生产力统一的生产的配置，既不能误解为经济地理学既是研究生产关系的科学，又是研究生产力的科学；也不能误解为经济地理学既是研究生产关系的配置的科学，又是研究生产力的配置的科学。关于这一点在前面已经说清楚了，在这里不再多说。科学研究的内容被科学研究的对象所决定。在经济地理学研究的对象中既不包括生产关系，则在经济地理学研究的内容中当然也就不包括生产关系了。经济地理学如果是区域经济地理学，那么它的内容只能理解为自然条件评价、历史地理概述、居民、工业、农业、交通运输业和城市等。当然，在研究经济地理学内容的任何部分时，都必然会关联到生产关系，同时也都必须要以政治经济学所揭示的经济规律为依据，但绝不能因此就说生产关系和经济规律就是经济地理学研究内容的一部分。这好像我们研究任何一门科学都要关联到辩证唯物主义，都必须要以辩证唯物主义的观点和方法为指导，但绝不能因此就说辩证唯物主义就是任何一门科学研究内容的一部分。这也好像我们研究任何一门社会科学都要联系到历史唯物主义，都必须要以历史唯物主义的基本观点为依据，但绝不能因此说辩证唯物主义就是任何一门社会科学研究内容的一部分。这样看来，事情是非常明白的，我们绝不能把研究一门科学时所关联的各种知识都列在这门科学研究内容之内，算作这门科学研究内容的一部分。因此，笔者认为把生产关系作为经济地理学研究对象的一部分，固然是不对的；同样，把生产关系作为经济地理学研究内容的一部分，也是不正确的。因此，笔者以为孙敬之同志用生产关系是经济地理学研究内容的一部分，而不包括在经济地理学研究对象之内的理由来坚决反对生产配置论，来坚决主张生产力配置论是不恰当的。

这里还需顺便谈谈关于科学对象与科学任务的关系问题。孙敬之同志认为"有了任务，才有对象"，"对象为任务所规定"。这种看法也是不正确的。事实恰恰相反，不是科学任务规定科学对象，而是科学对象规定科学任务。我们大家都知道，科学对象是客观存在的，任何一门科学的对象都不是人们的意志可以任意加以规定的。比如，化学的对象为物质的分解和化合，政治经济学的对象为生产关系，这都是客观存在的，并不是什么任务所规定的。同样，经济地理学的对象为生产配置，也是客观存在的，也并不是什么任务所规定的。相反，一门科学究竟担负怎样的任务，却是由科学对象规定的。比如，化学是以研究物质的分解和化合为社会服务，政治经济学是以研究生产关系为社会服务。同样，经济地理学是以研究生产配置为社会服务。但这也并不是说任务对于科学对象的研究不起作用。因为科学对象虽说是客观存在的，但人们对于对象的认识却是有个过程。只有当人们在实践过程中需要某方面的知识时，才促使人们对某方面问题的注意，促使人们对某方面问题的研究。一些科学产生了，一些科学发展了。但任务只能促使一些科学的产生，促使一些科学的发展，却不能规定科学的对象。如果一门科学的对象还不够明确，还不够固定，还存在争论，这只能说明这门科学还处于很年轻的阶段，人们对它的认识还比较模糊。但不管人们对它的认识如何模糊，而对象本身却是很清楚地在那里客观存在着的。人们要想认识到对象的确切面貌，就需要人们对它进行更多的研究，从实践中研究它，从理论上研究它，别的方法是没有的。在人们对于一门科学对象的认识还比较模糊时，那这门科学的任务就是比较模糊的。经济地理学便恰恰是处在这个阶段里。企图从科学任务来进一步明确经济地理学的对象的想法是走不通的，因而也是错误的。

主张生产力配置的同志们之所以坚决主张"生产力配置"，而坚决反对"生产配置"，除了由于他们在上述几个基本论点上有他们自己特殊的看法以外，还有着一定的历史根源。在这点上，孙敬之同志在他的《论经济地理学的科学性质》一文中做了详细的说明。他在该文中说："提出经济地理学研究'生产配置'在苏联已经很多年了，它已不是一个新的问题。我在 1950 年中国人民大学经济地理学讲义中，用'生产配置'是囫囵吞枣地从苏联的译文中抄来的。1952 年费根又提出同样的看法，也不是什么新意见。那么，我为什么胆敢冒天下的大不韪，于 1953 年在中国地理学会第一次代表大会上，提出"经济地理学是研究现代各国家各地区社会生产力配置（规律）的科学呢？原因有二：①苏联经济地理著作上用法不统一，有的用生产配置，有的用生产力配置；同一个人同一本书中，有时用生产力配置，有时用生产配置。我经常接到各地朋友询问的信，要求我明确答复哪一个提法正确？疑问迫使我不能不去研究它。②我们的经济地理课，只是从报纸上胡乱拼凑一些材料，在讲课时不是'人民当家做主人'，就是'社会主义制度对资本主义制度无比的优越性'……当然，这些话是千真万确的真理，都是铁的事实，可是同学们听了以后，感到没有地理味；而且学完经济地理以后，只知道'天津、上海是帝国主义侵略中国的据点''‘社会主义制度的优越性’。而对全国各省区的地理位置、地理条件，反而被排挤到次要的地位，违背了地理课的要求。这种情况，怎能使我把它束之高阁呢？我反复研究了经济地理学的内容和任务，初步肯定了经济地理学是在一定社会制度下研究生产力配置的。为了防止‘生产关系’论者的歪曲和强调生产关系在研究中的重要作用，才加上了‘社会’两字。后来，又为了防止人们对生产关系、对生产力一般的配置规律的决定作用的忽视，在给研究生讲课时，又改用‘透过生产关系研究社会生产力配置’（即研究一定社会制度下的生产力配置规律）。我希望从这一对象中，进一步明确经济地理学的研究范围，使经济地理学与政治经济学在对象与任务上区别开来，才能把地理味表现出来，才有利于经济地理学科学水平与教学效果的提高。难道这还有什么不可以理解的地方吗？难道我固执己见，不肯听取群众意见吗？"

"生产配置""生产力配置"到处用法不一致，是必须解决的；在经济地理教学上政治经济学化，缺乏地理味的情况是必须纠正的。孙敬之同志经过长期的钻研，企图从经济地理学研究的对象上来彻底解决这个问题，其用意是好的，其精神是非常值得钦佩的。不过在经济地理学教学上的偏向，是不是由于经济地理学的对象或定义下得不够恰当，抑或是由于经济地理教师对于经济地理学的对象体会得不正确引导呢？笔者认为不是由于前者，而是由于后者。要解决经济地理学教学上的偏向问题，关键在于提高经济地理教师的经济地理科学水平，提高经济地理教师对经济地理学研究对象的认识，而不是改变经济地理学的对象。经济地理学研究的对象是客观存在的，是一定的，不是人们可以主观任意地把它改变的。当然，孙敬之同志研究的结果，认为经济地理学的对象是"透过生产关系研究生产力"只要把经济地理学的对象作这样的理解，上述的偏向便可以克服。不过，笔者认为只要把生产配置理解为生产力和生产关系统一的生产配置，上述的偏向可以克服得更好些。

最后，笔者认为主张生产力配置的同志们对于生产关系、生产配置所起的作用是重视的。在这个问题上，追根到底，他们的意见与主张生产配置的同志们的意见，差别不大。但他们之所以坚决主张要用生产力配置来代替生产配置在经济地理学对象定义中的地位，除了上述一些理由外，笔者认为还有一个很重要的原因需要提出。这个原因就是他们对于经济地理学的科学性质和他们对于经济地理学在科学分类中的地位上，有着他们自己的看法。这可能就是意见分歧最后的关键所在。孙敬之同志于1953年在中国地理学会第一次代表大会上，关于经济地理讨论总结发言中，给经济地理学下了一个定义说：经济地理学是"研究现代各国家各地区社会生产力配置的科学"。他认为这样的一个定义有这样的一些优点："①使经济地理学成为地理学的一个分支，而过去则认为它属于经济学的范围。②使经济地理学与经济学分开了，因而它的任务就更明确了。"想把经济地理学与政治经济学分开，而把它与自然地理学接近起来，作为地理学的一个分支，便是主张生产力配置同志们的主要想法。关于经济地理学的科学性质和经济地理学在科学分类中的地位，留在下节再讨论。

二、关于经济地理学的科学性质问题

经济地理学是一门社会科学，现在已经没有什么争论了。但它是怎样的一门社会科学呢？现在还不够明确，还没有一致的看法。有些人把经济地理学作为政治经济学的一部分或一个分支。不过地理学界的大部分同志并不同意这种意见。

经济地理学在社会科学中所占的地位，仍须从经济地理学研究的对象中去找解答。经济地理学研究的对象为生产配置，生产配置现象当然不是生产关系现象。因此，研究生产配置现象的经济地理学，当然也就不能属于研究经济基础性质的科学，从而经济地理学也就不能是政治经济学的一部分或一个分支。凯德洛夫在《论科学的分类》一文中，把经济地理列在社会科学的范围内，但既不属于经济基础的范围内，也不属于上层建筑科学的范围内。[①] 其意见很值得重视和研究。

生产配置既不是基础现象，所以旧的基础消灭了，而旧的生产配置现象仍然存在着。但这并不是说生产配置与基础没有联系。不，它不仅与基础有联系，而且有着密切的联系。基础总是要求生产服从于自己的要求，同样，也要求生产配置服从于自己的要求。为此，生产总是打上基础的烙印，同样生产配置也打上基础的烙印。在资本主义社会里，生产带着资本主义的性质，生产配置当然也就带着资本主义的性质；在社会主义社会里，生产带着社会主义的性质，生产配置当然也就带着社会主义的性质。由于生产配置与基础有着这样密切的联系，所以以研究生产配置为任务的经济地理学，也就与以研究基础为任务的政治经济学有着密切的联系。

经济地理学研究的对象既然与政治经济学研究的对象有着很清楚的区别，则由研究对象的本身便把经济地理学与政治经济学区别开了。因此，也就没有绝对必要从别的方面去找二者的区别。不少的同志总想把经济地理学的区域性突出地提出来，作为经济地理学与政治经济学相区别的唯一标志。[②] 笔者认为这样做是没有绝对必要的。经济地理学研究的对象为生产配置，它当然具有区域性的特点。但区域性并不能作为经济地理学的唯一特点。因为具有区域性特点的科学，并不限于经济地理学。自然科学中的地学部分具有区域性的特点不必说了。就是社会科学中的语言学、民族学、历史学等也都有区域性的特点。比如，语言学一涉及方言，它就不能不带有区域性的特点；民族学一涉及民族特点、民族

---

① 凯德洛夫：《论科学的分类》，载《学习译丛》1955 年第 10 期。
② 胡兆量：《我国经济地理学学术争论中的几个主要问题》，载《地理知识》1955 年第 9 期。

分布，它也就不能不带有区域性的特点；历史学一涉及国别史，它也就不能不带有区域性的特点。因此，专就区域性这个特点将经济地理学与其他科学或其他社会科学区别开来是有困难的。经济地理学之所以存在，就是由于它有着它特有的研究对象，而这对象有着它特有的发展规律，并不只是由于它具有区域性的特点。为此，笔者认为把经济地理学区域性突出提出来作为它与政治经济学相区别的唯一标识是不恰当的，同时也不是绝对必要的。

经济地理学既然不是研究生产关系的科学，那么它有没有阶级性呢？大部分人认为经济地理学是一门带有阶级性的科学，不过在这个问题上还不够明确。有的同志说："既然认为经济地理学研究的对象是生产的地理配置，属于社会现象范围内，则经济地理学首先应该具备社会科学所应有的一切特征，应该有阶级性……"[①] 可是有的同志说：社会科学不一定都有阶级性，像语言学虽说是社会科学，但它却没有阶级性。为此，专就经济地理学属于社会科学这一点上，还不能说明经济地理学就是一门带有阶级性的科学。要想判定经济地理学是不是一门带有阶级性的科学，还须对经济地理学研究的对象本身做具体分析。经济地理研究的对象为生产配置，生产配置是生产的一个方面，生产配置是被生产方式所决定的，生产配置必须服从于一定生产方式下人们的生产要求。在奴隶社会和封建社会的生产方式下，生产配置主要是服从于奴隶主和封建主的生产要求；在资本主义社会的生产方式下，生产配置主要是服从于资产阶级的生产要求；在社会主义社会的生产方式下，生产配置则是服从于全社会人们的生产要求。在阶级社会里，生产配置总是反映着特定阶级的生产要求，打上特定阶级的烙印。在阶级社会里，生产配置现象是带有阶级性的。经济地理学是客观生产配置规律的反映。在阶级社会里，在经济上占统治地位的阶级，他们为狭隘的阶级利益所限制，当然也为当时的科学水平所限制，他们看不出生产配置被生产方式所决定的规律来。为此，他们把对生产配置起着次要作用的自然条件提到首要地位，作为决定生产配置的东西。这样，经济地理学还不能成为一门科学。只有到了无产阶级的思想家运用无产阶级的世界观——辩证唯物主义与历史唯物主义来观察生产配置的现象时，生产配置规律的真相才被发现，这样，经济地理学才开始成为一门科学。一个主要是从自然条件说明生产配置现象，一个主要是从生产方式说明生产配置现象；一个否认生产配置现象的阶级性，一个肯定生产配置现象的阶级性，这便是资产阶级的经济地理学和马列主义的经济地理学的根本区别点。基于生产配置现象具有阶级性，资产阶级和无产阶级对于生产配置现象的说明，存在着根本相反的看法，没有什么既符合资产阶级社会的要求又符合社会主义社会的要求的经济地理学存在着。为此，我们便不能不说经济地理学是一门带有阶级性的科学。

---

① 胡兆量：《我国经济地理学学术争论中的几个主要问题》，载《地理知识》1955 年第 9 期。

经济地理学虽说是一门社会科学，但由于它所研究对象的特殊性，它与属于自然科学的自然地理学又有着密切的联系，这一点已没有什么争论了。现在争论最激烈的是：属于社会科学的经济地理学是否可以和属于自然科学的自然地理学结合起来，成为一种科学体系，成为一种基本科学体系，成为一门科学。在这里存在着两种相反的意见。有些同志认为经济地理学和自然地理学结合起来，可以成为一种科学体系，但不能成为一种基本科学体系，不能成为一门具有自己特殊规律的科学。[1] 另外一些同志认为经济地理学和自然地理学结合起来，可以成为一种科学体系，可以成为一种基本科学体系，而且是一门科学。[2]

争论的双方对于科学、科学体系、基本科学体系几个概念还没有共同的理解，还没有共同的语言。因此，争论起来还不能针锋相对，这样致使争论用力大，而效果小。为了使争论有效地进行，争论的双方对于科学、科学体系、基本科学体系几个概念，须有共同的理解，须有共同的语言。

据笔者个人的理解，兹将科学、科学体系、基本科学体系这几个概念的含义略述如下：科学就是规律性的知识，一门科学即关于一门科学研究对象的规律性的知识。

科学体系就是把几门有密切联系的规律性的知识联系起来成为一个体系。但它们相互之间的联系，不一定就是本质的联系。

基本科学体系就是马列主义经典作家对于科学的最基本分类，即把科学知识分为自然科学和社会科学两大类，每类之间其规律性的知识是有着本质的联系的。

如果上述对于科学、科学体系、基本科学体系几个概念的理解是正确，并为争论的双方所同意时，那么笔者则同意前者（甲派）的意见，而不同意后者（乙派）的意见。

为什么呢？

因为"经济地理学研究社会现象（经济和人口），从社会规律出发""自然地理学研究自然现象（地理环境），从自然规律出发"。[3] 它们相互之间并没有一个所谓共同的地理规律制约着。那如何可以把它们结合起来成为一个地理基本科学体系，并与自然科学、社会科学两个基本科学体系并列呢？显然是不可以的。但经济地理学和自然地理学之间却有着密切的联系。二者间密切的联系，首先是因为自然环境和人们的经济活动之间有着密切的联系，自然环境影响着人们的经济活动，人们的经济活动又改变着自然环境；因此，研究经济现象的经济地理学和研究自然环境的自然地理学必须密切联系起来。其次，由于经济地理学和自然地理学的研究都带有区域性的特点，因此，这两门科学基于这个共同特点也可以联系起来。基于经济地理学与自然地理学之间有着密切的联系，并且二者之间有着

---

[1] 胡兆量：《我国经济地理学学术争论中的几个主要问题》，载《地理知识》1955 年第 9 期。
[2] 杨吾扬：《地理科学的一个重要问题》，载《新建设》1956 年第 5 期。
[3] 《苏联地理学会第二次代表大会决议》，载《地理译报》1955 年第 4 期。

共同的特点，所以经济地理学与自然地理学可以结合起来，成为一个地理科学体系。但它们的联系不是本质的联系，而只是以一些次要的关系联系起来的。既如此，并称之为一个科学体系，当然也就不能说它是一门具有自己独特规律的科学了。

乙派的同志认为照上述说法就是取消主义，就是企图取消作为一门科学的地理学的存在。① 这种意见显然是不正确的。地理科学按其性质说，按其本来的面目说，它本来是作为一个科学体系存在着，它不是一个基本科学体系，也不是和物理、化学、生物等科学那样是一门具有自己特殊规律的科学。把地理科学按它本来的面目认识它，这并没有损害地理科学的尊严，也没有企图取消它，反而使我们可以更好地掌握它，从而更好地促进地理科学的发展。

乙派的有些同志说：经济地理学和自然地理学之间有着本质的联系。他们说："斯大林说过：'地理环境当然是社会的经常必要的条件之一，而且它无疑是能影响社会的发展，加速或推迟社会发展的进程'，所以生产的地理配置这一社会现象决不能离开自然环境，必须以地理环境的存在为其实现前提。如果地理环境的运动形态和生产地理配置的运动形态之间，只是非本质的联系，那么很显然这两者之间联系就可以不是经常的，必要的，而是偶然的，可有可无的了。这种说法显然与马列主义基本原理背道而驰，因而是不对的。"② 笔者看是这些同志把斯大林的话、把辩证唯物主义和历史唯物主义的精神体会错了。所谓本质的联系，就是现象之间的决定性的联系。所谓"本质就是现象的客观规律"。假设照这些同志们的理解，那不是地理环境可以决定社会的发展，地理环境的运动形态可以决定生产配置的运动形态吗？很显然，这样说是不可以的。同样，假设照这些同志们的理解，那不是地理环境和生产配置之间存在着共同的客观规律吗？很显然，二者之间是没有共同的客观规律存在的。按照马列主义的基本原理，地理环境虽说是社会发展经常必要的条件之一，它可以加速或推迟社会发展的进程，但它的影响不是决定的影响。决定社会发展的是社会的生产方式。同样，地理环境当然可以影响生产配置，但它的影响不是决定的影响。决定生产配置的是社会的生产方式。根据马列主义的基本原理，怎么能说自然环境和生产配置有着本质的联系？怎么能说自然地理学与经济地理学之间有着本质的联系呢？

当然也不是说经济地理学与自然地理学在任何意义上说都没有本质的联系。经济地理学所研究的对象生产配置是物质现象，自然地理学所研究的对象地理环境也是物质现象，它们都是受客观的物质运动规律制约着的。这也就是说它们相互之间是有着本质的联系

---

① 鲜肖威：《为反对地理领域内的取消主义倾向而斗争》，载《地理知识》1955 年第 9 期；孙敬之：《论综合性地理学与统一地理学》，载《教学与研究》1955 年第 2 期。

② 杨吾扬：《地理科学的一个重要问题》，载《新建设》1956 年第 5 期。

的。但只有从哲学的角度才能这样说；站在地理科学的角度是不能这样说的。

乙派的有些同志根据上述论点，又引用了 И. П. 格拉西莫夫院士的话，说经济地理学与自然地理学之间有着本质的联系。И. П. 格拉西莫夫院士说："目前由于科学知识本身发展、扩大并加深的结果，地理学已成为一种完整的科学对象体系，其中每一门都有自己的领域，与特殊的研究方法。因而，所有这些科学对象形成了一个紧密的、有内在联系的地理科学综合体"。又说："地理学有两大分支或两大科学领域（对象）——自然地理学和经济地理学，后者也包括人口地理学。这种划分导源于地理学研究领域所固有的特性，也就是说，一方面研究自然现象，另一方面研究社会现象。"[①] 从 И. П. 格拉西莫夫院士的话里，并看不出他有这样的意思：说经济地理学与自然地理学之间有着本质的联系，有着共同的规律制约着，从而由自然地理学和经济地理学结合起来所构成的地理科学对象体系，就是与自然科学、社会科学并列着的基本科学体系。据笔者的理解，И. П. 格拉西莫夫院士之所以提出了地理科学对象体系这个概念，正由于地理科学的特殊性，正由于地理科学不能与物理、化学、生物等科学那样，很简单地称它为一门具有自己特殊规律的科学，才提出了地理科学对象体系这个概念来代表它。假设地理科学没有这样的特点，那就简单地称它为一门科学好了，完全没有必要提出地理科学对象体系这个概念来代表它。所以 И. П. 格拉西莫夫院士的话，并不足以证明乙派同志意见的正确，反而证明了甲派同志的意见是正确的。

乙派的有些同志们还提出了综合地理学的名称。综合地理学按这些同志的说明，就是一种既包括自然地理又包括经济地理的区域地理描述或国家地理描述（或方志地理学）。[②] 按这个意义说，综合地理学只是地理科学的一个部分，它不能和地理学之间画等号。大家都知道，地理学分为自然地理学和经济地理学两大部分，而自然地理学又分为普通自然地理学和区域自然地理学两大部分，经济地理学也分为普通经济地理学和区域经济地理学两大部分。区域地理描述或国家地理描述，只是把一定区域或一定国家的自然地理和经济地理，一方面基于二者的密切联系，另一方面基于社会的需要，加以概括、综合、编写在同一著作内。它既不能代替区域自然地理和区域经济地理，也不能包括区域自然地理和区域经济地理的全部。它只是和区域自然地理与区域经济地理并存着的一门学问。它当然更不能包括自然地理学中的普通自然地理学部分和经济地理学中的普通经济地理学部分的内容了。区域地理描述或国家地理描述，基于社会的需要，过去存在，现在存在，将来仍要存在。区域地理描述或国家地理描述当然是随着地理科学的发展在发展着的。在古代，区域地理描述或国家地理描述差不多就等于是地理科学的全部，因为那时所谓地理差不多也就

---

① 《苏联地理学会第二次代表大会决议》，载《地理译报》1955 年第 4 期。
② 孙敬之：《论综合性地理学与统一地理学》，载《教学与研究》1955 年第 2 期。

是专指区域地理描述或国家地理描述而言的。在现代，由于地理科学的发展和分化，区域地理描述或国家地理描述只成了地理科学的一部分，虽说仍然是其主要的部分。区域地理描述或国家地理描述算不算一门科学呢？笔者认为它只是一定区域或国家的自然地理和经济地理知识的汇集或综合，不能算作一门具有它自己特殊规律的科学。综合地理学如果按上述含义，只是区域的自然地理和区域的经济地理的综合描述，而在描述中并不混淆自然地理学的自然规律和经济地理学的社会规律，也就是说并不以自然条件说明经济地理的全部现象，那当然不能称之为统一地理学。孙敬之同志说："决定统一地理学与综合地理学本质的差别的，不是编写的形式，而是地理学者的立场、观点、方法和业务水平。"[①] 笔者认为这种看法是正确的。

（原载《地理学报》1958年第2期）

---

① 孙敬之：《论综合性地理学与统一地理学》，载《教学与研究》1955年第2期。

第二十一篇　关于经济地理学如何为生产服务的问题

曹廷藩

提示：本文是笔者参加 1958 年华南热带生物资源综合考察队的工作总结。最深刻的体会是以任务带学科，以生产带学科。科学必须为生产服务。这是经济地理学科的一个重大理论原则。在此基础上，笔者得出：实践—总结、提高—再实践—再总结、再提高，这应是中国科学发展之路，也应是中国经济地理发展道路。前一原则经过多年实践检验，已基本得到认同，归入经济地理的一个基本理论范畴，而后者也由于近 30 多年"实践是检验真理的唯一标准"得到社会共识而成为本学科发展的一条正确道路。事实表明：只要沿着这两条原则和道路前进，经济地理就有可能获得发展和前进。

曹廷藩

关于经济地理如何为生产服务的问题，对个人说，是一个没有完全解决的问题。过去从文献中、从学习苏联先进地理科学的过程中，虽说已经知道经济地理在社会主义经济中有它的重要作用，比如关于经济区划的研究、工农业生产配置的研究、地区专门化和综合发展的研究等，对合理利用生产条件、合理配置生产、加速社会主义建设，是有其重要意义的。但由于笔者长期脱离实际、脱离生产，缺乏实际工作经验、缺乏生产知识，对于这些问题的理解是极其抽象的。今年加入中国科学院华南热带生物资源综合考察队的实际工作中，我深深地感受到这一点。

根据个人的体会，要解决经济地理如何为生产服务的问题，首先必须解决科学如何为生产服务的问题。这些问题都必须通过实践才可能得到解决。

在"整风运动"过程中，通过有关的学习，我初步明确了以任务带学科、以生产带学科、科学必须为生产服务等观点。在综合考察队出发前，我对于这个最根本的问题又进行了学习和讨论。可是科学为生产服务的思想并不是很容易树立起来的，不是听几次报告、看几篇文件、经过几次讨论，就能解决问题。经验证明，只有在实践的过程中，经过反复的思想斗争、反复的考验检查，才能逐步明确，才能逐步地树立起来。

我在考察工作开始阶段，为科学而科学的思想仍相当严重。当时不是把生产放在第一位，而是把学科放在第一位，不是考虑生产问题，而是考虑学科问题。搜集资料、座谈访问、野外考察等都是为着一个目的，即企图按照经济地理的科学体系，写出一篇关于考察地区的经济地理专题报告，然后再在这个报告的基础上，对考察地区的有关生产问题，提出若干条意见，供领导部门参考。当时，我认为这样做就是为生产服务了的经验证明，这种做法是错误的，是不对头的。因为既然把主要的精力放在经济地理的一般描述上，对于有关生产问题便很少有时间考虑了。在这种情况下，如何能对有关的生产问题提出意见呢？当然是不可能的。而用了很大精力写出的一般经济地理描述，在解决实际生产问题上，用处也是不大的。这样，科学为生产服务就落了空。在这种情况下，我在思想上感到很苦闷和混乱。究竟经济地理怎样才能为生产服务呢？通过第一阶段的工作总结，才逐步明确了主要是由于我还没有克服为科学而科学的资产阶级思想，还没有树立起科学为生产服务的观点，还没有做到把生产问题放在第一位。通过第一阶段的工作总结，才把这根本性的问题算是基本上明确了。明确了科学必须为生产服务的同时，关于经济地理如何为生产服务的问题也就得到了解决。现在我深刻地体会到，以前的经济地理知识，不管是大部类的经济地理著作、单篇的经济地理论文或经济地理调查报告，可以说绝大部分都属于经济地理描述性质的，它们在帮助了解一个地区的经济地理面貌，也就是说在文化教育上，虽有一定的意义，但在解决实际生产问题上作用不大，所以以前所定的经济地理描述的方向，必须加以根本改变。

笔者认识到：只要从生产任务出发，然后充分运用经济地理科学的特点，时刻密切注意生产中有关经济地理方面的问题，并千方百计地试图解决这些问题，则经济地理在生产上是可以起作用的。经济地理是一门带有全面性、综合性和区域性的科学，因此，从经济地理的角度所考虑的生产问题，也应该是主要生产问题中带有全面性、综合性和区域性的一些重大问题。主要应该抓关系、抓矛盾，即主要是抓生产与生产条件之间的关系和矛盾，抓生产内部各部门（农业生产部门、工业生产部门、交通运输部门等）之间的关系和矛盾，抓生产地区之间的关系和矛盾；也就是抓有关生产发展方向的问题，生产各部门之间的比例关系问题，有关生产的地区安排问题；亦即主要是抓有关生产的规划、计划和区划等一系列的重大问题。就经济地理的这个特点，它当然与许多自然科学部门，与许多生产技术科学部门，与许多社会科学部门都有着密切的关系。就它与生产部门的关系来说，它首先是与生产的领导部门和计划部门有着最密切的联系。因此，作为一个经济地理工作者，应该好好地向生产部门和计划部门学习，应该成为生产部门和计划部门的有力助手。

其次，明确了上述两个基本问题后，笔者在工作的第二阶段一开始便比较明确究竟要抓什么问题，从而做到心中有数。因此，第二阶段的工作质量比第一阶段有着显著的提高。

在摒弃了按经济地理体系写报告的方式后，关于经济地理的业务总结，大致可规定为：①生产条件；②生产情况和存在的主要问题；③土地利用和综合发展问题；④经济区划问题。后两项主要是根据前两项的资料提出的关于解决问题的办法和意见。

个人参加综合考察工作的时间还不长，对于党的科学为生产服务的方针的正确性以及对经济地理如何为生产服务的问题，都有了一定的体会，并初步树立了科学为生产服务的观点。因此，只要我们能坚决贯彻党的科学为生产服务的方针，积极投入生产实践中去，虚心向群众学习，全面地了解生产情况和生产中所存在的主要问题，然后运用经济地理的观点和知识，千方百计地试图解决这些问题，经济地理科学便会很快地得到发展和提高，在较短的时间内，赶上并超过世界先进水平是完全可能的。

实践—总结、提高—再实践—再总结、再提高，这应该是我国科学发展的道路，也应该是中国经济地理科学发展的道路。因此，经济地理的教学工作和科学研究工作都必须遵循这条道路前进。

此外，我还较深刻地体会到综合性学科对解决生产问题的重要性。部门学科对解决生产上某些局部问题当然是十分重要的，如地貌学解决有关地貌方面的问题，土壤学解决有关土壤方面的问题，昆虫学解决有关昆虫方面的问题，农学解决有关农业生产方面的问题，林学解决有关林业方面的问题，等等。但如果只有部门学科而没有综合性质的学科参加，则有关生产上全面性和综合性的问题便会处于无人过问的状态。关于综合利用和生产的全面合理安排，将会碰到很大的困难。就科学本身发展来说，如果只有部门学科而缺少综合性的学科，部门学科的发展也将会迷失方向，综合性科学对于部门科学的发展有着巨大的指导意义。无论是经济地理学或自然地理学，都属于综合性的科学，它们在解决生产中带有全面性和综合性的问题，是有着巨大意义的，同时在指导部门地理科学的发展上也有着巨大的意义。那种认为经济地理学或综合自然地理学对于生产没有什么作用的看法是错误的，是没有根据的。实践证明，综合自然地理和经济地理在综合考察中对于有关生产问题的解决起着很重要的作用

在这次综合考察工作中，综合自然地理专业，根据自然条件组各专业（地貌、气候、土壤、植物区系等专业）的调查资料划出了调查地区的自然区划，指出了各自然区的特点，并提出了如何利用改造自然的意见。特别是找出了橡胶宜林地，对生产有着重大的意义。在这次综合考察工作中，经济地理专业除了自己的调查外，还利用自然条件组各专业、资源组各专业（植被、动物、昆虫、真菌、地质等专业）和土地利用组各专业（农业、林业、畜牧、水利等专业）的调查资料，系统地分析了调查地区的生产条件（自然条件和自然资源、历史条件、劳动条件等）、生产的基本情况和存在的问题、然后再根据党的关于发展生产的方针政策，综合分析调查地区的自然和经济情况，对调查地区的发展方向和生产的合理安排等提出意见；最后再根据调查地区生产基础的类似性、生产任务的类似性和经济联系等，划出经济区划，并对各经济区的发展方向和生产的合理安排等提出意

见。这样做，对于制定生产规划、计划和对生产进行具体领导等都有很大的作用。

在这次综合考察工作中，自己也较深刻地体会到作为一个经济地理工作者，必须具备丰富的自然地理知识、生产技术知识、历史知识，以及丰富的经济知识（包括党的经济政策的知识等）。在这几方面的知识中，经济知识起着主导和统帅作用。党的方针政策总是解决许多重大生产问题（如关于生产的发展方向、生产各部门的合理安排，以及经济区划等）的决定因素。为此，作为一个经济地理工作者，在具备丰富的自然、生产、历史和经济各方面知识的同时，还必须具有较高的政策水平。

（原载《地理知识》1959年5月号）

第二十二篇 区域经济地理学研究的对象、任务和方法

梁 溥

提示： 区域地理曾被视为地理研究的高峰，但20世纪50—60年代在我国很少有人问津。本文在专业社会实践的基础上，总结了对区域经济地理研究的心得体会，是一篇指导性论文，对后来区域研究的影响很大，特别是对地域生产综合体所包含的部门结构、区域结构、经济中心，以及地域生产综合体概念的建立，至今仍不失其指导意义。

区域经济地理学是经济地理学的一个重要部分，它的内容是区域的，同时又是综合的。由于它是区域的，可与一般的经济地理通论区别开来；由于它是综合的，可与各个部门的经济地理区别开来。

梁 溥

区域的范围、规模，大小不一，但是区域（部分）总是与整体（全体）相对而言的。在一国之内，区域是全国的一个部分；从世界范围来说，国家又是世界的一个部分，也可以说是一个区域。但是世界上的国家、生产方式不是一样的，应该区别出来由国家经济地理学来研究，本文仅研究社会主义国家内部的区域。区域的各类很多，有自然区、行政区、经济区（又分部门经济区与综合经济区），还有为了特定任务而进行调查研究或编写的区域如××铁路沿线地区、新开发区等。但是，区域经济地理研究的应该是综合经济区，它是在经济上有结构有规律的区域。

一、区域经济地理学的研究对象

区域经济地理学的研究对象是地域生产综合体（或区域生产综合体）。"综"是错综复杂，就是矛盾；"合"是有机结合，就是统一；"综合体"就是矛盾的统一体。所以，一个地域生产综合体就是多种生产部门在一个地区范围内相互结合而成的矛盾统一体。

地域生产综合体是有内部结构和外部联系的。其内部结构可从下列三个方面去掌握。

1. 部门结构

生产综合体是由工业、农业、运输业各个生产部门所构成，各个部门之间是相互联系、相互依存、相互作用，而且有比例关系，因此它的结构是有规律的。如果拿一座大楼建筑物做比喻，则农业、工业、运输业相当于大楼的地基、楼房、楼梯通路，三者之间互相联结，是有结构有比例的。高耸的楼房是建筑物的主体，但没有巩固的地基则高楼大厦就建不起来；生产综合体以工业为主导，但如果不以农业为基础，工业就发展不起来。交通运输联结各个生产部门，没有运输业就不能进行生产，好像大楼没有楼梯、通路就不能利用活动一样。各级大小生产综合体都具有工业、农业、运输业各种部门，但由于国民经济需要与地区条件的不同，各个地域生产综合体的部门结构具有不同的特征，因而可以区别出来。

2. 区域结构

生产活动必须利用一定的地面来进行，有生产部门就必有生产地区，部门与地区联结在一起，因而区域结构是与部门结构互相适应的。不同的物质生产部门利用不同的条件与资源，而活动的方式也不一样，分布的地区也不相同。工业生产利用动、植、矿物资源，通过物理、化学过程进行采掘、加工、制造各种活动，活动的地点主要是工厂、矿场，分布在地面上表现为一个个的"点"，集中一些则成为工矿区。农业生产利用土、水、光热资源，通过生物过程进行植物栽培与动物饲养，活动的场所主要是田野水面，分布在地面上表现为广大的"面"。运输业用各种交通运输工具，通过水、陆、空各种通路进行周转运送，活动场所主要是港站、机场及其间的交通线，分布在地面上表现为条条"线"和联结点。工业、农业、运输业三大部门在地区上的表现很不相同，而三大部门又细分为很多部门，各种部门配置在地面上形成很多不同类型的地区，例如，作物区、森林区、畜牧区、渔业区、各种工矿区等。一个生产综合体既然由多种生产部门结合而成，就必然包括多种不同的生产类型区。生产综合体所包括的各种类型区由交通运输线联结起来，互相依存，互相为用，结合成为一个复杂的生产综合区。生产综合区与生产综合体是互相适应，密切联系而不可分割，它的构成也是有比例有规律的，这就是生产综合体的区域结构。

上面所说的生产综合区就是一般所称的综合经济区，也简称为经济区。综合经济区就是生产综合体所占有的地区范围，也就是生产综合体的空间表现（或地区表现）。一个叫作"体"，一个叫作"区"，表面上看来好像两个不同的东西，而实质上是一物的两面。把生产综合体与综合经济区（生产综合区）两个概念联结起来就叫作地域生产综合体，或区域生产综合体。

部门与区域，部门结构与区域结构，生产综合体与综合经济区，这几个概念是密切联系，不能孤立割裂来看待。

3. 经济中心

在地域生产综合体的形成过程中，工业起着主导作用。城市是工业生产的基地，又是交通运输的中心。城市是工人阶级集中的地方，又是科学技术力量集中的地方，各级行政、经济、计划领导机构也多设在较大的城市，因此城市成为区域经济组织的核心，这就是各级地域生产综合体的经济中心，对各级区的生产起着全领导的作用。例如，我国的东北区在逐渐形成一个地域生产综合体（综合经济区），而沈阳市则成为东北区的经济中心，它由交通运输网联结着东北的大中小城镇，也直接间接联结到东北区的工农业生产，对全区经济起着组织领导的作用。至于鞍山市，虽然是巨大的钢铁基地，不仅对东北工业而且对全国工业的发展有重要的作用，但它仅是钢铁工业的中心，其经济意义与沈阳市有所不同。地域生产综合体有很多城镇，各有不同的经济职能，而经济中心则对整个综合体或经济区起着核心的作用。

从上述生产综合体或经济区的内部结构来看，显然不是各种生产部门的偶然堆砌，也不是各种生产地区的任意拼凑，它有其一定的形成过程，有内部结构，有发展规律，它的远景发展方向是可以探讨的。因此，区域经济地理学不是各种知识的零碎记载，不是百货杂陈的杂货摊，而是一门有系统的学问，它的研究对象是有结构有规律的地域生产综合体，或综合经济区。

生产综合体或经济区是社会经济发展的产物，不是自然过程形成的，它的形成与发展受社会经济规律所制约，是生产方式与区域条件（包括自然、技术、经济、社会各种条件）共同作用的结果。同一的生产方式使全国各地区各部门具有共同性（共性），而地区条件的不同则使区域生产具有一定的特殊性（个性）。如果没有区域的特殊性而只有全国的共同性，那么不同的地域生产综合体就不会出现。但是，区域不能脱离全国整体而孤立存在，区域生产的特殊性与全国生产的共同性是紧密联系的。区域与全国有纵的联系，区域与区域有横的联系，区域经济地理学研究地域生产综合体，必须从它的纵横联系中去掌握。脱离全国整体与周围的联系孤立研究一个区域，这是不可想象的。

二、区域经济地理学研究的目的与任务

区域经济地理学研究的目的可以从两个方面去考察，一方面由于生产发展的需要，另一方面又由于科学发展的要求，这两方面是密切联系的，不能截然分割。

1. 在科学文化建设上

在科学体系上看，经济地理学也是基本学科之一，是不可少的。区域经济地理学是经济地理学的基础，经济地理学是在这个基础上发展起来的。我国在过去相当长的一段时间里，经济地理学的研究工作几乎局限于区域经济地理的范围，对部门经济地理与生产配置

的理论是注意不够的；但是近几年来却又反过来对区域经济地理不够重视，也表现在教学工作上大量削减区域课程的分量。另外，有些人带着轻视区域经济地理的心情去参加各种地区规划工作，但在工作中却体会到需要区域经济地理学，因而思想上产生了矛盾，而对工作也造成了一些损失。这些问题的产生，与对区域经济地理学的认识不足是有关的。因此，加强对区域经济地理学的认识，把它摆到恰当的地位是十分必要的。我们知道，全国由区域所构成，不认识区域就不能认识全国；世界由国家所构成，不认识国家就不能认识世界；可以这样说，没有国家和区域经济地理的研究，也就无法进行一般经济地理学的概括。毛主席说："就人类认识运动的秩序来说，总是由认识个别的和特殊的事物，逐步地扩大到认识一般的事物。人们总是首先认识了许多不同事物的特殊的本质，然后才有可能更进一步地进行概括工作，认识诸种事物的共同的本质。"我国经济地理学的研究也是从区域开始的，由区域的认识逐渐扩大到全国，又以全国的认识指导区域的深入研究。因此，要发展经济地理必须大量进行区域经济地理的研究工作，这是科学本身的发展要求的。

当前，我国区域经济地理的研究工作不是太多而是太少了，不是太精而是太粗了，无论在质与量的方面都远远不能满足科学文化与经济建设的要求，今后提高质量与扩大研究都有必要。我国是世界上一个面积辽阔、地区复杂的大国，区域经济地理调查研究任务十分巨大，专著写作与科学普及都非常需要。正在年青时代的我国经济地理学，如果没有区域的实地调查研究的大量积累，是不能迅速成长壮大的。

2. 在经济建设上

我国社会主义经济建设推动了经济地理学的发展，而各地生产力的高涨更迫切要求区域经济地理的深入研究。社会主义经济是有计划按比例发展的，国家作为一个统一的经济整体，必须有全国统一的经济计划，但是各个区域却千差万别，不可能千篇一律，因此发展生产必须国家统一计划与因地制宜相结合。国家统一的要求与区域条件的可能，二者之间是有矛盾的，但可以用合理的地域分工来解决，以求得全国生产的合理布局。社会主义国家生产的全面布局是根据综合经济区（或地域生产综合体）来部署的，区域经济地理学全面综合地分析研究这个经济区域而指出它的远景发展方向，就是为论证地域分工、合理布局提供科学根据的。

国民经济计划包括部门计划与地区计划。前者按条条（部）来制定，后者按块块（区域）来落实。地区计划按经济区来编制，通过行政区来贯彻执行。区域经济地理学研究地域生产综合体，对经济计划与远景规划有很大的参考价值。我国进行大规模的经济建设以来，各地区都先后进行各种规划工作，经济地理工作者在参加综合考察与制订资源综合开发利用方案、区域规划、人民公社经济规划等工作，都运用综合性的区域经济地理调查研究方法，对规划工作起了相当大的作用。在参加各种部门规划如农业规划、工业规划、河网规划、港口规划等工作中，也不同程度地运用区域综合研究的观点和方法，可见区域经济地理研究的作用是很广泛的。我国的经济区划与各级区域的经济规划工作正在展开，目前与今后的区域调查研究任务都非常巨大。

三、区域经济地理学的研究方法

区域经济地理学的研究方法是与它的研究对象地域生产综合体密切相联系的。地域生产综合体的研究可以从三方面去进行：第一是生产综合体的划分，第二是典型生产综合体的分析（解剖），第三是生产综合体的类型研究。

1. 地域生产综合体或综合经济区的划分

综合经济区是生产综合体的地区表现，因此生产综合体的划分实际上就是综合经济区的划分，也就是经济地理学所常用的经济区划问题。区域经济地理学上的区域不是任意划分的。苏联经济地理学家巴朗斯基说："经济地理学里的区域划分跟历史学上的时代的划分同样重要"。经济区划问题是经济地理学的重大的理论问题，也关系到区域经济地理学的方法论问题。区域经济地理的研究，一开始就碰到区划问题，而最后又进行内部分区，因此与经济区划问题关系特别密切，因而区划原则也成为区域经济地理研究所关心的问题。

社会主义的经济区划根据地域生产综合体的地区范围来确定。对经济区划原则问题目前还有一定的争论，但必须明确经济区是生产综合体的空间（地区）表现，而生产综合体则为经济区的具体内容，因此经济区划的原则应该根据地域生产综合体的共同特征（部门结构、区域结构、经济中心）抽象概括出来，才能作为划分经济区的共同准则。

经济区划的第一个原则首先要考虑生产综合体的部门结构与区域结构，而二者是紧密结合、互相适应的。每一个经济区都有很多生产部门，其中有区际交换意义的生产部门，也有区内自给意义的生产部门。具有区际交换意义的生产部门的发展，是与区域特有的优越条件相联系的，这种部门一般比较少而比较突出，而且各区又不相同，因而成为地域分工的重要标志。具有区内自给意义的生产部门，是与区内多方需要和利用多种条件相联系的，这种部门一般是多种多样，而且各区大同小异，很少进行区际交换，也很少做远距离的区际运输。这两种部门有密切的关系，如果区内生产还不能自给，就谈不上区域交换，因此区际交换必须建筑在区内自给的基础上，二者紧密结合才能做到合理的地域分工。社会主义的经济区既考虑为区内需要而生产的多种部门，又考虑专为区际交换而生产的专业部门，而使二者合理结合起来。因而它既不同于资本主义区域生产的片面专门化，又不同于封建社会区域生产的自给自足、万物俱全。社会主义的经济区把区际生产分工与区内综合发展相结合起来，这是经济区划的第一个原则。在苏联一般称为生产专门化与综合发展相结合的原则。但在我国生产发展的水平还不高、人口多而需要大、运输力量也还不足等具体条件下，生产专门化没有普遍发展，因而划分经济区必须结合中国实际来进行，不能生搬硬套外国的经验。

经济区划的第二个原则是关于经济中心的原则。如果没有一个较大的城市作为组织领导全区生产的经济中心，就不能构成一个地域生产综合体；因此经济中心的原则是不能缺少的。例如，西藏才由农奴制度解放出来，生产力水平尤其是工业水平极低，还没有形成一个较大的经济中心，就谈不上生产综合体，虽然西藏自治区面积比东北地区还大，但还不能作为一个经济区来看待。

经济区划的第三个原则要考虑到经济区的界线与行政区界线的一致，因为经济区是经济计划的单位，而计划要通过行政单位来贯彻执行，各级经济区包括不同等级的行政单位，使两种区域界线取得一致才具有实践的意义。

每个生产综合体都具有部门结构、区域结构与经济中心，这是它的共同特征，但是每个生产综合体的部门结构、区域结构与经济中心都具有自己的构成特点。经济区划的原则就是把生产综合体或经济区的共同本质概括出来，用以指导研究各个经济区的特殊本质，使它能一个个地划分开来。

生产综合体或经济区有不同的等级，不同等级又具有不同的特点。例如，我国正在形成的经济区体系中，较高级的生产综合体或经济区（例如，相当于经济协作区的规模）具有多种多样的生产部门，而较低级的生产综合体或经济区（例如，相当于人民公社的规模）是国民经济的基层或细胞组织，就不是像大区应有尽有的。因此，经济区划的一般原则又必须结合不同等级的特点而加以运用。

2. 典型地域生产综合体的分析研究

典型生产综合体或经济区的分析是区域经济地理学的基本方法，对经济地理学研究与经济区划问题是有重要意义的。分析一个地域生产综合体，首先分析综合体借以形成和发展的各种条件（如位置、自然条件与资源、历史条件、居民等），然后分析其部门结构、区域结构与经济中心，以认识整个综合体的组织构成。生产综合体的地区条件、部门与区域、经济中心不是各自孤立，是互相依存构成一体的。区域经济地理的研究与描述，如果是支离破碎而不联结起来，那就很像看到了各种零件而看不到机器的全貌一样，没有达到认识整体结构的目的。

区域经济地理学分析一个生产综合体或经济区，必须运用下列三方面的方法：

第一，作为一个矛盾统一体分析其内部矛盾，然后综合研究其结构规律。研究方法必须运用分析法与综合法，由分析到综合。综合经济图与经济联系图是重要的表现方法。

第二，从全国着眼，从地区下手。从大局看局部，从全国一般规律看区域的特殊规律，才能看得准确。还要运用比较法，与同级同类的区域做对比，才能显出本区的特征与区际的关系。

第三，必须运用历史观点，因为生产综合体或经济区不是固定不变，而是不断发展的。从发展观点分析它的形成过程与发展阶段，有利于认识目前的结构特征与远景发展方向。

3. 地域生产综合体的类型研究

不同等级的生产综合体或经济区的结构固然不同，而同一等级的综合体结构也是不同的，因此可以分为不同的类型。生产综合体或经济区的类型应该根据部门结构来划分，由于区域结构与部门结构是互相适应的，因而也反映了区域结构的类型，但是地域类型也可以作为生产综合体分类的补充各级生产综合体都具有很多生产部门，但各种类型有不同的部门组合，可以区别开来。其中具有区际交换意义或全国意义的生产部门，则为分类的明显标志，也是地域分工的具体表现。

地域生产综合体的分类可以根据现状的部门结构，也可以根据远景发展方向。远景发展方向根据国民经济发展需要与区域条件特点相结合来考虑，但必须在充分认识现状的基础上才能论证远景发展方向。

生产综合体的类型研究不仅具有科学认识上的意义，对生产规划布局也有重要的意义。我国的经济区划需要展开大量的研究工作，区域经济地理的调查研究应该与经济区划研究联系起来。经济协作区、专区、人民公社都需要进行经济规划工作，因此区域经济地理研究应与区域规划工作联系起来，这样既有助于国家的经济建设，也可以促进经济地理学的发展，是相互为用的。

（原载《地理》1963 年第 1 期）

第二十三篇 经济地理学中的自然条件评价问题

梁 溥

提示：经济地理学要为生产服务，必然要对作为生产基础的自然条件进行科学评价，指出其对生产影响优劣好坏的等级高低，且与生产关系、国家政治制度不同，也要因时代、区域和部门对自然条件要求不同而有别。论文指出工农交等部门与区域对自然条件评价的要求也不一样，这都是一个复杂的系统工程。深刻认识经济地理对自然条件评价的必要性，不仅有助于了解学科发展的意义，也更能很好地为生产实践服务。

梁 溥

一

在经济地理学中、不论研究本国或外国，不论研究现代或古代，都不能缺少评价自然条件（包括自然资源）这个内容。在研究一个地区或一个国家乃至整个世界的经济地理中，不论分析部门经济地理或区域经济地理问题，都要进行自然条件的评价。因此，自然条件评价问题贯穿经济地理学研究的整个领域及其各个分支学科，而成为共同的最基本的问题之一。

但是，评价自然条件并非经济地理学所特有的，还有很多科学也要进行这种工作，一方面由于这些科学的研究对象与自然条件有一定的关系，另一方面又由于科学必须为生产服务，而生产则直接间接利用自然条件与自然资源。自然科学（如自然地理学及其分支学科）研究自然规律，但为了服务于生产，也从社会经济的一般要求来评价自然条件。技术科学（如农学及工矿运输科学）研究生产技术，为了充分利用自然条件提高生产力，必须从技术的要求评价自然条件。社会科学（如经济学、历史学）研究社会规律，但由于物质生产是社会生活的基础，也不能不估计自然条件对社会经济发展的影响。这些学科都评价自然条件，但由于各学科研究的对象任务不同，对自然条件评价的要求与做法是不相同的。

经济地理学研究生产的地理配置（生产布局）与生产的地理分工（地域分工），具有明显的区域性。各个地区具有不同的自然条件与自然资源，对生产配置与地理分工发生深刻的影响。因此，自然条件评价工作成为经济地理研究的不可缺少的一个重要内容，也是分析研究生产配置与地理分工问题的一种重要手段。自然条件评价问题不仅在经济地理学中占有重要的地位，而且评价的内容与方法也具有很大的复杂性，目前还存在着一定的争论。

经济地理学对自然条件评价的特点，首先在于分区对比各个地区的自然条件。评比各个地区的有利因素与不利因素，是为了论证合理配置生产力的方案，这与其他学科对自然条件的评价显明有所不同。评价任何地区的自然条件都必须具有综合评价的观点，一方面由于自然条件各个因素与要素都是互相制约、互相作用，不能孤立看待；另一方面又由于各个生产部门都是相互联系，不能孤立进行生产，因而必须综合利用各种自然条件。

综合评价各个地区的自然条件，是错综复杂、头绪纷繁的，必须从生产发展与生产配置的要求着眼，综合利用多种学科的研究成果，分清主次，抓住影响配置条件的关键。

二

经济地理学各个分支学科对自然条件的评价，有一定的共同性，也有一定的差异性。

共同的地方：首先由于各个分支学科都是为了解决生产配置与地理分工问题而评价自然条件。一般必须先分析自然条件对生产特点的形成和发展的影响，从而认识自然条件与生产分布之间的客观联系，进一步论证如何充分利用和改造自然条件，做到合理的生产配置与合理的地域分工，以促进生产的发展。

为了解决生产配置与地域分工问题，经济地理学评价自然条件的内容和方法也与之相适应，必须着重自然要素的地理分布及其在地区互相结合的特点，评比各个地区的优劣条件，以利于考虑生产配置的方案。为了满足这样的要求，经济地理学及其各个分支学科多采取分级、分类、分区的方法来评价自然条件，这就是一般常用的等级评价方法、类型评价方法、区划评价方法。

等级评价方法的目的在于评定自然条件经济价值的优劣等级。这种方法在世界上已广泛应用，例如苏联地理学家普遍进行的土地质量评价，根据土地的自然属性与产量指标评定土地的等级。英国地理学家史坦普（L. D. Stamp）领导进行的不列颠土地利用调查，把土地评定为优、中、差、劣四等，也是等级评价方法。我国古代就已应用等级法，例如《禹贡》把土地分为三级（上、中、下三级）九等（每级又分上、中、下三等）；现代也广泛应用，例如我们华南、西南的热带资源综合考察，从热带作物（如橡胶、咖啡等）速生高产对热、水、风、土等条件的要求，把热作宜林地评为三个等级或三个类型，对热带作物布局有重要的作用。

类型评价方法根据各地自然经济条件的共同性或类似性分别归类，区分为若干类型，而分析评价它的特点，以利于分别利用、合理安排并采取改良措施。这种方法在社会主义国家与资本主义国家都广泛采用，但划分类型的标准极为多种多样。世界各国对土地类型的研究最为广泛，但多着重于评价耕作业与畜牧业的土地条件。我国农民辨别耕地等级、类型的经验是非常丰富的，近年珠江三角洲各县的农业机关根据农业生产经验，把耕地分为滨海咸田、低洼渍水田、低沙田、中沙田、高沙田、基水地（桑基与蔗基鱼塘）、民田等，分析其自然经济特点及其对生产的影响，这也是类型评价的方法，对作物布局、农业规划，制订措施都有很大的帮助。

区划评价方法根据生产技术对自然条件的要求与自然条件对生产的影响来划分区域，这是对研究生产配置极为有效的自然条件评价方法。例如，保加利亚农业科学院1955年划分的作物适宜区划，从作物要求的气候、土壤等条件着眼，用作物平均产量来检查对证，把每种作物划分为最适宜、适宜、不大适宜、不适宜四级区域，对论证农业布局有很大的价值。各种生产部门都可以分区评价自然条件，水电工业可以按水力资源分区进行评价，内河运输可以根据河流水文与河运的关系分区评价，陆上运输则着重地表形态对路线路基的影响进行分区，如西南喀斯特地区与华北大平原就有显著不同的影响。

分级、分类、分区三种评价方法各有不同特点，但可以综合运用、互相补充。例如，在热带作物宜林地的评价上，热、水、风、土对热带作物的适宜程度可以分等级，但热、水、风、土各个条件对热作的重要性既不均等，而各个条件优劣等级的配合也不是处处相同，因而可以区别为不同的类型，各种类型的热作宜林地分布在地区上有集中也有分散，分布的形式不一样，而区域的经济条件又不相同，因而可以概括为若干评价的类型区划，进行综合评价，更有利于论证热带作物的全面布局。在地理上的分级与分类都离不开地区，而等级与类型分析的成果可以汇总落实到地区，并表现在地图上而成为区划图。经济地理学评价自然条件，对等级、类型、区划三种方法都采用，而以区划评价方法总其成，这是与经济地理学研究生产配置和地理分工的要求相适应的。

经济地理学分级、分类、分区评价自然条件，不是为了探讨自然规律，而是为更合理地利用和改造自然。因此，评价自然条件必须从国民经济的需要出发，但必须从生产技术的要求着眼。因为人类利用和改造自然必须通过一定的生产技术才能实现，所以经济与自然之间的关系是由生产技术联系起来而起着媒介的作用。

不同生产方式的国家有不同的经济需要，对自然条件也有不同的利用，没有共同的经济标准。资本主义社会生产资料掌握在资本家手中，生产商品是为了追逐利润，它的需要反映在商品市场的需求上面，没有全面计划与合理布局的可能，因此也不可能合理利用自然条件。社会主义国家生产资料掌握在人民手中，为了人民利益而实行计划经济制度，国民经济的需要就具体反映在国民经济计划与远景规划上面。计划经济制度要求合理布局，也要求全面合理地利用自然条件，因而评价自然条件不仅具有科学认识的意义，更具有生产实践的意义。但是，我们对自然条件的评价，不仅要从生产技术的特点着眼，还必须具有计划观点，才有合理的标准。

三

经济地理学各个分支学科对自然条件的评价也各有不同。首先，现代国家经济地理与历史经济地理对自然条件的评价，由于生产方式与历史阶段的不同，因而没有中外古今完全适用的评价标准。既不能拿现代的技术经济标准来衡量古代的自然条件，更不能拿资本主义国家的技术经济尺度来衡量我们社会主义祖国的自然条件。其次，在同一个国家的研究中、部门经济地理学与区域经济地理学对自然条件的评价，也有显明的不同。最后，在部门经济地理中，生产要求不同，技术标准也不相同。在区域经济地理中，各级区域的性质、内容、结构不同，对利用自然条件的要求也不相同。因此，经济地理学对自然条件的评价，不是简单的一种方法，而是一种极为复杂的方法体系。

国家经济地理研究世界各国，包括部门也包括区域，历史经济地理更涉及各个历史时期，内容庞大复杂，因而对自然条件的评价就具有极大的复杂性。但是，也具有一定的共同特点，首先是必须区别不同的生产方式与的历史时期来评价自然条件，因为不同的社会经济结构与不同的生产技术水平对自然条件有不同的利用。分析评价不同国家与不同历史时期的自然条件是为了认识其对生产配置的影响，也有助于认识生产配置的规律性；既可以认识生产配置不是决定于自然条件而是决定于生产方式的正确理论，也从而粉碎资产阶级的地理环境决定论。因此，分析评价外国与古代的自然条件，其主要目的在于科学的认识，而不是直接服务于生产实践。但是，外为中用、古为今用，对生产也有间接的作用，尤其是研究社会主义国家利用和改造自然的经验可资借鉴。

部门经济地理学对自然条件的评价都是为了解决部门配置问题，但是各个部门都有其不同的生产技术，因而对自然条件的要求也不相同，自然条件对各个部门的地理配置也有不同的影响。不过，任何一种部门的生产力配置都不能脱离生产关系的制约，因而评价自然条件也不可能是单纯的技术观点。

农业地理学是经济地理学各分支学科中与自然条件关系最为密切的一个部门。农业利用生物过程进行生产，而生物与环境是统一体，因而农业与自然条件是不可分割的。农业的地理配置表现为广大的面，与工业的地理配置不同（工业分布表现为一个个的点），因而农业地理与自然条件的关系最广而又最深。自然条件的空间分布和季节变化都与农业配置息息相关，在任何生产关系与生产力水平下都不可能根本改变这个特点，因此评价自然条件成为农业地理研究极为重要的一个部分。植物栽培与光照、热量、水分、土壤关系至为密切,动物饲养也以植物饲料为主要条件,因此研究气候、土壤、水利的科学都要进行农业评价,为农业生产服务。土地是农业最基本的生产资料,由于各地气候、土壤、地貌、水文等条件的不同,形成多种多样的土地类型,对农业生产配置有极大的影响,因此农业地理学对自然条件的评价以土地评价为核心。土地评价工作也有多种科学在进行,土壤学家着重在土壤的理化性质方面的评价(土壤品质鉴定),自然地理学家综合各种自然要素来评定(土地质量评价),经济学家则从产量或纯收入来计算(土地经济评价)。大家都评定土地的等级,但分级的标准不一样。经济地理学家企图综合各方面的所长,进行综合性的评价,但目前世界各国都未有成熟的经验。

工业利用物理、化学过程进行生产,部门分化较细而技术多种多样,因而对自然条件的要求并不一样。工业与自然条件的关系,主要在于原料来源与厂址、工业区的条件,工业地理学对自然条件的评价也抓这两个方面,前者着重评价自然资源,后者则着重厂区的位置与环境。采掘工业主要对象是矿藏,必须弄清储量、品位、开采的技术经济条件,尤其是矿产分布状态、集中程度、所在位置等对矿业配置有极大的影响,必须分级、分类、分区评价自然资源。加工工业多种多样,但主要以农产品为加工对象(少数是自然资源的加工),因此加工工业的配置与农业配置密切相关。制造工业更为复杂,原料来源更为广泛,多利用工业农业产品以及副产、废物等,仅间接地联系到自然资源。

交通运输业与自然条件的关系,主要在于路线及其间的港站,水、陆、空运与管道运输等对自然条件的要求大不相同,因而运输地理对自然条件的评价也多种多样。水运着重评价河海航线与港口的自然条件。陆运着重评价路线、路基与筑路材料来源的自然条件,地形是评价的中心,而地质、水文、气候也有密切的影响。空运则着重评价气候件条,天空海阔,范围宽广,重要在于适应自然的技术水平,但气象变化对空运有很大的影响。

区域经济地理学对自然条件的评价是综合性的。区域由多种生产部门所构成,因而必须从分析部门的自然条件到综合区域的自然条件,但分析是为了综合,与部门经济地理不同。任何一个区域不论规模大小,内容总是错综复杂、头绪纷繁的,因此必须弄清生产部门结构与自然条件构成,分清主次,抓住重点,否则应有尽有、罗列万象,那就综而不合了。

经济地理学研究的区域是有内部结构、区际分工的。在资本主义国家,劳动地域分工不合理,因而区域发展是不平衡的。在社会主义国家计划经济制度下,进行合理的地域分工,区域发展是平衡的。在两种不同的生产方式下,区域形成、发展有不同的特点,但作为经济区都有一定的结构(部门结构、地区结构、经济中心),因此区域经济地理学对自然条件的评价,必须从区域观点和综合观点着眼。各级经济区(或各级地域生产综合体)的结构特点不同,对自然条件的要求也不一样,评价应各有重点。一般来说,经济区至少可以分为三级,最大的是基本经济区,最小的是基层经济区,介乎二者之间的是基本经济区内的经济区。我国经济区尚未定型，从大体上看来，目前有经济协作区（省的组合）、省内经济区（县的组合）、人民公社三级，而介乎这三级之间的则为历史上较为稳定的行政区——省与县。我国目前区域经济地理的研究与编写也多以这些区域为单位，因此评价工作也按这些区域范围来进行。

各级区域经济地理的自然条件评价，最好根据各级区域经济规划的要求来进行。区域的经济规划根据国民经济的需要与地区条件、特点来进行，既考虑经济的合理性，也考虑技能的可能性，结合区域经济规划的要求来评价区域的自然条件，目的与标准都比较明确。经济协作区由几个省区组合而成，是目前我国国民经济计划的一个基本环节。它要求建立一定的工业体系，综合发展全区的经济，因此评价自然条件必须从能不能满足这些要求着眼。要建立一定的工业体系，关键在于大型的冶金基地与机器制造的中心，因而要求具有保证一定质量的大型铁矿与燃料动力的供应，但是任何地区都以农业为基础，如果没有足够的粮食、副食品、原料的供应，轻、重工业都无法发展，因而必须具有保证农业发展的土地资源。所以经济协作区的自然条件评价，重点应该放在矿产与土地资源，但综合发展全区的经济必须全面评价自然条件，不过，区域面积广大，只能评价影响大布局的自然条件，局部因素应在小区域评价。各个经济协作区都有一些具有区际意义或全国意义的专业部门，例如西北区的石油与畜牧，中南区的有色金属与热带作物，这是与特殊优越的条件有联系的，因此作为经济协作区一级的自然条件评价，既有它的共同点，而各区又有不同点。

省内经济区正在萌芽尚未定型，省内经济区划问题也还有一定的争论，一般意见认为区域范围大致相当于专区的规模（若干县的组合）。从我国东南半部150多个专区平均计算，每区面积3万多平方千米，人口400多万人。这样的区域，它的自然条件比经济协作区单纯得多，也就是说区内自然条件的类似性与区际自然条件的差异性较为明显。例如，广东海南行政区与河北的石家庄专区，前者以热带丘陵台地为主，水热条件优越，有利于热带作物的发展；后者位于华北平原西边的冲积扇平原上，排灌良好，有利于棉、麦的发展。这些自然条件的区间差异对生产的地域分工有重要的影响。评价自然条件既要为综合发展多种部门服务，更要深入分析专业部门的突出条件。

人民公社是基层的经济区，面积较小，但区域范围仍有变化发展。自然条件评价以农业条件为重点，但必须从基层生产综合体发展的要求着眼，全面评价各种自然条件。人民公社的小区布局比较具体细致，评价工作必须与之相适应，因而与其他区域的评价也有所不同。

四

从以上的分析可以归纳成为下列几个基本点,也作为本文的结束语。

(1) 自然条件评价是经济地理研究不能缺少的一个内容,而且占着重要的地位,这是由经济地理学的对象任务所决定的。经济地理学对自然条件评价的目的、内容与方法,与自然科学、技术科学及其他社会经济科学都有所不同,但是也必须综合运用多种科学的成果,因而有区别又有联系,既不能孤立看待,也不能混同起来。

(2) 经济地理学对自然条件评价的目的是分析研究生产配置(生产布局)与地理分工(地域分工)问题,因此必须分等级、分类型、分区域来评比各个地区自然条件的优劣利弊,才能论证合理配置与合理分工的方案。但是,在不同的生产关系与生产力水平下有不同的生产配置与地理分工,不可能脱离生产方式来论证。

(3) 经济地理学不断地发展,正逐渐形成了若干分支科学。各个分支科学中的自然条件评价有共同点,也有不同点,因此经济地理学中的自然条件评价不是一种单纯的方法,而是一种复杂的方法体系,这是与经济地理的科学体系相适应的。

(4) 进一步探讨经济地理学及其分支科学对自然条件评价的方法论问题,既有利于提高经济地理科学研究的水平,也有助于解决生产实践问题。

[原载《中山大学学报》(自然科学版) 1964 年第 1 期]

第二十四篇　县支农工业的生产布局问题
——以东莞县为例

王正宪　吴永铭

王正宪

吴永铭

提示：由于保密等原因，20 世纪 50～60 年代工业布局研究很薄弱，公开发表的有关论著甚为寥落。本文可谓是凤毛麟角。它所反映的是一种新工业类型布局问题，从中可窥见当时工业地理滞后状况。

一、东莞县支农工业的基本特点

东莞县位于珠江三角洲东缘，农业生产的自然条件比较复杂，可分为沙田、围田、埔田（低洼积水地，夹有低丘）和丘陵山地四类地区。该县是广东省的一个重要商品粮基地，也是农产品和生产加工品出口基地之一。农业以耕作业为主。耕作业中虽以水稻栽培为主，但也有甘蔗、花生、黄麻、席草、香蕉等主要经济作物。农产品加工业有制糖、粮、油、木薯制粉和草织等。由此可见，该县支农工业的服务对象比较复杂多样。

东莞县支农工业中，工业的比重略大于手工业。支农工业、手工业产值占全县工业总产值比重虽然不大（1963 年占 7%），但在全县生产资料工业中占有重要地位（1963 年占总产低于 42%）。支农工业各部门中以农机修造最主要，化肥次之，手工业各部门中则以竹、木、铁农具修造为主。产品大部分销售本县。

东莞县大部分工业企业建立于1958年以后，规模不大。县内各企业之间的生产联系也不密切。例如，最雄厚的机器制造业虽有近20间（包括手工业以及粮食、运输部门附属的非支农工业企业），但并未组织协作和专门化生产。

县内燃料和矿产很少。石灰石和白云石矿点分别出露在本县东南，距离工业中心较远，运输不便。本县林木不多，多数尚处幼林阶段。因此，支农工业原料对外依赖性大。

东莞县支农工业的现代化企业几乎全部分布在莞城、石龙、太平，手工业也大部位于此三大镇。

二、支农工业及其布局与农业生产的适应程度

一个县的支农工业是否与农业生产相适应，大体可以从下列几方面来衡量：①为地方服务的部门是否齐全，产品品种是否对口；②产品数量规模和质量是否满足要求；③价格（包括消费地价格）是否低廉，是否适应目前农业经济体制。所谓为地方服务的部门是否齐全，是针对目前各县的经济发展水平和条件而言的。例如，目前一个县既不可能创办大型的企业，也不可能单独建立拖拉机厂或随时建立中小型现代化氮肥厂；而就东莞而言，由于已接入珠江三角洲电力系统，不必另行建立电站。

按照上列标准，可以把东莞县各支农工业生产大体分为下列三种类型：

第一类：生产技术过关，在保证原料正常供应的情况下产品质量、数量以及成本、价格基本上能适应本县农业要求。有竹木、铁农具制造，木船修造，电动排液机械（电动机、农用水泵、变压器）生产，拖拉机修理，拖拉机轴瓦制造等。

第二类：生产技术基本过关，产品质量基本已达到标准，但规模有待扩大，成本的价格有待降低。如排灌及一般农机修理、水泥制造、磷肥制造等，以及某些专用农具制造如电动及脚踏水稻脱粒机、木薯碎解机、木薯切片机、小型榨糖机等。

第三类：品种空白或技术还未过关，还谈不到质量、成本问题。如新农业机具如剥麻机、挖泥船等的创引，农药和某些化肥的制造等。

支农工业[①]的发展任务当然在于把适应程度较低的类型迅速提高到较高的类型，并使原县有较高类型的适应性巩固和提高。要做到这一步，固然必须加强县的经济（投资）、技术力量和经营管理水平，但加强工业布局的合理性尤为重要。因为前者是暂时性的，大可在短期内易起巨大变化的因素（尤以技术与经营管理水平为然）。但布局的合理性在一

---

① 支援农业的工业（简称"支农工业"）一般包括支农生产资料工业（农业机械、化肥、农药、农用建筑材料等工业）和农业原料的直接加工工业。本文中仅狭义地指支农生产资料工业（包括手工业）。

个县兴办工业的初期如被忽视，其影响至为深远。例如，按理说布局的合理性应在产品成本、价格（尤其是消费地价格）中得到反映。但当一个厂的经营管理或技术没有过关时，由于这些对成本的影响大，即使厂址选择合理，也无法扭转成本过高或亏本的局面。不过，由于工业布局不但要考虑暂时性因素，尤其要考虑长远性的因素，如地理位置、交通运输条件（在河网区尤其是河运条件）、资源情况以及历史发展因素等，当该厂经营管理和技术过关之后，选址不当便很快要对原材料运费、生产成本、产品运费产生巨大影响，使支农产品价格过高，增加农民的负担。而当布局不合理的影响已被察觉时，往往由于积重难返，布局的错误难以在短期内纠正，必使地方经济长期受到损失。因此，布局的合理与否实为考虑县支农工业适应程度的一个最重要方面。

县支农工业布局是否合理，似应从三方面考虑：①企业的摆布是否便于原材料供应和产品销售；②生产是否在符合实际的条件下进行专门化和协作化；③布局有利于消灭工农矛盾与城乡矛盾。

目前东莞县支农工业主要分布于三大镇，此外各公社也发展了一些手工业。三大镇之中以莞城企业最多，规模最大，发展全面，并配置了全县唯一的化肥厂和水泥厂，为全县最大工业中心。石龙规模次之，太平又次之。

三镇支农工业既有与农业适应的一面，也有其不适应的一面。适应的一面在于三镇的地理位置优越，运输便利，工业和城镇的发展已具备一定基础。就地理位置而论，三镇以莞城为中央，以石龙和太平为两翼，位于北部与西南角。虽然偏于县的西北区，但如果不单纯从几何位置来看而相对各地区的农业发展水平和交通条件来考察，莞城镇恰好位于全县的中心，而三镇可以联系全县。三镇是目前该县交通条件最好的城镇。由于城镇与工业发展较早，城镇人口较多，工业劳动力来源较为充裕。三镇工业技术水平远较其他地区为高：现代工业是如此，竹、木、铁手工业也是如此。因此，利用这些优越的条件来发展三镇的支农工业是合理的。

其之所以不适应，首先在于三镇目前集中了全县支农工业近3/4，形成了三个点和广大地区的巨大差异，致使三镇支农工业的发展对消灭工农矛盾和城乡矛盾有其不利的一面。其次，不但三大镇各企业之间缺乏协作分工，即同一镇内的各企业其生产联系也不够密切。例如，水泵由三个厂生产而分工不显。莞城机电厂1964年生产9种型号，其中$6''\times 6''$混流泵仅生产10台，而位于同一镇的农机配件厂生产同一型号水泵200台，在全县农机制造力量的使用上不免造成浪费。最后，某些现代工厂的选址不够合理。如水泥厂建于莞城西部河岸，即使利用花县石灰石，其运距也远于石龙，同时厂址受场地的局限，不易扩建。

在三大镇以外，各农村公社的支农工业几乎全部是手工业（仅道滘、中堂各有一间县属造船厂），其支农产值约占全县支农工业总产值1/4。公社的支农工业以竹、木、铁农具修造为主，水网区少数公社有木船修造业。虽然公社的支农工业总的来说发展水平不高，但也呈现颇大的地区差异。根据1963年的资料，各公社支农工业产值（不计各企业的非支农工业产值，也不计县工业企业的支农产值）以道滘、寮步、附城三公社为最高，有7个公社没有支农工业。但是，由于各公社条件不同，从绝对水平来考察支农工业的差异其意义还不大。故需以相对人口条件来比较各公社支农工业的发展水平。当我们求出各公社每农业人口平均支农产值，各公社支农工业发展水较明显地呈现四级。见图1，最高为寮步、道滘和桥头三公社，第二级有6个公社，第四级则为没有支农工业的7个公社和支农工业很少的厚街公社。

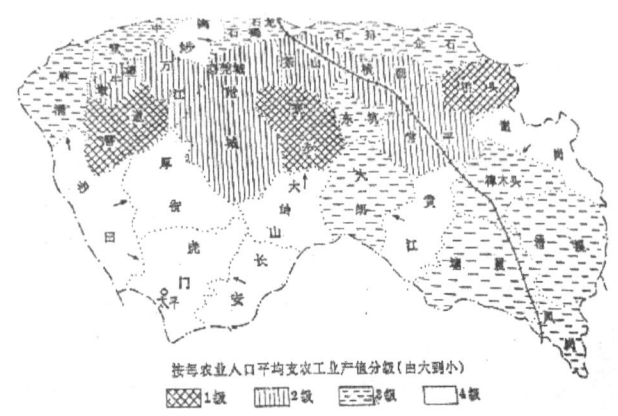

图1 东莞县农村公社支农工业发展水平

各公社的支农工业发展水平及其与农业的适应程度还可在图中得到进一步说明。首先，发展水平最高的寮步、道滘、桥头三公社都位于该县的北部，彼此既不接近，也没有邻近三大镇，这说明它们得不到三镇的便利而发展了较多的支农工业。这一分布情况对今后的发展有利。其次，之所以7个公社没有支农工业，是由于它们系从其他公社分出，分出后尚未建立单独的经济中心，在工业方面仍依靠长期有联系的邻近公社（这在图1中以箭头表示）。这一情况也为公社工业的今后发展指出了方向。从规模上与农业发展水平相适应的程度来考察各公社的支农工业也得到了类似的结果。图2表示各公社支农工业和农业发展水平的相关，其中横坐标表示各公社1963年的农业总收入，纵坐标表示各公社同年支农工业产值。

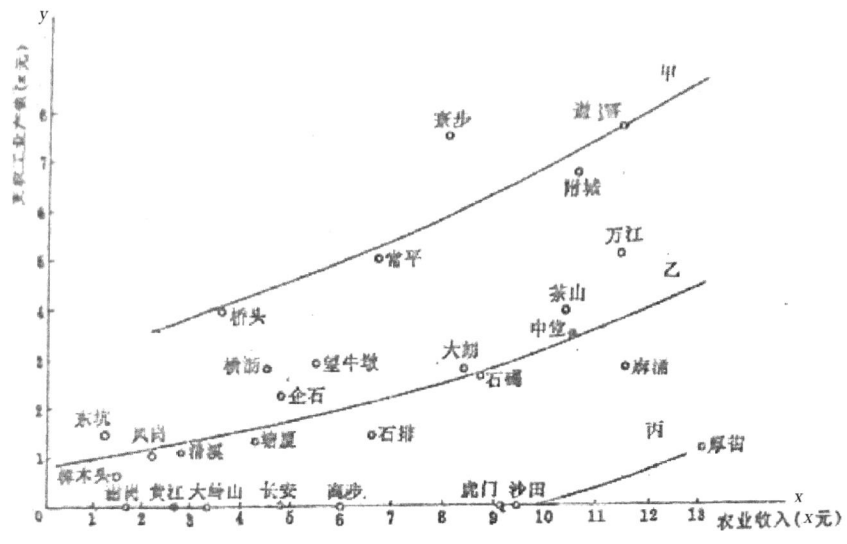

图 2　农村公社工业发展程度与农业发展水平的关系

从图2可看到公社的支农工业产值和农业发展水平有正相关：大体上农业收入越多的公社其产值也越大。在这一相关的基础上，还可以看到各公社在图中大概沿甲、乙、丙三条曲线分布（其中丙线大部与 x 轴重合）。这就是说，我们可把该县公社支农工业按其与农业在发展规模上相适应的程度分为甲、乙、丙三类：沿甲线5个公社的适应程度最高，沿乙线各公社次之，沿丙线各公社最低。在甲类各公社之中，道滘公社的支农产值虽然较桥头公社高出一倍，但相对农业发展水平而言，其适应程度相当。在乙类之中支农工业与农业适应程度最低的为麻涌公社，最高的为万江、望牛墩、横沥三公社。

如将图1、图2对照，可知附城与常平公社在图2中列入甲类，但因人口相对较多，在图1中已降为第二级，与望牛墩、万江、横沥、茶山等公社并列。图2的丙类各公社和图1的第四级完全相同。寮步在图2中离甲线距离最远，而其每农业人口平完全相同支农工业产值仍最高，所以从两项相对标准衡量均为全县支农业最发达的公社。

三、支农工业的进一步发展和组织问题

本节拟从县内联系的角度以及从较大联系的范围来探求支农工业加强组织和发展的途径。

1. 支农工业以县为范围的发展和组织问题

根据前面的分析，可知东莞县由于正确地执行了地方工业为农业服务的方针，支农工业已经取得巨大成就，今后当然必须继续贯彻这一方针。如果把该县支农工业的服务对象局限于本县的范围，似可在下列方面加强组织和联系。

（1）要充分利用该县已发达的部门来克服薄弱环节。东莞县各支农生产资料工业之中以农机制造业发展水平较高，必须充分运用这一有利条件。在促进农业"四化"的任务中，农机制造业可以在水利化、机械化、电气化方面起积极作用。其中，该县机电制造业过去四年已为电排设备建立了基础，今后可以转向半机械化、机械化农机具的引、改、创、制造和推广。

县内各农机修造企业应在合理范围内尽可能进行分工和协作。显然，各厂不但可进行产品和零件生产的专门化，而且可实行工艺阶段的专门化；某些需要专用设备而技术性较强的工艺如铸造、热处理、电镀、抛光等，宜由应用最多的工厂设置专业车间，在各厂之间组织协作。另外，目前机器修理的分工也不明确，这也是造成修理质量不高而收费过昂的重要原因。我们以为一般凡为本县工厂制造的机器一律应送原制造厂修理，实行包修、包退、包换的制度，加强工厂与用户的联系，使农机在全年保持随时使用的状态。遇防洪抗旱的紧张时刻，不可能送原厂修理时，则宜由各厂分片包干。

目前，东莞县最薄弱的支农工业是化肥制造。由于设备关系，氮肥厂一时尚难建立。即使建成，也只能满足小部分需要。① 因此，必须运用农机制造力量加强机动挖泥船的创引试制，以便采挖泥肥，或者扩充磷肥的产量，并同时扩种绿肥，轮种花生或其他作物以达到以磷增氮的目的。

（2）必须在可能的范围内建立本县的原料基地。如竹、木农具以及造船工业原材料缺乏，必须在县内加强造林植竹。水泥和石灰工业目前全部利用县外原料，如能建立较近的石灰石供应基地，可大大地节约原料费用，降低成本和价格。② 又如造船工业由于木材缺乏而开工不足，似应开展钢丝网水泥船的试制，并相应扩大水泥产量，以利农、渔业的发展。

2. 省、专区、县的支农工业分工协作问题

前面是在县办工业纯粹为本县服务、产品纯粹以本县为运输范围的前提下来谈东莞县如何加强支农工业的组织和联系问题。但是一个县原料资源缺乏、力量有限，毕竟不可能建立其所需的全部中小型支农工业企业。而且，见表1，东莞县支农工业产品有的已销售到专区其他各县，有的已在更大范围内建立了信誉，因此，不必也不应把产品销售范围局限于本县。为了更好地做到为地方服务，该县支农工业似可在省、专区、县的范围分别进行分工和合作。

---

① 该县正争取建立一个碳酸氢铵厂。即使这一计划实现，也只能满足目前全县用肥量的1/5左右（按含氮量折合）。

② 目前主要原料（石灰石）费用占东莞水泥厂产品成本的26%，其中运费占成本的16%。石龙建筑材料厂石灰总成本中的两个比例相应为40%和25%，本县石灰石矿是不近交通线的，似可采惠阳县的。

表1 东莞县几种主要支农工业产品运销范围

产品	本县销量/%	县外销量		
		/%	其中：惠阳专区/%	省外/%
水 泥	98.5	1.5		
磷 肥	100			
犁头犁壁	61	39	39①	—③
	88	12	8	
电动机	90.5	9.5	6.5	
水 泵	82	18	14	
拖拉机轴瓦②	0.3	99.7	—③	19

注：①包括运销广州市和香港、澳门的部分；②1962—1964年9月产量，1963因故停产一个时期；③数量不明。

(1) 省级支农工业协作。所谓省级的协作，是指该县内某些厂和具有省级意义的工厂进行产品、零件或工艺的协作。专门化利益较大的农械制造业最宜于循这一方向发展。省级联系的工业或产品应具备三个条件：①产品广泛适用于本省各地区而不限于一个县或专区；②技术上已达到省内先进水平；③产品成本已趋合理。东莞县合乎第一个条件的农械产品很多，但同时合乎三个条件的产品目前只有拖拉机轴瓦和电动机两种。这两种产品应进行专门化生产而与内先进厂建立协作。例如，东莞机电厂1964年生产的电动机共有14种型号，有的型号系单件生产，平均批量亦不过41台。如果能和广州、佛山、江门等有关工厂组织电排机械产品协作，减少该厂生产品种型号，并相应地扩大批量，成本必可大幅度降低。表2说明在目前生产条件下扩大批量对几种典型农机产品成本的影响。

表2 4种典型农机产品成本比较   单位：元

产品	J₀51-4-4.5kW 电动机		10″丰产水泵35.50		东方红-54 轴瓦	东方红色54 连杆瓦
	东莞机电厂	江门电机厂	东莞机电厂	红星机械厂	东莞农机配件厂	东莞农机配件厂
甲：东莞厂按目前批量：						
1. 按目前原料价①	246③	519③				
2. 按中央原料价②	206③	221⑦	107④	7.5④		
乙：东莞厂扩大大批量后②	196⑤	474⑤	6.4⑥	4.5⑥		

续上表

产品	J。51-4-4.5kW 电动机		10″丰产水泵 35.50		东方红-54 轴瓦	东方红色54 连杆瓦
	东莞机电厂	江门电机厂	东莞机电厂	红星机械厂	东莞农机配件厂	东莞农机配件厂
扩大批量后可比成本降低%	5%	6.1%	40%	40%		

注：①指部分原料、材料、燃料按中央牌价供应，部分按议价供应；②指全部纳入计划按中央牌价供应原料、材料；③批量为年产20台以下；④批量为年产25000片；⑤批量为年产100台；⑥批量为年产120000片；⑦批量不明，估计大于东莞厂。

从表中可看到：①如果县内县外厂4种产品原料、材料、燃料供应价格相同，东莞厂的小批生产成本较相应的省级厂为低（轴瓦、连杆瓦无相应的省级厂可供比较），有些产品即使按议价供给部分原料、材料，其成本仍较低；②当批量扩大时，单位生产成本可降低5%～40%。其中第1种产品成本降低幅度之所以不大，系由于年产量扩大到100台，还不能显示大批生产的优越性，也可能由于机电厂一向习于小批生产，还不能预计他项节约的可能性。

可见支农工业如能进行专门化生产，不但县方可腾出力量、设备并积累更多资金以加强其他为地方服务的部门和产品的生产，而且有利于全省支农工业的发展。

（2）专区级的支农工业协作。东莞县支农生产资料工业今后应多向专区级联系发展。这固然由于该县与东江流域各县同隶一个专区，联系一向较为密切（尤其与增城、博罗、宝安三县），更由于该县工业远较专区内其他各县发达（县工业总产值占全专区一半以上），成为全专区发展支农工业的支柱。专区级联系的建立可以循下列途径：①适当地扩大县支农工业的销售范围。指专区内其他各县没有或比较薄弱的工业。目前东莞县的中小铁农具（如犁头）已有大量销到附近各县，竹、木农具也是如此，但显然还不够。如目前有些厂为专区内其他各县所没有，他县能力不足而东莞厂需扩大规模时，应由专区参加投资并供应专区以部分产品，这比另行建厂更为经济（假定原厂布局合理）。当本县电动排灌机械的供应逐渐得到满足后，这一生产部门的销售范围应即扩大至专区。②县和专区内目前欠缺的某些支农工业部门，应考虑由专区与县联合投资建立供应全专区的企业。如农药工业在东莞仍为缺门，但年用量并不大（该县去年使用约1000吨），其产品易于运输，而且并非消耗大量原材料的生产，对配置地点的要求不严，这样的工厂宜列为专区级厂，厂址不必在本县。有些厂虽为专区所无而东莞已有，但如专区内其他县具有原料基地，厂址条件较优，也不宜再在东莞建专区级厂。水泥厂即如此。③各厂技术等条件相差不大的支农工业应在专区内进行专门化生产并组织协作；条件相当的可组织产品协作，条件有差距的可组织零件或部件的协作。例如,目前东莞县生产的水泵型号颇多,可考虑由专区内技术条件相当的工厂进行专门化生产。又如,目前该县正试制和小批生产各种半机械化农机具,其中大多数都适用于专区内各地,也宜适当地组织试制和生产分工。如果组织零件协作,可由东莞厂制造技术较复杂的部件,由专区内某些工厂生产其他配件(前者如电动脱粒机中的电动机,后者如联动部分)。显然,在专区内组织协作较省级协作为易。

(3)县级的支农工业协作。这是指该县与其他专区某县之间的协作(当专区级协作未进行之时也适用于专区内某县)。之所以有此需要,则由于两县作物或农业生产条件相若,所要求的支农工业产品也类似。例如,东莞和化州是广东省两个最重要的黄麻产区,在解决黄麻种植、收割等机械化方面有共同要求,宜在机具(如剥麻机)的试制、生产上进行协作。东莞农业生产的四类地区每一类在本省都可找到条件相同的县份。如能在"四化"方面进行协作,实为多快好省的办法。例如,西北部沙、围田水网区的采挖泥肥问题是珠江三角洲(或佛山专区)某些县的共同问题。目前顺德县农械厂也在试制挖泥船泥浆泵等机械产品,即可以说明此点。

由上所述,可知当一个县的支农工业进行各级的协作之后,虽然看起来县支农工业的服务范围已扩到县外,但由于外地也同时供应本县以支农产品,而且由于分工协作的经济效果大,可以使各地多快好省地为农业服务。

当然,参加各级协作分工的产品必须对生产技术要求较高,同时从协作与专门化所得到的利益应超过由于运费增加而导致的损失。在进行各级协作时,可能要遇到两项困难:其一,如果该县支农工业加强了和县外的协作,可能没有余力应付本县临时的、事先不能预计的产品需要;其二,协作产品如不能纳入国家计划,则原材料的供应没有保证,但纳入国家计划的权限既不在于县,也不在于专区,而在于省。关于前一困难,县在进行支农工业协作时可安排一部分力量以便机动使用;关于后者,各级协作应争取上级支持,逐步纳入国家计划。

四、支农工业的地区布局问题

在探讨了如何加强县内各部门和地区间的组织以及省、专区、县各级支农工业协作问题之后,本节拟讨论县内的支农工业地区布局应如何发展以适应这一形势。可分为两方面:如何进一步发挥城镇支农工业的作用,以及如何加强农村公社支农工业的发展。

如上所述,三大镇在东莞县支农工业中占有重要地位。因此,如何利用三镇的原有基础与有利位置以使其成为支农工业的基础,实为东莞县支农工业布局的一个重要方面。

在运输条件上,三镇均有水运之便,但石龙兼临广深铁路,就发展工业的劳动力资源而言，以莞城第一，石龙次之。这不但从目前城镇人口数看是如此，从三镇周围各公社劳动力负担耕地数来比较也是如此。莞城的支农工业发展水平最高，太平镇最弱。但是，从镇内各部门支农工业的联系来看，三镇均有待发展。根据各自条件特点，三大镇支农工业似可在下列各方面进行分工布局。

无论从原有发展规模、劳动力资源、运输条件或者从相对的国防位置来看，都应该以莞城、石龙二镇为该县支农工业发展的重点。

在部门结构方面，由于莞城无论从哪一方面说都是全县的中心，而且原有部门较全，仍宜继续全面发展。但是，根据交通运输条件和已有的发展基础，莞城和石龙在部门结构上应有所分工。莞城宜于发展技术性较强、专门化利益较大而在支援农业"四化"方面具有关键意义的农业机械制造业。虽然作为支援全县农业"四化"的基地，其他二镇的农机制造修理业均应有一定发展，但莞城应发展成这一部门的中心，以便对其他二镇与全县起领导与推进作用。配合前节所提到的加强组织和联系工作，今后莞城不但要加强该镇各农机企业的分工与协作，同时也应领导全县农业机械行业的组织联系工作，并成为与省、专区、县级协作的主要基地。因此，全县主要的专门化车间皆应设于该镇。

石龙由于水陆运输条件较优，[①]宜于发展利用笨重原料（煤和其他矿石）加工的工业，如化肥工业水泥工业即是。不但拟议中的氮肥厂应设于此，当专区不另建水泥厂而需在县内建立较大规模的水泥厂时（无论利用外地或本县石灰石）也应在此。[②]至于太平镇，则除了农业机械业应保持一定水平以外，只宜发展对设备要求不高的生产资料工业，如木船和水泥船修造、水泥制品工业等。

其次，从地区的联系范围看，三大镇的支农工业也可有较明确的分工。就对内联系而言，除了莞城的工业面对全县外，三镇在促进全县半机械化、机械化和水利化方面，应根据传统的联系范围，在地区上有所分工。遇防洪抗旱时，在机械修理上分片包干尤为必要。此外，各镇应各自发展邻近公社需要的工业，如木船修造业和竹、木、铁农具制造。就对外联系而论，莞城固然要保持较广的联系面，石龙和太平则仍应发展一向运销邻县地区的产品，如利用外地竹水的农具制造与铁制小农具等。

由于三镇支农工业占全县比重大，应切实做到使三镇成为带动公社支农工业发展的支柱。其衡量标准是公社工业的发展速度应大于三大镇的工业发展速度。另外，应在三大镇以外增建工业中心，以便在推动全县支农工业发展时更好地进行点面结合。

目前，三大镇的位置偏于该县西部和北部，而支农工业发展水平最高或较高的公社都在北部。因此，该县第四大工业中心应在东南部各公社城镇中选取。其次，由于东南部无天然通航河道，该工业中心必须在广深铁路线上。为了推动山区公社农业的发展，该工业中心似宜在樟木头、塘头厦或天堂围任择其一，不宜在发展水平较高的常平。但天堂围过于偏僻，如果结合目前已竣工的东江—深圳沿石马河输水工程来看，则以塘头厦最为恰当。因为有了输水工程以后，不但城镇和工业的用水问题较易解决，而且还可以利用运河以补铁道运输不足（即使不建船闸，也可用塘头厦南北两抽水站间的河段）。这一支农工业中心应以农机制造业为主，一方面固然因为这一地区水源较缺，不宜建立耗水量较多的工业（尤不宜建立对农田有害的水污企业）；另一方也由于山区在半机械化、机械化、水利化有某些特殊要求，这一中心可以更好地适应地区需要。此外，当东南部各公社开始供竹、木原料时，这里也可以发展成为东南部的竹、木手工业中心。关于农村公社支农工业的今后发展方向，下列似可肯定和确定：

第一，公社的支农工业应当逐步发展成为促进农业半机械化以及水利化、电气化的前哨阵地，而在目前阶段重点应放在农具改革和水利化。公社的竹、木、铁农具业一面要与三四个大镇的有关工业部门取得密切联系，一面应成为半机械化农具的试验推广和修理站，并同时普及有关"四化"的知识，培养适当的人员以管好各项机械工具，其中首先是电动排灌机械。

第二，公社（队）的支农工业应以为本社（队）服务为主当本县的竹、木资源发展后，竹、木农具制造业应适当地由三大镇转向各公社。

第三，为了减少地区间的支农工业发展水平的差异，东莞县应首先着重发展与农业发展最不适应的各公社支农工业（包括"空白"公社与厚街公社）。在加速发展落后公社的支农工业时，不但要借助三四个镇的力量，而且也应发挥支农工业发展水平较高各公社的力量，例如可以围绕道滘、寮步、桥头三公社选择交通方便而联系较密的邻近公社分别建立"互助区"。

五、结语

本文在分析东莞县支农工业及其布局与该县农业发展的适应程度后，提出了下列进一步发支农工业生产布局的途径：①加强县内支农工业部门间的组织和联系；②与省、专区、县级支农工业进行分工协作；③促进县内城镇和农村公社支农工业的合理布局。

东莞县无论在地理位置、农业生产地域的复杂性、支农工业条件特点、与农业适应程度以及地区差异等方面必较其他各县有其特殊之处。但是，作为一个县的支农工业来看，在问题的性质上和解决问题的途径上也必然有和其他县共同的地方。例如，各县的支农工业必有其先进与落后的一面，县发展工业的力量必然有限，每个县的支农工业在地区分布上必然有点与面的矛盾以及地区之间的差异，等等。因此，本文虽仅论及东莞县的支农工业，但所提出如何利用已有条件特点来进一步发展生产布局的几个途径对其他各县支农工业也具有一定意义。为此，必须重视以下两点：

（1）值得注意的是，石龙不但接近东江上游而且与广州市的水路运距也较近。

（2）由于东莞水泥厂已有一定规模，也可以这样来考虑：如最终规模不超过年产 1 万吨，则就原厂扩大；如从长远需要（县或专区）看年产规模需在 2 万吨以上，则宜在石龙另行建厂。

（原载《中国地理学会一九六五年经济地理学术讨论会文集》，科学出版社 1966 年版）

第二十五篇　广东坡地辐射状况与农业生产

黄润本　梁国昭

黄润本

梁国昭

提示：广东山区面积广大，坡地是其中一笔宝贵的土地资源。在以农业为基础的时代，坡地利用成为地理研究的一个重要课题。该文从广东坡地辐射的纬度、坡向、坡度、时间出发，计算出坡地辐射在一年内各月份的分配数量，不同作物生长期内在不同坡度获得太阳辐射的天数，从而为不同作物在坡地布局提供科学依据。20世纪60年代，中山大学自然地理和经济地理专业已注意和开展两者的结合，并应用于农业生产配置。本文开拓了这种研究和应用的先例。

不同坡向、坡度的坡地上，太阳辐射状况是有差别的。由于这种差别，热量和水分条件也就有显著的不同，从而影响植物和土壤的特性。广东丘陵地和中等山地，占全省土地总面积的3/4以上，因此，研究省内坡地的辐射状况，根据不同辐射特点，制定合理利用的措施，以发展农业，就有很大的实际意义。

一、北纬18°～26°各种坡地的可能直接辐射

为了计算广东各地坡地上的实际太阳直接辐射，本文首先计算广东所处纬度范围内北

纬 18°～26° 的可能直接辐射。

到达坡向为 α 及坡度为 β 坡地上的太阳直接辐射 $J_{\alpha\beta}$ 的计算公式为

$$J_{\alpha\beta} = J[\cos h \sin\beta(\cos A - \alpha) + \sin h\cos\beta]。$$

式中，J 表示与太阳光线垂直而上的太阳辐射强度，h 为太阳高度，A 为太阳方位角。

J 值可根据太阳常数，不同天气质量与透明系数值，采用我们熟知的布格（Bouguer）公式或 В. Г. 卡斯特罗夫（КАСТРОВ）公式计算。为了能够比较在不同时间及不同地点的太阳辐射强度，J 又必须订正到同一大气质量的透明系数时的数值。为此目的，М. С. 阿维尔基耶夫（Аверкиев）曾经采用布格公式完成了不同太阳高度对应于大气质量 $m = 2$ 的各种大气透明系数 P_2 的太阳辐射强度表。① 我们利用这个表，算出不同时间各种大气透明系数 P_2 的 J 值。原表采用的太阳常数为 1.88 卡/（平方厘米·分），而国际地球物理年宣布采用新的太阳常数标度为 1.93 卡/（平方厘米·分），我们根据新标度将原表的数据做了修改。

求算坡地辐射日总量，必须知道坡地的可能日照时间。本文参考傅抱璞的研究成果，② 计算了不同坡向、坡度的坡地上的可能日照时间，从而计算了日出至日没各个时间的太阳辐射值，并用图解积分求得了坡地辐射的日总量。同时，海拔辐射日总量订正到实际日地距离时的数值。

我们分别计算了 P_2 为 0.65、0.70、0.75 及 0.80 时坡地上的可能直接辐射日总量，也计算了水平面上在这 4 个透明系数下的可能直接辐射日总量，以便坡地和平地比较。根据可能直接辐射日总量，以便坡地和平地比较。根据可能直接辐射日总量计算结果，阐述如下：

1）南坡。

（1）夏半年的辐射日总量，一般随坡度的增加而减小。纬度越低，减小越多；越接近夏至，减小越甚。但在春分及秋分附近，当 $\beta \leqslant 20°$ 时（因纬度而不同），却随坡度的增加而略有增大。

（2）在 $\beta > 20°$（纬度 $\varphi = 18°$ 处则 $\beta \leqslant 20°$）时，夏半年的辐射日总量，越向夏至接近而越小，且纬度越低，减小也越多，坡度越大，减小越甚。当 $\beta > 30°$ 时，一般都有两个最高值，分别出现在夏至以前和夏至以后，而夏至的辐射日总最相对地较少，且纬度越高，两个最高值越向夏至接近，纬度越低则越向春、秋分接近。

（3）冬半年的辐射日总量，在 $18° \leqslant \varphi \leqslant 20°$ 处，在冬季月份，特别是在冬至前后，辐

---

① Аверкиев М. С. О возможности опредения переводного множнтепя актинометра без сравнения с эталонным прибором. Вестн. МГУ, No. 10, 1955.
② 傅抱璞：《坡地对于日照时间和太阳辐射的影响》，载《南京大学学报》（自然科学版）1958 年第 2 期。

射日总量都随坡度增加而增大。纬度越高，增大越多。

（4）冬半年的辐射日总量，当 $\beta \leqslant 30°$ 时（因纬度而不同），越近冬至越为减小。其余坡度都有两个高值，分别出现在冬至以前和冬至以后，纬度越低、坡度越大，两个高值的间距越短。在两个高值之间，越近冬至，辐射日总量越小。

（5）当 $24° \leqslant \varphi \leqslant 26°$、$\beta \leqslant 30°$ 以及 $18° \leqslant \varphi \leqslant 22°$、$\beta \leqslant 20°$ 时，夏至的辐射量都大于冬至，纬度越高，差值越大。各纬度其余的坡度，冬至的辐射量都大于夏至，而且纬度越低、坡度越大，差值也越大。凡夏至的辐射总量大于冬至的坡度，夏半年的辐射总量亦大于冬半年的；冬至辐射总量大于夏至的坡度，冬半年的辐射总量亦大于夏半年的。

（6）冬半年在 $\varphi = 26°$ 处，南坡的所有坡度，任何一天的辐射总量都比平地的大。在 $22° \leqslant \varphi \leqslant 24°$ 之间，一般也是如此。但当 $\beta = 50°$ 时，在春、秋分附近却略小于平地。在 $18° \leqslant \varphi \leqslant 20°$ 之间，则除 $40° \leqslant \beta \leqslant 50°$ 在春分、秋分附近外，其余坡度都比平地大。

（7）冬半年平地的辐射日总量，随纬度增高而迅速减小，但 $22° \leqslant \varphi \leqslant 26°$、$\beta > 30°$ 以及 $18° \leqslant \varphi \leqslant 20°$、$\beta \geqslant 30°$ 在春分、秋分附近的辐射日总量，都随纬度的递增而升高。夏半年平地上的辐射日总量随纬度的变化不大，但 $\beta \geqslant 40°$ 的辐射日总量却随纬度的增加而迅速升高。

（8）在 $\varphi \leqslant 24°$、$10° \leqslant \beta \leqslant 30°$ 以及 $\varphi = 26°$、$20° \leqslant \beta \leqslant 40°$ 时，冬半年的辐射日总量，都比以南纬度的平地大。

2）东南（西南）坡。

（1）冬半年所有坡度的辐射日总量都少于南坡。夏半年在较陡坡度上（在 $\varphi \leqslant 20°$ 甚至在和缓的坡度上）有过半时期的辐射日总量大于南坡，而且越接近夏至，差值越大。

（2）辐射日总量随纬度、坡度及日期的变化基本上和南坡相同，只是随坡度的变化比南坡和缓，年变化相时也稍有不同。

（3）冬半年在一定坡度范围内，辐射日总量大于以南平地这一情况类似于南坡，但日数大为减少，差值亦较小。

3）东（西）坡。

（1）辐射日总量年变化趋势与平地相同。

（2）各纬度任何日期的辐射总量都随坡度的增大而减小，越近夏至，减小越甚。并且，随着纬度的增高，减小值逐渐变小。但盛夏期间，纬度越高，减小值反而略大。

（3）一年中任何日期辐射总量都比平地小，冬半年所有坡度的辐射日总量都小于南坡及东南（西南）坡。

4）东北（西北）坡。

（1）辐射日总量年变化趋势与平地大体相同。

（2）辐射日总量随坡度的增加而减小，在春分、秋分附近减小最多；夏季减小值随纬度的增高而加大，冬季则随纬度的增高而变小。

(3) 一年中任何日期辐射总量都比平地小，冬半年所有坡度的辐射日总量都小于南坡、东南（西南）坡及东（西）坡。

5）北坡。

(1) 随着纬度的增大，辐射日总量减小非常迅速，冬季减小值比夏季大得多。

(2) 辐射日总量年变化趋势基本上和东北（西北）坡相似，唯冬半年在 $\beta \geq 50°$ 时，出现一个完全没有日照的时期，这一时期在 $24° \leq \varphi \leq 26°$ 达 5 个月，在 $20° \leq \varphi \leq 22°$ 达 4 个月，在 $\varphi = 18°$ 则达 1 个多月。

(3) 一年中任何日期辐射总量都比平地小，并且冬半年所有坡度辐射日总量都小于其余坡向的坡地。

二、广东各地坡地的太阳直接辐射

有了各纬度不同透明系数 P_2 时各种坡向、坡度下的可能直接辐射日总量年变化数据，同样可以采用图解积分法算出各纬度不同透明系数 P_2 各种坡向、坡度可能直接辐射月总量的年变化。从而，根据上述数据以及广东各地透明系数 P_2，也就可以算出广东各地坡地上可能直接辐射值。但是，广东地区只有个别地点有日射观测可以计算透明系数，一般都没有这项资料。我们采用 M. C. 阿维尔基耶夫的方法，① 在没有透明系数观测资料时，利用空气绝对湿度来求算 P_2。根据广州碧空条件下的日射观测与绝对湿度资料，用最小二乘法算出 P_2 与绝对湿度相关的回归方程如下：

对于 2～4 月，$P_2 = 0.733 - 0.005e$，

对于 5～1 月，$P_2 = 0.78 - 0.0035e$。

式中，e 为绝对湿度（毫巴）。采用这个关系所算出的日射数据，经过校验是相当准确的。② 因而，只要统计出广东各地碧空条件下的绝对湿度，便可以算出 P_2 值。

其后，将可能直接辐射值乘以云量对太阳辐射影响的乘数 N，便可以求得实际直接辐射值。本文系采用 M. C. 阿维尔基耶夫所提出的方法③来求算这一乘数：

$$N = (1 - k_L \overline{n_L})$$

式中，为 k_L 低云系数。根据广州气象台日射观测资料，求得系数 k_L 的月平均值见表 1。

---

①③ Аверкиев М. С. Уточненный метод расчета суммарной рапиании Вестн. МГУ, No. 1, 1961.

② 刘森元：《海南岛热量平衡》，载《地理学报》1963 年第 29 卷第 3 期。

表 1　系数 k_L 的月平均值

月份	I	II	III	IV	V	VI	VII	VIII	IX	X	XI	XII
k_L	0.75	0.76	0.77	0.77	0.72	0.70	0.63	0.65	0.63	0.74	0.77	0.79

此外，$\overline{n_L}$ 为考虑中层云和高层云影响做出修正的低云量（以十分数表示），可称为"有效"低云量，其中 n 为平均云量，n_L 为低云量。应用这个关系算出的广东地区辐射数据与实际观测值对比，是相当满意的。[①]

广东各地坡地上实际辐射值（见附表）随坡向和坡度的变化趋势基本上是和可能辐射值相同的。但由于各地云况的不同，各地坡地上辐射值按纬度、季节的分布情况，就和可能辐射值有不少差别。例如：

（1）各地可能辐射日总量，在南坡及东南（西南）坡除粤北一带及沿海个别地方在 $\beta = 10°$ 时春季（4月）大于秋季（10月）外，其余坡度都是秋季大于春季。东（西）坡除粤西沿海及海南岛在 $\beta = 10°$ 时秋季大于春季外，其余坡度都是春季大于秋季。东北（西北）及北坡在任何坡度下，都是春季大于秋季。但是，实际辐射情况并不完全这样。由于秋季天气多晴朗，实际透明系数比春季大得多，广东大陆地区除北坡 $\beta \geqslant 40°$ 时及个别地区的东北（西北）坡在 $\beta \geqslant 40°$ 外，所有坡向、坡度的辐射月总量都是秋季大于春季，海南岛因为纬度更低，春季太阳高度较大，东北（西北）坡及北坡各坡度春季的辐射值可以比秋季大，但其余坡向、坡度的辐射值依然是秋季大于春季。这一差值以南坡最大，而且坡度越陡差值越大。

（2）两地纬度相若，但云况影响的程度不同，其实际辐射值也有很大差别。例如，韶关与梅县的纬度相差不多，彼此的可能辐射值很接近，但梅县位于阴那山脉西北背风坡下面的梅江谷地，年中云雨比韶关少，几乎所有月份任何坡向、坡度的坡地上实际辐射值都显著地比韶关大。只有8月雷暴日数较韶关多，实际透明系数稍小于韶关，因而该月实际辐射值也稍小于韶关。

（3）纬度较高地区的实际辐射值可以比纬度较低地区大得多。例如，北黎比榆林的纬度高出将近 1°，由于北黎位于海南岛西岸，其东有五指山，年中饱挟水汽的气流受五指山的阻挡，以致北黎地区年中云雨相当少，全年任何坡向、坡度的坡地上的实际辐射值都要比榆林大得多。至于可能辐射值，北黎地区只夏半年稍大于榆林。

[①]　刘森元：《海南岛热量平衡》，载《地理学报》1963年第29卷第3期。

三、坡地辐射状况与农业生产

以上资料表明,不同坡向、坡度的坡地上所获得的太阳辐射热量有显著的差别。由于热量的差别,水分条件亦必然有所不同。因此,在利用坡地从事农业时,为了做出合理的安排,就必须考虑坡地上的太阳辐射状况。下面列举数例,以作为说明。

(1) 由于不同坡向、坡度受热情况的差别,坡地上获得与平地上植物生长期同等热量所需的日期,就会相应地增长或缩短。现以韶关一个农业实验站所栽培的几种冬种作物为例:采用附表中韶关的资料,以较大比例尺取纵坐标为热量[1 毫米代表 1 卡/(平方厘米·天)],横坐标为时间(1 毫米代表 1 天)描绘直方图,然后画出匀滑曲线,根据曲线计算了作物在平地生长期中所需热量,以及 $\beta = 10°$ 的南坡、北坡获得与平地生长期同等热量所需的天数(表2)。

表2　韶关地区几种冬种作物在平地及 $\beta = 10°$ 的南坡、北坡上生长期长短的比较

作物名称	在平地的生长期			生长期内太阳直接辐射总量（千卡/平方厘米）			南、北坡获得与平地生长期同等热量所需天数	
				北坡	平地	南坡	北坡	南坡
冬小麦	出苗 12/XI	成熟 18/IV	天数 158	23.7	29.1	32.7	187	139
油菜	出苗 26/XI	成熟 22/II	117	17.6	21.9	25.2	140	101
豌豆	播种 8/XI	成熟 21/II	134	18.5	24.8	28.6	168	114

由此可见,韶关地区在 $\beta = 10°$ 的南坡上冬小麦、油菜及豌豆的生长期,分别比平地缩短 19 天、16 天、20 天,北坡则分别比平地延长 29 天、23 天、34 天。不过,由于湍流混合和平流运动的影响,各坡之间实际的热量差别要比理论计算的差值小,所以其对作物生长期的影响实际上也比上述计算结果为小。

(2) 根据广东省水稻栽培经验,早稻适当早播早植,能延长营养生长期,增加有机质的积累,为后期各生长阶段提供了优良的条件。此外,还可以提早成熟期,避过后期的暴

风雨季节,^① 避过第二代螟虫的为害,并使晚稻提早移植,提早开花期,避过开花期间"寒露风"的袭击。因此,早稻的适当早播早植是保证早晚稻丰产的措施之一。过去农民一般在惊蛰前后播种早稻,近年播种期普遍提早 1~2 节气。但是,由于广东冬末春初寒潮活动频繁,除海南岛及雷州半岛外,近年都发生不同程度的烂秧,这就使早稻的早播早植遭遇到很大困难。

早稻烂秧大多在秧苗时期,由秧田移植到本田后气温已稳定在 10 ℃ 以上,一般是不会发生烂秧的,如果适当地选择向南平缓坡地做秧田,烂秧情况一定会比平地大大减少,甚至可以避免。而且坡地排水露秧方便,可以使秧苗扎根牢,生长苗壮,抗寒力增强。我们所计算的坡地太阳辐射数据,是可以提供选地育秧做参考的。

(3) 甘薯是广东人民群众最主要的杂粮,粤北每年可两熟,粤中可三熟,雷州半岛南部及海南岛全年都可栽种。甘薯是喜温不耐寒作物,广东中部及北部早春温度不足,薯苗长期不出,甚至霉烂。如果待天气较暖才育苗,又会拖延种植期而致减产。因此,适当选择向南坡地培育薯苗或栽种甘薯,是有利于增产的。我们所提供的表,亦可做这一方面的参考。

(4) 太阳辐射量增多,亦必促使土壤水分的蒸发,以致向南坡地土壤湿度条件显著地逊于北坡。因而广东山地北坡黄壤分布高度低于南坡,植株一般较南坡浓密。^② 此外,东坡和西坡由于受到太阳照射的时间不同而致蒸发日变化的差异,通常西坡水湿条件逊于东坡,在利用坡地时,必须考虑这些情况。例如,秋薯结薯期需要大量水分,广东除濒海地区外,秋雨较少,成为秋薯生产的重大障碍。利用坡地栽种秋薯,北坡就比南坡优越了。

(5) 因为偏南向的坡地热量条件较平地好,偏北向的坡地较逊,所以可以利用南坡向北推广热带或亚热带作物,利用北坡向南引种温带作物。附表中的资料,在引种作物的具体安排上,无疑可以提供一些依据。

在本文写作过程中,得到梁孟元同志的帮助做了一部分统计工作,特致谢意。

参考文献

Кондратьев К. Я. 太阳辐射能 [M]. 北京:科学出版社,1962.

[原载《中山大学学报》(自然科学版)1964 年第 3 期,有删改]

---

① 广东除海南岛及雷州半岛外,早稻开花期在芒种前后,这时经常受低压槽及锋面影响,出现暴风雨,热雷雨频频发生,台风也开始活跃。暴风雨影响开花授粉,使水稻不穗,还使水稻发生早期倒伏,以致严重减产。

② 例如,粤北山地南坡黄壤一般出现在 800 米以上,北坡则出现在 600 米左右,个别地区如曲江龙归山地北坡在 400 米便可看到黄壤。植被在一般丘陵低山南坡多为禾本科草类,或旱生性灌丛单被,北坡则多为中生性灌丛草被。

第二十六篇 关于广西十万大山地区土地的合理利用问题

曹廷藩 张克东 周 同 秦文清 郑去敌

提示：从1958年下半年开始，中山大学地理系师生参加中科院组织的华南热带生物资源综合考察，对桂西南十万大山地区做了综合考察，收集了大量自然、经济、人口等资料，翌年由曹廷藩、张克东等执笔撰成此文。论文充分反映对当地自然条件的客观和高度评价，对经济条件、劳动力，尤其是披露农业生产和工业交通的现状和存在的问题。特别指出荒山荒地的全面、合理利用，提出林业、畜牧业、经济作物种植业，以及各部门各地区综合发展等问题，都深得要领，有的放矢，为经济地理学为生产服务走出一条宽广的道路，并提供一个成功范例。

曹廷藩

广西壮族自治区十万大山地区包括上思、宁明和龙津三县，属南宁专区，位于广西的西南部，在北纬22°44′以南，属于热带。面积9121平方千米，占广西土地总面积的4.15%。人口448346人，占广西人口总数的2.37%。本地区的开发迟于广西的东北和东南部，生产比较落后。荒山荒地的范围很广，生产潜力还很大。热带作物和热带经济林着很大的发展前途。

新中国成立后，为国民经济的发展，对于这个地区的开发，已予注意，并有了一些初步的建设。1958年中国科学院华南热带生物资源综合考察队在此地区做了为期三个月的考察，以了解其自然条件、自然资源和社会经济条件，为进一步发展热带作物和热带经济林提供科学依据。我们参加了该队的经济地理专业工作，对该区的土地利用和经济区划提出初步意见。本文即根据这次考察报告的部分资料写成，附图承中山大学地理系绘图室徐均祥同志清绘，谨此致谢。

一、生产条件

（一）自然条件

热带季风气候与山区半山区的地形，是这3个县最显著的自然特征。这两个特点，一方面影响着本地区的水文、土壤、植被等，另一方面也极其深刻地影响着这3个县的农业生产。

就地形和岩石的性质而言，本区大体上可分为土山区和石山区两部分。土山系由砂岩、页岩和火成岩构成，主要在上思、宁明的绝大部分和龙津的西南部，约占三县面积的5/6；石山区主要是在龙津，约占三县面积的1/6。

就地势高低而言，土山区大体又可分为山区、半山区和平原3种不同的地形（图1）。上思南部的十万大山、宁明南部的公母山、龙津西南部的大青山，一般高度在1000米以上，最高峰高达1500米以上，属于山区（中等山地）。自此往北，地势逐级低下，除了沿河地带有面积不大的平原外，或为低山（上思的凤凰山、四方岭，宁明的派阳山、饭包岭），或为丘陵，一般在500米以下，属于半山区。山区和半山区，除了龙津的大青山由流纹岩构成外，其余绝大部分是由三叠纪、白垩纪和第三纪的砂岩和页岩构成，土层一般是深厚的。目前除了个别部分有些零星的林木外，均为荒山草坡。平原主要在明江河谷地。在河的两岸有一定面积的冲积平原，地势平坦，目前多为稻田。在冲积平原之外，多为波状低丘，属古侵蚀平原，由于地势较高，灌溉不便，目前极大部分为荒草坡，未加利用。石山大体可分为石山和盆地两种。石山一般高200～500米，系由石炭纪和二叠纪的石灰岩构成，还没有发育成为峰林相。除个别部分还有较丰富的林木外，一般都比较荒凉，难于利用。石山间存在着大小不等的盆地，有些属于平坦的槽谷或圆洼地，有些属于低丘性质的土岗或土岭。在水利条件和土壤条件较好的部分，已辟为耕地，种植水稻或经营旱作；在较差处，多为灌丛草坡，很少利用。盆地范围最大的为龙津盆地，它是龙津农业和新发展的热带作物中心。

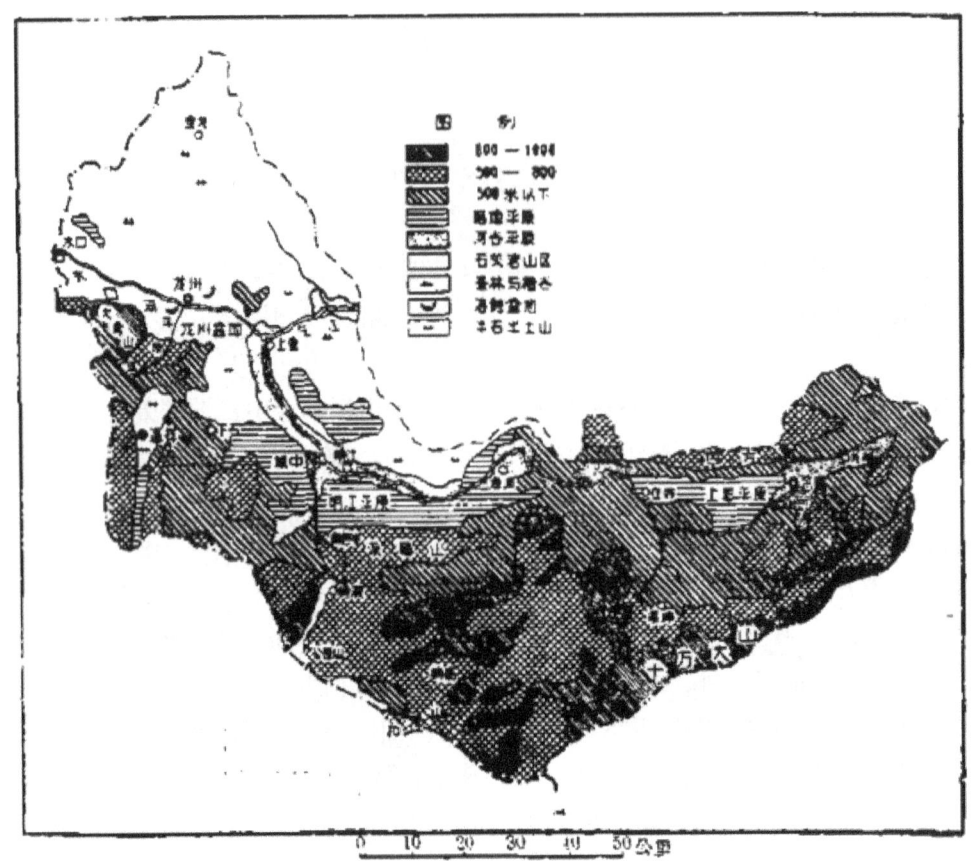

图1 广西十万大山地区地貌类型（主要参考华南综考队地貌专业组之桂西南地貌图）

本区长夏无冬，热季一般长达7个月左右（4～10月）。冷季很短，一般只不过2～3个月（11月下旬到次年1月）；最冷月份的平均温度仍在14℃以上。作物全年可以生长。冬季虽偶有轻微霜冻，但为期很短，对作物的生长影响不大。只有在北方特大寒潮侵入时，霜冻才带有严重破坏性。如1955年1月，龙津气温曾降至-5℃，冬红薯、甘蔗、香蕉等作物多被冻坏枯死。不过这样的冻害数十年才一遇，并不常见；同时，也只限于地势比较开阔的部分。至于南部山区的背风部分，则很少受到影响。

十万大山地区3个县的雨量，一般说来是丰富的，年降雨量一般在1200～1400毫米之间（图2），多集中在5～9月。冬、春季一般干旱。雨量变率较大，常出现春旱秋涝的现象（以春旱为主）。因此，水利措施对本区的农业生产极为重要。雨量分布也有着一定的地区差异性，南部山区雨量较多，旱的问题不大；由此往北，雨量逐渐减少，干旱比较严重。在9～10月间，偶有台风侵袭，但风力不大，且为时甚短，影响较小。故本区发展热带作物，较广东的海南岛和高雷地区为有利。

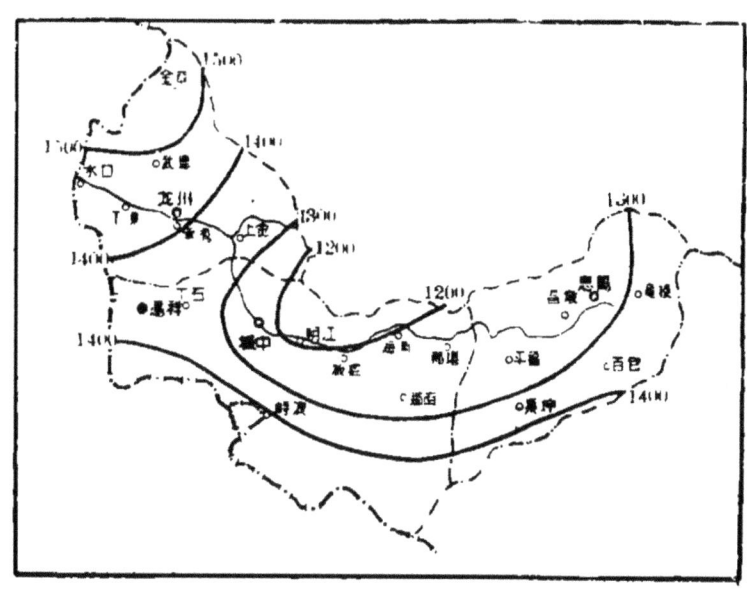

图2 广西十万大山地区多年平均降雨量分布

本区的主要河流为左江及其主要支流明江河、水口河与平而河等。这些河流主要来自土山区，石山区河流很少。由于雨量的季节变化，本区的主要河流冬、夏水位均有很大的差别，但全年水量仍很充沛，是本区物资运输的主要路线。当然，这些河流（特别是较小的河流）在农田灌溉方面还有更重要的意义。此外，这些河流主要是流在山区和半山区，比降较大，蕴藏丰富的水力资源（据初步估计，龙津14.5万千瓦，宁明10万千瓦，上思6万千瓦），为本区进一步发展水电事业提供有利的条件。

这3个县的土壤，由于母岩的不同，土山区和石山区有着很大的差别。土山区绝大部分为砖红壤，土层一般是深厚的，但有机质含量不高。石山区一般为棕色石灰土，自然肥力较高。不论土山区或石山区，凡是经过人工长期利用的水田，绝大部分均为水稻土。此外，在土山区的中山部分，由于年温较低，一般属于黄壤，肥力较高。由于母岩和具体气候条件的不同，每类土壤仍有着不少的地区性差异，需要因地制宜地加以利用。

本区的原始植被绝大部分是热带季雨林。由于人为的长期破坏，使森林面积减少，而大部分成为荒山草坡。土山区多中生性草坡，石山区多灌丛草坡。在植物种类方面，土山区，在用材林方面有松、杉、樟、枫等；在经济林、经济作物方面有八角、玉桂和各种果树。此外，还有新引种的咖啡、胡椒、香茅、剑麻等。石山区，在用材林方面，有极其名贵的椴木；在经济植物方面，有各种名贵药材如田七、草果、石斛、砂仁等。由于本区地理位置和气候条件的关系，南部的植被接近越南的植被，东南部的植被与广东的高雷地区和海南岛有联系。因此，在恢复与发展本区的植物资源时，还需注意分别引种一些越南和广东高雷、海南地区的品种。

这3个县除有丰富的土地、植物和水利资源外，还有比较丰富的矿产资源。较重要的为铁矿，其中菱铁矿和黄铁矿不仅分布面积广，而且储量也多，在全自治区内有着重要的意义。此外，还有褐煤、耐火土等。

综上所述，十万大山地区3个县的自然条件是优越的，自然资源丰富，发展潜力巨大。所以，要在这3个县进一步发展热带经济林、热带经济作物和工矿业是完全有条件的。

（二）劳动条件

这3个县在劳动条件方面最突出的特点是人口比较稀少，同时分布也不平衡。这3个县的人口总数，1958年为448346人（龙津146828人、宁明201132人、上思100386人），人口密度平均每平方千米在49人左右（龙津每平方千米60人，宁明、上思各在45人左右）。这数字无论就南宁专区或广西壮族自治区来说，都是比较低的。[①] 这几个县基本上都还是以农业生产为主的县份，[②] 每一农业人口平均有耕地3.3亩，每一农业劳动力平均约负担耕地6.9亩，这比南宁专区或广西壮族自治区的一般水平较高。人口数量比较少，是这几个县耕作比较粗放的原因之一；同时，也是本区今后生产进一步发展的一个不利条件。

这3个县的人口分布是与耕地的分布密切联系着的。龙津的龙州盆地和宁明、上思两县的明江河沿岸，是这三县耕地较为集中的部分，也就是人口较为稠密的部分，平均每平方千米一般都在100人以上。这几部分的人口虽比较稠密，但由于耕地比较多，每个农业劳动力反而负担着更多的耕地，在8亩左右。至于山区和半山区，由于耕地比较少，其人口也就比较少，人口密度每平方千米一般都在30人或20人以下。不过山区和半山区，由于林业和畜牧业所占的比重较大，每个农业劳动力所负担的耕地只在3～6亩。总的说来，不论人口比较稠密的平原地区，或人口比较稀少的山区半山区，劳动力都呈现着紧张的状态。解决劳动力紧张状态最根本的办法当然是进行工具改革和技术革命。但改善劳动组织、合理调配劳动力也是重要的办法之一，应予注意做好。

这3个县的居民，绝大部分为壮族，占总人口的84.57%；其次为汉族，占总人口的

---

① 根据1958年在区政府和专署的资料计算，广西壮族自治区和南宁专区的人口密度平均每平方千米约在86人。
② 农业人口尚无确切统计，已知农村人口占总人口的87.7%。

13%，主要居住在各圩镇。此外，还有少数苗族（在龙津县北部的逐卜乡）、瑶族（主要分布在十万大山地区）及越南人。各民族都有着自己的生产特点。壮族人民很早就从事农业，和汉族一样，在深耕细作和手工业生产方面有着较丰富的经验；苗族和瑶族在经营山区的林牧生产方面有着较丰富的经验。做好民族工作，充分调动各民族的生产积极性，发挥各自的特长，则为本区在领导生产上的重要任务之一。

二、生产的基本情况和存在的主要问题

（一）农业生产

农业生产是本区国民经济中的重要部门。在农业生产中尤以耕作业为主，但畜牧业和林业也都还有一定的基础。

1. 耕作业

十万大山地区3个县由于绝大部分属于山区和半山区，人口比较少，劳动力感到不足，因此垦殖指数不高，三县平均为9.4%，略低于南宁专区或广西壮族自治区的一般水平（南宁专区为14.5%，广西壮族自治区为11.4%）。

3个县的耕地，按水利条件分为水田、旱田和畲地三种。水田，水利条件和灌溉条件较好，多分布在山区和半山区，一般种双季稻。旱田，水利条件和灌溉条件较差，绝大部分分布在明江河沿岸平原和龙津盆地，一般是单季稻和旱作连作。畲地一般缺乏水利条件和灌溉条件，分布在地势稍高的低丘和坡地上，种植各种旱作（一般以种玉米为主，此外并种豆类、红薯、花生、甘蔗等）。在土山区，以水田和旱田为主，畲地较少；在石山区，或水旱田和畲地并重，或以畲地为主。就县别来说，宁明和上思以水旱田为主（宁明水田占34.48%，旱田41.51%，畲地24.01%；上思水田占45.04%，旱田39.68%，畲地15.28%）；龙津以水旱田和畲地并重（龙津水田占13.64%，旱田37.75%，畲地48.61%）。

按气温条件说，3个县的作物年可三熟。但由于冬季少雨和劳动力不足，当前基本上为一年二熟，个别的为一年一熟或二年三熟。复种指数平均为177.4%，稍高于广西壮族自治区的一般水平（一般为170%）。

耕作业方面，当前还以粮食作物中的稻谷、玉米和红薯为主，占总播种面积的90%以上（龙津占94.84%、宁明95.48%、上思92.65%）。经济作物所占比重较少，一般只占总播种面积的5%左右（龙津占5.16%、宁明3.61%、上思5.56%），主要是花生和甘蔗。

本区由于水旱灾较多（以旱灾为主），水利还没有过关，加以耕作比较粗放，故单位面积产量还不高，也不够稳定。在一般年份，稻谷或玉米单产一般为200~300斤（个别低的只有百余斤，高的可达500斤）；在粮食方面（每人每年平均可有粮食500多斤），上思可以自给，宁明略有多余，而龙津不足。由于1958年的生产"大跃进"，施行了水、肥和密植等措施，单位面积产量有了不同程度的提高，如上思早稻平均亩产曾达360斤，宁明早稻大面积丰产曾达亩产769斤（龙津由于先旱后涝，单位面积产量仍很低，是年粮食平均亩产只189斤）。

当前3个县在农业生产上存在最突出的问题为水利还没有过关。根据1958年3县的水利设施统计，有水利设施的耕地，宁明较高，占耕地70.4%；上思次之，占59%；龙津较少，占40.3%。有水利设施而抗旱能力在70天以上的耕地，宁明也较高，占耕地39.2%；上思次之，占31.4%；龙津较少，占26.5%。[①]

2. 畜牧业

由于本区荒山荒地的范围还很广，饲料比较丰富，故畜牧业较一般以农业生产为主的县份要发达些。

牲畜种类以牛的数量为最多。1958年龙津有牛46711头，宁明有牛51558头，上思有牛40078头。其中水牛较多于黄牛，水牛占60%以上，黄牛占40%以下。能负劳役的耕牛，约占牛总头数的60%。每头耕牛一般负担耕地15亩左右（山区每头耕牛负担的耕地较少，平原区较多）。本区的牛不仅数量多，而且体大力壮，品种也较好，常有一定数量外调至河南、湖南和广东等地。

猪的数量也较多，饲养甚为普遍，平均2~3人便有猪一头。猪的品种也较好，常有外调任务。差不多每家都饲养鸡鸭，是农村的一种重要副业。

马在负担交通运输任务方面（主要是驮运）占有一定的地位，不过数量不多。

当前在畜牧业方面存在的重要问题是：①根据需要与可能，各种牧畜发展的数量还不大明确；②发展畜牧业与发展林业，特别是与发展热带作物之间还存在着矛盾；③猪瘟在各县还普遍发生，影响猪的饲养。

3. 林业

本区林地不多，且分布零星。龙津的林地只占其土地总面积的6.4%、宁明的12.17%、上思的6.91%。这种情况是与这3个县的自然条件（绝大部分为山区半山区）和国家对于这几个县的要求不相适应的。林地以用材林为主，经济林也占重要地位。林木种类在土山区和石山区有重大差别。土山区的用材林主要是松（主要为马尾松），其次为杉、枫、樟、桉等；石山区主要是榄木，其次为香椿和栎等。新引种的经济林有咖啡等，

---

① 水利统计资料，根据水利专业组的报告。

以及本地原有的八角、玉桂、油茶、油桐和各种果林（龙眼、荔枝、木瓜、芭蕉、木菠萝、柚、柑、橘、梨等）。咖啡等是新发展的热带特种经济林，龙津已大量种植，宁明、上思也在开始试种。八角和玉桂是本地区的两种重要土特产，不仅满足国内人民生活的需要，而且还是重要的出口物资。八角以龙津、守明较多，玉桂以上思较多。

当前林业方面所存在的主要问题，是对林业发展的方向还不够明确。发展林业，特别是国有农场发展热带特种经济林与人民公社发展畜牧业之间存在着矛盾。

（二）工业和交通运输业

1. 工业

本区工业原有基础是很薄弱的，工业人口还很少。根据1957年的统计，3个县的工业人口只占其工农业劳动人口的1.86%。工业生产中，仍以手工业生产为主。龙津1957年手工业产值还比工厂工业产值大2倍多。宁明1957年手工业产值占其工业和手工业总产值的79.5%。上思在1958年以前还只有手工业生产。手工业中主要为铁器、竹木器、陶器、砖瓦等行业。龙津所生产的铁器、陶器亦较有名，除行销本地外，还常运销到自治区各地和越南民主共和国。三县的工厂工业还很少，绝大部分都是新中国成立后，特别是1958年生产"大跃进"后才发展起来的。新中国成立前，只有龙津有一个小型的火力发电厂。宁明至1954年才开始创办第一个工厂（电厂）；上思到1958年才开始有工厂工业。当前3个县的工厂工业，主要为电厂、酒厂、印刷厂、碾米厂、农具厂等，主要设于县城，规模一般都很小，设备也很简陋。

工业方面所存在的主要问题为：①工业的发展还不能适应农业发展的需要，不能满足农业生产对农具、化肥、土农药和农副产品加工等方面的需要；②新办工厂都集中在县城，人民公社新建工厂还很少。

2. 交通运输

本区虽然绝大部分属山区和半山区，但水陆交通运输尚称便利。水运方面，左江可以行驶电船。其支流水口河、平而河与明江河，绝大部分可行驶民船。陆运方面，有湘桂铁路、凭邕公路（凭祥经宁明至南宁）、凭水公路（凭祥经龙津至水口）和上邕公路（上思至南宁）等。问题在于这3个县的交通运输情况还存在着很大的地区差异性。上述主要水陆交通运输线是分布在龙津的南半部及宁明和上思的北半部。其他地区的水运和陆运都还很困难，与发展山区经济的要求很不相符。

三、土地合理利用问题

（一）耕地的合理利用问题

关于十万大山地区3个县耕地的合理利用问题，主要是如何根据本地区的自然条件和现有的生产基础，提高产量的问题。而如何提高单位面积产量，则是当前合理利用耕地问题的中心任务。

要提高单位面积产量，在本区必须大力兴修水利，很好地执行农业"八字宪法"，以及根据作物的特点进行合理安排等。本区耕地有水田、旱田、畲田3种类型。由于地势、水分、土壤的不同，其所存在的问题也有不同，必须分别加以考虑。

（1）水田。水田一般都有水利灌溉条件，绝大部分属于保收田，不过仍有较好和较次的差别。较好的水田，既不怕旱，又不怕涝，收成很稳定，如龙津的下冻、上思的东屏、宁明南部山区的有些水田，都属于此类。这类水田的增产措施，当前主要是进行深耕、多施肥、适当密植以及加强田间管理等。较次的水田，主要是由于水利灌溉还不能得到充分的保证，在干旱较严重的年份，仍有着减产或歉收的可能，如上思县城思阳一带的水田即属此类。这类水田的增产措施，一方面，要进一步改善水利灌溉条件；另一方面，也要进行深耕，多施肥，适当密植和加强田间管理等。

在水田中，在个别地方还存在水分过多不利耕作的情况，如上思县东屏地方的"烂泥田"即属这种情况。这类水田，由于水多，泥烂，耕作困难，因而产量也低。今后除部分较易于改造者外，随着粮食问题的解决，大部分应逐步加以缩减，改种水生植物，如水浮莲、慈姑或莲藕等，也可辟为池塘，用以灌溉和养鱼。

（2）旱田：旱田一般是缺乏水利灌溉的"望天田"，收成很不稳定。而绝大部分又是分布在水源较少的沿河平原地区，小部分分布在山区半山区和石山区。要解决这种需要数量大的灌溉用水，必须在较大河流的中上游修建中型水库，引水到平原来，才能解决其灌溉问题。至于分布在山区半山区的少数旱田，由于水源较丰富，只要利用当地溪流修建一些小型水库便能变不少旱田为水田。石山地区的旱田，由于水源更为缺乏，除利用个别地方有地面河道或溪流修建小型水库以解决小面积的旱田灌溉问题外，还需利用石山地区附近土山区的河道修建水库，引水到石山地区，才能解决其灌溉问题。三县人民在党的领导下，正在进行着较大规模的水利建设（图3）。1～2年内将有不少旱田由于灌溉问题得到解决而变为水田，使水稻种植面积大大增加，旱作的收成也将随之而稳定下来。

由于三县地形的复杂性和水利条件的地区差异性，要想把所有旱田的灌溉问题全部解

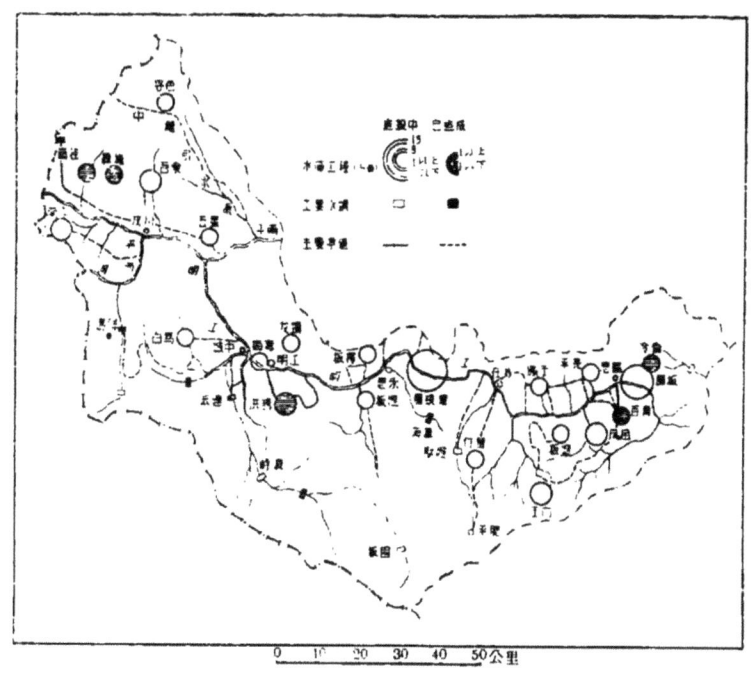

图3 广西十万大山地区水利示意

决是有困难的。对今后还不能解决水利灌溉问题的旱田,在粮食问题还没有过关的情况下,基本上仍应保证原来利用的情况不加变动。但在粮食问题逐步获得解决的条件下,则应根据作物特点和耕地特点逐步地加以合理调整,如:对一些田块较大、土质较好的旱田,则改种甘蔗、剑麻、番麻、海岛棉;对一些砂质较多的旱田,以改种花生为宜;对一些田块分散或地势较高的旱田,可种植柑橘、菠萝、香蕉等果林。

此外,在旱田中还有一种"漏水田",在龙津县上龙和宁明县亭亮地区都有这种田。由于漏水易干,种水稻难望丰收;但种甘蔗则生长良好,且收益较大。另外,还有一种沿河易淹田,如龙津县上金地区左江附近和宁明、上思明江河沿岸的一些地势较低的旱田,涨水时,易被淹没;种水稻,常不保收;种甘蔗则影响不大。在粮食基本过关的条件下,像这样一些旱田便应逐步地改种甘蔗。

(3)畲地:畲地一般都没有水利条件、收成较旱田更不稳定的山田,大部分分布于石山区,其次是分布在沿河平原地势稍高的部分,再次是分布在山区和半山区的坡地部分。三县的水利建设,也应该着重解决畲地的灌溉问题。不过由于畲地地势一般较高,引水不易,因此畲地的灌溉问题也就比较难以解决。关于畲地的合理利用,重点在适应耕地特点,对作物进行合理调整。在以畲地为主的石山区,仍应种植玉米、薯类、豆类和花生,努力提高单位面积产量,解决当地居民的粮食和食油问题。但在以水田和旱田为主的地区，在单位面积产量逐步提高、粮食问题基本解决的条件下，畬地的利用应着重于发展经济作物和经济林。在地势较平缓、土壤条件较好的畬地，如上思的板细一带，应着重种植各种经济作物，如甘蔗、花生、剑麻、番麻、菠萝等；在坡度较大的畬地，如宁明东南部山区和上思西南部十万大山的一些畬地，应逐步加以缩减，改种经济林或用材林。

按照上述各类耕地利用、改造、调整逐步发展的情况来看，1~2年内3县的水利基本上可以过关。水田面积和水稻播种面积将会有很大的增加，农业生产的收成基本上将会稳定下来。随着一些基本农田（保收田）的深耕细作，努力贯彻"八字宪法"，单位面积产量也将会逐步提高。如果水田由现在的亩产500~800斤（按双季稻计算），逐步提高到800~1200斤；旱田（一季中稻，一季旱作）由现在亩产400~600斤提高到600~800斤，畬地（两季旱作）由现在亩产300~500斤提高到500~700斤，3县平均每人有耕地3亩左右，每人每年食粮按2000斤左右计算，则在以水旱田为主的地区，粮食在2~3年内就可过关。

（二）荒山荒地的利用问题

十万大山地区3个县荒山荒地的面积约占3县土地总面积的75%。关于荒山荒地的全面合理利用，是增加3县的物质财富、提高人民生活水平和支援国家经济建设的一个主要方面，同时也是改变这3个县自然面貌的根本措施。至于这几个县荒山荒地利用的总方向，首先是发展林业，特别是热带经济林（咖啡、八角、玉桂等）；其次是畜牧业和农业，特别是热带经济作物（剑麻、番麻、海岛棉、香茅等）。不过3县荒山荒地的自然条件和农业生产基础还有很大的地区差异性，因此在考虑其利用时，必须在上述总的方向指导下，因地制宜地来考虑。

（1）关于土山区荒山荒地的利用（图4）：土山区可分为中山、低山、丘陵和低丘平原4种不同的地貌类型。这4种不同的类型在气温、雨量、湿度、土壤等方面也有差别。因此，在利用上也就有所不同。

中山包括上思南部的十万大山、宁明南部的公母山以及龙津西南部的大青山。地势一般在1000米以上，最高峰达1500米。绝大部分属于中生性茅坡，林木不多。700米以上，气温较低，湿度较大，常风也较大，坡度较陡，土层较薄。山上树种以松为主（主要是马尾松），此外也有一些杉（较多的为龙津的大青山）、枫、樟、栎等；山的下半部（700米以下），气候温暖湿润，坡度较缓，土层较厚。植被除上述一些林木外，还有一些经济林，较普遍的为八角（龙津、宁明较多），其次为玉桂（上思较多）、油茶（上思较多）。无论山上或山下，还有一些零星牧场，主要是牧牛。根据自然条件和利用现状，这些山区今后的发展，都应以林业为主，并适当地发展畜牧业。山的上半部应以种植用材林为主，山的

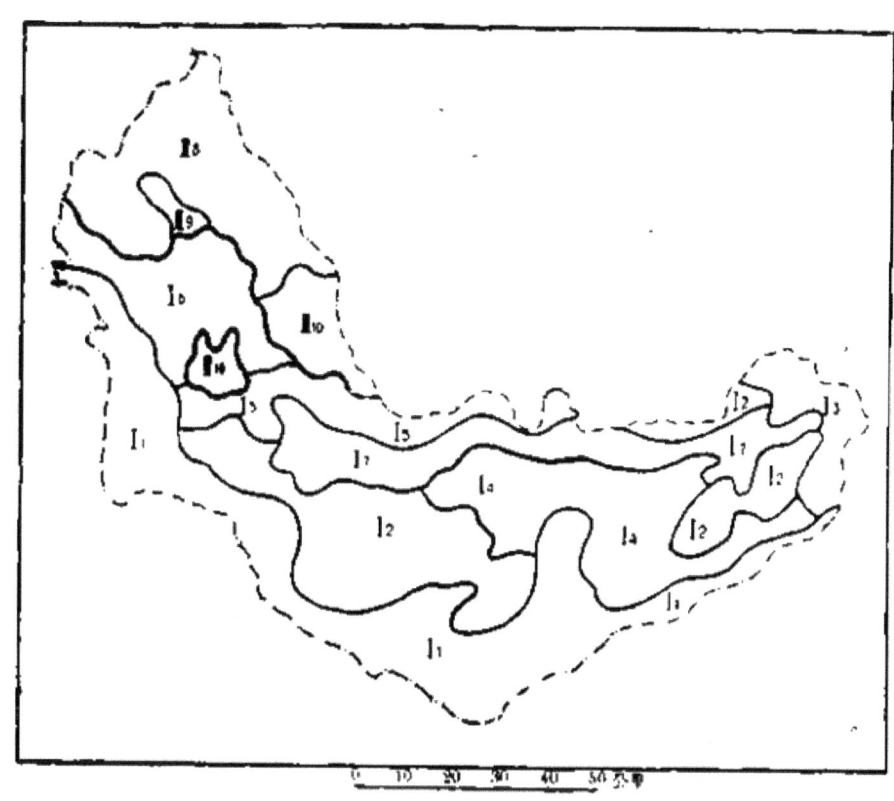

图 4　广西十万大山地区土地合理利用类型

图　例

——土山区和石山区区域界线

—类型范围

Ⅰ　土山区荒山地

1　十万大山、大青山地区松杉咖啡类型
2　凤凰山、饭包岭、四方岭松杉八角油茶咖啡类型
3　上思东部油茶咖啡果作类型
4　上思西部宁明东部丘陵八角类型
5　宁明北部松桉热带果作类型
6　龙津盆地甘蔗
7　明江低丘平原剑藤等旱生热作类型

Ⅱ　石山区荒山地

8　石山峰林杂木林类型
9　石山残丘咖啡类型
10　半土半石山八角油茶类型

下半部则应以用材林和经济林并重。用材林仍应以松为主，并要大力发展杉（这里气温较低，湿度较大，宜于杉的生长）。此外，还要种植当地原有的枫、樟、栎等。经济林仍应以八角、玉桂、油茶等为主，并要大力发展咖啡和各种果树。畜牧业方面，除适当地扩大养牛外，还应适当地发展养羊业。此外，还可大力发展一些副业如栽培药用植物和养蜂等。当然，为了满足山地少数居民生活的需要，在居民点附近的较平坦地方，还需发展一定的农业。

宁明的饭包岭、派阳岭，上思的凤凰山、四方岭等低山地区，由于地理位置不同，气候情况仍有着一定的地区差别，如上思的四方岭和宁明的饭包岭较诸凤凰岭和派阳岭略见干旱。当前绝大部分属于中生性的荒草坡，未加利用。有些零星林木分布，较普遍的树种仍为马尾松，也有一些杉和一些经济林（主要是油茶，在偏南部分也有八角）。零星的牧场上主要是牧牛。关于低山部分荒山荒地的利用，今后应以种植用材林为主。在气候较干旱的部分，如饭包岭和四方岭，应以松为主。气候较湿润的凤凰山和派阳岭，除松外，还应尽可能地多发展些杉。其他如本地的各种热带树种，当然也要大力发展。在山的下部，气候比较湿润的部分，可以多发展咖啡、八角和各种热带果树。在低山还要适当地发展畜牧业；在较湿的低山，可多养些牛；在较干旱的低山，可多养些羊。

在上述中山和低山之间、低山与低山之间、低山与平原之间的广大地带，均属丘陵地。地势绝对高度为250～400米，相对高度为20～150米。起伏缓和，土层较厚；气温较中山和低山为高。当前绝大部分仍为荒草坡；只在个别部分，才有零星林木分布。用材林主要为松，经济林为油茶和各种果树。也有牧场分布，主要是养牛。丘陵地仍然有着一定的地区差异性，大体上可分为三类：①上思东北部的丘陵地，其特点为气候比较湿润，冬季受寒潮的影响较大。宜发展松、杉、油茶、油桐、柑橘等的种植。此外，可以适当发展畜牧业（以黄牛为主）、养蚕和养蜂等副业（个别地方有养蚕、养蜂的历史和习惯）。②上思中西部、宁明东部的丘陵地，气候比较湿润，冬季较短或很少受寒潮的影响。当地原种植有八角，今后应继续发展。此外，还可大力发展咖啡的种植。③宁明北部丘陵地的气候比较干旱，冬季易受寒潮影响，宜种植各种耐旱树种（要着重发展马尾松和桉树等），以逐步改变本地区的干旱状态。在有适当的防旱和防寒措施的情况下，可以种植各种热带果树。此外，畜牧业（养牛和养羊）也要适当地发展。

低丘平原部分的荒地主要是在上思、宁明的明江河南北地带和龙津盆地。土层一般较厚，但干旱缺水。植被为中生性和旱生性草坡，目前多利用为天然牧场（养牛）。龙津盆地的这类荒地，上思和宁明明江河南北的这类荒地，应大力发展热带耐旱作物，种植番麻、剑麻、菠萝、海岛棉等。此外，还应大力造林，种植马尾松、桉、台湾相思等耐旱树种。可满足当地用材林和薪炭林的需要，同时起防风、防止水土流失的作用。还要适当地发展热带和亚热带的各种果树，并保持一定面积的牧场，用来饲养牛羊。

在3县范围内，放火烧山的习惯相当普遍，这对发展林业是一种严重的威胁，应加以革除和限制。在目前的生产条件下，为了更有利于放牧及开荒，经营少量农作而烧去深草也是必要的，但地点和范围应加以严格控制，要做到使现有的林木不受破坏或伤害。

（2）关于石山区荒山荒地的利用：石山区主要在龙津，其总的特征是山陡、少土、漏水。就其原始状态来说，也属于森林景观。不过由于人们的长期破坏，现在林木已经很少。只在个别地方如龙津的金龙地区林木才比较茂盛。

石山的利用远较土山为困难。一般说来，在陡壁险峻的石山，可采取封山育林的办法；在缓坡和土壤较多的石山，仍可进行人工造林，主要是用材林，如榄木、金丝木、肥牛木等。根据经验证明，只要人们不加破坏，石山仍可较快地绿化起来。在山麓土壤较厚部分，可以种植各种果树（荔枝、龙眼、黄皮果、木瓜、木菠萝等）和各种经济林（山枇杷、桄榔、鸡藤、白藤等）。石山的药用植物（砂仁、萝芙木等）也很丰富，应大力利用和发展。此外，石山植被较丰富的地区，蜜源一般很丰富，应扩大养蜂事业。

如石山之间，有由砂岩、页岩构成的土丘，土层较厚，肥力中等，目前仍为荒草坡，已开始种植咖啡等，今后应大力发展。

此外，在龙津河东南部（上降、八角等地）和宁明西北部（天西、亭亮、上石、下石等地），还有半土山和半石山的地区，其间荒山荒地也不少。土层厚薄不一，气候温暖，环境稍干。在土层较厚部分，应大力发展经济林（八角、油茶等）；在土层较薄部分，应大力发展用材林（以马尾松为主）。

四、关于生产的综合发展问题

这3个县在发展农业生产上，可以分作两个阶段来进行。根据国家需要，结合地区的自然条件和现有的生产基础，目前应以粮食生产为中心，在粮食问题获得解决后，应转入以发展热带作物和热带经济林为中心。

在第一个阶段中，以解决粮食问题为中心，对于生产各方面的要求略述如下：

在耕作方面，为了使粮食问题迅速获得解决，需同时发展粗粮和细粮的种植，在以水旱田为主的地区（土山区），除着重发展水稻外，玉米、薯类和豆类也要适当地发展；在以畲地为主的地区，应着重发展玉米、薯类和豆类。当然，也要尽可能地多发展水稻。水利要求在1～2年内基本过关。彻底贯彻"八字宪法"，努力提高单位面积产量。粮食要求在2～3年内或3～5年内基本过关。在粮食作物单位面积产量逐步提高的情况下，经济作物的比重应逐步适当增加。经济作物仍应以花生和甘蔗为主，并适当地发展麻类和棉化。

在畜牧业方面，为了适应耕畜和肥料的需要及人民对肉食品日益增长的需要，也需发展畜牧业。畜牧业仍应以牛和猪为主。3个县已拥有相当数量的耕牛，今后的发展主要是为了外调任务，发展地区仍应以山区和半山区为重点。本区养猪业已有一定基础，今后可适当发展，以最近3～5年内1～2人有一头猪作为发展指标。此外，为了适应山区、半山区和石山区交通运输的需要，也应适当地发展马。为了增加人民收入，并利用山区、半山区和石山区的草地，羊也需要做一定的发展。

在林业方面，当前最主要的任务为大力造林，使3个县绝大部分的荒山荒地迅速地绿化起来。为了达到迅速绿化的目的，国有林场造林和人民公社造林应同时并举。关于树种，应尽可能利用当地原有树种，不必过于苛求。

在热带作物和热带经济林方面，对新引种的各种热带作物和热带经济林，如咖啡、剑麻、番麻、海岛棉等，在最近2～3年内应积极地做好大发展的准备工作（如划定种植范围，进行整地、育苗和干部培训等）。对于本地区原有的各种经济林，如八角、玉桂、油茶、油桐和各种果树，应在原有的基础上大力发展。关于热带作物和各种经济林的经营，国有农场和人民公社可以有所分工。前者可着重新引种的各种热带作物和热带经济林的经营，对本地区原有的各种经济林的经营则应以后者为主。

经过前一阶段的努力，粮食问题已经过关，多种经营也有了一定程度的发展，生产水平提高之后，就有可能大力发展热带作物和热带经济林，以适应国家的需要。

在这个阶段，关于生产各方面的要求略述如下：

在热带作物和热带经济作物方面，应发展咖啡；此外，还要大力发展剑麻、番麻、海岛棉、香茅等。使本区与粤西、海南岛连接起来，成为我国范围最大的热带作物和热带经济林地区。对于本地区原有的热带经济林和热带果树，应扩大种植范围，做进一步的发展，以满足国内和出口的需要。在优先发展热带作物和热带经济林的前提下，适当地发展亚热带的各种经济林，如油茶、油桐，亚热带的各种果林和柑橘、柚等。

大田作物方面，在粮食已经过关的前提下，经济作物的比重应继续增加，除花生以外，应着重甘蔗、麻类和棉花的发展。至于粮食作物，粗粮和细粮应同时并举。

在畜牧业方面，由于在农业方面可以提供更多的饲料，畜牧业有可能做更大的发展。同时，由于肥料（农业和热带作物都需要较多的肥料）和肉食需要的增加，畜牧业也有必要做更大的发展。猪和家禽的数目都应有更大的增加，如猪、牛和家禽的指标可规定为每人一头猪或每亩地一头牛，每人可有5～10只家禽。至于牛，考虑到农业要逐步向半机械化和机械化发展，不宜再做过多的发展。同时，应该逐步增加肉牛和乳牛的比重，以适应人们对于肉食和乳食品日益增长的需要。

在林业方面，在上一阶段已经绿化的基础上，对树种还应逐步加以调整和改种，使其更适合于该地区的自然条件和更符合于人们对优质木材的需要，把该地区发展成为广西壮族自治区的重要木材供应基地之一。

为了合理利用十万大山地区3个县的自然条件、自然资源和现有的生产基础发展该地区的生产，今后还需进一步调查该地区的自然条件、自然资源、生产特点和所存在的问题，分别做出更符合客观实际和生产要求的自然区划、农业规划，作为具体计划和安排生产的依据。这样，就有可能更好地根据党的方针政策，有计划、有步骤、因地制宜地进行生产。

（原载《地理学报》1959年10月第25卷第5期）

第二十七篇 人民公社与经济地理学

梁 溥 朱云成 许义海

梁 溥

朱云成

提示：1958年人民公社运动在我国兴起。这种政社合一的社会组织形式，既是一种行政区划，也是一种生产的地域组织形式。它很快受到创办不久的经济地理专业师生的重视，并被选择为以生产规划和居民点布局为中心的区域规划工作对象。本文即为这项规划工作的总结和体会。现在人民公社已成为历史，但当年公社规划所依靠的专业理论、知识、工作内容和工作方法，仍在很大程度上反映了学科性质和特点，今天仍值得一读，或可从中得到借鉴和教训。

我系师生53人与广东省农业厅土地利用局合作参加广东省人民公社规划工作，于1959年1月分为4队赴湛江、佛山、江门、韶关4个专区，选择沿海、三角洲、丘陵、山区4种地区的典型人民公社进行工作。两个月期间分别在各公社党委的领导下，完成了规划任务，并写成了一批学年论文，贯彻了教学、生产劳动与科学研究相结合的方针，取得了很大的收获。同年7月，我们根据工作的经验与体会写成本文在中国地理学会天津学术报告会做了报告，12月又在我校第四次科学讨论会进行讨论，吸收了很多宝贵意见，进行了反复的补充修改。本文目的在于探讨下列两个问题：其一，经济地理学怎样为人民公社生产服务。其二,人民公社怎样带动经济地理学?由于水平所限,缺点还多,希望批评指正。

一、我们参加人民公社生产规划工作的方法与步骤

我们的工作是由省和专区的农业部门组织,帮助人民公社进行规划,在公社党委的统一领导下我们师生与省、专区、公社各级干部及公社群众共同工作,工作进行的过程大致可分为五个阶段。

1. 准备工作

在未出发之前,首先学习了人民公社的有关文件,并参考了广东省人民公社规划工作两次现场会议的经验。统一了认识、明确了方针,拟订计划,然后分头出发到各专区。听取了地委、专署的指示与介绍情况,然后选定地点、分赴各县接洽,前往南村(番禺县)、江谷(广四县)、翁江(翁源县)、平冈(两阳县)4个人民公社进行工作。

2. 实地调查,摸清现状

听取了公社党委介绍公社的基本情况、特点之后,我们分头到各生产区与生产队进行实地调查,并填绘1:10000的土地利用现状图。根据这次经验,了解现状与发现问题是规划工作的起点,这一阶段的调查比较广泛,包括自然条件、经济情况、存在问题以及群众对发展生产的意见。调查工作是在生产区、生产队的干部的引导下实地查勘,并访问老农,观察比较具体,而纪录也比较详细。分区调查完毕后即编写调查报告,并编制公社1:20000土地利用现状图。个别公社还制成1:20000地形模型,供参观展览及研究讨论之用。

3. 由近及远进行规划

分析了现状与1958年的生产实绩,即与公社计划部门研究1959年的发展指标,然后由近及远考虑远景发展。这一阶段是规划工作的重要环节。我们工作的步骤,首先明确公社在本县本省所处的经济地位,与省、县分配本社的任务与要求,结合公社的自然、经济、劳力、技术等条件与特点,研究公社的生产发展方向,然后考虑社内各地区的差异与原因。根据公社的发展方向与社内各地区的条件,特别着重地貌类型、土壤性质、水利条件、劳动力与技术水平等条件,进行社内分区,研究各区生产发展的重点部门,与主次部门的结合和比例问题。接着,即分头研究农、林、牧、渔、水利、工业、交通、居民点等各项规划,个别公社还选样条件优越的稻作区进行实地测量,做出园田化的规划,作为全面贯彻农业"八字宪法"的试点。在规划工作中还经常到现场踏查,并与干部反复讨论,也结合公社当时的中心工作,与社员共同参加体力劳动。我们研究公社各项生产发展指标时,是与社内分区具体安排相结合的,至于分区配置时也考虑到具体措施问题。具体措施

包括组织措施、经济措施与技术措施。我们依靠有关部门与老农的经验综合研究，指出方向性的措施，加以论证。

分工研究了部门的规划，并绘制了部门规划各种图幅，然后综合研究，汇总平衡，编成1959—1962年的生产规划初稿。再根据规划初稿编制全社综合的生产规划图，个别公社还将重要的规划项目用实物模型标志在地形模型上面，以增强直观概念，便利参观讨论。

4. 干群讨论、修改草案

规划初稿汇报党委后即印发宣传提纲，由公社发给各生产连、排，征求干部群众意见，一方面由公社收集群众意见，另一方面我们也分头下乡参加早稻插秧工作，在与群众共同劳动中听取群众的反映，然后研究修改规划草案。

5. 党委讨论、定案执行

修订了规划草案，即油印成册，并附地图、模型等，送交公社党委研究讨论，定案执行。规划工作完毕后，我们即总结经验，并集中时间进行教学研究活动，学生则结合专业学习，完成学年论文。

以上是我们参加广东省人民公社规划工作的一般方法与步骤，由于各县各公社的具体情况与要求不完全相同，因此各规划队的具体做法与时间安排也不完全相同，但在进行规划工作中的五个步骤则大体一致。这五个阶段时间长短不同，而工作要求也不同，因此具有一定的阶段性，但各阶段互相衔接，成为公社规划工作统一不能孤立割裂的过程。

在整个工作过程中，我们都深深体会到坚决依靠公社党委的领导是完成规划工作的保证，而规划的落实程度则决定于是否树立了生产观点与是否依靠群众。

二、经济地理学在人民公社生产规划中的作用

人民公社规划一般包括的范围很广，它不仅包括农林牧副渔与工交财金贸各项规划，还包括劳动力、文教、卫生、福利事业与居民点的规划，甚至包括民兵组织与训练的规划，故一般称为人民公社总体规划，或叫全面规划。这种规划应该是多种专业多种部门协作、共同担负的任务，而不是一个学科或一个部门所能包起来的。我们从经济地理学的性质特长来看，觉得把力量集中使用在考虑生产规划与居民点配置问题是比较恰当的。生产规划是人民公社规划中的首要部分，也是总体规划或全面规划的重要核心，它包括农业（农林牧副渔）、工业、运输、劳动力各项规划，而土地、水利、园田化与园林化等规划又是密切结合而不可分割的项目。

每项生产规划一般又包括发展指标、地区配置、具体措施三个方面，也不是经济地理一个专业所能包办的。我们这次规划工作有经济科学、地理科学、技术科学等专业参加，

并经常与公社的计委、农、林、牧、渔、工、交、福利各部门及专署农业局干部等共同商量研究，在整个规划工作过程中，我们经济地理专业起着相当重要的作用，这是与经济地理的科学性质和特点有密切关系的。

经济地理学是研究生产配置的科学，它具有全面性、综合性与区域性的特点，而人民公社生产规划工作正需要这样的科学来研究解决问题，在这次参加公社规划工作中看得非常明显。人民公社生产规划中最主要的问题有三：一是公社发展生产与生产条件之间存在着矛盾；二是公社生产部门与部门之间存在着矛盾；三是社内区域发展不平衡，而区间与社际联系也存在着问题。如果不能合理解决这些矛盾，就不能制订出合理的生产规划以促进公社生产的发展。经济地理学研究地区生产发展的条件与特点，研究生产部门的构成与联系，研究区域间的合理分工与协作，这些恰恰是公社生产规划需要解决的问题。因此，经济地理学研究的对象与人民公社生产规划问题存在着本质上的联系，而经济地理专业在人民公社生产规划工作中之所以能起重要的作用不是偶然的，而是必然的。

经济地理有其独特的科学研究对象与研究方法，它联系的面广（社会、经济、自然、技术知识），但是它是从广博基础上建立专门，以生产配置为中心。经济地理专业无论参加哪一项规划工作（如公社规划、城市规划、区域规划、流域规划等）都没有离开生产配置这个核心，它不管分析什么矛盾与考虑哪些因素，都是为了解决合理配置生产，使生产向前发展。从这次公社规划工作的经验体会来看，经济地理专业解决了人民公社生产规划中几个中心问题，从而对公社规划工作发挥了显著的作用。

1. 公社的生产发展方向问题

研究人民公社生产发展的方向是制订生产规划的指针，而经济地理学研究区域的生产配置也是根据国家需要与地区条件，首先要明确区域经济的发展方向，这是符合规划工作要求的。我们知道，每一个经济区域都是全国整体的一个组成部分，每个区域都具有全国的一般性，但也具有其区域的特殊性，因此经济地理研究区域经济发展方向是依照国家生产配置的原则与考虑区域生产发展的条件、特点相结合的，这是与党的"国家统一计划与因地制宜的原则"的基本精神是完全一致的。所以，经济地理学研究人民公社生产发展方向对制订生产规划能够发挥作用，这正是一个根本原因。

在考虑发展方向问题的时候，首先碰到两种矛盾：第一是公社生产与国家需要之间的矛盾，例如国家需要人民公社提供粮食、副食品、工业原料的商品性生产，而公社原有生产基础不相适应，因此必须首先考虑国家需要，正确解决国家需要与公社生产间的矛盾，才能明确公社的发展方向。第二是公社发展生产与生产条件之间的矛盾，例如两阳县平冈人民公社，在1958年"大跃进"中从无到有地创建了一些土高炉与机械厂，这对支持农业有很大的作用。但是进一步发展的规模如何，能不能基地化？必须充分考虑发展的条件。平冈公社位于片麻岩、花岗岩露头的沿海台地上，既没有煤，也未发现铁矿，而且森林极少而薪炭缺乏，连石灰石也要给予百余里外的阳春。工厂建筑在高度20米的台地上，水运有一定困难，而公路又尚未开通，在这样的基础上建立工业区较为困难，依赖外地供应笨重原料，生产成本不合算，不宜扩大发展。经济地理专业从人民公社生产发展方针与自然资源、劳动资源、技术经济条件以至区域合理分工等因素分析了各种矛盾，建议公社改变原定的计划，结果得到公社党委的采纳，对公社规划起了一定的作用。

从上面的例子可以看出，公社生产发展方向上的问题也正是经济地理所要研究的问题。而且由于经济地理专业基础比较广博而以研究生产配置为核心，因此考虑问题就比较全面，论证生产发展方向，对人民公社生产规划有显明的作用。

2. 综合平衡、协调部门生产

人民公社发展生产的方针是实行工业与农业同时并举，自给性生产与商品性生产同时并举的，因此每个公社拥有多种生产部门。部门与部门之间存在着矛盾，而各个部门与生产条件之间也存在着矛盾。如何解决送需矛盾，协调生产，使部门合理配合发展，既符合公社生产发展方向而又能充分利用地区条件，这是规划中的重要问题。经济地理研究一个区域，对生产的部门构成与综合发展的条件是极为重视的。区域经济地理研究区域生产专门化与综合发展相结合的生产综合体，各个综合体在综合发展的基础上有一定的专门化发展方向，既有主要部门，也有其他次要部门。主次部门如何合理结合，既争取满足区内的需要，又要充分利用区内资源与条件，发挥区域的特长，以利区际分工与交换。这些原则与人民公社发展生产的方针也是吻合的。

在规划中要做到综合平衡、协调生产，必先解决部门间的矛盾。解决部门矛盾必然牵涉部门生产与条件间的矛盾，这也是错综复杂的。例如，两阳平冈公社，甘蔗是重要的商品性生产，也是国营阳江糖厂重要的原料供应地。公社与糖厂之间相距仅17千米，而且早已订了收购合同，但是社内公路与糖厂未通，与省道又未衔接，公社甘蔗仅靠社内短程公路与漠阳江木船转运。社厂双方都没考虑运输条件，而榨糖季节到来，停止了公路客货运输，日夜赶运甘蔗也赶不上。其他公社也有类似的例子，如番禺县南村人民公社木薯加工制粉工业与木薯原料生产配置之间的矛盾，经济地理专业也提供了竟见。又如翁源县翁江人民公社位于粤北山区，牧草丰富，畜牧大可发展，既可以满足肉类和役畜的需要，又可以解决肥料之不足。但是翁江公社1958年畜牧业产值仅占工农业总产值0.7%，没有大力发展，因此尚未充分利用有利的条件，而部门之间也不平衡。经济地理专业在规划工作中分析研究了这些现象，还运用专业知识全面考虑问题，提出解决办法，因而对综合平衡、协调生产起到显明的作用。

3. 社内分区与配置生产

我们进行规划工作的4个人民公社，土地面积一般都在200平方千米以上，人口从4万到8万不等。社内各地自然条件不同，农业有显明的地区差异性。因此，为了合理利用土地水利资源，进一步发展公社生产，则社内分区与合理配置生产实有必要。在规划工作中我们从经济地理学的观点，根据生产发展方向与地区条件特长，进行社内分区，作为配置农、林、牧、渔、盐乃至农产品加工工业的依据。在配置农业上，充分利用了广东土壤鉴定的材料，考虑如何合理利用土地水利资源。每个区都有一定的生产重点，充分利用地区的有利条件，以便发挥区域特长。配置作物首先以优良的土地保证粮食的生产，同时考虑各种作物的合理配合与合理轮作。每区根据全社的需要与本区的条件、安排一定的专业方向，也有一定的多种经营。此种社内分区，目前名称尚未统一，但多是在农业生产条件与农业地区差异的基础上，考虑如何合理利用农地，发展农业生产乃至农产品加工，着重考虑社内农业生产的地区分工。这种社内分区每区都分析了生产的条件与特点，指出合理利用土地水利资源与专业发展的方向，并指出了改良土地、改变耕作制度、改进耕作技术的方向，因此对远景发展有一定的指导意义，而公社党委和群众一般反映认为对指导生产有一定的作用。

公社发展工业的方针首先是为农业服务，因此我们考虑公社的工业配置也是与农业相结合的。安排农具、渔具、肥料制造与农产加工等工厂均以农业需要与生产条件来决定，在公社中心市镇工厂较为集中，各分区的工厂则较为分散。各区不一定普遍平均安排工厂，要看各区的需要与资源等条件。居民点的配置也从社内分区的基础来考虑适当的地点，配合农业、工业、运输业的发展远景，使每区逐步形成一个较大的居民点。

人民公社的规划工作不仅要订出生产指标，还必须要具体安排到土地上，因此必须分区配置才能保证指标的完成。经济地理研究生产的地理配置，不仅从全面观点出发，而且处处都考虑区域的特殊性，使区域做合理的分工。在规划中进行社内分区，使规划更能具体落实，也更能合理利用各地不同的资源。

4. 综合调查、综合制图

综合调查与综合制图是经济地理常用的方法，这次应用到的公社规划工作也起很大的作用。我们进行规划工作是从综合调查开始的，通过综合调查掌握了社内各地区的情况、条件与特点，还访问调查各地区生产上存在的问题，并了解到一些社际的联系情况，这就为规划工作准备了必要的条件。人民公社生产规划是一项复杂的工作，生产与条件之间的矛盾，部门与部门之间的矛盾，区域与区域之间的矛盾，等等，都需要全面分析、综合研究的。经济地理学具有全面性、综合性与区域性的特点，通过综合调查、综合制图，对解决这些矛盾有很大的帮助。

规划图是生产规划要求的一个重要项目，因为它能明确表达规划的内容，也是公社指挥生产的重要依据。经济地理综合制图的方法正合乎规划图的要求，它能把工、农、林、牧、渔、水利、道路网、居民点各项规划成果综合表现在地图上，使人一目了然，还可以制成立体模型,增加直观概念,使群众易于了解而干部也便于掌握。在这次规划工作中,地图与模型也是最受公社干部与群众欢迎的一个项目。

实践证明了经济地理在人民公社生产规划中起相当重要的作用,因此,过低估计这个作用是不对的,但是过高估计它的作用,也是不对的。人民公社的规划工作是多种生产部门规划的综合,必须多种部门、多种专业参加研究,共同协作来完成。经济地理专业必须发挥它应有的作用,这是经济地理学为生产服务的一个重要途径,也是经济地理工作者一个重要的努力方向。

我们在参加公社规划工作中,先后出现了两种偏向:一种是信心不足,在党的领导下经过实际锻炼,很快就得到了克服;另一种是完成规划后滋长了骄傲自满的情绪,夸大了经济地理的作用,这是错误的。人民公社规划工作是在公社党委的统一领导下,公社干部、专业队伍与社员群众结合进行的。经济地理专业必须与其他专业紧密合作、依靠公社干部群众,总结生产经验,进行综合研究,才能起参谋作用。脱离党的领导,必然迷失方向。没有生产观点则规划流于空谈,脱离群众则规划落实就没有保证。

三、人民公社与经济地理学的发展

人民公社的出现对经济地理学产生了很大的影响。人民公社生产规划的任务使经济地理为生产服务开辟了一个新的途径,而任务带科学又促进了经济地理学的发展。我们参加公社规划工作以后,对任务带科学有几点体会。首先,由于参加了综合性的生产规划工作,对人民公社生产综合体的构成有了进一步的认识,从而对于综合性的区域经济地理与经济区划问题加深了认识。其次,参加了部门生产规划工作,对部门配置问题也体会得较为具体深入,从而对部门经济地理的研究有所加强。此外,还有经济地理工作者在参加公社实际工作锻炼中认识了自己的缺点,从而明确了今后努力的方向,而经济地理教学研究工作也得到进一步的提高。因此,我们从这些体会,试图阐明人民公社对经济地理发展的重大作用。

1. 人民公社生产综合体的研究丰富了经济地理学的内容

人民公社是我国社会的基层单位,它有一定的行政区域范围,是一个行政单位。它有统一的领导,有统一的计划,也是一个计划单位。它是多种经济事业的综合经营者,又是一个生产经营单位。在人民公社的区域范围内,有多种多样的自然资源,有丰富的劳动资源,具有多种经营综合发展的条件。人民公社一大二公,组织规模大,活动范围广,统一筹划便利,具有很多的优越性。在党的正确领导下,全国两万多个农村人民公社不但农、林、牧、渔综合经营,而且工业、交通运输业、多种经济事业也逐渐发展。这样多种部门、多种经营的生产综合发展的结果，就使人民公社逐渐成为一个区域生产综合体。

在公社生产综合体的内部，生产部门与部门之间有一定的比例关系，必须有计划按比例地发展。我们在参加公社规划工作中充分体会到各个部门的生产规划都有紧密的联系，互相制约，结合成为一个有机体。分析研究这个有机体，首先必须掌握公社生产的方针与政策，还要全面了解公社的自然条件、劳动力与技术经济条件，然后才能分析公社生产的部门构成与地区配置。在研究方法上，从统计分析、实地考察乃至综合制图都必须全面应用，对经济地理工作者来说，可以说是调查方法的基本训练，好似一个经济地理的实验室。因此参加人民公社规划工作与进行公社生产综合体的分析，好似解剖麻雀一样，是最直观又是最具体的办法，使经济地理理论与生产实际紧密相结合。过去我国经济地理研究工作以大区描述较多，一般有统计分析而缺少典型调查，了解大区轮廓但不够具体深入，而公社综合体研究正补充这个缺点，使经济地理研究更加踏实。

人民公社的生产必须根据国家统一计划与因地制宜的原则。由于各个公社所处的地理位置与自然经济条件不同，利用不同的条件、特点发展生产，各有不同的发展方向与部门构成，因而人民公社可以按生产构成分为不同的类型。例如，在广东省的1000个以上的农村人民公社中，根据它们的发展方向与部门构成的类似性可以分为粮食作物、经济作物、热带作物、林业、渔业、市郊农业六大类，每个大类由于发展重点与主次部门结合不同，又可以分为很多亚类，例如甘蔗与水稻、桑蚕与养鱼相结合等。由于专业化方向的不同，逐渐形成了公社生产的地域分工。由于商品性生产的逐渐发展，而社际的联系就越来越发展。我国农村已经人民公社化，而城市和工矿企业的人民公社也正在发展。人民公社将成为全国城乡区域经济的基层单位，公社类型将更加复杂，生产地域分工将更加完善，而社际联系更加发展。

我国经济区划的研究工作还未完成，目前我国的经济协作区、省、省内经济区、人民公社各级区域单位中，人民公社是最基层的区域单位。人民公社是最小一级的区域生产综合体，也就是最低一级的经济区划单位。各级经济区都以人民公社这个最基层的细胞所组成，因此公社研究对各级经济区的划分也有重要的作用。

全国的生产整体由城市、工矿、农村各种类型的人民公社所构成，而生产配置与地域分工也通过各种类型公社生产综合体的组合安排而具体体现，因此人民公社经济地理学是全国的和区域的综合经济地理研究的基础，这是中国经济地理学的一个特点，也就是在毛泽东思想指导下的创造性经济地理学的一个重要方面。在社会主义建设总路线的光辉照耀下，我国生产将持续地"跃进"，人民公社的生产不断发展，而公社生产综合体的内部结构与外部联系也不断地变化，人民公社经济地理学也正在不断地发展。

2. 人民公社生产规划工作带动部门经济地理学的研究

我们参加了人民公社的工业规划、农业规划、林业规划、水利规划、园田化规划、交通运输网规划、居民点规划、劳动力规划等工作，觉得对部门经济地理的研究有很大的帮助，而部门生产规划工作也要求部门经济地理学深入钻研，加速发展。部门规划必须充分考虑部门生产发展方向与地区配置问题，这对经济地理研究也是必要的。在小区域范围内研究部门配置是具体而细致的工作，既需要掌握生产发展的方针与政策，又要具体分析生产的条件与技术经济的定额，这对经济地理研究是否结合实际是一个具体的考验，对经济地理工作者来说则是一个实际的锻炼。我们结合部门规划工作进行了一些人民公社的农业配置、工业配置、居民点配置的研究，对部门配置问题加深了认识，觉得部门经济地理的发展是十分重要的。

各级区域生产综合体的构成都是由各种生产部门有机组合的，全国各种生产部门的配置也是由各级区域生产综合体的生产部门结合而成。公社的每一个生产部门都是这个综合体的一个组成部分，社内各部门之间互相制约，不能孤立考虑。但是各个公社之间的同一个部门又有密切的联系，因此部门生产配置问题是纵横交错，条条（部门）块块（区域），交织联系，其关系是非常复杂的。公社是基层的生产综合体，分析研究城乡人民公社的部门配置，是部门经济地理的重要工作。这不仅对研究生产综合体的构成与发展规律有很大作用，对全国部门生产配置规律的研究也有很大的作用。目前我国农村人民公社仍以农业为主体，但在社会主义建设总路线的光辉照耀下，工业与实业同时并举，公社工业正在不断地发展。因此，不仅农林牧渔合理配置的研究极为重要，而工业运输业配置的研究也同样重要，劳动力与居民点配置的研究刻不容缓。城市和工矿企业的人民公社正在成长，全国城乡全部人民公社化以后，公社生产类型将更加复杂多样，这对全国部门生产合理配置的作用就更加明显。

我国部门经济地理的研究还很薄弱，而综合经济地理的水平也受到一定的局限，对"大跃进"的形势远远不相适应。为了认识部门生产配置的规律性，为了提高经济地理综合研究的水平，部门经济地理的研究都需要大大地发展。而人民公社部门生产规划工作对经济地理学的发展及其部门科学的分化正起着促进的作用。

此外，在参加人民公社规划工作中暴露了经济地理工作者的缺点，也指出了今后努力的方向。由于知识分子长期脱离政治、脱离生产、脱离实际、脱离群众的结果，经济地理的教学研究水平受到很大的局限。我们在参加公社规划工作中暴露了不少的缺点，首先是理论水平有限，对党的方针政策体会不深，这是重要的一个方面。人民公社适应总路线"大跃进"的形势而产生，而公社生产综合体的构成与发展有其客观的规律性，必须深入钻研毛泽东思想，深刻体会党的方针政策，依靠党依靠群众，才有可能做出一个合乎实际的远景规划来指导生产。其次一个很大的缺点就是缺乏生产体验，书本知识脱离实践。从学校到田间，对生产实践十分生疏，学科观点浓厚，提出的意见有些不符合生产实际，有些流于空洞，不能解决实际问题。由于生产知识太少，甚至面对群众的丰富经验也不易体会，总结经验更感困难。所以，研究必须与生产相结合，下乡下厂参加生产劳动是极为重要的关键。还有科学基础知识不足，技术经济定额与经济效益计算不准确，对规划落实问题有很大的影响。因此，经济地理专业必须加强技术经济知识的基础修养，这是一条重要的经验。

通过公社规划工作使经济地理工作者认识了自己的缺点，明确了今后努力的方向，不但学到了一套生产规划的方法，也学到了很多生产技术知识与实际经验。扩大了视野，找到了研究门径，从而大大加强了信心，对经济地理教学研究工作起了很大的推动作用，也深深体会了党的"教育必须为无产阶级政治服务，教育必须与生产劳动相结合"方针的正确性。

四、对人民公社经济地理研究的一些建议性意见

事实证明了经济地理对公社生产规划有很大的作用，而公社生产规划对经济地理学发展又有重大的影响，因此积极参加人民公社规划工作与有计划地开展人民公社经济地理的研究实有极大的必要性。我们仅提出下面的建议性意见供大家讨论。

1. 建立人民公社经济地理长期的定位研究站

人民公社生产综合体正在不断地发展，要反映它的客观规律性就必须进行定位的与长期性的调查研究。建议全国各省区地理机构分工协作、选择不同地区、选定不同公社类型，建立人民公社经济地理研究站，以利全国总结人民公社生产配置理论，加速我国经济地理学的发展。这种研究站必须固定，每年定期实地观察，但设置并不困难，它既可作为研究的试点，也可作为进行教学实习和参加生产劳动的园地。

2. 展开人民公社的乡土地理研究

各个地理机构建立人民公社经济地理研究站，从全国地区分布来看，还不过是少数而分散的点，对全国两万余个公社来说，代表性还不一定非常普遍。因此，建议发动全国中等学校地理教师及各广大社员群众就近进行人民公社的地理调查研究，则研究工作将遍及全国广大的面。研究自己的乡土一般比较熟悉，而公社面积不大，数据既易取得，又可以实地观察，二者可以结合进行。

3. 建立公社地理研究的领导机构

有计划地进行公社地理研究工作，必须设立全国统一领导机构，以便计划安排、组织人力、总结推广等工作，使公社经济地理研究工作能迅速顺利地进行。

[原载《中山大学学报》（自然科学版）1960年第2期]

第三编 人文地理学

第二十八篇　广州市附近文化景观图

邓国锦　祁承留　景贵和

邓国锦

景贵和

提示：文化本义是土地利用或作物栽培。新中国成立之初，文化地理作为人文地理的一部分受到批判，几乎消失。但中山大学地理系仍有一些教师，一秉文化地理传统，按照这一学科关于文化景观的概念考察人类活动在广州的文化成果，包括农业土地利用产生的稻田、果园、甘蔗园、菜园、人工林、聚落、坟地等，涉及山地、丘陵、台地、冲沟、平原等土地类型，提供了广州城郊文化景观概貌及其分布格局。此文在文化地理一片落寞荒凉情景中，可谓是凤毛麟角。

附图1是在路线调查和总结前人资料的基础上以限区作为制图对象制出的，属于中比例尺景观图，在关键地段做了全区测绘，绘制出了比例尺1∶10000的关键地段景视图。

一、限区的划分和命名

广州附近的景观，受人类活动影响十分强烈，引起了自然综合体的复杂变化，使各组成要素相互联系的性质遭受了改变，这种改变是稳定的，是非可逆的，因此我们称它为文化景观。

我们所理解的文化景观，是自然界的一部分，是自然综合体，它是受自然规律支配的。文化景观的重要特征，在于人类活动使景观结构发生了质的变化，具备了新的特征，可见人类活动是景观发展的重要因素，但对自然综合体来说，它是外部因素，是条件而不是根据，因此，不能得出结论说文化景观是按社会规律发展的，因为人类活动只能通过景观内部各要素的相互联系和相互制约才能起作用，人类也只能在认识和掌握这些规律的基础上来利用和改造自然，因此我们认为一方面文化景观是自然综合体，受自然规律的支配，另一方面又承认人类活动是文化景观发展的基本因素。

不同的社会制度对文化景观影响的性质是不同的。资本主义社会是盲目的无全盘计划地来掠夺自然财富，其结果带来自然灾害。社会主义制度下是根据全面综合观点和人民的长远的利益来改造自然的，其结果会给人民带来利益。但这是文化景观形成的条件问题，不能和景观发展规律混为一谈。

作为文化景观的外部条件之一的人类活动既可使自然限区的界限消失，又可使限区界限复杂化起来。因此，在划分文化限区时，既要考虑各组成要素联系的性质，又要注意人类活动形成的新界限。一般说来，限区是由同一地形形态上的几个不同的相组成的。在广州附近台地及丘陵上限区的分异是受地形形态制约的，因此划分这些地区的限区可用岩石地形作为重要标志，而以人工植被和受人类改变的植被为辅。对限区的命名，应尽量用综合体的名称。一般可用植物和地形作为限区名称，如稀疏的马尾松崩岗限区。至于限区合并成限区型的名称主要是采用岩石和地形作为限区型的名称，因为广州附近丘陵台地上岩石和地形直接影响着底土和植被的不同，所以可以用母岩和地形来代表综合体的名称。

在平原区，是按平原发生的不同和高度的差异而分为不同的限区，这不仅因为这些地区虽然都是平原而水分条件不大相同，而且也因为人类对这些地区的经营方式的多种多样，所以我们分为平坦平原限区型、倾斜平原限区型和古平原限区型。

在平原每一限区型内，限区的分异和界限主要是受人类活动影响的，如同倾斜的平原，南部是利用潮水灌溉的，中部是利用河水灌溉的，而北部则是利用抽水机和雨水湖水灌溉的，所种植物也不相同，因而分为不同限区。同是平坦平原（主要是河南岛），由于长期种植水稻和经营果树，使土壤小气候大为改观，不难看出水稻土和果园土（表1）是不完全相同的，因而分为不同的限区。

表1 水稻土和果园土对比

水稻土	果园土
表层：耕作层，疏松块状结构	片状结构，有枝叶堆积
中层：犁下层，坚实，棱柱状结构	块状结构，有树根
下层：潜育层，坚实，棱柱状结构	块状结构，有树根

以上可以看出，人类活动完全可以改变自然综合体界限和创造新的界限，但这只是通

过自然综合体本身才能做到的，是在自然规律支配下完成的这种改变。

我们在表1中所表示的，不是复原状态的天然限区，而是目前条件下的文化限区，是受人类影响的各种不同的变型。这是因为原生型已不存在，其中各组成要素联系的性质已遭破坏，再恢复到原来状态已不可能，重要的问题是对已受改变的综合体如何利用和改造，因此恢复原生型已无很大的必要。

二、形态部分的描述

（一）花岗岩丘陵限区型

1. 具有风景林的丘陵限区

天然排水强度适中，湿润情况不稳定，地下水位低且不规则，掘井困难。

由许多顶平坡缓的丘陵与丘间低地组成，呈微波起伏状，由葱岭至孖髻岭为一小分水线，附近池沼很多。鸡龙岗风景林茂盛，远望一片葱绿，北有低矮的茶树，住宅附近则多为木瓜、凤凰木、桉树等。

土壤为发育在花岗岩上的沙壤质红壤，土层较厚。

2. 突起于平原上有人造马尾松林的丘陵限区

平原上的剥蚀残丘，过去曾经是海中的小岛，地壳上升成为突起于平原的丘陵，来源于红色岩系的物质，北山可见到花岗岩与主要成分为花岗岩的砾岩相接，可见海蚀痕迹。由于天然植被遭受破坏，土壤流失严重，土层不过十厘米左右，很多地区基岩裸露，在高温多雨的热带季风气候条件下，破坏天然植被后，必有如此的结果。现在大部分已栽培人工植被，以马尾松为主，天然草木植被为桃金娘、岗松、鹧鸪草、芒萁群落。

利用情况不良，仅在个别山南坡平地上有菠萝的种植，生长尚属良好，若能防止水土流失，当可推广。

（二）石英岩硬岭长丘限区型

岩石中部为石英岩，北为花岗岩，而南部则为红色砾岩。土壤层很薄，含砾石颇多，由于植被稀疏，片状侵蚀正在继续发展中，黏粒流失异常严重。植被除了人造马尾松外，草木植被也很稀疏，总覆盖度不过50%，成分以岗稔、芒萁、鬼灯笼及野香茅为主，生长情况不良。

（三）花岗岩低山限区型

一般低山不超过400米，多为花岗岩组成，夹有石英岩，故难于剥蚀，而突起于平原之上，从白云山以东北—西南向伸展所构成的越秀山，高度多在60～100米，其旁则为红色岩系组成的台地。

白云山东、西部河流长度不一，西部坡度较缓而东部较陡，固因西部石英岩向西倾斜，而东部则与断层有关。

山地上层很薄，流失严重。细土粒多被冲走，只剩下含砾石的侵蚀红壤，水分不稳定，养分、水分均感不足。植被为马尾松、岗松、鹧鸪草等群落，并有藜蒴和桉树。

（四）红色岩系丘陵限区型

1. 有稀疏人造马尾松林的崩岗限区

为了更清楚地了解限区的内部形态，做了关键地段调查，特描述如下：

（1）残积相。是丘陵的顶部，多在50米以上，有长形和圆顶形。土壤表层均因强烈的侵蚀作用而流失，残留着很多石英质砾石，以直径1厘米左右者为普通，有时竟基岩裸露。因此，植物生长极差，仅有稀疏的鹧鸪草、岗松、山芝麻等，色调灰白，显有水分和营养不足之态。

（2）冲沟相。均发育在红色岩层之上，露出岩层一般成25°的倾角向东北方向倾斜，冲沟外形具有扩展沟口型、紧缩沟口型等。它们的共同特征是沟壁直立、岩层毕露，底沟常有再下切的线沟，纵剖面呈 ⁀ 状，横剖面呈 ⌒ 状，目前正在发育中，特别是暴雨之后，沟壁坍塌极严重，破坏着丘陵。

沟中很难有土壤的发育，但从旁冲来的局部土壤堆积于沟底，尚可生长一些植物，在沟底平坦处有杂草的生长，局部的沟壁裂隙中有芒萁、乌毛蕨成丛出现。较稳定部分有山丹、岗稔等小灌木。

（3）人工桉林丘间低地相。各丘陵间的低地，盖覆着坡积物，为各丘陵地的汇水区，水分较稳定而润湿，生长较密的草地，覆盖度可80%左右，并有黑面神、岗稔、黄荆等灌木，但只30厘米左右高。目前人造桉树林覆盖度达30%，胸径最大可达20厘米，生长尚佳。其下发育着薄层沙壤质的生草红壤。

（4）人工木麻黄坡地相。以人工木麻黄为主要木本植物，林下有岗稔、黑面神等小灌木，为含砾石的砂质壤土，现在正为建筑工程所破坏。

（5）人工马尾松林坡地相。坡地较陡，20°～25°，以人造马尾松林为主，最大覆盖度可达80%左右，林下有岗稔、岗松、黑面神等小灌木。在大足岗的西北阴湿处，尚有浓密的芒萁成群生长。大窝岗在马尾松林中夹有少数苦楝树。

（6）人工桉树、马尾松、木麻黄坡地相。实际上这里许多自然现象和（5）相似，只人工林面貌不一样。

（7）人工马尾松、台湾相思坡地相。坡地在20°左右，有人工马尾松和台湾相思混生，一般高5米左右，林下灌木的黑面神、岗稔、岗松较为稀少，鹧鸪草较多。

（8）有小沟的丘间低地相。小沟切于坡积物所盖的丘间低地上，沟的两旁有狭长的小竹林，竹林外有小片的荒地。

（9）桉林旧坟地坡地相。在坡地上满布着坟墓成馒头状密集分布，多已为杂草所复，盖度可达到90%，人造桉林颇为发达，尤以二望附近为佳，胸径可达20～30厘米，高可达10米左右。

（10）稀疏人工白千层旧坟地坡地相。坡地很缓，杂草植被覆盖度较小，约50%，栽培的白千层及少数的柠檬桉覆盖度尚小，但为前进因素。

（11）新坟地坡地相。特点是因葬埋新坟，人为地翻动地表土层植被特大，在坟上长有了哥王、五色梅、山芝麻、地胆头、绒毛鸭嘴草等，但都不成丛或成片。坟墓及墓碑鲜明夺目。

（12）丘间低地坟地相。坟地、植物的特征与旧坟地坡地相相似，但以地势较低平，为坡积物所盖，土壤为壤质而有所区别。

（13）水稻田相。为天然水和外水池所灌溉，水稻土的发育并不典型。

2. 稀疏的人造马尾松桉树林丘陵限区

在牛鼻岗葫芦岗一带，现代沟状侵蚀不如崩岗限区严重，土壤为发育在花岗岩风化物上的沙壤质红壤。有人工栽培的马尾松及桉树，和其他一些风景林，多为学校住宅所占据。

3. 基岩裸露的黄荆黑面神限区

主要在七星岗一带，呈北西南东向排列，山麓可见有海蚀痕迹，有海穴遗迹保存。岗顶土层极薄。植被为黄荆、排钱草、黑面神、山芝麻群丛。

（五）红色砂页岩组成的台地限区型

分布在20～25米的台地上，地形为微波状起伏的浅谷低丘，大部为城郊聚落所占，小部则为荒丘与坟墓地，浅谷中则开辟为稻田，由于地势较高，水分深感不足，有不少人工水库。为了了解本限区型分异情况，在天豚岗附近做了关键地段调查，描述如下：该关键地段包括3个限区，即平坦平原限区、珠江限区及荒丘浅谷坑田限区，描述范围仅限于平坦平原限区和荒丘浅谷限区，至于珠江限区，则未加调查。

1. 平坦平原限区相的描述

（1）基围果树相组：基围是为了防止潮水侵入而修建的，围内田地当高潮时尚低于潮面。基围高出潮面，基（堤）中设水窦贯通内外，借以调剂。基围上种植果树，既可固堤，又能获得良好之收成，围上果树，以番石榴、荔枝等为多，也有杨桃、木瓜之类，基围上之土壤，因人类不断固基填土、又种植果树，固非水稻土，实应为一特殊之基：围果园土。

（2）冲积平原水稻蔬菜相组：分布于台地之北缘，高约10米以下，沿台地呈一长带，以种植蔬菜为主，间有水稻甘薯之种植，水分排水良好，但灌溉稍难，属于高田。土壤为水稻土。

（3）冲积平原水稻甘蔗田相组：分布在基围以内，四周有堤围绕，围内有沟有涌，排灌方便，土壤为水稻土，种植甘蔗与水稻。

（4）储水池鱼塘相组：零星分布于赤岗以东及农林厅农场附近，池内储水，水上种植水浮莲，可为养猪饲料，水浮莲繁殖甚速，几乎盖满水面，绿叶镶以紫花，为一特殊景色，塘内养鱼或种莲藕。

2. 荒丘浅谷坑田限区

（1）斜坡岗田相组：分布15～20米的斜坡上，基岩为红色砂页岩，土壤为在残积及坡积物上发育的沙壤质红壤，水分状况不够稳定，但有储水池可资调剂。大部辟为岗田，种植作物以甘薯为主，间有蔬菜和水稻。

（2）浅谷坑田相组：多在10～15米的丘间的浅谷低地上，土壤为谷底冲积物上发育的沙壤质红壤；受到人类耕作影响后而发育成幼年水稻土，水分状况不够稳定，主要依靠天然降水，有若干储水池以便灌溉，多种植水稻，极少数较高地段种植甘薯。

（3）丘顶黑面神野香茅坟地相组：位于15～25米的台地上，在红色岩系的砂页岩土发育的红壤，经植被破坏后的长期片状侵蚀，黏粒已多被淋走，砾石颇多。地形因坟墓影响，大多改变，造成许多小地形植物受其影响很大。在坟墓间低地上，因较低湿，多地毯，几乎成为单一的小群落，茎高不过3厘米平铺地上，紫花稍高于茎；俨如平铺的地毯。至于坟丘顶部及斜坡，则较荒凉，野香茅的枯黄枝叶与白茅生于其上，土地多为坟墓所占。

（4）岗地果园相组：在15～20米的斜坡上，与斜坡岗田相组极为相似，不同者是这里种植果树，其余大体相同，果树以番石榴为主，高4～5米，林下为野香茅、鬼灯笼、雀稗等。

（5）基岩裸露的残丘尖塔相组：在赤岗村附近，岩石为红色砂页岩，有小部砾岩，海蚀痕迹保存良好。大部基岩裸露，土层极薄，顶部平坦，建有尖塔，名赤岗塔。

（6）北向陡坡相组：为台地与平原接界处、母岩为红色砂岩，个别地方基岩已露出，土层极薄，水分不稳定，生有岗稔芒萁、野香茅等植物。

（7）基岩裸露的平顶部相组：主要在天豚岗20米以上的顶部、红色砂岩露出表面，顶部甚为平坦，极似海蚀平台，北坡稍陡而南坡缓、植物如黄荆、黑面神群落。

（六）珠江冲积平原限区型

主要在珠江两岸，虽然都是平原，但珠江以南的河南岛四周为珠江环绕，内部则水道纵横，地面倾斜不大，珠江北岸平原则为倾斜平原，北高而南低，水道也不少，更北的平原属于古平原，高度在20米左右，显然与前者均不相同，三者的水分状况及利用情况皆不相同，因而分为三部不同亚型：

甲、平坦平原限区亚型：

根据利用不同，将果园与稻田、蔬菜等分为不同限区。

（1）稻田限区：大部是具有堤围的围田，小部为无堤围的潮田，河道纵横交错，将平原分成许多小岛，每日潮涨潮落，影响河田水面，可借此调剂围内之水。土壤为发育在珠江冲积物上的沙壤质水稻土。

（2）蔬菜稻田限区：分布于河南岛中部、地势较前者为高，在5～10米间，为稻田蔬菜间作、稻和甘蔗轮作。土壤同稻田限区。

（3）果园限区：分布于土华、小洲、瑞宝一带，有的筑成果基，果树植于基上，基间凹地可以放水，有的则直接将果树植于平地上，土壤为果园土。果树以杨桃、荔枝、番石榴为主及龙眼、木瓜、香蕉、大蕉等。

乙、倾斜平原限区亚型：

珠江以北、广九铁路以南，自南而北，状况逐渐变化，由潮水灌溉，河水灌溉转变为雨水和储水池灌溉，利用情况也不相同。因而分为3种不同限区：

（1）以潮水灌溉的稻田限区，在靠近珠江的北岸一带，地势较低，潮水可以淹没，借堤围以阻水。所谓潮水灌溉，并非直接以潮水灌田，实系借涨潮时河水水位提高而灌溉。土壤为沙壤质水稻土，主要种植水稻。这里雨季排水略有困难。

（2）以河水灌溉的稻田蔬菜限区：在前者之北，潮水力已不及，乃借河水灌溉，以沙河、车陂水及猎德涌为主，这些河流的水位极不稳定，暴雨后水位上涨，旱时则水位低落，故设有水闸以调节水量，天旱时，往往必须以抽水机或水车汲水灌溉。本区农作主要是蔬菜和水稻，间有甘蔗。

（3）以雨水及储水池灌溉的稻田限区：在倾斜平原北部，多赖雨水或储水池灌溉，地势较高，为5～10米，旱季有缺水之患。主要种植水稻。

丙、古平原限区亚型：

在车陂河北部及沙河两岸，地势较高，一般在20米左右，微有起伏，向南倾斜。土壤为发育在花岗岩区谷底冲积物上的沙壤质水稻土，多种植水稻。

附图1 广州附近文化景观平面图

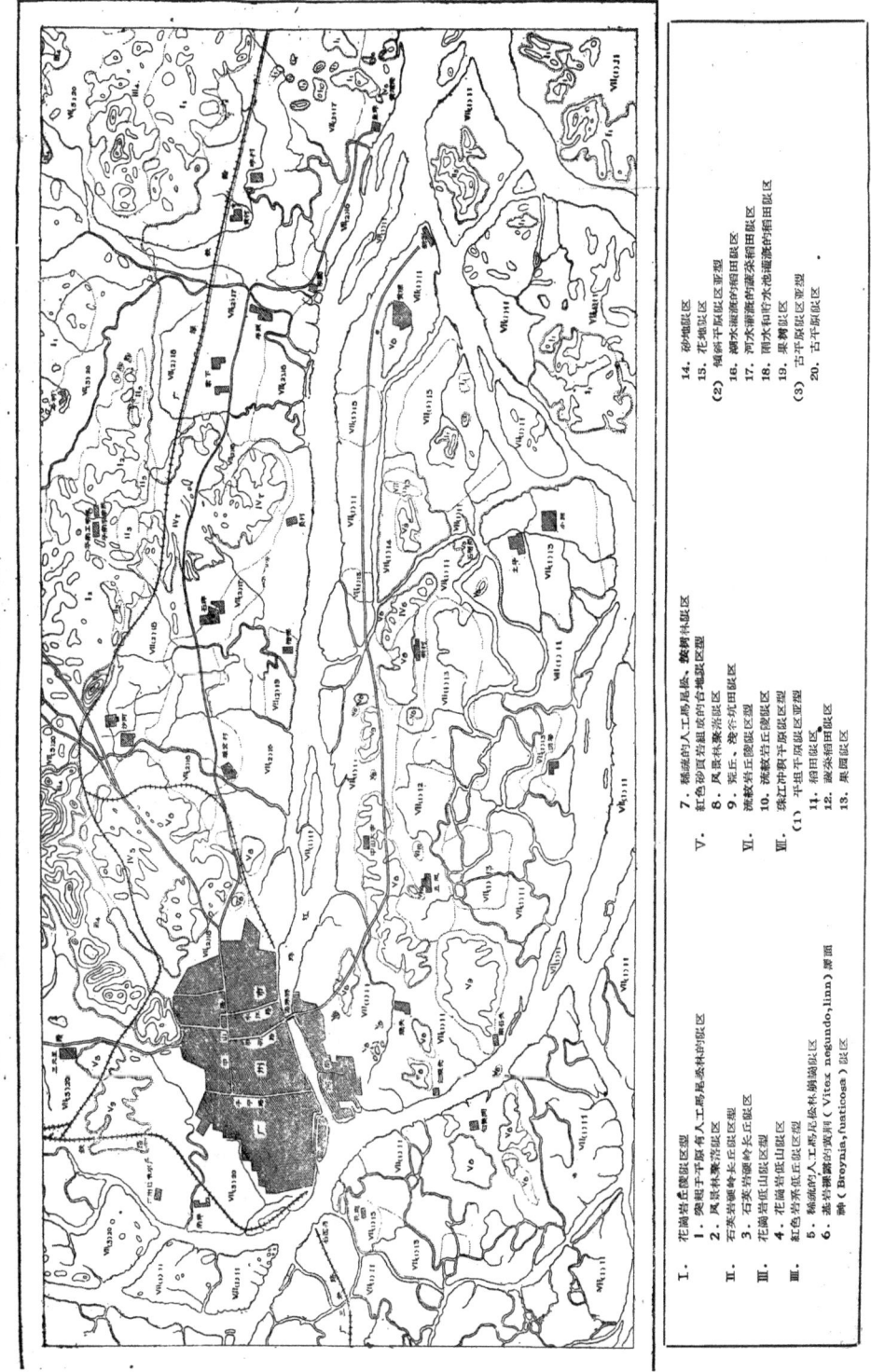

I. 花岗岩丘陵区型
　1. 侵蚀平原残有人工马尾松林的区
　2. 风景林集落区
II. 石灰岩峒岭残丘区区型
　3. 石灰岩峒岭长丘区区
III. 花岗岩低低山区型
　4. 花岗岩低低山区
　5. 红色岩系低山区
III'. 蓝色砂岩的人工马尾松林绸绸区
　6. 蓝色砾岩的灌丛（Vitex negundo, linn）区
　　　蓟（Breynie, funticosa）区区
IV. 花岗岩色地区区型
　7. 稀疏的人工马尾尾际、桉树林区型
　　　红色砂页岩组成的台地区的
V. 8. 红色砂页岩集落区
　9. 砂丘、凌谷-坑稻田区区
VI. 10. 流散岩石地区区型
III. 绿江中段平原区区型
　　(1) 平坦平原区区亚型
　11. 稻田区区
　12. 蔬菜染的菜田区区
　13. 果园区区
　14. 砂地区区
　15. 花地区区
　　(2) 倾斜平原区区亚型
　16. 湖水灌溉的稻田区区
　17. 河水灌溉的蔬菜稻田区区
　18. 雨水和坑水池灌溉的稻田区区
　19. 果园区区
　　(3) 古平原区区亚型
　20. 古平原区区型

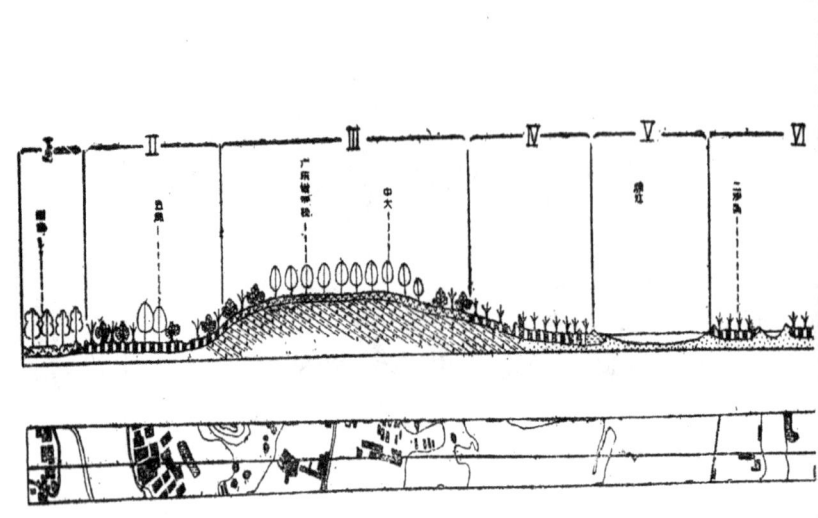

[原载《中山大学学报》(自然科学版) 1959 年第 1 期]

第二十九篇　珠江流域古代历史地理初探

徐俊鸣

提示：论文沿着历史轨迹，阐述了珠江流域从先秦经秦汉三国、两晋及南北朝、隋唐、两宋到元明清时期的行政建置、军事活动、交通路线、经济、贸易、人口迁移、民族融合、宗教和文化交流，并提供一系列历史剖面和效果。指出珠江上游和下游流域内外开发差异及其原因、珠江流域在中国历史的地位和作用，可供了解珠江流域的历史、地理参考。

徐俊鸣

珠江是华南最重要的一条河流，它的流域包括两广的大部和云南、贵州、湖南、江西的一小部，此外，还涉及越南民主共和国的一角。珠江源远流长2100多千米，流域面积达43万多平方千米，它的长度和面积虽不甚大，但拥有极为丰富的水利资源。珠江流量之丰，仅次于长江而为黄河的7倍。而繁衍在珠江流域内的人民达四千多万，也仅次于长江、黄河而多于黑龙江流域。

珠江流域的重要性还不单纯由于本流域内天然资源的丰富，而且表现在地理位置上的重要性。它掌握了祖国南方和西南的几条重要国际通路，自古以来即和亚非等国长期进行文化和经济的交流，故本流域历史地理的研究，其作用不限于了解华南地区经济发展的历史背景，而对于我国整个国民经济发展历史的了解，亦将有所裨益。抱憾的是笔者对于这方面并没有什么研究，仅将手头所有数据初步整理出来，供大家参考，为了叙述便利起见，分作为五段，鸦片战争以后的暂缺。文成仓促，错误难免，请读者指正。

一、先秦时代

远古以来，珠江流域即有人类在各处活动，石器时代的遗物已在两广境内不断被发现，如广西武鸣中石器时代的遗物；最近在南海县西樵山发现的石器据初步鉴定亦可能属于中石器时代的遗物，广州、香港等地则发现新石器时代的遗物。此外，广东韶关市南坝镇石灰岩溶洞内还有猿人化石发现。

据文字记载，古代珠江流域东部居住的民族泛称为百越，其中又分为南越、瓯越和骆越等。现在的壮族、黎族等就是他们的后裔。居住在珠江流域西部的民族泛称为西南夷，又分为爨（即今彝族）、僰（今傣族）和苗族等。他们都有一定程度的生产技能和文化，如骆越善于种骆田，爨族早已有了文字等。

春秋时代，以长江中游为基地的楚国，会不断地向外扩展疆土，它和珠江流域的关系最为密切。楚将庄蹻曾深入云贵高原，直抵滇池（即今昆明一带），后来楚国被秦国灭亡，庄蹻没有了归路，遂称王于滇。按地理位置来说，由黔入滇必须经过西江上源盘江的上游，故对于本流域西部土地的开发当有一定的影响。对珠江流域下游来说，楚境已抵湘江及其支流耒水上源（今桂北全县及湘南郴县均为楚境），若再穿过高不过三四百米的山口，便可进到珠江流域。相传南越曾服属于楚，广州有楚亭之称。虽然广州是否曾为楚属地，尚有人表示怀疑，但秦代以前岭南和楚国之间已有经济往来则是肯定的。如南洋热带生产的甘蔗已由越地传入楚国作为调味珍品，南海出产的羽毛、齿、革也传入了中原。秦始皇之所以进兵南越，据说其目的之一是为了掠夺犀角、象齿、翡翠、珠玑等热带特产。据近年广州附近飞鹅岭发现的石器时代文化遗物看来，当时（估计为战国初年即公元前4世纪以前）居住在这里的人民已由渔猎进到耕种时代了。

二、秦汉三国时代

珠江流域正式列入我国版图是开始于秦始皇三十三年（公元前214年）的。据《淮南子·人间训》称："又利越之犀角象齿翡翠珠玑，乃使尉屠睢发卒五十万为五军，一军塞镡城之岭；一军守九嶷之塞，一军处番禺之都；一军守南野之界；一军结余干之水。三年不解甲弛弩，使监禄无以转饷，又以卒凿渠以通粮道，以与越人战"。按镡城岭即越城岭，在湘江和漓江（桂江上游）间，在这个分水岭上，监禄所凿的运河名为灵渠，由此可下桂江谷地。九嶷山在湘南江华县境，由此可逾萌渚岭入贺江谷地。南野在今赣南南康县境，由此越大庾岭可入广东浈水谷地。以上三路均为南岭上的天然孔道，特别有利于大军通行。但直取番禺这一军是由哪里来的，该文未有明言，有人认为是从湘南经折岭，顺连江而下的。至于余干一地，据说在今江西鄱阳湖附近，有人认为这支军先攻闽越（今福建），然后沿海滨平原南下。这样看来，秦兵进攻南越所走的五条路线，恰和宋人周去非所指出的穿越南岭的五条天然孔道相符。当秦兵进入南越时，曾受到越人的强烈反抗，秦兵虽则杀死了西呕（西瓯）的领袖，但越人逃入山林中继续抗战，不肯投降，因此不特使秦兵"三年不解甲弛弩"，而且"夜攻秦人，大破之，杀尉屠睢，伏尸流血数十万"。后来秦朝再令任嚣和赵佗领兵南来，最后才平定了南越。在岭南地区建立了南海、桂林和象三郡。南海郡包括现今广东大部，郡治番禺即今广州市；桂林郡包括今广西壮族自治区的大部，郡治据近人考证在今贵县；至于象郡，大部分在今越南民主共和国境内，郡治龙编在今河内附近，但珠江流域亦有一小部分（如龙州一带）属于象郡。

岭南建立郡县以后，由于有数十万汉族的南移并带来了牛、羊和铁制耕器等物，对于珠江流域农牧经济的发展当有一定的促进作用。

秦末，北方有陈胜吴广等起义，南海郡尉赵佗利用这个时机，并吞了桂林和象郡，建立了南越国，统治珠江流域的中下游达90多年之久，在汉越等族协作下，珠江流域得到了进一步的开发。

秦代对于珠江流域的统治，尚限于中下游一带，汉代则除加强珠江流域东部的统治外，并已深入了珠江最上源。汉廷对南越的用兵是在武帝元鼎五年至六年（前112—前111），征调了罪人及江淮以南的楼船十万师，分由五路南下，其中四路和秦代所走的路线大致相同，即一、出桂阳（今湖南郴县）下湟水（今连江）；二、出豫章（江西南昌）下横浦（今大庾岭）；三、出零陵（今广西全县）下漓水（桂江上游）；四、抵苍梧（谅由九嶷山下贺江一线）。唯第五路和秦人不同，系从牂牁江（今红水河的支流都或西江）而下番禺，但事实上最后一线没有用到。

汉兵进攻番禺的路线虽大体和秦代相同，但其主力似乎不再迂回湘桂走廊，而由湘赣二省经北江水道而下番禺。再从拟用牂牁江一线看来，当时四川和广州间的交道线也逐渐开辟起来了。

汉代对于海上交通也已开始，当时主要的港口尚在交州、徐闻、合浦等地而不在广州，但由上述三埠到达当时中国的首都，必须穿过珠江流域（大体穿过南北流江走廊及湘桂走廊）。汉代，在两广境内建立了南海、苍梧、郁林、合浦四郡。此外，在今越南境内建立了交趾、九真、日南三郡。在章帝建初七年（公元83年）以前，上述七郡对北方的交通，主要是取道海上，所以《后汉书·郑弘传》中说："交趾七郡贡献转运，皆从东冶（今福州）泛海而至，风波艰阻沉溺相系"。从那一年以后，在今湖南省的南部修治了陆道，和海道一并使用，以减少海运的损失。后汉桓帝延熹九年（166年）"大秦王安敦遣使自日南（今越南中部）缴外献象牙、犀角、玳瑁。"这里所指大秦，过去史书多泛称为罗马帝国，据近人考证，实为拜占庭（东罗马）而非西罗马（见齐思和著：《中国和拜廷帝国的关系》一书）。汉灭南越以后，在珠江中下游建立了许多郡县，统治的力量已比秦加强得多。

至于汉人经过积极经营云南的原因，据说由于想找寻通印度的新道路。我国古代和印度的交通，主要是经过西域（今新疆等地）的，但那条路常常受到匈奴的威胁，据说汉朝的使者张骞曾在大夏国（今阿富汗北部）看到四川出产的蜀布和邛竹杖，问所从来，谓由身毒国（今印度）买来，因此张骞向汉武帝建议，派人从西南夷居住的云南去找寻去印度的道路。从长江流域到云南，自然是从四川出发最为近便，由川入滇古道有三：一、五尺道——其方位在今贵州遵义，当即今重庆经大娄关到贵阳一道，为秦代常頞所开；二、夜郎道或僰道——自犍为郡（今宜宾）直指夜郎（今贵州盘县）为唐蒙所开；三、灵关道——由成都南行，经孙水（今四川安宁河）和邛都（今四川西昌县境），渡泸水（金沙江）而南。上述三线中，前两条皆须通过珠江上游南北盘江谷地。至于夜郎一道即今由赤水河经七星关一道，唐蒙开此道时，曾征调巴蜀四郡的军队，"凿山通道，千余里戍转相望，数岁不通，士卒罢饿，死者甚众"。但这条道路修通以后，汉朝在云南中部的政权也就建立起来，如益州郡治滇池在今昆明（或谓在晋宁）。此外，属于珠江流域上游的有当时的平夷县（在今陆良县）和俞元县（今澄江县）。

和珠江流域有关的还有后汉光武18年（公元42年）马援进兵交趾一事，他的行军路线是通过湘桂走廊（曾重修灵渠）和桂门关（在南北流江的分水凹上），出合浦缘海而行，随山开道千余里，海陆并进，对于珠江流域和越南的交通发展更加便利了。

到了三国时代，珠江流域东部属吴，西部属蜀。蜀汉诸葛亮的平定南中，对于云南（包括珠江流域上游）的开发影响极大，虽然他当时主力是出泸水即灵关道，但其别将马忠则道出牂牁江。

吴国对于南海海上交通甚为注意，据《梁书》"海南诸国传"称孙权黄武五年（公元226年）曾有大秦商人宇秦论，从交趾到吴见孙权。此后数年间（226—231年间），吴国派遣了朱应和康泰等从海道出使林邑（今越南东南部）、扶南（今柬埔寨及越南南部）以及现今南洋各岛。

三、晋及南北朝

晋代珠江流域东部属于广州，州治为南海即今广州市。西部属宁州，州治在云南即今云南省楚雄县地。晋代新建的县不多。晋代对本区影响较大的事件有二：一、由于我国北方当时受五胡的侵入，有大量的汉族避难南下；二、晋代广州的对外贸易已逐渐兴盛，代替了交州的地位。当时我国到印度学习佛法的僧人法显由水道自印度回到耶婆提（今爪哇岛），商人已能说出由该处"常行时50日便可至广州"。由此可见，广州和南洋的交通已甚频繁。那时广州阿拉伯商人在广州已有居留地，颇为繁盛。从这一时期内曾任广州官吏的许多人的传记中，可以看到当时广州商业繁盛，为贪官污吏追求的对象，如《晋书·吴隐之传》："广州包带山海，珍异所出，一箧之宝可资数世……前后刺史每黩货"。《隋书·食货志》："晋元帝居江左，岭外酋帅因生口、翡翠、明珠、犀象之饶，雄于乡曲，朝廷多因而署之，以收其利，历宋齐梁陈皆因而不改。"《南齐书·王琨传》："南土沃实，在任者常致巨富，世云，广州刺史但经城门一过，便得三千万（钱）也"。

在南北朝还有西竺（印度）僧人亲自到广州传教，广东人所熟悉的达摩祖师就是在梁大通元（527年）到广州来的，至今广州西关的华林寺尚有"西来初地"之名。

四、隋唐两宋

隋代珠江流域中下游属于扬州，新建郡县不多，西江上游则属东爨西爨的势力范围。隋代对于海外贸易极为注意，除大力经营海南岛外，对于南洋方面的航海活动甚为积极，在隋文帝末年和炀帝初年间（公元604—605年）曾自海上进兵林邑国。炀帝大业三年至六年（公元607—610年）又派遣常骏、王君政等从南海郡（今广州）出使在马来半岛上的赤土国。

唐代是国力非常强大的朝代，统一的时间也较长，国内生产力有很大的发展，促进了对外贸易。当时中国对外港市虽然有广州、交州、泉州和扬州等，但其中以广州为最大，曾在广州设置市舶司管理蕃商，蕃舶前来有下椗税。那时我国也能造很大的海船航行海外，而且我国所造的海船，以船身大、容积多、构造坚固、能抵抗风浪著称；我国船员航海技术的熟练也闻名于太平洋和印度洋上。

在唐代贾耽（公元730—805年）所指出的唐代对外交通线之中，和珠江流域有关的有两条：一为广州出发的海道，一为由安南（今越南）经过珠江上游至天竺的陆道。据《新唐书·地理志》载："广州通海夷道"是从广州出发，东南二百里到屯门山，乃帆风西行二日到九州岛石（今海南岛东北角七洲岛），又南二日到象石（即独珠山，今琼海县东的大洲岛），又西南三日至环土国（即林邑国）东面海中的占不崂山（今越南占婆岛），又南二日到陵山（今燕子岬），又一日到门毒国（今越南归仁），又一日到古笪国（今越南牙庄），又半日行至奔陀浪洲（今越南藩朗），又两日到军突弄山（今昆仑岛），又五日到海峡（新加坡海峡），由此继续西行，经过印度沿岸的许多国家，直抵大食国首都缚达城（即今伊拉克共和国首都巴格达）。由中国到大食国大概共需时3个月。比贾耽的著述约迟半世纪多（即第九世纪中叶）有一位阿拉伯人伊本考尔大贝（Ibu Khordadbeh）所著的《道程及郡国志》一书也论及大食到中国的海程，大约也要90天（均以顺风为准），同书并指出广州出产的物品有果品、蔬菜、小麦、大麦、米和甘蔗等。甘蔗在后汉时（公元25—220年）已由外国移植到广州附近，此外，并向福建、江西、四川等地扩展，至唐贞观年间（公元627—649年）广东制糖工业已甚发达。

唐代对于珠江流域西部少数民族居住地区是采取羁縻政策，没有直接加以统治，但据贾耽所述的安南通天竺道是通过珠江上游的。唐代在岭南等地盛行屯田制，增加驻军，教种牟麦（大麦）以给军食，对于珠江流域土地的开发曾起一定的作用。

唐中叶以后居住在珠江流域上游的兄弟民族建立了南诏国，建都于羊苴咩城（今大理），统治了今云贵二省大部，势力非常强大，曾先后四次进兵四川，围攻成都，消耗了唐朝很大的国力，又南征缅甸和打通了云南对印缅的交通线。

唐末五代，珠江流域东部为南汉所据，南汉五主皆生活奢靡，60多年间仅在广州大兴土木，对于珠江流域的开发未见有何贡献。

北宋由于抵抗辽金的侵扰，禁止北方的陆道的对外贸易，因此努力发展南方的海上贸易来补偿。北宋初，曾先后在东南沿海设置了3个市舶司，其中以广州为最早（在太祖开宝四年即公元971年），其余杭州和明州（今浙江宁波）。稍后，三地之中又以广州的贸易为最盛，进口货以乳香为主。故当时称乳香为"广东香"或"广右香""岭南香"，南宋在广州设香药库使来专门管理这种贸易。

宋代对于珠江下游的水利建设颇为注意，西江下游的长利和赤项围（今合为长赤围，在高要县境），为北宋太宗时（997年）所筑。北江的桑园围（在南海番顺二县间），亦为宋代所修，均为珠江三角洲中最早的基围。当时广州曾为中国一大米市。有大批余粮接济闽浙，号称"广米"。因此，在北宋仁宗至南宋理宗不到二百年间，广州的城垣曾扩展和修理9次之多，可见经济发展甚为迅速。

宋室南渡以后，福建的泉州由于接近当时政治中心杭州等关系，广州的对外贸易曾一度为泉州所压倒，但广州在对外贸易上仍有相当的地位。

宋太祖统一中国时，鉴于唐代南诏的情况，不敢过问大渡河以西的地区，因此珠江流域西部一直属于大理国的范围，未为宋朝的政权所及。

宋代中国各种手工业有很大的发展，金、银、铜、铁、锡等的采炼，棉、麻、丝等的纺织，陶瓷的制造和茶叶等栽种都为量甚巨，并有一部成为出口商品，因而促进了广州的繁荣。即在广西地区，每年给宋朝贡布达77万匹之多（见《宋史》和《广西通志》），左右江一带所织的苎麻布，以洁白佳丽著称（见《岭外代答》和《桂海虞衡志》）。广西境的采金和提炼水银亦极兴盛。

五、元明清时期

元朝是武力强大的朝代，它的军队在亚欧大陆上纵横驰骋，灭亡了不少国家，建立了横跨亚欧的大帝国，对珠江流域来说也结束了云贵地区数百年来（自南诏至大理国）的独立状态。珠江流域内由桂西到黔南和滇东的县份，有许多都是元朝建立的，然而元人们又是比较落后的部族，对于他们征服地区的经济每加以巨大的破坏。

缅甸和我国接触虽然为时甚久，但当时我国统治阶级并未进兵缅甸，到了元代才对缅用兵，但因此加强了云南和缅甸间的联系。

蒙古不但组织了完密的陆上交通网（站赤制），而且利用阿拉伯人如蒲寿庚等发展海上事业，蒲寿庚不仅在帮助元兵追迫逃亡到珠江流域的南宋统治阶级，以后还替元朝联络南海诸国。至元十四年（1277年）元政府曾在泉州、庆而（今宁波）、上海和澉浦四处设市舶司（当时广州尚在宋元争夺中，故未有列入），次年命蒲寿庚招谕海外，以复互市，从此元海外贸易日盛，当时南海诸国和元朝有往来的有二十余国。至元三十年（1293年）又增温州、广州和杭州三处口岸，武宗时曾一度禁止市舶，仁宗延祐元年（1314年）复弛禁，设立泉州、广州、庆元三市舶司。元初我国各港对外贸易仍以泉州为第一，以后泉州逐渐衰落，广州又重为全国首要的港口。

明代在对珠江流域做进一步的经营，大力进行兴修水利，开发山区，故在各处山区和三角洲内部建立了不少新县，两广云贵四省的轮廓也在明代基本上奠定下来了。

明成祖时对于海外发展也很积极，曾使郑和七下"西洋"，虽则当时出航地点在今福建，但对于广东和南洋等地的经济联系有很大促进作用。

明代手工业和农业已逐渐分化，农业生产上也逐渐有商品化的萌芽，沿海地区如江、浙、闽、粤尤为明显，在明末清初的著作中，可以找到不少例证。在农业方面，各种经济作物如甘蔗、烟草、果品……已大量地栽培，甚至有些经济作物和粮食争地。清初李调元所著的《香祖笔记》（卷14）称："糖之利甚薄，粤人开糖房者多以致富，盖番禺、东莞、增城糖居十之四，阳春糖居十之六，而蔗田几与禾田相等矣"。

屈大均著《广东新语》称"（广东）凡基围堤岸皆种荔枝、龙眼，或有弃稻田而种者""（番禺）其富者以稻田利薄，每以花果取饶"。

此外，香木、茶叶也有专门地区栽种，如东莞的香木最为著名，号称莞香。无田的人不惜以重价租田从事栽种，如东莞种香、新会种葵均有此现象。由于经济作物的发展，加上国内外市场的日益扩大，遂为手工业发展提供了极为有利的条件，因此明清二代珠江下游的手工业非常发达。尤以糖的制造和铜铁的冶炼为著名，如佛山是当时全国四大镇之一，单在铁工业一方面已有铸锅、铁线、铁针等部门，所产铁锅号称"广锅"，行销国内外。广东和福建在明清两代均为全国制糖中心，所制产品种类甚多（有黑糖、黄糖、白糖、冰糖）亦营销国内外。

商业性的荔枝、龙眼栽种极为普遍，甚至为衡量私人财富和社会地位的标准，"有荔枝之家，是为大室""家有荔枝万株，其人与万户侯"等（见《广东新语》卷25）。就是花卉也营销到长江流域等地，有"广南（今两广）花到江南卖，帘内珠兰茉莉香"之句（见《清嘉录》卷6）。在广西方面则有雇工种烟草和制烟作坊。广东由于手工业和商业的日渐发达和封建地主的残酷剥削，以致粮食不足，需要广西的粮米来接济。《广东新语》称："东粤少谷，恒仰资于西粤，西粤之贵县尤多谷，……东粤固多谷之地也，然不能不仰给于西粤者，则因田未尽垦，野多汙莱，而游食者众也。又广州望县人多务贾，以时逐利。以香、糖、果箱、铁器、藤、蜡、番椒、苏木、蒲葵诸货北走豫章（今江西）吴浙（今江浙），西走长沙、汉口，其黠者南走澳门，至于红毛、日本、琉球、暹、罗斛（暹和罗斛后来合为暹罗,即今泰国)、吕宋;帆踔二洋,倏忽数千万里,以中国珍丽之物相贸易,获大赢利,农者以拙业,力苦利微,辄弃耜而从之"(卷14食语谷条)。

明中叶以后,初有倭寇侵扰沿海,继有葡萄牙、荷兰等海盗式的商船东来,海疆不靖,当时我国采取闭关政策,曾停止对外贸易,禁止人民出海,明嘉靖间(16世纪中业)葡殖民主义者强占了我珠江口外的澳门,为资本主义国家侵略我国最早的基地。

清初因要压制郑成功在台湾的民族运动,加严海禁,甚至不顾沿海人民死活,用武力强迫东南沿海人民内迁,拆毁房屋,筑为长城,掘坟墓为沟堑,沿海一带五里一墩,十里一台,东起虎门,西至防城,地方三千里,以为界限,人民敢越此界者就被杀戮,沿海人民死亡达数十万众,是为"迁海"之变,为两广历史上一大惨祸,广东沿海的经济受了很大的破坏。

自明嘉靖到清代鸦片战争,其间约三百年,为我国闭关时代,使我国对外贸易得不到正常的发展,但我国和南洋等地的贸易是适应着我国经济发展的趋势,而且自唐代以来,珠江流域的人民侨居南洋的渐多,广东为全国最多华侨的地区之一,这样使珠江流域和海外的经济关系不至完全中断,明清统治阶级的闭关政策虽然起了一些阻碍作用,但终究敌不过社会发展的总趋势,因此清初亦不得不指定广州、漳州、宁波、上海四处设立海关,四关之中以广州为最大。以后又保留广州一处口岸,因此,一直到鸦片战争为止,广州为我国最大的对外商埠。

明代在本流域内的少数民族地区的一种政治措施是"改土归流"(即废除世袭的土酋制,改为有流动性的汉官统治),这是在少数民族地区的社会经济发展的基础上施行的,它又反过来促进了少数民族社会生产力的解放,使少数民族摆脱了农奴式的土酋制的压迫。但随着改土归流制的发展,汉官、地主和商人也越来越多。汉族奸商和各族地主互相勾结,对农民进行残酷的剥削,阶级矛盾日趋尖锐。但每表现为民族矛盾的假象,当时统治阶级不断加以镇压亦难收实效。从明洪武五年至万历四十五年(1370—1617)共245年间,光在广西境内,规模较大的斗争多达七八十次,使改土归流政策受了很大的阻力,直至民国才得全部实现(参看黄臧苏著《广西壮族历史和现状》)。

六、简短的结语

根据我们初步的了解,珠江流域在它历史发展过程中有以下一些特点:

(1)珠江流域开发的历史是非常悠久的,战国时期这里已和楚国有密切的关系,从中国大统一的秦代起,本流域的东部已和黄河长江等地一样,列为郡县,成为祖国的"本部"了。

(2)珠江流域的开发是当地兄弟民族和南来的汉族共同努力的结果,我们想正确地了解本流域发展的真实情况，必须对兄弟民族的历史进行深入的研究（本文在这方面做得很不够）。今后在流域开发规划中也要密切注意各民族的特点。

（3）珠江流域经济的开发是具有全国性意义的，这不但由于本流域具有优越的气候和丰富的天然资源，同时，也由它的地理位置掌握了中国南方和西南方一部分对外的交通孔道，尤其是广州自古以来即为我国一个历久不衰的港市，而滇越、湘桂和黎湛等铁路亦具有国际交通的意义。

（4）珠江流域各区的发展是不平衡的，我们可大致以广西大明山为界，在此以东的地区，发展较为迅速；以西则较为迟缓。其所以有此差异的原因之一，由于东部天然孔道较多，对内对外的联系较便，对于文化的交流和生产的发展较为便利，而且位于珠江的中下游，对于早期农业的发展也较为容易。

（5）本流域（特别是在下游地区）是我国和外国接触最早的地区之一，对于中外文化的交流具有重要的桥梁作用，同时，这里资本主义经济的萌芽也比内地为早。

（6）珠江流域发展的历史固然是悠久的，但发展的速度仍是缓慢的。这和我国特殊的封建社会制度有关，因此，珠江流域虽早有资本主义经济的萌芽，但不能像西欧那般迅速发展起来。

（7）从历史发展看来，珠江流域的人民和东南亚甚至印度和阿拉伯各国的人民具有悠久的友好关系，对于亚欧经济的发展曾共同做出了许多伟大的贡献，这种优良的传统今后应当继续加以发挥。

（8）从本流域内的发展看来，上游和下游之间联系是非常不够的，甚至可以说上游与下游是各自独立发展的。对国内来说，下游受湘赣的影响最大，上游则受四川的影响较多；对国外的关系来说，则下游主要从海道和外国联系；上游则用陆道通中印半岛。故今后全面开发本流域时，不仅要充分利用古人曾经利用过的许多对邻区交通的天然孔道；同时，还要改良上下游间的交通，加强云贵和两广的联系，使全流域能得到更好的发展。

附录：

编后话

  本期学报自然科学版（地理专辑）为中山大学地理系主编。内容有苏联地植物学家 А. Г. 伊萨钦科在中山大学地理系的学术报告《苏联地植物学的几个问题》，他详尽地介绍了苏联地植物学的发展。何悦强同志的"地理外壳化学元素群初步的划分及其在景观地球化学研究中的意义"是学习景观学的心得，并提出一些看法。

  中山大学地理系一年多以来在苏联景观学专家伊萨钦科的辛勤指导下，成立了自然地理进修班，传播了苏联景观学的先进理论，培养了一批新型的景观学工作者。《鼎湖山地区关键地段景观调查与大比例尺制图方法总结》即在伊萨钦科专家的领导下，在广东高要鼎湖山山地景观调查的产物。景观调查，特别是热带、亚热带的景观调查，在我校尚属创举，谨发表供综合自然地理工作者做进一步的讨论。至于鼎湖山景观调查报告，因赶印不及，容日后发表。"广州附近文化景观图"也是初步尝试，提出文化景规划分限区及相的原则，并做了描述。

  "广东高要鼎湖山土壤"，为作者多次调查的结果，"广东南海县西樵山石器的初步调查"，是在中国共产党中山大学委员会及地理系党总支的大力支持下，组织了调查小组，对该地石器遗址的分布，自然条件及石器所属时代做了调查、研究及室内分析，为广东石器时代文化的研究提供了新的线索。

  "广州气温的一些统计分析"可供当地建设上的参考。

  "投影立体绘图仪的设计和应用"，为李见贤同志继块状立体绘图仪之后，进一步地尝试。

  "珠江流域古代历史地理初探"一文，为作者提供地理系去年秋季珠江流域经济地理考察工作的参考，有助于对古代珠江流域经济发展的了解。

[原载《中山大学学报》（自然科学版·地理专刊）1959年第1期]

第三十篇　广州市区的水陆变迁初探

徐俊鸣

徐俊鸣

提示：复原历史时期某一城市或区域的面貌，是历史地理研究一项重要的任务。广州是一座有2000多年历史的古城，依山傍水选址和布局。但历经千年沧桑，城市政区位置、山川、街区、道路、地名、设施等变化甚大，给现今规划、改造、建设带来不少困难，亟须历史、地理提供这方面的成果。本文根据文物考古、历史文献、地名考证、历代舆图、实地调查等资料，复原广州城市水路地形、交通渠道、码头口岸的风貌和变迁，并提供它们的一系列时代剖面，为广州城市规划和设计提供历史参考。

一、广州的地理位置和地形概况

广州位于珠江三角洲的北部边缘，白云山脉从东北方逶迤而来，止于越秀。其余地区大部皆为平原，水网纵横，只有若干岗地错落其间，宛如海岛。

广州附近的地形可简分为以下三大类型：

（1）低山与丘陵。主要分布于市郊的东北方，近而易见的为白云山，海拔380多米，比海拔70多米的越秀山高出数倍。这条山脉向东北方延伸为分布于从化、增城和龙门三县的南昆山，其中高峰有超过1000米的。这些山丘大都是花岗岩、片麻岩、变质砂页岩等较坚硬的岩石所成，抵抗侵蚀能力较强，所以地形比较高峻。加之越秀山的南侧有大致东—西向的高要—博罗大断层，白云山的两侧又有东北—西南向的断层，因此山丘和平原的界线相当明显。

（2）平原——又可细分为两种：

（甲）珠江三角洲平原。主要分布于山地的南侧，为河海合力淤积所成。海拔多在5米以下，地势低平，易为洪水淹没，每需堤围保护，海潮可达，冬季河水有时略带咸味。

（乙）广花平原。分布于广州市西北和花县南部，故名广花平原，为流溪河和北江带来的泥沙冲积所成。海拔10～20米，比珠江三角洲平原略高一级，海潮已不能到达，属于河流阶地性质。过去该处田间井架如林，成为一种特殊景色，新中国成立后由于大修山塘水库，这种灌溉井始被淘汰。

（3）岗地或称台地。为久经侵蚀的残余岗地，偶有岩石露头，地势起伏不大。多分布于山丘的边缘或散布于平原之中。由于高度不同又可分为二级：

（甲）海拔20～30米的岗地或台地。分布最为广泛，多为红色砂岩页岩或砾岩所成。人俱以其色赤，故称"赤岗"（在河南），以其形多似龟背，又有称之为"龟岗"（东山和西关均有）。此外，如红花岗、东山岗、番山、坡山等均属于这一级。只有河南的漱珠岗（海拔约24米）系一古火山，为流纹岩所成。这一级岗地因地势坦平，地基坚实，广州的旧城区和现在的许多新工业区多分布于其上。

（乙）海拔40～50米的岗地或台地。一部分为红色砂页岩或砾岩所成，如市东黄花岗、河南七星岗等；另一部分为花岗岩所成，如石牌一带，岗上以多巨大的石蛋为其特色。这级岗地因地势略高，距水较远，现多作为学校、机关和游览地。

综观广州市郊的地势是从东北向西南倾斜，所以广州市附近的河流也依此方向多向西南流。如流溪河、沙河、甘溪、流花水都是这样。

从水面来说，由广州市区到黄埔港一带，自冰后期海侵以来，为一东西向的溺谷湾。这个深入三角洲内的海湾，东宽西狭，直至宋代，广州城下被称为"小海"，黄埔一带被称为"大海"（见宋人杨万里诗）。在二三千年前，海潮由狮子洋汹涌而来，海浪可直拍越秀山南麓，回旋于由红色砂页岩造成的番山、坡山的四围。近年在中山纪念堂东侧掘地至6米深处，发现有蚝壳碎片。在北京路以东、中山四路以北，掘地至5米深处发现秦汉时代造船工场遗址，在船下0.3米的灰黑色黏土层中含有大量浅海的浮游生物，如有孔虫等遗体，属于浅海相沉积。经C_{14}测定，其时间距今为2190±90年。最近又在北京路以西中山五路以北也挖到类似的古代船场遗址，据初步观察其时代可能属于东汉。根据这些地下资料看来，古代番山实为海水所环抱，所以东汉末期孙吴交州刺史步骘曾盛赞此地是："负山带海，博敞渺目，高则桑土，下则沃衍。……睹巨海之浩茫，观原薮之殷阜。乃曰：斯诚海岛膏腴之地，宜为都邑"（见《水经注》浪水条）。三国初，陆胤为交州刺史时，也说："州治临海，海流秋咸，胤又蓄水，民得甘食"（见《三国志·吴书》陆凯传）。

数千年来，由甘溪、流溪河、沙河以及西北两江的分支带来的泥沙，受到海潮的顶托，流缓沙沉，乃把这个海湾逐渐淤小。

概括地说，广州市的地理位置：从大范围来看，它是华南最大的水系珠江的下游，西北二江可由芦苞冲、西南冲（更古还有石角水）经过灵洲山、石门等地通到广州，东距东江下流北支也不远。因为广州距离三江的出口稍远，输送到此的泥沙略少，所以能够比较长期维持一定的水深，使数千年来，广州成为河港而兼海港。再从局部的地理位置来看，则广州的西北有石门之险，东有瘦狗岭之峻，越秀北峙，珠江南绕，对于防御极为有利。而番禺台地紧邻淡水丰盈的甘溪，对于城址的选择也起到相当重要的作用。

二、番禺名称的由来和历代城垣的变化

秦代以前，广州最早的名称，虽有"楚庭"和"南武城"的传说，但其位置何在，人莫能道。而能指出其大概位置的只有秦代的番禺城。由于该城是秦代南海郡尉任嚣所筑，故又称"任嚣城"。据南宋方信孺《南海百咏》转引北宋初郑熊的《番禺杂志》说："在今城东二百步，小城也。始嚣所理，后呼东城，今为盐仓，即番禺县也。"据后人考证，宋代的盐仓在今旧仓巷和仓边街（登峰南路）一带。旧仓巷西侧在旧城隍庙（文德路北端）后，地势陡高，俗称"高坡"，今仍可见，相传为古一之禺山，古诗有"欲问禺山何处是，路旁童子说高坡"。但亦有人认为高坡是番山，而禺山却在其南（今中山图书馆侧）或其北（小北大石街清虚洞）。北魏郦道元的《水经注》："浪水（即西江）东别迳番禺。《山海经》谓之贲禺者也。交州治中合浦姚文式问云：何以名为番禺，答曰：南海郡治在今城中，与番禺县连接，今城东南偏有水坈陵，城倚其上。闻此县人名之番山。县名番禺，傥谓番山之隅也。"据此，则只有番山而无所谓禺山了。据《南海百咏》说："今在州学后者止余一大磐石。有亭榜以番山，而禺山则漫不可考。"近年在该处的小丘下仍挖出红岩碎块，证明为一石质岛丘，而在高坡西侧挖出古代造船遗址，其情况实为古代海湾的一部，过去人们视为禺山者只是由人工堆成的土丘罢了。1954年，在越秀山镇海楼（俗称五层楼）后，发现唐末（公元906年）的王涣墓，在其墓志铭中指出该墓是在"番山之左，越井之下"，这样又是以越秀山为番山。又有人认为番禺县得名由于有番禺二山，这一说法首见于唐代徐坚的《初学记》转引刘宋时沈怀远的《南越志》。此说比前一说较晚。按姚文式为三国时人，比沈怀远要早一百多年。1953年初，在广州西村发现的秦墓出土漆盒上烙有"蕃禺"二字，是则"番禺"又可作"蕃禺"。综上以观，番禺县名的由来和番禺二山的位置，现在仍众说纷纭，还没有一个公认的结论。广州方言读"番禺"为"潘禺"，与《水经注》中"贲禺"的声音近似。所以有人怀疑"番禺"一名可能是古代当地少数民族对于此地的土名，与城中小山未必有什么联系。

秦汉之际，继任嚣统治南海郡的赵佗，曾把"任嚣城"扩大到周长十里，俗称"越城"或"赵佗城"。关于任嚣和赵佗城的位置，过去有两种不同的说法：一说在今登峰南路（即甘溪下游）之西，一说在登峰南路之东。从地形上看，前者有台地依傍，形势比较优越，而后者地势卑洼，不利于防御。秦代进兵岭南时，曾受过当地越人的坚强抵抗，则在这里建立的重要政治军事据点，势必选择一个较有利于防御之地建城。但宋代的广州东城（它位于甘溪的下游以东）却明言建于古越城之上，可见古越城也曾包括甘溪下游以东

之地。笔者认为古越城实际上包括甘溪下游东西两侧，亦即包括宋代广州的中城和东城在内，盖宋代中城周长五里，东城四里，二者共九里。我国秦汉时的尺度比唐宋时约短十分之一，即秦汉时的十里约等于唐宋时的九里。两个数字可说基本一致。

汉武帝平定了南越之后，为了加强中央的统治，把原被赵割据的地区划分为九郡（后缩为七郡），广东大部仍属南海郡。由于南海郡所管辖的地区远不及赵佗割据时辽阔，南海郡治和番禺县治已他迁，越城又受到战火的破坏，自不免较前衰落。而秦汉造船遗址的废弃，可能与此有关。

到了东汉末期，岭南已属于吴国，建安十五年（210年）吴交州刺史步骘把交州治从广信（今广西梧州）搬到南海郡来，重新修理了尉佗旧治，并曾"扩番山之北以广故城"。后来交州和广州分治以后，南海郡遂为广州治，广州之名亦由此开始。但步骘所修的广州城范围多大，史无明文记载，直至唐代均未见有修城的记录。唐天祐末（公元907年，即唐亡前一年），岭南节度使刘隐（即后之南汉主）"以南城尚隘，更凿平禺山以益之"。所以笔者认为自三国至唐代的广州城，只有古越城的西半部，即在甘溪下游之西，比宋代的中城南边还略小一点。因宋代的中城是以南汉向南扩展后的广州城（当时称为兴王府）为基础的。

唐代广州虽然是世界著名的商港，但城垣大概仅保护官衙，范围不大，商业区多在城外。宋代广州的经济比唐代有所发展，在两宋三百多年间，广州的城垣扩建和修缮达十余次之多，其中较重要的为：①北宋庆历四年（1044年），修筑子城，又称中城，其范围大致与南汉的兴王府相同，东界文溪（甘溪下游），西界西湖（今教育路），北抵越华路，南抵延安路，周长五里。②北宋熙宁三年（1070年），在古越城东部的基础上，修筑东城，西接子城，与子城合一，东到今农民运动讲习所以西，北在豪贤路（古称濠弦街）以南，南抵延安路。③熙宁四年（1071年）增筑西城，东与中城，隔一西湖，西抵今人民路，北起百灵路（因附近有小巷名北城根），稍北有天濠街（今东风二路一段），周十三里余，规模最大，其作用主要是保护商业区。此外，在宋开庆元年（1259年），又在城南筑东西雁翅城直至海边，东翅长90丈，西翅长50丈（见陈大震《南海志》）。

元初曾大毁天下城墙，至元十五年（1278）广州城被拆，至元三十年（1293）始修复（见乾隆《南海县志》），本文所附的明初的广州城图，可当作元代广州城。

明洪武十年（1377年），把广州三城合而为一（《永乐大典》卷11，906年），并向东扩展到今越秀路，向北扩展到越秀山上。周长21里余。嘉靖四十四到四十五年（1565—1566年），又在城南加筑外城（《白云越秀二山合志》卷49）。长1202丈（即六里余）。后人称明初所筑为老城，嘉靖时所筑为新城。

清顺治四年（1647年）曾在新城以南增修东西两翼城，直到江边，各长二十余丈。从此以后广州城只有修缮，而未见扩筑了。

以上就是广州历代修城的大概。

三、历史时期甘溪和东郊的水陆变迁

甘溪是广州市东侧最重要的水道，它对于广州原始聚落的产生和最近发现的古代造船遗址均有密切的关系。

甘溪有许多别名，如越溪、文溪、行文溪、东溪、韸韸水等。它现在发源于白云山东侧的支阜长腰岭以西，初循白云山脉的走向向西南流，到小北圈外（旧小北门外）突然折向东南，注入东濠冲，到东濠口流入珠江。长约八千米。

从地形上来看，自小北圈经今登峰中，南路、长塘街、大塘街和清水濠一带，地势特别低洼，清代为城中六脉渠（即下水道）中的左二脉所经。据清代的记载，左二脉的水由旧城隍庙后的高坡起，向南北分流；南段渠水经长塘街、清水濠而入横亘老城以南的玉带河，北段的渠水初向北流，后折而东，由旧天官里（今东风三路）出天关（或称铜关），穿过越秀北路（旧东面城基）注入东濠，这条流经登峰南的下水道现已改作暗渠。

从地势和甘溪上中流的流向来看，这条渠道实为甘溪的下游，古代称为文溪。据同治《番禺县志》：南宋宝祐三年（1255年）有李昴英曾在文溪上修了三座桥：①文溪桥，位于今中山四路和长塘街的北口，即清代的清风桥；②状元桥，位于登峰中路间法政路的西口；③狮子桥，在今大石街西南方双槐洞口。前二桥均在文溪的干流上，而狮子桥则在文溪的西支上，由此可通古西湖（今华宁里和教育路一带）。《广东新语》在西湖条下说："其水北接水溪，东连沙澳"按沙澳即宋之东澳，在今清水濠一带，为广州东侧的一个重要海湾，宋设盐仓于今旧仓巷和仓边街（即登峰南路）一带，当时的盐船即由东澳上溯，航运方便之故。

由于甘溪的水具有饮用、航行、灌溉等作用，对于广州人民关系密切，所以历代疏浚它的记载甚多。

无论番禺县志、广州府志、广东通志和清一统志诸书，都说甘溪的上源是菖蒲涧，如《清一统志》"广州府甘溪条"说："蒲涧在县东北聚龙岗北六里。东有滴水岩……曲折而南为行文云，流入金钟圹，注于粤秀山麓……"但现在甘溪的上源却在长腰以西，而长腰岭以东的一条小水和更东的蒲涧均已流入沙河而不再流入今甘溪了。关于江河上源的变化在地形学上称为"抢水现象"，并不稀奇。原因是沙河支流的溯源侵蚀力强，沿着大钵盂的西侧（后又在东侧）不断向北延伸，接通了长腰岭以东的甘溪支流和甘溪的上源菖蒲涧。因为沙河的支流入珠江的流程较短，坡度较大，使菖蒲涧等水流从这条捷径注入沙河，遂使长腰岭以南的一段甘溪因水源被夺而逐渐干涸，现在长腰岭和双燕岗一带地势特低，仍可看到废弃的河床痕迹。

甘溪下游的抢水现象发生在什么时候呢？有以下两个史实值得注意：

（甲）同冶《番禺县志》卷五和邓淳的《岭南丛述》卷十均记载有北宋时罗浮山道士邓守安因见广州贫民饮用珠江的咸水易生疾疫，拟用竹笕和石槽将蒲涧的山水引入广州城中以供民饮的意见，苏东坡曾将他的意见传告广州当局一事。按苏东坡认识罗浮山的邓道士，大概是在北宋绍圣元年（1094年）他谪居惠州的期间，料想当时蒲涧的水已不能流（或不能畅流）入甘溪了。

（乙）据元人陈大震《南海志》卷八"城濠条"说："（南宋）开庆己未（即公元1259年），谢经略子强在大修城濠之后，复自蒲涧景泰山导泉水西入于韸韸水（即甘溪），又西至悟性寺（即后之三元宫）之左，筑堤潴之，深二丈许，以淹浸州后之平地。……南开小窦，溢则泄之于濠。近年决其堤，纳水于濠，遂于其故地为田，属之官。"

从上面两条史实看来，甘溪上游的抢水现象在宋代已经开始，后虽屡经人工疏浚，故道终未能恢复过来。

至于甘溪下流何时不再经旧仓巷而转入黄华塘，与陶金坑之水相会而同出现今的东濠呢？据文献资料看来，不在明初合三城为一的时候而在明成化年间，因明初只浚旧濠，成化间始新凿部分东濠。据清人樊封《南海百咏续编》称："明代合筑三城，文溪尚穿城南入东濠，今小北门城墙尚有月洞门旧迹。成化间议凿北濠，大监陈瑄以白云山地脉关系阖省，不宜锄断，惟凿东濠二百六十五丈，深一丈六尺，于是斜引文溪之水不使贯城，东面迂回直入海矣。"另据明人郭棐《粤大记》谓陈瑄议论此事是在成化三年（1467年），是则甘溪在今小北圈外，陡折向东南，切朱紫寮（即猪屎寮）而过，形如地堑，显示出人工开凿的痕迹。清人陆殿邦《维心亨室文集》亦有类似的记载："会城东偏及越秀山原在城外，自明初拓建城址，然后围越秀山入城中，改白云山水出外（按此句有误），就近凿天关以洩东北隅诸水，以护民居。……今会城内湛家园以南，天关以北一带菜地菇塘及城外黄华塘长堤，尚仿佛其概。道光癸巳（1833年），绵雨连日，山水陡发，小北门致不能开，天关之口为山水所遏，亦不能出。北自十九洞，南至芳草街及东华里，俱成巨浸。贫户土屋坍塌殆尽，此缘城东地势北高南低，言渠道者，昧于水［性］……将亚婆塘（在榨粉街与芳草街间的横街，旧有塘）之水强引归北。平时倒灌为嫌，涨发则南侵可虑，无一可者。"（转见《广州城坊志》）

自明成化以后，因甘溪的水既斜入东濠，故自小北圈以南的甘溪下游故道逐渐淤塞而成为涓涓细流，所以清代把它当作六脉渠中的左二脉，后复改作暗渠，沧桑变化与日俱深，今日人们漫步此间，又有谁会想到千百年前，这里还是广州的一处重要水陆码头呢？在这水运便利的地方设置造船厂是有可能的。据《岭南丛述》引《黄通志》载，"嘉靖（三十七年）戊午（1558年）11月，广州城隍庙后五丈，有大榕树，颓朽久矣。其根下又丈余，有穴……发之得杪木板数十片，皆两两相对，多不可数，且近神象乃封之。盖唐宋以来完缮楼橹板干也。"该处正在今发现秦汉造船遗址的东邻，很值得注意。

四、历史时期西关和西村一带的水陆变迁

人民中路和南路为明清广州城的西界，自此以西称西关。北接西村增埗，南濒珠江，西为流溪河的汊道。这里绝大部分皆为冲积平原，地势低平，湖沼星罗，河道纵横，真是水乡泽国。《广东新语》说："广州西郊，自浮丘以至西场，自龙津桥以至蜿冲（即十八甫），周回二十余里，多是池塘，故其地名曰半塘（即今泮塘）。"又因基堤之上多栽荔枝，故又称荔枝湾。

目前这里的水系主要有二：

（1）北为流花水或称驷马冲，源出越秀山西侧，经过越秀公园、流花桥（体育馆侧）、彩虹桥（今西华路）曲折西南流，至澳口入流溪河的汊道，长六七千米，中流异常曲折，显示出平原河流的特色。这条河流的中段实为古代芝兰湖所在，宋人（佚名）《锦绣万花谷》称："番禺北有芝兰湖，并注西海。"可见旧时水面可能由西海（指流溪河东汊道）向东伸至今流花湖或更东的地方。

（2）南为西关冲，上源众多，较重要者有上西关冲和下西关冲。上西关冲大概北源出今中山七路陈家祠附近，西南经龙津桥（向阳二路）与源出长寿路（今曙光路）的南源相会后，经泮塘、荔湾冲（今荔湾湖）入珠江。下西关冲的北源出于下九路（今秀丽二路）华林寺附近，与流经十八甫的大观河相会后，西北流至多宝路（今新风路）与上西关冲合流入荔湾冲（今荔湾湖）出珠江，另有一支在未与上西关冲相会之前，即由柳波冲南入珠江白鹅潭。上下西关冲源流均不长，二三千米而已。

此外，另有西濠冲，北起象冈（在旧大北门外）南麓，南流经第一津、第二甫……第八甫至西濠口（今人民南路）入珠江，流线甚直，似主要出于人工开凿，长三四千米。西濠冲北段可和流花水相通。

广州西郊最早见诸记载的地名为泥城（或称西场），在本区西北角，今东风一路西端附近，那里适在台地和平原的接触地带，西濒流溪河，古代西北两江到广州的航线均经官窑和石门而南，常在此登陆入城，一是古代广州西侧最重要的水陆码头。

在今西华路西段有彩虹桥，为由西场进城过流花水（即驷马冲）处。据古籍记载，南北朝前期，彩虹桥附近还相当辽阔，以后逐渐淤塞变为大片沼泽地，所以需架长桥以济。但从《清一统志》的记载中，仍可看到明成化间，彩虹桥附近仍为广州西侧的重要水陆码头存在。据成化《广州府志》称："文殊寺在郡西之彩虹桥，刘汉时创。"如此事属实则唐末南汉时已有彩虹桥了。

关于古兰湖的范围，现在仍不清楚，一般史志多指清代老城外的双井街和兰湖里一

带，清代《南海百咏续编》的作者认为应包括盘福路和老城内的天濠街（今为东风二路的一段），而盘福即为兰湖的讹音。隋唐末诸代兰湖湖水尚深，外国商船可从澳口上溯到兰湖以避风浪。《番禺县志》古迹条有："余慕亭在朝台（应为朝亭之误）唐刺史李地建，使客舟楫避风雨者皆泊此。"据后人考证，余慕亭在今象岗西侧双井街附近。

又《南海县志》转引《恭岩札记》称："元妙观西偏，乾隆初，有道人……启土三四尺，得朽木盈丈，视之洋舶也。意唐宋前此地尚属濒海巨浸耳。按玄妙观在海珠北路以西，光孝路以东，或谓为宋天庆观（或其南部）。但这部分古代水域究为古兰湖的一部，抑或是古西澳经光塔附近向北伸展的部分，尚不清楚。

在东风一路以南的西郊，石质残丘只有二处：一为龟峰，一为浮丘石。

龟峰（龟山）在今西华路南侧的市立第四中学内，为红色砂页岩所成，高出附近地面不多，今仍可见。据成化《广州府志》："慈普寺在郡西龟由西寺右，刘汉（南汉）时创，宋季毁"。乾隆《广州府志》则称："西禅龟峰寺，在城西四里，殿后石形为龟，故名。"

浮丘石在石岗街（今中山七路），《广东新语》把它同海珠岛、海印石（在东濠口附近）合称为"珠江三石"。《海南百咏》称："浮丘山在郡西浮丘观之西，其高一丈五六尺，周四百余步。……先在水中，若丘陵之浮，今山之四面，篙痕宛然。有陈崇义者，年一百一十二岁，说为儿时，犹见山根舾舟数千。今去海边三四里，尽为人烟井肆之地"。另据壬申《南海县续志》称："浮丘寺石，职志谓篙痕宛然。道光间（1821—1851）犹及见。不知何年并石凿去。"近年修筑马路，浮丘已埋在中山七路之下，现已无遗迹可见了。

西关南部较早见于历史的为"西来初地"，今秀丽二路北侧仍有西来直街，内有华林寺。据阮元《广东通志》载："梁普通七年（526年），达摩从西天竺浮海至此，建西来庵，后改称华林寺。"是则此地至少已有1400多年的历史了。

见于隋代的则有杨仁里，它位于今秀丽二路以南，杨巷以东。由于清宣统三年，在广州东郊石牌发现隋代太原王夫人墓，其墓志铭中有"夫人于大业三年（607）五月二日［卒］于南海杨仁坊之私第。"由此可见距今1300多年，杨仁里已宅第成坊了。

西关的地名见于唐和南汉的不少，如荔枝湾有唐荔园，据说是唐末曹松曾咏荔于此。今荔湾冲口附近，曾有郑公堤，为唐末广州节度使郑愚或郑从说所筑。

南汉在西关设有许多离宫别苑，如荔枝湾有昌华苑（见《岭海舆图》）；泮塘有南汉的刘王花坞，又名华林园或西御苑（见《舆地纪胜》），稍北的流花桥附近南汉时有芳春园（见《广东新语》）。

西关的地名始见于末代的有丛桂里和南海神西庙等。据《南海百咏》说："南海庙在郡东南（即今黄埔的波罗庙），又有西庙在城西（按旧称第十甫，今秀丽二路与文路昌之交）"。南宋初杨万里诗云："大海更在小海东，西庙不如东庙雄。"可见宋代广州有内港与外港，均为海舶所聚，所以才有东西庙并称。

丛桂里又称十二甫，据壬申《南海县续志》所述，宋代西关南部已在今秀丽路以南。

西关始见于元代地名不多，仅有今向阳三路以北的洞神坊，因元代曾有刘洞神庙得名（见成化《广州府志》），但这地点不能用以说明水陆变迁。

明清两代，西关似有较大的变化，这和我国对外交通贸易日见发达有一定的关系。值得提到的如郝玉麟《广东通志》载："明永乐四年（1406年）置怀远驿于广州城西蚬子步，建屋120间以居蕃人，隶市舶提举司。"按蚬子步即十八甫。浆栏路（即十六甫）明代亦已有了（见《广州城坊志》卷五）。又柳波冲亦称沙尾角，约在今蓬莱路，据《白云越秀二山合志》称正统十四年（1449年），黄肖养起义军曾在此重创官军。西濠原在太平桥入珠江，明嘉靖初（1522年）曾别开新河于十四甫（今人民南路）经青云里，接下西关冲，西达柳波冲入珠江，而太平濠废。万历初（1573年）复太平濠塞十四甫新河，仍留西段称大观河（见《广州城坊志》）。由此可见，明嘉靖以前，西关南侧陆地已达大观河（今和平西路与梯云东路之间）以南了。

西关在清代始出现的地名很多，不能尽述，兹仅举其较能显示水陆变迁的，如清廷指定专做对外贸易的十三行商及其附设的专招待外商的"夷馆"所在地（大约始建于乾隆年间）。并不限于现今的十三行街，而实包括它南边的许多直街，所以清魏源的《海国图志》引华事夷言曰："十三间（行）夷馆，近在河边"。不难理解为清道光年间，西关南边河岸尚在今十三行街一带，而在今文化公园附近。

其次是沙面，清初尚名中流沙，据壬申《南海县续志》："十三行互市，天下之大利也。中外之货纷集。乾嘉之际其极盛者乎。乃咸丰丙辰（1856年）尽毁于火，后移市河南鳌洲等处。待己未（1859年）忽又言定移市中流沙，殆即拾翠洲，俗称沙面。沿岸各炮台余址甓石尚多，尽徙而投之江，无过问者，复量沙畚土以实之。……谓将恢宏图而复理故业也。……又自北岸开冲，起煤炭厂，迄油步头，各修石磡，并于石磡上筑直路至联兴街（今粤海关东侧），接连填平，俗称鬼基（谅即今六二三路）。"同书又说"咸丰九年（1859年），运石中流沙填海，谓将建各国互市楼居也"。按英法帝国主义者强占沙面作为所谓"租界"也是在那一年开始的。

五、历史时期城内渠道和城南河岸的变迁

广州旧城区内的下水道，俗称"六脉渠"。宋元时代的古六脉渠和清代的六脉渠有所不同。元人陈大震《南海志》所举六脉渠，当系指宋代的古六豚渠，其分布如下：

（1）草行头（今地不详）至大市（旧惠福西古称大市街，即今向阳四路）通大古渠出南濠（今海珠中路东侧的南濠街），为一脉。

（2）净慧寺街至观堂街（海珠北路旧称官塘街）、擢甲巷（今海珠中路北端东侧尚有

擢甲里）、大古渠、新店街（今朝阳南路）、合同场、番巷（可能即今光塔街）通大古渠出南濠为一脉。

（3）光孝街（今红书北路）至诗书街（今红书中路）行通仁王寺（今海珠中路南段尚果里）前大古渠水出南濠为一脉。

（4）大均市（待考）至盐仓街（可能为马鞍街）及小市街（今解放南）至盐步门（可能即素波门，因元代的《南海志》指出："素波门……盐仓街之直。"）通大渠为一脉。相当于清代的右一脉。

（5）廉访司（今人民公园）至春风桥（在马鞍街）为一脉。按此一脉为古西湖所在地为甘溪的分支。相当于清代的左一脉。

（6）子城内水出路学前泮水（即清代府学宫前的泮池，今广州工人文化宫）为一脉。

上述古六脉渠所经的地点现在虽未能一一确指现今何地，但其分布的大概情况，仍依稀可见。

同书同卷"渠道条"说："三城南临海，旧无濠，海飓风主，则害舟楫。〔北宋〕大中祥符间（1008—1016年）邵晔知广州，始凿内濠以通舟楫，州人便之。熙宁初，王靖成东城，复濠其外。〔南宋〕嘉定三年（1210年）经略陈岘重浚，长一千六百丈。东西置闸。……开庆己未（1259年），谢经略子强大兴工役，广斥至二十丈，深三丈余。"按王靖筑东城在熙宁三年（1070年），次年（1071年）程师孟筑西城，上文漏举。这些濠是三城以南的濠（即今玉带河）的疏浚情况。

宋代广州城南有东西二澳，东澳为清水濠上接文溪，在本文第三节甘溪条中已有论述，而《南海志》在古六脉渠中没有举到它，可能由于水量较大或视作城濠而不作渠道之故。

《南海志》中所举的（1）—（3）条渠皆入西澳，《南海百咏续编》说，果桥在内城南濠街城垣下，为大古渠出水之总口，俗呼为大水关，石栏月洞，雄丽广阔，为三城旱桥之冠，上跨城楼，即宋代之共乐楼也。宋代西澳一带为广州重要内港之一，中外商人聚居于其附近，程师孟（主持修西城者）《题共乐》诗有云："千门日照珍珠市，万心烟生碧玉城，山海是为中国藏，梯航尤见外夷情。"流入西澳的渠道（主要是第二脉流经今海珠路的）在宋至元曾屡加疏浚。按古共乐楼所在的大水关（又名果桥或拱桥），大概位于今南濠街南端与秀丽三路相交处。清初尚可通舟楫（见《南海百咏续编》），遥想唐宋时商船由此北溯可到光塔附近，唐代阿拉伯人在那里建筑怀圣寺，料因该地近水，光塔实具有指航作用。

在宋代子城和西城之间有西湖，亦辽阔可以通舟。《南海志》的古六脉渠中的第五条当即指此。据《广东新语》："西湖亦曰仙湖，在古瓮城西，伪南汉刘䶮之所凿也。其水北接文溪，东连沙澳，与药洲为一，长百余丈。岁久淤塞，宋经略陈岘疏浚之，辇龚故苑奇石置其旁，多植白莲因易名曰白莲池，而湖亡，其东偏今有仙湖里遗焉。"

另据《舆地纪胜》"广南东路景物下来远驿"条记载，南宋时即已在古西湖设立外商招待所了。阮元《广东通志》又载："宋转运使司署在航海门内仙湖街。"按航海门为末代西城南边靠近中城的一门，它的位置约在今书坊街（北接教育南路）和延安一路相交处。从城门的名称、管理转运的机关和外商招待所均在此地看来，自北末以迄明初，这里是广州对外贸易的重要地区之一。大概至明永乐四年（1406年）在西关十八甫设置怀远驿后，广州的对外贸易中心才转移于西关。外贸中心之所以西移大概同西湖的日益淤塞有关。

清代的六脉渠有种种不同的说法，乾隆年间仅存其五嘉庆年间又分为十。主要的原因有三：①末代三城的北界未达今东风路，而清代的老城已跨越秀山上，范围扩大了，由东风路以北和越秀山南地势较番禺台地为低，因此许多渠水有南北分流的现象，偏东的多折向东流至天官里（今东风三路一段），穿城基下的铜关注入东濠。偏西的折向西流至盘福路穿城基（有北水关）出西濠。②六脉本为医学上的名称，言地者聊借以说明城市水渠有如人身之血脉必须畅通而已，渠数未必一定有六。③各渠的淤塞的程度有所不同，因而所指亦随之而异。清代六脉渠现多采用曾两次主持修渠的人——陈坤的《六脉渠图说》（见《广州城坊志》书末）。现将各渠流经的地点摘要如下：

（1）左第一脉正渠，自督院署（今越华路）起，南流历古药洲、华宁里、卫边街（今教育北路）、七块石、清风桥（华宁里与中山五路之交）、南朝街、贯学院署、九曜池（今教育南）至书芳街、（今书坊街）仙湖街，由仙童桥（在仙湖街）穿城出南胜里入玉带河。

（2）右第一脉，自抚院署（今人民公园）右起，南流历雨帽街、桂香街，由孚通街三圣宫前穿城出南胜里入玉带河。

（3）左第二脉正渠，横流的自三元宫前起，东经将军大鱼塘（在大石街北），过狮子游、丹桂里、天官里，出铜关入东濠。另有纵流的，由城隍后南北分流，北流的经司后街、豪贤街同横流的汇合，南流的经明月桥（即宋文溪桥，在中山四路长坊街口）、长坊街、由思贤街穿城入玉带河。

（4）右第二脉，横流的自三元宫西栅起，而经西华一巷、回子营，由北水关（在今盘福路）出城入西濠。另有纵流的则自将军署（今交际处）前玄妙观（中山六路以北、海珠北路以西）左边，亦分南北流：北流的经豆腐巷、官坊街（海珠北路）与西流者相接，南流的经擢甲里、杏花巷、麻行街，由大水出城入玉带河。其中，南流的同宋代第二脉相同。

（5）左第三渠，自东华里起，南流至贡院（今省博物馆）入东濠。此渠位置在宋代东城之外，故宋代未有列入。

（6）右第三渠，自光孝寺前起，南流经纸行街、诗书街（均今红书街）由小水关出西濠。此渠大部与宋代第三脉相同，唯下游不入南濠，而转向西行入西濠。

在今延安一、二路和秀丽三路以南的玉带河，当北宋大中祥符年间（1008—1016年）开凿时已说明其主要目的是避风，则当时玉带河以南自当已有陆地存在。玉带河以南的街名见于宋代的自东而西有：①清水濠街，即宋代的东澳；②东横街；③高第街（今群众街）；④小市街（今解放南路）；⑤卖麻街（在今石室前）；⑥状元坊（今泰通坊）。

此外，宋代在镇南门（子城正南门）外有市舶亭和海山楼，为当时检查外国商船和宴请外国来宾的地方，大概位于今北京南路与东横街相交处附近。

明嘉靖年间，增修新城，其南界为今一德路和泰康路，据说当时南侧已直临珠江，但据清代广州图，则今海珠广场以东仍有内濠，该段城濠以南的太平沙等地亦见于明代（见《番禺县志》）。

据南宋方信孺《南海百咏》谓："走珠石在海南"。按走珠石即海珠岛，当时广州城下的珠江，水面还相当辽阔，俗称小海，故方氏所说在海南，就是说海珠岛偏于珠江南岸。但由于珠江北岸陆地伸展较多，南岸陆地伸展较少，因此，海珠岛乃逐渐接近北岸，再加以人工填筑，于1931年海珠岛竟和北岸相连了（在今靖海路口）。

据说今向阳四路北侧的坡山晋时为珠江边一个渡口，今距珠江边约1100米，如从晋初（265年）算起，距今约1700多年，平均每年陆地增长约0.6米。

今红书中路南端（尚果里附近）是西晋太康二年（281年）建仁王寺故址，距今将近1700年。该处现距珠江边约900米，平均每年陆地增长约0.5米。如明代老城中段南界即南汉广州城的南界，约在今延安一、二路，则自北京路同延安路相交处至天字码头，距离约650米。南汉修城是在公元906年，距今接近1070年，则这段陆地扩展的速度，每年也约0.6米。

珠江南岸的水陆变迁一般不大。旧海幢寺（今称立新公园）建立在小丘万松山之上，南华路下即为红岩台地的边缘，据1921年的《广州市区域图》，海幢寺距离当时江岸不过100米左右，南华路距江边更近，只有在溪峡（在海幢寺西侧）以西，陆地伸展略多，如鳌洲原为一岛状沙洲，现其南侧水道已经淤断。在白鹅潭边的洲头咀一带因新中国成立后修筑内港和1955年以后在珠江南岸修筑滨江路后，陆地始有显著的扩展。但同珠江北岸比较起来，为数亦极有限。因河南是一个岛状地形不像河北直接毗连山地，而由西北江及流溪河带来的泥沙亦首先沉积于河北，加之河北为城区所在，人工之填筑亦较为积极。西关一带唐末已开始筑堤，城南的长堤以南的海珠岛亦因修筑新堤而连于北岸。

六、小结

综合上述情况来看，在历史时期的广州市区河道和陆地的变化有以下几个特征：

（1）珠江北岸陆地的扩展远较南岸为广。由坡山古渡至新堤，已超过 1000 米，而南岸一般不超过 100 米，遂使原近南岸的海珠岛已由人工填筑连于北岸。

（2）沉积于本区泥沙，除来自发源于北部山区的甘溪、沙河、流溪河等外，还有西江、北江的汊道所带来，因受海潮的顶托，水慢沙沉。再加上人为的影响，使沧桑的变化更为迅速。

（3）广州溺谷湾虽然比古代淤小了很多，但它到底距离西江、北江、东江三江的主要出口较远，遂使西江、北江两江的泥沙主要沉于南海、顺德、中山等县境形成西江、北江三角洲，而东江的泥沙主要沉积于东莞、增城等县境形成东江三角洲，而广州溺谷湾适处于两个三角洲的夹缝间，所以还能够保持一定的深水道，有利于广州水运的发展。不过，由现代轮船吨位日大，故仍须在市东的黄埔一带建设外港。而较大的江轮也只能走河南以南的后航线始可进入白鹅潭。

（4）珠江北岸的淤积，在番山、坡山以北的湖泊逐渐消失之后，转入边滩淤积的形式，如城南的太平沙、增沙，城东南的大沙头、二沙头均其著例。这显示出海潮往复的影响。这些东西长的边滩，现多已连于大陆。西关一带陆地的形成过程，似亦先在今秀丽二路一带浮出一个沙洲，所以南北朝时已有西来初地。到唐末已西延至今荔枝湾口（附近有郑公堤）。由于这个沙洲的横亘致上西关形成半水半陆的泮塘和荔枝湾等地。沙面虽昔名中流沙，其实也是边滩性质。河南的鳌洲也是这样。这充分说明海潮对于这里淤积起着相当重要的作用。

（原载《中山大学学报》自然科学版 1978 年第 1 期）

第三十一篇 宋代广东经济地理的初步研究

徐俊鸣

提示：宋代广东始进入大规模开发时期，社会经济面貌焕然一新。这突出地表现在广东经济地理有了新的进步，包括政区调整、等级上升、农业和手工业发展、海上丝路扩大、贸易兴盛、人口增加、城镇兴起，各地社会经济进一步发展，标志着宋代广东已摆脱过去蛮荒现状，在全国社会经济地位显著提升。论文指示广东这种时代和区域升迁，具有全国性意义。

徐俊鸣

一、前言

唐自天宝以后，初有安史之乱，后有黄巢等的起义，统治力量已日趋衰微。唐亡以后的半个世纪期间，我国中原地区连续地更换了5个朝代，边缘地区则先后分建了10个小国，世称为五代十国，各地战火蔓延，国民经济受到很大的破坏。当时岭南一带，在宋兴以前的60多年间，始终在南汉统治之下，局面还算比较稳定，然南汉统治者残暴奢靡，对劳动人民施行残酷的剥削，所以岭南人民同样得不到生息。赵宋在后周的基础上，统一了中国，建都汴梁（今河南开封），是为北宋，国势不及唐朝强盛，疆域也比唐朝为小。北不能有燕云（今冀北一带），西北不能逾河西（今甘肃西部），西南不过大渡河（云贵一带当时属大理国），越南亦宣告独立。汉唐以来开辟的西北和西南的国际通路，至宋俱不能有，因此，海上交通倍显重要。其后由于辽金的南下，宋王朝不得不徙都临安（今杭州），是为南宋，仅有半壁江山，领土更为狭小，但对于南方的经营非常积极，对外贸易成为国家重要税源之一。海外交通，由于指南针的应用而日见便利。因此，广东在全国的地位也日益重要起来，北宋有海舶往来的港口共有广州、杭州、明州（今浙江宁波）、泉州（今福建泉州）、密州板桥镇（今山东胶县）、秀州华亭县（今江苏松江县）等处，而广州设立市舶司最早（公元971年），贸易也最盛。南宋虽增辟了温州（今浙江温州）、江阴军（今江苏江阴县）、秀州海盐县澉浦（今浙江澉浦）等港口，但它们的贸易均远不及广州。唯两宋统治期历300多年之久（公元960—1279年），其间经济情况自有一定的变化，对于岭南一带来说，基本上是继续向前发展的，唯到了南宋后期，由于政治日趋腐败，和全国对外贸易转移于福建泉州的关系，使广东经济的发展走向下坡。

宋末距今不及七百年，当时广东的自然环境和现在无大差异，唯各河口的三角洲不及现在辽阔，海水内伸的范围较大；森林也较为茂密，河流的含沙量自亦较小，有些河道（如芦苞涌和西南涌）尚未淤塞，仍为水运要道。据历史记载，东江三角洲的西北部大步一带，尚可采取珍珠。① 当时在东江下游所筑的堤围（福隆围），并非保护东江三角洲的本体，而仅保护其南缘茶山带的洼地。西北江下游的堤围，亦偏于西北江三角洲的北部（今高要、南海一带，其堤围名称参看本文农业一节），西江、北江三角洲南部的陆地，当然不如现在辽阔。是时咸潮经常可到达广州，使广州城市居民饮水发生问题。② 广州城南水面辽阔，号称小海。③

韩江三角洲亦有类似的情况，但广东大部分是岩岸，所以海陆变化尚不太大。

二、行政区划的调整

宋代的行政区划，大抵沿用唐代的旧制，宋太宗平定诸国之后，初将全国分为十三道，两广一带仍称岭南道。太宗淳化四年（公元993年），又将全国省并为十道，岭南道改为广南道。翌年，又改"道"为"路"。太宗至道三年（公元997年），定全国为十五路，广南分为东西两路，广东和广西的名称即由此简化而来。神宗元丰间，北方各路又再析小，全国共分为二十三路，而东西两路不变。路之下设有府、州、军、监和县。由于州、军、监三者属同一级性质，故当时全国行政区划实为道、府、州、县四级制。

据《元丰九域志》载，当时（北宋后期），全国共有23路、14府、242州、37军、监、1235县，而在今广东省境内的有1府、19州、3军、60县，至南宋则因有3州升为府，增加5个县（恢复旧县5个，新设县2个，后撤了2县）。所以，南宋在今广东境内共有4府、16州、3军、65县（州县名称参看附表1）。

宋代在今广东境的行政区划有以下几个特点：

（1）州县的数目比唐代大为精简。唐代在今广东境内其有5府、27州、105县，而北宋仅有1府、19州、60县（北宋的县数和现在的县数相等），南宋县数虽略有增加，但亦

---

① 据《东莞县志》载，唐末五代南汉刘𬬮时曾在大步海（按在今麻涌附近）采珠，至宋初始废。《元史·食货志》亦载："珠在广州者采于大步海"，可见直至元代东江三角洲中仍产珍珠。
② 《番禺县志》卷五载宋苏轼与王敏仲书："罗浮道士邓守安言广州一城人好饮咸苦水，春夏疾疫时，损失多矣，唯官员及有力者得饮王山井水，贫下何由得，唯蒲涧山有滴水岩，水所从来高，可引水入城，则一城贫富同饮甘凉，其利便不在言也"。
③ 《萍洲可谈》卷二云："广州市舶亭枕水，有海山楼，正对五洲，其下谓之小海。"

仅及唐代的6/10。州县减少的原因，并非由于人口的减少（宋代广东的人口比唐代增加1.7倍，参看下文人口一节），实由于自六朝以来州县设置过滥，行政费用过巨，人民负担不了，不能不有所调整。

（2）州县地区的分布比前较为平衡合理。唐代在今广东境内的州县的分布很不平衡，粤西异常稠密，而粤东则寥若晨星。宋代所归并的州县，几乎尽在粤西和海南方面，而粤东和粤北反略有增加，这样遂使过去县级区划不平衡的现象有所改进。而粤东经济的发展，当和闽浙经济的日益发达有密切的关系。

（3）宋代各县绝大部分均保存到最近。南宋的65县中，除洊光县元代并入英德，石康县废于明代，昌化与感恩二县至新中国成立后始合为昌感县外，其余各县一直保留到1958年末广东行政区大调整之前。由此可见，宋代所定各县较为合理，有一定的经济基础，故能保持八九百年之久而不废。

宋代的府、州、县，依地理位置和户口的多少分等级。府分为辅、望、紧、上、中、中下、下七等。广州府属于中都督府（南宋在本省所升的三府之中，肇庆、德庆均为望府，英德为下府）。州分为八等，即辅、雄、望、紧、上、中、中下和下（较唐代增中下一等）。在今广东境内各州，除韶州属中州，封州属望州外，余皆为下州。县的等第则分为赤、畿、次赤、次畿、望、紧、上、中、中下、下十等，前四等限于京畿之地，故在各路的县，仅有望以下六等。据《宋会要辑稿》：北宋徽宗大观年间户部奏，自唐始至后周，县以三千户以上为望，二千户以上为紧，一千户以上为中，不满千户为中下。今户数比旧已增数倍，拟以一万户以上为望，七千户以上为紧，五千户以上为上，三千户以上为中，不满二千户为中下，一千五百户以上为下。兹按县等次制成二表，由此，可以窥见当时各地人力分布的大概情况（表1、表2）。

说明：英州升为英德府，端州升为肇庆府，康州升为德庆府，其提升的原因似非由于当地经济的发展，而由于其曾为宋室亲王封地或其他原因而已。

表1 宋代在今广东境内各县建置的时代

府州名称	领县数	秦	汉	吴	晋	南北朝	隋	唐及南汉	北宋	南宋
广州府	8	番禺	增城、清远	新会	东莞、怀集	信安（原义宁、南宋废）	南海			香山
韶州	5		曲江			翁源、乐昌、仁化			建福（南宋废）、长乐	乳源
循州	3	龙川			兴宁					
潮州	3		揭阳			海阳、潮阳				
连州	3		桂阳、阳山				连山			
梅州	1					程乡				
南雄州	2			始兴				浈昌		
英德府（英州）	2		贞阳（旧名浈阳）浛光（旧名浛洭）							
封州	2				封川	开建				
肇庆府（端州）	2		高要、四会							
新州	1		新兴							
德庆府（康州）	2		端溪			泷水				
南恩州	2		阳江（旧名高凉）			阳春				
惠州	4		博罗	欣乐、海丰				河源		
化州	北2 南3					石龙	吴川		石城（北宋废，南宋复置）	

续上表

府州名称	领县数	秦	汉	吴	晋	南北朝	隋	唐及南汉	北宋	南宋
高州	3				茂名	电白	信宜（旧名信义）			
雷州	北1 南3		海康（旧名徐闻）				遂溪、徐闻（旧名乐康），均北宋废南宋复置者			
钦州	2						安远（旧名保京）			
廉州	2		合浦					石康（旧名常乐、南汉置）		
琼州	5						澄迈	琼山、乐会、临高、文昌		
昌化军（南宁军）	3		宜伦（汉儋耳郡、唐义伦县）、昌化（汉至来县）、感恩（汉九龙县）							
万安军	2							陵水（或作唐置）		
朱崖军（吉阳军）	北镇2 南县2							临川、宁远（北宋均为镇，南宋均为县）		

注：表中第一栏，由广东至惠州属广南东道，化州以下属广南西道。

表2 宋代广东各州县等第

路别	州府名	属县数	望县	紧县	上县	中县	中下县	下县	等第不明者
广南东路	广州中都督府	8	南海		番禺	增城、清远、东莞（宋史作中、纪胜作中下）、怀集		新会、信安*、香山**	
	韶州中	5	曲江、翁源			乐昌、仁化、建福			乳源**
	循州下	3	龙川、兴宁		长乐				
	潮州下	3	海阳	潮阳（广记作紧，纪胜作望，宋史作中下）					
	连州下	3	桂阳			阳山、连山			
	梅州下	1				程乡			
	南雄州下	2	保昌			始兴（宋史作中，纪胜作下）			
	英州下（南宋作英德府）	2	贞阳		浛光				
	封州下（先下、后望）	2						封川、开建	
	端州下升望（南宋升肇庆府望）	2				高要、四会（宋史作中、纪胜作下）			
	康州下升望（南宋升德庆府望）	2						端溪、泷水	

续上表

路别	州府名	属县数	望县	紧县	上县	中县	中下县	下县	等第不明者
广南东路	新州下	1				新兴			
	南恩州下	2				阳江		阳春	
	惠州下	4		河源		博罗、归善（广记作中，宋史作下）		海丰	
广南西路	化州下	北宋2 南宋3						石龙、吴川（广记作中，宋史作下）	石城**
	高州下	3					信宜	电白、茂名	
	雷州下	北宋1 南宋3						海康	遂溪**、徐闻**
	钦州下	2	灵山					安远	
	廉州下	2			合浦			石康	
	琼州下	5				琼山		临高、乐会、澄迈、文昌（广记作中、宋史作下）	
	南宁军下（昌化军）	3						宜伦、昌化、感恩	
	万安军下	2						万宁、陵水	
	朱崖军下（吉阳军）	北宋无 南宋2							宁远**、吉阳**
合计	北宋	60	10	2	4	13	1	24	1
	南宋	65	10	2	4	17	1	24	7

注：本表主要根据《宋史·地理志》，并参考《舆地纪胜》，其中等第不一致时的取其合理者，其中有 * 符号者是北宋有而南宋撤废的县。有 ** 符号者是北宋无而南宋析置，或北宋裁撤而南宋复置的县。表内括号里的"纪胜"即《舆地纪胜》、"广记"即《太平广记》。

三、农业和手工业的发展

宋代在广东境内的农业比前大有进步，主要原因是由于人口大量增加，有较多的劳动力，同时粮食的需要也随之而大增。唐代在今广东境尚无兴修水利的记载，至北宋则有16宗，南宋有24宗之多，主要分布于珠江和韩江三角洲内，如在今高要县的长利围、赤项围和金安围，高鹤县的泰和围，均为北宋太宗至道二年（公元996年）修筑。南海县的罗格围，为北宋真宗年间（公元998—1022年）所筑。南海的桑园围，为北宋仁宗至嘉祐年间（1054—1063年）所筑。博罗的苏礼龙围亦筑于宋代。东莞的福隆围筑于北宋哲宗元祐三年（公元1088年）。韩江三角洲方面有三利溪，由潮安城西引水可灌溉潮安、潮阳和揭阳三县，故名，亦为元祐间所筑。当时政府大力奖励垦荒，《宋史》卷百七十三"食货志"载："北宋徽宗崇宁中（公元1102—1106年）广南东路转运判官王觉开荒田几及万顷，诏迁一官"。当时稻作一年二熟，据《太平寰宇记》潮州条下说："稻得再熟，蚕亦五收"。南宋时广州为一大米市，广南东西两路的米，常集中于州，由海道运销今福建、浙江等地。如《宋史》四百○一《辛弃疾传》中说："闽中土狭民稠，岁俭则籴于广"。又如朱熹的《朱文公文集》卷二十五云："广南最是多米去处，常岁商贾转贩，舶交海中，今欲招邀，合从两司多印文榜发下福州沿海诸县，优立价值，委官收籴，自然辐辏，然后却用溪船，却来节次津般，前来建宁府交卸"。同书卷二十九云："唯有广东船米可到泉福"。又真德秀的《真文忠公集》卷十五说："福、兴、漳、泉四部，全靠广东以给民食"。同书又说："又福、泉、兴化三郡，全仰广米以赡军民，贼船在海，米船不至，军民便已乏食，余价翔贵，公私病之"。广米不单运销福建，还远销浙江杭州等地，如《宋史》卷三十五孝宗记载："淳熙九年正月籴广米赴行在（即杭州）"。《朱文公集》中又有广米运往浙东温州、明州（今宁波）等处的记载。由于广州的米可以外销，价值较昂，吸引了广南西路的米也集中到广州来。据《岭外代答》卷四中说："广四斗米50钱，谷贱莫焉，夫其贱非诚多谷也，正以生齿不蕃，食谷不多耳。田家自给之外，余悉粜去，曾无久远之积，富商以下价之，而舳舻衔尾，运之番禺以网市利。"

当时粮食作物，除稻米之外，并有薯、芋、粟、麦等。宋卢多逊咏崖州《水南村》诗中有"上篱薯芋春添蔓，绕屋槟榔夏放花"之句。《太平寰宇记》在"信安县（今开平）"条有云"封水在县东六十里，源出云粟山，南中土风，惟稻无粟，此山种粟即成"。

经济作物比唐代有所发展，除桑、麻外，甘蔗、棉花和茶叶的种植已日见重要。① 林产品中有各种硬木（如胭脂木、乌棥木）、槟榔、椰子和各种果木（荔枝、龙眼、香蕉、柑子等）。

宋代手工业比唐代有进一步的发展，在广南当时亦不会例外，从《宋史》地理志及食货志、《元丰九域志》和《太平寰宇记》等书所记的土贡和土产看来，其中较重要的手工业以矿冶、纺织、制盐三者为重要，其次有造船、制糖等项。

1. 矿冶业

以银场为最普遍，此外，有铜、铁、金、铅、锡、煤、钟乳、石砚、石墨、石膏、云母等，矿产种类比唐代增多，而锡、铜铁发展迅速。

（1）银：清远、东莞、番禺、曲江、翁源、乐昌、兴宁、海阳、桂阳、贞阳、洺光、高要、四会、泷水、归善、电白、信宜均有银场。贡银的尚有梅、封、化、高、廉、琼等州，肇庆、德庆二府和昌化、万安二军。

（2）锡：海阳、长乐、端溪、新会、阳山、阳江、归善、海丰、河源诸县及梅州均有锡场。

（3）铁：番禺、清远、仁化、高要、阳春、归善、博罗诸县及梅州均有铁场。《岭外代答》称："雷州铁匠甚巧，制茶碾、汤瓯、汤匜之属，皆若铸就。"当时瑶族和黎族所制的刀亦极有名。

（4）铅：清远、翁源、乐昌、仁化、龙川、阳江等县及梅州均有铅场。

（5）铜：曲江、阳山、贞阳、阳春均有铜场。庆历末韶州、天兴铜大发，岁采25万斤，置永通监。元丰年间，全国铸造铜钱的有十九监，而广东韶州的永通监和惠州的阜民监规模最大，此二处年铸钱额共达150万贯，几占全国总额（506万贯）的30%（见《文献通考》卷九）。

（6）金：产四会县、南恩州（有金冶），琼州（出金华），万安军（产金）。贡金的尚有昌化军和朱崖军。

（7）矾燋：韶州有岭水矾场年产矾10万斤。

（8）燋石：（煤）。唐代在康州已发现燋石（见《南州异物志》，转载《太平寰宇记》）。

（9）石墨：出阳春。

（10）石膏：出封州。

---

① 唐代韶州已产茶（见陆羽《茶经》），南海县西樵山亦已种茶，宋淳祐中有道遥子咏罗浮茶庵诗，可见罗浮亦产茶（见《广东新语》），但产量仍不多，所以北宋真宗天禧末天下茶皆禁（即由政府专卖），唯山陕和广南听民自卖，但不得出境（见《通考》）。据《宋会要辑稿》循州龙川亦产茶。据《太平寰宇记》，封州有茶。

（11）石砚：端州的石砚驰名全国，号为端砚。

（12）云母：产新州、增城。

（13）连州：水银、朱砂。

2. 纺织业

有丝、纻、棉、麻、蕉和竹等纤维的织物，见于记载者有：

（1）纻布和葛布：出新、雷、连等州及英德府。

（2）绢、绸：韶、循及南雄三州均贡绢（《九域志》），高州产水䌷甚佳（见《岭外代答》），潮州产丝。

（3）棉布：北宋以来在今广东和福建一带棉花种植渐盛，如南宋方勺著的《泊宅篇》卷三十一说："闽广多种木棉……纺织为布，名曰吉贝"。王明靖著的《补辑熙丰日历》载，元丰年初，广州知府陈绎之子陈彦辅曾因纵容广州军人织造木棉谋生获罪。足见当时衣服已通用棉布。《太平寰宇记》述琼州土产中有古贝布亦即吉贝布，① 万安军的斑布，均为棉布。

（4）都落布：产于封州、端州和新州。②

（5）蕉布：产于广州府和潮、韶二州，由蕉身的纤维织成。③

（6）竹布：出广州府及梅州，由单竹的纤维织成。④

3. 制盐

广南沿海一带是我国重要产盐区之一，东莞、新会、海阳、归善、海丰、石康、琼山等县均产盐，各场所产除供当地消费之外，大概先集中于广州府及潮、惠、南恩三州，然后运销两广和赣南等地，其中以广州为最主要的集散地。据《宋会要·食货志》记载，绍兴二

---

① 棉花传入我国之初亦称木棉，常和广东常见的木棉（红棉）相混，而宋人周去非所著的《岭外代答》一书中，有比较详确的记载："吉贝木如低小桑枝，萼类芙蓉花之心，叶皆细茸，絮长半寸许，宛如柳絮，有黑子数十，南人取其茸，以铁碾去其子，即以手握茸就纺，不烦绩缕，以之为布最为坚善，唐史以为古贝，雷、化、廉及海黎峒富有，以代丝，雷、化、廉州有织，匹幅长阔而洁白细密者为慢吉贝，狭幅粗疏而色暗者名曰粗吉贝。有绝细面轻软洁白服之且耐久者。海南所织则多品矣，幅极阔不成端匹，联二幅可为卧单，名曰黎单，间之五采，异文炳然，联四幅可以为幕者，名曰黎幕。五色鲜明可以盖文书几者，名曰鞍搭，其长者，黎人用以缭腰"。而宋人范成大所著的《桂海虞衡志》则指出："黎幕出海南，黎人得中国锦，拆取色丝每以木锦（按即棉花）挑织而成"。

② 都落布可能是麻布的一种，《广东新语》载："麻有青、黄、白、络、火五种，黄、白曰苎，青络曰麻，火曰火麻。都洛即络也，络者言麻之可络者也。新兴县最盛，估人率以棉布易之，其（县）女红治络麻者十之九，治者十之三，治蕉者十之一，纺蚕作茧者十之一而已"。徐松石在所著《粤江流域民族史》则谓："都字原来等于峒字、又岭南麻有青、黄、白、络、火五种，络布出峒，故名都布亦称为都落"。《汉书》载马援在交趾尝着都布单衣，即此络布，但藤田丰八则认为是棉布。

③《岭外代答》："水蕉不纳实，南人取之为麻缕，片干灰煮，用以织绡，布之细者，一匹值钱数缗"。《广东新语》作者则认为水蕉是其花如莲的莲花蕉，而可供织布的为布蕉，多种山间，土瘠石多则丝坚韧，土肥则多实而丝膲不堪为布。

④《广东新语》载："单竹节长二尺，有白穰花穰之别，白穰脆，可为纸，花穰柔而韧蒦与白藤同功，练以为麻织之，是曰竹布。故曰南方食竹（笋）而衣竹。"

年:"本路产盐,广州盐仓每年课利 30 万贯以上;潮州 10 万贯以上;惠州 5 万贯以上;南恩州 3 万贯以上"。绍兴三十二年广南东西路产盐 2818450 斤,约占全国十分之一。①

4. 制糖

我国古无蔗糖,所食的糖类仅有蜜(蜂蜜)和饴(麦芽糖)。三国时吴主孙亮曾取交州所献甘蔗饧(饧古糖字)。《南州异物志》云:"交趾甘蔗取为饴饧"。唐太宗时从摩揭陀国(在今印度恒河流域)传入制糖法于扬州(见《新唐书》卷二百二十一)。据近人研究,在唐太宗以前我国亦有制蔗糖的方法,唯比较原始而已。宋人王灼所著《糖霜谱》一书则谓:"糖霜一名糖冰,福唐(令福建福清)、四明(即明州,今浙江宁波一带),番禺、广汉(今四川广汉县)、遂宁(今四川遂宁)有之,独遂宁为冠,四郡所产甚微,而颗碎色浅味薄,才比遂(宁)之最下者。"《宋史·地理志》广州土贡中已有糖霜一项,惠州亦可能出产糖霜(参看本文城市部分)。由此可见,广东蔗糖产量虽不及四川,但亦已渐露头角了。

5. 造船业

造船业和水上交通有密切的关系,广州即是当时全国最大港口之一,故船舶的修造亦当有一定规模,此外钦州亦有造船业,钦州海山出产乌婪木,缜密坚致,适于造大船的舵。岭外又有一种木兰舟,"舟如巨室,帆若垂天之云、柁(舵)长数丈、一舟数百人,中积一年粮,养猪酿酒其中"(《岭外代答》卷六)。

6. 陶瓷业

宋代广东陶瓷业续有发展,成为出口商品之一。新中国成立后在广东发掘出古瓷窑遗址不少,如潮州近郊、佛山市石湾和南海镇龙圩等地,均有宋代瓷窑。广东的瓷多为青瓷,大概是受了越瓷(浙江的瓷器)的影响,阳江亦为宋代陶瓷产地。

7. 酿酒业

广州有各种造酒草药(蚶娘等),琼州有酒树(似安石榴,其花可酿酒),儋州有严树(其叶可酿酒),以上见《太平寰宇记》。广州的十八仙为广南著名的美酒(见朱彧《曲洧旧闻》卷三)。

8. 编织业

如广州的藤席、循州的藤盘、惠州的藤箱等。

---

① 据《元丰九域志》:"宋代广州东莞县有静康、大宁、东莞三盐场、海南、黄田、归德三盐栅(按在今东莞、宝安和中山具境)。新会县有海晏、博劳、怀宁、都斛、矬洞、六斗六盐场(按在今台山县内)。潮州有净口、松口、三河口三盐场。惠州归善县有淡水一盐场,海丰有古龙、石桥二盐场。此外,廉州石康县和琼州琼山县均有盐场。"另据《宋会要辑稿·食货之二十三》载:"绍兴十二年,全国九十一盐场,共产盐 288793815 斤,而广南东路十七盐场,产盐 16553000 斤,广南西路七场,产盐 1158450 斤。"

9. 建筑业

广东古代的墓葬结砌皆用泥浆。据近年发掘宋代的墓葬中，发现墓内券拱的结砌是使用灰浆，可见宋代广东的烧石灰业渐多，建筑上已使用灰浆结砖法了。

在宋代广东人民的经济生活中，野生动植物的采集占相当重要的地位，其中较重要的如：

（1）香料的采集。岭南出产的香料种类很多，其中以沉香最为名贵，海南岛出产的最佳，海北（钦廉一带）亦有，但品质较差。此外，尚有蓬莱香、黄熟香、鹧鸪斑香、笺香、光香、橄榄香、檀香、甲香等。详见表3。[①]

（2）药材的采集。种类亦很多，如高良姜、益智子、牛黄、石斛、肉豆蔻、蚺蛇胆、肉桂、地黄、詹糖香等。产地见表3。

（3）采集珍珠及其他水产品。合浦、钦州和东莞一带均产珠，宋初虽诏废官办采珠队（媚珠都），但人民仍继续采取珍珠。其他水产品如玳瑁、龟壳、鲛鱼皮、石发、水马（水龟）、鹅毛等均有采取利用。

（4）禽鸟及其羽毛的猎取。如孔雀、鹦鹉、锦鸡、五距碧鸡、越鸟、翡翠毛等美丽的热带雀鸟和它们的羽毛，当时亦为人们采集的对象，见表3。

表3 宋代在今广东省境内各州土产及贡物

州名	土产及贡物
广州府	藤、水皮、檀香、詹糖香、龟壳、胡椒、石发、肉豆蔻、丁香、零陵香、补骨脂、舶上茴香、没药、没石子（以上贡品）。明珠、大贝、文犀、盐、玳瑁、蕉布、鲛鱼皮、竹布、石斛、五色藤、沉香、大甲香、柑子。草有大千金、小千金、守房郎、千里回、万里忆、蕃人香。药物有昆仑犀、篱头母、渡洛崖。造酒草药有蚶娘、蒲楼藤、乌龟叶、五劳草、鸡头根、双筋木叶。花有仙鹤、麝脐、遥怜、向日莲、红茉莉、紫水蕉、木葵（可为扇）、云母（产增域）
潮州	甲香、鲛鱼皮、蕉布（以上贡品），水马、海桐皮、乌药、地黄、千金钩、盐蚕、五子树（实如梨，有五核，治金疮及霍乱）丝、盐
南恩州	金、银（以上贡品），鹅毛（盐藏、鱼、细小色白如鹅毛，故名）
韶州	绢、钟乳（以上贡品），蕉布、石斛、甲香、水马、鲛鱼皮、髯蛇（蛇多髯故名）

---

① 焚烧用的各种香料大都出于植物，如蜜香、沉香、鸡骨香、黄熟香、栈香、青桂香、马蹄香和鸡舌香8种即同产于一树，名蜜香树。其中，木心和木节坚黑而沉于水的为沉香；浮与水面相平的为鸡骨香；其根为黄熟香；树干为栈香；细枝紧实而不腐的为青桂香；树根节轻丽大的为马蹄香；其花不香，成实乃名为鸡舌香（见晋嵇含著《南方草木状》）；唯甲香一名甲煎，为一种螺属，名流螺，大如刚面，和其他各香共焚，可增加香气，但独焚则臭（见《岭南丛述》）。

续上表

州名	土产及贡物
连州	白布、钟乳、官桂（均贡品）
梅州	银（贡品）、山蕉、竹布
英德府（英州）	布（贡品）
南雄州	绢（贡品）、石釜（嫩石可以为锅釜）、竹布、茶叶
高州	银（贡品）、马尾、牛尾、蚺蛇胆、高良姜、益智子
新州	银（贡品）、金、牛黄、布、都落布、木香（蜜香）
德庆府（康州）	银（贡品）、大甲香、钩藤、乌药、鲛鱼皮、荆场树、棠果、古斗树
封州	银（贡品）、鲛鱼皮、春紫笋茶、榛牛、都落布、牛黄
化州	银、高良姜（贡品）、盐、珠、孔雀、鹦鹉、益智子
钦州	高良姜、翡翠毛（贡品）、余甘子（庵罗果）
廉州	银（贡品）、珠、蚌、甲香
雷州	芥禾（冬稻）、芋、葛布、乌药、高良姜、益智子、海桐皮、珠、木豆
南宁军（昌化军）	金、银、高良姜、严树（均贡品）、石榴、白藤花、煎沉香、苏木要、苔塘香、相思子
琼州	银、槟榔、酒树（均贡品）、剪枕、黄熟香、苏木、蜜蜡、吉贝布、白藤、高良姜、益智子、干栀皮、紫贝叶、珍珠、金
朱崖军（吉阳军）	金、高良姜（均贡品）
万安军	金、银（均贡品）、斑布

注：本表根据《太平寰宇记》《元丰九域志》《宋史·地理志》《岭外代答》《桂海虞衡志》等书汇编而成。各州府土贡未必尽为当地所产，如广州的胡椒、肉豆蔻等，各州的金、银亦恐如是。

四、交通和贸易

宋代我国对海外的交通和贸易，比唐代有进一步的发展。据《岭外代答》卷"三航海外夷"条载："诸番国之富盛多宝货者，莫如大食国，其次阇婆国（在今爪哇），其次三佛齐国（在今苏门答腊岛），其次乃诸国耳。三佛齐国者，诸国往来海道之要冲也；三佛齐之来也，正北行，舟历上下竺（马来半岛以东的海岛）与交洋（交趾湾），乃至中国之境。其欲至广者，入自屯门；欲至泉州者，入自甲子门。阇婆之来也，稍西北行，舟过十二子石（Karimata），而与三佛齐海道合于竺屿之下大食国之来也，以小舟运，而南行至故临国（在今印度西南部），易大舟而东行至三佛齐国，乃复如三佛齐入中国。其他占城、真腊之属，皆近在交趾洋之南，远不及三佛齐、阇婆国之半，而三佛齐、阇婆国又不及大食国之半也。诸番国之入中国，一岁可以返；惟大食必二年而后可。大抵蕃舶风便而行，一日千里，一遇逆风，为祸不测。若夫默加国（今阿拉伯麦加）、勿斯里（今埃及）等国，其远边也不知其几万里矣。"

宋代到广州贸易的外国商人，除上述阿拉伯和三佛齐人外，尚有许多其他外国商人。据《宋会要·职官表》云："市舶司掌市易，南蕃诸国货物航舶而至者，初于广州置司，……凡大食（即阿拉伯）、古逻（今马六甲①）、阇婆（今爪哇岛中部）、占城（今越南中南部）、勃泥（今加里曼丹岛北部）、麻逸（今菲律宾某地）、三佛齐、宾同龙（今越南南部藩朗）、沙里亭（今新加坡附近）、丹留眉（马来半岛东岸大坤附近）并通货易，以金、银、缗钱、铅、锡、什色帛、精粗瓷器市易香药、犀象、珊瑚、琥珀、珍珠、宾铁、玳瑁、车渠、水精、藩布、乌楠、苏木之物"（《宋史》卷一百八十六食货志）。

宋代外国入口商品中，以乳香为最重要，乳香又名薰陆香，据陈敬所著《香谱》卷一称："薰陆出大食国之南数千里深山穷谷中，以斤（即斧）斫树、脂溢于外，结而成香，取而为块，以象辇之至于大食，大食以舟载易货于三佛齐，三佛齐每岁以大船至广与泉，广泉二舶视香之多少为殿最。"乳香主要用以焚烧供佛和薰衣等，是贵族的消耗品。据神宗熙宁十年（公元1077年）统计，是年由广州入口的乳香占当时全国总入口99%，故乳香被称为"广东香""岭南香"。南宋并在广州设香药库使专门管理这种贸易。

在唐代，南海沿岸各港能和广州竞争的为交州。自唐末越南独立以后，和广州竞争的港口为福建的泉州，至宋末元初，广州的对外贸易曾一度为泉州所压倒，其间兴替之故，一方面泉州地理位置较为接近南宋首都临安（杭州）；而船舶日大和指南针已用于航海，使海舶无须沿岸而行，亦为一因。另一方面，由于离岸直航关系，所以其航线需要穿过西沙和南沙等群岛，当时称它们为千里石塘和万里长沙。

至于宋代广东的对内贸易则以粮食、食盐和热带性物产为主。关于米粮的运输闽浙，和食盐的行销广西和赣南等地，已见上文，兹不再述。热带物产中有槟榔、糖霜、葵扇等物，据《岭外代答》卷八称："槟榔生海南黎峒，亦产交趾……海商贩之，琼管（即琼州）收其征，岁计居什之五，广州税务收槟榔税岁数万缗"。同书卷六云："自福建下四川与广（南）东西路，皆食槟榔者，客至不设茶，唯以槟榔为礼……广州又加丁香、桂花、三赖子诸香西药，谓之香药槟榔。唯广州为甚，不以贫富长幼男女，自朝至暮，宁不食饭，唯嗜槟榔"。

宋代的对内交通，亦比唐有所改进：①自太祖建隆二年（公元961年）起，驿站以军卒代替民役；②有军事行动时期，设急递铺，其中最快的为金字牌急递，日行五百里，比

---

① 据《中国人民和印度尼西亚人民的友好历史关系》一文中，认为古逻国在今马六甲（载《中国和亚非各国友好关系论丛》，三联书店1957年版）。

前更为迅速；③内河运输特别发达，在广东境内，当时除充分利用内河航线外，并曾修治大庾岭道、连江和北江边的一段栈道以辅助水运。据王巩《闻见近录》："庾岭险绝闻天下，蔡子直（名抗）为广东宪，其弟子正（名挺）为江西宪，相与协议，以砖甃其道，自下而上，自上而下，南北三十里，若行堂宇间，每数里置亭以憩客，左右通渠，流泉涓涓不绝，红白梅夹道，行者忘劳"（《宋史》卷三百二十八蔡挺传中，亦有类似的记载）。按蔡抗在北宋仁宗时任广东转运使。《广州府志》卷一百零四载："荣諲为广东转运使，广有板步古河路绝险，林箐瘴毒，諲开贞阳峡至洸口古径，作栈道七十间抵清远，趋广州，遂为夷途"（据《宋史》本传）。当日北江不特为海舶运来的珍品北运的大道，同时亦为粤盐北运的要道。大抵东路所产盐由此北入赣南；而西路所产则由南流江越桂门关（今广西北流县境），浮北流江而下，运销广西。当时北江至广州的航线，不像现在必须绕行三水，而可由芦苞涌径趋广州；西江的航线亦可由西南涌东来，至官窑附近和北江航线相会，所以官窑是当时广州西部水运上的一个要站，人烟稠密。

广东各地贸易的中心，据阮元《广东通志》一百六十七载："北宋神宗熙宁十年（公元1077年）以前，诸州商税岁额三万贯以下者有广州（内有十四务）、昌化军（即南宁军有三务）与潮州（五务）；一万贯以下者有南雄州（六务）、英州（后升为英德府，有八务）；五千贯以下者有循州（四务）、韶州（二务）、连州（四务）、封州（三务）、端州（后升肇庆府，有一务）、南恩州（一务）、惠州（四务）、梅州（二务）、春州（后改为阳春县，九务）、化州（五务）、高州（六务）、钦州（一务）、万安军（一务）、朱崖军（一务）、廉州（五务）和琼州（一务）。"

由上以观，则北宋广东的商业中心，除广州之外，以位于韩江三角洲顶点的潮州和海南岛西北方的昌化军二处为最盛，但奇怪的是昌化军（即南宁军）户口殊少，而且当时海南岛的政治中心在琼州，而槟榔是当时海南的主要出口货，槟榔的主要产地亦在琼州，何以宋代海南最大的商港不在琼州，而在昌化军呢？在北江方面，当浈武二水会口处的韶州，其税收反不及连江与北江会口附近的英州，是否当时粤湘之间的货运，仍以连江为主，武水尚偏于客运呢？这些问题均有待于进一步的研究。

五、人口和城市

宋初的人口记载不够详细，据《太平寰宇记》所载各州户口每多缺漏，兹将唐开元间，宋初太平兴国间（即《太平寰宇记》所载），和北宋后期（元丰间）的各州户数做一比较表（见表4），从这个表中可以看见宋初各州的户数，大多比唐开元间减少，说明在唐末和南汉期间，广东的人口和经济受到相当大的破坏，宋王朝为了巩固其封建统治，在其初期，曾对农民采取了好些让步措施，还大力兴修水利和奖励对外贸易，广东的经济乃逐渐得到恢复和发展,因此至北宋后期(元丰年间)的户口比宋初普遍有所增加。

表4 宋代在今广东境内各州户数增减

州名	唐中叶户数（开元年间）	宋初户数（太平兴国主客合计）	宋初比唐中叶增减数	北宋后期户数（元丰年间）	北宋后期比初期增减数
广州	43230	（仅有主户）		143261	
英州	（唐属广州）	4979		8019	+3041
潮州	1800	5831	+2463	74682	+63851
梅州	（唐属潮州）	1568		12372	+10804
韶州	21000	10154	−3507	57433	+47384
南雄州	（唐属韶州）	8363		20337	+12474
循州	12000	8339	−3661	47192	+38353
惠州	（唐属循州）			61121	
连州				36941	
恩州（南恩州）	287	780	−11002	27214	+26434
春州（及废勤州）	11900	405			
端州	9500	843	−8637	25130	+16473
雷州	4700	108	−4.592	13784	+13676
新州	250	6208	−5958	13647	+7439
窦州	385	（仅有主户）			
高州	5852	（仅有主户）		11786	
钦州	2700	2847	+147	10552	+7705
化州（及废罗州）	237	644	+407	9273	+8629
康州（及废沈州）	8714	1040	−7664	8979	+7930
琼州（及旧崖州）	7295	（仅有丁数）		8965	
太平军（康州）	3013	（仅有丁数）		7492	
封州	800	1132	+332	2739	+1607
儋州（昌化军）	3300			835	
崖州（朱崖军）	819	351	−468	351	0
万安州（万安军）	110	289	+179	217	−72

注：开元和宋初户数见《太平寰宇记》,元丰户数见《元丰九域志》。

据《元丰九域志》载，北宋后期在今广东境内主客户共有 602280 户，比之唐天宝间（224503 户）增加 1.7 倍，占当时全国（16563777 户）的 3.6%，在全国的比重上，亦比唐代（2%）为高。人口增加的原因，一方面由于当地经济的日益发展，自然增殖率日渐增加所致；另一方面由于北方有大量人口南移。据同书载：当时在今广东境的户口数中，主户仅占 61%（367609 户），比唐代广东户数仅增加 7/10 左右；而客户占总户数 39%（234672 户），已略多于唐代广东境内的总户数，由此可见宋代这里户口的增加主要由于北方人口的移入。客户移入最多的州府依次为广州府及惠州、循州、潮州、端州、雷州、梅州、连州、新州、韶州、化州、高州等。其客户占该州总户数一半以上者有南恩州（78%）、雷州（70%）、惠州（61%）、广州府和端州（均为 55%）、梅州（52%）。从自然区域来看，则以下三处为最多：珠江三角洲一带、东江和韩江谷地、雷州半岛。但奇怪的是北方南下主要干线上的南雄州和韶州移入的客户的比重却很少（7%～8%），这批客户的一部分后裔，仍保有中原的语言（俗称为"客话"），说这种话的人被称为客家，各州户数可参见表 5。

表 5　宋代在今广东境内各州户口比较（据《元丰九域志》）

州名	主户	主户占总户数（%）	客户	客户占总户数（%）	合计
广州府	64796	45	78465	55	143261
潮州	56912	76	17770	24	74682
惠州	23365	39	37756	61	61121
韶州	53501	93	3937	7	57438
循州	25634	54	21558	46	47192
连州	30438	83	6504	17	36942
南恩州	5748	22	21466	78	27214
端州	11269	45	13838	55	25107
南雄州	18686	92	1653	8	20339
雷州	4272	30	9512	70	13784
新州	8480	62	5167	38	13647
梅州	5824	48	6548	52	12372
高州	8737	75	3029	25	11766
钦州	10295	97	257	3	20552

续上表

州名	主户	主户占总户数（%）	客户	客户占总户数（%）	合计
化州	6018	65	3255	35	9273
康州	8979	100	—	—	8979
琼州	8432	94	530	6	8983
英州	6690	83	1329	17	8019
廉州	6601	88	891	12	7492
封州	1726	63	1013	37	2739
昌化军	745	90	90	10	835
朱崖军	340	97	11	3	351
万安军	120	55	97	45	217
总共	367609	61	234676	39	602285

至于南宋的户口，因没有分州的统计，只能以广南东西二路暂做比较。兹将元丰、绍兴和嘉定三个时期，广南东西两路的户口做成一表（表6）。由表6中可见南宋广南西路的户口是继续增加的，而广南东路则逐渐减少了。减少的原因，大概由于封建剥削的日益加剧（宋两税之数比唐增至7倍，此外尚有许多苛捐杂税），人们因之逃匿的很多。《广州府志》卷一百零四载："黄洧……乾道四年改广南东路提举市舶……丁籍久失，开收口赋之逋均及邻伍，流亡日众，洧选吏分行最其实而除之，一路所蠲凡十五万口，流冗寝复。濒海蜑户数万，生理至微，亦有役于州县，洧恶免之。"而宋代每户平均人口之特少，亦为人民消极抵抗封建剥削的一个旁证。至于广南西路的户口至南宋仍得继续增加，可能由于对于少数民族统治加强的缘故。

表6 南北宋广南东西路户口增减比较

路别	年代	户数	%	口数	%	每户平均人口数
广南东路	北宋神宗元丰三年（1080年）	565534	100	1134659	100	2.6
广南东路	南宋高宗绍兴三十二年（1162年）	513711	91	784074	69	1.5
广南东路	南宋宁宗嘉定十六年（1223年）	445906	78	775628	68	1.7
广南西路	北宋神宗元丰三年（1080年）	342109	100	1055587	100	3.8
广南西路	南宋高宗绍兴三十二年（1162年）	488655	142	1341572	127	2.8
广南西路	南宋宁宗嘉定十六年（1223年）	528220	154	1321207	125	2.5

广州至唐代虽已相当繁盛,但从城道的扩展情况看来,宋代比唐代的扩展更多,据《番禺县志》:自北宋仁宗至南理宗二百余年间,广州的城垣增筑或修缮了9次之多(表7)。

表7 宋代广州城垣修筑情况

	年 代	修筑范围	距前次年数
北宋	仁宗庆历四年(1044年) 仁宗皇祐四年(1052年) 神宗熙宁三年(1070年) 神宗熙宁四年(1071年)	加筑子城周5里 环城浚池并筑东、西、南三门瓮城 修东城周4里 修西城周13里	8 18 1
南宋	高宗绍兴二十二年(1152年) 宁宗嘉定二年(1209年) 理宗绍定二年(1229年) 理宗端平二年(1235年) 理宗开庆元年(1259年)	修缮中、东、西三城 增设东西二翼城 修城垣 复修三城 修城加筑翼墙	81 57 24 2 24

广州是广东的经济中心,它的繁荣发展可作为整个广东经济发展的缩影。从上述各次城池修筑情况中不难看出,北宋每次均有所扩展,而且时间相距较密;而南宋则除嘉定二年外,其余都无所扩展,而且时间相隔也较久,由此可见广东经济的发展在北宋时期较为迅速,南宋后期渐见缓慢,这可能由于南宋后期,政治日趋腐败和广州的外交贸易已转移于泉州所致。

广州以外的其他城市,尚有潮州、惠州、韶州、循州、运州、南恩州、雷州、钦州、琼州等。兹分述如下:

(1) 潮州。居韩江三角洲的顶点,有海运和河运之便,自唐以来,韩江三角洲日渐开发,至宋代潮州境内户口之多,仅次于广州府,居全区第二。海上有鱼盐海舶之利,陆上有"再熟之稻与五收之蚕",加以新修了可灌溉三县的水利工程(三利溪),使农业更进一步地发展,商业税收额也和广州府同列为全省最高一级。潮州有名的古代建筑物——湘子桥,亦筑于宋代。

(2) 惠州。位于东江下游盆地中,当时农业和手工业已有一定发展,除粮食外,有荔枝、柑橘和海产等,宋苏东坡诗中有"赤鱼白蟹箸屡下,黄柑绿桔笾常加,糖霜不待蜀客寄,荔枝未信闽人夸"之句,可见当时当地人力物力已甚丰富。

(3) 韶州。当浈、武二水之会,自唐开凿大庾和试行武水以来,韶州的地位日见重要,加以州境富铜矾等矿,人口之多仅次于广州、潮州、惠州三州,故有"广之旁郡一十五，韶最大"（见余靖《新建望京楼记》）之语。

（4）循州。唐代循州原治今惠阳，宋代移于今龙川县旧治（佗城），该处正当东江和韩江过岭路的西方，由这里分设州治来看，不难推想东江中上游已逐渐开发，而东江、韩江二江的交通亦必日趋繁盛了。《舆地记胜》有"循州户四万，岁出租米仅十万石，于番禺都会中为最富饶"云云。据《元丰九域志》循州户口四万七千，仅次于广州、潮州、惠州、韶州四州而已。

（5）连州。在连江上游盆地内，秦汉以来即为湖南入粤的要道，贸易甚盛，人口之众仅次于广州、潮州、惠州、韶州、循州诸州，所以有"人物富庶，商贾阜通，常有小梁州之号"（《舆地记胜》引陈若冲《连山县记》）。

（6）南恩州。即今两阳县治阳江城，从海路和陆路均可通广州，又为广州西通高州、化州、雷州等州的要冲，江浙商人也常运土产来此贸易，所以《太平寰宇记》有"恩平（应为南恩州）既当五州之要路，由是颇有广陵（今江苏扬州市）会稽（今浙江绍兴）贾人船循海东南而至，故吴越所产之物不乏于斯"。南恩州南海中有海岛名罗洲（即今海陵岛），亦即㴠洲，①为南海航线上的重要寄碇处，在此以东的航线尚沿海岸而行，以西则直放大洋。据《萍洲可谈》卷二称："广州自小海至㴠洲七百里，㴠洲有望舶巡检司，谓之一望，稍北又有第二、第三望，过㴠洲则沧溟矣，商舶去时少需以诀，然后解去，谓之放洋，还至㴠洲，则相庆贺，寨兵有酒肉之馈，并防护赴广州。"

（7）雷州。雷州治海康，位于雷州半岛的东部，亦为宋代港口之一，《舆地记胜》："州多平田沃壤，又有海道可通闽浙，故居民富实，市井居庐之盛，甲于广右。"《太平寰宇记》谓："东至海岸二十里，渡小海抵北州界，地名硇州（按即今湛江市的硇洲岛），泛海通恩州（即南恩州），并淮、浙、福建等路"。同书又说："西南泛海一百三十里至儋州岸，不尅里限交趾路。"《岭表录异》云："交趾回人多舍舟取雷州陆岸而归，不惮辛苦，盖避海（鲸鱼）之患也。"雷州属县徐闻为南至海南岛的渡口，自汉代以来已为我国重要海港之一。

（8）钦州。北宋时钦州初治钦江县，其后移治灵山，（见《元丰九域志》）南宋又移治安远。（见《舆地纪胜》）钦州除出产硬木之外，又为海北及交趾等地所产的香料集散地，《桂海虞衡志》载："沈水香上品出海南黎，……其出海北者，生交趾，及交人得之，海外蕃舶聚于钦州，谓之钦香……笺香复别出海北者聚于钦州。……光香与笺香同品，第出海北及交趾，亦聚于钦州"。钦州和四川间经常有商贩往来贸易，从四川贩锦至钦州，从钦州易香至四川，一年往返一次，交易动辄几千贯。

（9）琼州。为海南最主要的城市，海南各地为著名香料的产地，上品的沉香产于海南

---

① 参见藤田丰八著，何健民译：《中国南海古代交通丛考》，商务印书馆1936年版。

黎峒，一名土沉香。环岛四郡界皆有出产，比之其他诸蕃所产的品质要好，又以产于万安者为最胜，此外海南又以产槟榔和各色吉贝布著名，海南和泉州间经商贩来往，商人用盐、铁、牛、米等物向当地人收购，运销泉州，约半年往返一次（表4、表5、表6）。

六、结语

综上以观，两宋在今广东境内的经济较之唐代已有进一步的发展，在全国经济上的地位也更见重要，其中以下面几个特征最为显著：

（1）两宋对外交通和贸易在唐代的基础上有了进一步的发展，一则由于当时国内农业和手工业的日益发展，出口物资日见丰富；二则由于当时中国对外交通的陆道（河西走廊）已为异族所遮断，而海舶之利又为当时政府重要财源之一；三则由于指南针开始应用于航海，使海上运输更加便利。

（2）两宋的国力虽然远不及盛唐，但对于南方的经营却非常积极，特别是在农田水利方面有很大的发展，广东的粮食有显著的增加，致有余粮接济闽、浙等地。同时，对于热带作物已逐渐注意利用，如甘蔗已在珠江三角洲附近扩植，槟榔已成为海南岛重要出口物资之一，香药的采集亦极普遍。

（3）宋代手工业亦如唐代，以矿冶业最为突出，但矿产的种类和产量已比以前丰富，金、银之外，铜、铁、锡、铅等已日见重要，韶州、惠州二州曾为全国铜钱最大的铸造地，铜、铁、锡器和铜钱有不少输国外。新兴手工业中以制糖和棉织业最堪注意。

（4）宋代本区的人口比唐增加1倍以上，大部分由北方移来，部分系本区经济发展的结果，人口的分布以广州府为最多，次为潮州，这和珠江、韩江三角洲的积极开发利用有密切的关系。

（5）宋代的行政区划基本上沿用唐的旧制，但对于本区的州县曾做了一番大调整，使它较为合理，故有许多县份一直维持至最近而始变。

（6）宋代广东经济的发展，宛如一抛物线状：北宋逐渐上升，而南宋逐渐衰落。这种情况，从水利建设、各州户口的增减和广州城垣的扩展等事项，均可见其端倪。此乃由于北宋初期封建经济在以前的残破基础之上逐渐恢复发展，而南宋后期则封建社会内部的矛盾日益尖锐，限制了生产力的发展，全国政治中心（同时也是舶来品主要的消费中心）的转移、闽浙经济的开发、航海术的进步对外航线的改变以及泉州的勃兴等都有密切的关系。

（原载《地理学资料》1960年第7期）

第三十二篇　广州古代海外交通和贸易对城市发展的影响

徐俊鸣

提示：广州是一座千年不衰的港市，从未中断海外交通与贸易。广州城市扩张、功能分区和布局与此密切相关。从秦汉到清中叶鸦片战争之前2000多年，广州城市发展一直受此制约。论文揭示这座城市的历史发展过程、规律、城市空间结构隆替、布局的变迁，这不仅有助于对广州城市的认识，而且可为广州城市发展战略、规划和布局提供重要参考。

徐俊鸣

广州（前身番禺），二千多年来一直是华南最大的政治、经济、文化中心，海上交通和贸易对它的影响特别巨大，其发展有五个时期。

一、秦汉三国时期（公元前三世纪至公元三世纪）

广州的对外贸易起源甚早，据《淮南子》的记载，秦始皇经略南越，番禺已是犀角、象齿等物的集散中心。到了汉代，番禺也是这些特产的集散地。《史记》货殖传所举全国十几个商业都会中说："番禺亦其一都会也，珠玑、犀、玳瑁、果、布之凑。"《汉书》地理志也有类似记载。并特别指出"处近海"，这说明上述集散于番禺的商品大都是从海上运输来的。

西汉社会发展到了汉武帝时期达到了高峰。在西北打开了陆上的通商大道——"丝绸之路"；在南方发展了海外交通和贸易。由于当时船舶尚小，需要沿海岸航行，所以我国在南海的出航地点不在番禺而在徐闻、合浦、日南等地。然其进口货物似仍集散于番禺。

东汉末期，南海一带已为吴所有，建安二十二年（217年），吴将步骘将交州治所由广信（今梧州及封开县）迁至番禺。黄武五年（226年）孙权将交州东半分置广州，以番禺为广州治，这是广州得名之始。在吴人的积极经营下，广州的对外交通和贸易比之汉代有进一步的发展。

秦代的番禺城（俗称任嚣城）范围很小，在今仓边路西侧，宋时为盐仓（见《南海百咏》）。赵佗割据时扩修的越城（俗称赵佗城），则范围大增，周长十里。据《方舆纪要》说："汉筑番禺城于郡南（应为东南）六十里，为南海郡治，今龙湾、古霸之间是也。"按龙湾、古霸在今番禺县沙湾附近。但访问该地父老，已无知有古城。而广州市郊则发现不少汉代墓葬，是则汉代的番禺是否他迁，尚待进一步研究。东汉末，吴将步骘把交州由广信迁治番禺时，曾重修赵佗故治，其范围仅有赵佗城的西半。

二、两晋及南北朝时期（三世纪后期至六世纪末）

西晋虽然结束了三国分立的局面，然晋武帝死后不久，即有"八王之乱"，匈奴、鲜卑等少数民族的入侵，形成五胡十六国大混战的局面；中原残破，晋室南迁，偏安江左，而偏安的局面反而维持了约100年。南方连续更换了宋、齐、梁、陈四个朝代。在这一时期内，南方由于距离中原较远，局势还比较安定。在此长达数百年的战乱中，有大量的汉族南迁，促进了广州腹地的开发。同时，由于我国西北对外交通的陆道比较不便，也使南海对外交通日益发展。

西晋太康二年（281年）大秦使者曾经过广州，赠送火浣布（石棉布）等物。在这一时期中外僧人往来于南海的很多。西晋时有耆域，张星烺氏认为他是从海道来中国的第一个古印度僧人（见《中西交通史料汇编》），但他在广州没有留下什么遗迹。东晋隆安中（397—401年），有罽宾国（今克什米尔）僧人昙摩耶舍到广州创王园寺（即今光孝寺）。我国僧人法显于隆安三年（399年）由长安循陆道前往天竺求经，在外十余年，后由海道返国。从他所撰的《佛国记》中可以看到那时广州和南海各国之间的交通和贸易已相当频繁，航程可估计日数。这是由于船舶较大，又能利用季风，不一定沿岸航行，所以航期比汉代快了数倍。按汉代由徐闻、合浦到都元国（在苏门答腊岛或马来半岛上）航行要150天（约5个月），而晋代则仅需50天了。

在南北朝期间，由海道来到广州的中外僧人更多，有七八人。广州海上的贸易也很兴旺，地方官往往插手商业，经营翡翠、明珠、犀角、象牙等买卖，每致巨富。《隋书》食货志曾概括地说："晋元帝居江左，岭外酋帅，因生口（奴隶）、翡翠、明珠、犀、象之饶，雄于州曲，朝廷因而署之，以收其利。历宋、齐、梁、陈，皆因而不改。"

在两晋和南北朝期间，广州没有关于修城的记载。而广州的佛寺如仁王寺、光孝寺、六榕寺、华林寺的兴建则皆在此时。这些佛寺都在当时广州的城西郊，这些寺庙还接近深水湾头，外人容易到达之故。

晋代以前，徐闻、合浦、日南为南海市舶冲要；晋以后，则以广州为通往海外诸藩的主港了。

广东在梁时，用金银为货币。国内其他地方则用铜钱和谷帛。至梁末，改铸铁钱，钱制大坏。陈时，岭南诸州，多以盐、米、布或金银交易，俱不用钱。由此可见，广州一带由于海上交通和贸易，使地方经济比较富裕，而金银等货币的使用又更有利海上贸易的发展。

三、隋唐五代时期（六世纪后期至十世纪中叶）

隋开皇九年（589）平陈，结束了自东晋以来将近三百年南北分裂的局面，我国重新进入大统一。隋代又开凿了南北大运河，国内经济有所发展，对于海上经营也很积极。大业三年（607年），隋炀帝派人出使赤土国（在马来半岛上）是从广州出航的。

唐代封建经济高度发展，对外交通发达，为东亚的政治、经济、文化交通中心。当时在亚洲西部兴起了一个强大的阿拉伯封建帝国——大食国，它的海上商业也很发达，遂使西太平洋和印度洋之间，风帆如织，贸易更加兴旺起来。

德宗贞元间（785—804年）宰相贾耽在他所著《皇华四达记》中，列举唐代通达外国的主要交通路线七条，其中陆道五条，海道二条。海道中的"通海夷道"是从广州出发的。该书已佚，而《新唐书》地理志中曾有记载，由广州可直至西亚，间接可达非洲东岸和欧洲南部等地。

唐时，中国海船特别巨大，能抵御波斯湾的险恶风浪，称雄海上，对外通商繁盛。中国输出的主要商品，有丝织物和瓷器。埃及福斯他特遗址，叙利亚沙玛拉遗址，印度勃拉名纳巴特遗址均发现大批唐瓷片。可以设想，瓷器在唐朝已有大宗出口。沙捞越发现唐人开设的铸铁厂，据考证，该地的铸铁技术自中国传入。唐代高度发展的手工业产品和技术，通过商人曾对海外诸国做出贡献。

唐代曾在广州设置市舶使（又称"结好使"），管理对外贸易。

隋唐两代关于论述广州城区情况资料不多。在唐亡前一年（天祐三年，906年），清海军节度刘隐始将广州城向南扩展，称为兴王府。而宋代的子城就是以南汉城为基础修建起来的。结合文献和地形看来，唐代的广州城可能东起仓边路以西，西抵教育路以东，北起越华路，南抵青年文化宫附近，是一个周围不及五里的小城。

据阮元《广东通志》载："布政使司署在双门大街，隋为广州刺史署，唐为岭南道署，号曰都府。"由此可见，隋唐的广州最重要的衙门都在正对清海军楼（南门）的双门大街，亦即今之北京路。这是当时城市的中轴线，而繁荣的商业区则在城外，外商留居的蕃坊也在城西今光塔街一带。

关于广州之有蕃坊，据现在所知，以唐代房千里的《投荒杂录》的记载为较早。蕃坊所居多为阿拉伯和波斯人，他们皆信仰伊斯兰教，所以在蕃坊修建有伊斯兰教寺——怀圣寺。寺中有塔，俗称光塔或蕃塔，寺前的街即称为番塔街（见阮元《广东通志》）。

南宋方信孺《南海百咏》一书说："蕃塔始于唐时，曰怀圣寺"，以后其他记载亦多认为是唐代所建。

唐代广州有很多外国商人留居，据外国资料记述，唐末黄巢破广州后，阿拉伯商人及舶主结队回国。当时外商多经营珠宝，每致巨富，常与中国地方官吏勾结，剥削我国劳动人民，但证明宋代仍有很多阿拉伯商人留居在广州，则他们的离去只是暂时的。

蕃坊是蕃商自建房舍以备久居之地。而唐代政府有无设置驿馆或市舶亭之类以接待外宾，文献未有明确的记载，仅见于《全唐文》卷五一五有王虔休进岭南王店使院图表一文提到曾修"海阳旧馆"一事。按王虔休是在德宗贞元间任职广州的。《隋唐史》的著者岑仲勉指出：《蒲寿庚考》海阳乃海北之意，前临的广江是指珠江，唐代的海阳馆的位置可能就在宋代的海山楼和市舶亭位置，岑氏此说有一定的道理。

隋唐时，广州在今黄埔一带已有外港，据《羊城古钞》南海神庙条说："在城东南扶胥之口，黄木之湾，庙中有波罗树，又临波罗江，故世称波罗庙。祀南海神。……隋开皇中（589—600年）创建"。波罗庙今犹存，位于黄埔港（指旧港）以东不远，其附近村名庙头，即宋之扶胥镇，唐之古斗村，谅亦在其附近。

据《高僧传》和《续高僧传》所载，唐代往来南海的中外高僧不下40人。他们出航的地点以广州为最多。

在唐亡以后半个多世纪中（907—960年），我国中原地区，先后更换了后梁、后唐、后晋、后汉和后周5个王朝，在边缘地区则分建了十个割据小国，史称为五代十国。当时两广一带始终为十国之一的南汉所统治。

五代时期南方各国战争较少，政局比较安定，加之有北方汉族南移，原为唐岭南东道清海军节度使的刘隐招集这些流落岭南的汉族士人作为辅佐，逐渐巩固了他割据的政权。关于南汉对外交通和贸易的情况，虽然正面材料不多，但从刘隐贿赂后梁的礼物和刘岩（即刘龚、龚音俨）和刘鋹等大造宫殿所使用的物件中，不难看出很多是舶来品。详见《旧五代史》梁太祖记。

南汉国君，自刘龚起至刘鋹都是穷奢极侈的统治者，在广州城内外大建离宫别苑，其遗址尚可考者如南宫在今西湖路一带，芳华园在今流花桥一带，昌华苑（即显德园）则在荔枝湾一带。

四、宋元时期（10世纪中叶到14世纪中叶）

宋王朝结束了半个多世纪以来五代十国的大分裂，建立了统一国家，虽然其国势不及唐朝强大，但广州的手工业和商业比唐朝有更大的发展，海上交通和贸易也比以前更加发达。

宋对于海外贸易非常重视，外贸收入为国家重要税源之一。太祖开宝四年（971年）平定南汉后，立即在广州设立市舶司，管理通商和保护广州的外国商人。接着，在杭州、明州（今宁波）、泉州等地也设立了市舶司。

由于宋代我国经济重心已经南移，所以上述港口虽多，而以南方的广、泉、明三司为最要。

据成书于南宋淳熙五年（1178年）周去非所著的《岭外代答》，和成书于南宋宝庆元年（1225年）赵汝适（音括）的《诸蕃志》等书记载，宋代和我国在贸易上或政治上有联系的五十余国，其中许多国家的名字都不见于前代记载，足证这些国家大都是在宋代才开始与中国往来的。

至于宋代我国的出口货，《宋会要》中说，以金、银、缗钱、铅、锡、杂色帛、精粗瓷器、易香、药、犀、象为主。关于广州陶瓷出口，据《萍洲可谈》："船深阔各数丈，商人分占贮货，人得数尺。货多陶［瓷］器，大小相套，无少隙处。"当时我国的铜钱有不少外流，所以至南宋初，绍兴十一年（1141年）有"不得夹带铜钱出中国界"的禁令（见《宋会要》）。19世纪以来，在印度、东非桑给巴尔、索马里等地均有宋代铜钱出土（见《蒲寿庆考》第32页）。

指南针应用于航海首见于北宋朱彧的《萍洲可谈》（成书于1191年）："舟师……夜则观星，昼则观日，阴晦观指南针"。是则我国在11、12世纪之交已知使用罗盘针于航海，比之阿拉伯人要早一个世纪左右。

乳香是我国在宋代最主要的进口货，据《粤海关志》卷三毕仲衍《中书备对》转引略称：北宋神宗熙宁十年（1077年），由广州进口的乳香，约占全国进口的乳香98%，故乳香被称为"广东香"或"岭南香"。而由广州进口的外国药材如没药、阿魏、芦荟、无名异、葫芦巴等，则称为"海药"或"广药"云。在两宋三百余年间，我国各埠的情况也有变化，广州设市舶司最早，又继承唐代的基础，对外贸易最盛。迨后，大概由于泉州比较接近南宋行都杭州，且船舶使用指南针以后，由台湾海峡直驶南海，比之从广州放洋更为顺风顺水，所以到宋末元初，在台湾海峡西侧的泉州就凌驾广州之上成为我国当时最重要的港口。

蒙古贵族建立了横跨欧亚的联盟大国，我国西北陆路畅通。然元人也很重视海外贸易，利用宋代曾任泉州提举市舶官30年的阿拉伯人蒲寿庚的降附，继续主持对外贸易，所以元代海上的交通和贸易其繁盛不亚于宋代。

元世祖至元十四年（1277年），在泉州、庆元（今浙江宁波）、上海和澉浦（今浙江海盐县澉浦）四处置市舶司。当时广州尚在宋元争夺中，崖山之役是在至元十六年（1279年），故迟至至元二十三年（1286年）广州始设市舶司。此后又增加温州、杭州等港。后来港口屡有变动,至英宗至治二年(1322年),仅有泉州、庆元、广州三处,其中以泉州为最盛,次为广州。明州则多对朝鲜、日本等国贸易,其范围较为狭小。

在天历二年到至正四年(1329—1344年)曾附海舶远游各国的中国旅行家汪大渊,在他所著的《岛夷志略》(成书于1305年)中所举的国家比宋人的记述为多,而在元代陈大震所撰《南海志》(近年复制的残卷)所记载的海外各国,其数目又比《岛夷志略》所载者为多。

唐代广州虽然是世界著名的大商港,但广州的城垣并不大。商业区多在城外。两宋三百多年间(960—1279年),广州城垣曾扩建或修葺了十余次之多,其中最重要的是北宋仁宗庆历四年(1044年)在南汉兴王府城的基础上加筑子城(又称中城),周长五里;北宋神宗熙宁三年(1070年),在古越城的东部筑东城,周四里,与子城合而为一。翌年(1071年)又增筑西城,规模最大,周长十三里余,主要是保护"蕃汉大贾巨室","蕃坊"也在其中。

宋代外商侨居广州的似较唐代尤盛,关于这方面的记载很多。如《天下郡国利病书》卷一○四说:"自唐设结好使于广州。自是商人立户,迄宋不绝。诡服殊音,多流寓湾泊之地,筑石联城,以长子孙。……禁网疏阔,夷人随商翱翔城中。"宋代蕃坊仍如唐代在今光塔附近。但许多史书均说蕃商常与中国人杂居城中,是则蕃商亦未必居一处。

蕃坊系侨商自营的房舍,另有由我国政府设置用以招待外宾的馆舍,称为驿馆,二者不宜相混。宋人楼钥《攻媿集》卷八十六汪公行状称:"宋时泉州有来远驿,广州有怀远驿,为招待贡使之所,不可视同蕃坊也。"但据《舆地纪胜》卷八十九则把广州的驿馆亦称为来远驿。

据元人陈大震《南海志》卷十指出,元代广州驿馆有二处:一为来远馆,设于蕃巷;另一为来归馆,设于冲霄门外。"冲霄门在子城之东南隅,州学之直。"(见卷八)按州学即清代的广府学宫,今为第一工人文化宫,其南,清代有文明门,元代的冲霄门,当即清代的文明门。而"直"是直对的意思。

宋代广州除驿馆之外,政府又建有市舶亭和海山楼为管理海舶和宴请舶商的地点。据北宋朱彧著《萍洲可谈》称:"广州市舶亭枕水,有海山横,正对五洲,其下谓之小海。"同书又指出海舶来时,"泊于市舶亭下,五洲巡检司差兵监视,谓之编栏"。海舶初来就有阅货之宴,临行又有慰劳送别之宴,称为"犒设"或曰"设蕃"。这个宴蕃商的地方,在海山楼。海山楼又是检阅水军的地方,据《南海百咏》称:"海山楼建于[北宋]嘉祐中(1056—1063年),今在市舶亭前。……宋时,经略安抚于五月五日检阅水军教习于其上。"

宋代的市舶亭和海山楼的位置,有在城南和城西南二说。城南已有东横街和高第街,而临江的市舶亭和海山楼约在今北京南路与东横或高第街相交处或稍南,即在今天字码头以北的地方。

宋代广州的蕃坊仍如唐代，在今光塔附近，这从南宋岳珂在他所撰的《桯史》中所描述的蒲姓宅后的宰堵坡，其形状和光塔完全相同，可为明证。在唐代，蕃坊本在城外，宋代增筑西城，始包括在西城之中。

宋代广州的外港有扶胥镇。它就是唐代的黄木湾亦即今之波罗庙前的水面。庙头村旧为扶胥约。庙前小丘上有浴日亭，"扶胥浴日"宋代列为羊城（即广州）八景之一；亦称"波罗浴日"。南宋初。杨万里有诗说："大海更在小海东，西庙不如东庙雄，南来若不到东庙，西京未睹建章宫。"（见《杨诚斋集》）按宋代在广州城下的珠江称为小海，而在黄埔一带称为大海。东庙指波罗庙，西庙指在西关第十甫另一南海神庙（今已无存）。

宋代广州城南的珠江水面辽阔，号称"小海"，风浪较大，为了便利中外商船的停泊，在北宋开国（960年）后半个世纪左右，即开始筑内濠。

城南内濠的西段，因南临西澳（今海珠中路南濠街一带），北接蕃坊（今光塔一带）最为热闹，在闹市中建有高五丈多的大楼，名为共乐楼，气势雄伟，为南州冠。熙宁四年（1071年）主持修建西城的经略使程师孟的《咏共乐楼诗》说："千门日照珍珠市，万瓦烟生碧玉城。山海是为中国藏，梯航尤见外夷情。"（转见《舆地纪胜》卷八十九）这首诗不但概括而形象地描画了宋代的广州，特别是西城区繁荣的景象，而且指出它的繁荣同梯山航海而来的中外商人有密切的关系。据《羊城古钞》《南海县志》等书指出：共乐楼在南宋绍兴中曾加重建，元代大德六年（1302年）又新修了一次，改名远华楼，以后又曾称越横或粤楼，至元末始毁，未再重建。可能自元代以后，由于西澳逐渐淤塞，繁荣中心又逐渐移到稍南的濠畔街了。

元代，中国外贸的重心已转移至福建泉州。

五、明初至清中叶（十四世纪后期至十九世纪中期）

明代的封建经济比元代有进一步的发展，但长期实行"海禁"政策。其初是防范原来割据江浙一带的张士诚、方国珍的余部逃入海岛勾结"倭寇"，骚扰沿海，所以实行由政府控制一定范围的海外贸易。

明太祖时，曾规定金、银、铜、铁、缎匹、兵器等不能出口，洪武二十七年（1394年）又"禁民间用蕃香、蕃货。其两广所产香木，听土人自用，亦不许越岭货卖。"（见《洪武实录》卷二三一）。

永乐年间，由于政权日益巩固和经济的继续发展，明廷对于海外贸易采取比较积极的态度。据《明史》食货志市舶条称："永乐三年（1405年），以诸藩朝贡益多，乃置驿于福建、浙江、广东三市舶司以馆之。福建曰来远〔驿〕；浙江曰安远〔驿〕；广东曰怀远

〔驿〕。"从此，宁波、泉州和广州同时又复设市舶司并附设招待外宾的驿馆。

自永乐三年至宣德八年（1405—1433年），二十余年间，明廷曾派遣郑和和王景弘等率领庞大的舰队先后七下"西洋"（指印度洋及南海），我国巨大的"宝船"曾远达西亚和东非等地。

据《明会典》载，明朝对于海外各国来华贸易（名为朝贡）经由广州领取"勘合"（准许证）亦即由广州登陆入京的有十五国：暹罗（今泰国），占城（今越南中南部）、利加（今地待考），苏禄国东王、西王，苏禄国峒山（苏禄今属菲律宾），渤泥（今加里曼丹岛北部文莱苏丹国），古里（今印度西岸科泽科德一带），古麻喇（今地待考），爪哇（今印尼爪哇岛），真腊（今柬埔寨），柯支（今印度西南岸柯钦一带），锡兰山（今斯里兰卡），苏门腊刺（今印尼苏门答腊），榜格兰（今孟加拉国和印度西孟加拉邦一带）。至于民间的或间接与广州贸易的国家，当不止此数。

据《明会典》说："市舶提举司，后福建、浙江俱革，今（万历年间）止存广东司。"

在明朝后期，我国的对外贸易发生了一个巨大的变化，这是由于欧洲的早期殖民主义者如葡萄牙、西班牙、荷兰和英吉利等先后东来，他们海盗式的舰队打破了明王朝的所谓"朝贡"式的贸易。

明代的广州城曾扩展了两次：一次在洪武十年（1377年），前后除把宋元的三城合而为一外，并向北扩到越秀山上，其目的是更有利于防守。另一次的扩展是在嘉靖四十四至四十五年（1565—1566年），在柘林兵变骚扰省垣之后，鉴于城南新发展的商业区缺乏保障之故。

康熙二十三年（1684年），清政府乃于江苏的云台山（今镇江附近）、浙江的宁波、福建的漳州和广东的广州分设4个海关，仍如明制，对外施行限制性的朝贡贸易。至乾隆二十二年（1757年）封闭了江、浙、闽三关，独留粤海关（广州）为唯一的对外贸易口岸，历时80多年。直至鸦片战争开放五口通商以后情况才开始改变。

从清代起，由于世界社会经济发展和对华贸易伙伴的变化，遂使对外贸易的商品也起了变化。我国的出口品，茶叶已压倒丝绸、陶瓷，跃居出口品的首位，而外夷常以银圆购买我国的商品。贪婪狡诈的英商竟首先以鸦片转运来华毒害我国人民，以弥补其贸易逆差。法、美等国也都采取同样卑劣的手段。从此，大量的白银反由我国流出，对我国的经济破坏极大。

清人魏源所编的《海国图志》卷一中指出："中国以茶叶、湖丝驭外夷；而外夷以鸦片耗中国，此皆自古所未有。而本朝（清朝）之有茶叶行于西洋，自康熙始；而鸦片入中国亦自康熙始"。但另据庄晚芳著《中国的茶叶》一书则认为在明万历三十年（1602年），荷兰人已将我国的茶叶介绍到欧洲；英人则清顺治四年（1647年）开始购买中国的茶叶，至雍正三年（1725年）达30多万磅，到乾隆五十四年（1789年），已成为中国茶叶最大的顾客云云。庄氏的说法似较为详确。但这里所说仅就我国的茶叶输出欧洲而言，至于输出东南亚则为时较早，宋代已有记载。

在这一时期的外贸对广州市区的影响较显著的是招待外宾的驿馆由西湖路迁至城西的西关，而市区繁荣的中心则由城南的濠畔街亦逐渐转移到西关。

自宋置来远（或怀远）驿于古西湖的奉真观旧址（见《舆地纪胜》），沿用至明初。清郝玉麟《广东通志》称："永乐四年（1406年）置怀远驿于广州蚬子步，建屋一百二十间以居蕃人，隶市舶提举司。"按蚬子步即西关十八甫路。现今十八甫路东段（旧亦称十七甫）以北尚有怀远驿街，即其旧址。

关于清代十三行所设的"夷馆"大致在十八甫以南即明代的怀远驿之南，因为其时陆地已向南扩展，江岸亦已南移，今十八甫之南尚有一条东西向的十三行路，这不过是十三行夷馆的一部分，该路的南北两侧，特别是南侧有广大的地方部是洋商码头所在。有许多南北向的街道可通当时的江边（今文化公园一带）。

明初，城西南濠畔街一带最为繁华，但到清初，该地已趋衰落。

濠畔街一带的繁荣乃继承宋代西澳繁荣区南移的结果，而西澳的繁荣则因其接近波斯、阿拉伯商人集居的"蕃坊"之故。明初，广州的怀远驿早已移于西关十八甫，而更重要的是自明中叶以后，和我国进行贸易的主要国家已不再是西亚的波斯和阿拉伯人，而是欧洲的早期殖民主义者。自清设十三行以后，这一带就成为当时广州最繁华的地区了。

明清两代广州的外港为黄埔，据《海国图志》："黄埔在水中央，周围皆洋货船，而内地尤帆樯如林。"樊封撰《南海百咏续编》亦谓："黄木湾在郡东波罗江口，即韩昌黎（愈）南海神庙碑所称：扶胥之口，黄木之湾是也。土语讹为黄埔，为省河要津，近为夷人停泊（鸦片）所矣。"

六、结语

根据历史事实看来，我国古代海外交通和贸易对于广州城市的发展的影响，可得到以下几点认识：

（1）自秦汉起，广州的前身番禺是我南海滨最重要的政治、经济、文化中心，而在海外交通和贸易方面已带有全国性的意义。它的海外交通和贸易的发展是我国人民善于利用广州接近东南亚和印度洋的优越的地理位置，以及开通五岭使广州的腹地超越珠江域有密切的关系。经过两千多年来时间的考验，总的趋势是不断地向前发展。

（2）从历史发展的过程来看，广州的对外交通和贸易的发展，可约分为以下几个阶段：①秦汉至三国——此时船舶尚小，须沿岸航行，那是我国南方的出航点常在交州（如徐闻、合浦等）境内，但其商品仍多集散于番禺。②晋至南北朝——海舶渐大，可离岸航行，使航期大为缩短，已出现直航广州的记载。广州商业比前有所发展。③隋唐至北宋——我国的唐王朝和西亚的大食帝国并起，印度洋上巨舶往来如织，广州成为世界著名的港口。季风和自北宋起指南针应用于航海，航线经过七洲洋（我国西沙群岛），航行可远抵东非等地。④南宋至明中叶——自南宋起，珠、宝、香、药等消费中心移至杭州以及利用台湾海峡的顺风和急流，广州成为南海航线一侧，使自宋末元初起，泉州压倒广州，明初郑和等七下西洋，多由福州或泉州放洋。⑤明中叶至清中叶——欧洲早期殖民主义者的东来和当时中国政府采取闭关政策，封闭其他各埠，广州又成为我国外贸最盛的港口，直至鸦片战争，开放五口通商以后，形势始变。

（3）对外交通和贸易不但对广州整个城市的发展有重要的作用，而且对广州市内某一地区的特别繁荣也产生一定的影响，如唐宋时广州的热闹市区在惠福西路附近，是因为北接蕃坊，南临西澳。后因西澳和西湖等的淤塞，招待外商的驿馆西移，遂使明清两代城外西关成为广州最热闹的市区，直至新中国成立前，广州市的金融和商业繁盛的中心仍在十三行街和上下九甫一带。

（4）从广州出发的海上对外交通路线，和我国西北方经中亚至西亚的陆路（丝绸之路），对我国与西亚、北非、南欧等地的经济和文化的交流起着重要的作用。而且在历史上西北陆路不时受阻，而南海航线则长期畅通，所以称为"海上丝绸之路"。

（5）近代广州和沿海城市在开放政策的号召下，广州的河港而兼海港的优越的地理位置而且是祖国的南大门，有广大的生产腹地和消费市场更是迩近香港和深圳特区，在新形势下自仍有的作用，虽然由于海轮吨位的日大，广州航道的水深已不能适应当前形势的需要，但广州由于有悠久的历史基础，早已形成了巨大的城市，今新建黄埔外港以为辅助，发展前途是无限美好的。

［本文原载《中山大学学报》（自然版）1979年第4期，写于1978年，1984年略有修改］

第三十三篇　广东省韶关市城市总体规划说明书（节选）

许学强　等

提示：1974年以后，经济地理专业连续举办了三届学制为一年的城市规划进修班，先后开展湛江、广州、韶关、阳春、北海等多个市镇总体规划，编制出总体规划说明书和相应图件，成为本专业在这一阶段的主要成果。这种说明书是按照统一原则、体例和项目编写的，反映了当时城市规划的内容和水平，并被以后的城市规划继承和发展。这里节选韶关市城市总体规划说明书，即为其代表成果之一。

许学强

一、前言

韶关市面积2714.5平方千米，人口56.6万，其中城镇人口23.0万。

韶关市地处粤北山区，京广铁路纵贯南北，浈江、武江在此交汇，境内煤、铁和有色金属矿藏丰富，是广东省三线建设基地。新中国成立以来，其工农业发展迅速，城市面貌变化很大。当前，韶关市各单位正在编制国民经济发展10年规划，预计工农业生产将会得到更大发展。为此，迫切需要进行城市规划，指导城市建设，适应国民经济发展需要。

这次规划工作，是在韶关市委的领导之下，在市计委等有关部门的大力支持和协助下，进行了较广泛的调查工作，对城市的性质、规模、工业区的布局、城市道路和城市交通、郊区副食品生产基地的建设以及城乡结合、工农结合等问题进行了较深入的研究，并在此基础上提出了韶关市城市总体规划方案，为今后10年（1976—1985年）城市各项建设事业的发展提供依据。

二、城市性质与规模

历史上，韶关市已成为粤、赣、湘三省的交通要冲和粤北政治、经济、文化中心。新中国成立后，根据毛泽东同志关于"备战、备荒、为人民"的战略方针和加强三线建设的指示，韶关又成了广东省三线建设的重要基地，目前煤炭、冶金、电力、机械等重工业已具有较好的基础。今后随着粤北地区矿产资源的进一步开发和农业机械化的发展，韶关作为广东三线建设的基地，煤炭、冶金、机械工业必将加速发展。为适应这种客观发展的条件和要求，韶关市有可能也有必要建设成为一个以钢铁、煤电、机械工业为主，具有一定轻工业比重的工业城市。

随着工业、交通各项事业的发展，城市人口规模必须遵照"搞小城镇"和"革新、改造、挖潜"的方针，加以适当控制。根据韶关市各厂矿、单位和10年规划，结合省、地有关部门的资料分析，并以劳动平衡法、带眷比法分别进行核算，规划1985年韶关市人口增至75万，其中城镇人口39万，农业人口36万。在城镇人口中，市区城市人口1985年控制在25万以内，2000年控制在30万以内。

三、城市用地和布局

根据山区地形、资源分布的特点和战备的需要，韶关市区及其外围各大厂矿的布局，已向大分散、小集中的形式发展。今后应在此基础上，根据"工农结合，城乡结合，有利生产，方便生活"的原则，合理组织功能分区；根据不同情况，分别进行生产与生活的配套建设。

市区用地安排应根据"革新、改造、挖潜"和"少占农田、不占良田"的精神，在已铺开的范围内，按照功能分区，进行填空补齐，配套发展。近期内，城市用地不宜向外扩展。

市区外各大厂矿，在生产发展的基础上，将组成几个独立的工业城镇或工业点：①马坝将在韶钢、韶冶、马冶、十六冶以及马坝镇扩展的基础上，生活居住用地向马鞍山附近伸展，组成一个以冶金工业为主的工业城镇，人口规模近期将达7万人。②大宝山矿区将以沙溪为中心，组成一个以铁、铜矿采选为主的工农结合、厂社结合的工人镇，近期人口规模将达2万人。③红工矿区以红工镇为中心组织工农结合、厂社结合，形成一个以煤矿开采、机修为主的工人镇，近期人口规模将达4万人。④乌石、瑶岭、河边厂，将分别在韶关电厂、瑶岭钨矿以及省矿机厂、202地质队等厂矿发展的基础上，组成厂社挂钩、工农结合的独立工业点。此外，坑口镇作为水陆物资转运中心，如近期拟建的韶汕铁路在其附近接轨，有可能形成重要的运输中心。这些工业点近期人口规模均在0.3万—1万人之间。

四、工业布局与环保规划

韶关市是一个新兴的工业城市，现有工业企业200多个，煤炭、冶金、机械、电力在全省具有重要地位，但不少工业企业有待配套，大部分工厂仍未达到设计能力。根据"革新、改造、挖潜"的方针和一般不新建企业的精神，结合韶关市工业的特点，近期规划煤炭、冶金、机械将是发展的重点。其中，煤炭、冶金、电力将在市郊各大厂矿扩展，机械、轻化工业主要在市区扩建和适当新建。

市区工业厂多、规模小，多是市属工业，有待加强协作、配套发展。近期规划机械工业将组成3条生产协作线：①以柴油机为主，包括齿轮、油泵油嘴配件、农机、粉末冶金等6个厂和9个协作厂组成的农机和农机配件生产线；②以挖掘机为主，包括配件厂、空压机厂、矿机厂组成的矿山设备生产线；③以汽车配件厂为主，包括汽车大修厂、油泵油嘴厂、配件厂组成的矿用汽车生产线。同时，为了农机、民机、矿山通用的大型大批量的铸锻件的平衡需要，铸锻厂应逐步配套以达到设计能力，纺织工业为充分发挥其潜力，规划增建印染厂、织袜厂和扩建棉纺厂。化学工业，通过挖潜、调整、配套形成电石—聚氯乙烯—塑料加工生产线，并利用韶钢、韶冶的副产品分别新建增塑剂厂和氮肥厂，以适应农业发展的需要。

鉴于韶关市目前"三废"污染已相当严重，工业发展和布局必须坚决贯彻国务院1973年批转的全国环保会议文件的精神。对第二化工厂、日化厂、广东综合塑料厂等"三废"污染或受"三废"污染严重的工厂，规划近期应予以搬迁；对黄岗钢铁厂、冶化厂、化工一厂等地处"上风""上游"而且有污染水源的工厂，必须控制其产品发展方向和生产规模，加强综合利用；对具有"三废"和噪音严重的街道工业，应确定外迁地点或产品转向；对白芒化工区，必须进行废水处理规划；对市内其他工业区，也需分别设废水、废渣处理场，集中进行处理；对韶关冶炼厂以及市区外韶钢、乌石电厂等大厂矿，应采取有效措施，单独处理，力争在近期内达到国家允许的排放标准，使韶关市变为一个清洁的城市。

根据上述生产发展和布局的要求及市计委的规划，近期新建项目共10个，约需安排用地36.8公顷；迁建的项目5个，需安排用地约14公顷；需向厂外扩建的企业8个（在厂内扩建企业除外），需在工厂附近安排用地。

根据"工农结合，城乡结合，有利生产，方便生活""远近结合，平战结合""保护环境，造福人民"的原则，上述新建、迁建、扩建工厂的布局和工业区的组织规划如下：

黄岗—十里亭工业区，规划为以铸锻为中心的重型机械工业区，该区工程地质和交通条件好，东靠黄岗山，西临武江，京广铁路穿过本区中部，并有黄岗站出岔的专用线南北分别连接铸锻厂、挖掘机厂、水轮机厂和黄岗钢铁厂,形成该区西部相对集中的南北带状工厂区。但该区地处市区"上风""上游",区内原有"三废"危害的黄岗钢铁厂、冶化厂应控制其发展规模,大搞综合利用;尚有未用地,应考虑铁路站场和矿山或其他大型机械工业发展配套的需要,避免小型企业或具有污染性企业在该区布置。拟利用乌石电厂煤灰和铁路回空车皮而筹建的煤灰砖厂,应慎重考虑,另行选址。

西河工业区,规划为农机、轻纺为主的综合性工业区。该区以柴油机、手扶拖拉机为主的农机配套工业和以纺织为主的轻工业已有相当基础,但受农田和运输条件的限制,规划不摆大型企业。同时考虑风向、地形和该区东部紧靠市区的特点,该区东部空地应作为生产区使用;老虎岩山麓、武江南山坡地,可适当发展电子等无"三废"危害工业;北部山坡可作为现有企业的扩建和居住用地;新辟的工业大道西、北端,可摆少量新建企业;区内汽车修配厂的扩建则以迁出看守所作厂用地为宜。

白芒、韶冶工业区,该区白芒已为化学工业集中区;隔河韶关冶炼厂的综合利用,有利化学工业的发展,近期拟建的氮肥厂规划在区内选点;远期拟建的白芒桥可将韶冶和白芒连片。因此,这里可规划为有色冶炼化工区。但该区为污染性工业集中区,广东塑料厂设备受"三废"危害较重,已规划搬迁。今后工厂"三废"排放应以符合国家卫生标准为原则。

五里亭工业区,规划为轻工、街道工业区。该区紧邻市区半岛,便于组织职工生活,规划迁入广塑厂、新建增塑剂厂,并安排因扩大规模或有噪声污染而迁出的市区街道工业。由于该区地处城市"上风""上游",迁建企业必须以无"三废"危害为原则,区内日化厂对武江和水厂造成污染,应考虑迁出。

此外,东河一南郊地区,地处浈江、武江和莲花山之间的狭长地带,主要为对外交通和仓库区。考虑京广复线的修建,铁路站场、仓库用地的需要,规划为限制工业发展地区。

西联地区,已有两个机械工厂,尚有较多工业用地,但离市区较远,近期用水也较难解决,规划为远期工业发展用地。

(以下包括城市交通规划、仓库区规划、生活居住区规划、公共福利设施规划、城市绿化、管线规划和供水规划等部分略)

第三十四篇 关于城市经济地理研究的几个问题（摘要）

曾怀正

提示：本文虽为1978年全国经济地理专业学术会议论文，实际上是对"文革"后期经济地理专业师生广泛参加城市规划的理论概括和总结，深刻地阐述了经济地理学与城市规划的关系，明确地指出经济地理学在城市规划中的独特作用，预言经济地理学在这方面的广阔前景。这已为此后40多年本专业发展历史所证实。

近几年来，通过城市规划工作的实践，普遍认为经济地理有可能、有必要为城市建设发挥其应有的作用。我国大学的一些地理系也开始为国家培养这一方面的人才。但是，由于我们参加这一工作的实践时间有限，对于经济地理如何为城市规划服务，如何从地理方面培养城市规划的工作者，显然也存在一定的问题。而这些问题的讨论和歧见，都不能不涉及有关城市经济地理研究的对象、性质和任务。本文只根据个人工作的一些体会，就这些问题提出一些不成熟的看法以供讨论。

曾怀正

一

城市是社会劳动分工的产物。它是居民点的一种类型，是地区政治、经济和文化的中心，也是各种不同类型的建筑物和工程设施相互密集结合的场所，因此许多专业的学者都可以从不同的角度来研究城市。经济地理之所以研究城市是因为：城市既是一种社会经济现象，又是一种因地而异的地理现象。城市由于其分布地区的不同，无论在其职能、规模和外貌等方面都显示出很大的差异。在城市的产生、发展和分布上，它首先取决于一定社会劳动分工条件下的生产布局，而社会劳动分工和生产布局则是一种社会经济现象，体现着一定社会经济规律的要求。但是，生产要分布到某个地区或地点，还要受当地的自然、经济条件所制约，而这些地方因素却是因地而异的地理现象。因此，城市的发展和分布，可以说是在一定历史条件下，社会经济现象和地理现象相互作用的结果。城市经济地理的研究，就是把城市作为这两种现象相互作用而形成的地区经济中心和生产的地域综合体，研究这些综合体的地理配置。

城市作为地区的经济中心和生产的地域综合体，研究它的地理配置，显然必须以其职能和规模（主要是经济职能和规模）作为研究的核心。这两者是社会经济现象和地理现象相互作用结果的集中体现，并分别从质与量两个方面反映着该城市的主要经济地理特征。在城市内部，城市的职能和规模是城市国民经济的部门结构及其规模的集中反映，并与其所处的地理位置和建设条件有密切的联系；在城市的外部，两者又是该城市在劳动地域分工中的地位和作用的体现，并与城市吸引地区的自然、经济条件有密切的联系。城市也正是从其职能、规模的这些内外联系中，体现出它在地理配置上的规律性。城市经济地理研究的主要任务，就是要揭示这些规律性。为此，在研究中必须着重分析如下几个方面的联系。

（1）点与面的联系。就是城市作为地区的经济中心与其吸引地区之间的联系。这种联系，实质上是两者之间劳动分工关系的体现，因此两者是相互依存的。城市吸引范围的大小及其人口数量和密度、生产水平和类型等都影响着城市的职能和规模；而城市的职能和规模的发展、变化，也将促使其吸引地区的范围及其生产布局的改变。因此，城市地理的研究必须以区域地理为基础，将其吸引地区结合起来，从面看点、由点及面、点面结合地分析其相互之间的联系。

（2）点与点的联系。城市依存于其"营养"的腹地。但是城市腹地的存在和扩展，既有其竞争的城市，也有其协作共处的城镇，这样也就必然产生点与点之间的各种联系，从而使其职能和规模不能不相互约束，形成一定地区范围的分工协作的城镇体系。在这个体系中，每个城镇以其不同的职能和规模，体现着它在这个体系中的地位与作用，彼此处在某种并列或从属的地位。由于每个城镇是整体的一个组成部分，它们在发展上是相互制约着的，因此，城市经济地理的研究，必须着眼于城市的群体来研究城市的个体。同时，城镇体系是地区经济体系首先是工业体系的反映，这就要求城市经济地理的研究，除了要以区域经济地理为基础外，还必须以部门地理，特别是工业地理为基础。

（3）点内的联系。从区域来看，城市是个点，而从城市这个点来看，它又是一个生产的地域综合体，它既有其专业化的部门，又有其综合发展的部门。专业化部门是城市参与地区劳动分工的部门，也是城市形成、发展的基本因素；这些部门的地位与作用不同，形成了城市职能结构的不同，从而也就体现出城市性质的差别。城市的综合发展部门，是随着专业化部门而发展起来的、为城市生产和生活服务的部门。两者的关系，可以说是城市的骨与肉的关系，肉依附于骨而生长，而骨又有赖于肉维护其发展。城市的规模正是根据这种关系来确定的。

但是，城市的骨与肉的成长，城市的职能和规模的发展，一方面，受当地的地理位置和建设条件所影响；另一方面，两者又共同影响着城市各个部门的布局，从而使城市的整个外貌受其影响。这样，城市的地理位置、建设条件，以及城市的规划布局，它们之间形成了以职能、规模为中心的城市内部的一系列联系。只有分析了这些联系，才有可能对这个综合体有所了解。

必须指出，上述三个方面的联系主要是城市与各种地理现象之间的联系。城市的发展和分布，作为社会经济现象和地理现象之间相互作用的结果，上述三个方面的联系，还必须与一定历史条件下的整个社会的经济发展及其生产布局的要求结合起来考察分析。只有这样，才有可能探求城市的职能和规模在地理配置上的规律性。

二

城市经济地理的研究，涉及这样多方面的复杂联系，而且这些联系都是以城市的职能和规模为中心，在其地理配置问题上出现的。因此，这些联系的本身就说明了城市经济地理的研究具有区域性和综合性的特点。但是，上述各种联系都在不同程度上交织着经济、自然、技术三个方面的问题，涉及这三类不同科学领域的有关知识，那么城市经济地理能否说是这三者的有关知识相互渗透的边缘学科呢？

我们认为，这个问题的回答应该是否定的，因为学科的性质并不是由它所涉及的知识领域来确定的，而是由它所研究的对象的性质决定的。城市经济地理研究的对象，是城市这个复杂客体的一部分，即城市作为地区的经济中心和生产地域综合体的地理配置。它是一定历史条件下，社会经济现象与地理现象作用的结果。前者，体现为社会劳动分工和生产布局的作用，反映着一定社会经济规律的要求，是制约着城市形成、发展和分布的主导因素，因而它决定了城市经济地理研究对象的社会经济性质；后者，体现为各种地理条件的影响，它通过生产布局影响城市的发展和分布，影响城市的具体职能和规模的地理配置，从而赋予城市以地理的特性。因此，城市经济地理研究对象的性质，既具有社会经济的属性，又具有地理的特性，因而它应该作为经济地理学的一个分支，属于社会经济性质的地理学。

技术因素，作为社会经济现象与地理现象之间相互联系、相互作用的条件和中间环节，它本身并不可能改变城市经济地理研究对象的社会经济属性及其地理特性，但它可以通过改变自然条件、自然资源及其他地理条件的经济意义和作用，影响人们对这些地理条件的利用方式，从而影响生产的布局和城市的发展和分布。因此，在城市经济地理的研究中，技术因素不可能是脱离生产布局和具体的地理条件而独立存在的研究课题，但是它作为中间环节，却是揭示城市经济地理各种联系的主要手段。城市经济地理的研究，只有通过技术经济的论证，才能具体地阐明城市职能和规模的地理配置的规律性。

城市经济地理处在这些不同性质的学科相互延伸、渗透的领域，在它的研究中，根据具体的研究和实践任务的不同，分别在经济、地理、技术三者中存在着各有侧重的不同研究方向，我们认为是可能的，客观上也是必要的。但是，有所侧重并不是可以偏废，不然就可能丧失学科的特点，放弃本身的研究任务，从而导致取消城市地理的作用。

三

城市地理在国外是地理学中研究的热门，而在我国，却是地理学中基础最为薄弱的部门之一。其原因，显然与我国经济比较落后有关。直到目前，全国人口80%左右仍然是农业人口，城市的数量既少，工业又多是大而全、小而全的企业，地区之间、城市之间的专业化和协作未能充分发展。现在党中央已向我们展示出了"四个现代化"建设的蓝图，并要求我们按经济规律办事，这就为城市经济地理的研究开辟广阔的前景。

首先，为了实现"四个现代化"，不仅要新建大量现代化的工业企业，而且对原有的工业也必须进行适当的调整和技术改造。这样，结合新旧工业的建设、改造和布局，如何控制大城市，改造旧城市，发展小城镇，从而逐步缩小城乡的差别，就是一个具有重大理论和实践意义的研究课题。

其次，为了适应"四个现代化"的要求，各部门、各地区的生产，将按照专业化和协作的原则进行改组。城市作为地区的经济中心，如何配合地区工农业生产的改组进行合理的发展和布局？根据生产的分工和协作的要求，各地区的城镇如何在其职能和规模上组成分工协作的城镇体系？这也是城市经济地理要研究的重要问题。

再次，为了按地区组织生产的分工与协作，经济区划将成为重要的研究课题。城市是地区经济联系的中心，也是经济区形成的重要因素。城市的吸引腹地及其经济联系的研究，既是分析城市职能、规模及其地理配置的重要方法，同时也是研究经济区划问题的重要步骤，城市经济地理进行这一方面的研究，显然是必要的。

最后，在结合任务进行调查的基础上，对个别城市或有关城市地理的某些专题（如城市的地理位置，城市的历史地理，城市的职能、规模以及小区地理等）进行比较全面的研究，也是必要的。这些研究，或者是结合某个城市的调查而进行具体、细致的综合分析，或者是在大量城市调查的基础上进行的理论方法方面的探讨，其研究成果都具有重要意义。

为了更好地完成社会主义建设提出的有关任务，城市地理本身也要大力提高自己的理论方法水平。目前，最重要的是要加强和提高技术经济论证的方法，并积极地学习和研究数学方法、电子计算机技术、遥感技术在城市地理研究中的运用。这两者是相互联系的。

加强技术经济论证，才能逐步总结出一套比较完善的指标体系，从而为数学方法和电子计算机技术的应用创造条件；而数学方法和电子计算机技术的应用，又可以促使技术经济论证严密化，从而使城市经济地理的研究从定性分析，提高到数量的预测。

由此可见，社会主义现代化的建设，一方面，为城市经济地理的研究，提出了一系列理论上的研究任务；另一方面，也为城市地理工作者直接参加社会主义建设的实践创造了条件。

［原载中国地理学会经济地理专业委员会编：《工业布局与城市规划》（中国地理学会1978年经济地理专业学术会议文集），科学出版社1981年版］

第三十五篇　西沙、南沙等群岛的历史地理纪要

徐俊鸣

徐俊鸣

提示：论文在介绍南海海底地形、气候、海流和南海诸岛地形特点和分布格局基础上，从这一地区历史政区设置、海上贸易、航海、海洋渔业、军事巡航、宗教和文化交流，以及大量历史文献、舆图等证明南海诸岛及其附近海域自古以来就是中国领土，是中国海洋权益不可或缺的一个组成部分。论文证据确凿，坚定有力，表达了作者高度的爱国主义精神、捍卫国家海洋领土主权安全的坚定立场。在"文革"期间地理学受到重创，地理科学人员受到残酷迫害的背景下，作者坚持地理科学研究精神并做出贡献，十分难能可贵。

一、南海诸岛及其附近海域自然地理概要

（一）南海海底地形轮廓

南海亦称南中国海，是我国沿边四海中最大的一个。它北起台湾海峡的南口，南抵加里曼丹岛西南方的卡里马塔海峡。西界中南半岛和马来半岛，东界菲律宾群岛。南北纵长，东西稍狭，面积360多万平方千米，为东中国海（东海、黄海、渤海的总称）的3倍。

南海海底地形相当复杂，海水也较深，通常分作4个地形区。

（1）大陆架。它是大陆的延伸部分，地势比较平坦，水深一般不到200米。南海的大陆架相当辽阔，特别是在西北部和西南部。前者包括我国的两广和台湾以南沿海和中越间的北部湾等海面。台湾和海南两大岛都在这片大陆架上。南海西南方的大陆架更为辽阔，西面包括暹罗湾，东抵加里曼丹以北，南连爪哇海和爪哇、苏门答腊等岛，俗称巽他大陆架。而越南中部以东和菲律宾群岛以西的大陆架都较窄。

（2）大陆坡。它是大陆架到深海盆地的过渡区。坡度较大，地形也较复杂，水深由数百米至数千米不等，中有高度不同的阶地和海底山脊，珊瑚虫即以此为基地生长，成为无数珊瑚小岛与礁滩。我国的东沙、西沙和中沙群岛都在这个大陆坡范围内。

（3）中央深海盆地。位于南海中部而稍偏于东北，北起吕宋岛之西，南抵南沙群岛以北，西抵越南中部海外，略成一三角形，水深多在3500～4200米之间，地势一般比较平坦。吕宋岛以西直至民都洛岛以西有深海沟，叫作马尼剌海沟，深达5000米以上。而西沙与南沙群岛间亦有深达5567米的深海沟，为目前已知的南海最深处。

（4）海底台地。位于北纬12°以南，南接巽他大陆架。水深一般在1500～2000米间，东有巴拉望海沟（深度不及马尼剌海沟）与巴拉望岛分界。台地上有许多突起的海脊，南沙群岛即以此为基础。

南海同相邻的海区之间有许多通道，为海水交换和海上航行之所经，其中较重要的有8个。

（1）台湾海峡：北通东海，最狭处宽75海里，水深70米。

（2）巴士海峡：在台湾南部与巴坦群岛之间，水深达2600米，为南海东通太平洋最重要的水道。

（3）巴林塘海峡：在上述巴士海峡之南，亦为南海通太平洋水道之一，唯深广不及前者。

（4）民都洛海峡：在菲律宾的民都洛岛与巴拉望岛之间，东通苏禄海，水深达450米。

（5）巴拉巴克海峡：在巴拉望岛之南，亦东通苏禄海，唯水深仅100米。

（6）卡里马塔海峡：在加里曼丹岛西南侧与勿里洞岛间，为南海通爪哇海的重要水道，水深约40米。

（7）加斯帕海峡：在勿里洞与邦加岛间，亦为南海通爪哇海通道之一，水深亦40米，唯宽度不及前者。

（8）马六甲海峡：介于马来半岛与苏门答腊岛间，在世界航运上极重要，因为它是太平洋和印度洋的咽喉地带，但因水道较浅（仅30米），对于海水交换上却并不重要。

（二）南海的气候和海流概况

南海北起北回归线（北纬23.5°）左右，南迄南纬3°左右，属于赤道和热带气候，终年高温多雨。除北部的东沙岛（北纬20°40′）冬季因受北方冷空气的影响，1月平均气温（20.6℃）未达到夏天的标准（22℃），最热月（6月）平均气温28.6℃，年温差多达8℃外，其余各岛1月平均气温都在22℃以上，即四时皆夏。年温差也很小。如西沙群岛中的永兴岛（北纬16°50′），1月平均气温为22.8 ℃，最热月（6月）平均气温为28.9 ℃，年温差仅6.1 ℃。南沙群岛，距赤道更近，年温差自然更小。依其纬度相似的邻区（越南芽庄）的记录，最冷月气温为24.2 ℃，最热月气温为28.6 ℃，年温差仅4.4 ℃。

南海和菲律宾以东的太平洋都是台风的发源地，受台风影响的季节特长。

南海又受季风影响，大概5—9月以西南季风为主，11月至次年3月以东北季风为主。4月与10月是季风转换的季节，这种定期转换方向的风，千百年来为我国劳动人民利用来从事生产和对外进行经济文化交流。远在北宋时期，我国沿海人民就称夏季风为"舶䑲风"，因为它能吹送海舶归来。

南海的表层海水，因受季风的吹拂等原因，冬夏的流向亦有所不同。夏季（以8月为例），从爪哇海通过卡里马塔海峡和加斯帕海峡流入南海的海水，因受西南季风的吹送，转向东北流，经巴士和巴林塘海峡汇入太平洋的黑潮中，或通过台湾海峡进入东海。而在北部湾、暹罗湾和南海的东部各有顺时针方向的局部小环流。至于冬季（以2月为例）情况恰相反，那时从东海通过台湾海峡南下的海水和从太平洋通过巴士和巴林塘海峡的海水，进入南海之后，因受东北季风的吹送，向南海西侧南下，至越南中部海岸流速最大，有时每小时可达2海里，抵马来半岛后折向东南流，经过卡里马塔等海峡流入爪哇海。此时，北部湾与暹罗湾二处亦有小环流，唯流向与夏季不同而做逆时针方向。而南海东部则有由苏禄海通过民都洛与巴克巴拉海峡的水形成由东向西的补充流。南宋周去非所著的《岭外代答》一书中曾指出：在海南岛西南方的海洋中，有3种不同流向的海流交汇于此，叫作"三合流"。其情况与现在南海冬季的海流有些类似。

（三）南海诸岛的地形及其他

分布于南海腹心的岛屿都是珊瑚小岛和礁滩之属。珊瑚为热带海中特有的生物，故珊瑚岛为热带海中特有的海岛。这些岛屿在地形上的特点是面积不大，海拔不高。据现在已测量过的南海诸岛中，面积最大的为西沙群岛中的永兴岛，其面积仅1.85平方千米。海拔最高的为西沙群岛中的石岛，海拔12～15米。人们把岛礁距海平面的高低分作五类：①岛屿——成陆较久海拔稍高的；②沙洲——成陆不久，但一般高潮已不能淹没的；③礁——出没于高低潮间的；④暗沙——低潮时亦不能露出水面的；⑤暗滩——比暗沙离水面更远，一般在30米左右的。但这种区分也没有明确的界线，故有时此书称岛，别书称礁滩者亦常有之。据不完全统计，这里有珊瑚小岛及沙洲共40个左右，而礁、暗沙与暗滩共140多个，合共岛礁共180多个。通常分作以下四群：

（1）东沙群岛：位置在汕头以南约140海里（1海里＝1.85千米）。由一个岛（东沙岛）和几个礁滩构成。东沙岛清初名为"南澳气"（见《海国闻见录》），后称"大东沙"，据说因在万山群岛以东得名（见《海录》）。自古为我国闽、粤、台等地渔船停泊之所。今广州或香港至马尼剌和台湾高雄的航线通过东沙附近。

（2）西沙群岛：在海南岛榆林港东南约150海里，西距越南中段海岸约240海里。包括十多个岛屿和十多个礁滩等，我国古称千里长沙或七洲岛（见宋人著作，详后）。主要集中于东西二群：

（甲）宣德群岛，位置较东，包括永兴岛、石岛（同在一礁盘上）、北岛、中岛、南岛（同在另一礁盘上）、赵述岛与西沙洲等。其中，以永兴岛为主岛，面积1.85平方千米，海拔高8.5米。土名猫注岛或林岛，岛上有居民，并多森林。这六岛连较东的东岛（又称和五岛，面积与永兴岛相似）合称东七岛。

（乙）永乐群岛，位置较西，在永兴岛西南约37海里。亦有六岛共构成新月形，故西名新月群岛，东南端有三岛，为琛航岛（又名灯擎岛）、广金岛（又名掌岛）与晋卿岛。琛航岛面积0.43平方千米，海拔约5米，但无淡水。与广金岛同在一礁盘上，潮落时可以涉水而过。新月群岛西侧亦有三岛，由北而南依次是珊瑚岛、甘泉岛和金银岛。甘泉岛以有淡水著名，海拔约8.5米、珊瑚岛面积不到0.3平方千米，海拔9.1米，亦有淡水。甘泉岛与金银岛间有羚羊礁，为一典型的环形礁。新月形开口向南，北侧另有森屏滩。永乐六岛及其南的盘石屿和螺岛（即中建岛）合称西八岛。森屏滩上现新成全富岛。在永乐群岛与盘石屿之间另有巨大的环形礁，名为觅出礁或华光礁。此外，还有其他暗沙等，如神狐暗沙和一统暗沙遥遥偏北已在北纬19°附近。西沙群岛位于南海航运的要冲，广州至新加坡的航线通过西沙与中沙之间，香港至西贡的航线通过西沙之西。

（3）中沙群岛：位于南沙群岛的东侧，主要集中于北纬16°与东经114°附近，是一个巨大的水下环礁，周浅而中深，北有比微暗沙，南为波洑暗沙，西有排洪滩，东有隐矶滩。其中，以礁盘北缘的立夫暗沙隆起最高。此外，分布较远的黄岩岛（或称民主礁）和宪法暗沙，也是中沙群岛的一部分。

（4）南沙群岛：位置最南，分布最广。北起雄南礁（北纬约12°），南迄曾母暗沙附近（北纬4°以南），西起万安滩（东经109°30′），东到海马滩（东经117°50′），包括10多个岛屿沙洲和100多座礁滩暗沙。其中，以太平岛为最大，它位于北纬10°23′东经114°22′处，面积约0.43平方千米，海拔4.2米。北距西沙群岛的永兴岛400多海里。在太平岛西南方的南威岛（约在北纬8°东经112°）亦为南沙群岛较重要的岛屿，面积虽只有0.15平方千米，海拔约3米，但有良好的锚地，可作海军基地。

南沙群岛在南海海运上的地位相当重要：广州或香港至新加坡的航线通过它的西侧，新加坡到马尼剌的航线通过它的西北，新加坡至文莱的航线通过它的南侧。

西沙、南沙、东沙和中沙群岛都是著名的高产渔场，这可能是由于海流被礁滩所阻挡而形成局部的上升流，以及珊瑚礁内的矿物质发生溶解，使营养物质集中在这个区域内的缘故。这里生长着的大量珊瑚又为鱼群提供了多样化的栖息地和避敌的庇护所。所以，南海诸岛附近海域以盛产各种鱼类、海参、海龟、玳瑁、贝类、紫菜等著名。岛上又多海鸟（鲣鸟最多）和鸟粪。鸟粪为优良的化肥原料并可提取重要的药料。

据地质学家研究，亚洲东部有几条东北—西南走向的"地向斜"，这巨大的地向斜为蕴藏石油的理想地带。东中国海和南中国海都在这种地带内，所以南海海底有希望成为将来世界重要的石油产地之一。这也是帝国主义及其走狗所以垂涎我南海诸岛的原因之一。

二、西沙、南沙等群岛自古以来是我国的领土

从两千多年前的秦代开始，中国已经是濒临南海的一个国家，我国人民已在南海上活动。据《史记》描写，那时的南海郡治番禺（今广州市），已是南海各地的土特产（珠、玑、果、布）的集散地。据《汉书》记载，当时我国在南海上的航线，主要是从徐闻和合浦出发，沿岸而行，辗转可达今印度东岸。

经过三国、两晋而至隋唐，由于中国的政治、经济、文化的不断发展，造船技术日见进步，我国在南海上的活动更为频繁。东晋初（公元411年），我国去印度取经的佛教徒法显，从海道回国，他到今苏门答腊转搭商船时，据商船上人说平常只要50天就可以从那里来到广州了，可见那时我国和南海各国的海上往来是可以计日而行的了。

唐代，据《新唐书》所载的通海夷道：由广州出发经过屯门（今九龙半岛西南青山附近），经过海南岛东岸的九州石（今文昌县七洲岛）、象石（今万宁县大洲岛），西南行穿过南海远达西亚和东非各地。南洋一带，由于距我国不远，同我国交往更为频繁，我国华侨留居地在那里也很多，所以至今南洋人民常称中国人为"唐人"，称中国为"唐山"。

从北宋后期（公元11世纪末）起，我国人民首先将指南针应用于航海，比阿拉伯人和欧洲人要早100年左右，这是世界海运史上重大的革命。因为有了巨大的船舶，又有指南针，船舶就可以离开海岸，横渡大洋，因此，我国对南海诸国的航线，每每通过西沙和南沙群岛之间，对于这些岛屿，就命了名称。

1178年周去非著的《岭外代答》一书中有："传闻东大洋海有长沙、石塘数万里。"长沙与石塘就是我国劳动人民通过航行的实践，给西沙和南沙群岛所命的最早的名字。

1225年赵汝适（音括）著的《诸蕃志》中，则称之为"千里长沙""万里石床"。

1274年吴自牧著的《梦粱录》中有"去怕七洲，回怕昆仑"，这是"七洲"的名字的首次出现。七洲是指西沙群岛的东七岛（今称宣德群岛），说明那时中国人民对于西沙群岛东侧岛屿的数目已知道了。至于昆仑则指今越南南部的昆仑岛。

最近，我国人民在西沙群岛上发现大量宋代和明代的铜钱和许多瓷器，这是我国人民早已到达该岛的有力证据。

元代，也有许多著作提到七洲洋与万里石塘，如《元史·史弼传》，记载元将史弼带领着五千人马去爪哇时，他的舰队就曾"过七洲洋、万里石塘"。1295年至1297年曾出使真腊（今柬埔寨）的周达观，在他所著的《真腊风土记》中有"自温州（今浙江温州市）开洋，行丁未针（即西南偏南方向），历闽广海外诸港口，过七洲洋"。1349年汪大渊所著的《岛夷志略》则有"上怕七洲，下怕昆仑，针迷舵失，人船莫存"（见"昆仑"条）和"石塘之骨，由潮州（今潮安）而生，迤逦如长蛇，横亘海中，越海住过俗云万里石塘。"（见"万里石塘"条）东沙群岛在潮州以南的海上，汪氏所说的万里石塘，既然是起于潮州指南，也就把东沙群岛包括在内了。

　　到了明代，中国政府对于海外的发展更加重视，从1405年（永乐三年）到1433年（宣德八年）间，曾派遣郑和率领数万人员，分乘数十艘巨大的帆船，称为"宝船"，浩浩荡荡从福州放洋，出使西洋各国，曾远达西亚和东非各地，这就是人们所熟悉的郑和七下西洋，是15世纪初期中国人民的伟大海上旅行。从此我国人民移居到南洋的更多，所谓"西洋"是指婆罗洲（今加里曼丹）以西各国。曾多次参加这个远航的费信于1436年所著的《星槎胜览》中也曾提到"上怕七洲"的话。

　　1621年茅元仪所编撰的《武备志》中，转录有郑和下西洋的针路图。图中有万生石塘（位置相当于东沙），万生石塘（万生可能是万里之误，位置相当于西沙）和石塘（位置相当于南沙）。1920年，已有人在西沙群岛的珊瑚礁下发现有中国的古钱，其中最早的有汉代的王莽钱，最多的为明代的"永乐通宝"（见《地质论评》一卷三期，马廷英一文，1936年版），足以证明至迟在明代已有我国人民在西沙群岛上居住了。

　　1527年顾岕所著的《海槎余录》，则有"千里石塘在崖州（今崖县）海面之七百里外。相传此石（塘）比海水特下八九尺，海舶必避而行，一堕即不能出矣。万里长堤（沙？）出其南，波流甚急"。以及1536年黄衷所著的《海语》一书中，亦有关于七洲洋和万里石塘记载。

　　自清代以来，在我国的著作中，关于南海诸岛的记载比以前更多，如1662年顾炎武所撰的《天下郡国利病书》和同时期顾祖禹所撰的《读史方舆纪要》以及1838年严如熤（音亦）所编辑的《洋防辑要》等书，都有关于南海诸岛的记载。而1730年（雍正八年）陈伦炯所著的《海国闻见录》，是清朝前期对于东沙、西沙等描述较详的著作。在该书"南洋记"条下说："七洋洲在琼岛万州（今万宁县）之东南，凡往南洋者必经之所。……独于七州（应为洲）大洋，大洲头（今万宁县的大洲岛）以外，浩浩荡荡，无山形标识，风极顺利对针，亦必须六七日始能渡过……偏东犯万里长沙、千里石塘；偏西则恐溜入广南湾（越南广南附近海面），无西风不能外出"。该书尚有"南澳气"一节论述东沙岛甚详。"南澳气"即东沙岛的古名。《海国闻见录》还有附图，这是现在我们见到的较早的南海诸岛的地图。该图后来在1848年徐继畬撰的《瀛环志略》和1880年王之春所撰的《国朝柔远记》均有转载。

1820年，由谢清高口述、杨炳南笔记的《海录》，亦为人们所称道的著作。该书在"噶喇叭"条下谈到万里长沙、千里石塘和七洲洋，并指出有两条不同的航线：一为内沟航线在万里长沙（即西沙群岛）之西；一为外沟航线在万里长沙之东。

16世纪以来，欧洲殖民主义者加紧向东亚进行侵略活动，曾以航行安全为借口，擅自调查测量我南海诸岛，编制海图。现在南海诸岛的许多西文名称，就是这个时期由他们私定的。如1883年，德国人擅自测绘我西沙、南沙群岛地图，当时广东当局曾提过抗议。（见1928年广东实业厅编《西沙岛东沙岛成案汇编》）

1885年，邹代钧所著的《西征纪程》中已指出："（万洲）东南二百余里海中有巴拉塞尔群岛，小者仅拳石湾环，散到海面，约方二百里。岛上仅生草木，中间亦有寄碇处。即《海国闻见录》所谓千里石塘"。这是在中国人的著作中，较早把西沙群岛的中西名称对比起来的。

1905年出版的法国耶稣会教士夏之时著的《中国坤舆详图》中，也证实了中国古书上的七洲洋就是西沙群岛。

最足以说明西沙群岛属于我国的重要历史证据之一就是清光绪三十三年（1907年），我国发现日人擅自在我东沙岛偷采磷矿之后，清廷派广东水师提督李准等率领官兵一百余人，分乘伏波、琛航等军舰前往西沙群岛巡视，把其中15个岛屿重新命名，并在较重要的岛上升旗勒石。这次西贡当局企图侵占的甘泉、琛航、珊瑚三岛，都是当时所定名称。而现今的晋卿岛，当时称为伏波岛；现今的和五岛（又名东岛），当时称为丰润岛。李氏巡海时，曾见到岛上早已有中国渔民，他们每年都来此捞取海参、玳瑁、海带等物（见《李准巡海记》载《国闻周报》十卷三十三期，1933年版）。清宣统元年即1909年，清廷又派人员分乘伏波、琛航和广金三舰再往西沙群岛进行复勘考察（见1928年版《西沙岛东沙岛成案汇编》）。近年我们在北岛上又发现光绪二十八年即1902年的"视察纪念"汉字碑。

辛亥革命以后，曾有许多我国商人先后向政府呈请承采西沙的磷矿。1928年，广东当局又曾派遣中山大学的农业和地质等专业人员，乘军舰前往西沙做实地调查，后来还出版有《调查西沙群岛报告书》（沈鹏飞编，1928年中山大学图书馆藏），在该报告书中曾指出当时中国渔民对于西沙群岛中的某些岛屿早已有了土名，如四江岛（即今晋卿岛）、大三脚岛（即今琛航岛）、小三脚岛（即今广金岛）、岜岛（即今永兴岛）。这些事实都足以说明我国人民长期以来已在西沙群岛从事生产活动。但1932年，占据越南的法国政府曾企图侵略我西沙群岛，竟向我国使馆声称：1816年越南嘉隆王曾占领过西沙群岛，该岛应为法有。这个说法是极端荒谬的。法国无中生有的言论，是利用一个曾经居住在越南的法国教士达贝尔曲解越南的史料的谬说作为根据的。达贝尔的《越南地理》（法文并有英文译本，在 1838 年出版），发表了将近 100 年，从来没有受过学者们的重视，而当法国阴谋侵略我西沙群岛和南沙群岛时，才想到利用这个歪曲事实的资料作为根据。法国的无理要求，在当时已经受到中国方面的严厉驳斥（参看《新华半月刊》1956 年第 16 期）。这次，西贡政权又旧调重弹，把年份由 1816 年改为 1802 年，亦徒见其心劳日拙而已。首先应该指出的是：1887 年《中法续议界务专约》中，已明确规定通过芒街的经线（东经 108°）以东的海岛属于中国。西沙群岛显然是在这条经线以东。其次，清光绪二十八年（1902年）、光绪三十三年（1907 年）、宣统元年（1909 年），我国海军曾多次视察西沙群岛，并曾升旗立碑，重申此为中国领土。而 1930 年在香港召开的远东气象会议，有法国安南气象台长参加，该会曾向中国政府请求在西沙群岛设立气象台。可见西沙群岛属于我国已为国际人士所公认。

1931 年法国出版的《地理杂志》中载有石克斯船长的论西沙群岛一文（中译文载《外交评论》1934 年第 4 期，名《法人谋夺西沙群岛》），文中曾提到以下三点：① 1920年，日本南兴实业公司因想开采西沙的磷矿，曾函法国在西贡的海军部询问西沙是否为法国领地。当时在西贡的法国海军司令答称："查海军档案中，并无关于西沙群岛资料，唯就本人所知，虽无档案卷可稽，敢负责担保西沙群岛并不属于法国。" ② 1929 年 1 月，安南高级留驻福尔受总督的委托，就安南王档案中寻找关于西沙群岛的记载，其报告书中说："西沙群岛为零星散布的珊瑚小岛，附近又多沙礁，荒凉而贫瘠。故在 19 世纪初年以前，大概是边区弃地。" ③ "时至今日，安南与西沙可谓已全无关系，（越南）沿岸渔民或船主无人前去，且已不知有此群岛。" 仅就这三点看来，那时在越南的法国官方亦认为西沙非法国及越南所有，越南人民也不到那里捕鱼。

在抗日战争期间，我国的南海诸岛曾一度为日帝所侵占，但在抗日战争胜利后的 1946年冬和 1947 年春，当时中国政府在各国的公认下，派遣海军正式接收了南海中的我国海岛，并重新命名，在重要岛屿上勒石驻军。

南沙群岛旧称西沙群岛，虽然在西沙群岛之南三四百海里，但千百年来我国人民在海上活动时也经常到那里。上面已经提到宋人所称的万里石塘（或石床），实际上包括南沙群岛在内。至少在最近数百年来，我海南岛的渔民，利用季风的吹送，经常到那里捕鱼。20 世纪初，欧洲和日本的野心家曾幻想在那里发现"无人之岛"，强加占领。如 1918 年和 1920 年，日人小仓卯之助，曾两次到西沙群岛探测，据称他原来即希望发现"无人之岛"，但事实却给他一记耳光，他不但在那里遇到许多中国人，通过笔谈并且知道中国渔民对于西沙群岛中的大部分岛屿都很熟悉，有些已命了名（还画了图），如黄山马峙（即今太平岛）、鸟子峙（即今南威岛）、铁峙（即今中业岛）、南乙峙（即今鸿庥岛）、第三峙（即今南钥岛）、秤钩（即今景宏岛）、罗孔峙（即今费信岛）、红草峙（即今西月岛）、同章峙（即今安波沙洲）、双峙（即今北子岛与南子岛）。按峙即岛屿之意。（见

《新海军月刊》1946年第4期《谈新南群岛》一文）。

1926年英国出版的《中国海指南》也这样说："海南岛的渔民以捕捞海参和贝类为活。在伊都阿巴岛（即今太平岛）上有他们的踪迹，他们也有长期住在那里的。海南岛每年有船驶往该处，运来粮食和其他日用品换取渔民的海参和贝壳等。"在双子礁（即今南子岛与北子岛）也常有海南渔民前来捕捞海参和贝类。

又据法国的报刊报道：当1933年法舰往占我西沙群岛中的9个小岛时，在许多岛上都见有中国渔民居住，此外并无别国人。当时在西沙群岛（即今南子岛）见有华人7名，其中有儿童2人。在帝都岛（即今中业岛）上有华人5名。在斯拍拉岛（即今南威岛）上有华人4名。在罗湾岛（今南钥岛）上虽未见人，但有华人修建的神庙、茅屋和水井等。在伊都阿巴岛（即今太平岛）上亦未见人，但见有中文刻字，大意说，运粮到此，未见到人，已将粮食留藏在铁皮下。在其他各岛上亦到处有中国渔民居住的遗迹。（见1949年版的《广东文物特辑》）

又据1939年伪台湾总督府资料，略谓在北二子岛（即今北子岛）有华人坟墓2座，其碑文一署"同治十一年翁文芹之墓"，一署"同治十三年吴××之墓"。按同治十一年为1872年，同治十三年为1874年。（转见广州中山图书馆馆藏西沙群岛资料）

从上述文献看来，无论西沙群岛、南沙群岛等群岛，长期以来是我国渔民生产和居住的地方，是我国神圣领土不可分割的一部分。帝国主义及其傀儡，不顾这些铁的历史事实，仍然一再企图侵略我南海诸岛。1951年，美帝在旧金山一手炮制的所谓"对日和约"，虽然规定日本应放弃西沙群岛和南威岛的一切权利，同时故意不提这些岛屿实际上已归还中国的事实。因此，我国当时外交部部长周恩来于同年8月15日发表声明，严正指出："西沙群岛和南威岛正如整个南沙群岛及中沙群岛、东沙群岛一样，向为中国领土，在日本帝国主义发动侵略战争时虽曾一度沦陷，但日本投降后已为当时中国政府全部接收。中华人民共和国在南威岛和西沙群岛之不可侵犯的主权，不论英美对日和约草案有无规定及如何规定，均不受任何影响。"

多年以来，帝国主义及其傀儡曾经企图否认中国对西沙、南沙群岛的领土主权，但是他们每次的阴谋都不得逞。1956年5月29日，为了粉碎美帝利用菲律宾某些野心分子侵占我南沙群岛的阴谋，我国外交部做了一次声明。1959年2月，南越吴庭艳集团竟派海军非法侵入我西沙群岛中的琛航岛，劫走我渔船。我外交部又于同年2月22日和4月5日先后发表抗议。

1973年9月，南越阮文绍集团竟擅自声称，将我南沙群岛中的太平、南威等十多个岛屿划归南越。今年1月间，西贡政权又悍然出动武装部队侵犯西沙群岛，挑起武装冲突，我渔民和舰艇被迫进行自卫还击，使敌人受到应有的惩罚，解放了被占据的珊瑚岛。但西贡政权野心不死，仍不断叫嚷对西沙群岛、南沙群岛拥有所谓"传统主权"，又出动军舰在我南沙群岛中的南子等岛上非法设立所谓"主权碑",对中国人民继续进行疯狂的挑衅,我国外交部曾于1月11日、1月20日和2月4日先后发表严正声明,对此表示强烈的谴责和抗议。指出:"中国是一个社会主义国家。我们从来不去侵占别人的领土,也决不容许别人侵占我国的领土。为了维护我们的领土完整和主权,中国政府和人民有权采取一切必要的自卫行动。"

南海虽然烟波浩渺,岛礁错落,风沙猎猎,波涛翻滚,但数千年来,勤劳而勇敢的中国人民,通过和大风大浪的长期搏斗,开发利用了这个广大的海域和散布于南海腹心的西沙、南沙、东沙和中沙等群岛。这些海岛自古以来都是我国的领土。现在世界各国发行的地图,除别有用心者外,莫不将西沙、南沙、东沙和中沙群岛画在中国范围之内。然而,侵略成性的帝国主义因见南海是太平洋和印度洋的咽喉,在战略上异常重要;加之附近海域为高产渔场;海底还可能蕴藏着丰富的石油,更加引起他们的垂涎。中国人民在伟大领袖毛主席和共产党的正确领导下,誓为捍卫祖国的神圣领土南海长城而斗争到底。一切不自量力的野心家必将搬起石头砸自己的脚,绝不会有好下场。

(注:本文原载《广州航海》1974年2期,其中有的岛的面积等有出入,以1989年海南人民出版社出版的陈史坚、钟晋梁编著的《南海诸岛志略》为准)

第四编 区域地理学

第三十六篇　南阳盆地

梁　溥

梁　溥

提示：南阳盆地是我国南北地理分界线，是一个很特殊的地理区域。本文运用区域地理理论、结构和方法，介绍了盆地地形、水系、气候、土壤等自然要素，涉及区域历史开发过程、人口结构、农业土地利用、城乡聚落、居民经济生活及发展前景等。文章短小精悍，不失为一篇区域地理范文。

本文选自《地理知识》（北京科学出版社 1955 年 3 月出版）。1953—1954 年笔者在参加长江汉水流域调查时，考察了河南省南阳专区 10 个县，写成本文，介绍南阳盆地的区域地理，在南京地理学会做过报告，1955 发表于《地理知识》。编者认为，本文对认识我国南北过渡的典型地带将有一定的帮助。

一、一个盆地、一条水系

南阳盆地位于河南与湖北之间，面积约为 26000 平方千米，其在河南南阳专区的有十县，在湖北襄阳、枣阳的有一部分。唐白河水系发育于南阳盆地之中，流域与盆地基本上是一致的。原来在伏牛山、桐柏山二大花岗岩侵入体之间形成了这个盆地，第四纪红土沉积于其中，造成一片平地，红土的表层呈黄色，当地人民通称它做"黄土"。边缘山地流下来的水奔向盆地的中央，汇流成为唐河和白河，向南汇注入江，合称唐白河，成为汉江的最大支流。唐白河的支流东西北三面散开像一把扇子，扇柄摆在南方。这扇状的水系流于上述红土平地上，不断地下蚀使这块平地割裂为很多小丘，当地人民称之为岗地。在盆地内，一条条的岗地不相连续地分布在河流之间，就使得原来的红土平地已不复存在了，唐白河又重新创造平地，这就是现代的冲积平原。这种平原很肥沃，但所占面积很小，沿着唐河白河的下游成狭长的地带，好似衬托河床的花边。岗地占面积很大，高出于平原一二十米，倾斜度大小不一，坡度小的叫作平岗，倾角在一两度以下的简直像一块大平原，是很好的耕作地方。但坡度大的则土壤冲刷厉害，下雨时表土肥料都会被冲去，干燥时则发生龟裂，把作物的根弄断，成为农民目前最难对付的一个问题。环绕岗地区的四周是接连边缘山地的丘陵区域，这些石质的丘陵多是光秃秃的荒山，土壤侵蚀很严重。

南阳盆地位于我国南北过渡的地带，气候和植物分布都带有南北过渡性的色彩。伏牛山障于西北，盆地的冬季没有中原平原那么严寒，南阳镇1月平均温度2.7℃，同一时间比郑州（-1.1℃）暖和，而比汉口（3.9℃）却冷一些。盆地东北角的方城一带，丘陵地形低平，成为盆边的一个缺口，汽车通过时简直认不清分水岭的所在，所以寒潮可从此长驱直入，使气温降至0℃以下。11月就开始有雪，霜期达半年之久，对小麦、豌豆等作物为害不浅。夏季高温达28℃，海洋气流可达，雨量比华北为多。盆地内部全年雨量约700毫米，边缘山地则常超过1000毫米，比华北较多但又不及长江流域之多雨。这里气候上有一个很大的问题就是雨量变率大，常常闹旱灾，下雨多集中于7月、8月，下游各县尤其是盆地低处之新野水灾极为严重。盆地中间树木稀少，干燥时黄尘飞扬，下雨则道路泥泞，颇像北方景色，但边缘中山地多见松柏，还有不是很高大的竹子。谷底稻田，间有水牛，却又有南方的景象。土壤多棕壤及灰棕壤，砂姜土也常见，溪边悬崖可以看见砂姜石层，岗地上冲刷后有时露出砂姜石，不能耕种，草都很疏，成为一些岗荒的地方。

上面所述是南阳盆地的自然轮廓，后面再谈一谈过去社会的活动情况。

二、历史的痕迹

从许昌坐汽车到南阳，一到达这个古城，就看见城门上"中原冲要"4个大字，使你想起这是过去南北的重要通道，中原平原上的人民经由此地与富庶的湖广盆地取得密切的联系。这个地方开发得很早，南阳府志载："秦灭韩，徙天下不轨之民于南阳"，秦朝皇帝把反抗他统治的人民移植到这块当时的边疆地方，可见两千余年前就已有不少人口在开垦这个肥美的盆地了。以后，这里的农业就逐渐发展起来。在交通方面，古代的驿路由北京经许昌、南阳、沙市、常德而达贵州、云南，这就是所谓官马南路的一条路线——云南官路。到清乾隆以后，这里的水陆运输特别热闹，南阳县的赊旗镇成为南北货物水陆转运的名镇。据《南阳县志》对赊旗镇的记载："南船北马，总集百货，尤多秦晋盐茶大贾，……其市岁税常巨万"。那时，茶、丝、布匹、食盐、药材均大宗贸易，清封建统治者从这里剥削大笔税收，可以想见当时商业的盛况。现在赊旗镇中心还留存一座皇宫式建筑的大会馆，镇东北寨门外的河边有一个水码头，石阶现在还整齐完好，但船舶则早已绝迹。在距今50年前，赊旗镇商业还盛，据说以前人口超过10万，现在仅有17000人，可见近几十年来已有很大的变迁。这种变迁的原因并不是由于唐河河床的淤积，而是由于京汉铁路的开通，因而南船北马的转运作用已被火车运输所代替了。

在悠长的历史岁月里，盆地的社会情况经过了很多变迁，但不管是僻远地方，或是交通大道，开发这个盆地从事生产的劳动人民，却始终在重重压迫下得不到翻身，直至共产党来了才起了根本的改变，现在劳动人民打倒了阶级的敌人，真正做了主人。

三、盆地里的主人

生活在盆地里的人民，情况大变了。他们不再任人摆布，反过来当家作主了，积极建设自己的家乡，追求光明的远景。现在人口合计约600万，以农业为生活的占了95%以上，所以现在的人口主要是由农民构成的。近代工业和手工业人口数目虽还不多，但工人阶级却是新生的力量，而手工业者也起着帮助农业发展的作用。农业人口中有40%以上是年富力强的全劳动力，还有15%是半劳动力，合计就有半数以上能够从事农业劳动的人，这300多万精壮的队伍就是对自然作战的大军。这里的民族绝大多数是汉族，回族兄弟占极少数，大家都是相处得很好。

盆地的人口密度平均每平方千米230人，但并不是均匀地居住在盆地的各部分。在一张人口分布图上可以看出3种情况，第一种是人口最密集的地方，集中在盆地的中央，每平方千米住着250～300人。这里包括南阳、新野、邓县、唐河等县的地方，位于唐河、白河、湍河、刁河的下游，平原及平岗较多，耕地占土地面积60%以上。单位面积的产量较高，但低地的水灾严重。第二种是中等密度的地方，如方城、泌阳等县，每平方千米约200人，这是环绕中央区的岗地和丘陵地区，每人分得的土地虽多，但岗丘起伏，土质较劣，单位面积产量较低。第三种是密度稀疏的地方，如桐柏、南召等县，每平方千米仅几十人，这些都是盆地边缘的山地，其中水稻田的单位面积产量虽高，但耕地多在谷底平原，面积不大，如桐柏县耕地仅占15%，从上述情况可以看出一些规律，这个盆地的人口分布是与耕地分布和土地生产力高低大体一致的。如果与修水利，改良土壤，发挥地力，提高农业生产，原来的人口情况一定要起变化。如果发展工业，充分利用山地，那么城市人口增加，而山地也可以住很多人，你想原来的人口分布和密度是不是要大大改变呢？

盆地内城市居民不是很多，南阳镇是最大的都市，人口4万人，其余有6个是1万～2万人口的城镇，这些都是盆地里的工商业中心。此外，有很多大小集镇，每两天赶集一次，成为农村中物资交流的地点。大多数的人都住在乡村，盆地里大约有3万个自然村，以600万人口计算，平均每村约住200人，村庄多是由泥草棚的房屋所构成，一般都以泥墙围绕全村，叫作寨墙。现在农民生活好转了，购买力提高了，沿路都看见有改建的新屋了。

四、劳动人民怎样生产

这里以农业生产为主要，城市里也有几十个规模不大的工厂，手工业则城乡都很普遍。农业方面，耕地几乎占整个盆地的一半面积，其中有 9/10 是种粮食作物，1/10 种技术作物。每年出产粮食 3000 多万市担，还有 1/3 余粮输出，所以这里是一个很大的产粮区域。旱地占耕地的 97%。小麦是这个盆地的最主要作物。夏季种玉米、高粱、小米、红薯、豆类和稻谷，冬季则几乎所有的田地都种小麦。技术作物主要为烟草、芝麻、棉花等，也是夏季种植的。如果夏天到这个盆地旅行，你会看见田野里多种多样的作物，如果冬春到来则遍地都是小麦。再从地区分布看，则盆地的中间，平地低岗，田连阡陌，是耕地集中的地区，普遍生产粮食，其中偏南各县多兼种芝麻、棉花，而烟草则特别集中于邓县。至于盆地边缘的山区却又是另一景色了，山上种松树，斜坡种桑养蚕，谷地则筑堰塘、种水稻，南召县农村养蚕收益占农民收入之半数，可见养柞蚕是一种重要的生产事业。只要解决灌溉问题，稻作也可以大力推广。

过去工业不发达，新中国成立后却有了发展。卷烟工业最普遍，占了全部工厂的半数，这项工业今后要根据实际需要进行有计划的生产。伏牛、桐柏山地都宜养柞蚕，丝织最有前途，今后将在提高技术的基础上稳步发展。芝麻年产 4 万吨，榨油也是重要的工业。此外，还有制造农具和弹轧花机的工业，是农民和棉花加工的手工业者所需要的。总的来说，这里的工业主要是农产加工和农具制造，都与农业紧密结合。

南阳盆地出产那么丰富的粮食和原料，正是祖国建设迫切需要的，而住在盆地里的几百万农民也正需要工业城市的支援，才能生产更多的粮食和原料，因此交通运输就显得更为重要。这里对外的运输，目前主要靠南北两条通路，向南沿唐白河至汉口可航载重 10 吨的木船，唐河、新野两县是最大的水码头。向北许南公路可达京汉铁路上的许昌。现在运出的货物为粮食和原料，输入则为食盐、布匹、日用品和煤炭等。水运价廉，但唐白河淤浅，费时太长（汉口上行至南阳需时 1 月），因此在运输量上，车运占 4/5，而水运仅占 1/5，水路如能改善，对于运输是有帮助的。

五、盆地的未来

盆地里田野广大，人民勤劳，本来可以生产更多的粮食和原料，但是过去靠天吃饭，不事灌溉，过于依赖自然。在长期的封建统治下，森林被破坏，水土流失、土壤变坏、河道淤塞，洪水常常淹没二三百万亩的良田，旱灾则袭击整个盆地，使人民受到严重的损失，而且洪水的祸害还波及汉江与长江，所以水旱灾明显成为目前的最大敌人，非征服它是无法前进的。上面已经说过雨量集中在 7 月、8 月两月，而扇形的唐白河支流就把大部分的水收集起来，带到下游变成洪水，每秒钟的流量常达五六千立方米，而枯水的时候却不及 2 立方米，相差竟达 3000 倍之多。大家知道洪水祸害很大，但是缺水则农作物又没有收成，也是非常严重。当然最好是使水量能得到调匀，那就有利无害了。但是，唐白河是不会自己这样做的，只有靠人来改造，才能达到我们的目的。将来在唐白河很多支流上游的山谷中，筑好很多水坝，建造成群的小水库，那么唐白河每年带来约 90 亿立方米的水，就可贮藏起 4/10 来，这样一方面洪水可以消灭，而另一方面在需要水的时候，可以把水库贮藏的水适量的放出来，既可以灌溉农田，又可以使唐白河四季都可以行船。此外，水库还可以养鱼，又可以发展水电解决燃料的困难。但是，这里森林和草都很稀疏，土壤侵蚀很严害，必须进行水土保持工作，使水库不致被砂土填塞，才能长期为调节水量服务。总之，事在人为，针对自然的病根，医好过来就可以创造美丽的远景，那时不只农业林事业要改变，工业运输也会大大发展。

（原载《地理知识》1955 年 3 月刊）

第三十七篇　南雄盆地经济地理

梁　溥　曹廷藩　杨克毅　钟衍威　陈家修

梁　溥

曹廷藩

钟衍威

提示：这是中山大学地理系经济地理教研室成立后的第一篇科学考察报告，也是新中国成立后地理系师生最早发表的论文之一。经济地理学在中山大学地理系有悠久的历史和深厚的基础，特别是深受德国和法国区域学派的影响，很重视区域自然条件评价和历史地理基础作用，与后来引入的苏联经济地理学体系和研究模式显著不同，反映在本专业成立之前，上述影响在新中国成立初对西方地理学批判运动之后仍然存在。故本文虽冠以经济地理之名，仍不出区域地理之实。

一、自然条件

南雄盆地在广东省的北部，是南岭山地中的一个盆地，适当大庾岭之南，而梅关山隘与分水坳山隘都是五岭的天然缺口，古代就已成为粤赣交通的孔道。盆地跨南雄、始兴二县，合计面积4500平方千米，占广东省面积的2%。

盆地周围为古生代岩层和花岗岩所环绕，而中部则为紫色沉积岩、红色砂岩和红色砾岩，成为一个鲜明的红色盆地。盆地南北的山地为巨大的花岗岩侵入体，[①] 由于花岗岩的侵入，南北山地的古生代砂岩、页岩、石灰岩和变质岩等都向盆地中部倾斜，作 40°以上的倾角。盆地中部的红色岩层，东西延长几达 100 千米，而南北宽度不过 20 千米，倾斜平缓，一般向北倾斜 10°～20°。紫色页岩和红色砂岩质很松软，侵蚀极盛，盆地中部已成为一片低平的丘陵，相对高度自十余米甚至数十米不等。浈水下切于红岩之中，干流河谷不甚开展，而其支流墨江与凌江却造成不大的冲积平原，提供稻作以有利的条件。在丘陵间的谷地借着山塘的灌溉多已垦为水田，而紫色页岩风化所成的旱坡，多已辟为烟田，成为南雄黄烟种植的地方。

南雄盆地夏季炎热而冬不寒冷，雨量多而季节分配不平均。南雄 1 月平均气温 11.7 ℃，比广州仅低 1.5 ℃。7 月平均气温 28.4 ℃，与广州不相上下。冬季沿江西南侵的寒潮，受大庾岭的阻挡，到南雄盆地势力已大为减刹，盆地中部冬季霜雪也不常见。所谓"大庾岭头梅，南枝落，北枝开"，岭南与岭北的气温确有一定的差别。南雄年雨量 1572.6 毫米，[②] 每年 2 月起雨量开始增加，至 5 月梅雨期雨量达到全年最高峰。5 月为 255.7 毫米，但 7 月却降低到 159.5 毫米，8 月也增加不多，8 月为 168.7 毫米，9 月以后则转入较少雨的季节。南雄雨量的特点：春雨多于夏雨，而秋冬雨量则不相上下。南雄雨量与广州相差不大（年雨量比广州少 89 毫米），雨量季节分配与广州显然不同（参看表 1）。

表 1 南雄与广州雨量季节分配比较

地区	春季 （3—5 月）	夏季 （6—8 月）	秋季 （9—11 月）	冬季 （12—2 月）
南　雄	40.0%	35.3%	12.4%	12.3%
广　州	30.6%	46.5%	13.9%	9.0%

广州夏季热雷雨与台风雨很多，夏季雨量占全年 46.5%；南雄离海较远而受山地阻隔，夏季台风雨比广州少得多，而粤北山岭春季多气旋雨，南雄春季雨量占了全年 40%，故成为春雨多于夏雨的地区。南雄的雨量季节分配不均，而且月雨量的变化很大，易酿成旱涝灾害，必须加意防范。7 月、8 月两月秋播需水正殷，而雨量却大为减少，且逐年变化极大。根据 1918—1944 年 27 年的雨量纪录，1926 年 7 月雨量最小值为 24.8 毫米，仅

---

① 本文是中山大学地理系部分师生 1954 年 7 月往广东南雄、始兴考察的一个报告，由梁溥执笔写成，提交 1954 年 11 月中山大学第一次科学讨论会地理分组讨论，1956 年参与中国地理学会学术讨论会讨论，并做了一些补充修改。
② 冯景兰、朱翔声：广东曲江仁化始兴南雄地质矿产，两广地质调查所年报第一卷，1928 年。

及7月平均值的15％。1942年8月雨量最小值为20.6毫米，仅及8月平均值的12％。1923年9月雨量最小值为6.5毫米，仅及9月平均值的6％。在这秋播期间，雨量相差那么大，而且这时天气炎热、太阳强烈、地面蒸发极大，所以南雄旱灾最易在这时发生。《南雄州志》载："北地夏秋之间雨多，春夏雨少；雄郡则春夏之间多患涝，夏秋之间每患干"[①]，这与事实大致相符。春季是南雄多雨的时期，3月、4月、5月雨量共计628.6毫米，占全年的40％。而春季的雨量相差很大，1927年3月、4月、5月雨量共计1210.3毫米，为3月、4月、5月27年平均值的192％。而1929年3月、4月、5月的雨量合计仅得366.1毫米，为3月、4月、5月27年平均值的58％，其中3月雨量锐减，该月雨量为8.5毫米，仅及3月的27年平均值154.1毫米的5.5％。所以，春夏之间虽多患涝，但春旱也是可能发生。南雄盆地的雨量变率虽不及西北、华北之大，但极易导致旱涝灾害，对耕作有很大的影响，这是发展生产上必须注意的问题。

浈水发育于盆地之中，流贯于盆地的中部，汇合南北山地注入的支流，向西贯穿鸡笼岗背斜而流注于北江。春季开始涨水，春夏之间达最高水位，但7月却大为低落。春夏之间浈水暴涨的时候正是武水上涨的时期，浈武二水的同时暴涨往往造成北江的最大洪水。

浈水流域每逢暴雨，土壤冲刷极大，河水变得通红，含沙极多，河床逐渐淤浅。春夏之间水涨，木筏大量沿江下运，而夏秋之间低水出现则滩多水浅，船筏都难行驶，所以浈水水运受季节的影响很大，必须加以治理。

南雄盆地的土壤以红壤、紫色土、水稻土为普遍，也有灰化红壤、黄壤等。红壤主要分布于周围的山地，面积很广。红壤分布区内的植物以铁芒箕、马尾松群落为普遍，阴坡则多生长杉树或竹子，谷底多已开辟为稻田，所以山地区也散布一些零星的水稻土。盆地的中部有紫色土、红壤、水稻土等。而以紫色土最为突出。红壤分布于红岩的丘陵上，生长着疏落的马尾松，水稻土则以墨江平原和凌江平原较多。紫色土的成土母质为紫色页岩，故紫色土分布于紫色页岩露头的低丘。紫色土的低丘缓坡几乎草木不生，侵蚀极为严重，紫色土不断被冲刷，发育常不完全，故经常停留在幼年状态。紫色土多呈石灰性反应（也有少数中性的），土中常含有方解石性质的厚纸状薄片及各种形状的结核，似由碳酸钙溶解后淀积而成。现在南雄的烟草栽培就是利用这种钙质土壤，而花生成为它的轮种作物。

盆地周围的山地由于花岗岩的侵入，形成了有色金属矿藏。钨、锡、铋、钼都有发现，其中钨矿分布很普遍，而且蕴藏也丰，与赣南、粤北各地钨矿同有开采的价值。始兴县东南的石人嶂、师姑山等均有重要的钨矿。

南雄盆地的周围山地有丰富的松、杉、竹子，地下还有金属矿藏。盆地中部平原虽不

[①] 中央气象局中国科学院地球物理研究所资料室；中国降水资料1954年。道光甲申重镌建销直隶南雄州志。

广大，但气候温暖多雨，土地潜力很大，而丘陵也可以充分利用，农林矿业均有发展条件。只以雨量变化较大，而且紫色土侵蚀严重，旱涝为患，影响农业生产的发展，所以水利建设与水土保持工作实为盆地生产发展的重要问题。

二、历史地理概述

南雄盆地自古就是五岭南北的交通要道，也是汉族移居岭南的一个中途站，在华南移民史上是一个重要的地区。

《南雄州志》载："周末越人徙此"，可见2000多年前，南雄盆地是百越民族居住的地方。公元前214年秦始皇南征百越，戍兵徙民于岭南。公元前111年汉武帝又分三路南征，其中一路由豫章下横浦（即今浈水），就是沿南雄盆地南下，所以在秦汉时期汉民族已进入了南雄盆地。三国时期设置始兴县于墨江流域。到4世纪，西、北各少数民族进入华北，东晋政权偏安于江南，此时华北人口大量移至长江流域，也有部分移居到南雄盆地。唐置浈昌县，即现在的南雄县。唐朝把大庾岭的梅关隘道加工修缮之后，南北交通更为便利，南雄盆地已成为广州对外贸易港与长江流域联系的运输要道。到12世纪金人南侵，南宋王朝南迁，大量人民向南迁移，南雄盆地人口迅速增加，而且人口多北来南去，成为移民华南的中途站，南雄城北二十里的珠玑巷就是历史上汉族人民向广东迁移中的一个著名居民点，从这里移民到珠江三角洲与西北江的下游等地区。宋朝以后，南雄盆地居民增加，并由北方带来了较高的农业技术，土地进一步地开发，水利兴修，农业就发展起来了。南雄城北二十里的凌陂，是宋天禧年间兴修，利用凌江之水可以灌溉稻田二千余亩；始兴县东十五里胡防村的胡丰陂，利用墨江之水，灌溉稻田达五千余亩；规模都是不小的。宋朝广州的对外贸易极盛，商品运输由水路至南雄，转陆路越大庾岭梅关通道至赣南，然后沿赣江北运，而南雄就是货物转运的地方。清朝外国使节到北京，均取道南雄入江西，所谓"使节路"就是南北海运的重要通路。可见南雄在岭南开发的历史很早，而在南宋时期经济就已有很大的发展。

近代，帝国主义从海上侵入，沿海城市经济畸形发展，而南雄盆地的内陆运输通衢已为沿海海运所代替，因此盆地的经济活动亦趋于沉寂，不但没有现代工业，而且农业也落后异常。农民在重重压迫剥削之下，生活贫困，农业生产长期没有改进。始兴、南雄本来同是粤北的一个产粮地区，而南雄粮食却长期不足以自给。过去由赣南输入粮食。烟草栽培很早，大概18世纪或更早以前，外国烟种就传到了南雄，到18世纪之末至19世纪之初已种植极盛，南雄、始兴的紫色土地都已普遍利用来种烟，清道光《南雄州志物产篇》关于烟叶的记载甚详。南雄盆地种植烟草已有200年的历史，而且南雄黄烟早已成为商品性作物，但新中国成立以前由于美国烟草的输入，南雄盆地的烟草种植业衰落已达极点；

而另一方面由于垦地种烟,加速了土壤的侵蚀,使浈水河道淤塞,既影响了河运,又加剧了涝患;而反动统治者只知压榨抽税,对生产却漠不关心,以致农业长期没有改进,使南雄盆地的经济陷于每况愈下的境地。

新中国成立后由于土地改革的完成,农业合作化的发展,水利兴修,耕作制度的改革,与农业技术的改进,始兴、南雄的粮食生产都已大大增加。1953年南雄县稻米产量比1950年增加1/3以上,短短3年时间就已做到粮食可以自给了,扭转了过去长期缺粮的情况。而且由于逐年不断地增产,南雄盆地现在已成为有粮食调出的区域。烟草的增产更为突出,1956年南雄种植黄烟面积比1950年扩大到两倍多,产量则达到1950年的五倍以上,而1957年还要扩大发展。始兴、南雄的木材现在正大力开采。始兴的钨矿则在进行机械化大规模的采掘,所以新中国成立几年来南雄盆地的经济地理面貌已有很大的改变。

三、居民

南雄、始兴二县人口合计33万余人,二县面积合计占广东省面积的2%,而人口则占全省的0.9%。人口的民族构成以汉族为主,占人口的99.7%,瑶族人口1150多人,仅占人口总数的0.3%。瑶族人民分布于始兴县,主要居住在浈水以南墨江以西的山地区,从事农林业生产。新中国成立后山区经济发展,瑶族人民的生活已得到了很大的改善。南雄盆地的居民以农业为主,农业人口占总人口的89%。在农业人口中,全劳动力占38%,半劳动力占22.4%。现在绝大部分的农户都参加了农业生产合作社,农民的生活改善,购买力不断提高,集体生产的积极性都已大大提高了。

南雄盆地的人口密度为平均每平方千米74人,但人口分布很不平均,而各地密度有很大的差异。居民大部分分布在盆地的中部,而南北的山地则人口稀疏。计盆地中部面积仅占南雄、始兴二县面积的28%,但人口则占77%。南北山地面积占72%,而人口仅占23%。

盆地中部面积约1300方千米,人口23万余人,密度每平方千米180人,但各地密度仍有很大的差别。人口主要集中于沿江平原的水稻区,其次为低丘的旱作地区。盆地中部有3个人口密度较大的地区:①以始兴县城为中心的墨江平原,每平方千米人口约270人,而始兴城关镇人口4000多人还未计在内。②以南雄城关镇为中心的凌江平原,每平方千米约250人,而南雄城关人口2万不计在内。③东部湖口圩与乌迳圩之间的烟草、水稻区,村落散布,不很集中,但每平方千米人口达230人。至于浈水以南的丘陵地区,耕地不多,而村落也疏,每平方千米人口密度仅40人。

盆地南北的山地区面积约3200方千米,人口9万余人,平均密度每平方千米仅28人,与盆地中部平均密度相差达6倍以上。山区人口分布更不平均,居民主要分布在耕地较多的谷地，谷地人口密度每平方千米40～100人，至于高山地区每平方千米密度则不过十余人。

南雄盆地的人口分布与耕地分布大体一致，而人口密度则随农业生产力的高低而不同，这也反映了农业地区的一般情况。盆地中部平原谷地比山区开展得较好，而目前的农业生产力也较山地为高，尤其是墨江平原与凌江平原，稻田面积较大，宋朝以来灌溉就已发展，两季稻作，土地利用程度也较高，所以早就成为盆地中人口最密集的地方。反之，山地的耕地有限，而过去没有开发森林矿产，所以人口特别稀少。新中国成立以来，耕作制度与耕作技术不断改进，烟草种植业更有显著的发展，而开发森林，尤其是钨矿的开采，更使山区出现了新的居民点，如始兴南部的石人嶂，原来是山区荒凉的地方，而现在人口已达4000人以上，可见南雄盆地的人口分布情况也正在改变中。

南雄盆地最大的居民点为南雄城，有2万以上人口，是盆地的经济中心。其次为始兴城即太平镇，人口4000人以上，是墨江流域的经济中心，而始兴石人嶂则为新兴的采矿业中心。南雄盆地有2000多个自然村，一般村落不大，平均计算每村百余人。集镇（圩）约40个以上，集镇大小不一，每镇人口自百余人以至2000人不等。集镇分布于村落之间，是农村货物集散的小中心与小手工业生产的地方。每个集镇都有一定的经济吸引范围，也有固定的圩期、集期，每10天逢集3次，趁圩、赶集已成为农村中的生活习惯。集镇的形态，一般都有铺户街道和摊位市场两个组成部分，现在地方贸易部门利用集镇作为供销与收购网的据点，在城乡物资交流中起纽带作用。

南雄城位于盆地的中央，当凌江与浈水的汇流点，为梅关大道与信丰通路必经之地。城的起源很早，唐朝为浈昌县治，五代南汉以后为南雄的州城或府城。城址建筑在红岩低丘的缓坡上，南濒浈水，船只可达城下，东北倚丘陵，可防浈水与凌江的洪水。位置在凌江平原的边缘，又当水陆交通的要冲，自古就已成为盆地的经济中心，迄今没有减弱其重要性，仍为盆地中的最大城市。

四、经济

南雄盆地的经济以农业为主，工业只有采钨工业，还有一些手工业。而运输上则为粤赣间距离最短的道路，对省际交通也有一定的作用。

南雄、始兴二县土地面积合计675万市亩，耕地76万余亩，占土地面积的11%。森林约110万亩以上，占土地面积的16%。① 荒山、荒地很多，垦殖指数不高，土地的潜力还很大。

---

①

农业以耕作为主，耕作中粮食作物与经济作物并重，主要在盆地中部的平原和低丘地区。林业则在盆地南北的山地，以始兴南部为重要林区。

耕作有水田与旱作两种，水田占耕地的83%，旱地占耕地的17%①，水田虽为耕作的主体，但旱作在盆地中也占有重要的地位。粮食作物以稻为主，1953年稻的播种面积占粮食播种面积的90%，其次则为薯类作物，约占粮食作物播种面积的8%，主要利用旱地栽培，常与烟草轮作，也是重要的粮食作物。稻的分布很广，主要集中于盆地低地，从盆地东边大坊坪附近到西边江口坪附近，大体成一带状，约略与浈水平行，而墨江平原与凌江平原为盆地中最大的稻作区。南雄盆地水稻的耕作制度有单造与双造之分，而双造又有桠禾与翻耕之别，单造即一季稻，流行于盆地南北的山地区，分布的地区很大，根据1953年的统计，单造田面积占稻田面积的31%，产量很低，每亩仅200斤左右。双造即两季稻，流行于盆地的中部，占稻田面积的69%，是南雄盆地的主要稻作区。桠禾与翻耕同是双造稻作，但有很大的区别。翻耕稻作于早稻收获后，经过翻耕土壤再种晚稻，也即二季连作稻，是广东最普遍的耕作制度，流行于始兴县中部，墨江平原是南雄盆地最大的翻耕稻作区，也是盆地中的高产量地区。

桠禾亦即"丫禾"，是二季间作稻，广东通称挣稿，以珠江三角洲沙田地区为最多。南雄盆地的挣稿稻作流行于盆地的东部地区，分布区域比翻耕面积大，但主要在南雄县境内，由南雄向西行至始兴县边境的柴塘，挣稿才渐少见，而进入翻耕稻作区。南雄丫禾、挣稿的耕作，一年中只犁耕一次，于春季早稻插秧后，相隔20多天又把晚稻秧苗插于早稻秧苗的行距中间，早晚稻同时生长于水田中，早稻夏收后，晚稻仍继续生长，直至成熟秋收。此种丫禾（挣稿）稻作，大都疏植，产量比翻耕为低，一般每亩产稻谷400斤左右，比翻耕产量低1/3以至1/2不等。南雄农民之所以长期采取丫禾（挣稿）耕作制度，是由于南雄每年7月、8月间雨量减少，而且逐年的变化很大，因此夏季收获之后雨量不足，影响秋播，故每年都把早晚稻同在春季种下来，成为丫禾的耕作制度。丫禾的产额比翻耕低，但相比单造则较高，而且丫禾所需要的畜力、肥料和人力都比翻耕少，农民过去在地主的压迫剥削下，生活困苦，耕畜肥料不足，更难搞好水利工作，只得因陋就简，长期习惯下来而没有余力来改进，留存至现在已成为一种落后的耕作制度。新中国成立以后，南雄稻作情况改变了，在党和政府的领导下，逐渐把丫禾改为翻耕，产量大为增加。1953年南雄新湖乡新迳农业生产合作社把丫禾改为翻耕的水田共114亩，平均每亩年产量由431斤增加到814斤，其中丰产田平均每亩1400斤。1956年南雄县已把17万亩丫禾改为翻耕，同时新建中型水利工程11宗与小型水利2400多宗，并修好8400多宗，又大量集积肥料，普遍用黄泥水或石灰水选种，并逐渐改用"五一"型犁，所以南雄落后的丫禾耕

---

① 南雄始兴二县1953年的统计资料合计。

作制度和耕作方法,已经大大地改变。南雄盆地的单造田面积很广而产量很低,新中国成立后也已开始改变,这也是稻米增产的另一个关键,如1955年始兴司前乡4个农业生产合作社把180亩单造田改为双造田,平均每亩年产量增产92.6%,其中丰产田由过去每亩年产量200斤增加到560斤,这就是一个很好的例证。

　　南雄盆地的水稻栽培已有长期的历史,而稻谷产量的低落,耕作制度的落后是重要原因之一。盆地的气温与雨量条件是适合于二季连作稻的,所以耕作制度落后的决定因素不是自然条件,而是社会条件。新中国成立以后,南雄盆地长期的封建土地制度被推翻了,而农业合作化正日益高涨,旧社会遗留下来的落后耕作制度已在改变中。由于农民合作积极性的普遍提高,一切困难都逐渐克服过来了。在自然条件不足的情况下,对推行翻耕制度工作中影响最大的就是雨量季节分配的不均匀与农业给水的需求发生一定的矛盾,而且春季与秋季的雨量变率很大,春旱与秋旱都可能发生,尤其以秋旱影响稻作最为严重,解决灌溉用水成为最重要的问题,因此水利建设也就成为目前南雄盆地农业生产上的关键。南雄盆地的灌溉事业历史很长,宋、明两代都有相当建设,但近两三个世纪来却没有什么发展。据道光《南雄州志水利》所载,南雄始兴二县陂、塘等水利工程81宗(按:一般小型水利,州志记载不会完整的),其中灌田千亩以上的有12宗。但据该州志水利篇按语说:"询之父老,据云今存而食其利如凌陂、汇丰塘者,十之二三耳",可见近代水利失修已非常严重,到新中国成立前夕更破落不堪。新中国成立以来,党和政府领导农民大力发展水利,几年来南雄、始兴二县已完成了中小型水利1万余宗,其中有几个水利工程灌田达1万亩以上,对稻作发展有很大影响。南雄盆地的灌溉方法各地不同,最普通的有下列3种:①拦河筑堰,抬高水位,引水溉田叫作"陂",或开渠以直接引水溉田,或设竹制圆形的水车于堰口,把河水车上田中。水车多设于浈水的支流,而浈水干流下蚀较深,且水位涨落很大,陂与水车设置较为困难。②在谷口筑堤,蓄水溉田,一般叫作"塘",规模较大的就是山谷水库。始兴的江口水库,溉田达万余亩。③山区梯田则多用空心竹管以引水灌溉。以上3种方法以"陂"与"塘"最为普遍,古代劳动人民早已利用,现在推广改进,对盆地的灌溉仍起极大的作用。

　　经济作物以烟草为主要,其播种面积占经济作物播种面积的半数以上。花生仅次于烟草而居第二位,常与烟草隔年轮作,是烟草的前作物。黄麻播种面积不大,仅占经济作物的2%左右。烟草是南雄的重要作物,而南雄为广东最重要的烟草产区。烟草分布于盆地中部,东自乌迳圩附近向西沿公路经黄坑圩、湖口圩、南雄城直至始兴县的柴塘,凡是紫色土的低丘旱地都是种烟的地方。种烟区域主要在南雄县境,东西延长达50多千米,南北宽数千米,成一带状。近一地区远在19世纪初期烟草种植业就已发展,现在南雄有烟农10万以上,几占全县人口的半数。烟草产值占烟区农民收入的主要部分,已形成一个烟草专门化区域。广东烟叶分黄烟与红烟两种,南雄以出产黄烟著名,南雄黄烟质量甚好，具有色泽金黄、燃烧力强、不易潮湿的三大特点，为卷烟业的优良原料，极为欧洲人民民主国家所欢迎。南雄黄烟因为种于低丘旱地，与粮食作物没有争地的矛盾。因此，扩大种烟，既不妨碍粮食生产的发展，又可以增加国家的出口物资，提高农民的生活水平。新中国成立后南雄盆地的黄烟生产已有很大的发展，1950年南雄县种烟面积45000亩，到1956年4月为止已扩大至121900亩，相当于1950年的270%。新中国成立前南雄黄烟的单位面积产量很低，平均每亩烟田仅产烟80斤，新中国成立后逐渐提高，1955年已提高到每亩120斤，增加了50%。由于国家的大力支持，南雄黄烟不独栽培技术不断提高，而且烟叶加工也大大改进。过去用落后的晒烟方法，质量低而成本高，现在采用较科学的烤烟方法，建立了105间新式烤烟房。几年来南雄黄烟质量已大大提高，产量也提高到5倍以上，今后还准备大力发展。

南雄黄烟的栽培是在秋季播种（由霜降至立冬期间），冬末春初移植（由立春至惊蛰期间把烟苗移植于烟田），夏季收获（小满至大暑期间），工作自每年10月开始至翌年7月。2月以前主要工作在苗床上，要防御冬季寒潮的侵袭，3月以后工作在烟田上，既要防御春旱的发生（1921年2月南雄雨量最小值43.5毫米，仅及2月平均值47%，1929年3月雨量最小值8.5毫米仅及3月平均值的5.5%），又怕春夏之间雨水过多，烟叶发生腐烂，对收成有影响。南雄黄烟多栽培于钙质紫色土上，此种土壤常在幼年状态，土层很薄（4～6寸深），缺乏有机质，保水力很差，肥料流失也较多，所以施肥是南雄黄烟增产的重要问题，几年来国家财政部门给南雄烟农发放黄烟贷款和预购付款，使烟农及时购得肥料，解决很大困难。南雄黄烟的排作制度最普遍为与花生、黄烟、甘薯两年三造轮作，也有黄烟、甘薯、花生一年一造轮作的。前者每两年有一造休闲，而后者每年都有一造的休闲，这样荒废了很大的地力。1955年中共南雄县委号召消除秋闲地，南雄甘薯种植面积就扩大了二分之一，大量增产了粮食。①

南雄的黄烟栽培给人民带来了很大的利益，但过去由于耕作不得法，没有注意保土作，加速了紫色土的侵蚀，也带来了一定的损失。尤其是丘陵经短期垦殖后又废下来，土壤侵蚀最为剧烈，而烟田中起畦的方向往往与等高线相垂直，使水土流失更大。紫色页岩的丘陵几乎寸草不生，流水的侵蚀形成了很多树枝状的冲沟，全无阻挡。每遇暴雨，山洪沿沟冲下，而下面的烟田也往往被冲毁，导致很大的损失。紫色土层浅薄，不断地侵蚀既使烟田肥料流失，也影响土壤的发育。所以，在发展南雄烟草种植业中，烟田的保土措施与丘陵上选植保土植物都特别值得重视，烟田的等高种植与丘陵营造水源林都是本区水土保持的有效办法。

南雄盆地的森林也很重要，南雄始兴二县森林面积约占二县土地面积的16%，但森林

---

① 《南方日报》1956年3月13日南雄讯。

分布主要在盆地南北的山地，主要为松、杉和竹子，而盆地中部则森林极为缺乏，在红砂岩与红砾岩分布的丘陵，红壤上尚有疏疏落落的马尾松，但紫色页岩的地区，一棵树也不生长。为了保证农业的发展与木材的生产，盆地中部营造水源林与南北山地发展用材林都是十分必要的。

南雄盆地过去完全没有现代工业，仅有些手工业如制纸、榨油、烟丝、打铁等，而烟叶初步加工的烤烟房也是近3年来才建立的。南雄土纸利用竹子制造，是重要的手工业产品。采钨过去只有手工的零星挖掘，新中国成立以后，国家才在始兴县的石人嶂与师姑山建立了采钨工业，石人嶂矿工数千，采用机械开采，并开通了由始兴通到矿区的公路，始兴、南雄有色金属资源丰富，今后采矿工业当有更大的发展，但伐木工业目前还是手工业方式。

南雄盆地的运输主要靠公路，但1956年6月浈水浅水汽船由韶关市到南雄城已试行成功，今后的水运当逐步发展。公路线有韶关大庾线、南雄信丰线，及始兴石人嶂的矿区专用公路。韶庾线为粤北与赣南间的通路，运输较为频繁。浈水民船可上溯至乌迳圩附近的新田，墨江民船可通至始兴县中部的清化与罗坳圩。民船载重1～20吨不等，浈水滩多而水位涨落很大，民船受季节的影响很大，上行的速度很慢。始兴、南雄的木材均扎成木筏沿浈水、墨江顺流而至韶关。但南北山区交通困难，土纸、农产品等借人力挑运，至木材搬运则极为困难，对发展山区生产有很大的影响。

五、结语

南雄盆地是广东重要的产烟地区，而粮食生产又足以自给而有余，而且还可以支援粤北其他地区。黄烟生产已有长期的历史，并逐渐形成了专门化，占盆地中经济的重要位置。黄烟利用紫色土旱坡种植，盆地中此种旱地很多，而土地的生产潜力还很大。既为国家所急需，也不妨碍其他农业部门的发展，所以黄烟实有很大的发展前途。本区且为广东林区之一，木材的积蓄也很大，但林地的分布不均，① 盆地中部森林缺乏，还不足以保持水土，所以一方面可以合理地采伐，而另一方面则必须加紧育林与造林。始兴、南雄是南岭山地重要的钨矿区之一，随着国家工业的发展，本区采钨工业已成为广东采钨工业发展的一个重点。由于农业、林业、矿业的发展，南雄盆地的经济地理面貌也正在不断地改变。

南雄盆地的经济，区域的差异很大，因而生产发展上的问题也随地区而不同。盆地南

---

① 根据始兴、南雄二县1953年的资料，始兴县森林面积约占该县土地面积的25%，南雄县森林面积约占该县土地面积的10%，二县森林面积合计约占南雄盆地面积的16%。

北山区虽有丰富的林、矿资源，但生产还处于很落后的状态。盆地中部以稻、烟草为主，经济比较山区发展，但盆地的东西两部又有所不同，西部以稻作为主，而东部则黄烟与稻作并重。南雄县城是东部经济活动中心，也是盆地的最大城市，而始兴县城（太平镇）则成为西部的经济活动中心。目前，南雄县的重点工作在于发展黄烟生产与改丫禾为翻耕，而水利建设就成为生产发展的关键。南雄县旱地占耕地面积的16%以上，而水土流失异常严重，旱地烟田的保土措施与丘陵荒山的水源林营造，实为保证生产的中心问题。始兴县是广东采钨工业中心之一，是具有全国意义的。始兴森林面积占全县土地面积的25%，在林业上是广东的一个重点县。始兴的稻田面积比南雄小，而水利条件则较南雄为优越，但单造田面积很大，几占全县稻田的40%，比南雄（28%）更为突出，所以改单造田为双造田实为始兴粮食增产的关键。

南雄、始兴两县在经济上有一定的差异，但整个南雄盆地（包括南雄、始兴二县）生产发展的条件与特点却有很多共同的地方。在浈水流域土地资源与水利资源的综合利用上，必须有一个全面的规划，才能充分利用自然，合理配置生产。

（原载《地理学报》1956年第1期）

（本文原附地图不清晰，已删去）

第三十八篇 广州市经济地理

钟衍威

提示：这是我国地理界关于广州市经济地理的第一篇论文，写于20世纪50年代中期，较全面系统地阐述了广州城市发展和经济分布面貌。某些问题现在看起来虽有可议之处，但本文仍不失为研究广州城市地理的重要参考文献。又其内容、体例和格局仍属区域地理范畴。

钟衍威

广州市是华南最重要的都市，为我国对外贸易最早的港市之一，自秦汉到明朝初期，海舶云集，经久不衰。在鸦片战争后，香港被侵占，广州就成为帝国主义者侵入最早的城市。帝国主义者经济势力的侵入，使广州经济发展受到严重的影响，而成为以商业为主的城市，工业的基础是薄弱的。

广州都市的发展，在历史阶段中，具有不同的性质，从古代的贸易港，转变为近代商业消费性的城市。新中国成立后，广州摆脱了封建军阀、官僚买办及帝国主义的统治，逐渐成为建设社会主义的华南工业基地，城市面貌为之一新。

一、地理位置与自然条件

广州市居北纬23°8′，东经113°17′，位于珠江三角洲北部，三水与石龙之间，成为内河航运中心；广州南部的珠江口，岛屿众多，水道分歧，有虎门、磨刀门、崖门等水道出海。从全省岸线分布来看，广州是在中央地位，在广州之西有湛江港，东有汕头港。广州东郊的黄埔港，是我国重要远洋航运港口之一，有铁路支线与粤汉铁路相连，是南方对外贸易的转运港，广州市就成为河港与海港相结合的都市。所以，广州的经济地理位置是十分重要的。

在陆路交通上，广州有广大的腹地，粤汉铁路与华中、华北相连贯，广三铁路（广州至三水）与西江、北江中上游地区相通（为航运重要辅助线），广深铁路由广州至深圳可达九龙；在航运上，以西江为主干，联系广西及云南、贵州，由北江上溯，沟通湘南、赣南，东江航运可抵老隆。在交通上广州是华南的枢纽。

广州跨珠江两岸，北岸东北部为白云山地（最高峰382米）与越秀山，西北部是低矮的丘陵岗地，在100多米以下，西部为南海县平原区域，南岸以河南构成广州之南部，东部毗连宽广的平原区。珠江航运分二支线经广州，一支由白鹅潭经海珠桥往黄埔港，与东江相会出海，将市区分隔为北部与南部，称为珠江前航道；一支由白鹅潭经南石头东流出海，称为珠江后航道。前航道河床淤浅，航轮拖渡多经后航道。

广州城区海拔为8.8米，市区坡度作东北向西南倾斜，城区西部地势低洼，夏涝期间，多积水；东郊除石牌台地较高（20～30米）外，多为冲积平原；河南北部中央有高出的台地，为红砂岩所成，高度在20米左右；沿江地带，地势低洼，水道密布，基围纵横，围外尚有潮田；市郊西南部为大坦尾、芳村等岛，地势平坦，以珠江河道与市区相交通。

广州在北回归线之南缘，温暖多雨、受海洋性气候调剂，1月平均气温为13.2℃，8月平均气温为28.7℃，年平均气温为22.1℃，年温差为15.5℃。月平均气温在22℃以上的有6个月，其余各月月平均气温均在10℃以上，故半年是夏季，半年是春秋雨季。年降雨量在1600毫米以上，季节分布以夏季为主，冬、春季少雨；以月份计，6月最多，12月最少；雨量变率较大年份也有旱象，但不经常。植物可终年生长，偶有寒流经过（如1954年），对近郊冬季蔬菜有一定影响。

近郊除低岗台地为红壤外，冲积地带为水稻土。近郊农田分布多位于冲积地带，引珠江水筑成人工水道与排灌渠，沿江筑堤，保护耕地，以防涝水。堤上植果树，或在涌旁培土成果基，设沟渠，有水闸开关。近郊农业也可代表珠江三角洲农业经营的特点。

广州市区范围，西畔小北江，东至大沙头、二沙头，北部城址止于越秀山，南隔珠江前航道与河南相望，河南西北端聚落沿珠江分布，构成市区之一部。广州北部市区与河南之间有海珠铁桥相连，并有电船、渡船相交通。广州市区沿小北江及珠江发展，在北部及东部尚有广阔的郊区，尤其是东部市区可向黄埔港一带扩展，西北郊沿江，取水及航运均便利，且有粤汉铁路穿通，提供了工业企业发展的条件。而河南市区也有扩展的基地，市区可向西南部及西部伸展。所以，广州具有广大的扩展领域。

广州与附近地带关系极为密切，东南部番禺，西南部南海及南部顺德，都是珠江三角洲重要的农业区，盛产蔗糖、蚕桑和塘鱼；广州市外围市镇如佛山、西南、大良、容奇、桂州、陈村、市头、市桥等，均具有一定的工业基础，有制糖业、缫丝业、纺织业及食品工业，手工业也相当发达。广州工业基地的建立，将直接促进附近市镇轻工业的发展，构成生产的相互协作。

二、广州的历史发展和城区的形成

1. 广州的历史发展过程

广州城市的兴起较早,秦始皇三十三年(前214年)开发五岭,即以广州为据点(当时广州尚称为番禺),汉代以来广州与雷州半岛的交州(合浦)同为我国对外贸易的口岸。隋唐时代,广州对外贸易有更大的发展,唐懿宗咸通年间辟广州到越南的航路,国内输出、输入商品多经广州转运。宋时国内经济重心南移,中原地区汉民族移入岭南,使广州附近地区农业及手工业有很大发展,纺织、制糖、冶钢、炼铁、制茶以及陶瓷等手工业相继兴起,广州就成为岭南地区农产品及手工业品的集散市场。南宋时,福建泉州港崛起,至元代,我国对外贸易向泉州转移,但广州仍不失为我国南方与外国通商的重要口岸。明嘉靖到清初,实行海禁,广州对外贸易受到影响,但1685年海禁取消后,广州复为对外贸易的中心。乾隆年间(1757年)设粤海关,封闭漳州、定海、云台山等口岸,广州于是成为我国对外通商的唯一口岸。据《粤海关志》载,1749—1838年,外洋商船入口共5280艘,1832—1838年间每年入口商船达100艘以上,贸易额出超达1000万银圆,可见当时贸易之盛况。明、清两代广州对外贸易都为官僚所把持,明代官商设立的"牙行",至清代(1760年)则演变为"十三行",均为操纵当时对外贸易的组织。

明代中叶以后,广东地区农业及手工业有进一步的发展,珠江三角洲的糖业、蚕桑、丝麻生产盛极一时,广州附近各手工业城镇产品及各地农村所需商品均云集广州转运。广州即成为当时广东的经济中心。

鸦片战争后,一方面,英帝国主义侵占了香港、九龙,帝国主义势力直接侵入广州,并通过各种不平等条约,在广东地区取得内河航行、贸易、设立银行和建筑铁路特权,并以香港为据点。帝国主义经济势力侵入之后,广大农村手工业顿形衰落。另一方面,外国资本的侵入又刺激着广州及附近城镇现代工业的兴起和商品经济的发展。但是,由于外国资本的控制,民族工业资本发展非常缓慢,同时对外贸易重心移向香港,所以此时广州实际上成为帝国主义商品的推销市场和掠夺我国华南资源的转运站。

第一次世界大战前后,帝国主义忙于战争,外国经济侵略的压力暂时减轻,广东民族资本乘机勃起,纺织业和橡胶业此时发展很快,特别是珠江三角洲的蚕丝业极为兴盛,此时广州成为广东生丝的输出中心。

抗日战争前,广州虽然建立了一些现代工业如士敏土(水泥)厂、纺织厂、造纸厂等,其他日常用品工业和食品工业亦稍有发展,但均规模较小,设备落后,而且在官僚买办阶级的压榨下,生产没有得到正常的发展。同时,由于粤汉铁路的通车,帝国主义的经济侵略更是长驱直入,此时广州更成为帝国主义侵略的前哨了。

抗日战争爆发后，广州薄弱的工业遭受日本帝国主义的破坏，几至荡然无存。广州光复后，美英帝国主义卷土重来，广州又陷于帝国主义和官僚资产阶级双重桎梏下，工业陷于停滞，商业上成为走私投机的"乐园"。

2. 广州城区的形成

广州城区的形成和发展可分为下述几个阶段：

（1）城区的兴起。广州城垣的建筑，一说始自公元前3世纪，当时粤人公师隅筑城"南武"，北部城垣止于越秀山上，南临珠江，并挖有东西濠，围绕城垣；另一说则认为汉赵佗称南越武王时，始筑"南武城"，后人又称"佗城"。至于广州城址的最初起源地点，亦是尚待进一步考究的问题。根据近年在市郊康乐、黄婆洞和石牌一带发现的新石器和在北部飞鹅岭也发现有新石器时代遗址，说明早在公元前4世纪以前，广州附近即已成为很大的居民点。

（2）城区初期的发展。隋唐以来，广州对外贸易日盛，城区向珠江江岸发展。南宋时，经济中心南移，对修建广州城垣颇为注意，11世纪至13世纪中叶，如宋庆历四年（1044年）、绍兴二十二年（1152年）、嘉平二年（1209年）、端平二年（1235年）先后4次修建，或则增筑翼城，加辟城门。可见宋朝时，广州城区已具相当规模。

（3）城区的扩张。明洪武年间（1370—1380年）把内城的3个旧城连接为向东北山麓扩充，城址横约10里，直约1里，俗称内城（老城）。且建镇海楼，以壮观瞻。其后成化三年（1467年），弘治十六年（1503年）、嘉靖十三年（1534年）、万历二十七年（1599年），复经四度修建，奠定了老城的规模。至于外城的修筑是在明嘉靖四十二年（1563年），外城增筑后，广州城垣即由原来清水濠、南濠分界的南限，扩展到现在一德路、长庚路、万福路一带为其南限。清顺治四年（1647年）复筑东西翼城，主要用于军事，以镇压人民的反抗。城址的濠渠，在老城外有东西两濠，自北向南，沿着地势倾斜走向流入珠江，城南为南濠及清水濠，统名玉带河，长2356丈。东濠在城东，自小北门桥下过天关，南过正东门桥，经东水关入珠江；西濠自城西向大北门流化桥起，南过北水关，经正西门桥，过西水关、太平门入珠江；清水濠自东水关入，西经定海门桥至文明门青云桥；南濠自青云桥西过正南门，经归德门桥西水关达西濠。清初，"十三行"建立于广州西南部（太平南路、西濠口），为外贸中心，促进西关及南关一带市区的发展。

（4）城区外围地区的兴起。鸦片战争以后，帝国主义者盘踞沙面，并在河南、芳村等地建仓库、堆栈，在黄埔修建船厂。其后，英国在香港垄断华南贸易，广州市经济已成为它的附庸，而广州过去转口的手工业则受洋货的摧毁。清末，广州城市附近地区如河南、芳村、花地一带，人口大为增加，构成了城市的外围。

广州城垣以西的西关，过去是历代统治者庭园所在，西畔珠江，"十三行"设立以后年代，西关一带市廛繁盛，也就成为贸易中心。南关直抵珠江江滨，亦是人口稠密的区域，东关以东即今东山区，发展较迟，明代尚是郊区。清代中叶以后，沿江一带始有市街，东山成为住宅区不过50年左右。

广州南部的河南为农业区，至明代（1421年），沥滘、下渡、琵洲、瑶头、黄埔各地已有聚落兴起。清代乾隆以后，河南聚落也渐形增加。在清末市区人口渐向对岸移居，才成为市区的部分。

（5）现代城市的发展。旧式城垣环绕的广州市，一直到清末，才在江畔的长堤开始修筑马路。1920年城墙拆毁后，逐渐开辟马路，老城城东即建筑为现在的越秀路，城南建为现在的文明路、大南路、大德路，城西建为现在的丰宁路、长庚路，城北建为盘福路，跨越秀山与原来的小北门相接；而新城故址亦分别建成为现在的越秀南路、万福路、泰康路、一德路、太平北路。近北部一带马路较平地高1~2米，夏季大雨期间，北郊山洪宣泄不及，市街每被水浸。后发展的大道为太平南及长堤一带（为沿江码头所在），为新的马路。

随着帝国主义对华南入侵的加强，广三铁路及广九铁路先后建成，内河航运也大为发展。在第一次世界大战期间，民族资本有一定程度的发展，广州市兴起了一些橡胶制造、纺织、火柴等工业。此时，旧日城区已不能满足城市经济发展的需要，于是外围发展新市区，沙面、西关、南关一带就扩展为市区经济活的中心，而河南西北端也成为工商区的一部。1929年海珠桥建成，河南与河北城区连接，更为便利。至此，广州市便成为具有当规模的现代都市了。

现在，广州旧城区及西关仍保存有过去旧式家屋及曲折的小巷，西城垣以外的长堤、西濠口以及东山则代表着现代城市的面貌。市区构成充分反映出广州历史发展的各个阶段的特征。

三、城市面貌

1. 居民

广州市是我国大城市之一，现有人口达200万人。抗日战争前广州市人口一般在100万左右，现在人口增加将近1倍。

广州市各个时期人口统计：1921年为788000人，1932年为1122583人，1945年为972231人，1949年为1222076人，1953年为1518822人，1955年1718144人。

可见，在1932年前广州市人口在100万人以下，1932年的人口统计可作为抗日战争前的代表，其中市区人口1042630人，郊区人口79953人。1940年广州沦陷以后人口大量外移，仅有54万多人。1945年抗日战争胜利后，机关学校陆续复员，还有一些投机性商业的兴起，人口又增加，接近战前人口数目。1948年，解放战争急转直下，国民党反动派仓皇向南方逃窜，广州市人口畸形增长，达到142万余人，但1949年人口又略减少。新中国成立后随着广州市工业生产的发展，人口一直向上增长，自1950年起计（广州市在1949年10月解放），广州人口平均每年增长在100000人以上。

新中国成立后广州市人口增长的原因：①由于工业生产的增长，市外人口移入不少，如1951—1953年的三年中移入市内居民达44000人。②新中国成立后，卫生条件大为改善，人民健康水平不断提高，人口自然增长率也逐年提高，1950年的自然增长率每千人为21.4人，1953年为每千人为32人，该年婴儿出生近5万人之多。

1958年的广州因市区范围扩大，番禺县北部并入为广州郊区，人口数目亦因此而扩大了。

广州市郊区人口也逐年增长，1949年为104884人，1955年即达145329人。

新中国成立前广州工业基础非常薄弱，工厂工人数也很少。新中国成立后由于工业飞跃发展，工人阶级队伍迅速扩大，至1956年工人人数发展为10万人（不包括交通运输和基建工人与手工业工人），到1958年工人更发展为13万人，预计到了1962年，工人人数将达28万人，以1956年计，广州市工人已占全省工人（31万人）的1/3。从工人阶级人数的增长，也可反映出广州市已经由消费城市发展成为生产城市。

1953年人口普查，广州市人口中汉族占98.0%，回族占1.85%，满族占0.1%左右。现在回族、满族等少数民族约有5000人。在党的正确民族政策关怀下，回族、满族的人民代表可参加各级政权机构及协商机构，管理国家大事；在经济生活方面，完全改变了过去长期贫困的状况；在文化方面，回族、满族适龄儿童在去年就完全实现了普及小学教育，大量青少年受到了中等和高等教育。

广州市人口密度，市区为每平方千米19812人，郊区为每平方千米17人（1955年）。市区人口分布以中心区为最密，即沿珠江北岸的长堤、惠福路一带，每平方千米为9万人左右，是主要的商业区所在；北部市区多为政权机构及文教机构、商业区及广大住宅区，每平方千米人口达5万人左右；西部区域以商业区和住宅区为主，每平方千米人口达1.6万~2.0万人；珠江南岸的河南市区为工、商业及住宅区，人口密度与西区相当；东区以东山区为中心，主要是住宅区，人口密度每平方千米达1.2万人。郊区人口，以西南郊的芳村区最为稠密，每平方千米达1800人，河南郊区（新滘区）为886人，北郊（白云区）为648人，黄埔郊区为446人。

珠江河畔分布有水上居民。市区的水上居民分布以东堤、南堤及沙面、黄沙、花地一带为主，船艇相连，成为水上市镇，估计不下4万~5万人。新中国成立后，水上居民参与政治生活，大力发展水上学校及文化、卫生事业，并逐步建立陆上住宅，今年即动工在花地山村附近建立一批楼房，将部分水上居民移入居住。

广州市郊区人口分布情况，在第二个五年计划期间将有重大的改变。由于工业的发展,新建工厂多在郊外,如南石头、芳村、西村、赤岗、员村、黄村、黄埔一带,因此,人口分布也将向东郊、南郊及西北郊发展,人口分布的情况逐年在变化着,反映了"大跃进"中城市的扩展。

2. 工业发展

清末官僚资本兴办的铸币厂和兵器制造厂,是广州现代工业的萌芽,直到第一次世界大战,民族资本才有火柴业、橡胶厂的建立。战后帝国主义商品充斥华南市场,新兴工业受到打击而萎缩,据1930年统计,广州新兴工业资本除电力、自来水厂占500万元外,余仅占150万元左右,工人总数不超过8500人,仅占全市人口的1%。在1930年后,资本主义世界经济危机,地方官僚资本在广州办了一些所谓"省营工业",如士敏土厂(年产水泥600吨)、制纸厂(1938年建成,为日本帝国主义劫往北海道,战后才迁回)、纺织厂、肥料厂(年产肥料2万吨)、硫酸厂(年产硫酸300吨,盐酸60吨,烧碱180吨,漂白粉2290吨)、饮料厂、电力厂,其中以士敏土厂、造纸厂具有一定规模。民营工业中,新式工厂203家中,以碾米、电器、榨油、火柴、煤油为主,设备既简陋,原料又靠外洋供给。而这一时期消费性的商业却畸形发展,以进出口货物占重要地位,广州成为商业贸易性质的城市。

抗日战争时,广州沦陷,原有工厂大部分被破坏。抗日战争胜利后,没有很好地恢复和发展,生产仍较战前退减,民营工厂也仅及战前的1/2,美英商品充斥市场。新中国成立前夕,一片萧条,开工的工厂寥寥无几。

广州市解放后,工业得到更生和发展,在政府的扶助下,根本扭转过去依靠外洋原料入口的状况。土地改革后,开辟了广大市场,确定地方工业为农业服务,在第一个五年计划期间广州工业已恢复并超过抗日战争前工业生产水平,而且逐渐建立了现代化的工厂企业。

在工业中,以轻工业为主。1954年,全市工业总产值中,生产资料生产占26%,消费资料生产占74%。

广州的工业发展速度,1957年市属工业企业总产值为73400多万元,比1952年增长了140.6%,每年平均增长19.2%。

广州1956年完成资本主义工商业的社会主义改造,到1957年底,国营、合作社、公私合营经济在全市工业总产值中占99.4%,广州市已成为社会主义的生产城市。

在第一个五年计划期间,广州地区基建投资总额达49194万元,比经济恢复时期总投资额大6.4倍,市属五年投资总额为14900多万元,占广州地区投资总额的30.4%,其中工业单位占43.5%。五年来新建立了巨大的苎麻纺织厂、广州钢铁厂、华侨糖厂及造船厂等现代工业企业,奠定了华南工业基地的基础。

在工业部门中,以造纸、制糖、化学工业、纺织、机器制造等工业增长较快。广州有全国最大的新闻纸厂，1956年扩建工程完成后，年产新闻纸50000多吨，为1953年的5倍，现又做几倍的扩展。生产过程从原木处理到磨浆、抄成，是连续性和自动化、半自动化的，运输和码头起卸也已机械化了，成品除供应华南各省外，尚可出口。在原料方面，1955年采用蔗渣制造化学浆代替苇浆造纸，可大大降低成本，并把制糖工业和造纸工业结合起来。

广州市是我国制糖工业的重要基地，这里不但有大型制糖厂，而且有一系列制糖工业的科学技术机构。新建的华侨糖厂是具有自动化生产设备，每天（22小时）榨蔗量可出产240吨白砂糖的大型糖厂，仅1957—1958年所需要的甘蔗，种植面积就将达66000亩，① 广州郊区及附近甘蔗种植面积也做大量扩充，以供应该厂需要。在广东制糖工业配置中，华侨糖厂与惠阳糖厂、紫泥糖厂和全国最大的北街糖厂同属珠江三角洲北部的重要糖厂，对珠江三角洲蔗糖潜力的发展，以及对全国食糖的供应有重要作用。

广州的化学工业也有一定基础，但过去多属私营的小厂（有100多间）。公私合营后，广州化学工业公司每年产值可达2000多万元，可生产供应农业用的农药，如"六六六"杀虫粉、杀虫剂和鱼藤精及生长刺激剂等产品；国营酸碱工业、制药工业、电池工业、锌片工业、氧气厂以及电镀工业，有些虽然产量不多，但为全国工业所需要，具有广阔的发展前途。用蔗渣制造人工纤维已经试验成功，开辟了蔗渣综合利用的光辉远景。1956年在市区东郊兴建现代的玻璃厂、香料厂，原料就近取材，且接近消费区，并可支援外地建设所需。东郊鱼珠石溪洲也动工兴建自动化设备的电解食盐厂（1958年建成），计划年产烧碱15000吨，以供造纸、漂染、肥皂、炼油等原料。现正建立大规模的固氮细肥料厂，支援农业生产"大跃进"。

在食品工业中，罐头工业大有发展前途，可充分利用南海及淡水养殖的渔产，以及珠江三角洲附近的果作（荔枝、龙眼等）、菜蔬，以销行国内外，现在东郊已建立了罐头工厂。

纺织工业，除棉纺织、针织工业原料多从华中、华北运来，而麻织工业原料则仰仗于本省南路。新中国成立后，广州市建立了麻袋厂及麻织厂。1956年政府及华侨合办公私合营广州苎麻纺织厂全厂有2万纱锭，为我国最大型的新型麻纺织厂，生产过程全部为机械化，年产衣服用麻布1800万米，工业用麻帆布200万米。

广州机器制造业与华南轻工业部门联系密切，如国营广州通用机器厂，制造每日榨蔗2000吨的糖业机械，为我国1956年主要产品之一。该厂近年生产的全套糖业机械已对发展广东、广西、福建等地的制糖工业起了巨大作用。广州小型机器工厂有400多家，在公私合营后，经过改组已扭转过去装配、修理及制造一些零件为主的性质和盲目生产状态，

---

① 编者注：为叙述方便，这里仍沿用现已废除不用的单位亩（1 hm² = 15亩），下同。

开始制造拖拉机、柴油机、抽水机以及制造石油机械配件等，支援地方工业、农业建设。在第二个五年计划期间，广州机器制造业将建立生产金属切削机床、拖拉机（19.8～22千瓦）、手扶拖拉机、制糖机械及重型机械（化工、造纸、矿山机械）以及发电机、电动机、内燃机等的工厂，成为华南工业发展的核心部门。

为了满足广州工业的发展，现正建立年产生铁50万吨、钢锭30万吨的钢铁厂。

有色金属冶炼业（锌、铅、铝、钍）也将建立起来。

广州市具有发展工业的有利条件，它接近水源（珠江），运输便利，接近食品工业所需的原料产区以及消费市场；在动力燃料方面，可利用珠江支流如流溪水、新丰江等河水力发电，使本市工业有廉价的电力（流溪水电站1958年开始供电，新丰江水电站1960年供电）。但在目前电力仍感严重不足，需增加发电设备。此外，并新建炼焦煤气厂，建成后可年产焦炭50万吨，并可供给50万居民生活需用的煤气。广州市在若干工业部门，如制糖、机械、造纸、造船等有一定数量的技术人员与工人，也是有利的条件之一。

广州也是华南渔业基地及造船业中心之一，华南第一个渔业基地已于1955年底在广州建成，包括有渔船修造厂、制冰厂、渔具厂、油库、码头等单位，每年可制80吨机动渔船12艘，担负18艘渔轮全部给养。广州现代化船舶修理厂，可修理航轮及制造内河航轮，现正准备造远洋航轮。

手工业合作社的组织也获得发展，广州特种手工艺如象牙雕刻、玉器、刺绣等在国际市场上已引起重视。

广州是华南经济中心，又是广东的省会和文化中心，拥有不少大学（中山大学、华南工学院、农学院等）和科学研究机构，对外文化交流、使节来往有很多经由广州进出，使之成为祖国南部的门户。所以，广州实是一个具有综合性机能的城市。

3. 市区

广州市现代工业分布于西村及河南西南部一角，手工业工场特别是纺织业，主要散布在住宅区内，分布在河南小港、洪德路以及河南郊区及市区西华路彩虹桥、龙津西路、小北路等。商业区靠近长堤码头，分布在一德路以南，维新路以西，迄于黄沙东站；零售商店集中区域在西关为上九路、下九路、第十甫、长寿路、德星路、文昌路、十八甫路、大同路、宝华路、龙津东路等，旧城区以永汉路、中山路、海珠路、惠福路，东山以龟岗大街、庙前直街，东关以东华路，河南以洪德路、南华路、同庆路、小港路等为主，分布在住宅区内。沿珠江一带（东堤、南堤、西堤、白鹅潭）则为码头区，而堆栈、仓库也沿着珠江及铁路东站分布，白鹅潭以南，珠江两岸、长堤、河南、鳌洲、上芳村、大涌口一带，为船运货物堆栈。

广州住宅区的分布，以旧城区、西关最为稠密，南关及河南次之，东山、梅花村一带则为新式建筑。在旧城区内，住宅区仍留有过去形式；市郊西北部（小北区）是过去清朝官吏居住的地方，房屋建筑多依照北京庭院的样式。沿市郊北部及西北郊一带，旧式房屋较多，城墙拆除以后，不少旧式房屋已改建成楼房。新式楼房以南部（长堤）、西部（西濠口、太平南为多）及东部扩展最多，显示了由历史的核心区向城外周围地带的扩展。

4. 郊区

广州郊区农业已经实现了社会主义合作化，据1956年底的统计，郊区农户99.5%参加了高级农业生产合作社，经营的土地占全区面积的98.6%。

广州郊区的农业用地约24万多亩（1955年），其中耕地占20万亩。在合作化以后，耕地中的旱地多改为水田，1949年水旱田的比例为8∶1，而1955年则为17.4∶1；果园有25000多亩，较1949年增加1万亩，已恢复抗日战争前的生产水平。

郊区生产以果作（荔枝、龙眼、香蕉、杨桃、番石榴、柑橘等）、甘蔗、蔬菜和水稻为主，1955年产蔬菜3470235担,[①] 甘蔗906230担，水稻772238担，果作377957担，近两三年来，蔗田面积大为扩展。近郊农业主要在东郊、南郊、西南郊（芳村、花地区）。北郊范围自番禺北部划归广州市后，已大为扩展。东郊包括市区东山梅花村以东，至黄埔港，北以白云山至石牌台地以北等丘陵底部为限，南以珠江为界。广州至黄埔公路穿行东郊中部，在此线以南地区，地势较低，涨潮时，潮水所及可达2千米，沿江有潮田分布。土地改革后，修筑现代化水闸加以控制。东郊果园区沿江分布，以猎德为中心，向东伸展至东圃；挖渠筑基，培土成畦，利用潮水及小溪灌溉。近年来，甘蔗面积大为扩展，主要分布在中部及南部。猎德、东圃、鱼珠为沿江的主要居民点。东圃及鱼珠是东郊经济中心、农产品集散地，并有碾米业及手工业为农村服务。

东郊中路部分，为台地（花岗岩），菜园沿公路成带状分布，石牌以东的丘陵地，已进行植林，在低处坡地并移种柑橘、菠萝，在耕地中并有药用作物藿香的栽培。

广州黄埔公路线以北的地区较高，稻田需贮水灌溉，现已设抽水机，以提高灌溉能力。石牌台地以北种植水稻及蔬菜的谷地和山麓地带，除利用北部溪流外，多用池塘贮水。

东郊东南端黄埔港码头，有铁路支线与粤汉路相连，外洋贸易商品起卸后即可北运。新中国成立后港口经过大力修浚，有现代化码头设备，欧洲航轮（如波兰等国）曾停泊于此。鱼珠也逐渐成为黄埔外围市镇。

东郊居民点，以南部及中部分布较密，北部多散居，人口不多。现中部以石牌为中心，为广州文化区之一，有华南工、农、师范等学院，若干轻工业工厂如玻璃厂、香料厂也设在此区。

东郊东北部以沙河为中心市镇，沙河以北至龙眼洞，正开辟成为全国最大之植物园及

---

① 编者注：考虑到叙述方便，仍沿用现已废除不用的单位担（1担=50千克），下同。

科学研究中心区。白云山附近乡村多以种植蔬菜为主，近市区处有平旷的低地，现已建筑华侨新村，为市区聚落的伸展。

北部近越秀山，出登峰走廊，为河谷地带，夏季雨季时期，附近山洪可威胁小北一带低巷区，丘陵多用为墓地。

西北郊的农业以蔬菜、稻作为主，隔江的松溪、牛牯沙、大坦尾等冲积小岛，地势低洼，除水稻、菜地外，多水生植物如菱角、荸荠等。西郊沿江也多洼地、池塘。粤汉铁路由此穿过。现在的西北郊已逐渐建立文化娱乐区。越秀山已开辟为风景区，并凿有越秀湖，景致优美。荔枝湾一带已成为水上运动中心区之一，西南铁桥筑成后，粤汉路即可与广三线相接，可辅助西北江航运，对附近各县地方经济的发展有促进作用。

西南郊区（芳村、花地、石围塘）北隔白鹅潭与市区沙面相望，东为珠江后航道与河南相隔，主要聚落沿北部及东部分布，北部石围塘为广三铁路起点，有轮渡与市区相交通。芳村、花地区以果作、花卉及蔬菜著名。区内水道纵横，可引水灌溉，也是近郊水稻产区。新中国成立后，兴筑芳村大围，环芳村设有水闸启关。

南郊河南岛东西长16.8千米，南北最宽达5.6千米，面积91平方千米左右，占广州全市面积（1995年估计广州包括郊区全部面积为380平方千米的23.9%，人口15万余人，除西北部一角为市区（人口约9万人）外，余为郊区。河南市区有纺织、烟草、小型机器加工零件及造船工厂，且为渔业及蔬菜水果市场。南石头为广州市新兴工业区。南郊主要为蔬菜产区，农业人口占一半以上，手工业以纺织业为主，有麻纺厂、麻袋厂。河南至新洲公路即沿台地兴筑。河南北部中央多辟为岗田，成带状分布。西南、东北、北部地势最低，有水稻及蔬菜分布。南郊多水道及人工开挖的涌滘，尤以东南部、南部最为密布。除岗地为红壤外，主要为稻田，南部及东北部有围田、潮水及旱田，而以围田为主，河南耕地占面积的75%。新中国成立后筑有琶洲大围、共和围、小洲围及沥滘大围，并修筑水闸。农业合作化以来，蔗田面积大增，以供本市糖厂所需。果作面积占1万亩以上，以东南部仑头、土华、小洲、琶洲为中心，其次为大塘、瑞宝等地，主要果作为荔枝、龙眼、木瓜、杨桃、香蕉、橄榄、菠萝、柑橘之类；南郊果作经营，富有经验，所产果品可以船只沿水道运输广州及外地。现有国营园艺试验场，以带动各生产合作社经营。菜园占地约1万亩，多在中部地区。

河南郊区市镇，东部以新洲为中心，将建成为渔港，隔江与黄埔港、鱼珠相对；中部以大塘为中心，南北的沥滘濒珠江后航道有电船与广州市区相交通；西部以瑶头为中心。郊区中部低丘台地的学校、厂房、住宅等互相密接，大多属新中国成立后新建成的，北部水入珠江处已成为水上运动中心基地。怡乐村也建有工人疗养所。

四、结语

广州市是有2000多年历史的古城，具有优越的地理位置和自然条件，是华南工商、运输、贸易的最大中心，也是广东行政、文化教育的中心，在国际上，是对东南亚国家及海外各国文化交流和贸易来往的重要海港。在社会主义建设中，广州市正在建设成为华南工业基地，广州市的未来发展是极有前途的。在工业方面大力发展动力工业和机器制造工业，是推动轻工业发展的必要前提，轻工业的增长也将对华南农业有重大意义。由于新兴工业的不断建立，城郊之间关系日益密切，郊区逐渐发展成为城区的一部分，为了促进都市的规划，合理配置工、农业，并根据市区、郊区的特点，充分发挥旧城区的潜力，加强新发展地区的计划性，进一步研究广州市郊经济地理是十分必要的。

（原载《地理学资料》1958年第3期）

第三十九篇　广东主要景观类型的生物地球化学特点

唐永銮　谢永泉　汪晋三　麦荣基　邓尚桐

唐永銮

邓尚桐

提示：1957年苏联景观学首先传入中山大学地理系以后，其理论与方法即应用于广东地理景观研究。以唐永銮为首的一批学者，以土壤、植物的生物地球化学过程、特点和运动为对象，应用相应指标，探讨在广东自然条件下划分广东3种景观类型，即中亚热带常绿阔叶林－红壤景观型、南亚热带季雨林－砖红壤化红壤景观型、热带季雨林－雨林－砖红壤性质景观型，它们各自的景观特点和演化规律。这对综合、全面、系统认识广东地理景观整体风貌及其地域差异提供了科学依据和整体剖面，也可供同类研究参考。

一、广东自然条件及一般地球化学特征

在地球化学景观中，进行着生物和非生物的地球化学过程，其中生物地球化学过程（即生物循环）在景观形成和发展中起着主导作用。

广东热量丰富，年辐射平衡值一般在54～68千卡/平方厘米，月平均温度大于10 ℃的连续积温为6000～9000 ℃，年雨量达1500～2800毫米。在这样高温多雨的

条件下，风化淋溶过程特别强烈。根据何金海等海南岛的资料计算（表1），① 广东玄武岩风化壳的分解系数在 26 以上，淋溶系数超过 45，其中表土淋溶系数达 57；盐基淋溶特别强烈，风化壳的盐基淋溶系数达 3.6，其中表土盐基淋溶系数为 2.9，它们淋溶的强度如下：

$$Ca > Na > K > Mg$$

硅酸态 SiO_2 也发生较强烈淋失，淋溶系数在 70 以上。此外，有机态和无机态胶体及其吸着各种各样的稀有金属发生较大迁移。而铁、铝等在风化壳和土壤中相对累积，如风化壳中富铝化系数为 185，铁化系数为 670，残积系数为 18，这些过程在广东主要景观形成中起着很大作用，例如铁、铝常为广东主要景观的标型元素。另外，广东生物地球化学过程特别旺盛。由表2可以看出：广东高温多雨，生物种类繁多，终年不断生长和繁殖，物质的生物循环规模和强度远比全国绝大部分地区为大，每年新形成的有机质为东北南泰加林－棕色森林土地区的 2～10 倍，为东北森林草甸草原和草甸草原－黑土地区的 2～3 倍，为蒙新半荒漠－棕钙土地区的 10～20 倍，为蒙新荒漠－棕色荒漠土地区的 50～100 倍（表2）。广东植物灰分含量相当高，且每年进入土壤中残落物的总量很大。根据世界一般资料来看，② 在热带季雨林中，残遗物每年达 5 吨/公顷，在赤道雨林中达 10～15 吨/公顷，如果以灰分率 2%～16% 计算，则每年进入生物循环的矿物质，热带季雨林达 0.1～0.8 吨/公顷，赤道雨林为 0.2～2.4 吨/公顷。可能还高于此数。可见进入生物循环中灰分物质的数量相当大，参加生物循环的元素，比较复杂而特殊，除一般常见有机发生元素如 N、P、K、Ca、Mg、Na、Si 等外，还有铁族元素（Ti、V、Cr、Mn、Fe、Co、Ni 等），其中 Fe、Mn、Ti 常属大量元素之列；硫化矿床典型成矿元素如 Cu、Zn、Pb、Sn、Ga 等也较活跃。此外，Al、B 在广东生物循环中有特殊意义；稀有金属如 Zr、Hf 等也出现在生物组成中（表3）。①

由于广东森林植物群落的地下和地上部分均呈多层分布，物质生物循环远比东北、华北、华中森林植物群落和西北青藏高原与荒漠植物群落复杂，生物循环具有"多层性"。进入土壤中或土壤表层的植物残遗物，由于土壤动物、微生物非常活跃，分解异常迅速，在淋溶过程很强烈的条件下，释放出来的部分物质，不可避免地要退出生物循环，进入地质大循环中；但在华南生长力旺盛的条件下，可能动员大量物质又进入生物循环。而且，在森林群落中，虽说以好气条件占优势，由于环境比较阴湿，土壤某些部分处于嫌气状况，有机质分解固然迅速，腐殖质累积也相当明显。例如，在广东省中亚热带常绿阔叶

---

① 何金海等：《海南岛土壤调查报告》，载《土壤专报》1958 年第 31 号。
② 南京大学、北京师范大学、华东师范大学：《土壤学基础与土壤地理学》，人民教育出版社 1961 年版。

林下红壤中，表土有机质达 1.5%～4%，在南亚热带季雨林下砖红壤化红壤中达 2%～5%，在热带季雨林、雨林下砖红壤性土中，达 4%～5%，有机质累积量仅次于东北草甸草原的黑土。不过，一旦森林破坏，更替为草地以后，水热状况发生变化，有机质的矿化和淋溶作用加强，土壤腐殖质含量迅速下降为 1%～2%。如果植被不继续破坏，草地也易演变为灌丛、稀树灌丛、林地，生物累积作用又随之逐渐加强。可见，生物地球化学过程在广东地球化学景观形成和演化中起着很大作用。当然，同时也进行着风化淋溶过程。例如由于淋溶强烈，土壤中常缺乏植物需要的 Ca、Mg、P、N 以及 I、Cu、Co、Zn 等微量元素，这些元素在生物体中的相对含量比在土壤中大。生物把这些元素引入生物循环；风化淋溶过程使它们退出生物循环，这种对立过程决定广东景观的形成和演化。

广东面积比较辽阔，南北距离约 2300 千米，其中大陆部分南北长 300 千米，东西长达 1000 千米。加以山脉多呈东北—西南或西北—东南走向；大陆东部、南部濒临南海。因而，生物气候、风化淋溶过程与生物地球化学过程，南北之间均有明显差异（图 1 至图 4，表 1 至表 8）。由北而南可分出下列 4 个基本景观型：

（1）中亚热带常绿阔叶林 - 红壤景观型。

（2）南亚热带季雨林 - 砖红壤化红壤景观型。

（3）热带季雨林、雨林 - 砖红壤性土景观型。

（4）赤道雨林 - 砖红壤景观型。

赤道雨林 - 砖红壤景观型，包括南海中的西沙和南沙等群岛，由于资料缺乏，本文暂不论述。

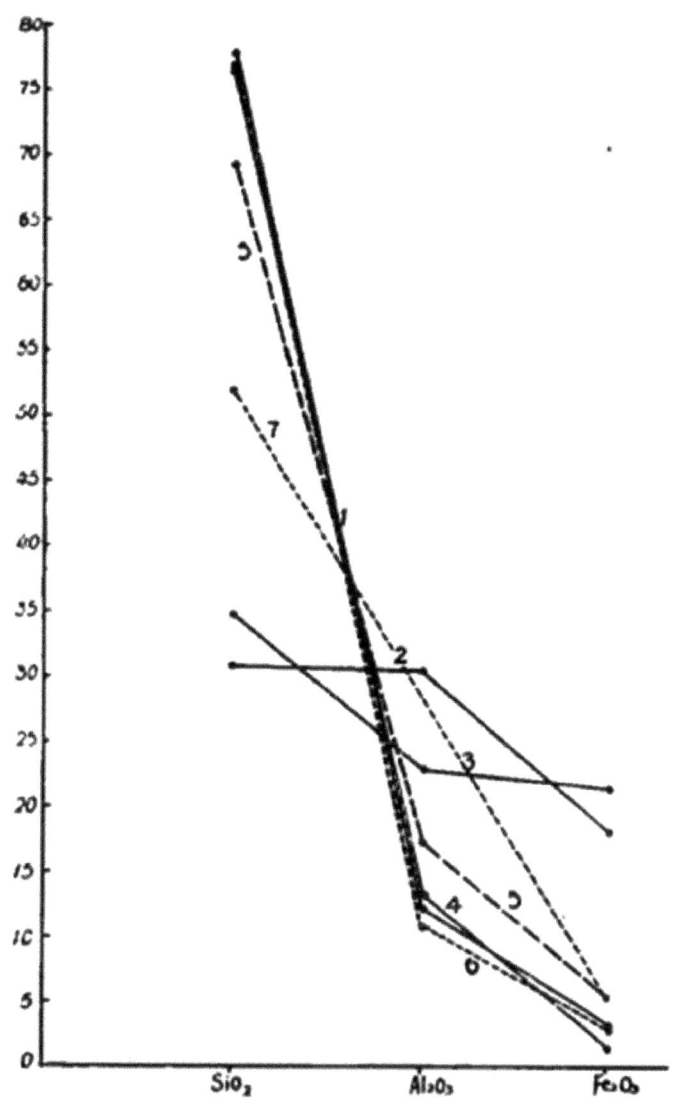

1——吴川南部；2——徐闻后坑；3——澄迈福山；4——临高和庆；
5——广州石牌；6——江西南昌；7——乐昌九峰

图1　广东红壤、砖红壤化红壤和砖红壤性土与江西红壤中的
SiO_2、Fe_2O_3、Al_2O_3 的含量（％）[①]（绘制者：徐均祥）

---

① 赵其国、邹国础：《雷州半岛土壤及其利用》，载《土壤专报》1958年第31号；И. П. 格拉西莫夫、马溶之：《中国土壤发生类型及其地理分布》，载《土壤专报》1958年第32号；李庆逵、石华：《广东、湖南、江西三省、广西壮族自治区初步土壤区划》，载《土壤专报》1959年第34号；郁梦德：《粤北山地的土壤》，载《土壤通报》1960年第6期。

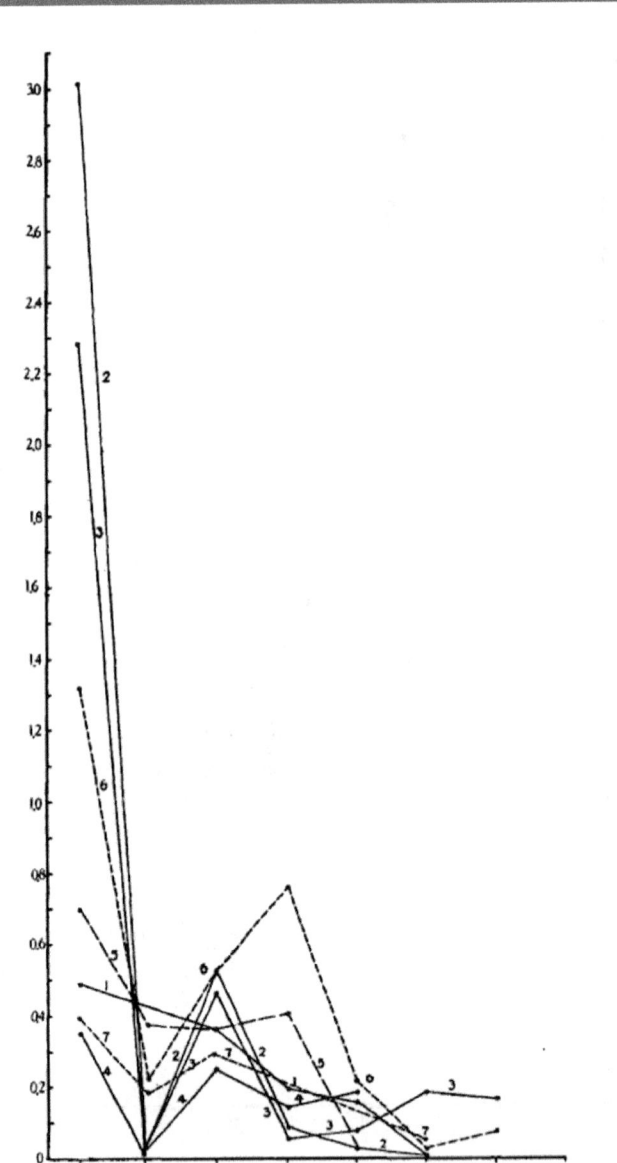

1——吴川南部；2——徐闻后坑；3——澄迈福山；4——临高和庆；
5——广州石牌；6——江西南昌；7——乐昌九峰

图2 广东红壤、砖红壤化红壤和砖红壤性土与江西红壤中的
TiO_2 等含量（%）① （绘制者：徐均祥）

---

① 赵其国、邹国础：《雷州半岛土壤及其利用》，载《土壤专报》1958年第31号；И. П. 格拉西莫夫、马溶之：《中国土壤发生类型及其地理分布》，载《土壤专报》1958年第32号；李庆逵、石华：《广东、湖南、江西三省、广西壮族自治区初步土壤区划》，载《土壤专报》1959年第34号；郁梦德：《粤北山地的土壤》，载《土壤通报》1960年第6期。

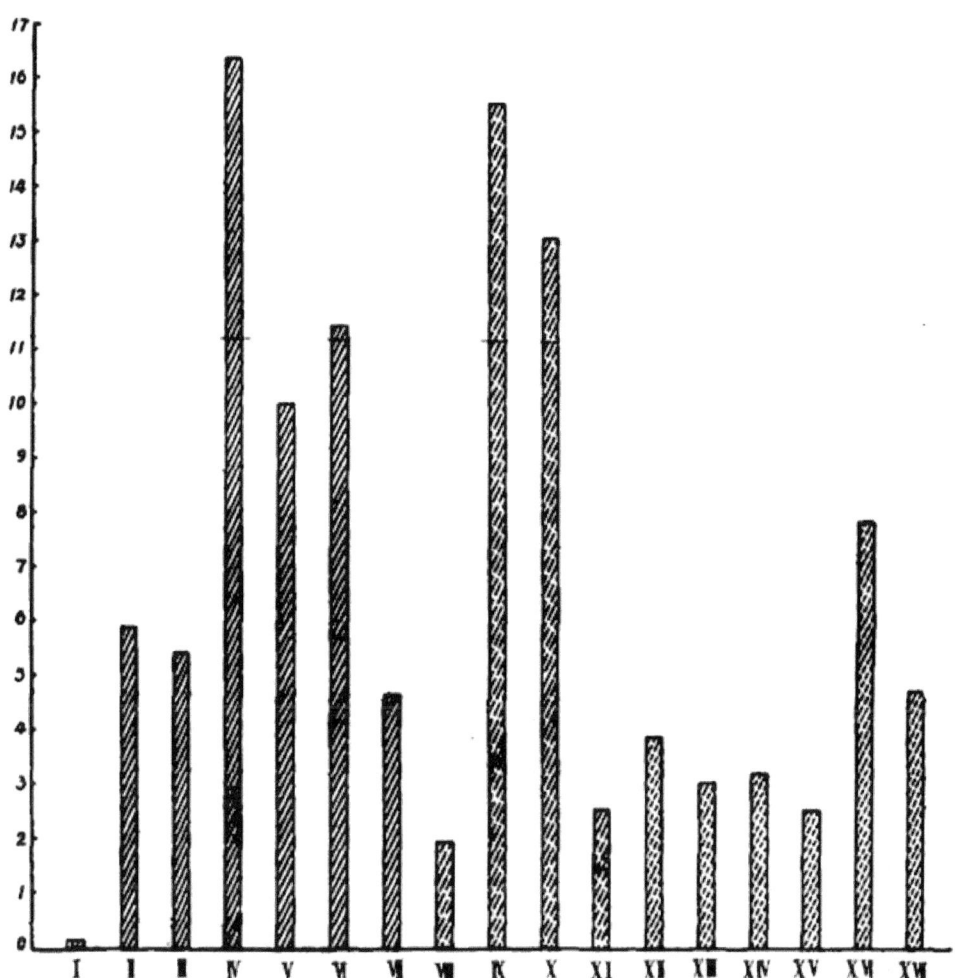

1.青梅（Ⅰ树脂Ⅱ幼苗Ⅲ枝叶）；2.糙叶树（Ⅳ叶Ⅴ枝）；3.五裂茅伦桃（Ⅵ叶）；
2.鸡占（Ⅶ枝叶）；5.玉桂（Ⅷ枝叶）；6.锡叶藤（Ⅸ枝叶）；7.拟莎椤（Ⅹ摄）；
8.桃金娘（Ⅺ枝叶）；9.长柄山毛榉（Ⅻ叶ⅩⅢ枝果）；10.杨梅（ⅩⅣ叶ⅩⅤ枝）；
11.榉木（ⅩⅥ叶ⅩⅦ枝）

图3 广东中亚热带、南亚热带和热带的某些植物的灰分含量（%）

（绘制者：徐均祥）

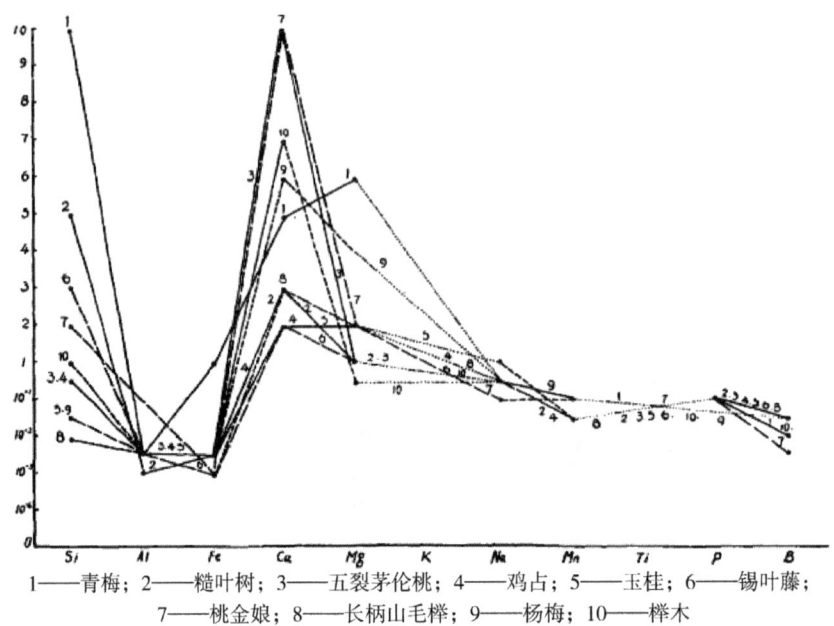

1——青梅；2——糙叶树；3——五裂茅伦桃；4——鸡占；5——玉桂；6——锡叶藤；
7——桃金娘；8——长柄山毛榉；9——杨梅；10——榉木

图4 广东中亚热带、南亚热带、热带某些植物灰分元素组成（%）
（光谱分析）（绘制者：徐均祥）

二、中亚热带常绿阔叶林-红壤景观型的生物地球化学过程的特点

本景观型分布在怀集、英德、河源、梅县、大埔以北地区。日平均温≥10 ℃的连续积温为6000～6500 ℃，年雨量1000～2000毫米，雨量分配比较均匀，如韶关春雨占41%，夏雨占35.3%，秋雨占11.2%，冬雨占12.5%。全年中有一较明显的寒冷冬季，有霜，间或有雪。自然植被为常绿阔叶林，结构比较单纯，上层乔木以壳斗科、樟科、山茶科、金楼梅科、木兰科占优势，其中夹有少数落叶树如檫树（Pseudosassafras tzumu）、长柄山毛榉（Fagus longipetiolata）等。林下草本一般缺乏，间或出现，多为日本狗脊（Woodwardia joponica）、大叶沿阶草（Liriope spicata）等。林内藤本不多。林下土壤为红壤。

在上述生物气候条件下，本景观型的生物地球化学过程具有下述特点：

（1）由于森林结构比较简单，生物循环不如广东南部复杂。在参加生物循环的元素中，碱土金属、碱金属比较活跃（表4）。这里淋溶过程稍弱，盐基淋失强度远较海南岛小，在风化层和土壤中含量较南亚热带和热带为高（表1、图2）。

它的盐基淋失顺序为：$Ca > Na > K \gtrless Mg$；土体中氧化物含量顺序为：$SiO_2 > Al_2O_3 > Fe_2O_3 \cdot FeO > K_2O > TiO_2 > MgO > Na_2O > P_2O_5 > MnO > CaO$。

代换性盐基含量顺序却为：

$$Mg^{2+} > Ca^{2+} > K^+ > Na^+$$

这与它们的性质和参加生物循环有关。根据郁梦德、白锦泉①的分析，常绿阔叶林灰分含量为 6.02%，氮含量为 0.89%，灰分中氧化物含量顺序为：

$$SiO_2 > CaO > MgO > Al_2O_3 > K_2O > P_2O_5 > Fe_2O_3 > Na_2O$$
$$45.68\% \quad 18.12\% \quad 9.8\% \quad 5.36\% \quad 2.76\% \quad 0.9\% \quad 0.75\% \quad 0.58\%$$

可见灰分中碱金属和碱土金属含量顺序和土壤中氧化物含量顺序基本相反，和土壤代换性盐基含量顺序与淋溶强度顺序基本相似，反映碱金属、碱土金属由于淋溶作用从土壤中淋失，通过生物作用又回返土壤中。土壤氧化物和代换性盐基含量顺序是这两种作用交互出现的具体反映。同时，反映 Ca、Mg 在生物循环中比 K、Na 活跃。

（2）从长柄山毛榉、杨梅、椎木与华柃等的灰分光谱分析，灰分含量为 2.0% ～ 7.8%，其中元素含量顺序如下（表 4）：

大量元素：
$$Ca > Mg > Na \gtrless K > P、Si、Mn、B（Fe、Al）$$

微量元素：
$$Al、Fe、V、Ni > Pb、Cu、Ba、(Ga、Zr、Hf)$$

这也明显反映上述特点，同时表明 P、S、Mn、Al 等和铁属元素与硫化矿床典型成矿元素以及某些稀有元素如 Zr、Hf 也参加生物循环。这和本景观型所处的条件有关，由于风化淋溶强度较南亚热带和热带为弱，盐基和硅酸态 SiO_2 溶淋稍弱，铝铁常成为铝铁、硅酸盐保留在土壤中。由表 1 可以看出，这里黏土矿物主要为高岭土、石英和蒙脱土，代换量比较高，能吸附较大量阳离子，为上述各元素能积极参加生物循环创造了优越条件。自然，也和本景观型生物群落本身的特点与特性有关。一般阔叶林含 Ca、Mg 均比较高。但和温带落叶阔叶林并不完全相似，Ca、Mg 在本景观型和植物灰分中含量虽高，但比之它们在温带阔叶林中占绝对优势（Ca 占 20%～75%）仍然相差很远；此外，Si、Al 和铁族元素在温带森林不占重要地位，P 却占有较突出的位置。这和本景观型中的情况也不相同。

（3）本景观型的生物地球化学过程是在好气酸性条件下进行，进入土壤中的有机质，一般分解较快；但林下有时较阴湿，土壤某些部分处于嫌气状态，腐殖质化过程因而较强；腐殖质结构也较复杂，在土壤有机质中，活性腐殖质占 20%～35%，其中富里酸（20.49%）略大于胡敏酸（18.93%），胡敏酸和富里酸比值为 0.92。它们主要与土壤矿物质部分活性 R_2O_3 结合并呈游离态。土壤中 C/N 比率为 12.34。② 可见 C、N 在生物循环中占有重要位置。

当森林被破坏后，出现马尾松鹧鸪草群丛时，参加生物循环的元素有一定变化，其植

---

① 郁梦德、白锦泉：《两广地区不同植被类型与土壤性质的关系》，载《土壤学报》1962 年第 10 卷第 1 期。
② 李庆逵、石华：《广东、湖南、江西三省、广西壮族自治区初步土壤区划》，载《土壤专报》1959 年第 34 号。

物残落物的灰分元素含量顺序如下①：

$$SiO_2 > Al_2O_3 > MgO = K_2O > P_2O_5 > Fe_2O_3 > CaO$$

和常绿阔叶林残落物灰分相比，有下述的差异：CaO 的含量大减，MgO 也有明显减少，Na_2O 只有痕迹，即灰分中盐基总量只及常绿阔叶林残落物灰分的 1/3，表明盐基在生物循环中的作用渐减；Si、Al 的作用加强。这种差异也表现在 C、N 等元素的转化上，如与常绿阔叶林残落物和土壤腐殖质加以比较，残落物含氮量只及后者的 1/2，土壤腐殖质中含氮量只及后者的一半，含碳量只及其 1/3，C/N 比值由 12.34 缩小为 8.35，同时胡敏酸和富里酸比值由 0.92 下降至 0.4，即富里酸含量大大增加。此种变化和植物群丛变化及其引起环境条件变化有关。因森林被破坏后，地面径流加大，盐基淋溶加强；环境又易变干，矿化作用加强，这些作用无疑都会影响生物地球化学过程。

（4）本景观型由于四季比较明显，生物地球化学过程的强度和方向有明显季节更替。同时，它出现在非碳酸盐岩层分布地区。在碳酸盐岩层分布地区（如连县、英德、连平、翁源等地），则属于另一景观类型，称为喀斯特化景观型。其中生物地球化学过程和上述迥异。由于母岩特殊，含钙丰富，含钙在 50% 以上，钙在本景观类型中起着主导作用。

在喀斯特化景观中，石山上植被除少数小乔木林外，多为灌丛草坡，其中有许多含钙指示植物，一般灰分含量很高，为 10%～18.94%。② 如蜈蚣草中 N、P、K、Ca、Si 等含量丰富。除 N 外，它们在灰分中含量顺序为：

$$Si > K > Ca > S > P > \genfrac{}{}{0pt}{}{Fe}{Al} > Na.$$

它们均积极参加生物循环，生物地球化学过程常在好气及近乎中性条件下进行，生物累积过程每较明显，土壤有机质含量在 5% 以上，常具有团粒结构。不过地带性因素对本景观的地球化学过程仍有一定影响，土壤淋溶过程相当强烈，盐基大量淋失，呈中性或微酸性反应，Fe、Al、Ti 等有相对聚积的现象。根据郁梦德分析，广东连县红色石灰土的资料，③表层（0～15 厘米）中的氧化物含量（K_2O 未分析）顺序如下：

$$SiO_2 > Al_2O_3 > Fe_2O_3 > MgO > CaO > TiO$$
$$48.15\% \quad 22.39\% \quad 9.51\% \quad 1.61\% \quad 1.12\% \quad 0.61\%$$

SiO_2/Al_2O_3 比值为 2.15，SiO_2/R_2O_3 比值为 1.5。和红壤性态有些相似。Si、Al、Fe、Ti 等常转入生物循环，和中亚热带常绿阔叶林 - 红壤地球化学景观型中的生物地球化学有某些类似，所以喀斯特化景观类型从属于上述景观型。

---

① 李庆逵、石华：《广东、湖南、江西三省、广西壮族自治区初步土壤区划》，载《土壤专报》1959 年第 34 号。
② 侯学煜、林厚萱、章慧龄：《中国 150 种植物的化学成分及其分析方法》，科学出版社 1958 年版。
③ 郁梦德：《粤北山地的土壤》，载《土壤通报》1960 年第 6 期。

三、南亚热带季雨林－砖红壤化红壤景观型的生物地球化学过程的特征

本景观型分布在怀集、英德、河源、梅县、大埔以南和合浦、茂名、阳江、宝安以北地区。具有中亚热带和热带之间的过渡特点。全年热量丰富。日均温≥10℃的连续积温达6500～8000℃。夏长6～8个月，无冬，但"冬季"偶有奇寒，出现0℃左右低温，为时甚短。雨量丰富，年雨量1300～1800毫米，分配比较均匀，如广州春雨占30.6%，夏雨占46.5%，秋雨占13.9%，冬雨占9%。自然植被为亚热带季雨林，其优势种和建群种有60%以上为热带种属，不过典型热带植物如青梅（Vatica）、坡垒（Hopea）没有发现，群落结构较常绿阔叶林复杂，具有热带林一些特点：有板根、附生植物、木质藤本、茎花植物、毁坏植物、攀生现象、乔木分层、木本蕨类等。林下土壤为砖红壤化红壤，具有红壤和砖红壤性土的过渡特点（表1）。

在地球化学过程上，具有过渡色彩，风化淋溶过程、富铝化、脱硅化等过程的强度均介乎中亚热带和热带之间。生物地球化学过程也同样具有过渡性。在中亚热带常绿阔叶林－红壤地球化学景观型中，参加生物循环的元素，以Ca、Mg最活跃；在热带季雨林、雨林－砖红壤性土地球化学景观型中，以Si占突出地位；在本景观型中，Ca、Mg、Si等均积极参加生物循环。此外，生物循环较复杂，具有"多层性"的特点。

在本景观型中裸露岩石上，从地衣参加的生物循环过程中，可以看出Si、Al、Fe、Ca、Mg、K、Na等元素均起着显著作用（表8）地衣生物吸收系列为：

Ca >   Mg >   Fe > Al > K > Na > Si、Mn、Zn、Cr、Sn、Co、Ni > B
$10^1 \sim 3 \cdot 10^8$ $10 \sim 10^2$ 10 $3 \sim 10$ $1 \sim 10$ 3 1 $1 \sim 10^{-1}$

地衣的化学组成和岩隙土、初成表土的化学组成非常相似，反映地衣在裸露岩石上进行的地球化学过程中起着很大作用；同时，盐基从土壤中淋失，Fe、Al由于地球化学作用，固定在岩石表面，它们通过地衣对岩石作用，又进入生物循环。土壤中B的累积，也和生物作用有关。

四、热带季雨林－雨林－砖红壤性土景观型的生物地球化学过程的特点

本景观型分布在合浦、茂名、阳江、宝安以南，主要包括雷州半岛和海南岛。热量、雨量均很丰富，日均温≥10℃的积温在8000℃以上，年雨量为1500～2800毫米，集中夏秋两季，如琼山春雨占20%，夏雨占39.6%，秋雨占33.6%，冬雨占6.8%。一年中仅有干湿季节之分，所以这里植物四季常青，风化和成土过程终年不断，物质和能量转化强

烈而迅速。自然植被为热带季雨林和热带雨林，组成非常复杂，如海南岛植物种有3000种以上，最主要组成成分有樟科、无患子科、豆科、大戟科、番荔枝科等。在热带雨林中有典型热带科——龙脑香科、肉豆蔻科等，林木高低参差不齐，层次复杂，落叶年可数次，终年开花结果，藤本和附生植物丰富，林下草本很小。在热带植物的有机物质组成成分上，和温带植物不同，其中聚积许多特有的有机物质。根据 C. A. 依万诺夫（Иванов）的研究，[①] 许多热带乔木乳汁中有橡胶聚积，还有台柯碱、奎宁、可可碱、挥发油、配醣物等。植物碱和配醣物远比温带植物中含量高。在大量棕榈果实中，形成多元醇、多缩甘露醇、癸酸、己酸、月桂酸、豆蔻酸等。在热带植物中还含有少量不饱和油酸混合的饱和脂肪酸的聚积，在温带植物中以不饱和脂肪酸占优势。在热带植物种子和果实中，碳水化合物非常多，蛋白质比较少。在热带植物果实中主要形成酒石酸；在温带植物果实中，主要形成苹果酸。这些特有的组成成分对植物群落和土壤之间，特别是植物群落和大气之间进行的物质循环有很大影响，可惜这方面目前研究不够。在热带植物中，灰分含量一般较高，为 4.6%～16.3%；物质增长量很快，根据 B. A. 柯夫达（Ковда）估计，[②] 在中国亚热带和热带森林中，每年新形成的干物质达 15～20 吨/公顷，其中灰分总量可达 0.69～3.26 吨/公顷，绝大部分转入生物循环。在本省热带森林中，枝叶终年不断更新，经常有残落物进入地表，土壤动物和微生物非常活跃，残落物不断分解，部分产物遭受淋失，部分产物重新进入生物循环。在本省热带林地比较荫蔽和土壤较湿润的条件下，腐殖质化过程进行也相当强烈，能累积一定腐殖质，可达5%左右，但和红壤中腐殖质比较，结构较简单，流动性大。如在雷州半岛热带季雨林下的土壤中，腐殖质占总碳量的2.81%，胡敏酸和富里酸的比值为 0.23。[③] 它们流动性虽较大，但由于土壤中氢氧化铁和氧氧化铝胶体较多，在酸性条件下，它们相互结合形成凝胶，保留在土壤中，为本省热带森林和土壤之间物质交换的一个重要特点。另外，由于热带物质淋溶非常强烈，碱金属、碱土金属几全淋失（盐基淋溶系数为 3.6），硅酸态 SiO_2 也有较大迁移（硅酸态 SiO_2 淋溶系数为 70），Fe、Al、Ti 相对聚集（铁化系数为 670，富铝化系数为 185，钛化系数为 133）（表1、表7、图1、图2）。因此，碱金属、碱土金属进入生物循环的数量较小，只有 K 常占较大比重。由于 Si 不断转入溶液中，进入生物循环中的频率增大，所以在热带植物灰分中，Si 的含量常居首要地位（表6），因而灰分含量随之增高。此外，由于热带土壤溶液酸性显著下降，Al_2O_3、Fe_2O_3、MnO_2 和部分 TiO_2 等难溶性氢氧化合物较明显转入土壤溶液中，所以 Fe、Al、Mn、Ti 等在生物循环中较中亚热带活跃，常属于大量元素之列。其他参加

---

① А. И. 彼列尔曼：《景观地球化学概论》，陈传康等译，地质出版社1958年版。
② B. A. 柯夫达：《中国之土壤与自然条件概论》，陈恩健、杨景辉、常世华译，科学出版社1960年版。
③ C. B. 佐恩、李庆逵：《中国热带土壤发生与分类的一些问题》，载《土壤学报》1958年第6卷第3期。

生物循环的元素和中亚热带常绿阔叶林－红壤地球化学景观型没有突出差异（表3、图4）。

在本省热带森林中，由于层次复杂，藤本和附生植物丰富，在不同层次中，植物、大气和土壤，相互之间进行错综复杂的物质循环。根据 C. B. 佐恩（Зонн）和李庆逵的研究，[①] 中国热带林中的附生植物，由空气中或由动物中摄取养料，在它们的生活过程中，形成特有的土壤形成物（"小筐"），每公顷有 300～600（700）个"小筐"，每个干重 3～5 千克，其中含灰分 8.66%～18.5%，含 N 0.92%～2.46%，它们经常落在地表，对土壤、对整个热带森林地理群落中的物质循环起着不小作用。再如热带茜草科（Rubiaceae）和薯蓣科（Dioscoreaceae）的个别植物种，由于固氮细菌形成叶瘤，[②] 有固定大气中 N 素的作用。因此，热带土壤有机质中含 N 比红壤高，C/N 比率为 11。[③] 可见 N 素在本景观型中起着重要作用的。

目前，本省除海南岛和大陆个别地区保有较大面积季雨林和雨林一类森林外，其他广大山地和丘陵均为稀树灌丛或灌丛草坡。它们的层次相当简单，物质循环主要限于近地面大气层—灌丛草本植物群落—土壤层之间进行。因此，动员参加生物循环的物质数量远没有森林那么多，同时，当森林破坏后，在灌丛草坡条件下，径流增大，土壤冲刷加剧；地表易变干热，植物残遗物迅速分解，且易随水流失，从而参加生物循环的物质有逐渐减少的趋势，生物累积过程减慢，土壤有机质含量下降为 1%～2%，有机质中 C/N 比率（12～16）加宽。如果植被不断破坏，会加速这个过程的进行。甚至地质淋溶过程可能在景观中居于优势，逐渐演化为"红色荒漠"景观。

在优越自然条件下，海洋大气和大陆之间有较强烈的物质循环。本省多雷雨，空气中常形成较大量的 NH_3，随雨水降落地表。据估计，年降水量达 2000 毫米的地方，每年每亩可得 10 斤 N；其次本省当东南季风之冲，又多飓风，它们由海上带来大量物质，就中山白荇海滨降水分析（表9），含 Ca^{2+} 可达 7 毫克/升，Mg 达 2.4 毫克/升。这样看来，由地表带走的营养物质，又从大气圈归还给土壤。所以，破坏后的林地，加以人工措施或让其自然发展，使植被逐渐恢复，生物地球化学过程逐渐又居于主导地位。"红色荒漠"景观型转变为"灌丛草坡"景观型，最后可出现热带季雨林、雨林－砖红壤性土景观型。

[①] C. B. 佐恩、李庆逵：《中国热带土壤发生与分类的一些问题》，载《土壤学报》1958 年第 6 卷第 3 期。
[②] 娄隆后：《微生物在土壤养分转化中的作用》，科学出版社 1962 年版。
[③] 何金海等：《海南岛土壤调查报告》，载《土壤专报》1958 年第 31 号；赵其国、邹国础：《雷州半岛土壤及其利用》，载《土壤专报》1958 年第 31 号。

表1 广东海南岛玄武岩的风化系数

风化系数		玄武岩（台地）		
		新鲜岩层	风化层（80~100厘米）	土壤（砖红壤性土）（0~30厘米）
分解系数	$Fe_2O_4 : MgO$	0.347	26.6	—
淋溶系数	$SiO_2 (MgO+CaO+Na_2O+K_2O)$	2.31	45.2	57.0
盐蒸淋溶系数	$(MgO+CaO+NO+K_2O)$（风化层或土壤）:$(MsO+CaO+N_2O+K_2O)$（新鲜岩层）	100	3.6	2.9
MgO 淋溶系数	MgO（风化层或土壤）:MgO（新鲜岩层）	100	8.7	5.8
CaO 淋溶系数	CaO（风化层或土壤）:CaO（越鲜岩层）	100	≒0	≒0
Na_2O	淋溶系数 Na_2O（风化层或土壤）:$NarO$（新鲜岩层）	100	—	0.2
K_3O 淋溶系数	K_2O（风化层或土壤）:K_3O（新鲜岩层）	100	6.5	7.8
硅酸态-SiO_3 淋溶系数	SiO_2（风化层或土壤）:SiO_3（新鲜岩层）	100	70.0	71.0
硅铁化系数	$SiO_2 : Fe_2O_3$	17.5	18.1	—
硅铭化系数	$SiO_3 : Al_2O_3$	3.06	1.51	1.50
富铝化系数	Al_2O_3（风化层或土壤）:Al_3O_3（新鲜岩层）	100	185	143
铁化系数	Fe_2O_4（风化层或土壤）:Fe_2O_2（新鲜岩层）	100	670	—
铁铝化系数	$SiO_2 : R_2O_3$	2.63	1.13	1.13
钛化系数	TiO_2（风化层或土壤）:TiO_2（新鲜岩层）	100	133	115
残积系数	$R_2O_3 : (RO+R_2O)$	0.625	18.0	—

表2 中国主要地球化学景观类型中生物地球化学方面的一些数据

地球化学景观类型	日均温≥10℃的连续积温(℃)	年雨量(毫米)	风化壳	每年新形成干燥有机质(公担/公顷)	灰分(%)	进入生物循环的矿物质(千克/公顷)	进入生物循环中的主要元素	土壤反应(pH)	腐殖质层厚度(厘米)	腐殖质含量(%)	胡敏壁(C_r)/富里酸(C_ϕ)
南泰加林棕色泰加林土地球化学景观	1500～1700	425	硅铝化不饱和的风化壳	20～132	2.74～14.65	80～120	Ca＞N＞$\overset{K}{Si}$	5.5～6.0	48	0.87	—
东北森林草甸草原和草甸草原土地球化学景观	2000～3000	350～650	硫磷酸盐或苏打风化壳	60～70	—	—	Si＞N＞$\overset{K}{Ca}_{Al}$	7.0～7.5	100～150～200	7～10～12	1.51
蒙新半荒漠棕钙土地球化学景观	2000～3000	150～250	碳酸盐化物硫酸盐风化壳	10～15	—	—	Si＞N＞K＞Ca, Na, Cl, Si	8.0	15～25	0.5～1.5	—
蒙新荒漠－棕色荒漠土地球化学景观	1900～3100	150以下	同上	2～3	—	—	Ca＞N＞K＞Na, Cl, S	8.0～8.5	—	—	—
华北干旱森林和草原褐土地球化学景观	3200～4500	500～750	中性硅铝风化壳	—	乔木 7.5～13.2 草本 11～14.7	—	—	7.0～7.5	10～20	1～1.5	—
华中中亚热带常绿阔叶林－红壤地球化学景观	5000～6500	1000～2000	硅铝化不饱和的风化壳	150～200	2.0～7.8	—	Ca≥Mg＞Na(K)＞Mn, Si, P, B, N	5.0～6.0	20～30	1.5～4	0.93
华南南亚热带季雨叶林－红壤化和红壤地球化学景观	6500～8000	1000～2000	硅铝化不饱和的风化壳	150～200	2.5～15.5	—	Ca≥Si≥Mg＞K＞Na＞P, Ma, B, Al, N	5.0～5.5	15～25	1.7～5	～
华南热带季雨林、雨林－砖红土地球化学景观	8000以上	1500～2800	富铝化风化壳	—	4.6～16.13	—	Si＞Ca＞(K)＞N＞Fe, Al, Ti, P, Ma, B, N	4.5～5.5	15～30	4～5	0.23(徐闻)

注:数据来源见参考文献 [7] [8] [10] [11] [13]。

表3 中亚热带常绿阔叶林-红壤景观类型中一些植物的灰分及其组成

样 品 名 称		采集地	灰分含量（%）	大量元素（$n \cdot 10^1 \sim 10^{-8}$）	微量元素（$n \cdot 10^{-5} \sim 10^{-5}$）
长柄山毛榉（*Fagus longipetiolata*）	叶	英德滑水山	3.89	Ca>Mg>P, Na>B>Si, Mo	Al, V, Ni>Fe, Pb, Cu
	枝果		3.109	Ca>Mg>Na>P, Mn>B>Si	Al, Fe, V, Ni>Pb, Cu, Ba
杨梅（*Myrica rubra*）	叶	连平坡头	3.23	Ca>Mg>Na>Mn>P, B, Si, Ni>Al, Cr	Fe, Ga, Sn, V>Pb, Cu
	枝	连平坡头	2.55	Ca>Mg>Na>Mn>B, P>Si	Al, V, Ni>Fe, Pb, Cu, Ba
檵灌木（*Loropetalum Chinense*）	叶		7.81	Ca>Si, Mg>Na>P>Mn>B	Al, Fe, V, Ni>Pb, Cu, Ba
	枝		4.78	Ca>Mg, Na>P>Si>Mn>B	Al, Fe, V, Ni>Pb, Co, Ba, Zr, Hf
	果		—	Ca>Mg>Na>Si, P, Mn>B	Al, Fe, V, Ni>Pb, Cu
黄灌木属（*Adinandra glischroloniais*）	叶	佛冈观音山（400~800米）	5.819	Mg>Ca>Na>P, Mn>B	Si, Al, Fe, V>Pb, Cu, ba
	枝		3.46	Mg>Ca>Na>P, Mn>B	Si, Al, Fe, V>Pb, Cu
冬青科（*Iles hamcca*）	叶	英德宁天岭	3.659	Ca>Mg>Na>P, Mn>Si, B	Al, Fe, V>Pb, Cu
	枝		2.029	Mg>Ca>Na>Mn>Si, P, B>Al	Fe, V>Pb, Cu, Ni, Ba
华柃（*Eurya Chineesis*）	叶枝	粤北、粤中	—	Ca>Al>$\overset{Mg}{Na}$>P>K, Fe, Si, Mn, Ti>$\overset{B}{Li}$>V, Cu, Zn, Zr	Pb, Sn, Mo, Ni, Cr, Ba

表 4 南亚热带季雨林－砖红壤化红壤景观类型中一些植物的灰分及其组成

样 品 名 称	采集地	灰分含量（%）	大量元素（n·$10^{-8}\sim10^{1}$）	微量元素（n·$10^{-5}\sim10^{-5}$）
玉桂（Cryplocar ya chiamar） 枝叶	鼎湖山	1.97	Ca、Mg>Na>P>Si、B、Mn	Al、Fe、V>Pb、Cu、Ni
锡叶藤（Trtracera tcamdeml） 枝叶	同上	15.51	Si>Ca>Mg>Na>P>B、Mn	Al、V>Fe、Cu、Pb、Ni
叶	同上	5.84	Si、K>Ca>Na>Mg、P>Zn	Al、Mn、Ti、V>Fe、B、Mo、Cu、Ni、Ba
拟莎罗（Cymnorp Aeera podohyila） 棵	广州	13.06	Si>Ca>Fe>Mg、Na>Ti>P、Mn>Al、B	Pb、V>Ni、B、Zr>Cu
桃金娘（Rhodomyrrut tomemiota） 枝叶	同上	2.57	Ca>Si、Mg>K>Al、P、Na、Mn>Ti>Hf	B、V、Zn>Fe、Pb、Mo、Cu、Ni
野牡丹（Mrlattoma camdidum） 枝叶	同上	—	K、Ca>Mg>Mn>Fe、Li>Al>Ti、B、Cu、Zn	Si、Zr>Pb、Sn、Mo、V、Ba>Ni、Cr

表 5 热带阴雨林－季用林－砖红壤化红壤景观类型中一些植物的灰分及其组成

样 品 名 称	采集地	灰分含量（%）	大量元素（n·$10^{-8}\sim10^{1}$）	微量元素（n·$10^{-5}\sim10^{-5}$）
青梅（Vatica attrotricho） 树脂	海南东方猕猴岭（覃朝锋采）	0.12	Si>Na、Mn、Ti>Al、Ca、Mg、P	B、V>Fe、Pb、Mo、Cu、Hf
幼苗		3.89	Si>Mg、Ca>Fe>Na>P、Mn、Ti>Al、B、W	Pb、V、Ni、Hf>Ba、Zr>Cu
枝叶		5.44	Si>Mg、Ca>Fe>Na>P、Mn、Ti>B	Al、V、Hf>Pb、Ba、Zr>Cu
糙叶树（Gironmiera stbatqualit） 叶	海南岛	16.37	Si>Ca、Mg>Na>P>B>Mn	V、Fe>Al、Pb、Cu
第五裂伦棱（Dillenia Pemtagyrna） 枝	海南岛	10.008	Si>Ca>Na>P>B、Mn	Fe、V>Al、Pb、Cu
鸡占（Termindlia haimemanii） 枝叶	海南岛	4.66	Ca、Mg>Si、Na>P>B、Mn	Al、Fe、V>Pb、Cu、Ba、Ni、Ca

表 6 广东主要土类化学组成的比较*

土类	黏土矿物	代换量（毫克当量/100克土）	代换性铝（毫克当量/100克土）	pH	SiO_2/Al_2O_3	SiO_2/Al_2O_3	土体中含量（%）				
							CaO	Na_2O	MgO	K_2O	TiO_2
红壤	高岭土 石英 蒙脱土	20~30	2.40	5.0~6.0	2.0~2.2	1.7~1.9	0.22	0.22	0.53	0.76	1.33
砖红壤化红壤	高岭土 埃洛石	10~23	1.77	5.0~5.5	1.7~2.0	1.45~1.8	0.07~0.38	0.05	0.11~0.36	0.41	—
砖红壤性土	高岭土 三水铝石 赤铁矿	5~5.5	0.80	4.5~5.5	1.42~1.55	0.99~1.88	痕迹	0.08	0.16~0.47	0.06	2.5~4.0

*本表根据参考文献①分析黄丝改编。

表 7 广州鸡丝岗石英岩上叶状地衣和地表细土的化学组成（光谱分析）

组成	大量元素	微量元素
地衣	Si >10, Al >10 > Ca ($3 \cdot 10^{-1} \sim 1$) > Mg ($3 \cdot 10^{-1} \sim 1$) > P ($10^{-1} \sim 3 \cdot 10^{-1}$) > Na ($10^{-1}$) > Mn ($10^{-3} \sim 5 \cdot 10^{-2}$), Fe >10, K $1 \sim 3$, Ti 10^{-1}, Zn (10^{-2}), $3 \cdot 10^{-1} \sim 3 \cdot 10^{-3}$	Y ($10^{-3} \sim 10^{-3}$), B $3 \cdot 10^{-3} \sim 10^{-2}$ > Pb $3 \cdot 10^{-3} \sim 3 \cdot 10^{-3}$ > V $5 \cdot 10^{-3} \sim 5 \cdot 10^{-3}$ > Cr $10^{-3} \sim 10^{-3}$, Sn (10^{-3}), Ni 10^{-3}, Co $3 \cdot 10^{-3}$ > Cu ($3 \cdot 10^{-1} \sim 10^{-4}$) > Yb ($<10^{-1}$)

---

① 何金海等：《海南岛土壤调查报告》，载《土壤专报》1958年第31号；C. B. 佐恩、李庆逵：《中国热带土壤发生与分类的一些问题》，载《土壤学报》1958年第6卷第3期；李庆逵：《中国红壤的化学性质》，载《土壤学报》第5卷第1期；张效年、李庆逵：《华南土壤的黏土矿物组成》，载《土壤学报》第6卷第3期。

续上表

组成	大量元素	微量元素
岩屑土	Si>Al>Fe> $10 1~51~3$ > $\substack{Mg \\ 3.10^{-1}~5.10^{-1}}$ $\substack{Ti \\ 10^{-1}}$ > $\substack{Na \\ 3.10^{-2}~10^{-1}}$ > $\substack{Ma \\ 10^{-2}~3.10^{-2}}$ $\substack{Zn \\ 10^{-2}}$ $\substack{K \\ 10^{-1}~3.10^{-1}}$	$\substack{V \\ 5.10^{-3}~5.10^{-3}}$ > $\substack{Cr \\ 5.10^{-3}~10^{-3}}$ $\substack{Cu \\ 10^{-3}~5.10^{-3}}$ $\substack{Sn \\ 10^{-3}}$ $\substack{Ni \\ 10^{-3}}$ $\substack{Co \\ 2.10^{-2}~5.10^{-3}}$
初成表土	Si>Al>Fe> $>10 1~3 1$ $\substack{K \\ 10^{-1}~3.10^{-1}~1}$ > $\substack{Mg \\ 10^{-1}~10^{-2}}$ $\substack{Na \\ 3.10^{-1}}$ $\substack{B \\ 10^{-2}~5.10^{-2}}$ $\substack{Mo \\ 10^{-3}}$ $\substack{Zn \\ 10^{-2}}$ $\substack{Ti \\ 10^{-1}~3.10^{-1}}$	$\substack{C_a \\ 10^{-3}~10^{-2}}$ $\substack{C_a \\ 10^{-3}~10^{-2}}$ $\substack{Sn \\ <10^{4}}$ $\substack{Co \\ >3.10^{-3}~5.10^{-3}}$ $\substack{Ni \\ <10^{-3}}$

注：括号内数字为花岗岩上地衣灰分中的某元素含量。

表 8 广东中山白荇降水化学分析（1961 年 7 月 1 日）

（分析者：汪管三、邓尚桐）

分析项目	阳离子				阴离子			总硬度	总碱度	pH 值
	Ca^{2+}	Mg^{2+}	$Na^+ + K^+$		Cl^-	SO_4^{2-}	HCO_3^-			
毫克/立升	7.00	2.40	12.50		23.5	9.90	10.9	—	—	—
毫克当量/立升	0.35	0.20	0.5		0.66	0.21	0.18	0.55	0.18	7.3

（原载《地理学报》1962 年 12 月第 28 卷第 4 期）

第四十篇　广东韶关专区综合自然区划

缪鸿基

提示：20世纪60年代，中山大学地理系首先应用苏联传入的景观学理论与方法，应用于广东综合自然地理综合体的研究与划分，收到一定效果。这一区划在表明韶关专区自然地理特征基础上，按照自然地带性与非地带性、相似性与差异性、历史与演化，综合性指标与主导因素法等原则，将韶关专区划分为自然地带、自然省、自然州、自然县等地域单元，分论它的各自然要素，包括气候、水文、土壤、地质、地形、作物栽培及其组合等特征，提出因地制宜、合理开发应用的方向、策略和措施。这是景观学第一次实际应用的成果，可供相关学科和生产实践验证。

缪鸿基

综合自然区划的对象是自然地理综合体。根据地表自然条件的相似性和差异性，划分为一系列的自然单位，其目的在于查明自然区内自然资源及其对生产上有利与不利的因素，以便充分利用和改造自然，使它更好地为社会主义生产建设服务。故综合自然区划是一种最全面和最综合地考虑一个地域的自然条件和自然资源的方法，它是规划开发利用自然资源和改造自然的科学依据。

综合自然区划是这次广东省综合考察的任务之一。韶关分队综合自然地理小组在分队的领导之下，学习苏联专家 A. Г. 伊萨钦科领导北京大学自然地理进修班同志在河北省进行自然区划工作的方法和经验，结合韶关专区山地的自然特点，进行了自然区划工作。

工作自1959年8月28日起至1959年10月31日止，前后共计64天。其中，分为准备、试点、野外考察及总结4个阶段。在准备工作期间，全组同志阅读有关专区的资料，参考本专区的气候、地貌、水文、土壤等区划草图和地貌、土壤、植被类型图以及广东综合自然区划草图和中国综合自然区划（初稿）的有关部分。在韶关市试点期间，根据现有资料及野外考察所得，划出韶关市的综合自然区划，以取得一些经验，为全专区的区划工作做好准备。

自9月25日开始展开全专区的区划工作，在此以前，小组研讨专区的区划轮廓，以供野外考察时的参考。然后，全组同志分别到乐昌、连阳、英德、清远、翁源、连平、河源、龙川及南雄等县进行路线调查，着重考察各区的特征。至10月15日野外工作告一段落，转入总结阶段。编成韶关专区综合自然区划报告书、综合自然区划图（1：500000）1幅及说明表格1份。

这次区划以景观为基本单位，将全专区划出43个景观（自然县）、5个自然州，分属于岭南山地省及闽粤沿海丘陵平原省。区划是采用从下而上与从上而下相结合的方法来进行的。到省一级，则与全国综合自然区划相衔接。

在华南亚热带山地以景观为单位进行综合自然区划工作尚属初次。由于我们的水平所限，缺乏经验及时间短促，虽曾在准备及野外工作期间收集了不少资料，但工作不够深入。希望同志们给予批评和指正，以便继续修订和补充，使这次综合自然区划工作能对韶关专区今后的生产实践有所帮助，这是我们所恳切期望的。

注释：本文是在参加华南生物资源综合考察工作的基础上完成的。当时本人是综合考察队韶关分队领队之一，参加韶关专区综合自然区划研究讨论的还有王文介、周源和、涂成炎，由易绍桢执笔整理。本文曾刊载于1962年出版的《一九六〇年全国地理学术会议论文选·自然区划》。

一、韶关专区的自然地理特征

韶关专区位于广东省北部，北界湖南，西界广西，东北与江西接境，东邻汕头专区，南与佛山及江门专区相接。全专区土地面积44945.22平方千米，范围包括乐昌、南雄、连阳、英德、清远、翁源、连平、河源、龙川9个县及韶关一个市。本专区自然条件具有如下特征。

1）韶关专区是一个山区，地质构造和岩性复杂，矿藏丰富，河流坡降大，峡谷跌水多，具有许多优良的水库坝址。

（1）山地多而平地少。据初步计算，山地丘陵占82.76%，平地仅占17.14%。本区绝大部分位于华夏活化陆台的湘粤褶皱带，为南岭山地的一部分。由于中生代晚期花岗岩广泛侵入，造成许多矿藏，具有发展矿业的优良基础。

（2）峡谷跌水多，落差大，多优良的水库坝址。首先由于本区是一个地壳间歇性上升地区，河流下切强烈，相对高度一般达400～500米，河床纵剖面每呈阶梯状，造成无数的急滩和跌水。区内有500～600米、850米及100立方米三级较明显的古剥蚀面，其间高差可达150～200米，跌水多，落差大。其次，本区山脉走向以弧形构造及华夏式走向为主，而河流流向每与山脉走向成斜交，横割山地而过，造成许多峡谷，具有许多优良的水库坝址。

（3）岩性复杂。本区山地丘陵基本上可分为花岗岩、变质砂页岩、红色岩系及石灰岩四类。花岗岩山地分布甚广，多在大东山及龙源坝弧形山地以北地区，占全区总面积的35.25%。这些花岗岩山地化学风化强烈，土层深厚，水源充足，最适宜于林木的生长。同时地基巩固，亦为修建水库的有利条件。区内石灰岩高原山地所占面积不少，大部分分布于连江流域一带，占全区总面积的13%。这些山地漏水较为严重，不利于水利工程的修筑。地表干旱，地下水位较低，水稻耕作条件较差。唯石灰岩本身是烧灰及制造水泥的主要材料，同时溶洞中还有磷肥矿，可供农田肥料之需。

2）韶关专区大部分属于中亚热带，只南部有一小部分属于南亚热带范围。

我们大致上以年辐射平衡56千卡/平方厘米为主要依据，并参照地形影响及植被情况划分中亚热带常绿阔叶林-红壤与黄壤地带、南亚热带常绿阔叶林-砖红壤化红壤与黄壤地带。这一界线经过的地区：怀集东部鬐山南麓—英德—翁城—龙门—灯塔—龙母—赤岗。

在这一界线以南的地区，热带果品及经济作物，如荔枝、龙眼、菠萝、香蕉、木瓜等生长良好。此线以北的地区，则宜发展温带果品，如李、梨、杨梅等。当然这一界线附近还带有过渡的性质。

韶关专区在气候方面的有利条件是水热条件良好，夏长冬短，台风影响较小，有利于林业及农业的发展；而不利的条件是寒潮影响较重，秋旱显著，春雨连绵及夏多暴雨。

3）韶关专区大部分位于中亚热带，南部属于南亚热带，夏长冬短，高温多雨。由花岗岩及变质砂页岩所构成的山地分布甚广，占全区总面积的65.45%。在湿暖的气候影响之下，化学风化强烈，土层较厚，水源充足，宜于林木的生长。林木成材迅速，松杉一般15～20年即可成材，竹子1～2年即可更新，具备了建成林业基地的优越条件。现有林地广阔，占全区总面积的40%以上，木材蓄积量丰富。

4）本区河流奔流于崇山峻岭之间，多属山地急流。坡降大，峡谷多，加以雨量多，流量大，水力蕴藏量异常丰富。这么丰富的水力资源为本区的工业发展及农田水利电气化提供了极其优越的动力条件。故韶关专区提前实现电气化是完全有可能的。

5）韶关专区的土壤以薄有机质厚层红壤居多，占全区总面积的42%。这种土壤酸性较强，有机质缺少。在西部连阳及英德等地的石灰土，含钙质虽多，但一般缺水，亦不利于稻作。南雄、坪石等地的紫色土，透水性较大，地表干旱，因土质松散，植被稀少，春夏两季遭受暴雨冲刷，往往造成水土流失，也不利于作物的生长。今后在改良土壤措施方面，应注意水利建设及增加有机质肥料。局部地区还需注意水土保持工作。

综上所述，韶关专区山上地下林木矿藏丰富，水力蕴藏异常巨大。加以地处湖南、江西、广东三省交接之区，为三省交通要冲，对省内外物资交流便利。具有建成林业、矿业基地及发展重工业的优越条件。

农业发展条件虽然比不上广东南部的地区，但水热条件仍然是很好的。始兴、忠信及星子等地粮食高产可为明证。今后在农业生产上，若能过好水利关，注意防寒措施，增加有机质肥料，在局部地区如清远等地着重防洪排涝，在南雄星子等地注意水土保持工作，则农业发展前途亦未可限量。①

二、韶关专区综合自然区划所依据的原则

（一）地带性和非地带性原则

地带性和非地带性是地理外壳的地域分异的基本规律，是各个不同等级的地理综合体产生、发展的基本条件。地带性是指太阳能在地表的分布及水热对比关系下而产生的一切自然现象，成为南北排列、东西伸展的有规律的水平带状分布。非地带性是指由于地球构造发展历史中而产生的海陆分布、地面起伏、不同的构造结构等地方性条件作用下所形成的局部的水分和大气循环，从而导致了一切自然现象的地域性变化，如山地的垂直变化和沿海与大陆中心的差异等。生产实践必须首先考虑自然条件的地域差别；也就是必须考虑地带性和非地带性在本地域相互作用的结果。我们对较高级自然单位的划分着重考虑地带性因素，而较低级自然单位的划分则着重考虑非地带性因素。但这只是不同级别区划的着眼点不同，重点不同而已，其间并没不可逾越的鸿沟。

（二）相似性和差异性原则

这是从发生上一致性的观点出发的。按自然地理综合体的内部和外部联系，找出它们的相似性和差异性来进行划分。自然地理综合体的相似性和差异性是相对的。等级单位愈低则一致性愈大，差异性愈小。根据其差异程度就产生了多级划分的原则，因此，各级自然区域单位就必须有一定的标准作为划分的依据。

（三）历史原则和演化原则

各个地域都具有自己的自然历史的特殊性，故在进行区划时就应考虑到各自的历史现象和界线。我国各地自然界均由于人类悠久而广泛的活动，产生了巨大的变化，尤以对植被和土壤的影响最大。将来这种影响会更深更大，区划时应加考虑，尤其是划分低级单位

---

① 中国科学院自然区划工作委员会，中国综合自然区划（初稿），科学出版社1959年版。

时。另外，自然界是不断发展的，所以不仅要注意过去和现在的特征，还要注意进展的特征，也就是要按照自然地理综合体的发展方向来考虑区划工作。

（四）综合指标与主导因素法

综合自然区划的对象是自然地理综合体，故划分时应从地理综合体的整体性出发，不能从个别现象或个别要素出发，这是原则。但在确定区域界线时，则涉及方法问题。可以考虑在该区域起主导作用的因素，即在多种自然界线中选择哪一条最适合要求，它对该综合体最有决定意义。如划地带时可用气候指标，而划分山地省中一个自然州依地质或地貌的界线来确定。但主导因素只能在具体地域中从主要的矛盾中去找。适用于一切区划单位的主导因素是不存在的。

另外，韶关专区的综合自然区划是地方性的区划。故必须考虑要与全国综合自然区划等级单位系统相衔接，同时也应与邻区取得协调。这样就可以达到自上而下和自下而上相结合的原则，便于各级单位做比较，便于从整体中来认识局部。

三、韶关专区各级自然单位的划分

中国科学院自然区划工作委员会经过反复讨论，制定了中国综合自然区划（初稿）的等级单位系统和自然州以上各级划分标准。韶关专区综合自然区划是参考全国综合自然区划进行的。全国综合自然区划已将自然州以上的各级自然地理单位划出。各地方区划的任务是在第三级（自然省）以下划出自然州和自然县来，并对在本考察区内的自然省以上的各级自然单位界线进行查对和修正。

我们此次区划工作，因时间关系未能在野外完成全区1∶50000的野外景观填图工作。除少数地方外，都是在1∶200000的地形图上划出自然县，并在一些自然县内进行了限区型划分的尝试。

（一）自然地带的划分

在全国综合自然区划中，韶关专区是在亚热带湿润地区东部亚地区内。地区以上的各级自然单位的界线均未通过本专区，故无须多加说明。地带一级则有界线通过，大致以英德—翁城—莲花山—线为界。南面属南亚热带常绿阔叶林－砖红壤化红壤与黄壤地带，以北属中亚热带常绿阔叶林－红壤与黄壤地带。

根据这次考察结果，我们认为这条界线在本专区范围内的一段应为：西起怀集东部髻山之南麓，经英德、翁城，到新丰南部的龙门；自此折向东北，经灯塔、龙母，到赤岗口、龙门以西的段，原中国综合自然区划图的划分是完全正确的。而龙门以东则不应在莲花山，即东江谷地应属南亚热带。事实证明，1959年1月在广州讨论中国自然区划（草稿）时我们所提的意见是正确的。因为年温20℃和活动温度总和6200℃的等值线均远在这线以北，而56千卡/平方厘米热量等值线大致与这一线吻合。此线以南均可种植很多种热带作物，以北则少有发现。如老隆有龙眼，赤岗公社还有荔枝、香蕉和剑麻，且均能正常生长和结果。赤岗、龙母以北多单造田，且以生长期为80天的早熟种居多。同时，此线以南少黄壤，亦少见杉木和油茶，油茶分布亦大致以此线为南界。

（二）关于自然省

韶关专区以上述自然地带的界线为界，分别属于南岭山地省和闽粤沿海丘陵平原省。但本区在上述两自然省中所占的比重均很小。因为工作时间短，未及收集有关资料，故对自然省暂不做描述。

（三）自然州的划分

我们基本上是参照中国综合自然区划（初稿）来划分韶关专区的自然州的。但韶关专区因多属南岭山地，这里的地质构造和地面组成物质以及地貌发生类型均极其复杂，其组合形式亦是多种多样的。在很小的范围内，水平差异就很大。如一个很小的山间盆地内就有地貌发生类型、岩性和土类的分异。故我们划出的自然州的内部差异比规定的标准要大。在南岭山地省（本专区范围内）内划分为3个自然州，即南岭弧形山地州、翁连平行岭谷州和连江上游喀斯特州。在闽粤沿海丘陵平原省内划分为东江中游丘陵谷地州和北江中游峡谷盆地州。

（四）自然县的划分

自然县是自然州的一部分，我们认为它相当于景观。我们在韶关专区划分自然县的依据是：
（1）在地貌上属于一个发生类型或几个在发生上很接近的类型。
（2）岩性一致或其组合形式一致。
（3）地方气候和水文状况相同。
（4）土种或土壤变种及植物群落具有一致的分布规律与组合形式。据此，韶关专区共划分出 43 个自然县（有半数伸入外省和外区）。

四、自然州和自然县的简略说明

（一）各自然州特征简述

1. IAa 南岭弧形山地州

本自然州位于韶关专区的最北部，南以粤北第一列弧形构造的大东山隆起和龙源坝背斜为界，北部伸入湘、赣境内。地质构造上为湘粤褶皱带之主体。中印运动和燕山运动使本州的地层起了剧烈的变动。随着弧形山脉的隆起，中间发生了凹陷，沉积了广大的红色岩系。南岭运动之后，山前又发生了凹陷，低处沉积了第四纪冲积层。高处经过长期的剥蚀，古生代岩层出露很广，山体轴部出露了花岗岩。以后又有数度间歇性上升。由于地质构造的复杂、发展历史的悠久，发育了多种多样的地貌。主要的类型有：

（1）切割和剥蚀作用下间歇性上升的中山和低山，分布在北江谷地的四周。海拔多在 800～1500 米，中心多为花岗岩侵入体，两侧覆盖着古生界下部的地层。由于间歇性上升，发育了 850～900 米与 500～600 米两个夷平面，两者之间的过渡地带常为 30°～40° 之陡坡，内围低山区则常见海拔为 300～400 米的一级夷平面。

（2）剥蚀-溶蚀作用下的构造喀斯特高原，分布在乳源以北，呈南北向，直入湘境，为瑶山背斜之西翼，由石灰、二叠纪的石灰岩组成，海拔多在 500～800 米。

（3）侵蚀-剥蚀作用下间歇性上升的丘陵盆地，分布在弧状山脉的内围，由石灰、二叠纪的砂页岩和石灰岩所组成，相对高度 500～200 米不等。厚层石灰岩常造成峰林，砂页岩和不纯的石灰岩则造成缓坡的丘陵，丘陵之间有比较广阔的谷地。

（4）新近上升的第三纪凹陷区的丹霞地形和红色丘陵则分在坪石、仁化和南雄等地。

（5）侵蚀和冲积阶地分布在本州沿河两岸，如韶关附近有明显的高出河面 10 米的冲积阶地，30 米、40 米两级基座阶地和 60 米级的圆顶残丘阶地。

由于花岗岩的侵入，使地层隆起褶皱断裂，加以间歇性上升，在华南雨量丰富的条件下，河流流量丰沛，每切割山地而成深岭的峡谷，如有名的乐昌峡、南水峡谷和杨溪水峡谷等，都是良好的水电站坝址。山涧很多，落差均大，开发利用甚为便利。河流均属上游性，涨落凶猛，水源丰沛，终年不歇。除浈水外，一般含沙量均不大。年径流曲线与降水曲线吻合，全靠雨水供给。

本州因位于北江上源，地势高峻，故在广东境内是比较温凉之地。年均温约 20 ℃，1 月均温 10 ℃左右。北部山地每年均有霜雪冰冻，实际有霜日数 10 天左右，对冬作为害较大。秋天均有寒露风，为害晚稻。雨量丰沛，多集中于春、夏，春天云雾弥漫，湿度大。秋有旱象，台风影响不大。因地势高差大，故气候上山地和盆地有着明显的差异。地带性植被为常绿阔叶林，垂直分异明显，自下而上可分为常绿林→常绿－落叶混交林→山顶矮林。但经人为破坏，现在仅仅在天井山、石坑崆等地才有连片的天然林分布。其余各地多为次生性的半自然混交林和灌丛草坡。主要树种有山毛榉科、樟科、茶科、竹林和人工种植的杉树、马尾松。北方树种沿山脊南侵，而谷地则仍为热带树种所占据。喀斯特地区有着自己的植被类型，多为中生性和旱生性的灌丛草坡。

由于山地光能热量远较谷地为低，故风化作用和成土过程亦相对地较为缓弱，高山陡坡和喀斯特地区多岩石露头。一般红壤分布在600米以下的低山、丘陵和台地上。黄壤则多分布在600米以上的山地，酸度高，盐基饱和度低。在山顶矮林下有灰化黄壤发育。喀斯特高原上一般土层浅薄，多为红色石灰土，大部呈中性反应，盐基饱和度较高，有机质含量亦较多，肥力尚高。山谷低地则多为坑田，阳光不足，加以山泉浸渍，田底冷，风化作用和矿化度均低。

红色岩系地区则为紫色土分布，因其风化物松散，植被稀疏，水土流失重，故土层浅薄，甚至心土暴露。河流两岸及盆地底部则多为冲积土和水稻土，是粮食的主要产地。

由上可见，本州自然资源非常优厚。山地丘陵占本州总面积的80%～90%，且多由花岗岩和砂页岩所构成，在高温多雨、土层深厚的条件下，极宜于杉树、松树和油茶生长。南雄、韶关、乐昌等盆地内的低地和台地，则在农业生产和工业建设上都十分重要。随着州内工业的发展，各类矿藏的开发以及南北大运河和各大水电站的兴建，目前的农业用地将大为缩小，而人口又将激增，故必须向丘陵以及平缓的山地扩展。除充分发展林业外，应配合工矿业的发展，大力发展粮食、畜牧和果树。山水优美的丹霞地区可辟为游览地。

2. IAb 翁连平行岭谷州

韶关专区的东部为一呈东北—西南走向的山地谷地相间排列的地域。地质构造上为湘粤褶皱带之东段。本自然州南以中亚热带的南界为界，北部伸入江西境内。地质发育与南岭弧形山地州相同，为同时期的产物。变质岩和花岗岩组成的中山海拔在800～1300米之间，相对高度为400～500米，构成本州之主体。低山丘陵海拔250～800米，相对高度100～300米，多分布在中山周围，亦多由花岗岩和砂页岩所组成。喀斯特丘陵和峰林多分布在翁江上游谷地里，所占面积甚小。在谷地里广泛分布着5米、15米、35～40米和60米几级阶地。河谷上源均深切山地，多峡谷湍流，航运价值不大，但富含水力资源。

这里因地势较高，位置偏北，年均温在18～20 ℃之间，1月均温9～11 ℃。寒潮侵袭时绝对最低温可达零下5 ℃。北部山地每年皆有短期积雪。无霜期有320～335天。年降水量在1600～1800毫米之间，多降在春、夏，秋有旱象，此时干燥指数大于1.0。雨季则多云雾，湿度大。此外，具有明显的山地气候特征。

植被主要类型为常绿阔叶林、次生性针叶林、常绿阔叶和落叶阔叶混交林。在北部山地还有大片的竹林。植被有着明显的垂直变化，一般在南坡随着高度的增加，热带和亚热带的树种减少，而温带落叶树种逐渐增加。同时，树种的数目亦随高度的增加而减少，分层现象越来越简单，乔木的高度亦变矮，至1000米以上则成山顶矮林。在700～1000米是常绿阔叶和落叶阔叶混交林分布区。丘陵谷地的植被均属次生性，是人类活动严重干扰的产物。除马尾松、杉树以外，在丘陵地域有大片的油茶林分布。在上述条件的作用下，黄壤和红壤在这里形成垂直分布关系。一般600米以上的山地为黄壤分布区；600米以下为红壤分布区。土壤的有机质含量随植被的变化而异。这里的山地是典型的山坑田区，气温、土温、水温和阳光均感不足，多一年一熟，产量不高。谷地则土质较好，温度较高，有机质的矿化度亦高。但耕作精细，1958年"大跃进"以来均为水稻丰产区。和平以东的丘陵地水土流失较为严重，需进行水土保持工作。

据本州的自然条件看来，应以发展用材林为主，大力发展油茶、茶叶。适当发展畜牧业，设立小型水电站，开展多种林副产品经营。

3. IAc 连江上游喀斯特州

本自然州位于韶关专区的西部。南界怀集盆地的北缘，由此往东与英德盆地相邻。东北部以大东山山麓的花岗岩和石灰岩的接触线为界，与南岭弧形山地州相接。北部则伸入湘、桂境内。地质构造上，大部分属于湘粤褶皱带之连阳向斜，小部分属于粤西地块之连山隆起。这里与南岭弧形山地州一样，地史发展和岩性均较复杂，且属同时期的产物。唯州内石灰岩出露最广，约占本州面积的70%。这对景观的面貌起了决定性作用，使内部景观的组合和分异有其独特之处。其次则是花岗岩、微变质岩、红色岩系和第四纪冲积物。这里发育了多种多样的喀斯特地貌，主要类型有：

（1）喀斯特高原，大面积分布在连江的东岸，一般海拔500～800米，高原面较平坦，呈梯状向东南降低。上有丘陵和矮小峰林突起，石芽、石沟很发育，溶洞、漏斗甚多，秋、冬显得干旱。这是一个抬升的喀斯特准平原，正处在早期发育阶段。在边缘常有完美的喀斯特峰林发育。

（2）喀斯特中山，分布在北部大高山一带，海拔在800～1000米。河谷稀少，山体完整，多灰岩裸露。

（3）石灰岩与砂页岩相间的喀斯特低山，分布在东南部杜步一带，其上有矮小的峰林发育。

（4）喀斯特峰林和丘陵，分布在盆地里和连江两岸。可分为连座峰林、密集峰林和孤峰残丘。丘陵正向峰林发展，多在海拔100～200米。西部和南部边缘为花岗岩和微变质岩组成之中山，海拔多在1000米左右，高峰亦达1500多米，相貌与大庾岭等山地相同。

此外，还有红岩丘陵分布于星子、清水盆地中，车陂、犁埠亦有零星分布。砂页岩组成的丘陵、台地、河成阶地、洪积冲积扇等亦见于各地。

本州的气候年平均温度为 18.4～19.9 ℃。因地居寒潮南下通道，1 月均温 8.4～10.2 ℃，绝对最低温可达零下 7 ℃，均远比翁连平行岭谷州为低。北部山地常年均有积雪，霜期达两个月之久。而南部石灰岩区则年降雪两三次，随降随融，霜期也仅长 1 个月。年降水量 1500～1800 毫米，由东南向西北减少。在广大的石灰岩区，全年内多数时间蒸发很盛，加以地表植被覆盖较差，经常湿度很小，秋、冬更显得干旱。秋有寒露风，为害作物连江属北江的一大支流，自西北往东南流贯本州中部。虽水浅滩多，但仍为本州重要的交通干道。西部花岗岩和变质岩山地区，地上河流发达，水流充沛，均属上游性，农田水利条件非常优越。而广大的石灰岩区则地面河流稀少，地下河发达，丰沛的雨水多成地下伏流流失，地表呈现干旱面貌。农田水利条件很差，多种旱作。连江干流旁的阳山、青莲一带，沿河阶地和河漫滩上亦多种植旱作。连江的含沙量甚小，而溶解的碳酸钙含量却甚高，尤以雨雪前的干季末期为最。

在西部非石灰岩地区的植被与南岭弧形山地州的北部山地属同一类型，盛产杉木、马尾松、油茶，为本专区木材产地之一，垂直分异亦较明显。而石灰岩地区则主要是灌丛草地，部分地区有次生马尾松和油茶林，峰林地区植被特别稀疏，都呈中生或旱生形态。星子盆地的红岩丘陵台地上则广泛生长着龙须草。

土壤类型在西北山地区为红壤、黄壤的复合区，土层深厚。石灰岩区则主要是红色石灰土或黑色石灰土。前者土质强烈氧化，淋溶作用亦较强，除了才开始发育的土壤呈中性反应外，一般为酸性，质地黏重，氧化铁含量多，色泽鲜红。后者植被覆盖较好，有机质含量高，淋溶作用较弱，一般为中性到微碱性反应，盐基饱和度高，土体呈暗灰至黑色，肥力很高。只有在坡积物上和少数坡立谷等低平的地方，方有较厚土层。其余地方则土层非常浅薄，多成石窠土。有些峰林之上则根本没有土壤，土层分布在盆地、谷地的坑田、峒田及梯田，土壤质地黏重，由高处流下来的碳酸钙的聚积之后，往往发育成石灰板结田。由于漏水严重，故多为旱作。在非石灰盆地底部则发育了水稻土，是本州内稻米的主要产地。

4. IIAa 东江中游丘陵谷地州

东江中游位在本专区的东南部，南界伸入佛山专区境内，是韶关专区中所占面积最小的一个自然州。在地质构造上为翁连平行岭谷州的延长部分，位于湘粤褶皱带之东南边缘。东部有小部分属兴梅凹陷之边缘山地，两者之间是东江大断裂，东江流经其中。由于地理位置关系，这里剥蚀和侵蚀作用远较翁连平行岭谷州强烈，故地势较低，为由北部山区到沿海丘陵平原的过渡地区。境内少中山，而多 200～600 米的丘陵。由于剥蚀侵蚀强烈，地表多露出花岗岩和早泥盆纪的龙山系地层，而几乎见不到其他各自然州常见的石灰岩。除丘陵外，盆地谷地在本州中亦占有一定的面积，灯塔是较大的红岩盆地。

本州位于南亚热带的北缘。年总辐射为 120～180 千卡/平方厘米，辐射平衡为 57～58 千卡/平方厘米，最冷月均温亦达 12.5℃左右，无霜期约 350 天，活动总温度在 6500℃以上。谷地盆地，因地势较低，气流滞，夏季显得较为闷热；冬季则因冷空气侵袭时又显得冷些。年雨量达 1900 毫米以上，是广东多雨中心之一，且强度大而集中于春、夏，1959 年在很短的期间连续下雨 1000 多毫米。只是秋季较干旱，干燥指数为 1.0～1.2。由此可见，水热条件是非常优越的。但植被受人为破坏严重，加以暴雨冲刷，水土流失较厉害，因之东江的固体径流也较大。地带性植被为亚热带季雨林和亚热带常绿林。树种远较北部山地丰富，且多热带树种。热带果树均生长良好，大部分丘陵谷地为次生性的散树草坡。植被覆盖较好和地势较高的山地，因降水多，发育了黄壤。淋溶强烈，剖面表层呈黄灰色，也有灰化迹象。广大的丘陵地则为红壤所占据，多为薄有机质薄层红壤。低地土壤，除沿东江的水田肥力较高外，其他垌田和梯田肥力较低。在化肥不足的情况下，应采集绿肥和稻秆还田，以增加地力。

5. ⅡIAb 北江中游峡谷盆地州

本州位于韶关专区的南部。北以地带界线为界，与南岭弧形山地州相接。东邻东江中游丘陵谷地州（界线的论证已见前述），南部界线则伸延到佛山专区。

在地质构造上，本州为湘粤褶皱带和粤中凹陷的交接地带。小的构造包括英德向斜、九龙圩背斜及雪山嶂背斜之南段（即粤北第二列弧形山地的顶端部分）和清远断裂凹陷盆地。地层主要为中、下泥盆纪的砂岩、页岩，中生代的花岗岩和石炭纪为主的石灰岩。另外，有近代河流冲积物。砂岩、页岩组成褶皱断裂中山、低山。花岗岩则组成大片的丘陵。石灰岩组成英德、白石潭等喀斯特盆地。近代沉积则主要分布在清远盆地。这里华夏式走向不明显，主要还是受弧形构造影响。清远以北新构造运动比较明显，表现为切割古老冲积扇及深切曲流的回春地形。不等量的升降运动，使北江、翁江、连江和滨江均切割变质岩组成的山地，形成了许多雄伟的峡谷，如盲仔峡、飞来峡、翁江峡等均极其著名，蕴藏着极丰富的水力。地貌类型非常丰富，除喀斯特山地、喀斯特高原、花岗岩中山和丹霞地貌外，粤北的各种地貌类型均可在此找到。

本州位处粤北山地南缘，是本专区中热量水分最丰富的地域之一。年总辐射为 114～116 千卡/平方厘米，辐射平衡在 56 千卡/米以上。年平均温在 20℃以上，积温在 6500～7500℃之间。许多热带果品，如香蕉、荔枝、木瓜、菠萝等都能正常生长结实。月平均温度均在 10℃以上，20℃以上有 7 个月，7 月最高温度中旬为 28.5℃。因地势南倾，位置偏南，循北江南下的寒潮，到此其势已衰，故寒潮影响较其他各自然州为弱。霜期 1 月中旬到 2 月为期甚短，有效霜日最多 4～5 天。甘薯均能在地下越冬。由于地形、位置关系，降水量丰富为全专区之冠，年达 200 毫米以上，个别年份可达 3000 毫米，秋、冬雨少，夏雨居多，且多暴雨。春暖早，春雨较迟，故烂秧现象远较其他各自然州为轻，而受台风影响却较大。

在上述气候条件下，地带性植被为常绿阔叶林，而目前植被类型主要是森林和草地。森林有：原生性的常绿阔叶林、常绿阔叶与落叶阔叶混交林以及次生的针叶林。草地均为次生性的。常绿阔叶林以山毛榉科、山茶科、金缕梅科、樟科为主，具有一定程度的季雨林的成分结构及外貌。在山沟里，在上层乔木的荫蔽下，则可见木质藤本、茎花、树蕨等现象，且具有板根性质，成分也相当复杂。林下热带的层群在越冬前往往呈假死状态。

竹林多分布在北江、连江两岸，天然竹林以粉单竹为主。草地占有很大面积，主要由禾本科植物组成。喀斯特地区则多石灰岩灌丛，多为化香树+红背叶群丛和狗花+红背叶+牡荆群丛次生植被占有绝大部分的面积。但从原生植被的建群种、结构和外貌以及所具有的生理特点来看，反映出是亚热带季雨林和亚热带常绿林的过渡类型，也就是处于两者的接触地带。山地植被有明显的垂直分异是：150～650米为常绿林带，林下有季雨林层群；650～950米为常绿及落叶混交林；950米以上则为山顶矮林。丘陵地与清远盆地植被多次生性，更接近于珠江三角洲的类型。

这里主要发育了红壤，有机质含量较高。黄壤多分布在700米以上的山区，土层浅，富含石砾。分布于河流两岸的水田，土质较好。喀斯特区主要是红色石灰土，土层很薄，多呈中性和微酸性反应，性黏重。山坑田则含砂粒较多，田底冷，肥力较低。丘陵地区水土流失较为严重。

目前，本州水患威胁较大，因北江、连江、翁江水量足，发水急，且潦期相同，峡谷束水，每成水患，故在清远盆地有大片季节性积水洼地。而喀斯特盆地则因岩层漏水，地表较干旱，多种旱作。兴修水利、根绝水患是当前本州在改造自然上最主要的任务。

（二）自然县的类型说明

韶关专区43个自然县，可以约略归并为下列类型。

山地和半山地型：①以花岗岩为主的山地组；②以变质岩为主的山地组；③以石灰岩为主的高原组；④以花岗岩为主的丘陵组。

平地型：①杂岩低丘盆地组；②红岩构造盆地组；③喀斯特峰林盆地组；④河流阶地谷地组；⑤凹陷冲积盆地组。

1. 山地和半山地型

（1）以花岗岩为主的山地组。包括大庾岭、蔚岭、石崆岭、七星墩及紫云嶂等山地。这些山地都是中山，由中生代晚期花岗岩侵入所造成，一般海拔700～1000米，不少山峰超出1500米以上。山地的轴部为花岗岩，山势雄浑，多凸形坡，旁边每覆盖有变质砂页岩、形成镶边构造，这些变质岩所构成的山峰，山脊峻峭尖锐，与花岗岩的有别。由于地壳曾经多次间歇上升，造成850～900米及500～600米两级古剥蚀面。其间高差可达150～200米，造成无数跌水。河流下切强烈，相对高度达500～800米，河谷形成"V"形峡谷，坡降大，急滩多，河床多滚石，暴涨暴落，具有山地急流的特征。

上述山地因位置偏北，且山势高峻，气候较为寒冷。下雪期一般2～3个月，山顶冬季有积雪，年雨量1500～1900毫米。南坡夏季正迎东南季风，多地形雨，山峦起伏。春季锋面滞留，故春雨特多，云雾弥漫，兼旬不散。山地植被为中亚热带常绿阔叶林，但遭人工破坏，自然林保存不多。多为次生的半自然混交林，垂直分异明显。主要树种有山毛榉科、樟科、茶科、苗竹及人工种植的杉树、马尾松。一般在600～700米以上为灌木草地。山区水分条件良好，在茂密森林覆盖下，发育了红壤与黄壤。黄壤通常分布于600米以上的山地。

首先，花岗岩山地地基巩固，透水性小，又多峡谷跌水，具有许多优良的水库坝址，水力蕴藏异常丰富。其次，这些山地位于中亚热带南缘，在湿热气候影响之下，花岗岩化学风化强烈，土层深厚，水源充足，极适宜于林木的生长，尤其适于杉树的种植，也是粤北的林业基地。同时，还可以发展与林业有关的副业，如茶叶、药材、冬菇等。目前，这些山地在开发利用方面的主要问题是交通困难，因而整治溪河、沟通水运、发展索道运输对解决山区交通问题甚为重要。

（2）以变质岩为主的山地组。包括瑶山、雪山嶂、石人嶂、雷公礤、天堂顶及风帽顶等山地。一般海拔800～1000米。这些山地由曾经剧烈褶皱断裂作用的古生代变质砂岩、石英岩、片岩等所构成。山势高峻，岩性坚硬，山峰山脊尖锐棱角显露，天际线几成锯齿状。山坡陡峭，坡度常达45°～60°，山顶处每有峭壁出现。这些山地也有850～900米及500～600米两级比较明显的古剥蚀面。河流深切达600～800米，"V"形峡谷极其雄伟。纵剖面呈阶梯状，造成许多瀑布和急滩，河漫滩极不发育。

这组山地的气候情况除位于南亚热带的天堂顶和风帽顶外，与上述以花岗岩为主的山地组相近，山地植被属亚热带常绿阔叶林，垂直分异明显。南部的山沟有季雨林，一般在600米以上为草被。由于水热条件关系，林木的生长一般北坡比南坡茂密，山谷比山脊浓密。红壤与黄壤分界在600～700米。700米以上的山地物理风化强烈，岩石碎裂，多碎块。土层不及花岗岩山地的深厚，但水源仍甚充足，亦适宜于造林。

这一组山地岩性坚硬而不透水，受河流割切，每造成峡谷和急滩，加以雨量多，流量大，水力蕴藏最为丰富，为开发山区提供了极其优越的条件。

（3）以石灰岩为主的高原组。包括连阳喀斯特高原、梅花街喀斯特高原。这一组石灰岩高原山地，除梅花街喀斯特高原外，均分布于连江中上游地区，均具有独特的喀斯特地貌。喀斯特高原成大面积分布，一般高度为500～800米，高原面保存较完整，其上有岗峰突起，斗淋、落水洞很多。地表溪流稀少，呈于荒景象，地下水位也低。这里喀斯特地形极其发育，有溶洞、斗淋、坡立谷、地下河、出水洞等，石芽、石沟满布。

本组高原山地由于溶洞多，裂隙多，地面溪流稀少，加以植被稀疏，夏秋之间，地面蒸发仍很旺盛，故高原地表常显干旱。高原的土壤为红色石灰土及黑色石灰土，除高原中低洼部分坡立谷及峰林坡积部分土层较厚外，其余均零星浅薄，分布于有窟、石隙之间。植被主要是旱生性的灌丛草地。在坡积及坡立谷主层较厚处也有一些乔木，如马尾松、苦楝及枫香等。

喀斯特高原地势高亢，水源缺乏，土层浅薄，林木生产不易。唯草类尚繁茂，最宜于放牧。喀斯特峰林山地中的坡立谷和坡积地，红色石灰土土层较厚，玉米、豆类、苎麻等生长良好，宜于旱作，也适宜于种植油茶和山棕。

（4）以花岗岩为主的丘陵组。包括滨江中游丘陵、潖江中下游丘陵、佛冈一带丘陵及新丰江丘陵等。这些都是花岗岩丘陵，高丘陵海拔200～500米，低丘陵在200米以下，相对高度100～200米。丘陵已成圆浑馒头状，坡度15°～20°。丘陵间有比较宽的河漫滩和阶地，谷地与丘陵之间还有一、二级阶地，割切破碎，成一片馒头状小丘。植被主要类型属马尾松+野古草+鹧鸪草+芒萁群落。

这一组丘陵均位于南亚热带之内，高温多雨，年均温为21℃。1月均温为12℃，年雨量达1900～2400毫米，为广东的多雨中心之一。花岗岩丘陵在南亚热带湿热气候影响之下，化学风化强烈，土层深厚，坡度不大，最适宜于热带经济作物及果木的种植。唯因风化壳松散，植被稀疏，加以暴雨强度大，水土流失相当严重，有沟状侵蚀及崩塌现象。必须加强水土保持工作。

2. 平地型

（1）杂岩低丘盆地组。包括韶关、乐昌、翁城、寨岗及七拱等盆地。地势一般较低，除边缘丘陵较高外，余均不超过300米，相对高度60～150米间。这些盆地的地质、地貌比较复杂，盆地内的低洼台地主要由泥盆纪、石炭纪、二叠纪的砂页岩及灰岩所构成，含煤丰富。第四纪冲积层广泛分布于盆地中河流干支流两岸。地貌类型可分丘陵台地、阶地河漫滩及喀斯特残丘等。在丘陵和谷地之间，每有3、4级的阶地和台地分布，高差小而坡度缓，盆地中低丘台地的植被以马尾松+桃金娘科+岗科野古草+鹧鸪草群落为主。土壤多薄有机质厚层红坏，阶地及河漫滩上则为冲积土及水稻土。

这些盆地地质复杂，煤藏丰富，水能充足，且盆地当水陆交通要冲，交通方便，具有发展工业的优越条件。由于对粮食及副食品的需求甚殷，宜尽量利用河漫滩及阶地种植水稻及蔬菜。在水利问题解决之后，低缓台地也可以辟为稻田、菜圃，以供应工业城市人口的需要。至于丘陵则宜种植温带果木及发展畜牧业。

（2）红岩构造盆地组。包括南雄盆地、坪石盆地、星子盆地、清水盆地、灯塔盆地及丹霞盆地等，这些红色盆地由白垩纪灯塔系的砂岩页岩及晚第三纪的砾岩砂岩所构成。在地貌上可分为两种类型：其一为低丘台地型，如南雄、星子等。地势低缓。起伏于10～30米间，坡度多在10°～15°，每造成一系列的平级单斜脊。其二为塔山槽谷型，如丹霞、坪石等。上层为砂岩，下层为砾岩，岩层大致平铺，垂直节理发达，受动力崩塌作用影响，造成各种奇异地形，如塔山、石墙、石柱等，在低丘台地，河流的坡降小，迂回曲折，河宽水浅，含沙量大。

这一组盆地多位于粤北寒潮路径，冬季比较寒冷，每当强大寒潮南下时，最低温度可降至 -6.2℃，对农作影响甚大。秋季雨量既少，但气温仍高，水热不相适应，以加岩性透水，故旱患较为显著。盆地中植被疏，属散生马尾松灌木草被群落，均为紫色土，因土质松散，雨季受暴雨冲刷，水土流失相当严重。

这些盆地向以粮食及经济作物并重，后者以耐旱作物的烟草、花生等为主。在农业生产上，旱患及水土流失问题最为突出。解决水利问题宜于旁近山地修建中型水库，以引水自流灌溉；同时，可在红岩丘陵盆地区选择页岩地点修筑小型山塘，解决局部灌溉问题。此外，还须注意水土保持工作。

（3）喀斯特峰林盆地组。包括英德盆地、连州盆地和白石潭盆地。这些盆地以石灰岩为主，间杂有一些砂页岩，岩性虽较为单纯，但地貌类型殊为复杂，盆地中有峰林、丘陵、台地、阶地及河漫滩分布。喀斯特峰林一般海拔300～400米，相对高度100～150米，可分为连座峰林和分离峰林。峰脚坡积发育，每造成坡积锥。石灰岩地区喀斯特发育良好，石芽、石沟、溶洞到处可见。盆地中砂页岩丘陵分布不广，丘陵浑圆，坡度20°～30°，外貌与喀斯特残丘迥异。沿河低地为第四纪冲积所填充，一般有二、三级的河漫滩及阶地。

这一组盆地具有独特的水文特征，地表溪流较少，地表常感干旱，唯河旁地下水却比较丰富。喀斯特区的土壤以红色石灰土为主，在波状起伏地及台地土层较厚。峰林残丘之上，只有一些石窟土及石质土。植被以灌丛草地为主，灌木以化香树、白背叶、圆叶乌桕、布荆等居多。

这些盆地多接近粤北经济中心，粮食和副食品的需求甚殷，宜发展粮食作物、蔬菜及畜牧，以供应邻近人民经济生活的需要。在农业生产上最突出的问题是水源缺乏，宜在边缘山地选择适当地址修建中型水库，引水灌溉。在砂页岩的丘陵地，也可以修筑小型的山塘。在水利问题解决后，较高一级的阶地及波状起伏地均可以辟为稻田、菜地，较高的台地可以发展旱作。

（4）河流阶地谷地组。包括翁江上游谷地、连新谷地和东江中游谷地。它们都是平行岭谷地内的向斜谷地和断裂谷地，走向北东—南西，海拔40～170米，与两旁的中山相差达700～1000米，山麓坡积发育。谷地内丘陵台地广布，多由泥盆纪的砂页岩及石炭纪的灰岩所构成，也有一部分是红岩丘陵，顶部浑圆，坡度多在5°～20°间。一般有两级阶地分布。河流属山区中上游性质，除东江外，余皆小而浅，暴涨暴落，受山洪的影响很大。

丘陵台地植被属马尾松灌丛草坡群落。灌木以桃金娘、乌饭树等居多，草本多野古草、鸭嘴草等。丘陵台地之上为薄有机质厚层红壤，河旁谷地则为水稻土。沿河谷地水利良好，为粤北的水稻高产区。唯广大面积的丘陵台地却多未利用，这些丘陵台地地势低、坡度小，在水利问题解决后，可以大力发展旱作经济作物和果木。

（5）凹陷冲积盆地组。清远盆地是一个断裂凹陷冲积盆地，在韶关专区盆地中是一个特殊的类型，它位于北江下游，地势低洼，内涝积水面积甚大。盆地中有三级红岩台地，零星分布，坡度在 $10°\sim 25°$ 之间。

这个盆地位于南亚热带内，水热条件异常优越。年均温 21 ℃，1 月均温仍达 12 ℃，受寒潮的影响微小，绝对低温为 0.6 ℃，有效霜日仅 2～3 天，年雨量达 240 米，为广东最大的降雨中心。高温多雨，有利于农业的发展。本区地处北江下游，又为潖江、滨江汇聚之区，集水面积较大，沉沙现象显著。因盆地内地势低洼，赖人工围堤保护，每在汛期北江水涨，河面高于田地，内涝积水无法排出，加以北面山洪涌至，造成大面积的积水洼地，耕作有一定困难。

盆地土壤较为贫瘠。沿河低地水稻土一般黏性很重，靠近河床的又每为流沙所覆盖，结构不良，均不利于耕作。台地上多为红壤。在北缘的山前倾斜平原砾石很多。台地植被属马尾松桃金娘＋岗松＋鸭嘴草＋画眉草群落。

清远盆地受洪水的威胁很大，内涝严重，同时由于河流泛滥影响，土壤贫瘠，粮产较低，改良土壤实为当务之急。但是，盆地中也有一些患旱的地方，如台地及山前倾斜平原等，故必须因地制宜，解决水旱患，充分利用本区优越的气候条件，发展热带果作。

五、在区划工作中的一些体会及存在问题

（1）进行自然规划工作，室内准备工作及野外考察均甚重要，在室内准备工作期间，应大量阅读有关资料，参考各种部门区划图，然后拟订综合自然区划草图，发现问题，在野外考察时采用路线调查与重点研究相结合的方法，特别着重考察区的自然特征及景观界线的性质，修正及补充区划草图，这样区划工作才比较稳实。这次在韶关专区进行自然区划工作，尽量利用了广东地理图志的各部门区划研究成果，对区划工作的帮助很大。

（2）以景观为区划的基本单位，对于专区指导生产实践，提供科学依据来说是适宜的。但对县级及公社指导具体农业生产却嫌过大。需要划至景观内部限区一级，对公社的农业生产才有实践意义。但景观内部的划分已不是区划的任务，必须在大比例尺的景观调查制图的基础上来进行。

(3）粤北山地中生代燕山造山运动和第三纪喜马拉雅山造山运动强烈，近代地壳上升运动也很剧烈。在这种地区景观的形成和发展受地貌发育过程的影响较深。地貌与岩性对景观界线的划定有相当大的作用。有许多地貌界线比较明显，例如南雄盆地与南岭山地的山麓断层线便是。局部的水文情况及植被、土壤都往往从属于这种界线而分异。其次，岩性的影响也比较显著，例如花岗岩地区与石灰岩地区，无论地貌形态、水热条件、土壤、植被均有所不同。就是在红色岩系盆地与一般的砂页岩地区也有很大的差异。在这种情况下，地貌界线往往相当于自然综合体的界线是可以理解的。但考虑景观界线必须从综合观点出发。我们在韶关专区所划分的自然区划不少界线与地貌界线相符，但也有一些不一致。

（4）我们初步划出的自然县不止43个，其中比如始兴盆地、董塘盆地及船塘盆地等的自然条件与邻近的地区有一定差异，可是因为它们的面积过小，我们暂把它们合并到邻近较大的盆地之内。这样做是否恰当？希望同志们加以讨论。

（5）目前的区划工作只在韶关专区之内进行，尚未与江门、佛山及汕头等专区取得衔接。整个自然区划的系统和体制有待于各区联合讨论，以取得全省一致。

附　　录

中国东部季风区
亚热带
湿润地区东部亚地区
Ⅰ中亚热带常绿阔叶林－红壤与黄坏地带
　　ⅠA 南岭山地省
　　　　ⅠAa 南岭弧形山地州
　　　　　　ⅠAa（1）大庾岭半自然混交林花岗岩中山县
　　　　　　ⅠAa（2）蔚岭—瑶山半自然混交林变质岩花岗岩中山县
　　　　　　ⅠAa（3）大东山—石坑崆自然混交林花岗岩中山县
　　　　　　ⅠAa（4）大把山马尾松灌丛草坡变质岩花岗岩中山县
　　　　　　ⅠAa（5）石人嶂—鸦子寨半自然混交林变质岩中山低山县
　　　　　　ⅠAa（6）七星墩—石鼓脑针叶林花岗岩中山低山县
　　　　　　ⅠAa（7）雪山嶂常绿阔叶林变质岩中山县
　　　　　　ⅠAa（8）长江—董塘半自然混交林马尾松草地间山盆地县
　　　　　　ⅠAa（9）梅花街灌丛草坡喀斯特高原县
　　　　　　ⅠAa（10）韶关马尾松灌丛草地杂岩丘陵盆地县

ⅠAa（11）乐昌马尾松灌丛草地杂岩盆地县
ⅠAa（12）南雄马尾松灌木草地红色走廊盆地县
ⅠAa（13）仁化马尾松灌木草地丹霞盆地县
ⅠAa（14）坪石马尾松灌木草地红岩盆地县

ⅠAb 翁连平行岭谷州
ⅠAb（1）小帽山半自然混交林花岗岩中山县
ⅠAb（2）雷公磜混交林变质岩花岗岩中山县
ⅠAb（3）九连山常绿阔叶林花岗岩中山县
ⅠAb（4）紫云嶂—野猪嶂常绿阔叶落叶阔叶混交林花岗岩中山县
ⅠAb（5）九连山东段马尾松草坡花岗岩丘陵县
ⅠAb（6）翁江上游马尾松灌木草地谷地县
ⅠAb（7）连新马尾松灌丛草地谷地县

ⅠAc 连江上游喀斯特州
ⅠAc（1）云雾洞半自然混交林花岗岩中山县
ⅠAc（2）连山半自然混交林花岗岩变质岩中山县
ⅠAc（3）连阳灌丛草坡喀斯特高原县
ⅠAc（4）杜步马尾松灌丛草坡变质岩中山—喀斯特峰林县
ⅠAc（5）连州马尾松灌丛草坡喀斯特盆地县
ⅠAc（6）寨岗—犁埠马尾松灌木草坡杂岩盆地县
ⅠAc（7）七拱—太平马尾松灌木草坡杂岩盆地县
ⅠAc（8）星子草坡红岩盆地县

Ⅱ南亚热带常绿阔叶林—砖红壤化红壤与黄壤地带
　ⅡA 闽粤沿海丘陵平原省
　　ⅡAa 东江中游丘陵谷地州
　　　ⅡAa（1）桂山灌丛草坡花岗岩中山县
　　　ⅡAa（2）龙川—紫金间混交林变质岩花岗岩中山县
　　　ⅡAa（3）新丰江灌丛草坡花岗岩丘陵水库县
　　　ⅡAa（4）灯塔马尾松灌丛草地红岩盆地县
　　　ⅡAa（5）东江中游草地断裂谷地县

ⅡAb 北江中游峡谷盆地州
ⅡAb（1）翁江连江上游马尾松灌木草坡变质岩中山县
ⅡAb（2）凤帽顶—大罗山马尾松灌木草坡变质岩低山县
ⅡAb（3）滨江中下游马尾松灌木草坡花岗岩丘陵县
ⅡAb（4）滃江中下游马尾松灌木草坡花岗岩丘陵县
ⅡAb（5）佛冈马尾松灌木草坡花岗岩丘陵县
ⅡAb（6）白石潭灌丛草坡喀斯特峰林盆地县
ⅡAb（7）英德灌木草地喀斯特盆地县
ⅡAb（8）翁城马尾松草地盆地县
ⅡAb（9）清远马尾松灌木草地盆地县

（原载《一九六〇年全国地理学术会议论文选·自然区划》，科学出版社1962年版）

第五编　制图与测量

第四十一篇　省区地图集中编制经济地图的几个问题

王正宪

王正宪

提示：20世纪60年代初，为编制《广东省地图集·经济地图·历史地图》部分，经济地理专业教师倾注大量心血，使该图集达到当时国内先进水平，也是经济地理科学发展的一个重要标志。本文在编制经验教训的基础上所总结的有关图幅设计原则、表示方法、资料处理等一系列问题的真知灼见，并不因时序迁流而失其价值。近年问世的广东省国土资源厅、广东省发展计划委员会主编《广东省地图集》（2009）即从中得到许多启示，特别是《广东省地图集》（2009）的编制者们的敬业乐业精神，尤使人追忆和骄傲。

本文根据省区地图集几年来的编辑试验工作所积累的经验教训提出几个问题以供讨论。

一、关于图幅的设计原则及其贯彻

省区地图集经济地图部分似应贯彻下列原则：①反映经济文化建设成就；②反映党的建设社会主义总路线和方针政策；③图幅内容密切结合生产；④表现地区特点；⑤运用多种表现方法；⑥注意资料的现势性；⑦保持图集的统一和协调。

为了充分表示新中国成立以来的伟大建设成就，可从四方面着手：编出新中国成立前后对比性图幅，表现具体的建设时期，运用典型图，运用统计图表。

反映党的方针政策也是表现图幅政治性的一个主要方面。在这里，有些是易于贯彻而不致引起争论的。例如，有些兄弟民族的分布区很小，如果按比例标入民族分布图，则无法表现；但如果略去，又有原则性错误。在这种情况下，最好将这些民族区扩大表示，并运用鲜艳色彩，而相应地将图名改为示意图。但是，也有些问题难以解决。例如，所反映的应当是长远的、基本的方针政策？抑较短时期的方针政策？由于地图集编制、印刷时期较长，而图集出版后应具有较长的使用年限，前一考虑显然是正确的。但是，编图者的视野往往为编图时期的形势所局限，要做到这一步并不容易。总之，充分反映党的方针政策固然必要，但正确而全面地贯彻这一原则却需要许多功夫。这一方面固然要求编图者具备较高的编辑能力，但最重要的是要求较高的政策水平。

综合地图集中的经济地图是否应结合生产？应如何结合？结合到什么程度？这是一个值得讨论的问题。由于图集的目的任务并非直接指导生产，而且图幅比例尺很小，结合生产是有其限度的。我们曾想从两方面着手：一是着重生产联系的表现，一是充实图幅中对生产有意义的内容。就前者来说，比较突出的是将加工工业和原料分布的图幅大胆地结合在一起，从而打破图组的界限。除了将水能资源和电力工业仿白俄罗斯图集结合表现以外，还将制糖工业和甘蔗分布结合在两幅图中，将纺织工业和纺织原料二图并列。此外，在燃料工业图中插入统计图表示炼油的原料比重，也是从生产联系着眼。另外，在工业图中应尽可能表现生产性质和产品种类，例如在燃料工业图中分别煤种，在电力工业图中分别火电站、河川水电站、潮汐电站以及公用电站、工业自备电站等。

所谓表现地区特点应有两种意义：一是表现本区相对全国其他各省区的地区经济特点，二是表现本区内各专区或县相对其他专区、县的经济特点。这两方面都很重要。前者有助于各级领导干部了解省区的经济地理特征，这对结合本省区特点贯彻党中央所制定方针政策应有助益；后者则有助于省内各地领导干部因地制宜地贯彻执行省领导所发出的指示。

省内各专区和市县的经济特点虽可分别见于工、农、运输等部门图，但反映特点最全面而有效的图幅应该是经济全图。大体上说，全省经济总图和专区经济全图都可达此目的。但全省经济总图的比例尺比专区经济全图为小。因此，后者的内容可较为详细，这就有利于表现一个专区及该专区内各县的经济特征，而全省经济总图可着重表现全省的经济特征。这方面因系初步尝试，成绩和经验都很少。

经济地图可运用许多表现方式以补主图之不足：扩大图、全省性插图、典型图、统计图、图解和文字说明。扩大图用以表现主图专门要素密集的地区；全省性插图可用以补充未见于主图的内容，也可用于从另一角度或按另一分区表现与主图相同的内容。

由于经济建设发展迅速，编制经济地图应密切注意资料的现势性。但是，资料的现势性往往为下列因素所制约：①统计资料的核实定案问题；②行政区域的改变；③底图问题，例如当政区重新划分时，必须有正确的新县界资料才能作图；④整个地图集编稿、清绘、制印进度的配合问题。由于统计资料必须核实定案，即使采用最新资料，也已和编稿时隔了一定时期。在此期间，如果行政区划有所调整，底图也难以随之更改，因为此时最新的统计资料也系按旧政区收集的；而且，即使统计资料和新政区相应，也未必有新县界图可资标绘，何况原则上编稿底图远在编纂原图制作之前便应定案。由此可见，行政区划的改变对于编制经济地图所引起的困难比编制普通地图或其他专门地图要多些。因此，在政区还未稳定的情况下，不宜编制完整的经济地图集。

如果由于特殊原因，以致同一图集中各图幅的资料截止期和政区无法统一，似应在各图名下分别注明资料截止期限，以免读者对照阅读各图时发生误会。

关于资料的现势性，确有一个重要问题：编制经济地图是否应当一味追求最新的统计数字？表面看来，由于生产发展快而图集的生产过程慢，为了使所编图幅不失时效，似宜竭力运用最新统计资料。实际上，问题并不如此简单。根据我们的体会，正是由于成图过程较长，一本图集的编制工程很大，为了使图幅长期不失时效，才必须慎重研究统计资料，不可轻率取舍。问题在于，一幅经济地图是否应力求体现现象的规律性？抑或容许表现一些多少带有偶然性的现象？经验证明，各年工业企业产量、企业分布情况（尤其是小企业的分布）、农作物播种面积，尤其是作物产量往往为一些偶然性因素所支配。如果贸然采用最近一年的数字而不加以分析，那么所表现的很可能不是一个时期的正常情况，而只是某一年的特殊的、偶然的情况。由此可见，编辑过程中不应只取一年的资料，而应将最近几年的资料对比分析，研究其产生差异的原因，力图表现带有规律性的现象。这可以是选取某一年（不必是最近一年）的数字，也可以是几年的平均数字。

经济地图在投影、比例尺、底图自然要素、图廓整饰以及其他技术性问题与整个图集尚易趋于一致，但当行政区划有变更时，底图的区界以及居民点等颇难与其他图组取得协调。这是因为现势资料与其他专门图（如自然图）内容并没有有机联系。所以，当县界和居民点（位置或注记）改变时，对其他专门图来说只是改变套印的底图或只是转绘问题，而经济地图由于资料和政区、居民点是结合在一起的，每每不能离开专门要素来求普通要素的现势性。这是省区地图集中经济地图与其他图组在底图政区方面不能取得一致的根本原因。比较突出的是专区经济全图，因为原来的意图是将这几幅图与专区普通图并列以便利对照阅读，而如果资料截止期不同，这一效果便不能完全达到。当然，经济图组内各图幅也可能由于资料截止期、政区不同而趋于不一致。

另外，即使资料截止期（和政区）相同，由于图幅本身的特点，一幅图在同一普通要素的选取范围上不但可以和其他同比例尺经济地图不同，也可以和其他图组的同比例尺底图不同。例如，水能资料图为了要表现若干可能兴建的水电站，有些不见于统一底图的小支流必须选取。水运图中因为通航河流与统一底图中的河流选取不一致，支流的繁简也容许与其他图幅不同。在居民点注记方面，同一居民点由于作为港口、城镇、公路线站点的习惯名称不同，因而有关各图中的相应注记也容许和统一底图不同。当然，这些要素的表现虽不一致，并不能称之为不协调。

二、关于图幅的表现深度与表现方法

图幅的表现深度可以从两方面看：一是要素的多少，内容的详简；二是地理位置的确切程度。

图幅内容的表现深度决定于下列因素：图集的目的任务（包括随之而决定的比例尺大小）、图集的保密等级和编图资料的详细完整程度。在一定程度以内，表现方法也由这些因素所决定。

关于符号或图形是否应掩盖第一平面的要素问题，笔者曾做过一些试验和研究。从清晰易读与美观的角度来看，符号或图形中最好不出现水系、居民点和交通线等要素，当符号或图形要求表现构成时尤为如此；但从逻辑上说，对定点表现的符号与表现一个区域的图形似应有所区别，即前者似可容许掩盖第一平面而后者则反是。问题在于，图幅的比例尺不大，如分县表现的图形不容许掩盖普通要素，则确有干扰现象，使图幅不易阅读。另外，如果令其掩盖，则当图形较大时，图面又显得单调而臃肿（例如，白俄罗斯地图集中的机器制造业图即有此缺点）。为此，我们采用一个折中的办法，即凡定点表现的符号和分县表现的图形均令其掩盖第一平面，其他表现较大区域的图形则反是（如水能资源及利用图中的分专区图形）。而为了避免图面负载量过重的缺点，特规定属于前一类的、直径在 7 毫米以上的图改用环形，以便中心部分仍可显出第一平面要素。

当图形符号（或图形）要求表现结构时，一律用颜色分扇形表示。究竟一个部门应占比重多少才予以表示，初期并没有统一规定，结果不但各幅图之间标准不同，甚至同一幅图之中也不一致。最后，在统一了各级圆（环）形直径后，经过试验，才将各级圆（环）形符号容许表示的最小扇形角度规定如下：

圆（环）直径（毫米）	最小扇形角度	圆（环）直径（毫米）	最小扇形角度
3	30°	6—9（环）	12°
5	20°	10—14（环）	8—10°
4—7	15°	15.6—20（环）	5°

但实际运用时并不必如此严格，还要视印刷条件而定。

编制机器制造工业图时，曾考虑不用圆形而改用艺术象形符号（仍然分级）以表示各部门。经试验后，发现有些缺点。虽然机器制造业图中用象形符号较他图为易，但某些部门（如金属品制造、轻工业机器制造）仍不易觅得有代表性的符号。如果过于牵强，则反易引起误会（其他图幅当然困难更多）。而且，如果只有个别图幅如此表现，则又破坏了协调一致。也曾试图仍在分级圆形内按各部门所占比重安放艺术符号，但规模较小的市县又有困难。最后，由于图幅比例尺所限，采用艺术符号将大大地增加负载量。以此种种，不得不放弃这一表现方法。但是，当这些困难不复存在时，我们仍然采用象形符号，如水产图中的鱼类分布以及某些农业图和专区经济全图中的农业内容等。

由于受到资料的限制，农业图尤其是全省性农业分布图的表现深度一般只能到县为止。其实，从图幅的目的任务说，即使比例尺较小，也应当按较小地区来表现。例如，用点法编稻谷分布图时，最初系在县界内均匀布点，显得过于粗糙；后来改按稻谷多种植于平原河岸的特点参照地形图布点，效果果然较好。

采用范围法、分级范围法、点法和色级法表现作物分布时，尽可能采取多种线划颜色的配合，以求多样而清晰。在分幅设计时即应注意到同一版面各图颜色的协调配合问题。畜牧业分布图原系用均匀布点法。但试验结果，从图幅看不出猪、牛分布的地区差异，乃改用按每10亩有猪、牛头数分色级表示。后以本区畜牧业尚不发达，将猪、牛二图合并为一幅，分别用色级与线划表现。在这里，我们力求不使线划对色级有所干扰（当分级线划较密时，的确这种效果不好，白俄罗斯图集作物播种和收割机械化程度图中即如此）。

在农作物各图中，我们争取用播种面积表示。这在大多数情况下系采用占总播种面积百分比的指标用色级法或分级范围法表示，有时另辅以点法（如稻谷图）；在不能用占播种面积比重表示时则用种植面积（如果树）。只是在没有这两项指标时，才按产量表示。其所以如此，是因为产量不及播种面积稳定，而播种面积的绝对数又不及占播种面积比重有意义。水产图中则分别按产量和养殖面积用分县图形来表示。

由于现象分布不均，图中每出现大片空白地区。这可以用两种方法补救：一种方法是如果现象的分布局限于一个地区，可令图上只出现局部地区，其他部分不表现；另一种方法是把在地区分布上互为补充的现象合幅表现，如果现象间互有联系，如此尤为恰当，如民族与语言分布即是。

三、关于资料的收集与取舍

编制经济地图可循下列途径收集资料：

（1）从省级机关收集。从统计机关可收集系统完整而正确的资料，但一般不能全部满足要求，其他须向业务机关洽取或补充。省级各机关虽然掌握全面资料，但由于各单位从未考虑编图问题，也由于对地理位置资料不够重视，资料的精度未必能满足要求。

（2）从专区或县级机关洽取。通过这一途径可收集典型图资料，补充或核实地区分布资料，查对企业和人民公社地址、居民点名称等。有时资料涉及县份过多，可采用通信方式，但这样做往往效果不好。派人到专区或县洽取资料最为稳妥，可惜费时很多，不能经常进行。

(3) 从基层单位直接洽取。直接向人民公社、农场等单位索取资料宜派人专程进行，不宜依赖通信方式。

(4) 向省外机关收集。

资料的收集、核对、分析和取舍是编制经济地图的最重要问题。经济地图资料涉及各生产部门。由于各业务机关以前很少专为制图而提供资料，对编辑部的要求未必明确，加之某些机关由于资料缺乏专人保管，或工作经常调动，往往同一机关各单位所提供资料互有矛盾，或对同一资料的正确程度有不同的评价。如果贸然采用而不加以分析取舍，必然会造成严重错误。资料的核实定案也是一个值得重视的问题。有时一项资料虽然全面而完整，但未经有关部门仔细研究定案，也不可轻易采用。

资料的分析与取舍是和资料的收集交错进行的，其中统计资料的整理也占重要地位。往往资料经过几次取舍修改以后，面目全非。如果来龙去脉不清楚，以后审校时或者根本无法进行，或者造成时间的浪费。我们的经验是：每一次资料的增补、计算、抄写（或转绘）、整理与取舍都必须经过核对，并须在统计表或图幅上注明作业员姓名与作业日期，每次修改资料时必须在图历簿上登记原委。顺便说一句，图历簿制度对编制经济地图特别重要，因为编辑部同时展开几十幅经济地图的编辑工作，而资料和编制方案时有改变，加之编辑人员不易固定，如果不采用图历簿，其混乱程度将不堪设想。因此，无论在编辑准备阶段、制作编纂原图阶段还是印刷原图阶段，都必须严格贯彻图历簿制度。

四、关于典型图

典型图是经济地图的一个新的发展方向，在我国编图工作中还是一个新课题。

关于典型的选取，似应从两方面考虑。首先固然要从经济地理的角度出发考虑选取原则，但另方面也应考虑编图资料（如生产分布资料、经济统计资料和大比例尺底图资料）是否具备。从经济地理的角度来看，选取标准主要有二：一是按地区选取，一是按类型选取。这二者之间可能有联系，也可能没有。

选取典型水利工程似应从多方面考虑：既要选取全省突出重大工程，也要选县级的地方性小工程；既要照顾工程类型，也应虑地区特点。选取典型人民公社时，似可结合地区与生产类型考虑。我们所选 4 个地区的公社来自 4 个专区，纵贯本省大陆南北；显示各不同地区的经营类型。各图中公社的规模也大小不一。

编制典型水利工程图时，我们所考虑的主要原则是主题突出。因此，底图除河网尽可能选取，居民点政区界适当选取外，其他要素一概舍去。就专门要素说，与主题无关的其他水利工程也不表现。编制典型人民公社和典型国有农场图时，应注意突出表现其生产方面特征，对农、林、牧、副、渔、工矿业分布应分清主次，而略去文教卫生等方面内容，并适当插入统计图以助说明。

五、关于经济全图的编制

专区经济全图系将专区经济生产作为一个整体来表现,因此应显示专区的地区经济地理特征和区内外经济联系。严格地说,编制这种经济全图必须对各专区有长期的研究,对区内自然条件、历史发展以及经济地理情况有深入的了解。

专区经济全图用以与专区普通图对照阅读。因此,在普通要素方面,经济图不应简单地重复普通图。凡与经济生产无关或关系较少的内容均不列。

省区图集的专区经济全图宜以表现经济现状为原则。农业方面一般分底色与范围符号二法表示。底色用以表现作物组合区通常以县为单位,按主要作物的优势情况划分。我们的编制步骤是:先分析分县的农业统计资料,分别计算各主要作物播种面积占该县总播种面积百分比,然后根据全省情况确定每一作物的优势指标,再设定各县作物组合的名称。在某些经济作物发达的地区则辅以范围符号。

在运用底色法以表现作物组合时,我们遇到两个问题:其一,应当单纯按作物播种面积比重来决定作物组合名称,也应突出表现某些经济作物发达区(即使它们占作物播种面积很少)?经过讨论,我们选择了后者,因为如果单纯按播种面积指标的优势情况定名,殊不易看出地区差异。其二,作物组合只能表现粮食和经济作物的相对发展情况,而忽略了林业、牧业、渔业。例如,某些县的林业在经济中特别突出,但在图上仅表现为某一两种作物的组合,这很不合理。但如果要全面表现一个县的农业(包括林业、牧业、渔业)特征,必须综合好几个指标(如商品性意义、在经济收入中所占比重、土地利用情况等),而这些资料非一时所可收集齐备。在这种情况下,我们用斜线突出表示林业重点县,并用范围法表示主要林区;也将渔产最多的县份标为渔业主产县。

每幅专区经济全图中另插以工业构成和农业构成统计图。个别经济全图中插以表现农地利用的典型图。

六、关于底图问题

编制经济地图要求底图上有较多的居民点和交通线等现势性要素。为了保证编稿质量,在编辑准备工作开始时便应具备等大比例尺的、业已定案的底图;也应有现势性较强的、居民点较多的大比例尺普通图以供参考。但这两项条件均未具备。在这种情况下,只有一方面开始编辑准备工作,另一方面准备底图。按原来设想,全省性图幅应具备两种统一底图:一是经济地图组专用的编稿底图;二是印刷用的套印底图,而后者从前者分出。

编稿用底图应将相同比例尺各图幅所需普通要素全部选入（如果居民点太多，至少也应将出现于两幅图以上的居民点标入）。这样不但在编稿时可免标绘之烦，尤其重要的是可以避免同一居民点在两幅图上标于不同位置。为了避免差错和统一注记名称，编稿底图上还必须有各要素的全部注记。当然这一切要素的位置和注记（包括写法）应和图集中的普通地图协调或一致。至于专区经济全图，则在要素的取舍上也应和相应的普通图协调。根据我们的经验，为了保证图幅的质量，以上是必不可少的条件。

由此可见，省区地图集中普通地图的编制对经济地图确有先行意义。我们的经验再一次肯定一项先进的、不可违背的原则：在普通地图没有清绘定案之前，相应或有关的经济地图切不可开始编纂原图。

（原载中国地理学会、中国测绘学会制图专业委员会编《一九六二年制图学术年会论文选集》下集，中国建筑工业出版社1964年版）

第四十二篇 珠江三角洲土地类型的航片卫片判读

缪鸿基 陈华材 黄广耀 关履基 王凤九 姚照福

缪鸿基　　　　陈华材　　　　黄广耀　　　　关履基

提示：本文介绍利用航空相片编制农业土地类型图的经验和方法。采用1976年冬拍摄的1∶35000黑白航片为基本资料，配合卫片编制1∶200000珠江三角洲农业土地类型图。文中着重论述农业土地类型的划分和影像特征的判读两个关键问题。

一、珠江三角洲农业土地类型的划分

根据农业土地类型的划分原则——综合性原则和主导因素原则，以及珠江三角洲地区的特点，首先将珠江三角洲分为平原区和丘陵山地区。在平原区划分水田、基水地、滩地及荒地4种土地类；在丘陵地区划分水田（坑垌田）、旱地、林地及荒山4种土地类。在上述8种土地类之下，再划分咸田、沙田、围田、垌田、坑田、桑基鱼塘、蔗基鱼塘、杂基鱼塘、沙滩、泥滩、草滩、红树林滩、荒塱、塱田、旱地、树林、果茶园、草坡荒山、水土流失荒山19种土地类型。

二、珠江三角洲农业土地类型的影像特征

农业土地类型主要根据形状、大小、色调、图面结构等直接标志和地形部位、河渠形

式、居民地分布特征等间接标志来进行综合判读。我们编了一套珠江三角洲的典型航片，作为判读的参考。现将土地类型的影像特征（或判读标志）举例简述如下：

（1）沙田。田块呈规则长方条形，面积比围田大（一般20～50亩），渠道排列整齐呈"非"字形，居民地沿堤围成线状排列。由于作物单纯（以水稻为主），色调浅灰至暗灰。均匀一致。

（2）围田。田块一般呈规则方形，面积较小（一般3～5亩），河涌弯曲，与渠道交织成网状。作物较沙田复杂（水稻、甘蔗、黄麻等轮作物），色调灰至深灰，变化较大。居民地成片状集中分布。

（3）坑田。田块小，一般轮廓不规则，在立体观察下有明显的阶梯状。临山坑田多属沙泥土，色调灰白至浅灰。与两旁低山林地的暗黑色调对比明显。丘陵坑田色调暗灰，均匀一致。

（4）基水地。鱼塘一般呈矩形，四角较圆滑与田埂有别。色调浅白或暗黑，其排列形式有的规则，有的不规则。基面的色调随基上所种的作物而变化，由灰白至暗灰。桑基冬季色调灰白，有淡灰色斑点；蔗基灰色，均匀一致，在立体观察下有如厚地毡，没有斑点结构。

（5）滩地。包括海滩及河滩。沙滩露出水面时色调浅白。在立体镜下细致观察，表面有微细的波纹结构。泥滩色调暗灰，常见有潮水沟及积水坑。草滩色调比泥滩深，常有花斑块。面积较大的草滩有如地毡，通常有潮水沟。红树林湾色调暗黑，有颗粒结构，多分布在三角洲外缘的小海湾沿岸。

（6）旱地。分布在丘陵坡麓的旱地表现为放射状的色调深浅不一的色块，没有灌溉渠道影迹。种植番薯等的旱地，在立体观察下有条垄结构。少数山麓旱地开垦成狭长的小块，色调浅白至中灰。

（7）荒山。草坡荒山色调暗灰，均匀一致。水土流失严重的荒山则呈乳白色，与草坡相间杂，呈斑驳的图画。

在影像特征的分析中，除了航片之外，我们还采用了本地区的1∶100万、1∶50万黑白卫片及1∶100万假彩色合成卫片，通过不同波段不同时期的黑白卫片进行对比分析。

在MSS-5的黑白卫片上，低山林地呈深黑色。像伶仃洋自虎门至南头，以及洪奇沥出口处的深水槽呈深灰色调。自珠江口以西至上、下川岛之间的水下冲积台阶呈浅白色调，台阶的边缘相当于20米等深线。

MSS-7卫片反映水系、湖泊及水库轮廓清晰，呈黑黝色。番禺县北部、三水县东部及高鹤县东北部台地丘陵上的旱地色调浅白。万顷沙田区的长方形大田块和格子形渠网清晰可辨。

MSS-4的卫片上，珠江三角洲平原西部的基水地呈暗灰色调，比沙围稍深，在卫片上可以概略地勾出基水地的分布范围。

在1∶100万的假彩色合成图片上,珠江三角洲东北部的低山林地呈亮红色调,鲜明易读。基水地呈灰蓝色调。沙围田区呈粉红色调。丘陵台地上的旱地出现红白驳杂的色斑。沙滩色调亮白。

三、判读经验

(1) 农业土地类型是某一地段地貌,水、土、植被等自然条件综合的反映,进行影像的分析判读,应采用综合方法。根据多种标志(包括直接标志和间接标志)的互相参证来进行综合判读。其次,要与环境的景观联系起来判读。例如,红树林生长在泥滩之上,判读红树林滩应与泥滩结合起来进行。低山坑田通过坑田本身的灰白色调与两旁低山植被的暗黑色调的明显对比加以判别。又如,本地区的旱地主要分布在台地、丘陵、洪积冲积扇等地之上,判读时可先从上述的地貌类型之手,再根据旱地本身的影像特征加以识别。最后农业土地类型并非纯自然的产物,在农业开发利用历史较久的地区,它受人类活动的影响较大。因此,进行影像判读时,也要注意人类活动的标志。例如,咸田和沙田的前缘,往往有围海造田的堤围,荒塑的轮廓不规则,而塑田则呈方形及常见人工堤坎。居民地的分布形式也是一种标志。例如,咸田区的居民点稀少,沿堤围散布,沙田区的居民地沿堤围成线状排列,而围田区的居民地则成片状集中分布等。

(2) 采用中比例尺的航片(1∶35000),通过立体观察能够区分咸田、沙田、围田、塑田、坑田、树林、果茶园、桑基鱼塘、蔗基鱼塘、沙滩、泥滩等土地类型,勾绘这些土地类型的界线也比较容易。也可以判别一些其他单位,例如,盆地田、宽谷垌田、低山坑田、丘陵坑田等。但是,一些过渡地段,例如咸田区与沙田区的分界线,沙田区与围田区的分界线,以及桑基、蔗基鱼塘与杂基鱼塘的过渡地段等则判读困难。需要采用大比例尺的航片或进行野外调查才能够把它们确定下来。

(3) 利用1∶100万及1∶50万卫片进行农业土地类型判读,由于卫片比例尺较小,按影像的几何特征(如大小、图画结构等)进行判读已比较困难。我们主要根据影像的光学特征(色调、彩色等)与形式及地址来进行判读。根据初步经验,在1∶50万黑白卫片上目视判读,一般只能区分林地、水田、基水地、旱地、滩地等土地类,至于垌田与坑田、树林与果园、桑基与蔗基、草滩与红树林滩等,还需结合航片判读才能够区分出来。

水网形式以万顷沙的格子型渠网最为典型,清晰可辨。地址也是一种重要的间接标志,它表示土地类所处部位的空间关系。例如,本地区的林地多分布在低山上部,而旱地则主要分布在台地、丘陵坡地等。

(4) 利用航片与卫片来编制农业土地类型图是一种比较好的方法。这种方法相比过去利用地图分析结合野外调查的方法,可以减少大量的野外工作量,成图速度也较快。小珠江三角洲制图面积约 17000 平方千米,合 1∶50000 地形图 54 幅,使用航片约 1500 张。平均编绘一幅 1∶50000 图,基础底图的标描、涂白 3 工天,类型界线勾绘 3 工天,比常规的方法快。类型界线的勾绘也比较细致。这种方法适于编制重点地区大比例尺的土地类型图。

(原载于广东省地理学会编:《华南地理文献选集》,科学普及出版社广州分社 1985 年版,第 228-229 页,原文写于 1975—1978 年间)

第四十三篇　综合地图集中自然地图的编制问题

缪鸿基

缪鸿基

提示：1964年广东省科委组织人员编纂《广东省地图集·自然地图》（另含经济地图和历史地图）。这是继1941年广东省政府委托中山大学地理系编纂《广东省地图集》的第二次编纂工作。编纂者按照自然地图设计原则、底图、方法、图形、颜色等要素，做了精密的设计和实施。该图集1966年完成，但受"文革"影响，直到1972年才内部发行，此为以后广东编绘大型综合地图集奠定了坚实的基础。

自然地图是综合地图集的一个组成部分，内容包括地质、地貌、气候、水文、土壤、动植物及自然区划等方面的图幅，全面反映地区的自然条件和自然资源情况，为农林水利、工矿交通等生产部门规划工作提供科学的依据，以及为邻近学科分析比较之用，它并不代替各种专门的自然地图集。本文拟就综合地图集中自然地图的设计原则、基础底图、编图方法、制图综合、图形及彩色试验、协调问题这几个方面，做一个简单的探讨。

一、设计原则

省区综合地图集自然地图的设计原则：

（1）全面反映省区的自然面貌，阐明各种自然要素的基本特征、分布规律及相互联系。内容既要全面，又要互相协调。

（2）总结省区自然条件科学研究的成就，反映研究的广度和深度，为生产建设提供科学的依据。

（3）充分反映新中国成立以来本省利用和改造自然的伟大成就。如冰川利用、沙漠改造、水库堤围的修筑、堵海工程的兴建及防护林的建造等。

（4）选题内容密切结合生产需要和地区特点。例如，气候图的极端最低气温图、24

小时最大降水量图、地质图中的矿产分图、土壤图中的土壤酸碱度图,以及各种部门自然区划图和综合自然区划图等,都是密切联系生产的。结合地区特点的图幅,例如台风路径图、寒潮路径图、黄土地貌图、喀斯特分布图等。

(5) 既要保持自然地图部分的统一性,又需与图集中其他图组协调。为了保持自然地图的统一规格,通常采用少数的投影和互成倍数的比例尺,以便于比较。图幅的编排次序要保持严密的逻辑性。整个自然地图部分的编排,应按发生学原则,从无机到有机,先地质地貌、气候水文,后土壤生物。气候水文图组的编排,先分析图,后综合图;地貌、土壤、植被图组,先类型图,后区划图。

二、基础底图

在自然地图的编制中,统一基础底图非常重要,它是保证地图集统一性的重要手段之一。它不独是转绘专门内容的基础,事实上基础底图上的要素也就是自然地图的内容。基础底图的好坏,直接影响自然地图的成图质量。如果基础底图上的居民点位置不正确,那么自然地图上相应的科学测站也就不准确了。因此,对基础底图必须给予高度的重视。

基础底图应分工作底图和印刷底图两种。前者内容要素较为详细,供编稿之用;后者内容比较精简,力求与专门内容相适应。

基础底图一方面要具有统一规格,同时又需适应各个不同图组的特殊要求。自然地图由于类型和比例尺的不同,它们对基础底图的要求也不完全一样。例如,就工作底图而言,比例尺较大的类型图,如地貌、土壤类型等,一般需要有比较详细的水系、基本等高线及山峰高程,以供填绘专门要素轮廓的参考。而比例尺较小的分析图,如风向图及四季降水百分比图等,则需要有较多的居民点,以供科学测站定位之用。

印刷底图一般都不表示等高线,以免干扰专门内容。至印刷底图上居民点的选择,亦因地图类型不同而有所区别。一般来说,等值线图和区划图可以套用统一的居民点注记;而类型图由于内容复杂,线划及符号多,难以套用统一的注记;必须分别处理,最好是另行做一注记版,以避免专门注记与底图注记发生重叠。

此外,因各图的图例多少不一,它们所需图例框的大小也不完全一致。最好准备两个大小不同的图例框,以适应各图不同的需要。

三、编图方法

自然地图的编制过程,一般可以分为下列几个步骤:①收集、分析和整理资料;②确定图形和拟订编图大纲;③准备基础底图;④进行科学分类及制订图例;⑤编制作者原图；⑥进行图形及彩色试验；⑦编制编绘原图。

自然地图的内容广泛、类型复杂，它的表示方法也是多种多样的。由于地图类型的不同，表示方法亦有差别。自然地图基本上可以分为4种类型：类型图、分析图、分布图、区划图。

类型图如地貌类型、土壤类型、植被类型图等，主要是采用底色法表示的，部分加晕线成符号。分析图种类较多，有些是采用等值线法表示的，如年平均气温、年径流深度图等；有些是采用符号法表示的，如四季降水量百分比、年总流量图等；有些是采用动线法表示的，如风向频率、台风路径、寒潮路径图等。分布图主要是采用符号法或范围法表示的，如矿产分布图、动物分布图等。区划图主要是用不同粗细的线条及号码表示各级区划的，如地貌区划、土壤区划及综合自然区划图等。此外，有一些剖面图，如地质剖面、地貌剖面、土壤剖面图等。还有个别图幅是采用图解法表示的，如流量过程曲线及径流月分配分区图等。

由于地图的类型和表示方法的不同，编图方法亦有差别。现以地貌、气候、动物分布图为例，加以简单的说明：地貌类型图的编制，第一步需进行地貌分类及制订图例。地貌类型一般是按成因、形态及高度来进行分类的。第二步按照地貌分类标准，在1:5万地形图上勾出地貌类型界线，再缩制为1:50万及1:100万图，然后再缩编为1:250万的地貌类型图。在质量良好的1:5万图上勾绘地貌界线不甚困难。冲积平原常与水稻田分布一致，海滨沙滩、沙堤亦容易勾出，喀斯特的分布的范围也很清楚。根据大比例尺的土壤分布图，也可以勾出一部分地貌界线。例如，石灰土与喀斯特地形分布一致，紫色土与红色岩系分布相符，海滨沙土与沙滩沙堤相连，低垦田与洼地沼泽一致，等等。此外，根据海图还可以找出海崖、沙滩及珊瑚礁等所在地。在编制地貌类型图的过程中，我们感到山地的分类比较困难。没有利用航空相片进行立体观察，未能充分表现地貌形态的特征，是一缺点。

气候图与地貌类型图不同，它是以分析图为主的。编制过程首先要将大量的气象资料，按照气象资料统计方法进行分析整理和计算，然后将计算的结果采用等值线法、符号法及动线法等表示。为了加强要素之间的联系和节约图面，可把一些密切相关的气象要素合并表示于一幅图之上。例如，日温≥5℃稳定持续日数及无霜期、降水量及干燥度等。

动物分布图主要是采用范围法和符号法表示的。但要弄清楚动物分布地区的范围并不容易。应与作者密切合作，分析各类动物的居住环境。首先，做成指标图，在一张1:250万图上勾出200米及500米的等高线和森林的分布界线。然后，根据作者的意见，分出山居的与平地的动物、林居的和非林居的动物，再按这些条件把各类动物的分布范围勾绘出来。由于它们的分布范围界线往往是不十分明确的，故可采用晕线表示，而不清晰地绘出范围界线。有些动物可用底色法表示它们的分布范围，其中特别重要的种属还可以采用小符号来表示。

转绘方法是保证地图要素几何准确性的一个重要步骤。多数自然地图都是利用大、中比例尺的图做基本资料的。如资料原图的投影与成图的不同，则转绘方法更显得重要。自然地图专门内容的转绘，可采用下列几种方法来进行：

（1）格网法。对图幅面积小、内容简单，而资料原图的投影及比例尺与统一基础底图相差较大的图，可以采用这种方法。转绘时原图上的格网要打得小，边长在 3～5 毫米，精度尚可符合要求，不过工作量巨大。

（2）缩放仪法。严格说来，投影不同的图不能使用。不过我们在工作中觉得同一类的投影，例如同属于圆锥投影的图仍可使用。转绘时应按经纬网格控制进行；同时缩图之后，必须再按底图上的水系、居民点等相对位置进行更正，精度才有保证。利用这种方法转绘类型界线时，还需以工作底图上的等高线为依据加以核对。

（3）透明纸蒙图法。只有投影和比例尺完全相同的图才能使用。类型图多采用这种方法转绘。首先将图稿用照相法缩小为成图比例尺，然后用透明纸蒙图转绘。如作业员细心操作，精度可达到要求。不过必须注意透明纸的伸缩和保持图面的清洁。如能采用透明胶片代替透明纸，则效果更好。

经验证明，无论采用哪一种转绘方法，在转绘之后都应审核两次，一次在转绘铅笔稿之后，一次在着墨之后。为了保证成图的质量，在转绘之后还应送请作者校核一次，然后定稿。

四、制图综合

专门地图制图综合的实质，就是在深刻研究制图对象特征的基础上，根据地图的用途和比例尺，将地图的内容加以概括化，把最主要的内容、对象的基本轮廓及主要特征表示于地图之上。

制图综合包括几何性和地理性两个方面。在几何性方面来说，是制图对象形状和大小的简化；在地理性方面来说，是地图内容的概括。综合的实质就是地理真实性与几何精确性两者的辩证统一。

综合通常采用下列几种方法进行：选择主要的对象、数量的概括、形状的简化，利用组合符号代替单独符号，以及由一种表示方法改变为另一种表示方法等。上述方法的使用视地图不同类型和不同表示方法而异。

地貌、土壤、植被类型等图，主要是用底色法表示的。它们的综合是通过图例的合并、轮廓的简化和图斑的取舍来进行。图例的合并本身实质上就是一种综合的过程。利用大、中比例尺图作为基本资料编制类型图时，从中比例尺图缩编为小比例尺类型图，首先就要进行图例的合并。图例的合并应按照科学分类系统进行。这一项工作应由原图作者与制图编辑合作进行。在此之前要决定制图的基本单位，然后将详细的分类合并为较高级的分类单位。例如，1∶100万地质图可以统为制图基本单位，当缩编为1∶250万图时，则以系为制图基本单位，把图例加以合并。在100万地质图上原来分为全新统、更新统及不分层的，在250万图上三者合并为一个第四纪图例。又如，从1∶100万土壤类型图缩编为1∶250万图时，以亚类为制图基本单位；从1∶100万植被类型图缩编为1∶250万图时，以群系为制图基本单位，都合并了许多较低级的图例。

图例合并之后，便在中比例尺资料图上将轮廓加以归并，并加以适当的简化。首先，进行轮廓简化时要考虑类型界线与下垫面相适应。例如，某些土类及植被的分布界线与一定的等高线相符等。其次，最小图斑的取舍也是一个重要的问题。在1∶250万类型图上，一般规定最小的图斑为1平方毫米。不过这也不能机械处理，个别虽小而特别重要的对象，还允许予以夸大表示，也就是用非比例尺符号来表示。例如，地貌图中的火山，植被图中的红树林等。

分析图的综合视各图的表示方法而异。等值线图的综合主要是扩大其等值线的间距及简化线条的轮廓。采用符号法表示的分析图，它们的综合以选择主要的测站为主。例如，年总流量图从1∶200万资料图缩编为1∶500万图时，可保留大、中测站，取消若干小测站。采用动线法表示的分析图，例如，风向频率、台风路径及寒潮路径图等，它们综合的方法是选择主要的方向和路线。

剖面图可只选择几个有代表性的典型剖面，或者采用综合剖面表示。例如，土壤剖面图可选择水稻土、红壤、黄壤、紫色土等。地貌剖面图可以综合形式来表示。流量过程曲线图也可以选择几个有代表性的测站。

分布图一般是用符号法及范围法表示的。它们的综合方法是选择主要的种类及简化范围轮廓线。例如，矿产分布图上只分金属、非金属及燃料矿3种，在数量方面只表示大、中型的，小型的则不予表示。

区划图的综合方法主要是省略低一级的分区。例如，在1∶50万的综合自然区划图划分4级：带、省、州、县。当缩编为1∶500万图时却只划分带、省、州3级，而省去了县的一级。

五、图形及彩色试验

在自然地图的编制过程中，试验工作十分重要。它不但提高成图质量，而且可以节省时间和成本，避免不必要的返工。

自然地图属于专门地图的一种，它的样图试验与普通地图的不一样。普通地图的样图试验通常是选择一小块典型地段来进行的,而自然地图却不能够这样做。因为一小块地段不能够反映自然要素的整体特征及分布规律。经验证明,自然地图的样图试验应采用大幅甚至整幅来进行,才能够看出成图的全貌。同时,因为许多自然图都是拼在一版之上来印刷的,此时,样图试验还要整版来进行,才能够保证同一版中地图的协调。

  自然地图的试验工作内容,包括图形、彩色、线划及注记几项。图形试验主要是决定内容繁简和表示方法是否适当。

  若干自然地图的表示方法,在国际上已有惯例可循。例如,气温、降水图以等值线法表示,土壤、植被图以底色法表示等。但有些自然地图的表示方法至今尚未定型,必须通过试验来设计新的图形。例如,风向图、动物分布图及自然利用和改造图等。风向图可吸收苏联海洋图集及白俄罗斯地图集的优点,以动线表示风向,在动线底下垫以箭舌,看起来比较美观。动物分布图原试用象形符号表示,但由于作者的分类是根据热带、亚热带地区特点而制订的,许多动物都以鼠类为代表,看起来不但图面单调,而且容易使读者产生错觉,结果改用范围法和符号法合并表示。自然利用和改造图曾试用底色法、范围法及符号法表示,效果尚未令人满意。在图形试验工作中,我们体会到制图人员必须与作者密切合作,才能够很好地完成任务。

  自然地图的设色问题,看起来比图形试验还要复杂。它的设色既要符合于科学内容的性质,又要雅致协调。自然地图中的类型图一般是用底色法表示的,区划图是用分区设色法表示的,分析图则通常是用色线和彩色符号来表示的。

  在区划图和分析图的设色方面,会遇到分区设色、分层设色及分带设色几种不同情况。地貌区划和动物区划图都是用分区设色法表示的。有些分析图如气温图、四季降水量百分比图等,则是在底色范围之上加绘彩色等值线或彩色符号等。

  在分区设色方面又有陆地与海面、本国与外国、本省与外省、区与区之间的设色问题。海面设色按一般惯例用淡蓝色普染。陆地部分一般采用浅黄、浅茶、浅紫及银灰几种颜色。它们与海色相衬尚觉调和。

  在处理本国与外国、本省与外省地区的设色方面,原则上本区彩色应比较鲜明一点,外省及外国地区宜略为晦暗一些,这样主图部分比较突出。全十区与区之间的设色,如地貌区划和动物区划图,可采用浅黄、浅茶、浅紫、浅绿及浅红几种颜色,按类比色和对比色的调配原则交替使用。同时,分区设色以浅色为宜,比较素雅。

  其次是分层设色和分带设色问题。年降水量、径流深度和径流系数等图是采用分层设色的。分层设色法的关键在于分层适当,色阶差别不大。这样才能够既反映科学内容的特点,又达到调和美观的目的。例如,年降水量图和径流深度图中以200毫米为一层,最高中心的地方用较深的蓝色,便可以将区内的多雨中心和径流中心显示出来。

  春、夏、秋、冬四季降水量图的分层设色亦可用蓝色为主调,每200毫米分一层,四季一致。这样既能够显示高低中心，又可以看出四季雨量多寡的对比。

气候水文分层设色图一般可采用蓝、绿两种色调，或蓝、绿、黄3种色调，效果较好。倘若使用3种以上的色调，则往往显得杂乱而不调和。

分带设色目的在于反映地带性。例如，热量图、积温图及气候、植被区划等图都可以采用分带设色法。热量图可以深红色代表热带，红色代表南亚热带，浅红色代表中亚热带；积温图可以棕色代表热带，浅棕色代表南亚热带，黄色代表中亚热带。效果都不错。气候区划图亦可以棕调为主，分深棕、棕色、浅棕3种色调。至于植被区划图可采用深绿、绿色和浅绿色，与对象的天然色一致。

在彩色试验中，除了上述分区、分层、分带设色问题之外，还有如何反映季节性的问题。在四季风向图和四季降水量百分比图中，如以绿色代表春季，红色代表夏季，紫色代表秋季，蓝色代表冬季，尚能符合季节的色感。

在气候、水文等值线图中，各种等值线可采用下列彩色：热量——红，降水——蓝，气温年较差、无霜期、乱流交换——紫，降水变率、干燥度——橘黄。在热量图中，红线与紫线配合；在降水图中，蓝线与橘黄线配合，尚觉调和。至于平均极端最低气温及绝对极端气温图，可试用紫色和绿色两种色线，以显示低温寒冷色感。在动线图中，寒潮路径图可以蓝色表示寒潮路径，台风路径图可以红色及蓝色表示不同月份的或来自不同发源地的台风。

类型图的设色问题更为复杂，这是因为类型复杂，图斑零碎，用色既多，而有些图幅又要反映水平地带性和垂直地带性规律的缘故。关于类型图的彩色，基本上可以把它们分为两类：其一是地质、地貌和土壤图，可采用比较强烈鲜明的色调，以红黄暖调为主；其二是植被、森林图，可采用比较素淡清雅的色调，以青绿寒调为主。

地质图和大地构造图的彩色一般是按照国际惯例的。地貌类型图的彩色，国际上还未有统一的标准，可采用下列的颜色。

山地…………………棕褐色	海成地形…………………蓝色
洪积地形……………黄色	喀斯特地形………………紫灰色
河成地形……………绿色	火山地形…………………朱红色

土壤类型图的设色：

红壤…………………红色	砂土………………………褐色
砖红壤………………肝红色	石灰土……………………紫灰色
黄壤…………………黄色	土壤复区…………………底色加晕线
冲积土………………绿色	

土壤酸碱度图的设色：

pH＜4.6……………橘红色	pH6.6～7.5………青绿色

pH4.6～5.5 …………棕色　　　　pH＞7.5 …………浅青色
pH5.6～6.5 …………黄色

以红棕色表示酸性，青绿色表示碱性，黄色表示中性。

在类型图的设色中又以植被图为最复杂。这是因为植被类型图的图例为数较多，图斑也比较破碎，而又要特别反映出水平地带和垂直地带性的缘故。在我国南部地区，植被类型图的设色可按照下列的原则：

（1）森林采用青绿两色。热带以青色为主，亚热带以绿色为主。山地森林采用比较深暗的色调。至热带海滨的红树林，因图斑很小，可采用碧绿色。

（2）草地以黄绿色为主。热带草原采用浅棕色。热带山地草坡，为了与热带森林的青调相配合，可采用青赭色。亚热带的中生草坡采用黄绿色，旱中生草地采用橙黄色。

（3）沙生植物采用茶色，石灰岩植物采用紫灰色，珊瑚礁植物采用红色。

（4）栽培植物采用浅绿色，与平原冲积土的颜色一致。

关于类型图的设色，我们初步总结了下列几点：①尽量与对象的天然色接近，使图例具有象征的意义；②山地采用较深暗的色调，平地采用较浅淡的色调；③大面积的轮廓使用浅色，小图斑及特殊符号使用深色；④底色与晕线符号结合使用，以表示土壤复区、混合林及特殊地貌。

六、协调问题

地图集是一个有机的整体，具有它的完整性和统一性。图集中的地图应该是互相补充、彼此协调和可以比较的。同时，自然界也是一个统一的整体，各要素之间必须互相协调，才能够反映自然现象的规律性。

在自然地图中，地貌与地质、水文与气候、土壤与植被等要素的联系最为密切，因而这些图幅的协调更显得特别重要。同时，协调也应该有主有次。根据自然要素的科学性质来说，应以气候、地势、地质、地貌图为主，水文、土壤、植被等图应与气候、地势、地质、地貌图协调。

关于专门地图的协调问题，一般是通过采用统一基础底图、系统化的图式图例、接近的表示方法、一致的综合程度，以及统一的色标和整饰规格等手段来体现的。

自然地图的不协调，有些是由于各原图作者之间缺乏联系而产生的。例如，在一次评图会议中，我们发现水文图中的径流深度和径流系数图的等值线与气候图中的降水量和自然蒸发图有矛盾。结果根据气候图来修正水文图。有的不协调与编图次序有关。例如，植被类型图的类型界线与地貌图的不适应，在同一地区之上，地貌图上是冲积平原，而植被图上却是丘陵台地群落，推其原因是因为植被图编制在先，而地貌图编制在后，在植被图的编制过程中没有地貌图做参考。根据我们的经验，首先，为了保证协调，应先编地势、地质、地貌、气候图，后编水文土壤植物、动物等图。其次，如果制图的基本单位相差较大，也会产生不协调。例如，1：250万植被类型图中是以植物群系为制图本单位，应与土壤类型图中的土壤亚类相当，倘若土壤图采用了相差较大的制图单位，那么便会产生不协调情况。最后，如表示方法相差很远，也会出现不协调情况。例如，降水量图和径流系数图通常都是采用等值线法表示的，倘若径流深度图采用立体分层设色法表示，则与图集中的其他气候、水文图不协调。

至于自然区划图的不协调，主要是由于区划等级不同所致。例如，地貌、气候、水文、植被、土壤等区划图都是至三级区的，而动物区划图目前因研究程度的关系，只划到一级区，与上述几个区划图对比起来，详简不一。有待于进一步深入研究，才能够达到协调一致。

制印工艺也是协调的因素之一。主要是拼在同一版之上的地图，应采取一致的图式及统一的色标。如果同在一版上的图，图式符号相差很大，色标又不一致，也会产生不协调。

总之，协调问题除了采取统一底图、互成倍数的比例尺、接近的图式和统一色标等技术措施之外，还必须注意编图次序的先后、制图基本单位的相应、表示方法的接近，以及加强原图作者之间的联系和编辑部的审校工作。

七、结束语

在自然地图的编制工作中，除了上述几个问题外，评图会议和野外核对对保证地图的质量非常重要。在评图会议中，有关代表能够提供许多宝贵的补资料和有益的意见，对进一步修订图稿有很大的帮助。同时，通过评图会议，将各种地图加以分析对比，也可以发现各图幅之间的不协调问题。

结合地区综合考察来进行核对图稿也是一种很好的方法。一方面，综合考察利用自然图稿作为基本资料，可以加速考察工作的进程主；另一方面，通过考察工作，实地核对图稿，不但丰富了地图的科学内容，而且可以修正轮廓、区划的界线。这对保证和提高地图的质量都是十分重要的。

[原载《一九六二年制图学术会议论文选集》（下），科学出版社1964年版]